2005年
马克思主义理论研究和建设工程参考资料选编

中共中央宣传部理论局 编

学习出版社

出版说明

2005年，马克思主义理论研究和建设工程办公室围绕工程工作和各课题研究中的重大问题，编印了100多期工程《参考资料》，为工程课题研究提供参考。为反映工程取得的阶段性成果，扩大工程的社会影响，更好地为工程各课题组专家学者的研究工作服务，特将2005年工程办公室编发的部分《参考资料》汇集成册。

编　者

2006年2月

目 录

努力开创世界一流的马克思主义研究

纪 宝 成

一、深刻认识和感受马克思主义研究的重要性、紧迫性

马克思主义是人类思想的宝贵财富，也是我们立党立国、改革发展建设各方面指导思想的理论基础。二十多年来，我们搞改革开放和社会主义现代化建设，取得了举世瞩目的成就。这是在坚持以马克思主义作为指导思想的中国共产党领导下取得的，是与时俱进的当代马克思主义的胜利，是在改革中自我革新、自我完善、自我发展的社会主义制度的胜利。反映这一伟大实践的邓小平理论、“三个代表”重要思想，充分展示了当代马克思主义的风采和强大生命力。但现实生活中又让人感到马克思主义似乎处于尴尬境地，存在很多困惑、误区，出现很多理论与实践的矛盾、理论与政策的矛盾。事实上，在一些人的思想里面，对于马克思主义究竟要不要坚持、能不能坚持、如何才能坚持，存在着很多疑问；而漠视、边缘化甚至公然挑战马克思主义指导地位的问题也已经是一种早就浮出水面的客观存在。

之所以会出现上述状况，主要与下列情况有关。

第一，在苏东剧变之后，世界上社会主义与资本主义两大阵营的长期对立和斗争以资本主义阵营取得“胜利”而告终，社会主义运动在世界范围内遭受严重挫折。这一客观实际以及随之而起的马克思主义“过时了”、“失败了”、“终结了”等论调，使不少人对社会主义、对马克思主义产生

了动摇和怀疑。

第二，新中国曲折发展的历史，特别是“文化大革命”为代表的极左思潮与实践，以及其他国家社会主义实践当中暴露出来的种种问题，以及资本主义依然在发展、依然具有生命力，使不少人对那些被认为是马克思主义的东西产生了动摇和怀疑。

第三，以美国为首的西方国家用它们的价值观念改造世界，通过种种方式“西化”“分化”我们的图谋开始收到某种成效。这集中表现在两个方面：其一，历史虚无主义泛起。它否定中国近现代的革命史，否定中国优秀传统文化，试图重新回复历史的颠倒；它宣称经济文化落后的中国没有资格搞社会主义，断言1978年以来的改革实践是对社会主义的否定和对“以英美为师”的所谓“近代文明主流”的回归，鼓吹“现代化就是美国化”。其二，西方经济理论，主要是集中鼓吹无条件“私有化”、“市场化”的新自由主义一度在相当范围内大行其道，并且，在拉丁美洲已然破灭的“新自由主义神话”至今似乎仍在试图影响和误导我国经济改革的进程。新自由主义的所谓“主流经济学家”们根本不承认马克思主义经济学，在他们眼中马克思主义经济学根本算不上一个学派，其中的狂热者甚至明白宣称：自己的使命是要把马克思主义送入坟墓，并在它的棺材上钉上最后一个钉子。历史虚无主义和新自由主义这两股思潮相互策应，滋长蔓延，影响所及，使得与马克思主义相对立的西方理论观点、价值观念和它的思维方式已经成为一些干部和青年的思维方式，并且，新自由主义的思想理论已经在一些地方转化为现实的政策。在有些人那里，深化改革就是私有化，“建设中国特色社会主义”其实不过是“建设中国特色资本主义”。这样一种状况，当然会严重削弱马克思主义的指导地位，也必然会使人们对马克思主义产生动摇和怀疑。

第四，脱离时代、脱离实践地空谈坚持马克思主义。或者思想僵化，不懂得随着时代和实践的发展变化进行理论突破和创新；或者思想懒惰，不愿意下功夫调查研究丰富多彩的社会变革实践进而进行理论创新；或者缺乏理论勇气，不敢在纷纭复杂的社会思潮中探求真理。由于缺少科学的系统的具体的理论创新，对改革进程中出现的大量迫切需要进行回答或剖析的社会现象也就阐释得或者不清晰，或者不彻底，甚而视而不见，避而不谈。这在客观上也会削弱马克思主义的指导地位，并使人们对马克思主义产生动摇和怀疑。

上述情况的存在，都使我们深刻感受到新时期研究、丰富、发展、坚持马克思主义的重要性、紧迫性和艰巨性。今天，社会经济成分、组织形式、就业方式、利益关系和分配方式日益多样化，人们的思想活动的独立性、选择性、多变性和差异性很强，价值取向出现多样化。在这样的历史时期，我们能不能确立马克思主义在意识形态领域的指导地位，能不能把“三个代表”重要思想内化为各级政府的行为、领导者以及理论工作者的个人行为？这些问题很值得关注和研究，我们应当以高度的使命感、责任感、紧迫感投身到当代马克思主义理论建设中来。

二、马克思主义研究必须面向重大理论和实践课题

第一，要重视对马克思主义基本理论、观点的研究。特别是要弄清以下问题：

弄清哪些是马克思主义的基本观点，过去强调、现在强调、将来还要强调，离开了这些，就不是马克思主义。比如，社会主义经济制度的基本特征究竟是什么？是不是就是“社会公正＋市场经济”？还要注意哪些基本观点本来十分重要，过去却被忽略了。比如，关于人的自由而全面发展的观点。《共产党宣言》和《资本论》中都讲到了人的自由而全面发展，与我们现在倡导的以人为本有很多共通的东西。我们发展经济的目的、发展文化的目的都是为了人。马克思主义的这一观点过去被忽略了，而且因为资产阶级似乎也有类似论述，为了与资产阶级划清界限，就不谈了。这是很奇怪的事。人权为什么是资产阶级的专利？为什么不能是马克思主义的有机组成部分？

弄清哪些是过去强调但并不适合于现在的观点。“不适合于现在”大致有两种情况，一种是完全不适合，还有一种是部分地不适合。有的观点过去是强调的重点，但现在就不再是重点。

弄清哪些当年被认为是马克思主义的基本观点，其实是断章取义，或

者是片面理解，或者是割裂扭曲，或者是穿凿附会。对于这些并不是马克思主义的东西，我们要条分缕析地把它分离出来。

弄清哪些与资产阶级理论观点是尖锐对立的，哪一些是共通的、是共性的东西。比如，对市场规律的认识很多就是共通的，资本主义社会有，社会主义社会也可以有。在马克思恩格斯所处的时代，他们改造了资产阶级的经济学、政治学、社会学等等，创造了马克思主义理论。那么，我们今天的马克思主义者也应考虑到当代资产阶级的经济学、政治学、社会学等等方面，哪一些是与我们共通的地方，是值得学习和借鉴的东西。要搞清楚马克思主义基本观点有哪些与资产阶级理论尖锐对立或者很不相同，也正是由于这些特性的东西才显示出它是马克思主义的。

第二，要强调马克思主义是个开放的体系，与时俱进地丰富、发展马克思主义。

首先，要重视我们改革开放和建设中国特色社会主义的伟大实践；重视中国共产党成立以来对社会改造的伟大实践；重视其他社会主义国家的实践；重视当代国际上的各种各样的实践。重视实践特别是我们中国自己的实践，从实践中概括、抽象、升华我们的理论；同时，用实践来衡量、检验我们原来的观点理论。离开实践特别是当代中国实践、中国共产党80多年的实践、新中国50多年的实践、改革开放20多年的实践，当代中国的马克思主义研究就成为无源之水、无本之木。从实践中提出重大理论课题，对这些问题开展深入的理论研究，形成创新性的理论成果，再拿回到实践中去检验，这应该成为哲学社会科学工作者理论研究的一条科学路径。

其次，要重视已有的理论探索成果，重视不同观点的研究。我们应当理性地、科学地对待当今世界和当代中国的各种理论成果，从正确的东西中汲取营养。有些学术观点可能处于过渡阶段，各种各样的认识有很多不确定性，这些观点也许当时是对的，后来看是不对的；也许当时看是不对的，后来是对的。还有一些不同的观点，我们也要重视，为什么人家要提出这样一种观点，包括非马克思主义的观点。不重视这些东西，我们很难写出有血有肉的东西来，也很难写出经得起实践和历史检验的东西来。

再次，要重视借鉴世界范围内的各种理论成果。不管是西方马克思主义的，还是西方资产阶级的；不管是西方主流文化的，还是非主流文化的；不管是正面的还是反面的，都需要我们进行研究。特别是对学术前沿的东西，要保持清醒的头脑，具有敏锐的眼光，对各种不同成果作出及时的反应。不了解国外最前沿的东西，我们写出的东西也就有可能缺乏时代感、缺乏针对性、缺乏创新性。

第三，要重视对淡化、歪曲、诋毁、挑战马克思主义指导地位，鼓吹指导思想多元化，以及任意修改、随意曲解马克思主义的观点、把马克思主义搞得面目全非的各种思潮和理论观点的辨析与批判。这种辨析与批判不仅要做政治层面的斗争，而且要做学术层面的剖析、比较、讨论、争鸣和批判。恰当地、深入系统地进行这种学术层面的分析批判，必将有利于与时俱进地开创马克思主义研究的新局面，从而富有时代气息地丰富和发展马克思主义。

（载于《马克思主义理论研究和建设工程参考资料》173 期）

马克思主义哲学的特质、内涵和方法论特征

侯 惠 勤

尽管在人类迈向第三个千年时，国际共产主义运动遭受到了重创，马克思却依然被公认为人类社会第二个千年最有影响的思想家。它有力地表明，马克思主义确实是我们时代不容抹杀的思想旗帜。

工人阶级世界观：马克思主义哲学的根本特质

马克思主义哲学之所以能够改变世界和创造历史，就在于它始终和一个伟大的阶级——工人阶级及其解放运动血脉相连。任何否认或淡化这一联系的做法，都是对于马克思主义哲学的无知。正因为如此，马克思主义哲学的底蕴就是工人阶级的世界观，因而其历史必定与工人阶级之解放（其特征是“人类解放”）历程同在，必定与具体的、历史的实践需要共进。马克思主义哲学史既是历史科学，又不仅仅是历史科学。从历史学科的角度看，它有时间上的先后，即“史”“今”之分，有事实上的梳理，即“史”“论”之辨；然而作为工人阶级解放的理论形态，它又是个统一的思想体系，既有一脉相承的内核及传统，又有与时俱进的应变及创新，传递着不断变化着的时代精神的信息。因此，全部马克思主义哲学史的核心问题，就是一脉相承和与时俱进的关系问题，是理论应实践之需要而产生并发挥指导作用又被实践所不断突破而不断创新的过程，是马克思主义

作为人类文明和先进文化代表的历史。

我们今天之所以仍然需要以马克思主义为指导，从根本上说是因为它仍然是我们时代的哲学：它是不可超越的，因为产生它的情势还没有被超越。而我们今天之所以要发展马克思主义，说到底是因为与马克思恩格斯以及列宁在世时相比，历史发生了许多新变化，时代增添了许多新内容，必须与时俱进，跟上潮流，否则将会因落伍而被淡出历史。马克思恩格斯在哲学变革中完成的对于人类历史发展规律及相应时代内涵的揭示，以及历史自身丰富性、曲折性的不断展示所推动的理论创新，是马克思主义哲学史的基本线索。

马克思主义与空想社会主义的一个区别在于，它不是从理想出发，首先设定一个价值目标，站在现存社会之外去批判和否定现存社会，而是立足于对现存社会的解剖，弄清其生长的内在机理。马克思主义创始人运用历史唯物主义对资本主义社会进行剖析的原则有二：一是着眼于“必然性”而不是以往的批判者们所热衷的“偶然性”，确立内在否定的原则。就是说，关注资本主义必然形成的那些因素的历史界限，一旦超出这一界限，“肯定”就转化为“否定”，正是这一原则导致马克思发现：“社会的物质生产力发展到一定阶段，便同它们一直在其中运动的现存生产关系或财产关系（这只是生产关系的法律用语）发生矛盾。于是这些关系便由生产力的发展形式变成生产力的桎梏。那时社会革命的时代就到来了。”二是着眼于“生活的逻辑”而不是哲学家们所迷恋的“概念自身的逻辑”，确立实践优先的原则。正是这一原则导致马克思发现，工人阶级的解放是人类解放的政治形式，消灭贫困化和消除异化是未来社会的基本走向。因此，“人类解放”并不是一个“应然”，而是一种历史的必然。可以说，对于工人阶级历史作用的科学阐发，奠定了马克思主义作为科学世界观的地位。

马克思恩格斯对于现代无产者的分析，既有经验基础，又不驻足于现象，而是一种历史辩证法的透视。从经验事实看，最具有意义的事实有三：一是工人阶级是随着大工业及资本主义世界市场的扩张而形成发展的，是体现新生产力的新生阶级。二是工人阶级是人类历史上第一个有文化的劳动者阶级，这意味着它可能形成阶级意识，摆脱对于统治阶级的思想依附，由自在阶级成为自为的阶级。三是工人阶级经历了异化劳动的严酷磨炼，不仅是灾难深重的社会群体，也是坚忍不拔、纪律严明的可组织力量。鉴于以上事实，可以断言现代无产者是一个有前途、有作为的阶级。然而，马克思还从无产阶级身上看到了社会的未来走向，揭示了无产阶级存在本身的"隐喻"（或"秘密"）：无产阶级能够而且必须自己解放自己。

马克思后来在对工人阶级进一步的科学认识中，主要阐发了现代社会的两大趋势：其一，私有制社会解体和阶级消亡的趋势。在马克思看来，大量与生产资料失去直接联系、只能通过"自由"出卖自己劳动力才能形成现实的生产力的无产者存在这一事实表明，无产阶级的"无"不仅仅是经验意义上的一无所有，更是历史趋势意义上的非私有或社会占有。它不仅是先进生产力的代表，同时又是新型社会的创造者。其二，人的自由全面发展和个人自主活动新类型显现的趋势。在马克思看来，从根本上说，个人的自主活动类型取决于其同生产资料的结合方式，因而生产力的发展、交往方式的更替和个人自主活动类型的变化大体上是一致的。非独立的个人、抽象的个人和联合起来的个人，其实就是人的依赖关系（前资本主义）、物的依赖关系（资本主义）和"建立在个人全面发展"及共同占有"共同的社会生产能力"为基础的个性自由（共产主义）这三大历史形态中的个人自主活动类型。这就是说，任何类型的个人自主活动都不是自然的结果，而是历史的产物。无产阶级在传递新社会必将来临的信息的同时，必然传递着关于人的解放的新信息，这就是每一个人的自由全面发展。正是通过对无产阶级的科学分析，马克思才得以把事实和价值、历史和逻辑、现实和理想等统一起来，并通过实践观的变革而完成了历史观乃至世界观的变革。

正是从这个意义上说，马克思主义是一脉相承的科学思想体系。因此，不能人为地制造传统和当代、古典和新潮的对立。就理论的时代背景、实践主旨、世界观和方法论而言，马克思无疑地属于当代，当今世界正在不断地"进入"马克思的时代，坚持马克思主义责无旁贷；而从历史总比任何理论来得更为丰富、复杂，实践总不能为任何理论所完全穷尽、总会不断地突破理论的界限的角度看，唯有不断地理论创新才能保持理论的活力和先进性，发展马克思主义天经地义。当然，马克思哲学的当代性亦非自在地显现，而需当代研究者的创造性对接。以我们正在做的事情为中心，以马克思主义的文本为根据，以历史观、方法论、价值观和人生观为对接口，展示其当代性价值，是当今马哲史界正在做的主要工作。

彻底的批判精神和实践精神：马克思主义哲学的深刻内涵

由于马克思主义哲学对于现实的关注和对于实践的依赖，使得它呈现出与体系化哲学相当不同的特色。从概念语言上看，它不是环环相扣、密实严整的逻辑体系，而是环节上有“缝隙”，概念上有“缺位”，叙述上有“跳跃”；然而从生活逻辑上看，正是概念语言上的这些“缝隙、缺憾”，使得哲学具有面向实践的开放性，为理论和实践的相互渗透、相互转化留下了空间。这样，尽管马克思主义博大精深，充分透彻，却没有束缚住后来马克思主义者的手脚，而是为他们留下了创新理论的足够空间，更没有背离人类文明的发展大道，而是为共产党人用人类创造的一切优秀文化成果丰富自己开辟了道路。因此，研究马克思主义哲学史，绝不能从概念到概念，搞纯学理化，更不能君临天下，搞真理垄断。

事实上，实践总是以其无可比拟的丰富性突破理论的界限，因而“新问题”层出不穷；历史总是以其无可比拟的复杂性挣脱逻辑的把握，因而“曲折性”在所难免。20世纪的历史超出马克思主义创始人预想之典型事实有二：其一，世纪初的社会主义革命“东移”；其二，世纪末的“苏东剧变”和世界社会主义的低潮。社会主义革命“东移”起码从三个方面突破了马克思关于社会主义的设想：一是关于社会主义的过渡性质问题。按照马克思在《哥达纲领批判》中的设想，社会主义作为从资本主义向共产主义的过渡期是一个极其短暂的阶段，至多是几十年。然而，社会主义首先在极其落后的国度建立这一事实表明，社会主义在世界体系中将长期处于劣势，社会主义对于资本主义优越性的发挥是个艰难过程，社会主义全面取代资本主义需要长期积累和各种条件的配合。由于这一切，共产主义的实现将是一个漫长的历史过程，需要几百年甚至更长的时间。二是关于建设社会主义的模式问题。按照马克思主义创始人的设想，由于首先爆发革命的西欧北美都是资本主义发达的地区，面临着共同的社会矛盾和实践课题，因而具有统一的社会主义模式。然而，现实中首先建立了社会主义的国家之国情却千差万别，大相径庭，这就决定了必须把马克思主义和各国具体情况相结合。马克思主义必须民族化，社会主义必须特色化，这是当代马克思主义和社会主义发展的必由之路。三是关于社会主义同资本主义的关系问题。在马克思主义创始人那里，社会主义同资本主义是一种替代式的历时性关系，即相互衔接的不同历史发展阶段；然而现实中的社会主义同资本主义却是一种共时性的关系，即两者必然长期共处，既对立又合作。如何在批判和抵制资本主义中善于学习资本主义，是社会主义国家所面临的新课题，事关社会主义的兴衰成败。我国改革开放的伟大实践，是解决这一新课题的成功典范。

“苏东剧变”给所有已执政和未执政的共产党敲响了警钟。领导着世界上第一个社会主义国家的苏共在执政74年后丢失政权的事实表明，领导者不是天生的，更不是自封的，只有始终站在历史的前头，代表着广大人民的利益，才能取得领导人民的资格；尤为重要的是，领导资格的获得不能一劳永逸，而要通过不断的努力去不断地认证这一资格。中国共产党对于这一问题的最新思想成果，概括在“三个代表”重要思想中。“‘三个代表’重要思想所具有的基本点，马克思主义经典作家都有论述，但把发展先进生产力和先进文化、实现最广大人民的根本利益同坚持党的先进性联系在一起，上升到党的性质和宗旨的高度，上升到党的指导思想的高度，构成一个完整的体系，这是当代中国共产党人对辩证唯物主义和历史唯物主义的创造性运用和发展。”

可见，彻底的实践精神是马克思主义哲学的基本品格。马克思主义哲学史的基本使命，就是揭示这一品格的形成、展示和丰富完善。在马克思主义创始人那里，这种彻底的实践精神表现为相互关联的四个方面：第一，“全部社会生活在本质上是实践的”。第二，“一切历史冲突都根源于生产力和交往形式之间的矛盾”。第三，“历史活动是群众的事业，随着历史活动的深入，必将是群众队伍的扩大”。第四，“哲学家们只是用不同的方式解释世界，而问题在于改变世界”。从而清除了笼罩在历史天空上的意识形态迷雾，把被颠倒了的世界再颠倒过来，恢复了其真实的面貌。依次是：从“词语世界”回到“生活世界”；从宗教史或精神史走向现实的人及其历史发展；从精英政治和国家史进入大众政治和人民群众创造的历史；从解释世界和屈从现实转向改造世界和超越现实。说清弄懂这些发现和转变，不仅是马克思主义哲学史的要求，也是阐发马克思哲学当代性的路径。

马克思主义哲学的另一重大品格是彻底的批判精神，它是建立在唯物辩证法和唯物史观基础上的进步意识、忧患意识、求真意识和反省意识等等的总和。用马克思恩格斯自己的话加以整理，这种彻底的批判精神集中在以下四个方面：第一，从变化发展中把握事物，这无疑体现了注重发展、推动变革的进步意识。第二，“新思潮的优点恰恰在于我们不想教条式地预料未来，而只希望在批判旧世界中发现新世界。”这种立足现实、面向未来的创新意识，解决了长期以来困扰人们的一大难题，即面向诸多可能性的未来，如何使理论的前瞻性避免主观臆测。第三，“这种批判不怕自己所作的结论，临到触犯当权者时也不退缩。”这里既包含着自我批判的反省意识，又包含着不畏权贵的唯实精神，体现了彻底的科学态度。第四，“对当代的斗争和愿望作出当代的自我阐明（批判的哲学）”。这是马克思主义哲学所固有的责任意识和归属意识，是其作为工人阶级世界观的自觉追求。无论是革命时期还是建设时期，马克思主义这种彻底的批判精神都是我们巨大的思想财富。

实践还原和历史分析：马克思主义文本解读的方法论特征

从学理层面看，对于马克思主义哲学史研究关系最为密切的是相关原著的解读。本来，马克思主义对于原著的研读有着十分明确的要求，比如，恩格斯明确地告诫人们在把握唯物史观时要“根据原著来研究这个理论，而不要根据第二手的材料来进行研究——这的确要容易得多。”根据原著或最好的原著译本，尽可能详尽地占有第一手材料，把问题放在具体的历史和时代背景下把握，等等，既是马克思主义研究理论的基本要求，也被证明是正确的方法论原则。因此，试图以当代西方的“解释学”颠覆马克思主义的研究传统，割裂“文本”与现实的联系，孤立地强调“文本”自身的价值是不可取的。

寻找思想的经验基础，是唯物主义哲学的共同特征。然而，在旧唯物主义那里，这一努力是不成功的，原因就在于它们的经验基础是“抽象的个人”（人自身及其固有属性）。历史证明，要把复杂精微的精神现象及其思想形式还原为纯粹的个体经验是不可能的，“先天综合判断”、“先验观念”的存在是其不解的精神现象之谜。马克思主义哲学走的是“实践还原”的道路。在马克思看来，思想范畴大致可分为两类，即简单范畴和具体范畴。前者作为“完整的表象蒸发为抽象的规定”分析过程，较易于还原为感性经验；而后者作为“抽象的规定在思维的行程中导致具体的再现”的辩证综合过程，则完全遮蔽了其与感性直观的联系。正是这“从抽象上升到具体”的过程，支撑着黑格尔的“绝对理念”和康德的“先天综合判断”的幻觉。要祛除“具体总体”的神秘性，必须打破关于抽象的、孤立的个人的教条。换言之，不把社会关系引进个人，综合范畴的感性还原是不可能的。由此而不难理解，马克思何以称从事生产活动的“现实的个人”是唯物史观的前提，称生产活动总是指“社会个人的生产”。只有在这一前提下，历史才能还原为“生产生活”的历史，各种范畴才显现为“社会关系的理论表现”。

马克思主义具体的、历史的分析方法，基本要求有二：其一，提出或回答任何问题（包括对于原著的理解），都必须将其置放在特定的时代背景和历史环境中（不仅仅是语境），从社会的具体矛盾冲突中观照各种思想理论的冲突。其二，对于各种思想材料和资源进行加工取舍的根本依据，不是来自思想自身，而是来自实践的要求。实践按照能够创造现实、转化为现实这一根本要求，对于各种思潮、学说、主义等进行无情的筛选，并确立其历史地位。这就是说，再重要的文本，实际上也还是对现实社会关系的“摹本”，而不是“原本”。因此，尽管“解读”、“理解”必具主观性，然而“文本”如同历史一样，不是任人“戏说”、“解构”的玩偶。任何重要文本，其思想内涵、价值取向、社会影响和历史地位等都具有客观的评价尺度，绝非“怎么都可以”。马克思主义在阅读原著方面如同其解答历史之谜一样，在主观性纵横驰骋的战场树立了客观真理的坐标。

可见，虽然我们可以从包括“解释学”在内的西方思潮吸收一些营养，但从根本上不能认同，否则就是从马克思主义已经实现了的哲学变革倒退。实际上，“文本”之争从来就不是版本、译本和资料的占有之争，不是“解读”得对否的问题，而是价值观（选择性）、方法论（分析框架）之争。“文本”解读、话语霸权，本质上是意识形态领导权问题，仅靠“解释”是解决不了的，最终只能靠实践。“凡是把理论导致神秘主义的神秘东西，都能在人的实践中以及对这个实践的理解中得到合理的解决。”能否满足实践的需要，能否以自身的彻底性掌握群众，是检验理论真理性的唯一标准。实践虽然不会结束或垄断真理，但却是把思想的真理性变成现实性的唯一方式。这样，从“解释”层面看只能是多元论或相对主义的结果，通过实践就能达到现实的唯一性。这就是实践的权威性。

正因为一部马克思主义哲学史就是关于人类解放条件和规律的认识史（作为中国的马哲史界则需着重探讨马克思主义与中国实际相结合的规律史），这就注定它是与时俱进的学科，其主题和研究视野必定随着时代的变化而不断地拓展。就马克思主义自身价值而言，从其科学价值、意识形态价值向其人文价值拓展；就研究视角而言，对于非马克思主义思想成果，在坚持批判与继承相统一的前提下，更加注重“吸收”而不是排斥；就把握规律性而言，在坚持世界观、方法论和价值观相统一的前提下，更加注重历史观、人生观规律的发掘，等等。所有这些，都是今天马哲史的研究服务于中华民族复兴伟业、落实全面建设小康社会的奋斗目标、促进人的全面发展的需要。

尽管当今世界的社会主义运动仍处在低潮，然而与之并存的事实是，中国作为发展中的社会主义大国正在崛起。马克思主义在当代中国的辉煌成就，包括马哲史在内的马克思主义理论研究在中国的兴旺发达，雄辩地印证了恩格斯在马克思墓前的预言：“他的英名和事业将永垂不朽！”

（载于《马克思主义理论研究和建设工程参考资料》135 期）

马克思主义经典著作基本观点研究课题组专家学者讨论基本观点研究问题

俞可平　李慎明　顾海良　庄福龄

俞可平：立足当代实践

立足当代实践，忠实于经典著作的原意，科学完整地研究马克思主义经典著作中的基本观点；结合新的实际，通过理论创新，推动马克思主义理论的发展；努力分清哪些是必须长期坚持的马克思主义基本原理，哪些是需要结合新的实际加以丰富发展的理论判断，哪些是必须破除的对马克思主义的教条式的理解，哪些是必须澄清的附加在马克思主义名下的错误观点；引导干部群众用科学的态度对待马克思主义，用发展着的马克思主义指导新的实践。这是中央实施马克思主义理论研究和建设工程的重要目的，也是在新的历史条件下对加强和推进马克思主义经典著作基本观点研究提出的根本要求。

努力分清哪些是必须长期坚持的马克思主义基本原理。马克思主义是一个内容广博的思想体系，既包括基本原理，也包括个别观点；既包括指导原则，又包括具体结论；既包括价值观，又包括方法论。坚持马克思主义，首先就是坚持马克思主义的根本价值和基本原理。一般地说，马克思主义的根本价值就是实现共产主义的理想社会制度，其基本原理就是辩证唯物主义和历史唯物主义。为了实现解放全人类的崇高目标，马克思主义创立了一套分析和认识世界的完整理论和科学方法，也就是我们熟悉的唯物史观和唯物辩证法。贯穿于马克思主义理论体系之中的，是这样一种科学精神：对任何重大问题的认识和分析，必须实事求是，从实际出发，辩证地、历史地加以看待，而不是墨守成规，拘泥于教条和书本。我们经常说，马克思主义经典作家的个别观点和个别结论可能随着实际的变化而不再适用，但其基本原理则放之四海而皆准。然后，我们常常开列出马克思主义的基本原理一二三。其实，仔细研究和比较后就会发现，我们开列的马克思主义基本原理在不同时期和不同历史条件下，也不是完全相同的。这说明，对马克思主义基本原理仍然需要作进一步的深入研究，在更加具体的层次上分清究竟哪些是我们必须长期坚持的马克思主义基本原理。

努力分清哪些是需要结合新的实际加以丰富发展的理论判断。马克思主义是一个系统的知识体系，它要求我们以科学的态度和方法不断探求人类社会的发展规律；马克思主义是一个开放的思想体系，它要求我们以宽广的视野和胸怀不断汲取人类文明的一切优秀成果。马克思主义的目的不仅在于解释世界，更在于改造世界，其不竭的动力来源于旨在实现全人类解放的伟大实践。把马克思主义理论与当代实践相结合，用经济、政治、文化和科技等领域中的新成果去丰富马克思主义理论，是马克思主义强大的生命力所在。着眼于我国社会主义现代化事业的发展，以世界的眼光，严肃认真地研究具有重大理论意义的现实问题和具有重大现实意义的理论问题，整体性地推进马克思主义理论研究，是我国马克思主义理论工作者的神圣职责。这就需要我们努力辨识经典作家的哪些论断在当时的历史条件下是正确的，但在现时代那些历史条件已经不复存在，从而需要对这些论断进行新的反思；努力辨识我们现在面临的哪些重大理论和现实问题是经典作家所不曾遇到的，因此需要我们作出新的理论概括；努力辨识马克思主义诞生后科学研究和社会实践取得了哪些重大的突破性进展，需要我们及时地用人类文明的优秀成果来丰富马克思主义理论。

努力分清哪些是必须破除的对马克思主义的教条式的理解。作为一个科学的、开放的思想体系，马克思主义是共产党人的行动指南，而不是束缚行动的教条。作为党的指导思想的马克思主义，必须与变化着的实际情况相结合，及时汲取新鲜的营养成分，与时俱进，始终保持时代的先进性。一旦把马克思主义当作僵死不变的教条，党内就会迷信盛行，党的事业就会受到严重损害。所以，决不可僵化地、一成不变地对待马克思主义理论，更不能对马克思主义抱迷信的态度。必须科学地对待马克思主义，根据不断发展变化的现实来发展马克思主义，并对党员干部不断进行正确的马克思主义发展观教育。要达到上述目的，就必须首先弄清楚哪些东西是对马克思主义的教条式的理解，对马克思主义理论究竟存在着哪些迷信态度，在哪些方面我们对马克思主义的理解与现实相比还显得守旧和僵化。

努力分清哪些是必须澄清的附加在马克思主义名下的错误观点。许多对马克思主义不正确的和错误的理解，是在马克思主义名义下进行的。这种情况甚至在马克思在世时就曾经发生过。针对当时流行的各种在马克思主义名下的非马克思主义和反马克思主义观点，马克思气愤地说：我不是一个“马克思主义者”。这种附加在马克思主义名下的错误观点，对我们事业的损害有时甚至比那些公开的非马克思主义观点还要大，因为它更具有蒙骗性和蛊惑性。特别是这些错误观点有时还以马克思主义理论权威的面目出现，危害性就更大。从这个意义上说，努力辨清哪些是附加在马克思主义名下的错误观点，对于全面准确地坚持正确的马克思主义意义极其重大，但难度也要大得多。对于马克思主义名下的各种错误观点，还要善于区分并区别对待两种不同情况：一种是出于反马克思主义的目的，利用马克思主义之名故意歪曲马克思主义；另一种是在坚持和探索马克思主义过程中，对马克思主义的认识偏差。

努力做到上述“四个分清”，对于在新的历史条件下坚持和发展马克思主义，是一个十分紧迫的课题。应从加强党的执政能力建设的高度，充分认识马克思主义经典著作基本观点研究的重要意义，使我们的研究成果具有鲜明的时代性、针对性和实践性。

李慎明：全面准确把握科学社会主义基本原理

科学社会主义是马克思主义理论体系的最主要的组成部分和核心内容。恩格斯在《反杜林论》中，就把社会主义篇的理论部分称为他要论述的核心问题。就广义而言，科学社会主义就是马克思主义。而作为马克思主义三个组成部分之一的科学社会主义，则主要是研究资本主义社会向社会主义社会转变的规律，以及社会主义建设和社会主义由低级阶段向高级阶段发展的规律。科学社会主义是由其基本原理构成的严整的理论体系。

马克思主义经典作家对科学社会主义基本原理的提出和论证，主要是以西方资本主义发达国家的情况为基础的，因而具有典型性和普遍性。科学社会主义基本原理的长期坚持和实践运用，必须与具体的历史条件、具体的国情和具体的实践相结合。只有这样，才能真正发挥科学理论的指导作用，科学社会主义也才具有生机勃勃的活力。当这些基本原理运用到某个具体国家特别是经济文化比较落后的国家时，就必须坚持从实际出发，使科学社会主义的普遍性与社会主义具体实践的特殊性实现结合和统一。科学社会主义的发展和完善一直都伴随着对教条主义的批判。在实施马克思主义理论研究和建设工程中，我们必须破除对马克思主义的教条式的理解。我们学习、研究、应用马克思主义的科学社会主义原理，必须立足国情、立足当代，勇于进行理论创新。

科学社会主义是马克思、恩格斯运用辩证唯物主义、历史唯物主义的科学世界观和方法论，在深入剖析资本主义社会及其生产方式的基本矛盾的基础上，揭示资本主义社会必然被社会主义社会所代替的客观规律和历史发展趋势而得出的符合人类社会发展规律的科学结论。坚持科学社会主义的基本原理并结合实际加以运用，就可以为社会主义革命、建设和改革指明前进的正确方向。我们自觉地学习、掌握、运用这些体现了历史必然性的科学真理，就能够使社会主义革命、建设和改革的实践活动既符合历史发展的客观规律，又与充分发挥人民群众的历史主动性实现有机的结合和高度的统一。如果抛弃或者不能正确坚持科学社会主义的基本原理，就会使无产阶级政党的路线、方针、政策失去科学基础，甚至迷失正确的政治方向。坚持和发展科学社会主义，必须反对那种认为科学社会主义已经过时，对科学社会主义漠视、淡化甚至任意修改、歪曲的各种错误观点和倾向。

1848年，马克思、恩格斯在《共产党宣言》中明确指出："资产阶级的灭亡和无产阶级的胜利是同样不可避免的。"1859年，马克思又指出："无论哪一个社会形态，在它所能容纳的全部生产力发挥出来以前，是决不会灭亡的；而新的更高的生产关系，在它的物质存在条件在旧社会的胎胞里成熟以前，是决不会出现的。”正确认识和把握“两个必然”和“两个决不会”这两个论断之间的关系，对于我们坚持正确的理想信念，建设中国特色社会主义，具有极其重要的意义。这两个论断既有着密切的联系，又有着明显的区别。“两个必然”是一种新的社会形态代替另一种社会形态的必然规律，是社会化生产和资本占有之间的矛盾运动的必然结果。“两个决不会”则是从历史唯物主义的一般原理出发阐发的一种新的社会形态代替另一种社会形态的制约性的物质条件。“两个必然”和“两个决不会”在唯物论的基础上有着本质的一致性；但对具体社会形态的更替，我们必须作唯物而又辩证的分析：既要考虑物质条件的基础性，又要考虑人的社会实践的能动性。正如恩格斯所说：“根据唯物史观，历史过程中的决定性因素归根到底是现实生活的生产和再生产。无论马克思或我都从来没有肯定过比这更多的东西。如果有人在这里加以歪曲，说经济因素是唯一决定性的因素，那么他就是把这个命题变成毫无内容的、抽象的、荒诞无稽的空话。”

全面、准确地研究和把握科学社会主义的基本原理及其完整的理论体系，是实施马克思主义理论研究和建设工程必须坚持的正确方向。对于基本原理我们要准确理解、长期坚持；对于其理论判断，既要看到得出这一结论的具体历史背景和条件，又要注意从马克思主义完整严谨的科学体系中进行把握，并结合新的实践不断加以丰富和发展。同时，也可以借鉴其他学科和一些社会主义思潮的合理成分，来加强科学社会主义的学科建设。在这里，我们应当注意正确处理科学社会主义和中国特色社会主义之间普遍性与特殊性的关系。

顾海良：探究历史、理论与现实的交汇点

马克思主义政治经济学是由一系列基本原理构成的。这些原理是支撑马克思主义政治经济学理论体系的支柱，是理解19世纪40年代至60年代马克思、恩格斯实现的政治经济学科学革命意义的基点，是认识一个半世纪以来马克思主义政治经济学体现的科学精神的基础，也是现时代发展和创新马克思主义政治经济学的基石。

研究马克思主义政治经济学基本原理，首先应通过对马克思、恩格斯著作中有关政治经济学基本原理的全面梳理，完整、准确地阐述马克思主义经典作家有关政治经济学的基本原理，包括重要概念、基本观点、主要结论和历史背景等。其次，应综合分析国内外学者有关马克思主义经典作家政治经济学基本原理的研究成果，以及由此形成的各种理论流派和思潮，特别应关注历史上有关重要理论争论和新的理论探索，评价争论各方的主要观点、历史背景、争论结果以及对后世的影响等。在前两项研究的基础上，从总体上阐明马克思主义经典作家的基本观点及相关研究和争论的结论性看法，对必须长期坚持的马克思主义政治经济学基本原理、需要结合新的实际丰富发展的理论判断、必须破除的对马克思主义的教条式的理解和必须澄清的附加在马克思主义名下的错误观点作出明确区分。

对马克思主义政治经济学基本原理的研究，应注重历史、理论与现实的结合，形成全面理解和把握基本原理的多维视野。马克思主义政治经济学凝炼了一系列反映这一理论精髓与特质的基本原理和主要观点，如马克思、恩格斯关于政治经济学的研究对象和研究方法、政治经济学结构和体系、社会经济发展基本形态、商品经济一般规律和资本主义商品经济、劳动价值理论、剩余价值理论、资本主义积累一般规律和贫困化、资本的循环和周转、社会资本再生产和经济危机、资本主义的发展阶段和历史进程等等。如何对待这些基本原理和主要观点，从来都是马克思主义政治经济学历史发展中的重大问题。政治经济学作为一门“历史的科学”，其基本原理的现实意义完全根植于社会经济关系的变化之中。因此，应从历史发展、理论原理和社会经济关系现实变化的结合中，探寻基本原理的时代意义。

对马克思主义政治经济学基本原理的研究，应在结合新的实际过程中，不断丰富和发展政治经济学已有的理论判断。马克思、恩格斯对基本原理的理解和运用大体可以概括为两个过程：一是对社会众多经济现象的本质规定的解说，形成基本原理的抽象过程；二是把这种解说运用于一定现实的还原过程。在这两个过程中，抽象就是科学原理的形成，还原就是把抽象的基本原理运用于实践和具体。在《资本论》第1卷中，马克思揭示了资本主义积累的一般规律。他在对这个规律作了完整表述后指出：

“象其他一切规律一样，这个规律在实现中也会由于各种各样的情况而有所变化，不过对这些情况的分析不属于这里的范围。”在这里，马克思实际要表明的是：资本主义积累一般规律作为一个经济规律，和其他规律有着同样的性质，有着一般性和共性。它们的共性之一就是，规律所揭示的一般性，在实践中、在运用中会有所变化。这充分说明，原理和原理的运用之间是不能完全画等号的，原理在实际运用中会发生变化，会对原理所揭示的一般特征、规律作出修正，作出新的理论解释。

对马克思主义政治经济学的研究，应从社会经济关系的实际出发，破除对政治经济学基本原理的教条式的理解。19世纪40年代，马克思曾认为，随着生产力的巨大增长和高度发展，整个世界将体现的是世界历史的统一性，历史发展的具体的、不同的地域已经不再存在了。也就是讲，随着资本主义生产力的巨大变化，资本主义已经成为一种世界性的现象；不仅在理论上而且在现实中，任何地域性的现象已经不再可能继续存在。直到19世纪70年代以后，马克思才开始打破这一“教条”，意识到世界历史既有其统一性，又有其极大差异性，各国都会有自己的独特发展道路。他认为，19世纪70年代以后，在资本主义发达和不发达同时并存的时候，就有社会发展选择的可能，这种可能的选择就是，不经受资本主义生产的可怕的波折而占有它的一切积极成果的社会发展路径。社会演进实际存在着跨越式发展的可能性。如果坚守原有的“教条”，就必然窒息马克思关于社会发展理论的生机活力，就可能葬送具有各国特色的社会主义发展道路。

对马克思主义政治经济学的研究，应弘扬理论探究的科学精神，澄清附加在政治经济学基本原理名下的各种偏颇理解和错误观点。《资本论》第1卷出版后不久就在俄国流传开了，俄国的社会主义革命者对《资本论》给予高度的评价，奉之为神明，把其中提出的科学理论、一般原理作为一种“历史哲学”来误读，作为一种理解历史的不可更改的经典来对待。马克思认为，《资本论》中的“资本原始积累”理论所概括的就是西欧资本主义社会起源的历史。他认为：“极为相似的事变发生在不同的历史环境中就引起了完全不同的结果。如果把这些演变中的每一个都分别加以研究，然后再把它们加以比较，我们就会很容易地找到理解这种现象的钥匙；但是，使用一般历史哲学理论这一把万能钥匙，那是永远达不到这种目的的”。这一观点表明，面对相似的事变，我们应善于从不同的历史环境中得出不同的社会发展理论。因此，对政治经济学基本原理的科学探究，必须坚持马克思主义与时俱进的理论品质，从历史、理论与现实的密切结合中，澄清附加给马克思主义政治经济学的各种误读。

庄福龄:着眼于理论的继承和创新

用科学的态度研究马克思主义经典著作，是实施马克思主义理论研究和建设工程一项重要的基础性工作。马克思主义拥有卷帙浩繁的经典文献，其中既有大部头的系统的理论专著，也有对理论问题作出深入分析的科学论著，还有许多理论和实践结合、史论结合、材料翔实、说明透彻的精品力作。这些论著凝结了历史的精华和时代的智慧，是人类精神财富的宝藏，更是马克思主义基本原理最精细、最完备的载体。

继承和创新离不开历史的变化与现实的情况。研究马克思主义经典著作，要求我们正确解决继承和发展的问题。这要求我们必须研究马克思主义基本原理提出后历史究竟发生了什么变化，在变化的条件下如何认识和发展马克思主义。离开历史的变化和具体的条件来谈论马克思主义，是背离历史唯物主义的表现，也是阉割马克思主义生命力的表现，必将堵塞真理发展之路。真正的马克思主义者必须根据不断发展变化着的情况，认识、继承和发展马克思主义。

研究马克思主义经典著作，必然涉及多年来存在的对马克思主义的科学理解问题。从马克思主义发展史看，经典作家作出的理论分析和科学预见，都是在客观条件许可的情况下进行的，他们既一贯地站在时代前列指引历史前进，又从不超越历史作无根据的空想和臆测。辩证唯物论和历史唯物论总是要求把基本原理放到一定历史范围内进行具体分析，从历史的联系中作出完整的判断，既不能不顾历史条件的变化照抄照搬，也不能离开具体条件提出不切实际的要求。要把经典著作作为“正本清源”的理论根据，作为提供共同语言、共同方法的科学工具。必须结合历史和现实的情况，树立科学的马克思主义观。

研究马克思主义经典著作，既要摆脱教条主义僵化思想的束缚与影响，又要应对各种西化思潮对马克思主义基本原理和基本观点提出的挑战。所谓僵化，就是以教条主义态度对待马克思主义的错误倾向，实质上是否定以发展着的马克思主义指导新的实践，否定马克思主义与时俱进的理论品质；所谓西化，是一种全面崇拜资本主义思想文化的错误倾向，其矛头直指马克思主义基本原理和指导地位。为此，我们在研究中应破除对马克思主义的教条式的理解，澄清附加在马克思主义名下的错误观点，恢复马克思主义的本来面貌，真正做到老祖宗不能丢。

研究课题应善于从实践中提炼。马克思主义经典著作中有关辩证唯物论与历史唯物论的基本观点和基本方法有很强的理论性和现实性，它经常把普遍性的问题寓于特殊性之中，把重大的现实问题寓于深刻的哲理之中。研究这些著作，应善于把深刻的世界观和生动的社会生活结合起来，以迫切需要继承与发展的论断为重点，善于从实践中提炼有重大理论意义和现实意义的研究课题，开展系统的研究和梳理。

在辩证唯物论方面，如实践观点、发展观点、矛盾观点等在经典著作中频繁出现的基本观点，既可以从马克思主义发展史上作系统梳理，从马克思主义中国化的发展创新中作历史分析，也可以从当代社会主义实践中找到新的理论模式和更高的立足点。在历史唯物论方面，如世界历史理论、人的生存与发展理论、科技革命与社会发展理论等一般原理，均可放在突出地位进行研究，从经典著作相关内容的比较分析和内在联系上考察，力求体现历史和逻辑、历史和现实、历史和国情相结合，从时代要求和实践发展的高度揭示当今社会发展的新特点和新形式，为唯物史观写出新篇章。在马克思主义哲学文本的研究上，应以马克思主义哲学发展史上的若干重点著作为核心，围绕其理论价值、争议问题和关注焦点，进行考察、比较、分析以至作出论断。这种研究要做到综合与分析、历史与现实、史料与考证相结合，思想上要解放，写法上要创新。总之，哲学选题要善于提炼，从抽象中透示出具体，透示出时代，透示出规律，透示出未来。

精品工程应以经典著作为典范。实施马克思主义理论研究和建设工程，必须坚持高标准、严要求，以经典著作为典范，把精品意识贯穿于工程的始终，使研究成果经得起历史和实践的检验。

马克思、恩格斯的一生始终贯穿着理论上的彻底无畏精神，他们在先后发表的《共产党宣言》七篇序言中一再强调，《宣言》所阐述的一般原理的实际运用随时随地都要以当时的历史条件为转移，要求看到在历史的变化中有些提法已经过时，在许多方面应该有不同的写法。这充分体现了马克思、恩格斯在理论上与时俱进的科学态度。在《路易·波拿巴的雾月十八日》和《法兰西内战》这两篇著作中，马克思善于以唯物史观考察重大的历史事件，迅速、及时地把握事变的性质、意义及其必然后果，从中最先发现了重大的历史运动规律。马克思不仅在发展唯物史观上建立了历史性的功勋，而且善于运用唯物史观考察历史，把刚刚终结的历史事件变成生动鲜明的教材，显示出深远的历史价值。恩格斯的《家庭、私有制和国家的起源》则是以大量可靠可信的史料与政治材料写成，每一句话都不是凭空说出的。这种凭事实、凭确凿材料认识问题和解决问题的方法，即从事实中引出结论而不是把结论作为研究的出发点，对于研究所有问题都是适用的，具有普遍的意义。从中我们可以看出，马克思主义经典著作实质上具有两大特点：一是它的准确性即科学性，不说空话，以事实为根据；二是它的普遍性，即透过个性发现共性，透过具体发现一般。

马克思主义经典著作为我们在实践中正确运用和发展辩证唯物论和历史唯物论，以严谨的科学态度、理论和实践相统一的方法研究问题，树立了光辉的典范。精品工程的标准虽高，并非高不可攀；要求虽严，并非力不能及。马克思主义经典著作为我们如何运用哲学、如何进行哲学思考与哲学概括等提供了有益的启示。

（载于《马克思主义理论研究和建设工程参考资料》129期）

马克思主义经典著作研究的现状和未来

杨 金 海

一、新世纪我国马克思主义经典著作文本编译和研究的基本情况

（1）马克思主义经典著作编译工作取得新进展。由中央编译局编译、人民出版社出版的《马克思恩格斯全集》中文第二版从 1995 年起陆续问世，到 2004 年底已出版 16 卷，其中 2000 年以来出版 8 卷，计划到 2020 年出齐，共 60 到 70 卷。中央编译局在《列宁全集》中文第二版出齐以后，将新发现的少量列宁著作编成《列宁全集补遗》，其第一卷第一版由人民出版社于 2001 年出版。中央编译局还继续编译出版《马克思列宁主义文库》，均由人民出版社出版。文库收编马克思列宁主义经典作家的重要著作，以单行本的形式陆续出版。其译文和资料均以新版全集、选集为准。有些著作尚无新版的，则按照新版要求重新校订译文，编写资料。2000 年以来出版的“文库”著作有 8 本。

特别值得重视的是，2004 年 4 月中央实施马克思主义理论研究和建设工程。中央编译局在这项工程中承担了马克思主义经典作家重点著作译文的审核和修订任务，计划从《马克思恩格斯全集》中文第二版中精选出一批重点著作，先行编译成十卷本《马克思恩格斯文集》，同时编辑五卷本的《列宁专题文集》，于 2007 年一起由人民出版社出版。目前，这项工作正在进行中。

（2）对经典著作的版本进行研究。首先是对国际上《马克思恩格斯全

集》的历史考证版即MEGA版进行了研究介绍。中央编译局的德国专家艾克·考普夫和中国社会科学院哲学研究所魏小萍合著的《马克思和恩格斯原始文本的研读与探讨》文章以及中央编译局其他同志所发表的文章、学术报告集中反映了这方面的成果。同时进行的还有对经典作家其他著作的中文和外文版本的研究，如杨金海、胡永钦对《共产党宣言》的中文版本进行了梳理，顾锦屏、柴方国、侯才等对《德意志意识形态》的版本进行了研究介绍。吴道弘从出版史的角度全面回顾了1920年以来特别是建国以后我国马列经典著作的出版情况。聂锦芳发表文章，介绍了马恩全集俄文版、德文版（MEW）、英文版（MECW）、历史考证版（MEGA）的情况。

（3）对经典著作的文本进行考证研究。中央编译局的《马克思恩格斯列宁斯大林研究》刊物对新发现的经典作家文献和有关研究资料进一步作了翻译和研究介绍。同时，一些学者对马克思恩格斯的中文文本和原文本进行了比较研究，发表了研究成果，如聂锦芳的《清理与超越——马克思文本研究的意旨、基础与方法》，金海民的《马克思与莱茵报》，孙伯锳、张一兵的《走近马克思》，张一兵的《回到马克思》，陈学明的《走进马克思》，周宏的《理解与批判：马克思意识形态理论的文本学研究》等。赵倩等翻译了德国李博（Wolfgang Lippert）撰写的《汉语中的马克思主义术语的起源与作用：从词汇—概念角度看日本和中国对马克思主义的接受》。

（4）对经典著作重要概念的翻译进行讨论。随着对重大理论问题和现实问题研究的深入，人们逐渐把目光转向理论的源头，不仅考察马克思主义经典著作中重要概念的中文含义，还探讨其原文含义，这就涉及到翻译问题。例如，有学者对《共产党宣言》中“两个决裂”的翻译特别是对“传统”（überliefert）一词的译法提出批评，认为应当译成“流传下来的”，并认为这一翻译“错误”是造成文化虚无主义的根源。为此，一些专家学者撰文进行反批评。又如，有学者对《共产党宣言》等著作中有关共产主义是要“消灭”（aufheben）私有制的译法提出质疑，认为应当译为“扬弃”私有制。有学者撰文《私有制——消灭？废除？扬弃？——关于马列著作译文方面的争论》、《〈共产党宣言〉中关于“消灭私有制”的译法是正确的》，从翻译角度和理论角度对上述观点进行了澄清。

(5) 对文本研究的方法进行讨论。一般认为，到目前为止，对马克思文本的解读有五种模式：一是“以恩解马”，即19世纪后期恩格斯对马克思文本的解读；二是“以苏解马”，即20世纪上半叶苏联对马克思和恩格斯文本的解读；三是“以西解马”，即20世纪中叶以后西方马克思主义对马克思和恩格斯文本的解读；四是“以我解马”，即20世纪后期特别是苏联东欧解体后社会主义国家对马克思和恩格斯文本的解读；五是“以马解马”，即今天大家比较认同的以马克思和恩格斯的文本为根据对马克思和恩格斯的思想进行解读。

历史上的这些解读模式都有一定的历史合理性，但也都或多或少存在问题。随着国内马克思主义研究的深化，“以马解马”的呼声日益高涨。

如何才能做到“以马解马”？比较一致的看法如下：一是认真研究马克思和恩格斯的文本，不仅研究中文文本，还要研究原文文本。二是对经典著作中的一些重要概念，既要弄清其字面含义，还要弄清当时的独特语境。三是对“语境”要深入研究，既要研究“小语境”，即所研究概念的前后文，也就是英文中的“context”，还要研究“大语境”，也就是当时的整个历史背景，包括社会状况、文化环境、别人的有关文本以及经典作家自己的人生道路、理论来源、理论起点、理论脉络、理论体系、理论逻辑、精神实质等。四是联系我们所处的时代和实践的需要来研究，首先弄清对我们今天的实践有重大现实意义的一些理论问题。五是要建立我国的科学的“马克思学”，乃至建立“马克思主义学”，对马克思主义进行总体性、综合性研究，打破过去“三分法”的研究模式，即只注重研究马克思主义哲学、政治经济学和科学社会主义而忽略对马克思主义综合性研究的模式。六是要挖掘文本研究与其他各种研究之间的关系，如与马克思主义研究、马克思主义发展史研究、马克思主义哲学史研究、其他人对马克思主义文本的研究等关系，还要处理好文本研究中主体性与客体性的关系、文本研究与理论研究的关系、文本研究与现实的关系等。

(6) 对文本研究本身进行研究。有的学者对这种文本研究的历史和现状以及未来发展趋势作了介绍和分析，特别是分析了目前我国出现的“回到马克思”现象，指出了它的必然性和存在的问题。

二、马克思主义经典著作中基本观点研究的情况

(1) 对经典作家的与时俱进精神进行研究。代表性的著作有《马克思主义是发展的理论——马列著作专题读本》、《解放思想史话——马克思主义发展史专题读本》等，文章有《马克思、恩格斯、列宁关于发展马克思主义的论述摘编》、《马克思、恩格斯、列宁怎样在实践中发展马克思主义》等。这些成果发表后，在全党和全社会引起了较强烈的反响，对推动马克思主义发展史的学习、弘扬与时俱进的时代精神，起到了积极作用。

(2) 对马克思主义进行整体研究。越来越多的学者认为，过去我们把马克思主义分成三个部分来研究和讲授，虽然对发展具体学科有益，但忽视了对三者之间联系的研究和理解，造成了对马克思主义总体研究和总体理解的缺失。因此，今天特别应当加强对马克思主义的整体研究，把经典作家的哲学思想、政治经济学思想与科学社会主义思想联系在一起甚至看作一个统一的系统来研究。这样才能发现马克思主义是一个科学性与价值性相统一的科学体系，其价值性在于提出了最高的价值目标，即解放全人类，实现人的自由而全面的发展；其科学性在于揭示了人类社会的发展规律。

(3) 对马克思主义来源重新探讨。越来越多的学者认为，马克思主义的来源，特别是马克思思想的来源不只是过去讲的三块即德国古典哲学、英国的古典政治经济学和法国的空想社会主义，还有近代西方人文主义、古希腊哲学思想等。

(4) 对唯物史观进行重新思考。对唯物史观的一系列观点进行了深入探讨，有的争论还相当激烈。例如有的学者对唯物史观提出质疑，认为其中包含着重大理论缺陷，提出要用“唯物辩证的以实践为基础的系统史观”的概念代替唯物史观。但多数学者认为，对唯物史观的个别观点可以讨论，但不能简单地全盘否定唯物史观。

(5) 对政治经济学的一些重要理论问题进行深入研究，特别是在党的十六大之后，对劳动价值论、剩余价值论、所有制、按劳分配等理论进行

了热烈讨论，加深了对这些问题的理解。

（6）注重经典作家对资本主义新认识的研究。一是注重对马克思关于“两个必然”和“两个决不会”思想关系的研究。许多人认为，马克思在《共产党宣言》和1859年《〈政治经济学批判〉序言》中分别提出了“两个必然”和“两个决不会”论断，前者强调资本主义的丧钟已经敲响，后者则同时强调资本主义在它还能容纳生产力发展的时候是不会灭亡的。过去我们比较注重前者而忽略后者，这是对资本主义作出错误估计的思想根源之一。二是对资本主义生产方式向社会主义的过渡形式进行研究。有不少学者认为，马克思在《资本论》中认识到，资本主义的股份制和工人的合作工厂一样，都是在资本主义内部出现的新的社会生产方式的生长点或过渡形式，但过去我们统统把股份制看作资本主义的东西，这是我们长期不敢搞股份制的思想根源之一。三是对恩格斯晚年关于资本主义的新认识进行研究，特别是对恩格斯1892年写的《1891年社会民主党纲领草案批判》、《〈英国工人阶级状况〉1892年德文第二版序言》等进行研究。学者们认为，恩格斯在这里肯定了资本主义还有发展潜力，并对过去的一些错误判断进行了自我批评。四是对列宁晚年关于利用资本主义来发展社会主义的思想进行了研究，特别是对1921年以后列宁关于新经济政策的有关文献及其思想进行了深入研究。这些研究对我们今天正确认识资本主义、处理好社会主义与资本主义的关系有重要意义。

（7）注重对经典作家关于社会主义新认识的研究。对马克思1881年《致斐·多·纽文胡斯》、恩格斯1871年的《论住宅问题》、特别是恩格斯1895年的《卡·马克思〈1848年至1850年的法兰西阶级斗争〉一书导言》进行了研究，认为马克思恩格斯晚年更加强调批判空想社会主义，反对人为地设计未来的社会主义；更加强调社会主义革命的成功还需要很长时间，要从实际出发，认真研究资本主义的新变化，以此来确定无产阶级革命的政策和策略；强调在有条件的国家，工人阶级要争取利用普选权取得政权。这些研究对我们今天正确认识社会主义以及世界社会主义运动都有重要意义。

（8）注重对经典作家关于东方落后国家社会发展道路思想的研究。对马克思给《纽约每日论坛报》写的有关评论和《给维·伊·查苏利奇的复信》(1881)、恩格斯《论俄国的社会问题》(1894)以及马克思恩格斯关于东方社会研究的笔记进行研究，加深了对马克思主义关于社会发展规律和发展道路的理解，特别是认识到在东方落后国家要建设社会主义，必须尽快掌握西方发达资本主义所创造的现代化的社会生产力和交换体系，自觉铲除封建主义的思想基础。

(9) 注重对马克思恩格斯关于全球化思想的研究。马克思恩格斯在《德意志意识形态》、《共产党宣言》、《资本论》等著作中有大量的关于全球化思想，虽然他们没有用“全球化”这个术语，而是使用了“世界历史”等概念，但他们的这方面思想是丰富的。通过研究，进一步丰富了我们对人类社会发展规律的认识。

(10) 注重对经典作家关于人的发展思想的研究。马克思在《1844年经济学哲学手稿》、《德意志意识形态》、《共产党宣言》以及《社会主义从空想到科学的发展》等著作中有大量关于人的自由而全面发展的思想，但过去研究不够。近几年来，特别是2003年党中央提出“以人为本”的科学发展观以来，大家对这些思想展开了大讨论，加深了对人的发展规律以及人的发展和社会发展关系的认识。

(11) 注重对经典作家政治文明和执政党建设思想的研究，特别是对列宁关于加强社会主义民主、政治体制改革、反对官僚主义以及社会主义文化建设的思想进行了深入研究，加深了对社会主义建设规律和执政党建设规律的认识。

(12) 注重对经典作家关于社会协调发展思想的研究，特别是对恩格斯《自然辩证法》中有关人与社会、自然协调发展的思想进行了深入研究，对我们构建社会主义和谐社会有重要意义。

三、马克思主义经典著作研究的未来趋势

(1) 马克思主义经典著作的编译工作将会取得新的重大进展。到2007年，由中央编译局精心编译的《马克思恩格斯文集》十卷本和《列宁专题文集》五卷本将问世。到2010年《马克思恩格斯全集》中文第二版将出版过半，达30部左右。一些新发现的经典文献译文将面世，对原有译文

的一些重要修改也将完成，这将大大促进马克思主义基础理论研究工作。

(2) 经典著作文本研究将从目前的良好开局阶段进入实质性研究阶段。随着MEGA版新文献的不断引进、翻译、介绍以及其他文本、其他有关文献的引进和研究，随着我国新一代学者外语水平的提高以及国际学术交流的增加，广泛的文本研究将会展开。一个全新的马克思主义理论研究领域将展现在人们面前，将使基础理论研究、马克思主义发展史研究等出现新的气象，在研究方法、研究内容、理论体系建构等方面取得新的成果。

(3) 经典著作的基本观点研究将进入一个新阶段。

首先，在什么是基本观点的问题上展开广泛研究。对过去确定的基本观点要研究，对过去忽视的基本观点也要研究，对那些过去忽视的而今天对实践特别具有意义的基本观点更要深入研究，如马克思恩格斯关于人的全面发展、全球化、社会协调发展、民主政治建设、产业结构转化、资本主义新变化、社会主义和资本主义关系的思想，列宁关于社会主义经济建设、政治建设、文化建设、执政党建设等思想更需要深入研究。

第二，对有关“三大规律”(即人类社会发展的规律、社会主义建设的规律和执政党建设的规律）的基本观点研究将进一步深入。过去与革命有关的问题研究较多，对其他问题没有研究或研究较少。今天越来越多的人认识到，我们党作为执政党，现在应当更多地从社会主义建设的角度去看待马克思主义，更多地研究经典著作中的社会发展理论，特别是关于社会主义社会建设的理论，这样才能展示马克思主义的生命力，理论研究才能指导实践。

第三，马克思主义的整体性研究将深入展开。这方面的问题很多，例如什么是马克思主义，其广义和狭义如何界定？什么是马克思主义基本观点？什么是马克思主义的革命理论和建设理论，二者关系如何？马克思主义关于“三大规律”的思想能不能形成一个理论体系？这样形成的马克思主义理论体系与原有的“三个组成部分”是什么关系？等等。这些重要问题的研究，将使马克思主义基础理论研究面貌一新。

同时，新的理论研究和宣传手段将大大发展。随着电脑以及国际互联网的普遍使用，马克思主义研究、交流和普及的手段方法将空前改善，大型马克思主义理论网站将建立起来，网上马克思主义文献资源库将发挥更大作用。同时，一些大型理论电视文献片将问世，理论研究与现代电视艺术的结合、与网络技术的结合将成为理论战线的一个新亮点和新空间。

（载于《马克思主义理论研究和建设工程参考资料》170期）

论马克思人的全面发展理论

吴 向 东

一、人的全面发展思想的提出

任何一种学说都有自己的理论前提和出发点。马克思在批判吸收了黑格尔“绝对观念”和“感性直观的现实的人”等主体概念之后，找到了专属于自己的理论出发点：感性活动着的“现实的个人”。这里，“现实的个人”是从事感性活动着的人，从而也是社会的、历史的个人。这一概念的提出，表明了马克思哲学与旧哲学的分野，实现了马克思思想的历史起点和逻辑起点的统一。

当马克思把观察的视野真正转向现实中的人的时候，他发现了现实人的真实处境：异化，从而为自己时代同时也为自己的理论研究找到了最深刻的课题。马克思发现，资本主义不是没有解放生产力，而是没有解放人。资本主义取得了伟大成就并没有能够使人获得实际解放，反而使人处于深刻的异化状态。

针对资本主义的异化现象，马克思提出了他一生所追求的未来社会的理想目标：异化的消除，无产阶级乃至整个人类的解放，每个人的全面而自由的发展。马克思基于客观历史规律的把握，把共产主义视为资本主义之后更高的社会形态。共产主义是一种制度，也是一种价值，它以每个人全面而自由的发展为最高价值。这种价值是共产主义制度的核心和灵魂，集中反映了该制度的性质，决定着其演化发展的方向，为它奠定最终的合法性和正当性的基础。正是在这个意义上，马克思称它为共产主义的基本原则。

二、人的全面发展之内涵

人的全面发展就是“人以一种全面的方式，也就是说，作为一个完整的人，占有自己的全面的本质”。

第一，人的活动特别是人的劳动活动的全面发展，以及人的需要和能力的全面发展。马克思认为，活动的全面发展表现为活动的内容和形式充分达到丰富性、完整性和可变动性，而不是社会活动的贫乏化、片面化和固定化。改造自然界的活动，改造社会的活动，改造人自身的活动（如教育活动、艺术活动、宗教活动和审美活动等）全面生成和丰富，同时人们不再屈从于被迫的分工和狭隘的职业，每个人按自己的天赋、特长、爱好，自由地选择活动领域，不仅从事体力劳动，而且从事脑力劳动，不仅参加物质生产劳动，而且参加经济、政治、社会生活的管理活动，进行科学艺术的创造活动等。

人的活动的全面发展还表现为人的需要和人的能力的全面发展。需要是人的本性，是活动的动力和目的，“任何人如果不同时为了自己的某种需要和为了这种需要的器官而做事，他就什么也不能做。”人的能力是实现需要的手段，是主客体对象性关系得以建立的必要条件之一。人的需要的全面发展意味着需要随着活动的全面发展愈益形成包括生存、享受和发展等层次递进的丰富体系，个人按照自己的自主活动来发展一切合理的需要，并将较低层次的需要当作直接满足发展“自由个性”最高层次需要的前提。人的能力的全面发展意味着人全面地发展自己的一切能力，即全面发展自己的体力和智力、自然力和社会力、潜力和现实能力等；并在实践活动中发挥他的全部才能和力量。

第二，人的社会关系的全面丰富、社会交往的普遍性和人对社会关系的全面占有与共同控制。社会关系是劳动实践活动的展开，社会关系实际上决定着一个人能发展到什么程度。社会关系的全面丰富意味着个人与他人，不仅是作为社会群体中某一成员的身份，而且还作为个人与他人发生相互的关系；人们摆脱了以往个体、分工、地域、民族的狭隘局限性，形成了各个方面、各个领域、各个层次的社会联系；人们的经济关系、政治关系、法律关系、伦理关系、宗教关系、文化关系等全面生成，由贫乏变得丰富，由封闭变得开放，由片面变得全面，并且得以协调和谐发展。

人的社会关系的全面丰富必然包含着人的社会交往的普遍性。交往的普遍性意味着随着生产力、分工和交换的发展，个人作为独立的主体越来越积极地参与各领域、各层次的社会交往，个体之间的交往、个体与群体和社会的交往得以广泛建立和实现；人的物质交往和精神交往充分发展，并形成良性互动；交往从自发的自然共同体交往、社会共同体交往转向世界共同体交往，个人越来越成为世界历史中的个人，成为世界性的公民，同整个世界的生产发展实际联系，能够利用人类全面生产的一切积极成果丰富和发展自己。

第三，人的素质的全面提高和个性的自由发展。人的素质和个性随着人的活动的多样化、社会关系的丰富化形成、发展起来。人的素质的普遍提高，表现为人的生理素质、心理素质、思想道德素质和科学文化素质等发展和完善，以及各种素质之间的均衡协调发展。人的个性的发展表现为个人主体性水平的全面提高，以及个人独特性的增加和丰富。也就是说人的自觉能动性、创造性和自主性得到全面发展，个性的模式化、同步化、标准化被消除，个性的单调化、定型化被打破，每个人都追求并保持着独特的人格、理想、社会形象和能力体系，显现着自己独特的存在，呈现出与众不同的差异性，即个人的唯一性、不可重复性、不可取代性，社会因此而充满生机和活力。

必须进一步指出，马克思所说的“人的全面发展”中的人，不是抽象、孤立的人，而是指现实的、具体的、社会中的个人，不是“某一个人”，而是“每一个人”。全面发展、自由发展、充分发展、和谐发展在“每一个人的发展”内部是相互联系，不可分割的。

三、人的全面发展的现实道路

马克思将人的全面发展这一理想，奠基于人的活动规律，也即实践辩证法、历史辩证法的基础之上，主要从生产力、社会关系（制度）等维度，努力为人的全面发展寻找到一条现实道路。

1. 生产力与人的全面发展。马克思强调，生产力标志人和自然之间的现实关系，是人类改造自然使其适应人和社会需要的客观物质力量。它是人的存在的物质前提，也是人的全面发展和社会发展的最终决定力量。

人的发展首先表现为人的活动和能力的发展，生产力是人的最重要的实践活动。在人的实践活动中，最重要的是物质生产活动。发展社会生产力，不仅可能保证一切社会成员有富足的和一天比一天充裕的物质生活，而且还可能保证他们的体力和智力获得充分的自由发展和运用。人的发展也表现为人的社会关系的发展，生产力是交往关系、生产关系以及全部社会关系的基础，正是生产力的发展变化引起了交往关系、生产关系从而全部社会关系的变化。人的发展还指人的个性发展，生产力是“自由个性”的现实基础。马克思说自由个性是建立在个人全面发展和他们共同的社会生产能力成为他们的社会财富这一基础之上的。由于生产力的发展是个过程，人的个性发展也只能是个过程。

生产力的高度发展为人的全面发展提供自由时间。自由时间是使个人得到充分发展的空间。以科学技术为代表的生产力高度发展意味着劳动生产率得到极大提高，单个工作日中必要劳动时间所占比例越来越小，整个社会和社会的每个成员可以自由支配的时间越来越多。马克思说：在未来社会里，社会生产力的发展将如此迅速，以致尽管生产将以所有的人的富裕为目的，所有的人的可以自由支配的时间还是会增加。因为真正的财富就是所有个人的发达的生产力。

2. 制度与人的全面发展。生产力的发展离不开一定的社会关系，人们只有以一定的方式共同活动和互相交换其活动，才能进行生产。为了进行生产，人们相互间便要相互交往，发生一定的联系和关系，从而形成制度。马克思说：“制度只不过是个人之间迄今所存在的交往的产物”，而且是必然产物。“在生产、交换和消费发展的一定阶段，就会有一定的社会制度。”马克思强调人是社会存在物，也就是强调人是制度的存在物。

制度真实地影响、制约、塑造着人们的活动，为人的活动提供了规则、标准和模式，将人的活动导入可合理预期的轨道，给人们提供了从事活动的实际空间。制度规范着人们的社会关系，在现实社会中，人是通过制度与他人、与社会发生关系的。制度确定的关系不仅是人具有社会性的机制，而且是这些关系成为人的现实关系的机制。制度还决定着人们的思想观念，发展着人们的个性。

四、人的全面发展的历史进程

马克思认为，人是历史的前提和出发点，也是历史的产物和结果，人们的社会历史始终只是他们的个体发展的历史，因此他从人的发展的视角去透视人类社会历史，揭示了人的发展的历史过程及其规律。

第一，在前资本主义社会即人的依赖关系这一最初的社会形态中，个人的生存状态是低下的，人的发展表现为：原始丰富性的活动和能力、人的依赖关系和缺失的个性。在最初的社会形态中，人的活动和能力表现为“原始的丰富性”。活动的目的是人，而不是别的什么。由于社会分工极不发达，人的活动还没有分割，人的活动和能力具有完整性即丰富性。但是，这种活动和能力的丰富性是“原始的”，即人的活动和活动能力是不发展的、不充分的、不深刻的，具有简单、粗陋的性质。人受制于自然，没有成为与自然对立并征服自然的自主存在。

人们的社会关系在这一时期是以自然血缘和宗法关系为纽带的地方性联系，表现为人的依赖关系。个人依附于一定的共同体。自然血缘关系、政治上的统治和服从关系是人们之间关系的主要特征。这种血缘关系、统治和服从的关系，不管是自然发生的还是政治性的，其性质不论是家长制的、古代的或是封建的，根本上都是人的依赖关系，表现为人的限制即个人受他人限制的那种规定性。

第二，资本主义市场经济取代自给自足的自然经济，人和社会发展到以物的依赖性为基础的人的独立性的阶段。在这一社会形态中，人的发展表现为片面发展的活动和能力、物化的社会关系、独立——物役的个性。人的活动和能力特别是改造自然的活动和能力得到前所未有的发展。但是资本主义社会化大生产又使人的活动和能力的这种发展呈现出片面化、畸形化和异化。劳动对工人说来是外在的东西，不属于他的本质的东西，劳动者在劳动中不是肯定自己，而是否定自己，不是感到幸福而是感到不幸，不是自由地发挥自己的体力和智力，而是使自己的肉体受折磨，精神受摧残。

在资本主义社会，人的发展具有悲壮的色彩，人类整体发展总是伴随着个体的巨大付出与牺牲；人的发展表现为异化和颠倒的状态。从一定意义上说，资本主义市场经济造成了人的异化，同时也为这种异化状态的克服提供了前提条件，是人的全面发展的历史前提和基础。

第三，基于对第一、第二两大社会形态中个人发展的考察，马克思揭示了第三大社会形态——未来共产主义社会中个人全面发展的趋向：建立在个人全面发展和他们共同的社会生产能力成为他们的社会财富这一基础上的自由个性。资本主义社会关系的物化和颠倒，绝不是社会生产的某种绝对必然性，而是一种暂时的必然性。事实上，历史不会停留在这一状态，它通过资本主义这种极端异化的形式造就了人的全面发展的条件和因素，提出了人的全面发展的客观要求。

共产主义取代资本主义，成为资本主义之后的更高阶段，其使命就在于：把物的独立性变成人的独立性，把孤立的、片面的、空虚的人变成全面联系的、丰富的、自由的人。个人作为个人且根据自己意愿充分自由地表现和发挥其主体性和创造能力，自由地创造和展示自己的本质与独特性，自由地实现自己的个人生活和社会生活。

同时，共产主义并不意味着人的发展的终点。人是实践的存在物，实践是开放的、生成的，正是实践的特点、本质内容和实践的内在矛盾运动使人“不是力求停留在某种已经变成的东西上，而是处在变易的绝对运动之中”，从而使人的全面发展呈现为一个在实践中不断生成的过程和一种无限开放的状态，永远也不会达到所谓“完美”的终点。共产主义的实现只是人的全面发展的“开始”。到了共产主义，“作为目的本身的人类能力的发展，真正的自由王国，就开始了。”

（载于《马克思主义理论研究和建设工程参考资料》143期）

马克思恩格斯的社会和谐思想

贾　建　芳

唯物史观为和谐社会理论奠定了科学的世界观和方法论

和谐是指事物协调、均衡、有序的发展状态。社会和谐是指社会共同体内各种要素处于相互依存、相互协调、相互促进的状态。实现社会和谐，建设美好社会，始终是人类孜孜以求的一个社会理想，也是包括中国共产党在内的马克思主义政党不懈追求的一个社会理想。我国古代思想家、西方学者及空想社会主义者关于和谐社会的思想，反映了人们对美好社会的向往和追求，尤其是空想社会主义者“提倡社会和谐”的主张曾经得到马克思恩格斯的肯定。但是，由于主客观方面的历史局限性，他们不可能正确地认识社会，揭示社会的本质，也不可能找到实现和谐社会的基本动力、依靠力量和正确途径。

马克思恩格斯以唯物史观和剩余价值学说为理论武器，通过剖析资本主义生产方式和交换方式，揭示了资本主义生产和剥削的秘密，指出了无产阶级与资产阶级对立的经济根源，从而找到了变革资本主义、实现社会主义的正确道路和依靠力量即工人阶级，使社会主义从空想发展成为科学。科学社会主义从根本上说，就是人类最终实现社会和谐和人的自由全面发展的科学理论体系。

科学社会主义揭示了人类历史发展的必然趋势。马克思恩格斯认为，资本主义文明超过了以往一切社会。资产阶级通过政治大革命确立了资产阶级的政治统治，资本主义生产关系和上层建筑的变革极大地促进了生产力的发展，为未来社会创造了前所未有的物质前提。但是，资本主义文明是在种种不和谐的矛盾中产生和运行的，资本主义社会存在着不可克服的矛盾，这就是社会化生产与生产资料资产阶级私人占有之间的矛盾，这是资本主义社会的基本矛盾。这个基本矛盾决定了资本主义社会是个片面的畸形发展的社会。资本主义发展所造成的社会不平等和两极分化、人的畸形发展和异化等弊端，都是资本主义生产方式造成的。只有铲除这种生产方式及与之相适应的整个资本主义制度，用共产主义代替资本主义，才能从根本上消除种种不和谐现象。马克思和恩格斯认为，无产阶级反对资产阶级的斗争，必然导致无产阶级革命。无产阶级和广大劳动人民是变革不和谐的旧世界、创建和谐新社会的社会主体力量。阶级斗争和无产阶级革命是走向社会主义和谐社会的基本途径。

科学社会主义揭示了未来和谐社会的本质规定。马克思恩格斯针对资本主义社会人的不平等发展、畸形发展和不自由发展，揭示了未来社会的本质。他们指出："代替那存在着阶级和阶级对立的资产阶级旧社会的，将是这样一个联合体，在那里，每个人的自由发展是一切人的自由发展的条件。"恩格斯在 1894 年 1 月 9 日致卡内帕的信中，应《新世纪》周刊"用简短的字句来表述未来的社会主义纪元的基本思想"的请求，摘下了这段话作为答复。他说：除了从《共产党宣言》中摘出上面这句话，再也找不出合适的了。人的自由而全面发展是未来社会主义社会区别于其他一切社会的显著特征和根本标志，是人类社会发展的最高目标，是文明进步的尺度。

科学社会主义指出了实现未来和谐社会的基本条件。和谐社会是以生产力的巨大增长和高度发展为前提的。"生产力的这种发展……之所以是绝对必需的实际前提，还因为如果没有这种发展，那就只会有贫穷、极端贫困的普遍化；而在极端贫困的情况下，必须重新开始争夺必需品的斗争，全部陈腐污浊的东西又要死灰复燃。"生产力的高度发展必然要求生产资料社会占有。资本主义生产关系曾极大地促进了生产力的发展，却又与发展着的生产力越来越不相适应，表现为社会化生产与资本主义私人占有之间的矛盾。当资本主义私有制成为生产力发展的桎梏的时候，社会革命的时代就要到来，资产阶级私有制就要被废除。“共产主义的特征并不是要废除一般的所有制，而是要废除资产阶级的所有制。”“废除私有制甚至是工业发展所必然引起的改造整个社会制度的最简明扼要的概括”。未来社会与资本主义制度“具有决定意义的差别当然在于，在实行全部生产资料公有制（先是单个国家实行）的基础上组织生产。”因此，“共产党人可以把自己的理论概括为一句话：消灭私有制。”废除资产阶级私有制、实行生产资料的社会占有必然带来生产方式的一系列变革：一是生产力加速发展；二是商品货币将被废除；三是在社会化大生产的基础上有计划地组织生产；四是消费资料实行按劳分配的原则。当社会财富充分涌流时，社会实行“各尽所能，按需分配”。生产力和生产关系一旦达到了一定程度，不仅阶级压迫和剥削消灭了，而且一切阶级对立和阶级差别也消灭了，从而作为阶级统治工具的国家也逐渐消亡。在未来社会的第一阶段，人们在道德和精神方面都还带着它脱胎出来的那个旧社会的痕迹；到了高级阶段，人们的思想觉悟和精神境界将极大提高。总之，只有生产关系与生产力相适应，经济基础与上层建筑相适应，才能实现社会全面协调发展和人的自由全面发展。

唯物辩证法揭示了社会系统内各要素的辩证运动

马克思恩格斯运用唯物辩证法揭示了人与自然、人与社会、人自身的辩证关系。

马克思恩格斯把人和自然的关系看作是一个复杂的对立统一体，揭示了人和自然的关系。人类来源于自然界，依靠自然界生活，在自然界中表现和实现自我。人类在不断地与自然界进行物质、能量、信息交换的过程中，改造了自然，也创造了自然。自从人类产生以来，人类通过生产活动和其他活动，做了很多有利于生态平衡的事，如栽培植物，驯养动物，植树造林，改良土壤，疏通河道等。但是，人类往往从自己最直接的利益出发去征服自然，因而又破坏了生态平衡。恩格斯指出，人类征服自然的每一次胜利都导致了自然界冷酷无情的报复。他告诫人类“不要过分陶醉于我们人类对自然界的胜利。对于每一次这样的胜利，自然界都对我们进行报复。每一次胜利，起初确实取得了我们预期的结果，但是往后和再往后却发生了完全不同的、出乎预料的影响，常常把最初的结果又消除了”。恩格斯指出，当人们仍然受到自然规律支配而不能自觉地利用自然规律时，人还没有最终脱离动物界。人类的行为违背生态平衡就会遭到自然界的惩罚。应当正确认识和运用自然规律，实现由必然王国向自由王国的飞跃。正如恩格斯所说：“我们对自然界的全部统治力量，就在于我们比其他一切生物强，能够认识和正确运用自然规律。”“事实上，我们一天天地学会更加正确地理解自然规律，学会认识我们对自然界的惯常行程的干涉所引起的比较近或比较远的影响。特别从本世纪自然科学大踏步前进以来，我们就愈来愈能够认识到，因而也学会支配至少是我们最普通的生产行为所引起的比较远的自然影响。”

人与自然界进行物质变换是通过劳动来实现的，人们在劳动的过程中必然结成一定的社会关系，并且人与自然的关系只有通过人与社会的关系才能表现出来。因而，社会成为人和自然的关系的中介。这样，社会性质决定了人与自然的关系。在前资本主义时期，人类生产的目的是获得使用价值，“需要的界限就是生产的界限”，人和自然之间维持一种原始的共生关系。资本主义生产不再是为了获得使用价值而是价值，价值增殖和积累的无限需求使资本主义生产呈无限扩大的趋势，以资本主义生产方式经营的工业和农业给人和自然都带来了严重的灾难。只有铲除资本主义生产方式以及与之相适应的整个社会制度，实现共产主义，才能实现人、自然、社会之间的和谐发展。“共产主义，作为完成了的自然主义，等于人道主义，而作为完成了的人道主义，等于自然主义，它是人和自然界之间，人和人之间的矛盾的真正解决……它是历史之谜的解答，而且知道自己就是这种解答。”

马克思恩格斯揭示了人与社会之间的关系。马克思认为，只有在社会环境中，人才能成其为人，人的肉体存在才能超越其纯粹的生物学意义，作为自然界的一部分进入历史过程，从而获得“人”的规定，变成真正的人的存在。马克思恩格斯反对抽象地谈论人，而把人理解为生活在现实的、历史地发生和历史地确定了的世界里面的“现实中的个人”，并揭示出“人的本质不是单个人所固有的抽象物，在其现实性上，它是一切社会关系的总和”。

马克思指出：“全面发展的个人——他们的社会关系作为他们自己共同的关系，也是服从于他们自己的共同的控制的——不是自然的产物，而是历史的产物。要使这种个性成为可能，能力的发展就要达到一定的程度和全面性，这正是以建立在交换价值基础上的生产为前提的，这种生产才在产生出个人同自己和同别人的普遍异化的同时，也产生出个人关系和个人能力的普遍性和全面性。”这表明个人社会关系的普遍性和全面性是个人全面发展的重要内容。

马克思指出：“社会关系实际上决定着一个人能够发展到什么程度。”人与社会关系的发展经历了三个阶段。第一个阶段是人对人的依赖关系。在人类社会发展初期，在以血缘关系为纽带构成原始共同体中，人们之间的关系是基于生存需要而产生的本能的依存和自发的结合，只是在孤立的地点和狭窄的范围内发生地方性的联系。“无论个人还是社会，都不能想象会有自由而充分的发展，因为这样的发展是同个人和社会之间的原始关系相矛盾的”。第二个阶段是人对物的依赖关系。资本主义的发展打破了限制个人交往的血缘关系、等级差别，人对物的依赖关系取代了人对人的依赖关系，社会形成了普遍的物质交换、全面的关系、多方面的要求以及整体能力的体系。马克思指出：“在产生出个人同自己和同别人的普遍异化的同时，也产生出个人关系和个人能力的普遍性和全面性。”“毫无疑问，这种物的联系比单个人之间没有联系好，或者比只是以自然血缘关系和统治服从关系为基础的地方性联系要好。”然而，资本主义社会形成的普遍的社会物质交换和全面关系仍然受到了限制。第三个阶段是人们在丰富的和全面的社会关系中获得自由与全面的发展，“他们的社会关系作为他们自己共同的关系，也是服从于他们自己的共同控制的”。

因此，社会关系的丰富和发展是指人类从低下的生产力基础上的简单、狭隘、封闭的社会关系向高度发达的生产力和生产高度社会化基础上的全面、开放的社会关系的发展；由血缘关系和类似动物生存竞争关系并受其盲目支配的社会关系向真正属于人的生存状态并为人自觉调控的社会关系的发展；由使人奴隶般地服从于固定的社会分工和由此而导致的畸形、片面地发展并不断地生成着人与人的对立的社会关系向人与人、人与社会、人与自然和谐共进的社会关系的发展。

马克思恩格斯揭示人自身的发展过程和条件。他们认为，人自身也是矛盾统一体，也要经历一个发展、完善的过程，社会发展史实质上是个人的发展史。马克思指出："人们的社会历史始终只是他们的个体发展的历史，而不管他们是否意识到这一点。他们的物质关系形成他们的一切关系的基础。这些物质关系不过是他们的物质的和个体的活动所借以实现的必然形式罢了。"在资本主义及其以前的社会，人是受屈辱、被奴役、被遗弃和被蔑视的东西。资本主义社会造成人畸形片面发展，表现为"物"对人的统治，人成为创造物质财富的手段，使人不能真正发展；资本占有劳动，人成为资本的奴隶，使人不能平等发展；机器支配人，人成为机器的一个零件，使人不能自由发展；分工限制人，使人不能完整发展。资本主义不可能摆脱社会和人畸形发展的怪圈。这种不平等、畸形和不自由必然要被共产主义社会所代替。

马克思恩格斯所说的"人的自由而全面发展"，既是个人的自由全面发展与人类整体的全面发展的统一，又是人的全面发展与人的自由发展的统一。人的全面发展是指人的平等而完整的发展，包括人的需要、人的能力、人的社会关系、人的活动、人的个性等充分发展；人的自由发展即作为主体的人自觉、自愿、自主的发展，不受环境和他人的支配而具有意志与行为自由，按照自己的愿望、兴趣和爱好发展自己多方面的才能，充分地展示和发展自己的个性。用马克思的话说，就是"个人的独创的和自由的发展"，"全部才能的自由发展"，"每个人都可以在任何部门内发展"，"不受阻碍的发展"。用恩格斯的话说，就是"人终于成为自己的社会结合的主人，从而也就成为自然界的主人，成为自身的主人——自由的人。"

在马克思恩格斯看来，人的自由全面发展的实现，就是人自身的和谐发展。人自身的和谐发展是个理想目标，是人的充分发展、最大限度的发展，是人发展的一种最理想的状态。完全达到这个状态需要经过一个不断提高、不断完善的渐进过程。只有实现共产主义，为人的发展创造充分必要的条件，才能真正实现人的自由全面发展。

（载于《马克思主义理论研究和建设工程参考资料》175期）

质疑“马恩对立论”

赵家祥

对于马克思的哲学与恩格斯的哲学的关系，国内外学者一直存在着分歧。分歧的焦点不在于二者的哲学是否有相异或相同之处，而在于二者的哲学在本质上是一致的还是对立的。我国理论界有人提出，应该“运用差异分析法研究马克思的学说”，其中包括研究马克思的哲学与恩格斯的哲学之间的差异，抽象地说，这是无可非议的；但是，具体看来，如果认为“差异分析法”与“本质认同法”“代表了思维中的两个不同的路向”，那么这种所谓的“差异分析法”实际上就变成了“对立分析法”。我认为，还是把分歧的焦点挑明，把哲学上的“马恩差异论”改为“马恩对立论”，更有利于不同学术观点之间的互相切磋。

认为恩格斯的哲学与马克思的哲学在本质上是不同的或对立的观点，由来已久，表现多多，本文主要指出以下两点：(1) 在人类社会与自然界的关系问题上，马克思主张人类社会与自然界的统一，恩格斯则主张人类社会与自然界的二元对立；(2) 在历史发展的主体性与客观性的关系问题上，马克思强调人的活动的重要性，恩格斯则片面强调遵循客观规律的重要性，是机械决定论。下面以马克思、恩格斯有关著作为依据，对这两个问题作些分析，说明马克思、恩格斯在这两个问题上的观点虽有差异，但本质上是一致的。

一

马克思的哲学认为，人类依靠自然界而生产和生活，又通过实践活动改造和改变自然界，极大地影响自然界的发展，在自然界深深打上人的活动的印记，人类与自然、社会与自然、人类史与自然史是统一的。在这方面，马克思有很多精辟的论述。他在《1844年经济学哲学手稿》中说：“人和人之间的直接的、自然的、必然的关系是男女之间的关系。在这种自然的、类的关系中，人同自然界的关系直接就是人和人之间的关系，而人和人之间的关系直接就是人同自然界的关系，就是他自己的自然的规定”。在马克思看来，“人是自然科学的直接对象”，“自然界是关于人的科学的直接对象”，所以“自然科学往后将包括关于人的科学，正像关于人的科学包括自然科学一样：这将是一门科学”。在《德意志意识形态》中，马克思在批判包括费尔巴哈在内的青年黑格尔主义者主张“自然和历史的对立”的历史唯心主义观点时，强调“历史的自然和自然的历史”的结合与统一。

问题在于，在这个问题上，恩格斯的观点是否与马克思的观点根本对立，恩格斯是否否定人类社会与自然界的统一，而主张“自然与人类社会的二元对立”？我的回答是否定的。

第一，恩格斯和马克思一样，认为人类不仅依靠自然界生产和生活，而且通过实践活动改造和改变自然界，极大地影响自然界的发展，在自然界深深打上人的活动的印记。恩格斯说：“只有人才办得到给自然界打上自己的印记，因为他们不仅迁移动植物，而且也改变了他们的居住地的面貌、气候，甚至改变了动植物本身，以致他们活动的结果只能和地球的普遍灭亡一起消失。”恩格斯讲到，由于人们培养和改变野生动植物的品种，长此以往，现在人们已经无法认出或恢复野生动植物的本来样子。我们不妨看一看马克思在批判费尔巴哈时讲过的一段话：“他没有看到，他周围的感性世界决不是某种开天辟地以来就直接存在的、始终如一的东西，而是工业和社会状况的产物，是历史的产物，是世世代代活动的结果”。只要把马克思和恩格斯的论述做个比较，就很容易看出二位导师在人类社会与自然界的关系问题上的一致性。

第二，恩格斯和马克思一样，认为人类利用改造自然，应该遵循自然界的发展规律，如果单凭自身的需要，无休止地向大自然索取，违背自然界的发展规律，必定逃不脱自然界的惩罚。恩格斯指出：“我们不要过分陶醉于我们人类对自然界的胜利。对于每一次这样的胜利，自然界都对我们进行报复。每一次胜利，起初确实取得了我们预期的结果，但是往后和再往后却发生完全不同的、出乎预料的影响，常常把最初的结果又消除了”。恩格斯举了很多例子说明这种情况。美索不达米亚、希腊、小亚细亚以及其他各地的居民，为了获得耕地，毁了森林，使这些地方因此而成为不毛之地。有意思的是，恩格斯在论述这个问题时，借鉴了卡·弗腊斯在《各个时代的气候和植物界》一书中提供的材料，而马克思在1868年3月25日致恩格斯的信中曾提请恩格斯注意这部著作。这件事从一个侧面说明了恩格斯与马克思在这个问题上的根本一致。

第三，恩格斯和马克思一样，不仅主张人类与自然、社会与自然、人类史与自然史的统一，强调人类自身和自然界的一体性，而且明确反对把人类和自然对立起来的错误观点。他说：“事实上，我们一天天地学会更正确地理解自然规律，学会认识我们对自然界的习常过程所作的干预所引起的较近或较远的后果。特别自本世纪自然科学大踏步前进以来，我们越来越有可能学会认识并因而控制那些至少是由我们的最常见的生产行为所引起的较远的自然后果。但是这种事情发生得越多，人们就越是不仅再次地感觉到，而且也认识到自身和自然界的一体性，而那种关于精神和物质、人类和自然、灵魂和肉体之间的对立的荒谬的、反自然的观点，也就越不可能成立了”。恩格斯在这里确凿无误地谴责了“人类和自然”对立的荒谬观点，那些作出恩格斯主张“自然和人类社会的二元对立”的判断的学者，可能是因为没有看到恩格斯的这段论述，否则怎么会作出那种与事实完全不符的判断呢！

二

在历史发展的主体性与客观性的关系问题上，马克思既坚持历史发展的客观性原则，又重视历史发展的主体性原则，把二者有机地统一起来。所谓主体性原则，就是主体根据自身的目的和需要，采取适当的手段和形式改造客体对象，创造出能够满足自己需要的新客体。但是人们为了有效地改造客体对象，就必须了解客体对象的状况和属性、本质和结构，必须遵循客体对象自身固有的规律，否则就会到处碰壁。马克思总是把历史发展的主体性原则与客观性原则有机地结合起来。这一点理论界没有分歧，不必多讲。那么能否说恩格斯在这个问题上与马克思的观点是对立的？我的回答是否定的。

我们知道，马克思、恩格斯在创立自己哲学的过程中，面对的是长期独霸统治地位的历史唯心主义。为了彻底批判历史唯心主义，创立历史唯物主义，他们着重强调了社会存在决定社会意识、经济基础决定上层建筑等历史发展的客观性原则，对于社会意识对社会存在、上层建筑对经济基础的反作用强调得不够，对历史发展的主体性原则有所忽略，这在马克思的《〈政治经济学批判〉序言》对历史唯物主义基本原理的概括中，表现得较为明显。这种情况给一些人片面理解历史唯物主义、把它理解为庸俗的经济决定论（机械决定论的突出表现）造成了可乘之机。恩格斯晚年明确地意识到了这一点，他在一系列的书信中，在毫不动摇地继续坚持社会存在决定社会意识、经济基础决定上层建筑的历史发展的客观性原则的基础上，突出强调了社会意识对社会存在、上层建筑对经济基础的反作用，凸显了历史发展的主体性原则。我们有充分的理由作出如下的结论：恩格斯不仅不是机械决定论者，而且始终对机械决定论持批判态度。下面择其主要的作些介绍。

第一，恩格斯在与马克思一起创立历史唯物主义的过程中，就在他和马克思合写的《神圣家族》一书中批判了把作为历史主体的人当作"历史"的工具的历史宿命论和机械决定论思想。布鲁诺·鲍威尔等人为了坚持唯心主义历史观，捏造了一系列新的范畴，诸如"人类关系的真正丰富性、历史的无穷无尽的内容、历史的斗争、群众和精神的斗争"等等。恩格斯针锋相对地指出："历史什么事情也没有做，它并'不拥有任何无穷尽的丰富性'，它并'没有在任何战斗中作战'！创造这一切、拥有这一切并为这一切而斗争的，不是'历史'，而正是人，现实的、活生生的人。'历史'并不是把人当做达到自己目的的工具来利用的某种特殊的人格。历史不过是追求着自己目的的人的活动而已"。这里突出强调了作为历史主体的"现实的、活生生的人"是历史的创造者，历史就是人的有意识有目的的活动。在恩格斯的这些论述中，历史发展的主体性原则十分鲜明，人创造历史的能动作用表现得十分突出，丝毫没有任何历史宿命论、机械决定论的色彩。如果我们把二位导师合写的这部著作中马克思对目的论的批判与恩格斯的论述作个比较，就可以清楚地看出，二人的思想在本质上多么协调一致，他们配合得又是多么巧夺天工。

第二，恩格斯尖锐地批判了对历史规律的僵死的、教条式的理解，透彻地说明了历史规律的辩证性质。为此，他深刻地论述了概念和现实之间的关系。恩格斯认为规律具有概念的特性，规律与现实之间的关系类似于概念与现实之间的关系。规律是现象之间本质的、必然的联系，它深藏于现象的背后，而不是直接呈现在人们的面前，人们不能直接看到它、触摸到它，只有运用概念、判断、推理等理性思维形式，才能把它从现象背后抽象出来，在思维中逻辑地加以把握。因此，规律、必然性等等虽然是从现实中抽象出来的，有其存在的客观依据，却又只存在于思维中、逻辑中，而不是直接的现实。恩格斯在讲到利润率和一般经济规律时指出："它们全都没有任何其他的现实性，而只是一种近似值，一种趋势，一种平均数，但不是直接的现实。其所以如此，部分地是由于它们所起的作用被其他规律同时起的作用打乱了，而部分地也由于它们作为概念的特性"。有意思的是，马克思在《资本论》第3卷中，说了一句与上面恩格斯那段论述几乎相同的话。他说："总的说来，在整个资本主义生产中，一般规律作为一种占统治地位的趋势，始终只是以一种极其错综复杂和近似的方式，作为从不断波动中得出的、但永远不能确定的平均情况来发生作用。"只要把马克思和恩格斯的有关论述放在一起，作个比较，马恩对立论就不攻自破了。

第三，恩格斯批判了把历史发展动力仅仅归结为某一种因素（尽管这种因素可能是最重要的因素）的机械决定论观点，论述了各种社会因素的"交互作用"推动历史发展的历史辩证法。毫无疑问，唯物主义的因果决定论是历史唯物主义的基本观点，它认为生产力决定生产关系，经济基础决定上层建筑，社会存在决定社会意识，物质生活的生产和再生产是社会存在和发展的基础。但是，历史唯物主义并没有停留在唯物主义因果决定论上止步不前，而是在其基础上进一步向前发展，主张"相互作用是事物的真正的终极原因"，认为各种社会因素的"交互作用"推动历史发展。

恩格斯认为，除去经济状况之外，对历史进程发生影响的还有上层建筑的各种因素，诸如阶级斗争的各种政治形式，包括宪法在内的各种法权形式，政治的、法律的、哲学的、宗教的各种意识形态。可以看出，历史唯物主义在唯物主义因果决定论的基础上，建立起各种社会因素的“交互作用”推动社会发展的历史辩证法原理，这就是把系统思想运用于研究人类社会历史，把人类社会当作一个有机整体来考察，从组成人类社会的一切因素的相互依赖、相互结合、相互渗透、相互制约中，揭示出人类社会这个巨大系统的整体功能和发展规律。马克思没有论述过“交互作用”的原理，提出“交互作用”的原理，是恩格斯对历史唯物主义的重大贡献。

第四，恩格斯既批判了把精神力量作为历史发展的原动力的历史唯心主义观点，又批判了否定人的精神、意志在历史发展中的作用的机械决定论观点，提出了历史发展的“合力论”，把历史发展的客观规律性与人的主观能动性有机结合起来、统一起来。恩格斯认为，历史的最终结果是由各个单个的力相互作用所产生的“合力”造成的，每一个单个的力在形成这种“合力”时都起了作用，但历史发展却又不依任何单个的力为转移。每一个单个的力都具有偶然性，但这些单个的力的相互作用所产生的“合力”即社会结果却体现了历史必然性，或者说这种“合力”本身就是历史发展的客观必然性。恩格斯的“合力论”思想，最深刻、最清楚明白、最令人信服地说明了为什么人的活动是有意识、有目的的，而这种有意识、有目的的活动所形成的社会历史及其规律性却是客观的、不依人的意志为转移的。马克思没有明确论述对历史发展的“合力论”，提出历史发展的“合力论”，是恩格斯对历史唯物主义的又一重大贡献。

三

马克思逝世以后，恩格斯多次回顾他与马克思共同创立和详细阐发马克思主义的情景和过程。重要的有两次：一次是在1885年写的《关于共产主义者同盟的历史》一文中。恩格斯在回顾了他与马克思各自独立地发现了历史唯物主义的基本原理以后说：“当我1844年夏天在巴黎拜访马克思时，我们在一切理论领域中都显出意见完全一致，从此就开始了我们共同的工作。当我们1845年春天在布鲁塞尔再次会见时，马克思已经从上述基本原理出发大致完成了发挥他的唯物主义历史理论的工作，于是我们就着手在各个极为不同的方面详细制定这种新观点了。”另一次是在1886年写的《路德维希·费尔巴哈和德国古典哲学的终结》的一个脚注中。恩格斯说：“我和马克思共同工作40年，在这以前和这个期间，我在一定程度上独立地参加了这一理论的创立，特别是对这一理论的阐发。但是，绝大部分基本指导思想（特别是在经济和历史领域内），尤其是对这些指导思想的最后的明确的表述，都是属于马克思的。我所提供的，马克思没有我也能够做到，至多有几个专门的领域除外。至于马克思所做到的，我却做不到。马克思比我们大家都站得高些，看得远些，观察得多些和快些。马克思是天才，我们至多是能手。没有马克思，我们的理论远不会是现在这个样子。所以，这个理论用他的名字命名是理所当然的。”恩格斯的这两次回顾所说的话，有以下几点是与本文的论题直接相关的。

第一，马克思主义是马克思和恩格斯两人共同创立的，他们合作的基础是“在一切理论领域中都显出意见完全一致”。二位导师合作共同工作长达40年之久，互通信息，互相切磋，互相提供研究资料，既为对方取得的每一个研究成果感到欣喜，又能坦诚地批评对方观点中的瑕疵，他们还共同撰写了几部重要著作。如果两个人的理论观点不是本质上相同的，而是互相对立的，怎么能合作得如此长久，如此默契，如此协调，又取得如此辉煌的成就呢！

第二，恩格斯一方面肯定了马克思比自己“站得高些，看得远些，观察得多些和快些”，他们理论中的“绝大部分基本指导思想”“都是属于马克思的”，他们的理论用马克思的名字命名“是理所当然的”；同时也实事求是地肯定了自己在一定程度上独立地参加了这一理论的创立，在“几个专门的领域”里，有自己的独特贡献。我们完全有理由说，虽然他们的理论是以马克思的名字命名的，但没有恩格斯，马克思主义“远不会是现在这个样子”。

第三，马克思和恩格斯在创立和详细阐发他们的理论过程中，各有侧重，有明确的分工，取得的研究成果各有千秋。马克思的长处在经济领域和历史领域，恩格斯的长处在哲学领域和自然科学领域。就哲学方面而言，马克思虽然也有一些专门的哲学著作，但他的哲学思想主要是在经济学语境中蕴含和阐述的；恩格斯的哲学思想则主要在几部专门的哲学著作，如《反杜林论》哲学篇、《自然辩证法》、《路德维希·费尔巴哈和德国古典哲学的终结》、《家庭、私有制和国家的起源》，以及晚年的一系列书信中，直接在哲学的语境中阐述的。两种语境的阐述各有特点，没有必要分高低上下，更不能只肯定马克思经济学语境中的哲学思想，而否定恩格斯的哲学语境中的哲学思想。有些人以我国的马克思主义哲学教材中引用恩格斯的论述居多，引用马克思的论述相对较少，而对现行的教材持否定态度。这种观点有些偏激和片面。我并不否认，这种情况的出现，可能与我们对马克思经济学语境和历史理论中的哲学思想发掘不够有关，但主要原因在于恩格斯分工研究的重点是哲学。所以就马克思主义教材来说，政治经济学教材论述马克思的思想较多，而哲学教材则论述恩格斯的思想较多，这是完全自然的。

（载于《马克思主义理论研究和建设工程参考资料》201 期）

关于马克思主义理论创新主体的若干思考

梁 树 发

一、创新主体意识是创新的自觉意识

马克思主义理论创新主体是马克思主义理论创新的实现者，主体面貌直接决定着马克思主义理论创新的状况。我们提出马克思主义理论创新主体这一命题的意义，首先在于唤起马克思主义者、马克思主义理论家的自觉的创新意识。

马克思主义中国化过程，就是在马克思主义基本原理同中国具体实际相结合的过程中，不断实现马克思主义理论创新的过程。毛泽东思想、邓小平理论和“三个代表”重要思想都是在不同条件下实现的马克思主义理论创新。就我们党而言，关于马克思主义理论创新的意识是自觉的和强烈的，也有着实际的伟大理论创新成果。但是，就我们的马克思主义理论家整体而言，马克思主义理论创新的意识并不那么自觉、那么强烈。要适应中国特色社会主义的实践要求，必须要普遍树立和强化马克思主义理论创新的主体意识。一般说来，马克思主义理论创新的主体意识表现为以下三种具体形式：责任意识、机会意识和能力意识。它们形成马克思主义理论创新主体意识结构。

马克思主义理论创新的责任意识，实质是马克思主义者、马克思主义理论家对马克思主义理论创新的一种态度。马克思主义者、马克思主义理论家表现在马克思主义理论创新问题上的责任意识，来源于对马克思主义的科学认知和认同，其中包括对其与马克思主义之间的关系的认识，这种关系使其尤为关注马克思主义的前途、命运，因而也就尤其关心马克思主义的发展。所以，与马克思主义理论创新的责任意识的形成相联系的方面，还有马克思主义者、马克思主义理论家对制约着马克思主义发展的历史形势和由此决定的无产阶级实践任务，以及对在这种形势和要求面前马克思主义的现实处境的客观观察和深刻认识。世界历史变化和意识形态斗争现实给马克思主义发展带来困难，但是作为马克思主义者、马克思主义理论家，在这种困难和曲折面前却不能表现消极。我们有责任也能够在“困境”和所谓“危机”中实现马克思主义的向前发展。

马克思主义理论创新的主体意识还表现为马克思主义者、马克思主义理论家对于马克思主义理论创新的机会意识。机会意识是对马克思主义理论创新的可能性的认识和理论把握。它包括理论创新的趋势预测、主题发现和机会把握三个环节。趋势预测是机会意识中的基础性环节。它来源于对作为马克思主义存在和发展的现实基础的客观历史条件的分析和无产阶级现实实践经验的总结。它是在这种分析和总结过程中发现、认识马克思主义未来发展的可能与方向的。主题发现是在趋势预测基础上对于理论发展的未来的较为明确的具体的认识。主题的提出是对理论创新机会的实际把握。抓住了主题，就是现实地抓住了创新的机会。例如，我们党关于建设中国特色社会主义这个主题的把握，产生了邓小平理论和“三个代表”重要思想。

马克思主义理论创新的主体意识还包括主体的创新能力意识。马克思主义者、马克思主义理论家的创新主体性往往落实在创新能力上。能力意识是主体关于创新的基本自我意识。创新能力意识表现为能力怀疑、能力自信和能力追求。主体自我的能力怀疑一般有两种结果：一是创新的信心缺失，从而不能产生创新的冲动和进入实际创新过程。这是消极的能力怀疑。二是把这种怀疑转变为提高创新能力的动力，并为取得可能的创新成果而不懈努力。在这一意义上，能力怀疑实际是创新性理论家必须具有的品质。对于一个理论家来说，创新的能力自信也是十分必要的。有了自信，才可能有创新的冲动和热情，才可能把创新贯穿于日常的理论生活过程。但这种自信不是盲目的，而是以丰富的经验和马克思主义的深厚理论修养为基础的。能力追求是主体创新能力意识的一般形式。能力追求作为马克思主义理论创新主体的一种自觉意识，实际是每一位马克思主义者、马克思主义理论家不断创新实践和不断学习，以提高马克思主义理论水平的努力。

二、成为马克思主义理论创新主体的条件

马克思主义理论创新主体问题需在两个范围内讨论：一是在个人与个人关系中间，二是在个人与集体关系中间。前者涉及关于马克思主义理论家类型的认识与考察；后者涉及无产阶级领袖与无产阶级或马克思主义者集体的关系。

从马克思主义发展的历史和现实看，存在着三种不同类型的马克思主义理论家，他们对马克思主义发展具有不同的作用。一类是政治（实践）—理论型马克思主义理论家，一类是理论—政治（实践）型马克思主义理论家，第三类是学理型或学院式马克思主义理论家。总的看，第一类和第二类理论家是能够把马克思主义的理论与实践结合起来的理论家，他们的区别只在于结合的方式和程度不同。在实现理论创新方面，政治（实践）—理论家的作用要比理论—政治（实践）家的作用更突出些，因为前者所具有的更为直接的丰富实践经验，往往使他们更容易激发理论创新的意识并善于发现理论创新点。实践经验是实现理论创新的基础性资源，而深厚的马克思主义理论修养更使他们善于把经验提升为理论。马克思、恩格斯、列宁、毛泽东和邓小平在马克思主义创立和发展中的突出贡献，与他们首先是无产阶级政治家、实践家的经历和身份有着直接的联系。

不能否认学理型或学院式的马克思主义理论家在把马克思主义理论系统化方面和在马克思主义基本原理的阐释与传播方面的作用。但是，由于他们不能与无产阶级实践保持密切联系，其本身缺乏实际斗争经验，所以尽管他们在对马克思主义的认识和解释方面可能会有新的思路，但在马克思主义理论创新方面很难有大的贡献。马克思主义是科学的，又是实践的，只有在理论和实践的统一中才能达到对马克思主义的真正理解和做出科学的说明。

如果说以上是在可能性意义上谈论马克思主义理论创新的主体问题，

那么在现实性意义上谈论这个问题，则有一个由对“领袖主体”印象引发的关于马克思主义理论创新中的个人主体的作用评价问题。

阅读马克思主义发展史的著作，往往给人留下理论创新的“领袖主体”印象。我们承认全部马克思主义发展过程客观上有一个“领袖主体”现象，问题在于我们如何认识和评价这一现象。一种可能的看法是把“领袖主体”看作纯粹的个人主体，一种看法是所谓“领袖主体”同时也是马克思主义者、马克思主义理论家集体主体。领袖是集中了马克思主义者、马克思主义理论家群体的智慧而实现马克思主义的理论创新的。我们一方面不能否认无产阶级领袖所具有的特殊素质、品格和作用，另一方面特别不能把无产阶级领袖的智慧和作用与群众的智慧和作用对立起来，即把领袖实现的理论创新完全看作是领袖个人的行为和贡献。由于无产阶级领袖所具有的特殊品质和社会地位，他能够集中体现和代表马克思主义者、马克思主义理论家群体的创新能力和智慧，因而在马克思主义发展史上，他们的作用，包括理论创新的作用也就更突出地显示出来。

三、重视对创新能力系统的研究

就马克思主义理论创新实现条件的研究来说，我们应特别重视对创新能力的研究。能力是实现理论创新的主观条件中最基本的或基础性的条件。能不能实现马克思主义理论创新，最终取决于马克思主义者、马克思主义理论家们的创新能力。

马克思主义理论创新的能力是一个系统。构成这个系统的是创新的主题发现能力、理论研究能力、理论提升能力和成果表现能力。

关于主题发现能力。主题是创新的对象、目标，是实现创新的突破口。马克思主义理论创新的主题从来不是现成地摆在人们面前的，而是发现的结果。按照历史唯物主义观点，理论发展的根据在于实践，实践的主题归根结底决定了理论创新与发展的主题。马克思主义理论创新主题的发现，除了对理论家的经验方面和马克思主义基础理论知识方面有所要求外，对理论家的思维能力也有要求。理论创新主题的发现是理论思维的结果。

关于理论研究能力。理论研究能力有广义和狭义之分。广义理论研究能力是理论家的理论基础、主题发现能力、理论思维能力、成果表现能力等的综合。狭义理论研究能力是一个过程概念，表明理论家运用理论研究实际问题和理论问题并在这一过程中发现、发展新理论的能力。就对马克思主义理论创新主体的要求而言，它实际是理论家把马克思主义基本原理运用于对实际问题和理论问题的研究并在这一过程中实现马克思主义理论创新的能力。它的基本要素和表现形式是分析。

关于理论提升能力。理论研究中的创造性最集中地表现在理论提升能力上。从实践经验到感性认识是一次提升，从感性认识到理性认识是又一次提升。这两次提升过程和能力虽然都是对理论家的要求，但对理论家来说，更重要的是他完成第二次提升的能力。这是理论家之为理论家的基本条件。理论提升过程是一种理论思维过程，它的突出特征和基本表现形式是综合，是由分析到归纳的过程。理论提升的表现形态是创新性理论成果的呈现。

关于成果表现能力。通过理论研究和提升过程而实现的一定的理论创新，总要通过一定的形式呈现出来。它是理论创新的最后实现形式。成果表现的具体形式可以是口头的或文字的，但以文字为基本表现形式。就马克思主义理论创新来说，宣传是成果表现的形式，也应是积极的进一步的理论创新过程。马克思主义理论创新成果的真正意义上的表现形式是实践，是理论创新成果在无产阶级的现实实践中的运用。就对马克思主义理论创新主体的要求而言，关于理论创新成果的口头或文字表现能力的要求是不言而喻的。宣传或成果扩展能力的要求对于理论家来说也不为过分。

四、马克思主义理论创新首先是马克思主义理论家培养模式的创新

马克思主义理论创新是一个系统。这一系统包括了创新性马克思主义理论家的培养。根据当前我国一定程度上存在的马克思主义理论创新主体缺位的状况，我们认为，马克思主义理论创新首先是马克思主义理论家培养模式的创新。

我们的马克思主义理论家的培养大体分为两个阶段：一是列入国民教

育体制的学校培养阶段，它可能经历几个不同的学位层次；二是社会培养阶段，即马克思主义理论各相关专业的学生走出校门后，在社会实践中经历的培养过程。从经验看，马克思主义理论家的成长是在实践中实现的，而不是在大学校园完成的。所以，马克思主义理论家培养模式的创新，重点在社会培养阶段。当然，学校教育作为马克思主义理论家培养的起点，作为马克思主义基础理论的学习阶段，一些教育、教学环节对于马克思主义理论家的培养也具有重要的作用。所以就整个马克思主义理论家培养模式的创新来说，首先应是学校培养阶段各教育、教学环节的创新。

马克思主义理论家培养的学校阶段存在的主要问题是理论脱离实际。它主要表现在两个方面，一是教材内容脱离实际，二是培养环节脱离实际。我们应该力戒那种“学院派”马克思主义理论家的培养模式。这涉及对马克思主义学科化的认识。马克思主义学科化是以马克思主义为指导的社会主义国家应有的特殊的现象。我们应该看到，马克思主义就其本质来说，有其不同于其他科学学科的特殊性质和规律。它一方面是科学，因此要按照科学的态度对待它；但是另一方面，它又是无产阶级这一特殊先进阶级的世界观及其实践的根本指导思想，一句话，它又是一种特殊意识形态。假如在马克思主义学科化过程中，我们不能在教育环节上与现实实际最大限度地联系起来，学生就不可能学到内容完整的真正的马克思主义。

在社会主义条件下，马克思主义理论家的培养是一种自觉过程。但是，我们也要看到，关于创新性马克思主义理论家的培养还没有成为社会的一个共识，也没有成为社会的乃至党的各级组织的自觉行动。我们所说的在社会培养阶段马克思主义理论家的培养模式的创新，主要针对的就是党的各级组织和社会各个层面对马克思主义理论家培养的“无意识”状态。在创新性马克思主义理论家培养方面，党中央的决心是明确的，也制定了一系列切实可行的制度，采取了一系列切实可行的措施。最近中央实施的马克思主义理论研究和建设工程同时也是一项重大的马克思主义理论人才培养工程。我们相信，随着这一重大工程的完成，必将有一大批创新性的马克思主义理论人才涌现出来。

（载于《马克思主义理论研究和建设工程参考资料》179期）

在反对主观主义和形而上学中坚持马克思主义

中国社会科学院邓小平理论和
“三个代表”重要思想研究中心

党的十六届四中全会《决定》明确指出：“大力营造理论创新的社会环境，反对主观主义和形而上学，破除对马克思主义的错误的和教条式的理解，抵制各种否定马克思主义的错误观点。”这对于新世纪新阶段进一步巩固马克思主义在我国意识形态领域的指导地位，不断推进马克思主义的中国化，具有十分重要的指导意义。

马克思主义认识论的最根本特征，就是一切从实际出发，坚持理论和实践的统一。恩格斯曾经指出，马克思主义理论“是从历史事实和发展过程中得出的确切结论；不结合这些事实和过程去加以阐明，就没有任何理论价值和实际价值”。主观主义和形而上学是同马克思主义的这一本质要求背道而驰的，是理论和实践、主观和客观的分离。主观主义是一种唯心主义的思维方法，它从主观想象出发，从本本和教条出发，忽视客观实际及其发展。形而上学是从孤立、片面和静止的观点出发认识事物和问题，看不到事物的全貌、实质、运动变化和相互联系。主观主义和形而上学在实践中表现为各种教条主义和机会主义，脱离国情，脱离群众，在根本上违背了党和人民的利益。正如毛泽东同志所说的，“反科学的反马克思列宁主义的主观主义的方法，是共产党的大敌，是工人阶级的大敌，是人民的大敌，是民族的大敌，是党性不纯的一种表现。”邓小平同志也深刻指出，“一个党，一个国家，一个民族，如果一切从本本出发，思想僵化，迷信盛行，那它就不能前进，它的生机就停止了，就要亡党亡国。”能否从思想上防止和克服各种主观主义和形而上学倾向，关系马克思主义的正确路线能否贯彻执行，关系社会主义事业的兴衰成败。

在马克思主义发展史上，许多重要的理论突破和创新，都同反对主观主义和形而上学、反对各种错误倾向的斗争密切相连。同样，反对主观主义和形而上学，也是对党的历史的深刻总结。我们党80多年的奋斗历程表明，什么时候正确坚持马克思主义基本原理同中国具体实际相结合，自觉地反对和克服主观主义和形而上学，党的事业就顺利发展；什么时候主观主义和形而上学盛行，党的路线就会发生错误，党的事业就会遭受挫折、停滞甚至倒退。在新民主主义革命时期，以毛泽东同志为主要代表的中国共产党人，为正确地坚持马克思主义普遍真理和中国革命具体实践相结合，同各种主观主义、教条主义和机会主义进行了坚决斗争，为全党确立了以研究中国革命实际问题为中心、以马克思主义基本原理为指导的方针，从而走出了一条农村包围城市、武装夺取政权的革命道路，指导中国革命取得了伟大胜利。而社会主义建设时期之所以发生像“文化大革命”这样全局性的错误，在思想方面的重要原因就是主观主义和形而上学盛行，导致脱离实际的“左”的错误倾向占了上风。党的十一届三中全会后，以邓小平同志为主要代表的中国共产党人，重新恢复了马克思主义实事求是的思想路线，坚决反对“两个凡是”这样的主观主义和形而上学思想，强调“只有结合中国实际的马克思主义，才是我们所需要的真正的马克思主义”，带领全党开辟了建设中国特色社会主义的崭新道路，取得了改革开放和社会主义现代化建设的伟大成就。党的十三届四中全会以来，以江泽民同志为主要代表的中国共产党人，强调要自觉地把思想认识从那些不合时宜的观念、做法和体制的束缚中解放出来，从对马克思主义的错误的和教条式的理解中解放出来，从主观主义和形而上学的桎梏中解放出来，带领全党和全国人民，坚持一切从实际出发，解放思想、实事求是、与时俱进，继续推进马克思主义的中国化，取得了改革开放事业的新胜利。

当前，我国思想理论领域的主流是积极健康的。马克思主义在中国特色社会主义的伟大实践中不断得到发展，马克思列宁主义、毛泽东思想、邓小平理论和“三个代表”重要思想在意识形态领域的指导地位不断得到巩固，成为全党全国人民团结奋斗的共同思想基础。与此同时，意识形态领域也面临着复杂的形势。要不断巩固马克思主义在我国意识形态领域的指导地位，就必须坚持反对主观主义和形而上学。既要反对脱离实际空谈马克思主义，又要反对盲目迷信西方的思想理论。之所以说迷信西方的思想理论也是主观主义和形而上学的表现，就是因为它不顾中国的国情和中国社会发展的特殊性，不顾中国在历史传统、社会制度、价值观念和思维方式等方面与西方的差别，把西方的思想理论奉为教条，不加分析地照抄照搬它们的经济学说、政治学说和思想文化观念，热衷于以西方话语体系来解释中国的问题。在改革开放和社会主义现代化建设的过程中，我们要向发达国家学习先进的科学技术、经营管理方法以及一切对我们有益的知识和文化，决不能闭关自守、故步自封。我们学习西方的思想理论，必须立足国情、立足实际，必须坚持社会主义的基本制度，必须坚持马克思主义的指导地位，坚决抵制和反对任何用西方思想理论否定和取代马克思主义的倾向，以保证中国特色社会主义建设事业始终沿着正确的轨道健康发展。

在新的发展阶段，坚持和巩固马克思主义在意识形态领域的指导地位，就必须根据马克思主义的本质要求，反对主观主义和形而上学。邓小平同志曾指出，把马克思主义基本原理同中国实际相结合，走自己的路，“这是我们吃了苦头总结出来的经验。今后我们可能还会犯错误。但是，第一不能犯大错误，第二发现不对就赶快改。”我们坚决反对主观主义和形而上学，就是为了在建设中国特色社会主义的新的探索中，争取不犯大的错误和少犯错误。在这一过程中，我们还会遇到各种新情况新问题，还要应对各种风险和挑战，还要进一步克服和排除各种错误倾向的干扰。我们必须更加自觉地用马克思列宁主义、毛泽东思想、邓小平理论和“三个代表”重要思想武装头脑，系统掌握马克思主义的立场、观点和方法，立足国情，面向实践，努力研究解决面临的各种困难和矛盾，努力把马克思主义基本原理同当今中国具体实际更好地结合起来，不断谱写中国特色社会主义事业的新篇章，不断创造马克思主义中国化的新成果。

（载于《马克思主义理论研究和建设工程参考资料》119期）

马克思主义中国化和当代化问题

——访龚育之教授

《人民日报》

记者：在新的历史条件下，深入研究马克思主义中国化的历史进程，总结概括其基本经验，并形成规律性认识，对把马克思主义基本原理同我国具体实际相结合，不断丰富和发展马克思主义，具有特别重要的意义。您强调在研究马克思主义中国化（民族化）的时候，还应研究马克思主义的当代化。能否谈一下当代化与民族化的具体含义？

龚育之：把马克思主义的当代化和民族化结合起来，这不能算是哪个人的创见，恐怕是理论界的共识，不过有些研究者更加强烈地意识到这一点，并且更加明确地把它提了出来。“马克思主义中国化的历史进程和基本规律”课题组的同志都赞成这个意见，我也赞成这个意见。

什么叫马克思主义的当代化？就是把马克思主义同当前时代的发展、同当前时代的特征结合起来。什么叫马克思主义的民族化？就是把马克思主义同各自国家的情况、同各自国家革命和建设的实践结合起来；在中国，就是同中国情况、同中国革命和建设的实践结合起来，也就是中国化。强调马克思主义的当代化与民族化，实际上就是说，要在不同的时代背景下、不同的民族环境中，灵活运用马克思主义，不断发展马克思主义。

上个世纪20年代，苏联给列宁主义下定义，出现过两种意见，一种强调俄国性，一种强调时代性，展开了一场争论。斯大林强调时代性，说：列宁主义是帝国主义和无产阶级革命时代的马克思主义。比较起来，斯大林的概括眼界更高、更开阔。单提俄国的马克思主义，就把列宁主义的意义给限制了。列宁所处的时代，同马克思所处的时代相比，有了很大的不同，出现了帝国主义，出现了世界战争，出现了无产阶级革命。这些都是马克思的时代所没有的。列宁看到了世界的变化，看到了这个变化下马克思主义应有的发展，因此列宁主义是帝国主义和无产阶级革命时代的产物。但是，也不能完全否认列宁主义是马克思主义同俄国条件下的革命实践相结合的产物，没有这一条，也没有列宁主义。对列宁主义的定义，应该既看到时代的变化，又看到马克思主义同俄国情况、俄国革命实践的结合。应该把这两点都突出出来。

记者：强调马克思主义的中国化和当代化，对马克思主义在中国的发展有什么重要意义？

龚育之：1938年10月，在中国共产党六届六中全会上，毛泽东同志鲜明地提出了马克思主义“中国化”的命题和任务。这是一件有重大的理论意义和历史意义的事情，是中国共产党历史上的第一次。能不能够、善不善于把马克思主义中国化，关系到马克思主义和中国共产党在中国的命运和前途。当然，那时提中国化，强调了民族性、地域性，没有特别强调时代性，因为列宁所说的帝国主义、战争和革命的时代主题还没有变化。

1978年党的十一届三中全会以后，当我们重新强调马克思主义中国化的命题和任务的时候，情况不同了，时代发生了很大变化。一个和平，一个发展，成为当今世界的两大问题，或者说，成为当今时代的主题。在这样的历史条件下讲马克思主义的发展，单讲同中国实际相结合是不够的。党的十四大报告评述中国特色社会主义理论时说：“它是马克思列宁主义基本原理与当代中国实际和时代特征相结合的产物”，讲了当代化和民族化两个方面。“时代特征”这几个字写上去是很重要的，也是很不容易的；“中国实际”前面加个“当代”也非常重要。这个包含了两个方面的提法，成了规范的提法，已经写进十五大和十六大党章。

记者：这个历史叙述发人深思。那么，我们党是在什么样的历史背景下提出马克思主义中国化的？

龚育之：我们知道，1935年1月红军长征途中召开的遵义会议，是中国共产党历史上的一个转折点。这次会议，改组了党中央和红军的最高领导层，开始确立毛泽东同志在全党全军实际上的领导地位，为中国革命从失败转向胜利准备了条件。但是，这个确立只是开始，到完成还要有一个过程。遵义会议解决了军事路线和组织领导问题，会议以后才逐步解决了政治路线问题，转变到抗日民族统一战线的路线。这条路线又受到从共产国际回国的王明从右的方面的干扰。直到 1938 年 10 月党的六届六中全会克服了这个干扰，才完全地确立了毛泽东同志和他所代表的正确路线的领导地位。六届六中全会上的政治报告《论新阶段》，就是由毛泽东同志来作的。在这个报告的“中国共产党在民族战争中的地位”那一节里，毛泽东同志鲜明地提出：“共产党员是国际主义的马克思主义者，但马克思主义必须通过民族形式才能实现。没有抽象的马克思主义，只有具体的马克思主义。所谓具体的马克思主义，就是通过民族形式的马克思主义，就是把马克思主义应用到中国具体环境的具体斗争中去，而不是抽象地应用它。成为伟大中华民族之一部分而与这个民族血肉相联的共产党员，离开中国特点来谈马克思主义，只是抽象的空洞的马克思主义。因此，马克思主义的中国化，使之在其每一表现中带着中国的特性，即是说，按照中国的特点去应用它，成为全党亟待了解并亟须解决的问题。”

记者：毛泽东同志的这段论述，鲜明泼辣，一针见血，实际上就是对着王明把马克思主义教条化、把共产国际决议和苏联经验神圣化的倾向而发的。可见，马克思主义中国化的进程经历了许多曲折和斗争。

龚育之：是的。在中国革命的历史上，怎样对待马克思主义的问题，由来已久。从中国共产党成立之日起，实际上就开始了把马克思主义同中国革命实践相统一，即马克思主义中国化的进程。这个进程的主体，是中国共产党的集体，它的许多先驱者，它在政治上、理论上的许多代表人物。最主要的代表人物就是毛泽东同志，最主要的代表著作就是毛泽东同志的《反对本本主义》、《中国革命战争的战略问题》、《实践论》、《矛盾论》以及六届六中全会上的这篇《中国共产党在民族战争中的地位》。但是，这个进程不是一帆风顺的。在正确倾向发展的同时，还存在和发展着另外一种倾向，就是不了解必须把马克思主义同中国情况、同中国革命实践结合起来，不了解必须依靠群众独立自主地找出解决中国革命实际问题的正确路线和政策，而是脱离中国实际照搬马克思主义的一些词句当作教条，盲目机械地执行共产国际决议和从国外来的指示。这后一种倾向一再给中国革命造成损失，危害最长最严重的是以王明为代表的、先是“左”倾后又转为右倾的教条主义。在六届六中全会上，马克思主义中国化的命题得到普遍的赞成，启动了全党克服教条主义思想的自觉。1939年《共产党人》杂志创刊，毛泽东同志撰写发刊词，总结建党以来的基本经验，进一步提出和深刻地阐明了“马克思列宁主义的理论和中国革命的实践之统一”的原则。1940年毛泽东同志发表著名的《新民主主义论》，提出“民族的科学的大众的文化”，其中说：“形式主义地吸收外国的东西，在中国过去是吃过大亏的。中国共产主义者对于马克思主义在中国的应用也是这样，必须将马克思主义的普遍真理和中国革命的具体实践完全地恰当地统一起来，就是说，和民族的特点相结合，经过一定的民族形式，才有用处，决不能主观地公式地应用它。公式的马克思主义者，只是对于马克思主义和中国革命开玩笑，在中国革命队伍中是没有他们的位置的。”

记者：毛泽东同志的这段论述，同前面所引的《中国共产党在民族战争中的地位》中的那段论述，交相辉映。

龚育之：对。“马克思主义中国化”是在语言上更加简洁通俗的表述；“马克思主义的理论和中国革命的实践之统一”、“马克思主义的普遍真理和中国革命的具体实践的统一”，则是在学理上更加精确细致的表述。这两种表述的含义是完全一致的。

经过延安整风，经过党的“七大”，马克思主义中国化的伟大成果为全党所接受并且写进了党章。刘少奇同志在党的七大所作的关于修改党章的报告，充分有力地阐述了毛泽东思想作为中国共产党的指导思想的重要意义及其科学定义：毛泽东思想是马克思主义的基本原理和中国革命的具体实践之统一的思想，是中国化的马克思主义。

记者：马克思主义中国化的总的历史进程，您认为应该怎样概括？

龚育之：党的十三大报告提出：“马克思主义与我国实践的结合，经历了六十多年。在这个过程中，有两次历史性飞跃。第一次飞跃，发生在新民主主义革命时期……第二次飞跃，发生在十一届三中全会以后……”这是最先提出“两次历史性飞跃”论断的出处。十五大报告进一步论述了这“两次历史性飞跃”。

这里有一个问题：在两次飞跃之间，即从中华人民共和国建立到党的十一届三中全会这一段，是一个什么情况呢？用什么语言来概括为好呢？我提出过这样的观点：这一段是第一次飞跃的延伸和第二次飞跃的准备。中华人民共和国的成立，是毛泽东思想在全国的胜利。新中国成立以后，毛泽东思想有新的发展，取得了新的成就，后来又出现了毛泽东同志晚年的错误。毛泽东同志本人在1956年提出过“第二次结合”的任务。事实上从这时起，探索中国自己的建设社会主义的道路有了新的开始，如果探索顺利成功，第二次历史性飞跃就应该从那时算起。因为新的历史任务、全面建设社会主义的历史任务已经提出来了嘛！然而，那个探索走了大的弯路，发生了“大跃进”和“文化大革命”那样的大失误，所以不能说“第二次结合”、“第二次飞跃”已经实现。但是，从1956年起探索中国自己的建设社会主义的道路，无论取得的成功还是走过的弯路，无论正面的经验还是反面的教训，都为第二次飞跃做了准备。

党的十一届三中全会以后开始了第二次历史性飞跃。这个飞跃进程的主体，还是党的集体，党的领导层和党的理论界的许多代表人物，最主要的代表人物是邓小平同志。在全党全国人民的努力和邓小平同志的领导下，马克思主义同中国实践的第二次结合重新起了头、奠了基、开了路。在总结新中国成立以来正反两方面的历史经验的基础上，解放思想，实事求是，实现全党工作中心向经济建设的转移，实行改革开放，开辟了中国社会主义事业发展的历史新时期，逐步形成了建设有中国特色社会主义的路线、方针、政策，第一次比较系统地初步回答了在中国这样一个经济文化比较落后的东方大国里建设社会主义、巩固和发展社会主义的一系列基本问题，创立了马克思主义中国化的第二大理论成果——邓小平理论，或称中国特色社会主义理论。前一个名称是以其主要创立者的名字命名的，后一个名称是以其理论的主题命名的。在这个理论指导下，中国社会主义发展和经济建设成就举世瞩目。在党的十五大上，邓小平理论作为党的指导思想，同毛泽东思想一起写进了党章。

记者：以江泽民同志为主要代表的中国共产党人，高举邓小平理论的伟大旗帜，在建设中国特色社会主义的实践中，进一步加深了对什么是社会主义、怎样建设社会主义和建设什么样的党、怎样建设党的认识，积累了治党治国治军的新的宝贵经验，形成了“三个代表”重要思想。这是马克思主义中国化的又一伟大成果。党的十六大把“三个代表”重要思想同毛泽东思想、邓小平理论一道确立为党的指导思想，并写进了党章。

龚育之：这就是人们所说的两次历史性飞跃，三大理论成果。第二次历史性飞跃产生了两个成果。一次历史性飞跃，不是一个很短的时期，而是一个很长的历史时期，所面对和所要解决的是很重大的历史任务、历史课题。解决了这样的历史课题，才算实现一次历史性飞跃。

从整个党的历史来看，通常都是说这样三段，新民主主义革命一段，新中国成立到党的十一届三中全会一段，党的十一届三中全会以后一段。相应地，在第一段新民主主义革命时期，实现了马克思主义同中国实践相结合的第一次历史性飞跃；在第二段新中国成立到党的十一届三中全会的时期，是第一次飞跃的延伸和第二次飞跃的准备；在第三段社会主义改革开放和现代化建设的新时期，实现了马克思主义同中国实践相结合的第二次历史性飞跃。三段历史，两次飞跃，三大成果，这就是对马克思主义中国化总的历史进程的简单概括。

马克思主义中国化的历史进程并没有结束，它是一个不断发展的过程。党的十六大以来，我国的实践在发展，马克思主义中国化的进程在继续。马克思主义的生命力就在于它不断地同各国实际和时代特征相结合，与时俱进。

（载于《马克思主义理论研究和建设工程参考资料》150期）

近年来马克思主义中国化研究综述

刘宏元 邓春玲

一、关于马克思主义中国化主要理论成果及基本历程和基本经验的研究进一步深入

2000年以前关于马克思主义中国化的研究主要是围绕着马克思主义中国化的基本历程、基本经验及毛泽东和邓小平对马克思主义中国化的历史贡献等问题来进行的，并在马克思主义中国化的主要历史阶段、主要代表人物、主要理论成果和经验教训等问题上取得了基本共识。2000年以来，关于这些问题的研究仍是理论界的热点问题，而随着中国特色社会主义事业的继续推进，对这些问题的认识也进一步深化。

在关于毛泽东对马克思主义中国化贡献的研究方面，有学者认为毛泽东有四大创举：一是在大革命失败后，创造性地把党的工作重点由城市转入农村，开辟了一条以农村包围城市、夺取全国胜利的革命道路；二是在抗日战争时期，以总结经验、树立正确的马克思主义观为核心，通过细致的整风开展马克思主义中国化的教育运动；三是在新中国成立后以总结国内外经验、初步探索社会主义建设道路为目的，意在大兴调查研究之风和弘扬实事求是精神；四是在20世纪60年代初，在开始纠正“左”倾错误和调整国民经济的基础上，召开了以总结经验教训、实现民主集中制为中心的七千人大会，力图扭转发展中的曲折反复，推动社会主义建设健康发展。

在关于邓小平对马克思主义中国化贡献的研究方面，一些学者认为邓

小平理论是在对历史经验和新鲜经验的深刻总结中逐步形成的一个完整的科学体系，是马克思主义中国化的又一座历史丰碑，其贡献主要体现在以下几个方面：第一，创造性地提出了社会主义初级阶段理论；第二，创造性地提出了社会主义市场经济理论；第三，创造性地提出了改革开放的理论；第四，创造性地提出了社会主义现代化建设“三步走”的战略构想；第五，创造性地提出了“一国两制”的基本方针；第六，创造性地丰富发展了党的建设理论。

学术界普遍认为，邓小平对马克思主义中国化的主要贡献包括两个方面：一是重新确立了毛泽东思想的指导地位，恢复了毛泽东思想的本来面目，从而使党的指导思想真正回到马克思主义；二是在社会主义实践中，提出了社会主义初级阶段论、社会主义本质论和社会主义市场经济论等一系列关于社会主义的新论断。邓小平实现了马克思主义普遍原理和中国实际的第二次成功结合，他从理论和实践的结合上研究中国国情，准确把握中国社会主义建设的特点，既解决了中国社会主义建设的出发点问题，也解决了中国社会主义发展的阶段问题，在此基础上制定了适合中国国情的社会主义建设纲领，取得了社会主义建设的伟大成就。

江泽民在2001年“七一”重要讲话中，向全党阐明了“一个历史事实”，得出“一个历史结论”，概括出“三条基本经验”。在这些概括中，总结了马克思主义中国化历史发展的根本经验，阐述了世纪之交推进马克思主义中国化的若干历史特点。江泽民“七一”重要讲话掀起了理论界新一轮研究马克思主义中国化的高潮。

为此，一部分学者开始对马克思主义中国化的概念、范畴和原则等进行研究。有学者认为中国化的马克思主义不是“一化”，而是“两化”，即马克思主义中国化和中国经验马克思主义化。所谓中国经验马克思主义化就是按照马克思主义的立场、观点和方法，把中国共产党和中国人民的实践经验上升为科学的理论，从中国的革命、建设和改革的具体实践中，揭示人类社会发展规律、社会主义建设规律和共产党执政规律，不断丰富和发展马克思主义，从而为新的实践提供有力的理论指导。有学者认为马克思主义中国化即中国化了的马克思主义，它具有指导实践、科学预见未来的强大功能和与时俱进的理论品格。在世纪之交推进马克思主义中国化的过程中，在历史条件、问题焦点、认识对象、政治原则以及与马克思列宁主义、毛泽东思想的关系上形成了一些新的历史特点，这些特点使当今的马克思主义中国化更具有时代的前沿性。

有学者认为坚持马克思主义基本原理同中国具体实际相结合是马克思主义中国化的基本原则，实现这一基本原则，关键在于一切从中国的实际出发，把实践作为“结合”的逻辑起点；坚持与时俱进的科学态度探索客观规律，是马克思主义中国化的活力源泉，永葆这一活力源泉，关键在于深入探索社会主义初级阶段改革与建设的基本规律；坚持马克思主义的群众观点和群众路线，是马克思主义中国化的根本保证，强固这一根本保证，关键在于把人民群众的利益需求与创造精神紧密结合起来。

有学者认为马克思主义中国化是马克思主义在中国革命与建设实践中不断丰富和发展的必然环节，同时马克思主义中国化又是一个从观念形态向实践形态不断延伸和磨合的过程，这就必须首先跨越民族文化价值观念这道坎，即被中国民族文化所接受，才能转化为实践的指导思想。在从文化认同到实践契合的过程中文化重构尤其重要。这就要求必须进一步深入探索新时期文化建设的特点和规律，以及中国先进文化与马克思主义本质上的一致性、相容性、同向性，为马克思主义普遍真理与中国的新的实际情况相结合寻找新的结合点，不断推进马克思主义中国化的新的历史进程。

同时2000年以来关于马克思主义中国化研究也出现了新的特点，那就是关于马克思主义中国化基本历程、基本经验的研究视域进一步扩大，由纵向研究到开始注重横向研究、由注重代表人物研究到开始注重人物比较研究，这些新的研究视域更全面系统地展现了马克思主义中国化的历史进程和历史经验。还有学者则从伽达默尔的“传统”理论的视角来看马克思主义中国化的历史进程，认为伽达默尔的效果历史原则对研究马克思主义的中国化是很有启示的：一方面，马克思主义中国化是马克思主义与中国传统两个视域融合的过程；另一方面，中国化的马克思主义是对整个马克思主义的一种发展，它参与了整个马克思主义传统的形成。

二、关于马克思主义中国化最新成果的研究全面展开

对马克思主义中国化最新成果即“三个代表”重要思想的研究是2000年以来关于马克思主义中国化的研究热点。

2000年2—5月，江泽民在广东、江苏、浙江、上海考察工作期间，强调指出“三个代表”是我们党的立党之本、执政之基、力量之源。2001年7月1日他在庆祝中国共产党成立80周年大会上的讲话中集中全党智慧全面阐述了“三个代表”重要思想的科学内涵。党的十六大高度评价了“三个代表”重要思想的历史地位和重要作用，并把其同马克思列宁主义、毛泽东思想和邓小平理论一道，确立为党必须长期坚持的指导思想，实现了我们党指导思想的又一次与时俱进。围绕着“三个代表”重要思想，理论界掀起了新的一轮研究马克思主义中国化的热潮。

理论界普遍认为，“三个代表”重要思想坚持和发展了马克思主义，进一步回答了“什么是社会主义、如何建设社会主义”的问题，创造性地回答了“建设一个什么样的党、如何建设党”的问题，从而开辟了马克思主义的新境界。

一些学者认为党的第三代领导集体，对马克思主义中国化作出了新的卓越贡献：一方面，对马克思主义理论和中国实践相结合的第二次历史性飞跃的理论成果——邓小平理论作出了全面、科学、深刻的概括，不仅提出“邓小平理论”这一概念，而且对这一理论形态产生的历史背景与时代条件，其基本内涵、内容、体系、理论特色和理论价值与意义，特别是它在马克思主义中国化以至整个马克思主义发展进程中的历史地位，在中国共产党的历史以至当代中国历史中的地位，都作了深刻的阐明。另一方面，在中国改革开放和现代化的实践中，以高度的自觉，继承和发展邓小平理论，提出了“三个代表”重要思想，这不仅是对马克思主义中国化的第二次历史性飞跃的继续全面推进，也是对整个马克思主义中国化的继续发展。这一重要思想是对共产党执政的规律、社会主义建设的规律、人类社会发展的规律的新的重大认识，是马克思主义中国化新的伟大成果和新

的飞跃。

有的学者分析了“三个代表”重要思想与毛泽东思想一脉相承的关系，认为毛泽东思想开创的马克思主义中国化的创新之路为“三个代表”重要思想提供了理论范式和方法论指导；毛泽东关于党的建设的理论和一系列重要思想是“三个代表”重要思想的生长点和有力指导；毛泽东思想的创新经验和创新精神给“三个代表”重要思想以深刻的启迪；毛泽东思想对唯物史观核心理论的发展是形成“三个代表”重要思想集中概括的重要一环。

一些学者则从哲学的高度来研究“三个代表”重要思想的理论贡献。有学者认为，“三个代表”重要思想在世纪之交为中国共产党在面临新的严峻形势和难得机遇的历史条件下，回答了如何一脉相承地把坚持唯物史观基本原理的经验继承下来，如何使唯物史观在新世纪的发展真正创造出自觉按规律前进的新局面，如何把我们的党建设成为21世纪反映时代要求和满足人民美好愿望的坚强堡垒的问题，为夺取唯物史观的新胜利开辟了道路。“三个代表”重要思想把唯物史观的三个基本原理综合为一个逻辑严密的完整的理论体系。有学者从哲学上分析了“三个代表”重要思想的理论基础，认为解放思想、实事求是、与时俱进，是“三个代表”重要思想的一般哲学基础；以物质文明建设和精神文明建设的关系为标志的重点论与两点论的统一，是“三个代表”重要思想的辩证法基础；“始终代表中国先进生产力的发展要求”和“始终代表中国最广大人民的根本利益”，反映了“三个代表”重要思想的彻底的唯物主义性质；与时俱进、不断开拓创新的理论品质，体现了“三个代表”重要思想的辩证发展观的哲学基础。

三、马克思主义中国化研究中有待进一步深化的领域

虽然近年来马克思主义中国化研究取得了丰硕成果，但仍存在着研究的薄弱环节，或者说仍存在着有待进一步深化的领域。

第一，要加强对马克思主义中国化进程的多向度研究。毫无疑问，毛

泽东思想、邓小平理论和“三个代表”重要思想是马克思主义中国化进程中取得的主要理论成果，但仅以此为向度来研究马克思主义中国化的历史进程是不全面的。从马克思主义传入中国以来，该不该把马克思主义中国化、如何把马克思主义中国化，也是学术界的热点问题。李达、艾思奇等人曾为马克思主义的大众化作出了重要贡献。新中国成立后，学术界在关于过渡时期经济基础和上层建筑的关系、“一分为二”与“合二而一”的关系、实践标准、生产力标准等问题上展开过激烈争论，这些争论对马克思主义中国化进程都产生了重要影响。因此要全面反映马克思主义中国化的历史进程就必须对其展开多向度的研究。

第二，加强对马克思主义如何进一步实现与中国历史文化，尤其与中国哲学相结合的研究。应在坚持马克思主义基本原理的同时，将其与中国传统文化中那种对整个世界的独特理解方式结合起来，赋予其以中国本土文化的特征，并在此基础上不断吸收、整合、创新，进一步使马克思主义获得中华民族的文化形式，深植于整个中华民族的文化心理，融入本民族文化之中。

第三，要加强马克思主义中国化对世界历史的意义的研究，即加强把中国社会主义成功经验马克思主义化的研究。在把马克思主义中国化的同时，还要把中国特色社会主义建设经验马克思主义化。必须研究马克思主义中国化的历史经验对马克思主义同世界其他各国具体实践相结合的意义。当然我们不是主张把中国社会主义建设经验普遍化，而是希望各国在把马克思主义同本国相结合的过程中从马克思主义中国化的实践中获得某些启迪，从而少走弯路。

马克思主义中国化不仅是一个理论问题，更是一个实践问题。在社会主义建设中，如何结合新的实践，汲取新的历史经验，进行新的理论创造，不断丰富和发展理论本身，这是马克思主义中国化的关键。正如有的学者所提出的，要从与时俱进的高度来研究马克思主义的发展与创新，研究马克思主义是如何回应时代提出的问题与挑战的；要从历史发展和马克思主义自身发展的历史经验中来研究马克思主义发展的规律和它在不同历史阶段的不同特点；要从当代社会实践中研究人类面临的重大理论问题和实际问题；要从人类社会发展的高度来研究人的全面发展和人类解放的具体途径。从这种意义上说，马克思主义中国化也是一项永远学不完、做不完、常做常新的永恒的研究课题。

（载于《马克思主义理论研究和建设工程参考资料》182 期）

论中国特色社会主义的历史地位

中央党校邓小平理论和
“三个代表”重要思想研究中心

社会主义是一个历史进程，在其发展的不同时期要完成不同的历史任务。社会主义也是一个民族化的进程，在不同的国家有着不同的民族特点。中国特色社会主义的形成，既是科学社会主义的历史发展，又直接体现了科学社会主义在中国的创新，为社会主义在世界的发展增添了新的内容。

中国特色社会主义是科学社会主义同中国国情和时代特征相结合的产物

中国特色社会主义的形成，有着质的规定和具体要求。从质的规定来说，中国特色社会主义首先是科学社会主义，要体现科学社会主义关于社会主义的共同规律、本质规定和基本原则。从具体要求来说，中国特色社会主义要体现科学社会主义在中国的具体发展进程和表现形式，同时还要反映时代特征和世界潮流。中国特色社会主义质的规定和具体要求，决定了中国特色社会主义既有社会主义的共性，又有中国国情的个性，还体现时代的特征。

中国特色社会主义形成和发展的过程，是科学社会主义与中国国情相统一的过程，也是社会主义在中国的发展与世界的发展相联系的过程。具体地说，中国共产党人探索中国特色社会主义的过程，也就是不断实现两个结合的过程：一是把科学社会主义的发展与中国的国情相结合；一是把中国的社会主义发展与世情相结合。

中国共产党在探索中国特色社会主义过程中，始终围绕着一条主线展开，就是“什么是社会主义，怎样建设社会主义”。什么是社会主义，这个问题的核心，是对社会主义本质的理解和把握，是建设社会主义首先必须搞清楚的问题。怎样建设社会主义，核心问题是社会主义道路问题。对于这个问题的把握，涉及到对国情的认识，也涉及到对时代和世界的认识。因此，不断深化对社会主义的认识，同时也不断深化对国情和世情的认识，构成了中国共产党探索中国特色社会主义的思想轨迹。在长期的探索过程中，中国共产党不断破除两个禁锢：一个是思想上的禁锢；一个是体制上的禁锢。由此形成的解放思想、实事求是、与时俱进的科学精神，成为中国特色社会主义形成的思想基础。

中国共产党对中国特色社会主义的探索，前后历经了近半个世纪的时间，付出了艰苦的努力。毛泽东是探索中国特色社会主义的先驱者。由于实践经验不足，对社会主义的认识程度不深，再加上是在相对封闭的环境中搞建设，对世情缺乏全面的认识和把握，造成了初期探索的局限性。尤其是在特定时代背景下形成的“左”的指导思想，不能不对社会主义建设的基本思路产生负面影响。邓小平是中国特色社会主义的创立者。他在毛泽东探索的基础上，从总结历史经验教训入手，冲破教条主义的束缚，明确提出了建设中国特色社会主义的新命题，并成功地开辟了中国特色社会主义道路。邓小平在深化对社会主义认识的同时，对中国的国情、世界发展的态势和时代的特点作出了科学的判断，这是中国特色社会主义最终能够形成的重要前提。以江泽民为主要代表的中国共产党人在世情、国情和党情都发生一系列新的变化的情况下，把对什么是社会主义和怎样建设社会主义的认识同执政党的建设问题联系起来思考，在总结历史经验和实践经验的基础上，进行了一系列理论创新和实践创新，进一步拓展了中国特色社会主义道路。毛泽东关于中国社会主义建设的正确思想、邓小平理论和“三个代表”重要思想，是中国共产党人在探索中国特色社会主义过程中形成的重要理论成果。这些重要理论成果，构成中国特色社会主义理论的基本内容，体现了中国特色社会主义在不同发展时期的理论认识，既体现了国情的要求，又反映了时代的要求。

中国特色社会主义体现了科学社会主义在中国、在当代的创新和发展

从科学社会主义在中国的创新和发展来说，中国特色社会主义系统地回答了在中国这样的经济文化比较落后的国家建设社会主义所面临的一系列基本问题，为社会主义在中国的进一步发展奠定了坚实的基础，开辟了广阔的前景。从科学社会主义在当代的发展来说，中国特色社会主义在世界社会主义遭受严重挫折的背景下走出了新路，为社会主义摆脱困境、向着健康方向发展提供了一个成功的范例，为一些国家的探索和对历史经验的反思提供了可借鉴的经验。

中国特色社会主义的形成，使科学社会主义在中国的发展进入一个新的阶段。科学社会主义在中国的发展，是同中国近代社会发展的历史进程紧密联系在一起的。毛泽东把科学社会主义的基本原理与中国革命的实际相结合，得出了只有社会主义才能救中国的结论，创立了新民主主义革命理论，领导中国人民在民主革命中争取社会主义发展前途，解决了民族独立和人民解放问题。这是科学社会主义在中国开创和胜利发展的第一阶段。在解决如何使国家尽快富强、人民尽快富裕的问题上，邓小平从历史和现实中得出了只有社会主义才能发展中国的结论，成功开创的中国特色社会主义使科学社会主义在中国进入了一个新的发展阶段。

中国特色社会主义实现了科学社会主义在中国的创新和发展，其标志主要体现在三个方面：一是形成关于社会主义问题的新的理论体系，即中国特色社会主义理论体系；二是开拓了社会主义发展的新道路，即中国特色社会主义道路；三是把对社会主义的认识提高到新的水平，即深化了对社会主义本质、规律的认识。

中国特色社会主义的形成，为世界社会主义的发展注入了生机，带来了活力。20世纪70年代以后，面对社会主义发展中的问题，执政的共产党出现了两种态度：一种是盲目自信，继续走老路；一种是积极探索，致力改革。在推进改革的过程中，一些国家的改革变成了改向，而中国在改

革中走出了一条新路，创立了中国特色社会主义，为社会主义的再度振兴起了示范作用。

中国特色社会主义实现了科学社会主义在当代的创新和发展，为世界社会主义发展留下许多深刻的启示：一是搞社会主义必须在结合中坚持和发展科学社会主义。不把它与国情相结合，就很难形成特色，也会失去应有的生机和活力。二是社会主义的本质和目标是一致的，但在实现社会主义本质和目标的过程中，只要把科学社会主义同本国实际相结合，其实现模式必定是多种的，道路必定是多样的。三是在经济文化落后的国家建设、巩固和发展社会主义，要通过发展来体现优势，增强生命力。四是搞好社会主义必须搞好执政党的建设。必须与时俱进，不断改善；必须解决党内存在的突出问题，加强党的自身建设。

中国特色社会主义对科学社会主义的贡献

中国特色社会主义是在科学社会主义基本理论的基础上形成和发展起来的，它在形成和发展的过程中又进一步丰富和发展了科学社会主义，为科学社会主义增添了富有国情特点和时代特征的内容。

中国特色社会主义在新的实践基础上，在进一步深化对社会主义认识的同时，也加深了对建设社会主义的规律性认识，由此形成了系统的理论。其基本内容包括：社会主义本质论、社会主义初级阶段论、社会主义根本任务论、社会主义市场经济论、社会主义改革开放论、社会主义法治论、社会主义和谐社会论和社会主义国家执政党建设论。这几个方面在中国特色社会主义理论中，是带有根本性和全局性的理论，是推进中国特色社会主义实践必须首先解决的重大问题，因而构成了中国特色社会主义理论最基本、最核心的内容，也集中表现了中国特色社会主义在理论上对科学社会主义的新发展。中国特色社会主义不仅在理论上丰富和发展了科学社会主义，而且也为社会主义在实践中的拓展提供了新的路径。

一是以经济建设为中心，实现社会发展与全面进步。坚持以经济建设为中心，集中力量发展生产力，这既符合科学社会主义的基本原理，也是经济文化比较落后的国家建设社会主义的必然选择。在推进社会主义发展过程中，经济文化落后国家面临的任务是多方面的，但中心是经济建设。

二是坚持社会发展的阶段性和奋斗目标的明确性。社会主义的发展是一个长期的过程，是一个从低级向高级不断发展的过程。这个过程本身包含着发展的阶段性和奋斗目标的现实性。在科学社会主义关于社会发展阶段理论的基础上，中国共产党提出了社会主义初级阶段理论，并依据社会主义初级阶段这个基本国情，进一步明确了社会发展的阶段性目标，即全面建设小康社会，实现社会主义现代化。

三是把本国的发展和世界的发展联系在一起。世界的发展是相互联系、相互促进的，任何国家的发展都离不开世界的发展。社会主义只有面向世界，加强与世界的联系，才能走在时代的前列，有广阔的发展前途。通过对外开放，把自身的发展与世界的发展联系在一起，与人类文明的进步联系在一起，在借鉴其他社会制度和发展模式中发展，这是中国特色社会主义的一个突出特点，也是中国特色社会主义为世界社会主义提供的一个重要理念。

四是把民族复兴、实现现代化与社会主义的振兴联系在一起。实现现代化，强国富民，是经济文化比较落后的国家的共同追求。社会主义道路的开辟，为经济文化落后国家加快现代化建设步伐提供了可能。现代化建设、民族复兴与社会主义的振兴，对于经济文化比较落后的国家来说，是紧密联系在一起的事业。社会主义的巩固与发展必须同国家现代化建设，同强国富民的目标紧密联系在一起。只有把实现现代化、实现民族的复兴作为建设社会主义的明确目标，同时从巩固和发展社会主义事业的大局来思考，社会主义才能立于不败之地。

中国特色社会主义回答了科学社会主义面临的新课题

对于经济文化比较落后的国家来说，走上社会主义道路、建立社会主义制度不容易，巩固和发展社会主义更不容易。在新的历史条件下，巩固和发展社会主义是科学社会主义发展中的一个新课题。中国特色社会主义从革命的历史经验中获得新的启示，在参与经济全球化过程中获得新的发展，在推进改革中完善基本制度，从而巩固和发展了社会主义，也确立了在科学社会主义发展中的历史地位。

从俄国十月革命和中国革命的经验来看，坚持无产阶级政党的正确领导，是革命事业取得成功的根本保证。同时，要充分反映广大人民群众的愿望和要求，得到人民群众的真心拥护和支持。中国特色社会主义在其形成和发展的过程中，始终坚持党的领导核心地位，并与时俱进地转变党的工作重点和领导方式。社会主义不仅要成为人民群众的福音，还要给人民群众带来实实在在的利益。中国特色社会主义之所以能深入人心，成为中国人民的共同理想和共同追求，就在于它反映了人民群众的要求，维护和实现了广大人民群众的利益。坚持党的正确领导，不断实现人民群众的要求，也就解决了巩固、建设和发展社会主义的两个根本性问题。

经济全球化为社会主义带来了新的发展机遇，同时也带来挑战。中国特色社会主义在实践中把对内改革和对外开放有机地结合起来，通过发展社会主义市场经济，扩大对外开放，积极参与经济全球化的过程，从而获得了新的更大的发展。实行对外开放，参与经济全球化，一个很重要的问题就是要正确认识和处理与资本主义的关系。作为不同的社会制度和发展道路，社会主义同资本主义可以在竞争中取长补短，在求同存异中共同发展。中国特色社会主义以其自身的经验证明，在经济文化比较落后的国家，巩固和发展社会主义，必须要解放思想，吸收人类一切文明成果为社会主义建设服务。

（载于《马克思主义理论研究和建设工程参考资料》219期）

博大精深、与时俱进的科学理论体系

——"'三个代表'重要思想的科学内涵和精神实质研究"课题组专家访谈

《人民日报》

记者："'三个代表'重要思想的科学内涵和精神实质"这一课题有两个关键词：一个是"科学内涵"，一个是"精神实质"。请你们首先谈一谈对"三个代表"重要思想的科学内涵有哪些新的认识。

顾海良（课题组首席专家、武汉大学教授）：在研究过程中，我们坚持"两个放在"和"两个结合"，力求做到对"三个代表"重要思想科学内涵的认识有所深化。

所谓"两个放在"，就是将"三个代表"重要思想放在马克思主义理论发展的历史进程中来理解，放在党领导人民建设中国特色社会主义的实践进程中来理解。"三个代表"重要思想是马克思主义同当代中国实际相结合的产物，是坚持马克思主义的典范，也是发展马克思主义的典范。将"三个代表"重要思想放在马克思主义理论发展的历史进程中来理解，我们就能够更加清楚地把握"三个代表"重要思想与马克思列宁主义、毛泽东思想、邓小平理论在理论特征、社会理想、政治立场和理论品质等方面的内在统一性，更加深刻地把握"三个代表"重要思想深厚的理论底蕴和巨大的理论贡献。

"三个代表"重要思想是在我们党领导人民建设中国特色社会主义的伟大实践中形成的，建设中国特色社会主义的伟大实践是其产生和发展的源泉。因此，深刻理解"三个代表"重要思想的科学内涵，除了从理论发展史的角度切入，还需要将其放在党领导人民建设中国特色社会主义的实践进程中来理解，在对特定时空条件下的社会主义建设实践进行深入考察中，揭示“三个代表”重要思想的实践基础、形成发展机制及其回应实践提出的诸多重大理论和实际问题的方式、成果，进而深刻地理解“三个代表”重要思想强大的生命力与深刻的现实指导意义。

所谓“两个结合”，就是把对“三个代表”重要思想科学内涵的研究与对我们党推进马克思主义理论发展所取得的新的理论成果的研究结合起来，与对中国特色社会主义建设实践提出的重大理论和实际问题的回答结合起来。进入新世纪新阶段以来，以胡锦涛同志为总书记的党中央坚持马克思主义与时俱进的理论品质，根据实践的新发展，作出了许多新的理论创新。这些理论创新是对“三个代表”重要思想的丰富和发展，也是研究“三个代表”重要思想的科学内涵应该关注的重要内容。以“三个代表”重要思想为指导，努力回答新的实践提出的重大理论和实际问题，是我们开展研究的出发点和落脚点。

记者：这“两个放在”和“两个结合”，体现了马克思主义理论联系实际的学风。那么，在“三个代表”重要思想精神实质的研究方面，你们又是如何把握的？

王炳林（课题组成员、北京师范大学教授）：一种理论的精神实质，是指这一理论的主旨、精髓和要义，是其各种观点和论断所体现的根本精神。它包括三方面的内容：一是精髓和灵魂，就是这一理论所依据的世界观和方法论，这是理论形成和发展的前提与基础；二是核心，这是理论存在和发展的条件与根据；三是本质，就是这一理论的根本属性，它决定着理论的性质和方向。

解放思想、实事求是、与时俱进，是“三个代表”重要思想活的灵魂和精髓。一方面，“三个代表”重要思想的形成是以解放思想、实事求是、与时俱进为思想基础和逻辑起点的；另一方面，“三个代表”重要思想的丰富和发展，仍需要继续坚持解放思想、实事求是、与时俱进。只有坚持解放思想、实事求是、与时俱进，才能以马克思主义的理论勇气，不断总结新的实践经验，在实践中创新，在创新中发展，不断赋予马克思主义新的生机和活力，把马克思主义理论提高到一个新境界。

坚持党的先进性，是“三个代表”重要思想的核心。“三个代表”重要思想深刻回答了长期执政条件下什么是党的先进性、如何才能保持党的先进性的问题。它把代表中国先进生产力的发展要求、代表中国先进文化的前进方向、代表中国最广大人民的根本利益作为一个整体提出来，赋予党的先进性以更加丰富、更加深刻的时代内涵，为我们正确理解和坚持党的先进性开拓了视野和思路。

立党为公、执政为民，是“三个代表”重要思想的本质。“三个代表”重要思想从立党宗旨和执政目的的高度，把我们党坚持马克思主义人民利益观的重点放在“立党为公”和“执政为民”上，充分体现了我们党爱民、为民、利民的政治本色。代表中国先进生产力的发展要求、代表中国先进文化的前进方向，归根到底都是为了满足人民群众日益增长的物质文化需要，不断实现好、维护好和发展好最广大人民的根本利益。

“三个代表”重要思想精神实质的三个方面是辩证统一的。只有坚持解放思想、实事求是、与时俱进，才能坚持党的先进性；只有坚持党的先进性，才能真正做到立党为公、执政为民。三者紧密联系、相互补充，贯穿于“三个代表”重要思想的科学理论体系中，统一于建设中国特色社会主义的伟大实践中。

记者：“三个代表”重要思想内涵丰富、博大精深。中共中央印发的《“三个代表”重要思想学习纲要》要求：“既从总体上把握‘三个代表’重要思想，又从各个领域、各个方面加深理解。”在总的题目下，你们是如何开展分工合作的？

张雷声（课题组成员、中国人民大学教授）：在研究中，我们将总课题分解为15个子课题，其中，“三个代表”重要思想在中国特色社会主义经济建设、政治建设和文化建设方面的科学内涵和精神实质是研究的重点。

关于“三个代表”重要思想在中国特色社会主义经济建设方面的科学内涵和精神实质问题，我们着重从以下四个方面展开研究：

一是“三个代表”重要思想与中国特色社会主义经济建设的关系问题。主要是从研究和揭示二者关系的角度，把握“三个代表”重要思想关于中国特色社会主义经济建设思想的科学内涵和精神实质，进而理解作为

“三个代表”重要思想的体现的科学发展观对中国特色社会主义经济建设的指导意义。

二是我国社会主义初级阶段的基本经济制度问题。主要内容有公有制及其实现形式、现代产权制度、国有企业改革等。这一研究表明，用“三个代表”重要思想指导中国特色社会主义经济建设，首先必须坚持和完善公有制为主体、多种所有制经济共同发展这一社会主义初级阶段的基本经济制度。

三是收入分配中的效率与公平、贫富差距问题。坚持“效率优先、兼顾公平”的原则，是“三个代表”重要思想在社会主义初级阶段收入分配制度方面的具体体现。正确理解这一原则，对于坚持和完善按劳分配为主体、多种分配方式并存的分配制度具有重要意义。

四是统筹城乡发展和区域发展问题。这个问题是“三个代表”重要思想关于中国特色社会主义经济建设思想的科学内涵和精神实质在当今中国经济建设实践中的重要体现。这方面的研究重点在于：通过剖析造成城乡差距和区域差距的原因，探讨缩小城乡差距和区域差距的路径。

记者：看来，从各个领域、各个方面加深理解，确实有利于把研究引向深入。在中国特色社会主义政治建设方面，“三个代表”重要思想有哪些新思想、新观点、新论断？

侯惠勤（课题组成员、南京大学教授）：围绕“三个代表”重要思想的政治思想内涵及其精神实质这个问题，课题组的研究主要从三个方面进行：一是对“三个代表”重要思想的政治思想内涵及其精神实质进行界定，这就是：确保中国共产党引领当代中国政治发展潮流，着眼于提高党的执政能力，全面推进科学决策、民主决策、依法决策，努力实现坚持党的领导、人民当家作主和依法治国的有机统一；二是深入进行社会调研，了解当代中国社会分层的现状及其对当代中国政治建设的影响，从中理解“三个代表”重要思想的社会政治基础；三是在此基础上，深入研究“三个代表”重要思想的政治思想内涵及其精神实质。

“三个代表”重要思想在中国特色社会主义政治建设方面提出的新思想、新观点、新论断有很多。比如，发展社会主义民主政治，建设社会主义政治文明，是社会主义现代化建设的重要目标的观点；建设社会主义政治文明，最根本的就是坚持党的领导、人民当家作主和依法治国的有机统一的观点；政治体制改革要着重加强制度建设，实现社会主义民主政治的制度化、规范化、程序化的观点；依法治国，建设社会主义法治国家的观点；尊重和保障人权是发展社会主义民主政治、建设社会主义政治文明的内在要求的观点；等等。关于政治建设和政治体制改革，党的十六大全面贯彻“三个代表”重要思想，从九个方面作出了部署。当前，世界局势继续处于深刻变动之中，我国改革发展正处于关键时期，这对中国特色社会主义政治建设提出了新的更高的要求。只有坚持“三个代表”重要思想，我们才能在对复杂多变的国内外形势的正确应对中，在对多种思想文化和价值观念的科学引导中，在对各种复杂利益关系和社会矛盾的有效整合中，牢牢把握正确方向，扎实做好各项工作，不断推进社会主义民主政治建设。

“三个代表”重要思想创造性地回答了建设什么样的党、怎样建设党的问题，对这个问题，我们着重从党所面临的历史条件的新变化和党的阶级基础、社会基础的新变化两个方面进行研究，并已取得一定的成果。

记者：当今世界，文化与经济和政治相互交融，在综合国力竞争中的地位和作用越来越突出。这意味着，加强文化建设的理论研究对于深化“三个代表”重要思想研究具有格外重要的意义。

赵存生（课题组成员、北京大学教授）：是这样的。代表中国先进文化的前进方向，是“三个代表”重要思想不可分割的重要组成部分。因此，我们在研究中对这个问题给予了充分的关注和重视。这里，介绍这样几个问题：

一是先进文化的地位和作用问题。其主要内容包括：从文化的性质和功能的层面，深入研究文化发展在整个人类社会和各国、各民族发展中的地位和作用，从文化兴盛与国家、民族兴盛，文化衰落与国家、民族衰落，文化持久发展与国家、民族命脉绵长的互动现象中总结文化发展的规律；从文化与经济、政治、社会的联系层面，深入研究文化建设与经济、政治、社会建设的内在关系以及全面建设小康社会中的文化建设任务，探讨科学发展观的文化底蕴、和谐社会的文化诉求、党的先进性建设和执政能力建设的文化支撑、人与社会和人与自然关系的文化解读、马克思主义中国化的文化因素等；从民族文化与世界文化的关系层面，深入研究世界多极化、经济全球化趋势下的世界文化发展态势，文化的冲突与共存同和平发展的时代主题的关系，世界文化与民族文化的关系及二者的发展前景，以及世界范围内判断文化先进与否的标准、强势文化与先进文化的异同、中国特色社会主义先进文化在世界文化发展中的地位和价值等。

二是关于先进文化建设的方向问题。主要是深入分析国际国内意识形态领域竞争和较量的态势，有力、有效地反对在文化建设领域搞指导思想的“多元化”、“模糊化”、“疏离化”、“边缘化”等错误观点和倾向，同时破除对马克思主义的错误的和教条式的理解，抵制各种否定马克思主义的错误观点；深入研究先进文化建设规律，正确处理以马克思主义为指导与贯彻“双百”方针的关系、指导思想一元化与文化表现多样化的关系，以及建设与批判、吸收与剔除、和谐与矛盾、内生与外引、继承与创新、传统与现代等关系；深入研究涉及文化安全的重点难点问题，牢牢把握舆论导向，正确引导社会舆论，建立切实有效的国家文化安全预警系统和制定国家文化网络安全战略，大力发展文化产业，加强中华文化的国际传播，扩大中国特色社会主义先进文化的国际影响。

三是关于加强马克思主义文化理论的研究和建设问题。马克思主义文化理论是马克思主义科学理论体系的重要组成部分。然而，关于马克思主义文化理论的研究一直比较薄弱。我们党三代中央领导集体的核心——毛泽东、邓小平、江泽民同志以他们的理论创造和实践探索，为马克思主义文化理论的建设和发展增添了丰富的内容。建设中国特色社会主义先进文化，必须加强对马克思主义文化理论的研究和建设，从马克思、恩格斯关于精神生产的理论开始，建构马克思主义文化学。

（载于《马克思主义理论研究和建设工程参考资料》197 期）

“三个代表”重要思想精神实质研究的回顾与思考

王炳林　于　昆

对“三个代表”重要思想实质的研究可以概括为以下几种观点：

第一种观点认为，“三个代表”重要思想的精神实质集中表现为“三句话”，即中国共产党要始终代表中国先进生产力的发展要求、代表中国先进文化的前进方向、代表中国最广大人民的根本利益。

持这种观点的研究者认为，这“三句话”在马克思主义的党建理论上具有突破性，在认识上具有前瞻性，在逻辑关系上具有严密性，体现了“三个代表”重要思想的精神实质。首先，这“三句话”是江泽民同志站在世纪交替的历史高度，从解决两大历史性课题着眼，深入思考苏联解体、东欧剧变的惨痛教训，紧密联系我们党面临的跨世纪的形势任务和当前党的建设的现状，在诸多的建党理论原则中高度概括出来的。这“三句话”准确地反映了社会发展的客观规律和党的建设的本质要求，丰富了马克思主义建党理论，在马克思主义的党建理论上具有突破性。其次，中国加入WTO后，经济发展遇到了前所未有的机遇和挑战，中国社会文化面临着西方文化的影响和冲击；特别是随着社会经济和社会文化的发展，一些党员、干部的人生观、世界观和价值观受到影响，党面临着执政地位和拒腐防变的双重考验，这“三句话”的提出，正是江泽民同志总结历史、着眼现实、前瞻未来、深思熟虑的结果，在认识上具有前瞻性。第三，把代表中国先进生产力的发展要求放在首位，从根本上揭示了我们党全心全意为人民服务的宗旨，体现了党的根本任务和社会主义本质的要求。大力发展先进生产力可以为先进文化的发展和广大人民群众利益的实现提供坚实的物质基础。代表中国先进文化的前进方向，大力繁荣社会主义文化，不仅可以解决人民日益增长的物质文化需求，而且可以有力促进社会生产力的发展。代表中国最广大人民的根本利益，是我们党发展社会生产力，繁荣和发展社会主义文化的根本目的。这三者密不可分，在逻辑关系上具有严密性。

也有的研究者认为，"三个代表"重要思想的精神实质在于，"三句话"深刻揭示了"三大规律"即共产党执政规律、社会主义建设规律和人类社会发展规律。首先，"三个代表"重要思想把保持党的先进性、巩固党的执政地位，同代表中国先进生产力的发展要求、代表中国先进文化的前进方向、代表中国最广大人民的根本利益有机地结合起来，赋予党的性质以鲜明的时代特征，赋予党的宗旨以丰富的时代内涵，赋予党的纲领以明确的时代方向，揭示了中国共产党长期执政、永远保持先进性的本质要求，创造性地发展了马克思主义执政党建设理论，深化了对共产党执政规律的认识。其次，"三个代表"重要思想的显著特征，就是把坚持党的先进性与发展先进生产力、发展先进文化、实现最广大人民的根本利益有机地结合起来，把坚持党的领导与中国特色社会主义实践有机地统一起来，从建设中国特色社会主义经济、政治、文化等各个方面，系统阐述了在建设中国特色社会主义道路上实现中华民族的伟大复兴等基本理论问题，使中国特色社会主义理论更加系统、科学、完善，从而深化了对社会主义建设规律的认识。第三，"三个代表"重要思想运用马克思主义基本原理，考察和分析当代世界的发展变化特别是生产力与生产关系、经济基础与上层建筑矛盾运动的变化，得出了一系列新的科学结论，深刻体现了我们党对人类社会发展趋势的正确认识和把握，使"三个代表"重要思想具有更加鲜明的时代特点和更加丰富的科学内涵，从而深化了对人类社会发展规律的认识。

第二种观点认为，应该从科学精神、时代精神和创新精神三个方面来把握"三个代表"重要思想的精神实质。

其一，我国的社会主义现代化事业进入了一个充满机遇又带有挑战的新的历史时期。在这一时期，经济全球化态势发展明显，霸权主义和强权政治有新的发展，科学技术对人们的生活方式和社会发展的影响更加广泛，综合国力的竞争日趋激烈。同时，由于生产力的发展和产业结构的调整，我国工人阶级的状况发生了重大变化。中国共产党面临着既要做好现在正在做的事情，也要解决好经济文化的发展水平逐步提高的问题。“三个代表”重要思想正是在这样的时代背景下提出来的，充满着鲜明的时代精神。其二，我们党只有始终忠实地代表中国先进生产力的发展要求、代表中国先进文化的前进方向、代表中国最广大人民的根本利益，把这三者有机地统一起来并体现在我们的全部实践活动之中，才能不断丰富、创新和发展马克思主义。“三个代表”重要思想正是以科学的精神来对待各个发展时期和各种具体条件下的具体问题，以继续发挥党自身的先进性，使其成为建设中国特色社会主义的坚强领导核心。科学精神是“三个代表”重要思想的本质特征。其三，在新时期，党的建设遇到了许多前所未有的新问题。“三个代表”重要思想，为我们研究和解决这些新问题，开辟了新的途径，从根本上进一步明确了思路，体现了开拓进取的创新精神。创新精神是“三个代表”重要思想的必然要求。

还有研究者认为，“三个代表”重要思想的精神实质除了科学精神、时代精神和创新精神外，还应包括立党为公的公仆精神。这可以从四个方面来把握。一是“三个代表”重要思想是我们党在新的历史条件下从国际环境和时代特征、中国共产党自身建设的实际、中国改革开放和现代化建设的实际出发，针对新形势下党的建设面临的挑战而作出的科学结论，充分反映了我国社会主义初级阶段和我们党的建设的实际和规律。它把党始终代表中国先进生产力的发展要求、中国先进文化的前进方向和中国最广大人民的根本利益有机统一起来，从经济、文化、政治各方面赋予党的先进性以新的时代内容，形成一个具有完整性、准确性和科学性的理论体系，充满着马克思主义实事求是的科学精神。二是“三个代表”重要思想充分体现了我们党对新世纪人类社会发展进步的根本大势和无产阶级政党建设的内在规律的科学把握和主动适应，为加强党的建设，实现治党与理政、内政与外交的有机结合指明了方向，集中反映了马克思主义与时俱进的时代精神。三是“三个代表”重要思想是以江泽民同志为核心的党的第三代中央领导集体，在建设中国特色社会主义进程中，总结历史，立足现实，面向世界和未来，创造性地提出的党的建设新的伟大纲领，是党的建设的伟大创新，体现了开拓进取的创新精神。四是“三个代表”重要思想从人民群众是历史的创造者这一历史唯物主义的基本原理出发，深刻总结人心向背与执政党兴衰存亡的联系，从治党兴邦的战略高度论述了党始终保持同人民群众的血肉联系、始终代表中国最广大人民的根本利益的深远意义和脱离群众的严重危害，充分体现了中国共产党人爱民、为民、利民的政治本色，体现了立党为公的公仆精神。

第三种观点认为，保持党的先进性是“三个代表”重要思想的精神实质。

有的研究者指出，“三个代表”重要思想中最鲜亮的字眼是“先进”。坚持党的先进性，是由三个方面决定的。第一，从党的工人阶级先锋队性质方面来说，工人阶级是先进生产力的代表者，是当代社会中最进步最有前途的阶级。工人运动既是求得工人阶级自身解放的运动，也是为了一切被压迫被剥削的劳动群众的解放运动，是解放全人类的运动，代表着人类社会发展的方向。作为无产阶级的政党，共产党始终代表和反映了工人阶级根本利益的要求。第二，从政党在推动社会前进中所发挥的作用上看，我们党之所以当之无愧地成为中国革命和建设的领导者，就是因为把工人阶级和广大劳动人民的利益作为制定党的纲领和目标的出发点。无论是在新民主主义革命时期、从新民主主义向社会主义过渡时期，还是社会主义建设和改革开放时期，我们党始终代表了中国最广大人民的根本利益，体现了时代发展的根本方向和要求。第三，从巩固党的执政地位的根本要求上看，马克思主义政党要得到人民的拥护取决于两个条件：一是党必须有效地推动国家和社会的发展；一是党必须不断提高自身拒腐防变的能力。这些都说明了坚持党的先进性是巩固党的执政地位的基本条件。

有的研究者从党的先进性的历史范畴、阶级基础、动力源泉和根本保证四个方面来考察“三个代表”重要思想的精神实质。首先从历史范畴看，我们党之所以具有生机和活力，源于我们党是一个始终顺应历史发展潮流、反映时代要求、走在时代前列的先进政党。从阶级基础看，工人阶级的先进性是共产党先进性的根源所在，没有工人阶级的先进性，就没有共产党的先进性。从动力源泉角度看，与时俱进，是党的解放思想、实事求是思想路线在新形势下的新发展，揭示了党始终坚持先进性的根本途径。只有与时俱进，我们党才能始终保持和发扬党的先进性，领导人民取得革命、建设和改革的胜利。从根本保证角度看，加强和改进党的建设，是使我们党始终走在时代前列，始终成为全国人民的主心骨，始终成为坚强的领导核心的根本保证。

也有研究者认为，“三个代表”重要思想的精神实质是党的先进性，其表现主要集中在“四个统一”上。其一，“三个代表”重要思想从马克思主义关于共产党是工人阶级的先锋队这一理论的本源意义出发，表明党的阶级性归根到底是由本阶级所代表的社会生产力的先进性所反映的，从而揭示了执政条件下共产党代表先进生产力发展要求的属性是其阶级性的集中表现的特征。这就体现了党的先进性和阶级性的统一。其二，“三个代表”重要思想是在保持党的先进性的前提下，适应时代和社会结构发展的新变化，广泛地团结社会各个阶级、阶层群众，把党的执政基础建立在最广大的人民群众之上而提出来的，体现了党的先进性与党的群众基础广泛性的统一。其三，当前我们党的历史任务是沿着建设中国特色社会主义道路，把我国建设成为富强、民主、文明的社会主义现代化国家。这是实现最高理想的必经阶段。因此，中国共产党人为建设中国特色社会主义而奋斗，就是为党的最高理想而奋斗。“三个代表”重要思想揭示了党的先进性蕴涵着党的纲领的现实性的特征，体现了党的先进性与党的纲领现实性的统一。其四，“三个代表”重要思想强调坚持民主集中制，建立健全科学的领导体制和工作机制，充分发扬党内民主，维护党的集中统一，保持并不断增强党的活力，从而体现了党的先进性与党的队伍组织性的统一。

有的研究者对这一观点作了补充，认为“三个代表”重要思想的精神实质应包含永葆党的先进性和党同人民群众的血肉联系两个方面。一方面，中国共产党只有始终走在时代前列，永葆自身的先进性，才能始终得到人民群众的拥护并保持同人民群众的血肉联系。另一方面，中国共产党只有永葆同人民群众的血肉联系，才能不断从人民的实践中汲取智慧和力量，始终走在时代前列并保持自身的先进性。

第四种观点认为，关键在于坚持与时俱进，核心在于坚持党的先进性，本质在于坚持执政为民，明确提出了全面贯彻“三个代表”重要思想的根本要求，体现了马克思主义的立场、观点和方法，体现了“三个代表”重要思想的主旨、精髓和要义，只有把握了“三个坚持”这个根本要求，才能从根本上把握“三个代表”重要思想的精神实质。

有的研究者指出，其所以把“三个坚持”作为“三个代表”重要思想的精神实质，一是与时俱进是我们对待马克思主义和社会事物发展的科学态度，它深刻揭示了人类实践和认识发展的规律以及我国革命和建设永不停顿的内在奥秘，是对我们党始终坚持先进性的重要前提和坚持执政为民的根本保证。只有坚持与时俱进，我们党才能时刻保持昂扬奋发的精神状态，永远坚持先进性，始终做到执政为民。二是从党的先进性上看，党的先进性从来都是我们党生存和发展的根本依据，是党能够得到最广大人民群众信任和拥护的根本条件，也是“三个代表”重要思想的真谛。坚持党的先进性，要求我们必须准确把握世界发展潮流、中国社会前进方向和党自身状况的变化，使党始终站在时代前列，带领人民前进。三是从本质的角度看，执政为民深刻回答了马克思主义执政党的历史地位问题，反映最广大人民根本利益这一出发点和落脚点，是对执政条件下坚持党的全心全意为人民服务根本宗旨的新概括，体现了中国共产党与剥削阶级政党的最本质区别。只有坚持执政为民，才能真正坚持党的先进性，巩固党的执政地位。

有的研究者认为，“三个坚持”是对“三个代表”重要思想精神实质的精辟概括。首先，坚持与时俱进就是坚持马克思主义的本质，是对我们党历史经验的科学总结，是开辟马克思主义发展新境界的根本要求。其次，先进性是党生存和发展的前提条件，“三个代表”重要思想最鲜明的特点，就是把党放到整个历史进程中去考察，抓住决定党的历史地位的根本问题，从社会发展规律和党的进步本质的高度，对党的先进性作了最新最集中的提炼和概括。第三，执政为民是我们党的价值取向和奋斗目标，是我们党的立足之本，是我们党与一切剥削阶级政党的根本区别。“三个代表”重要思想的提出及其实践，绝不是为了任何个人或利益集团，而是着眼于全体人民的根本利益，着眼于国家的长治久安，体现了执政为民的本质要求。

有的研究者认为，“三个坚持”充分体现了我们党对“三个规律”认识的深化，集中体现了我们党思想、政治和组织路线的系统性，高度概括了党的基本经验。首先，“三个坚持”涵盖了共产党执政和自身建设的内涵。只有坚持与时俱进、坚持党的先进性、坚持执政为民，党才能紧跟时代前进和实践发展的步伐，才能用发展着的马克思主义指导新的实践，党才能得到广大人民群众的信任和拥护，社会主义制度和共产党的执政地位才能巩固。其次，“三个代表”重要思想把坚持与时俱进作为关键问题列在首位，丰富和发展了党的思想路线，体现了我们党既继承前人又突破陈规的理论勇气，突出了时代精神和创新要求。党的思想路线是我们制定和贯彻党的政治路线和组织路线的指导原则。“三个坚持”集中体现了党的思想路线、政治路线、组织路线的关联性和整体性。再次，党在十三届四中全会以来的伟大实践中，积累了两条最宝贵的经验，一是始终坚持建设中国特色社会主义，一是始终突出党的建设。“三个坚持”充分体现了推进建设中国特色社会主义和抓好党的建设相统一的精神。

也有的研究者认为，坚持与时俱进，不断在实践中开拓创新，永不停止，永不自满，永不懈怠，这是“三个代表”重要思想的一个本质要求。“三个代表”重要思想强调实践没有止境，创新没有止境，党的全部理论和工作要体现时代性，把握规律性，富于创造性，为我们坚持马克思主义基本原理，不断在实践中推进理论创新，打开了新的理论视野。坚持党的先进性，是党存在和发展的基本依据，也是党得到广大人民群众信任和拥护的根本条件。“三个代表”重要思想从根本上回答了我们党在长期执政条件下怎样保持先进性，用什么来检验先进性这一重大问题。在当代中国，不断推进先进生产力和先进文化的发展，不断满足人民群众日益增长的物质和文化需求，这是我们党作为执政党的先进性的根本体现。坚持执政为民，是执政条件下我们党全心全意为人民服务宗旨的集中体现，也是“三个代表”重要思想的本质。“三个代表”重要思想极其深刻地揭示了我们党的立党之本、执政之基、力量之源，揭示了坚持立党为公、执政为民的根本途径。

第五种观点认为，立党为公、执政为民是“三个代表”重要思想的精神实质。相信谁、依靠谁、为了谁，是否始终站在最广大人民的立场上，是区分唯物史观和唯心史观的分水岭，也是判断马克思主义政党的试金石。全国各族人民是建设中国特色社会主义事业的主体，人民群众积极性创造性的充分发挥是我们事业成功的保证，不断实现最广大人民的根本利益是我们党全部奋斗的最高目的。学习贯彻“三个代表”重要思想，必须牢牢把握立党为公、执政为民这一精神实质。

有的研究者认为，“立党为公、执政为民”科学地概括了中国共产党的性质和宗旨，反映了中国共产党自身建设和领导国家工作两个方面的根本要求。党的性质是“为公”，党的宗旨是“为民”。离开了“为公”，我们党就失去了与一切剥削阶级政党的本质区别，就没有了立党之本；离开了“为民”，我们党就不再是全心全意为人民服务的党，党就会脱离群众，党执政就失去了基础和力量源泉。中国共产党是执政党，中国共产党的党员特别是领导干部所处的特殊地位和手中所掌握的权力，使他们经常成为人民群众关注的焦点，成为各种社会关系的集中体现。因此，党员干部的思想品质、工作作风和一言一行，都会直接影响党和国家路线、方针、政策的制定、贯彻和执行，影响社会共同任务的完成和社会主要矛盾的解决，影响社会经济、政治和文化等领域各种各样的矛盾和问题的解决，影响党的宗旨的体现，影响党与人民群众的关系。只有立党为公，执政为民，才能赢得人民群众的支持和拥护。“三个代表”重要思想以最广大人民的根本利益为出发点和落脚点，体现了立党为公、执政为民的根本要求。

以上是国内学术界、理论界对“三个代表”重要思想精神实质研究的主要观点。此外，还有一些研究者从其他角度和方面论述了“三个代表”重要思想的精神实质，主要有以下几个方面的内容。

有的研究者认为，“三个代表”重要思想的精神实质，除了关键在于坚持与时俱进，核心在于坚持党的先进性，本质在于坚持执政为民以外，还应包括主题。“三个代表”重要思想的主题同邓小平理论的主题一样，是建设中国特色社会主义。“三个代表”重要思想在邓小平理论的基础上，进一步回答了什么是社会主义、怎样建设社会主义的问题，特别是创造性地回答了建设什么样的党、怎样建设党的问题，集中起来就是深化和发展了对中国特色社会主义的认识。“三个代表”重要思想是社会主义现代化建设中统领一切的指导思想，是推进社会主义自我完善和全面发展的思想武器。它从马克思主义政党先进性与社会主义制度优越性的辩证统一的基本原理出发，揭示了中国特色社会主义伟大事业同党的建设新的伟大工程相互促进的进程，创造性地把党的建设同当今世界和当代中国的发展趋势，同实现中国特色社会主义的宏伟目标和各项任务联系起来，标志着我们党对中国特色社会主义认识的深化和发展。

有的研究者认为，与时俱进是“三个代表”重要思想的精神实质。江泽民同志运用马列主义、毛泽东思想、邓小平理论的立场、观点和方法观察当今世界和中国，不断总结实践经验，不断开拓创新，进行了一系列理论创新和实践创新，提出要坚持党的工人阶级先锋队性质，永葆党的先进性；以改革的精神研究和解决党的建设面临的重大理论和现实问题；增强党的阶级基础和扩大党的群众基础，不断提高党的社会影响力；中国共产党人是最低纲领和最高纲领的统一论者；要不断增进人民群众的经济、政治、文化利益，提高人的素质，促进人的全面发展。这些重要论述既是对马克思主义的坚定继承，又是对新的实践经验，新的时代主题的总结和反映。“三个代表”重要思想是理论与实际相结合的典范，是继承与创新相结合的典范，是解放思想与实事求是相结合的典范，体现了马克思主义与时俱进的理论品质。

有的研究者认为，建立一个什么样的党和怎样建设党是“三个代表”重要思想的精神实质。在充满机遇和挑战的21世纪，建立一个什么样的党和怎样建设党，一直是以江泽民同志为核心的第三代中央领导集体高度重视、悉心思索和努力实践的根本问题。中国共产党是领导建设中国特色社会主义事业的核心力量。当今中国的事情怎么样，取决于我们党，取决于党的思想、作风、纪律、组织状况和战斗能力及领导水平。当前，党正进入整体性新老交替的重要时刻，党内生活、党的组织形式和工作方式以及党群关系都面临着大量新情况、新问题，市场经济的负面影响也反映到党内来。因此，党的自身建设中还存在着种种不适应和不尽如人意的地方。面对这样的情况，如何全面推进党的建设这个新的伟大工程，已经成为每一个具有历史使命感的共产党人应该思考的问题。“三个代表”重要思想正是在千头万绪中抓住了党的建设这个“重中之重”，正确回答了面向新世纪党的建设的重大课题，即“建设一个什么样的党，怎样建设党”这一时代课题，为保持党的先进性，推进党的建设新的伟大工程提供了根本指导。

有的研究者认为，“三个代表”重要思想的精神实质在于遵循社会规律，实现人民利益。从理论上看，“三个代表”重要思想是与马列主义、毛泽东思想、邓小平理论一脉相承的科学理论体系，它运用历史唯物主义关于社会基本矛盾辩证关系的原理，强调中国共产党要始终代表中国先进生产力的发展要求，代表中国先进文化的前进方向，代表中国最广大人民的根本利益，最充分地体现了唯物史观的根本观点和根本要求。它既揭示了社会发展的客观规律，又肯定了人民群众在历史上的主体地位，体现了我们在任何时候都必须坚持和尊重社会发展规律，任何时候都必须坚持尊重社会发展规律与尊重人民历史主体地位的一致性，任何时候都必须坚持遵循社会发展的客观规律与实现人民的根本利益的一致性，体现了遵循社会发展的客观规律和实现人民根本利益的高度内在统一性。

有的研究者认为，应该从“三个代表”重要思想提出的历史和逻辑起点、地位、内容及作用四个方面来把握其精神实质。首先，从“三个代表”重要思想提出的历史和逻辑起点看，“建设什么样的党、怎样建设党”，这是“三个代表”重要思想所要回答的核心和基本问题，是对邓小平理论的深化，也是对党在21世纪如何提高执政水平，巩固党的执政地位，使党永葆生机和活力做出的科学回答。其次，从地位上看，始终做到“三个代表”，是党的立党之本、执政之基、力量之源。“三个代表”重要思想体现了党的阶级基础、党的指导思想、党的宗旨的先进性。第三，从内容上看，“三个代表”重要思想强调党的路线方针政策要全面反映人民的利益和时代发展的要求，坚持党要管党、从严治党的方针，进一步解决了提高党的领导能力和执政水平，提高拒腐防变和抵御风险能力这两大历史性课题。第四，从作用上看，党的思想建设、政治建设、组织建设、作风建设，都要贯彻“三个代表”的要求。“三个代表”重要思想为全面加强党的建设提出了理论指南。

（载于《马克思主义理论研究和建设工程参考资料》141期）

深入研究"三个代表"重要思想的时代背景实践基础和历史地位的几个问题

刘　世　军

1. 深入研究"三个代表"重要思想的时代背景、实践基础和历史地位对进一步加强党的思想理论建设有什么重大意义？

随着中国改革开放的深入发展，市场经济、民主政治、人权法治、多元文化、公平正义等现代文明价值越来越成为人们关注的重大理论和实践问题。顺应时代之潮流，回应实践之变局，推进社会主义和谐社会之构建，是党的十六大以来思想理论建设面临的重要任务。回答解决这些问题，既是中国现代化建设的实践工程，又是中国特色社会主义事业的理论工程。深入把握"三个代表"重要思想的精髓，深入研究其产生的时代背景和实践基础，深入探索其开拓的理论和实践空间，关系到马克思主义理论研究和建设工程的顺利推进，关系到党的思想理论建设的与时俱进，现实意义紧迫，理论意义深远。

2."三个代表"重要思想的形成与世界格局的重大变化有什么关联？

20世纪80年代末90年代初，东欧剧变，苏联解体，世界格局发生重大变化，在这个历史关头，东西方的著名思想家不约而同地思考同样一个问题。社会主义与资本主义之区别是否意味着两种文明的对立？现代资本主义文明对社会主义意味着什么？社会主义与福利国家、市场经济、市民社会、立宪主义、生态主义、科技革命等是什么关系？在这些重大问题面前，中国共产党在思想理论建设方面展现了前所未有的开放性与包容性，特别是在回答社会主义与市场经济能不能结合这个问题上，既体现了共产党人的理论勇气，又体现了把科学性、时代性和革命性相统一的马克思主义品格。我们党在市场经济前面加“社会主义”几个字并非“画蛇添足”，而是“画龙点睛”。党的十五大又提出“股份制是公有制的实现形式”、“依法治国方略”、“建设社会主义政治文明”等概念，党的十六大后，“人权”、“保护私有财产”等字眼写入了宪法。总之，世界格局的大发展、大变化，让人不能不深刻反省社会主义的昨天、今天和明天，对现代社会文明成果的价值确认理应成为建设中国特色社会主义的题中应有之义，“三个代表”重要思想的形成体现了这样的理论使命。

3. 经济全球化对“三个代表”重要思想的形成有什么影响?

“三个代表”重要思想的提出与经济全球化趋势密切相关，在某种意义上甚至可以这样认为，“三个代表”重要思想是全球化时代的马克思主义，是全球化时代的社会主义理论。在当今时代，社会主义不能脱离全球化的进程而孤立存在。在全球范围内配置资源，实际上是先进生产力的发展要求。全球化必然伴随不同文化的频繁交流。在此背景下提高社会主义文化的说服力、吸引力、感召力，提高中华文明与人类现代文明的对话能力，是发展先进文化的必然要求。中国共产党人提出的各种文明应该在平等交流对话的基础上实现共存共赢共荣的文化主张，不仅是“三个代表”重要思想对全球化潮流的一种正面回应，而且是中国共产党文化创造性和文化自信力的一种体现。

4.“三个代表”重要思想对全球化的正面回应，将对中国的现代化建设产生什么样的影响?

融入全球化无疑会对中国的现代化建设产生重要影响，必须把中国的现代化道路放在世界发展的大格局中来考虑，中国问题的解决将越来越多地受到国际因素的制约。融入全球化，不仅使中国更有条件充分吸收世界先进生产力发展的有益成果，带动中国生产力的跨越式发展，而且使符合先进生产力发展要求的制度法则、管理模式能够嫁接于中国的土壤，从而实现以开放促进改革，在适应国际惯例中推进制度创新的目标。正是在这个意义上，我们认为，融入全球化是中国发挥后发优势，走出一条跨越式发展的中国式现代化道路的必要条件。

5. "三个代表"重要思想与中国20多年来的社会结构变化有什么关系?

"三个代表"重要思想的提出是与改革开放以来中国社会结构的变动相适应的。中国在20世纪70年代末重新进入现代化建设的轨道之后，社会结构的变动实际上就已经开始了，尤其是阶层结构的变动最为明显。90年代以后，社会分化的速度进一步加快，程度进一步加深。多元化的出现不仅要求中国共产党要大力提升社会治理的能力，而且要求在思想理论上对中国的阶级、阶层状况要有新的判断，最大限度地把各种社会力量整合进政治体系，以此不断扩大执政党的阶级基础、社会基础和群众基础。

6."三个代表"重要思想与"中国式现代化道路"的探索是什么关系?

在中国这个超大社会、超大国家建设现代化，既要超越西方资本主义模式，又要超越社会主义传统模式，只有实现对这两者的双重超越，才能使现代化适合中国国情。中国式的现代化道路实际上是一条渐进非均衡发展之路。针对实践中出现的经济发展较快，其他发展较慢，重视GDP的增长，忽视资源环境的保护，强调效率优先，兼顾公平重视不够的问题，党中央适时提出要正确处理"十二大关系"，要大力实施科教兴国和西部开发战略，要努力振兴东北老工业基地，促进中部崛起，实现人与自然和谐相处，促进人的全面发展，构建和谐社会，这些举措意味着中国发展大格局的一种转向，这种转向既坚持把发展作为第一要务，又坚决克服"发展主义"的弊端，其实质体现了"三个代表"的根本要求。一言以蔽之，"三个代表"重要思想与邓小平开启的"中国式现代化之路"的关系既一脉相承，又与时俱进。

7. 为什么说"三个代表"重要思想拓展了中国现代化建设的理论空间和实践空间?

中国的现代化建设与中国社会的历史转型是紧密联系在一起的，而这一转型过程远未完成，只有不断在实践上创新，理论上与时俱进，改革开放才能顺利前行。无论是代表中国先进生产力的发展要求，代表中国先进文化的前进方向，还是代表中国最广大人民的根本利益，都是一种动态性的表述，这体现了"三个代表"重要思想的科学性、开放性。因此，研究"三个代表"重要思想的历史地位，不仅要看到它为我们确立了什么，而且更为重要的是要看到它开拓的理论和实践空间是什么；不仅要看到它是对中国改革发展实践的科学总结，更要看到它也是对未来发展趋势的科学预见。

（载于《马克思主义理论研究和建设工程参考资料》190期）

当今世界和中国发展的时代精神的深刻体现

——"'三个代表'重要思想的时代背景、实践基础和历史地位"课题组专家访谈

《人民日报》

记者："三个代表"重要思想是加强和改进党的建设、推进我国社会主义自我完善和发展的强大理论武器，是我们党必须长期坚持的指导思想。我们常说，"三个代表"重要思想产生在20世纪90年代，是"应运而生"。对此应怎样理解？

课题组：任何科学理论都是对伟大实践的创造性概括，都必然打上深深的时代烙印。20世纪90年代以来，经济全球化趋势在曲折中发展，科技进步日新月异，各种思想文化相互激荡。在这样的背景下，我国改革开放进入了一个新的历史阶段，市场经济、民主政治、人权法治、多元文化、公平正义等越来越成为人们关注的重大理论和实践问题，也成为不断开创中国特色社会主义事业新局面必须回答的重大课题。顺应时代潮流，回应实践发展，"三个代表"重要思想应运而生。

实践无止境，理论创新无止境。思想理论的创新是推动改革深化的强大动力，改革实践的发展又成为思想理论建设的重要资源，二者相互促进，共同演奏了建设中国特色社会主义的宏大交响乐章。在全面建设小康社会的征途上，在构建社会主义和谐社会的进程中，经济建设、政治建设、文化建设、社会建设都遇到了新情况、新问题。经济建设方面要突出

回答“靠谁发展、为谁发展、如何发展”的问题；政治建设方面要突出回答“靠谁执政、为谁执政、如何执政”的问题；文化建设方面要突出回答“靠谁繁荣、为谁繁荣、如何繁荣”的问题；和谐社会建设方面要突出回答“靠谁和谐、为谁和谐、如何和谐”的问题。回答这些问题，既是一项实践工程，又是一项理论工程。

毫无疑问，邓小平理论和“三个代表”重要思想是完成这项宏伟工程的指导思想。深入把握“三个代表”重要思想的精髓，深入研究其产生的时代背景、实践基础和历史地位，深入探索其开拓的理论和实践空间，关系马克思主义理论研究和建设工程的顺利推进，关系党的思想理论建设的与时俱进，其实践意义和理论意义之深远，自不待言。

记者：20世纪80年代末90年代初，世界格局发生了重大变化——东欧剧变、苏联解体。怎样理解“三个代表”重要思想的形成与这一世界格局重大变化之间的关系？

课题组：“三个代表”重要思想是在科学判断我们党的历史方位的基础上提出来的，这种判断当然包含着党对自己所处的国际环境的深刻认识。

20世纪80年代末90年代初，世界格局发生的重大变化，给中国特色社会主义建设提出了巨大挑战。中国的社会主义如何战胜挑战，走出一条健康发展之路，除了要有坚定的信念，更需要有思想理论创新。

面对世界格局的重大变化，中国共产党在思想理论方面既坚持马克思主义基本原理，又展现了前所未有的开放性与包容性。比如，党的十四大提出了建立社会主义市场经济体制的改革目标。当时有人认为，在市场经济前面加“社会主义”几个字没有必要。江泽民同志的回答是：“社会主义”这几个字是不能没有的，这并非多余，并非“画蛇添足”，而恰恰相反，这是“画龙点睛”。所谓“点睛”，就是点明我们的市场经济的性质。又比如，党的十五大提出了股份制是公有制的主要实现形式、实施依法治国方略、建设社会主义政治文明等观点；党的十六大召开后，把尊重和保障人权、保护私有财产等写入宪法；等等。

总之，面对世界格局的大发展、大变化，“三个代表”重要思想进一步回答了“什么是社会主义、怎样建设社会主义”的问题，创造性地回答了“建设什么样的党、怎样建设党”的问题。这既体现了中国共产党人的理论自觉、理论勇气，又体现了科学性、时代性和革命性相统一的马克思主义理论品格。

记者：说起世界格局的变化，一个重要方面是，20世纪90年代后经济全球化趋势不断加快。怎样理解经济全球化对“三个代表”重要思想形成的影响？

课题组：在某种意义上可以这样说，“三个代表”重要思想就是经济全球化时代的马克思主义，是经济全球化时代的科学社会主义。

经济全球化，实际上不可能止于经济领域。有人认为，经济全球化是一个“陷阱”，要抵制；也有人认为，要适应；更为人们所广泛认同的观点是：经济全球化是把“双刃剑”。

面对经济全球化的浪潮，我们应该主动融入还是被动接受，应该自我封闭、顽强抵制还是主动适应、力争主导？这是一个事关中国特色社会主义何去何从的重大问题。

20多年改革开放的实践证明，封闭起来搞建设没有前途，社会主义中国不可能脱离经济全球化进程而孤立存在。

经过10多年的谈判，我国加入了世界贸易组织。这向全世界宣告了中国对经济全球化的态度。在全球范围内配置资源，实际上也是先进生产力的发展要求。同时，经济全球化必然伴随着不同文化的频繁交流，文明共享与文化自我认同的双重变奏将成为一道亮丽的文化风景。在此背景下，增强中国特色社会主义文化的吸引力和感召力，提高中华文明与人类现代文明的对话能力，是发展先进文化的必然要求。

融入世界谋发展，这就是“三个代表”重要思想对经济全球化潮流的一种正面回应，它鲜明地体现了我们党的自信。

记者：世界在变化，中国也在变化。随着改革开放的深化和社会主义市场经济的发展，社会经济成分、组织形式、就业方式、利益关系和分配方式日益多样化，引起了我国社会结构的变化。请谈谈这些变化与“三个代表”重要思想的提出之间的内在联系。

课题组：“三个代表”重要思想的提出，是与改革开放以来我国社会结构的变化相适应的。

改革开放之初，我国社会结构的变动就已经开始了。20世纪90年代以后，社会结构变动的速度加快、程度加深。在经济关系上，利益主体多元化，利益关系复杂化，利益需求多样化；在社会价值观念上，价值取向多样化，选择自主性增强。这些现象的出现，不仅要求我们党大力提升社会治理的能力，而且要求在思想理论上有新的认识、新的判断，最大限度地整合各种积极的社会力量，不断巩固党执政的阶级基础，扩大党执政的群众基础。

比如，20世纪90年代以来，随着经济体制改革的不断深入，外资、民营和私营经济发展迅猛；与此相联系，个体户、民营企业创业人员、私营企业主等大量出现。究竟怎么看待他们的性质和作用，有过一些争议。这一问题涉及如何认识社会主义初级阶段的基本经济制度，如何认识现阶段我国社会各阶层的性质、地位和作用，如何巩固党执政的阶级基础、扩大党执政的群众基础等重大理论和实践问题，要求我们党必须及时作出正确的回答。

面对社会结构的变化，我们党坚持以邓小平理论和“三个代表”重要思想为指导，作出了准确的政治判断和科学的理论回答。比如，党的十六大把改革开放以来新出现的社会阶层定义为中国特色社会主义的建设者，明确提出必须尊重劳动、尊重知识、尊重人才、尊重创造，放手让一切劳动、知识、技术、管理和资本的活力竞相迸发，让一切创造社会财富的源泉充分涌流。

记者：在中国这样一个大国进行具有本国特色的社会主义现代化建设，意味着要实现双重的超越：既超越西方资本主义模式，又超越社会主义传统模式。实现超越，必然要坚持以邓小平理论和“三个代表”重要思想为指导。那么，如何理解在发展道路上二者之间既一脉相承又与时俱进的关系？

课题组：回顾改革开放的历程，可以清楚地看到，邓小平同志是实现两个超越的奠基者。早在改革开放之初的1979年，邓小平同志就提出，要走出一条“中国式的现代化道路”。这条道路的重要特征是坚持“一个中心，两个基本点”，通过让一部分人、一部分地区先富起来，最后达到共同富裕。这实际上走的是一条渐进式的非均衡发展之路。

客观而论，非均衡发展与共同富裕是手段与目标的关系，并不存在根本冲突。但是，实践的发展给我们提出了新的课题。针对出现的矛盾和问题，我们党以“三个代表”重要思想为指导，适时提出要正确处理“十二大关系”，大力实施科教兴国战略和西部大开发战略，振兴东北地区等老工业基地战略，促进中部崛起战略，坚持“五个统筹”，走新型工业化道路，实现人与自然和谐相处，促进人的全面发展，构建社会主义和谐社会等。

这些举措意味着中国发展大格局的一种变化。这种变化，既坚持了邓小平同志的“发展才是硬道理”，始终把发展作为第一要务，又坚决克服发展中产生的新问题，其实质体现了“三个代表”重要思想的根本要求。它们所表明的就是，“三个代表”重要思想与邓小平同志开启的“中国式的现代化道路”之间既一脉相承又与时俱进。

记者：“三个代表”重要思想是与时俱进的。也就是说，“三个代表”重要思想拓展了中国社会主义现代化建设的理论空间和实践空间。

课题组：是的。中国的现代化建设与中国社会的历史转型是紧密联系在一起的。至今，我们仍处在这一过程之中。因此，影响未来发展的不确定因素会随着实践的发展而不断出现。只有不断在实践上开拓创新，在理论上与时俱进，才能在改革开放这个广阔的领域里排除障碍，顺利前行。

科学理论的科学性在于其随着实践的发展而发展。认识“三个代表”重要思想所拓展的理论空间和实践空间，必须抓住“与时俱进”这个关键。正如党的十六大报告所阐述的，“我们要突破前人，后人也必然会突破我们”。实际上，代表中国先进生产力的发展要求、代表中国先进文化的前进方向、代表中国最广大人民的根本利益，是一种动态性的表述。正是这种动态性表述，体现了“三个代表”重要思想的科学性、开放性。

研究“三个代表”重要思想的历史地位，既要看到它为我们确立了什么，更要看到它所拓展的理论和实践空间是什么；既要看到它是对我国改革发展实践的科学总结，更要看到它对未来发展趋势的科学预见。

记者：请谈一谈“三个代表”重要思想对中国发展的指导意义。

课题组：作为我们党必须长期坚持的指导思想，“三个代表”重要思想首先是一种世界观和方法论。比如，党的十六大以来，从坚持以人为本、坚持“五个统筹”、树立和落实科学发展观，到提出权为民所用、情为民所系、利为民所谋，树立正确的政绩观和马克思主义群众观；从通过关于完善社会主义市场经济体制若干问题的决定，到作出关于加强党的执政能力建设的决定；从制定繁荣发展哲学社会科学的意见，到实施马克思主义理论研究和建设工程；从加强党的先进性建设，到构建社会主义和谐社会，都是以胡锦涛同志为总书记的党中央在“三个代表”重要思想指导下所取得的一系列理论创新和实践创新的重要成果，无不体现了“三个代表”重要思想的指导意义。

正如胡锦涛同志指出的，“三个代表”重要思想“体现了当今世界和中国发展的时代精神”，“是当代中国共产党人对辩证唯物主义和历史唯物主义的创造性运用和发展”。“三个代表”重要思想为我们提供了观察当代世界和中国的新的认识工具。正是因为有了“三个代表”重要思想，我们才有可能对经济全球化背景下社会主义与资本主义的战略关系作出更为冷静的判断；对社会主义与市场经济结合中的深层问题，以及社会主义初级阶段基本经济制度的含义有更为深刻的把握；对如何推进民主法制进程、建设社会主义政治文明有更为现实的制度设计；对多元文化背景下如何坚持先进文化的前进方向、建设社会主义精神文明有更为理性的思考；对在利益多元化、社会结构不断分化的情况下如何实现社会和谐有更为全面的政策安排；对如何提高党驾驭社会主义市场经济的能力、发展社会主义民主政治的能力、建设社会主义先进文化的能力、构建社会主义和谐社会的能力、应对国际局势和处理国际事务的能力，保持党的先进性和生机活力有更为科学的认识。

（载于《马克思主义理论研究和建设工程参考资料》184 期）

科学发展观研究综述

金　伟

党的十六届三中全会以后，理论界对科学发展观的研究主要围绕以下问题展开。

一、科学发展观提出的深刻背景与重大意义

1. 科学发展观提出的深刻背景

有学者提出，树立和落实科学发展观是我们坚持和平发展道路的根本保证，科学发展观的提出与“三个代表”重要思想有着直接的内在联系，是“三个代表”重要思想在现代化建设中的贯彻落实。党中央提出这个问题，不仅是一个理论问题，更是一个实践问题，是关系到21世纪中国发展大局和前途的重大问题。因此科学发展观的提出是对实践经验的科学总结和概括，是马克思主义基本原理和中国具体实际相结合的科学认识。

还有学者认为，科学发展观的提出是建立在中国现实重大变化的基础之上的。这个重大变化，从根本上说是经济增长与社会发展从20世纪80年代的基本同步到90年代的重新协调，并突出地表现为三个重大问题：一是由于农民、农民工和城市下岗失业人员这三大弱势群体的存在而凸现的东西差距拉大、城市二元结构和贫富阶层分化问题；二是经济增长与自然界的可承受性与可再生性之间的矛盾，也就是经济增长的代价所构成的可持续发展问题；三是市场经济中的“以物的依赖性为基础的人的独立性”的存在方式所构成的人的物化问题，也就是时代性的社会心态和精神

生活问题。

2. 科学发展观提出的重大意义

有学者从对社会主义理论的丰富和发展的角度指出，科学发展观创新了发展的观念，丰富了发展的内涵，拓展了发展的思路，提出了发展的新要求，是建设中国特色社会主义这个主题的进一步展开，为中国特色社会主义理论增添了重要的新内容。有学者认为十六届三中全会把全面发展观、协调发展观、可持续发展观三者有机统一起来，概括为新的科学发展观，并赋予新的时代内涵，是这次中央全会的一大理论贡献，体现了中央新一届领导集体对发展内涵的深刻理解和科学把握，对发展思路、发展模式的不断探索和创新。

有学者认为，提出科学发展观意味着国家重大战略思想的一次转变，执政党的执政理念和治国理念的一次转变。对于这样一种战略思想的重大转变，我们必须将其与二十多年前的那一次划时代的历史性战略思想的重大转变——将工作中心从阶级斗争为纲转变到以经济建设为中心——联系起来，才能够获得适当的理解。可以说，第一次转变，为中国社会主义市场经济的建立打开了思想通道，而这一次转变，则为中国社会主义市场经济的完善和健康发展奠定了思想基础。

有学者从对历史任务的探索中探寻科学发展观提出的意义。认为科学发展观的形成是以当代中国的现实为依据的。正因为中国的经济发展到了现在的规模、程度和水平，才能凝练出以人为本的科学发展观，提出全面、协调和可持续发展的历史任务。进入新世纪的中国，既为我们提出了新的历史任务，也为我们提供了完成历史任务的现实条件。

二、科学发展观的基本内涵和本质核心

1. 科学发展观的基本内涵

科学发展观的基本内涵极为丰富，涉及经济、政治、文化、社会发展各个领域，既有生产力和经济基础问题，又有生产关系和上层建筑问题；既管当前，又管长远；既是重大的理论问题，又是重大的实际问题。

有学者认为，一个完整的发展观，至少应当包括三方面相互联系的内

容，即为什么要发展、为谁发展和怎样发展。第一个内容主要回答发展的重要性和必要性；第二个内容主要回答发展的宗旨和目的；第三个内容主要回答发展的方式和手段。我们党所提出的关于“发展才是硬道理”、“必须把发展作为党执政兴国的第一要务”等一系列论断，侧重阐述了为什么要发展的问题。十六届三中全会提出的“坚持以人为本，树立全面、协调、可持续的发展观”又集中地阐述了为谁发展和怎样发展的问题，并进一步提出应该从以下三个方面来把握科学发展观的实质，一是发展观的基本出发点，即强调发展，而且强调要更好、更快地发展；二是发展观的核心，即以人为本，强调一切要从人的需要出发，围绕人的自由全面发展而发展；三是发展观的基本要求，即强调要全面、协调和可持续发展。

还有学者从不同角度去理解其基本内容，认为科学发展观包含以下几个方面：一是从发展的概念而言，是坚持经济增长基础上的量变扩张及其质变提升相统一的发展；二是从发展的本质而言，是坚持生产力发展过程中的以人为本的全面发展；三是从发展的社会角度而言，是坚持物质文明、政治文明和精神文明相协调的共同发展；四是从发展的主要对象而言，是坚持经济、政治、文化、社会各方面的协调发展；五是从发展与自然界的关系而言，是坚持人与社会、自然环境相和谐的发展；六是从发展动力而言，是坚持理论创新、体制创新、科技创新、管理创新的发展；七是从发展的效果而言，是坚持经济效益、社会效益和生态效益相统一的发展；八是从发展的趋势而言，是上述各方面的可持续的发展。

2. 科学发展观的本质和核心

有学者认为，科学发展观涉及到的问题很多，但最重要的是要始终从我国处在社会主义初级阶段这一基本国情出发，坚持以人为本。以人为本不能脱离中国的现实，不能脱离中国生产力发展的历史阶段，而要善于运用社会历史发展规律，逐步地、全面地实现以人为本。提出“以人为本”就是要坚持全面发展，最终达到“共同富裕”。这需要一个逐步实现的过程。

有学者认为，科学发展观的核心是以人为本，也就是立足于最广大人民群众的根本利益，着眼于为每个人的全面发展创造条件。在这种科学发展观中，它的顺序性选择的出发点是人的生存、尊严和发展，而不是单纯的经济增长。

有学者则提出，以人为本是对当代社会历史发展过程中人的主体地位和作用日益突出的反映，是在对全面建设小康社会不断推进人的全面发展的奋斗目标日趋突出的理解中，尤其是在对片面追求经济增长的发展观所付出的代价日益突出的反思中提出的一种发展理念。

另有学者认为，以人为本这一思想体现了马克思主义的基本原理，植根于中国优秀传统文化的土壤，反映了当今时代发展的要求，凸现了中国特色社会主义的发展理念、执政理念和价值观念。以人为本的科学发展观的确是我们全面推进物质文明、政治文明和精神文明建设，实现中华民族伟大复兴的长远指导思想。

还有学者提出，运用“以人为本”还应注意以下几点：一是要坚持马克思主义的思想指导，而不是把以人为本看成最高指导原则；二是必须正确理解以人为本，不能把它理解为以个人为本，尤其不能理解为以我为本；三是以人为本对人类社会活动的各个领域普遍有效，但其具体表现各不相同，因而它必须同各个领域的实际情况结合起来。

三、科学发展观的基本特征和总体性概括

有学者认为，科学发展观具有三大特征，即全面性（整体性）；协调性（和谐性）；可持续性。其中经济、政治、文化全面发展，“三个文明”整体推进，是社会主义实践的核心内容，它内在地包含着经济效益、社会效益与生态效益；坚持“五个统筹”，实现协调发展，是社会主义实践的内在要求；坚持走可持续发展道路，是社会主义实践立足现实，着眼长远的理性选择，它所要建立的是“自然—人—社会”和谐统一的现代发展模式，这既有人与自然的关系，又有人与人的关系，还有国与国的关系，是个全球性问题。

有学者提出，科学发展观具有四个基本特征：一是积极性，既具有很强的倡导性和激励性，又有一定的指导性和约束性；二是总体性，既有很强的全局性和战略性，也有一定的过程性和系统性；三是求实性，既有很强的规律性和概括性，也有一定的现实性和针对性；四是辩证性，既有很

强的统筹性和原则性，也有一定的区别性和灵活性。

有学者提出，科学发展观有六大原则，即以人为本原则、求真务实原则、全面协调原则、宏观调控原则、可持续发展原则、共同富裕原则。还有学者认为，科学发展观具有五个实践特征：一是发展数量与发展质量的对立统一；二是工具理性与价值理性的对立统一；三是全面、协调与可持续的对立统一；四是稳定性与动态性的对立统一；五是发展政绩与政策调控的对立统一。

在科学发展观的总体性概括上，有学者提出科学发展观包含了十大关系，即增长与发展的关系、平衡与不平衡的关系、统筹兼顾与充分发挥各方面积极性的关系、宏观效益和微观效益的关系、当代发展与可持续发展的关系、经济发展与全面发展的关系、国内发展与对外开放的关系、人的自由全面发展与经济社会发展的关系、发展观与政绩观的关系、树立科学发展观与体制改革的关系。

四、如何贯彻和落实科学发展观

很多学者指出，科学发展观与正确的政绩观紧密相关，要树立和落实科学发展观，必须树立和坚持正确的政绩观。对此，有学者认为，科学发展观一方面可以指导我们树立正确的政绩观，另一方面，只有树立正确的政绩观才能真正落实科学发展观。如果在发展观上出现盲区，往往就会在政绩观上陷入误区；而缺乏正确的政绩观，往往就会在实践中偏离科学发展观，要认真落实科学发展观和树立正确政绩观，必须用制度作保证。

有学者阐述了实践科学发展观需要把握的几个原则：一要把积极探索的进取精神和循序渐进的务实态度结合起来；二要实现改革、发展、稳定三者关系的协调；三要正确处理政府和市场的关系；四要增强科学性和预见性。

有学者则从机制问题的角度谈落实科学发展观，认为真正使科学发展观落到实处，必须要解决好观念转换、动力机制和制度保障问题。落实科学发展观必须要着力破除那些背离科学发展观的反向机制。加强与落实科学发展观相适应的体制、制度、机制和法制建设，建立健全有利于统筹兼顾，全面、协调、可持续发展的机制、体制和制度。有的学者提出，只有让“看不见的手”和“看得见的手”同时到位发挥效能，把市场取向与政府调控结合起来，才能真正走好全面、协调、可持续的发展道路。有学者认为，只有调整绩效导向和绩效机制，切实转变政府职能，着眼于全面、协调、可持续发展和全面履行政府职能，整个绩效导向才可能变得全面、健康而科学，政府职能转变才能真正到位，政府行为与绩效、领导行为与绩效、政府职能及其履行才可能全面而健康，才能确保经济和社会持续快速协调健康发展。

还有学者提出具体对策：一是建立体现科学发展观的小康社会指标体系；二是正确处理现阶段的社会阶层关系，努力形成全体人民各尽所能、各得其所而又和谐相处的局面；三是合理调节收入分配，逐步缩小城乡与地区差距，维护和保证社会公正，从而保持长期和谐安定的社会环境；四是推行政治体制改革，扩大工农群众的社会政治参与，巩固和发展民主团结、安定和谐的政治局面；五是增强可持续发展能力，改善生态环境，提高资源利用效率，推动整个社会走上生产发展、生活富裕、生态良好的文明发展道路。

五、澄清对科学发展观的一些认识上的误区

1. 正确认识科学发展观与 GDP 的关系

有学者提出，不能只抓 GDP 而忽略了社会生活的其他指标；也不能为了强调科学发展观就把 GDP 批倒批臭，甚至不敢抓 GDP，要看到其中的辩证关系。如果因为只抓 GDP 而没有顾及社会生活的发展是一种弊端，就放弃抓 GDP，要比只抓 GDP 的危害更大。

有学者进一步指出，只看到国内生产总值的局限性，甚至简单否定 GDP 这一宏观经济指标，不符合科学发展观。作为反映一个国家或地区生产活动最终成果的国内生产总值，不能准确反映一个国家或地区财富的变化和某些重要的非市场活动，不能反映经济增长对不同阶层的影响，不能反映收入分配的变化。但同时，国内生产总值又是一种十分重要的指标，是一个国家宏观经济状况的综合反映，是宏观决策部门了解经济运行的工具，也是制定政策的重要依据，绝不可等闲视之。社会经济发展的战略目

标，不是单纯追求经济增长，更不是单纯追求GDP的增长，而是在经济发展基础上实现社会全面进步，提高全体人民的福利，没有一种指标本身是绝对万能的、没有漏洞的，GDP指标同样如此。

2. 全面发展不等于否定以经济建设为中心，不等于没有重点

有学者认为，经济发展是社会发展和人的发展的基础，诸多社会问题的解决，是以经济持续发展为基础的。因此要始终坚持以经济建设为中心不动摇。但是如果社会问题不解决也不可能长治久安，解决社会问题是经济持续发展的必要条件。

有学者认为，尽管经济增长不等于全面发展，但社会的全面发展必须以经济增长为基础。经济增长是社会全面发展的必需条件。全面发展与以经济建设为中心相辅相成。两者都是基于国情的必然选择，并行不悖，具有内在的统一性。忽视全面发展而孤立地强调经济建设，是一种片面性；借口全面发展而否定以经济建设为中心，同样是一种片面性。

还有学者指出，全面发展主要是针对片面畸形的发展而言。在发展过程中总是存在着主要矛盾和矛盾的主要方面。有些方面一直是贯穿整个发展过程的，如经济发展一直是发展的重点。还有些方面过去可能不是重点，但是随着发展进程的变化，其重要性日益凸显出来，如果不予重视，可能会影响整体的发展，这也就成了重点。

3. 协调发展不等于平均发展

有学者提出，由于发展起点的不平衡，比如区域资源条件优劣、主体自然条件的差异，以及发展机遇的偶然性，都会产生结果上的不平衡。协调发展不是同步发展，统筹兼顾不是平均使用力量。协调和统筹都是追求战略上的平衡，但又是以承认不平衡、正确运用不平衡规律为前提的。还有学者认为不平衡是绝对的，平衡是相对的，不能把统筹兼顾理解为绝对的平衡，理解为搞平均主义，更不能重犯过去一平二调的错误。

从目前学术界的情况看，对科学发展观的研究尽管取得了不少成果，但还有待进一步深入。切实认识和准确把握科学发展观的科学体系，仍是学术界面临的一个非常复杂、非常艰巨的任务。

（载于《马克思主义理论研究和建设工程参考资料》215期）

科学发展观是实现又快又好发展的世界观和方法论

虞云耀

党的十六届五中全会提出："要坚定不移地以科学发展观统领经济社会发展全局，坚持以人为本，转变发展观念、创新发展模式、提高发展质量，把经济社会发展切实转入全面协调可持续发展的轨道。"完全可以说，改革开放二十多年来，中国的发展正站在一个新的历史起点上。这个新的历史起点，如果用一句话来概括，就是全面落实科学发展观，实现又快又好的发展。

一、科学发展观提出的实践和理论依据

1. 科学发展观是在全面把握我国经济社会发展阶段性特征的基础上提出来的

当前，我国正处于全面建设小康社会、加快推进社会主义现代化的新的发展阶段。在这样一个新阶段，我国经济社会发展呈现出一系列重要的阶段性特征。比如：工业化和城镇化进程加快，农村大量富余劳动力向非农领域转移；经济保持平稳较快增长，产业结构加速调整，同时长期积累的结构性矛盾和粗放型经济增长方式没有根本改变；自主创新能力亟待提高，能源、资源、环境、技术的瓶颈制约日益突出；社会主义市场经济体制不断完善，深化改革进一步触及深层次的矛盾和问题，体制创新进入攻坚阶段；地区发展不平衡，经济社会发展不平衡，缩小地区发展差距和促

进经济社会协调发展任务艰巨；人民群众政治参与的积极性不断提高，人们思想活动的独立性、选择性、多变性、差异性明显增强，等等。从国际环境看，国际形势复杂多变，影响和平与发展的不稳定不确定因素增多；综合国力竞争日趋激烈，贸易保护主义有新的表现；我国经济对外依存度不断提高，世界经济对我国发展的影响日益加深，等等。在这一阶段，从总体上看，机遇和挑战并存、机遇大于挑战。这就迫切需要我们牢牢把握和切实用好重要战略机遇期，制定正确的发展目标任务和方针政策，转变发展观念，创新发展模式，提高发展质量，努力实现又快又好的发展。

2. 科学发展观是在总结我国长期发展的实践经验、深化对社会主义建设规律认识的基础上提出来的

我国社会主义建设的实践历程，也就是我们对发展规律的探索过程。新中国成立以来特别是改革开放二十多年来的现代化建设波澜壮阔，有艰辛的探索，有成功的经验，也有曲折和教训。科学发展观的形成绝不是一朝一夕的事情，而是凝结了几代中国共产党人的心血和艰辛探索。毛泽东同志用了较长时间探索中国社会主义建设道路，提出了关于社会主义建设的许多重要理论观点。十一届三中全会以后，邓小平同志以"建设有中国特色的社会主义"为主题，确立了以经济建设为中心的党的基本路线，提出了社会主义初级阶段理论，实行改革开放和发展社会主义市场经济，使中国的面貌发生了翻天覆地的变化。以江泽民同志为核心的第三代中央领导集体提出了"三个代表"重要思想，强调中国特色社会主义是经济、政治、文化协调发展和社会全面进步的社会，人的全面发展是马克思主义关于建设社会主义新社会的本质要求。十六大以来，以胡锦涛同志为总书记的党中央进一步明确提出了科学发展观，强调以人为本，坚持经济社会全面协调可持续发展，推进社会主义经济、政治、文化和社会"四位一体"的建设。以上充分说明，科学发展观的提出，反映了我们党对社会主义建设规律认识的不断深化。科学发展观是对社会主义现代化建设指导思想的重大发展，是与时俱进的马克思主义的发展观。

3. 科学发展观是在正确借鉴世界各国发展经验教训、吸收人类文明进步新成果的基础上提出来的

20世纪40年代以后，国际上对于发展理论的研究经历了从传统的发展观念与战略到新型发展观念与战略的演变，并以其广泛而深刻的影响力载入人类文明史册。新发展观在人类思想史上主要实现了三个大的转变。一是从以工业化为目标的“增长第一”的经济发展导向，转到提倡社会的综合协调发展；二是从以物为中心的发展，转到突出以人为中心的发展；三是从不惜以破坏资源、环境、生态为代价追求经济的一时繁荣，转到主张可持续发展。不少国家经过较长时期工业化、市场化、城市化浪潮的洗礼，从自身和他人的经验教训中进行理性思考，越来越认识到社会全面发展的重要性，越来越认识到遵循协调性、综合性、持续性是人类发展的唯一正确选择。尤其是在当前，许多国家都在抢抓发展机遇，调整发展战略。对此，我们必须居安思危，增强紧迫感，把中国的发展放到世界的大局中来思考和把握，努力取得发展的主动权。

二、科学发展观是指导发展的世界观和方法论的集中体现

科学发展观运用马克思主义世界观和方法论，科学回答了新世纪新阶段中国面临的“为什么发展”、“为谁发展”、“靠谁发展”和“怎样发展”等一系列重大问题，深刻揭示了中国现代化建设的发展道路、发展模式、发展战略、发展目标和发展手段等，集中体现了与时俱进的马克思主义关于发展的世界观和方法论。

1. 科学发展观深刻回答了“中国为什么要发展”的问题，进一步明确了把发展作为党执政兴国第一要务的必要性和重要性

在当今世界，和平与发展已成为时代的主题。从根本上说，发展是一个国家或人类社会从传统的农业社会转变为现代工业社会并进而向信息社会变迁的过程。中国是世界上最大的发展中国家，正处在全面建设小康社会和加速推进社会主义现代化的进程中。要实现全面建设小康社会的宏伟目标，最根本、最重要的是始终坚持发展是硬道理的战略思想。改革开放以来，我们党明确提出以经济建设为中心，坚持四项基本原则，坚持改革开放的基本路线，使党的工作重心由阶级斗争转向经济建设。20 世纪 90 年代初，邓小平同志鲜明地提出“发展是硬道理”。随后，我们党又进一

步提出“发展是党执政兴国的第一要务”，提出坚持“用发展的办法解决前进中的问题”。中国改革开放二十多年所取得的巨大成就充分证明，发展是解决中国一切问题的关键。不发展就没有出路，不发展就不可能实现中华民族的伟大复兴。

我们必须正确认识科学发展观的实质。科学发展观不是否定发展，而是鼓励发展；不是不要发展，而是强调又快又好地发展。可以说，科学发展观的提出，是对“发展是硬道理”和“发展是党执政兴国的第一要务”思想的继承和发展。坚定不移地贯彻落实科学发展观，对于全面建设小康社会、实现社会主义现代化宏伟目标，具有决定性意义。

2. 科学发展观深刻回答了“为谁发展”和“靠谁发展”的问题，进一步明确了中国经济社会发展的根本宗旨和基本动力

科学发展观强调“以人为本”，将实现好、维护好、发展好最广大人民的根本利益作为工作的出发点和落脚点，进一步回答了“为谁发展”这一核心问题。它明确要求把人民群众作为经济社会发展的价值主体，牢固确立人民群众在发展中的主体地位，始终坚持尊重人，关心人，理解人，爱护人，解放人，发展人；使全体人民共享改革发展成果，营造全体人民充分发挥聪明才智的社会环境，把满足人民群众日益增长的物质文化需要和促进人的全面发展作为经济社会发展的目的和归宿。

“以人为本”不仅包含了发展“为了谁”的价值内涵，而且也包含了发展“依靠谁”的深刻内容。马克思主义的世界观认为，人民群众是历史的创造者。“以人为本”，既强调为最广大人民的利益谋发展，又强调依靠最广大人民的力量谋发展，坚持了历史唯物主义的基本原理。

科学发展观强调的“以人为本”，就是要把人民群众作为经济社会发展的主体和原动力，贯彻“三个代表”的要求，坚持立党为公、执政为民，从人民群众的根本利益出发谋发展，通过全面建设小康社会使广大人民群众共享经济社会发展的成果，更加注重社会公平，最终实现共同富裕；就是要加强社会主义民主政治建设，为公民平等享有政治、经济和文化权益提供制度保障，使每个公民依法行使民主选举、民主决策、民主管理、民主监督的权利，参与经济文化和其他社会事务的管理；就是要不断提高人民群众的思想道德素质和科学文化素质，不断提高人民群众的生活质量和医疗保障条件，增强人民群众的健康体质。

总之，科学发展观倡导的“以人为本”，不仅是实现又快又好发展的价值归宿，而且揭示了其动力源泉；不仅继承了马克思主义的“人的自由全面发展”的主体性思想，而且丰富了在新的历史条件下这一思想的时代内涵。

3. 科学发展观创造性地回答了“怎样发展”的问题，进一步明确了中国经济社会发展的基本要求和基本思路

科学发展观在回答“为什么要发展”、“为谁发展”、“靠谁发展”的基础上，全面回答了“怎样发展”的问题。总的要求是，坚持以人为本，全面协调可持续发展。

科学发展观站在历史和时代的高度，指明了中国现代化建设的发展道路、发展模式、发展战略和发展目标，是改革开放和现代化建设必须长期坚持的重要指导思想。在科学发展观的统领下，党的十六届五中全会《建议》提出了“十一五”时期要坚持的原则，即“六个必须”：必须保持经济平稳较快发展，必须加快转变经济增长方式，必须提高自主创新能力，必须促进城乡区域协调发展，必须加强和谐社会建设，必须不断深化改革开放。这“六个必须”相互联系，相互促进，是“十一五”时期全面贯彻落实科学发展观应当遵循的原则和总体要求。

按照科学发展观的要求，十六届五中全会《建议》提出了“十一五”时期经济社会发展的主要目标，提出了建设社会主义新农村，推进产业结构优化升级，促进区域协调发展，建设资源节约型、环境友好型社会，深化体制改革和提高对外开放水平，深入实施科教兴国战略和人才强国战略，推进社会主义和谐社会建设等新的发展思路和任务。这些目标和任务涵盖了经济增长、质量效益、自主创新、社会发展、改革开放、教育科学、资源环境、人民生活和民主法制等方面，着眼于处理好一系列经济社会发展的重大关系，系统阐述了在实际工作中贯彻落实科学发展观的具体要求。这充分说明，中国正在努力创新自己的发展模式，在科学发展观指导下走出一条具有中国特色的新型发展道路。

三、全面贯彻落实科学发展观需要正确把握和处理若干重大关系

全面贯彻落实科学发展观，实现又快又好的发展，需要解决许多“两难”的棘手问题，我认为，把握和处理好以下几个重大关系尤为重要。

1. 经济发展与社会发展的关系

发展经济，不断增加物质财富，是整个社会赖以生存和发展的基础。科学发展观强调全面协调可持续发展，决不意味着经济发展已退居次要位置，更不是通过抑制经济发展来平衡别的发展。无论现在还是将来，经济发展始终是发展的中心内容，是社会发展和人的发展的基础。以经济建设为中心，任何时候都不能动摇、不能放松。

但也必须看到，经济发展不是发展的全部内容，发展还包含社会发展。随着改革的不断深化，我国社会组织形式、就业结构、社会结构的变革加快，城乡、区域和社会群体发展不平衡的矛盾日益突出，社会组织和管理面临许多新问题。在这种情况下，如果单纯追求经济增长，一些社会矛盾长期得不到解决，就可能导致社会冲突加剧、社会动荡不安。如果产生这样的结果，现代化建设就可能走入误区，而且反过来会制约经济、政治、文化的发展，甚至毁灭经济发展的成果。

因此，在推进经济发展时，必须关注财富怎样分配，利益怎样协调，矛盾怎样化解。要让社会的创造活力竞相迸发，让人们普遍分享发展的成果，使人与人之间、人与社会之间、人与自然之间和谐相处。这就要求我们在促进经济平稳较快发展的同时，更加注重社会全面进步，切实解决好经济社会发展中的不协调问题，不断加强社会主义民主法制、精神文明与和谐社会建设，提高现代文明程度。既要坚持各种生产要素按贡献参与分配的原则，又要着力提高低收入者收入水平，逐步扩大中等收入者比重。以积极扩大就业、健全社会保障体系、理顺收入分配关系、加快社会事业建设为着力点，促进经济发展与社会发展的良性互动和协调并进。

2. 市场机制与宏观调控的关系

把市场经济与社会主义结合起来，这是我们党的一个伟大创举。既要

充分发挥市场机制这只“无形之手”的作用，自觉按市场经济规律办事，同时，又要加强和改善宏观调控，改进宏观调控方式，切实发挥政府这只“有形之手”的作用。实践证明，市场机制在配置资源中的作用广泛而有效，对于增进经济社会活力，提高经济效益和效率，推动社会经济发展和技术进步，具有基础性作用。但是，市场机制在促进生产要素的合理流动和配置中，也存在着自身无法克服的缺陷，价值规律和供求关系的自发调节具有一定的盲目性和滞后性。市场调节的这种盲目性和滞后性，如果发展到一定程度，就有可能产生严重的后果。

加强宏观调控，是社会主义市场经济的应有之义。国家或中央政府运用经济的法律的和必要的行政手段对市场经济的运行从总量和结构上进行调节、引导和控制，以达到国民经济持续、平稳、健康发展的目的。

在社会主义市场经济体制已经初步建立的情况下，正确处理市场机制与宏观调控的关系，就要做到更大程度地发挥市场在配置资源中的基础性作用。凡是市场能够充分发挥作用的领域，政府就不要干预；凡是市场作用不到或市场失灵的领域就要加强宏观调控，以达到弥补市场不足，引导和保证经济平稳健康运行。当前我国既有市场经济发育不足，政府行政干预过多，如政企不分、地区封锁、行业垄断等问题，也有政府调控不到位或缺位如公共产品不足、收入差距过大等问题。我们不能走西方国家先鼓吹自由放任，然后再强调政府干预的老路，而应当既充分发挥市场机制的作用又不断完善宏观调控，始终注意同时发挥“两只手”的调节作用。

3. 发展中的平衡与不平衡关系

我国地域广阔，人口众多，不同地域、不同部门经济资源差别悬殊，资金、人力和知识等要素有限，不平衡发展是必然的。一刀切、一个模式、齐步走是不可能的。然而，我们也必须认识到，不平衡发展存在一定的极限或者度，如果不平衡发展接近或超过经济社会所能够承受的“临界点”又不及时采取措施，就可能导致严重的经济社会问题，甚至引发政治问题。

实现协调和均衡发展，从目前情况看，要着重解决以下问题：一是区域发展不平衡。在总量上，由于历史和政策等诸多方面的原因，东部与中西部差距在改革开放以来进一步拉大。东部沿海、中部和西部人均 GDP

绝对差距和相对差距逐年增大，且有进一步拉大的趋势。二是城乡发展不平衡。由于城乡二元结构体制的存在，改革开放以来，农村经济虽然取得了巨大成就，但城市发展相对要快得多，城乡差别不是缩小而是持续拉大。三是经济与社会发展不平衡。经济发展快与社会事业发展滞后的矛盾日渐突出，经济发展越来越受到社会事业发展的限制。四是第一、二、三产业发展不平衡。中国经济在总量急剧增长的同时，三个产业之间比例不合理的状况没有得到根本扭转。五是人的发展与物的发展不平衡。过分注重对物的投资，忽视人的全面发展投资。六是国内发展与对外开放不平衡。必须立足于扩大内需，进一步发挥消费对经济增长的拉动作用。七是人与自然不平衡。强调人对自然资源的利用，忽视人对自然资源的保护。八是收入分配不平衡。地区之间和部分社会成员分配差距扩大的趋势，没有有效缓解。

应对这些不平衡、不协调的挑战，从总体上说，就是要坚持均衡协调发展的战略，把握全局，统筹兼顾，提高驾驭社会主义市场经济的能力。

4. 改革、发展和稳定的关系

正确处理好改革、发展和稳定的关系，必须把改革的力度、发展的速度和社会可承受的程度统一起来，把不断改善人民生活作为处理改革发展稳定关系的重要结合点，把认真解决人民群众最关心、最直接、最现实的利益问题作为各项工作的重中之重，在社会稳定中推进改革发展，通过改革发展促进社会稳定。

在深化改革的进程中，尤其是在改革进入攻坚阶段的情况下，出现了一系列新问题、新矛盾，有些非常复杂和尖锐，人们对此有各种不同的认识和议论，提出各种解决问题的思路和办法。有一点必须明确：现在存在的这些矛盾和问题，不是改革带来和造成的，恰恰相反，许多矛盾和问题是改革不到位所造成的。对改革的方向不容怀疑和动摇。出路只有一条：就是坚持用发展和改革的思路解决前进中的问题。

5. 经济发展与人口、资源、环境的关系

落实科学发展观，要求促进人与自然的和谐，实现经济发展和人口、资源、环境相协调。经过多年的不懈努力，我国人口过快增长的势头得到有效控制，资源保护和开发管理得到加强，环境保护和生态建设逐步改善，循环经济建设开始起步，人民群众环境保护意识明显增强。但对存在的问题和我们面临的挑战，必须有清醒认识。未来几十年人口总量仍将持续增加，劳动就业的压力越来越大，提高人口素质的任务十分艰巨；资源紧缺的矛盾日益突出，一些关系国计民生的矿产资源特别是石油严重短缺；生态环境总体恶化的趋势短期内难以根本扭转，环境治理的任务依然十分艰巨。解决这些突出矛盾和问题，我们要按照科学发展观的要求，始终把控制人口、节约资源、保护环境放在重要战略位置，正确处理经济发展与人口、资源、环境的关系。

实现经济发展和人口、资源、环境相协调，坚持走生产发展、生活富裕、生态良好的文明发展道路，这既是全面建设小康社会的必然要求，也是贯彻落实科学发展观的重要实践。在抓发展的过程中，努力使我们今天所做的一切，能给后人留下赞叹，而不是给后人造成麻烦。

（载于《马克思主义理论研究和建设工程参考资料》205期）

科学发展观是一个完整的科学思想体系

杨　春　贵

以胡锦涛同志为总书记的党中央所倡导的科学发展观，是新世纪新阶段指导我国发展的根本观点和根本方法，是我们党的发展理论的新概括和新发展，是由一系列相互联系的基本观点所构成的科学思想体系，其中包括发展目的论，发展中心论，发展整体论，发展协调论，发展持续论，发展动力论，和平发展论，等等。

一、发展目的论

发展目的问题，是发展观的本质和核心问题，是决定发展中其他一切问题的首要的基本问题。我们党强调发展必须“以人为本”，即发展的目的是为了促进人的全面发展，满足人民群众日益增长的物质文化需要，保障人民群众的经济、政治、文化权益，使发展的成果惠及全体人民。

坚持“以人为本”的发展观，要求我们更加自觉地把完成发展任务同实现发展目的统一起来，时刻牢记：我们不是为了发展而发展，不是为了GDP而发展，不是为了官员的所谓“政绩”而发展，而是为了富裕人民、造福人民而发展。人民是否得到实惠，人民生活水平和生活质量是否得到提高，人民权益是否得到保障，人民是否高兴和满意，应当成为我们考虑发展的根本出发点和落脚点，成为检验我们的发展是不是科学发展的最高标准。落实科学发展观，首先要抓住“以人为本”这个核心理念；抓住了这个核心理念，才能真正做到关心人、尊重人、爱护人，才能真正以对人民高度负责的精神正确处理发展中事关人民群众利益的各种重大关系问题。所以，“以人为本”是我们党的科学发展观的本质和核心，是解决发展中其他一切问题的前提和基础，是落实科学发展观的“总开关”，我们必须紧紧抓住这个“总开关”。

二、发展中心论

发展中心论，是讲发展重点问题。我们党的科学发展观是以经济建设为中心的发展观，是解放和发展生产力的发展观。这是由社会主义的根本任务和我国社会主义初级阶段的主要矛盾所决定的。

邓小平讲发展是硬道理，江泽民讲发展是党执政兴国的第一要务，首先强调的都是发展经济。经济关系全局，抓住了经济建设这个中心，就是抓住了社会主义现代化建设的全局；丢掉了经济建设这个中心，就是丢掉了社会主义现代化建设的全局。这是建国以来最重要的经验和教训。在这个事关全局的问题上，我们必须头脑清醒，旗帜鲜明，不能有一丝一毫的动摇。我国社会主义初级阶段是一个很长的历史过程，在这个历史阶段上，主要矛盾始终是落后的社会生产与人民日益增长的物质文化生活需要的矛盾，主要矛盾没有改变，经济建设的中心地位就不能改变。

当前，我国经济社会的发展出现了一系列阶段性特点。对这些具有阶段性特点的问题，我们必须有针对性地统筹加以解决，要更加注重经济社会协调发展，更加注重社会公平，更加注重民主法制建设，更加注重和谐社会建设。然而这一切都没有改变经济建设的中心地位，相反，只有坚持以经济建设为中心，大力发展生产力，才能为解决这些问题提供必要的物质基础。正如胡锦涛同志所说，科学发展观是用来指导发展的，不能离开发展这个主题，离开发展这个主题就没有意义了，发展首先要抓好经济发展，“全党全国都要增强促进发展的紧迫感，在任何时候任何情况下都要紧紧扭住经济建设这个中心不放松，充分调动和切实保护广大干部群众加快发展的积极性，坚定不移地推动经济持续协调健康发展”。

三、发展整体论

社会是由生产力与生产关系、经济基础与上层建筑所构成的有机整体，指导社会发展必须重视社会整体的发展。我们党的科学发展观就是以经济建设为中心推动社会全面进步的整体发展观。

坚持“以经济建设为中心”，这句话本身就意味着还有围绕中心的东西，否则中心也就不成其为中心了。以胡锦涛为总书记的党中央坚持党的基本路线和党的十六大所确立的全面建设小康社会的奋斗目标，根据新世纪新阶段我国经济社会发展的新情况、新特点，把构建社会主义和谐社会的任务更加鲜明地提到全党和全国人民面前。党的十六届四中全会强调，形成全体人民各尽其能、各得其所而又和谐相处的社会是巩固党执政的社会基础，实现党执政的历史任务的必然要求，要适应我国社会的深刻变化，把和谐社会建设摆在重要位置，并明确提出了构建社会主义和谐社会的主要内容。胡锦涛同志对社会主义和谐社会的基本特征作了系统阐述，指出：“我们所要建设的社会主义和谐社会，应该是民主法治、公平正义、诚信友爱、充满活力、安定有序、人与自然和谐相处的社会。”这样，我国社会主义现代化建设的总体布局就由社会主义经济、政治、文化建设的“三位一体”发展为包括社会建设在内的“四位一体”。我们要把物质文明、政治文明、精神文明这三大文明建设同和谐社会建设统一起来，作整体把握——通过发展社会主义社会的生产力不断增强和谐社会的物质基础，通过发展社会主义民主政治不断加强和谐社会建设的政治保障，通过发展社会主义先进文化不断巩固和谐社会的精神支撑；同时又通过和谐社会建设为社会主义物质文明、政治文明、精神文明建设创造有利的社会条件。

四、发展协调论

协调发展主要是指城乡发展要协调，区域发展要协调，其实质就是在发展的非平衡中努力做到相对平衡。有先有后、有高有低、波浪式、非均衡发展，是一切事物发展的客观规律，也是经济社会发展的客观规律。但是，非平衡不等于失衡，失衡同样不利于事物的发展。犹如人的两只手，它们的力量当然是不平衡的（多数人右手力量大一些，少数人左手力量大一些），这是正常现象，但这种不平衡如果严重到一手“肌无力”，那就是失衡了，人就不能正常生活了。所以，追求绝对平衡、否定非平衡同放任非平衡、导致失衡，都是违背辩证法的、都是不利于事物的发展的。我们党的协调发展论是非平衡与相对平衡统一论，承认差别，又要对差别进行必要干预，使其保持在有利全局发展的合理范围之内。

十一届三中全会以来，我们实行让一部分人、一部分地区先富起来的大政策，这个大政策在今天和今后还要继续坚持。这是一个方面。另一方面，实行先富后富的大政策不是我们的目的，我们的目的是最终达到共同富裕。对于当前城乡之间、区域之间差别过大并且日益扩大的趋势，又必须加以适当调节，以利于共同富裕、社会稳定和全局的长远发展。这同样是涉及全局的大战略。要坚持把解决“三农”问题作为全党工作的重中之重，实行工业反哺农业、城市支持农村的方针，加大各方面对农村发展的支持力度，扎实稳步推进社会主义新农村建设，促进城镇化健康发展。要贯彻区域发展总体战略——推进西部大开发，振兴东北地区等老工业基地，促进中部地区崛起，鼓励东部地区率先发展。国家要在经济政策、资金投入和产业发展等方面继续加大对中西部地区的支持力度，东部地区要在率先发展中带动和帮助中西部地区发展，形成以东带西、东中西互动、优势互补、相互促进、共同发展的区域发展格局。

五、发展持续论

在实现当前发展的同时，要更加重视发展的持久永续，这是国际国内发展的一条重要经验。党的十六大把实现可持续发展的要求确立为全面建设小康社会的一个奋斗目标，即：“可持续发展能力不断增强，生态环境得到改善，资源利用率显著提高，促进人与自然的和谐，推动整个社会走上生产发展、生活富裕、生态良好的文明发展道路”。以胡锦涛为总书记的党中央进一步提出“努力建设资源节约型、环境友好型社会”的奋斗目标，这是实现可持续发展的重大战略部署。

资源和环境问题已经成为我国可持续发展的严重制约因素。资源和生态环境密不可分。人口众多，资源的过度开发和不合理开发，给环境保护带来相当大的难度。严峻的形势要求我们必须处理好经济建设、人口增长、资源利用、环境保护的关系，在节约资源、保护环境的前提下实现经济的较快发展，促进人与自然的和谐。党的十六届五中全会《关于制定国民经济和社会发展第十一个五年规划的建议》谈到“十一五”时期经济社会发展目标时，是把发展和可持续发展放在一起加以阐述的，指出：“主要目标是：在优化结构、提高效益和降低消耗的基础上，实现2010年人均国内生产总值比2000年翻一番；资源利用效率显著提高，单位国内生产总值能源消耗比‘十五’期末降低20%左右，生态环境恶化趋势基本遏制，耕地减少过多状况得到有效控制”。胡锦涛同志强调，如果能源和环境问题不能得到有效解决，不仅可持续发展目标难以实现，今天人的生存环境和生存质量也会受到严重影响。

为了加快建设资源节约型、环境友好型社会，必须大力发展循环经济，“发展循环经济，是建设资源节约型、环境友好型社会和实现可持续发展的重要途径”。要大力节约资源，加强资源综合利用，完善资源回收利用体系，形成低投入、低消耗、低排放和高效率的节约型增长方式；要加大环境保护力度，坚持预防为主、综合治理，强化从源头防治污染和保护生态，坚决改变先污染后治理、边治理边污染的状况；要切实保护好自然生态，坚持保护优先、开发有序的方针，以控制不合理的资源开发活动为重点，强化对水源、土地、森林、草原、海洋等自然资源的生态保护。

六、发展动力论

实现科学发展必须解决发展动力问题。除了我们党的传统优势——思想政治工作这个动力作用之外，主要是充分发挥改革的动力作用、科技的动力作用、开放的动力作用。

通过体制改革，充分调动亿万人民群众在经济社会发展中的积极性和主动性。改革是全面的改革，包括经济体制改革、政治体制改革、科技体制改革、文化体制改革和其他各方面的改革。改革的实质是充分调动亿万人民群众从事发展的积极性和主动性。党的十六届五中全会全面分析了改革的形势，指出：我国正处于改革的攻坚阶段，必须以更大决心加快推进改革，使关系经济社会发展全局的重大体制改革取得突破性进展，从而为落实科学发展观提供体制保证。强调：要以转变政府职能和深化企业、财税、金融等改革为重点，加快完善社会主义市场经济体制，形成有利于转变经济增长方式、促进全面协调可持续发展的机制；同时对加快行政管理体制改革、坚持和完善基本经济制度、坚持和完善民主制度等作了全面部署。

通过科技创新，充分发挥第一生产力在经济社会发展中的重大作用。以胡锦涛同志为总书记的党中央指出："发展科技教育和壮大人才队伍，是提升国家竞争力的决定性因素"。特别强调，要增强自主创新能力，把它作为科学技术发展的战略重点和调整产业结构、转变经济增长方式的中心环节，大力提高原始创新能力、集成创新能力和引进消化吸收再创新能力。科技创新对于充分发挥科学技术在经济社会发展中的重大作用，对于推动我国经济社会发展和可持续发展，具有重大的指导意义。

通过对外开放，充分发挥国际国内两个市场、两种资源的作用。以胡锦涛为总书记的党中央提出的科学发展观强调要实现"五个统筹"，其中一个重要方面是统筹国内发展和对外开放。根据我国对外开放的新形势，党中央提出，要不断提高对外开放水平，增强在扩大对外开放条件下促进发展的能力；要加快转变对外贸易增长方式，着力提高对外贸易的质量和效益；要实施"互利共赢"的开放战略，促进生产要素的跨境流动和优化配置；要把"引进来"和"走出去"相结合，开创对外开放的新局面。

七、和 平 发 展 论

从对外关系上说，我们党的科学发展观是和平发展观，即主张和平的发展、开放的发展、合作的发展。中国主要依靠自己的力量和改革创新来实现发展，同时坚持对外开放的基本国策，在平等互利的基础上同世界各国展开交流合作，努力实现互利共赢。中国始终不渝地高举和平、发展、合作的旗帜，即一方面充分利用世界和平带来的发展机遇发展自己，一方面又以自己的发展更好地维护世界和平、促进共同发展。发展离不开和平，而和平也离不开发展。所以，我们对内坚持和谐发展，对外坚持和平发展，这二者是具有内在联系的统一整体，目的就是建立一个持久和平、共同繁荣的和谐世界。

（载于《马克思主义理论研究和建设工程参考资料》216期）

科学发展观深化了对中国特色社会主义的认识

张 磊

建设中国特色社会主义，是当代中国共产党全部理论和全部实践的中心内容。以毛泽东、邓小平、江泽民为核心的三代中央领导集体，在不同的历史条件下，对在中国建设社会主义进行了艰辛探索，作出了重要的贡献。科学发展观以毛泽东思想、邓小平理论和"三个代表"重要思想为指导，把马克思主义基本原理同当今中国的生动实际结合起来，提出了一系列新的思想观点，进一步深化了对中国特色社会主义的认识。

一、深化了对中国特色社会主义主题的认识

发展是贯穿建设中国特色社会主义的主题。江泽民同志指出，推进中国特色社会主义事业，必须牢牢抓住发展这个主题。"离开发展，坚持党的先进性、发挥社会主义制度的优越性和实现民富国强都无从谈起。"我们党始终高度重视发展问题。早在七届二中全会上，我们党就把经济建设确定为党执政后的中心任务。党的八大全面分析国内主要矛盾的变化，强调要集中力量发展社会生产力，实现国家工业化。但是，后来由于种种复杂的原因，我国的发展走了弯路，其中最重要的教训就是搞以阶级斗争为纲，偏离了发展这个主题。十一届三中全会以后，我们党正确判断国情，制定了一系列推进发展的方针政策，形成了党的基本理论、基本路线、基本纲领、基本经验，走出了中国特色社会主义的正确道路。"四基本"的

主题和核心就是发展。邓小平同志曾经指出，坚持十一届三中全会以来的路线方针政策，最重要的就是坚持我们的根本发展战略。改革开放二十多年来，中国特色社会主义之所以展现出蓬勃生机，是与我们党始终扭住发展不放松、在实践中不断深化对中国特色社会主义规律性认识分不开的。

科学发展观继承我们党关于发展问题的一系列重要思想，着眼于丰富发展内涵、创新发展观念、开拓发展思路、破解发展难题，深化了对发展这个关系中国特色社会主义前途和命运的根本性问题的认识。一是深化了对发展地位的认识。科学发展观作为一个内涵丰富的理论，以“发展”作为中心概念，从现代化建设和党的建设的全局看发展，把发展观提到统领全局的高度。发展在中国特色社会主义全部理论和实践中居于中心位置，要围绕发展来推进实践、发展理论，不断深化对中国特色社会主义的认识。二是深化了对发展内涵的认识。科学发展观围绕什么是发展、为什么发展和怎样发展等问题，赋予“发展”更加丰富的内涵。发展是物质文明、政治文明、精神文明和社会建设相互联系、相互促进的过程，要从社会生产各个部类、各个地域、各个方面的联系，从人与自然、人与社会、当代与后代等的联系中把握发展。发展既包括物质也包括精神，既包括经济也包括社会，既包括人也包括自然，既要看局部和眼前也要看全面、看长远。三是深化了对发展的本质要求的认识。科学发展观坚持历史唯物主义基本观点，强调社会主义的发展要以生产力发展为基础，以实现经济社会全面进步和人的全面发展为根本要求，从最广大人民群众的根本利益出发谋发展、促发展，为我们正确地认识和处理涉及发展的重大关系，实现经济社会更快更好地发展提供了理论指导。科学发展观丰富了马克思主义关于发展的理论，使我们对发展这一主题的认识达到了新的境界，是解决我们前进中面临的矛盾和问题，顺利推进全面建设小康社会和整个现代化事业的根本指针。

二、深化了对中国特色社会主义价值追求的认识

科学发展观把坚持“以人为本”作为经济社会发展的长远指导方针和

实际工作中必须坚持的重要原则，把人民利益为根本这一社会主义原则进一步具体化，丰富和深化了中国特色社会主义的价值目标和价值追求。马克思恩格斯在《共产党宣言》、《资本论》、《哥达纲领批判》、《反杜林论》等著作中，把人的全面的发展作为共产主义社会的基本条件。他们认为，共产主义既是一种制度，又是一种价值。人的全面发展体现了对共产主义社会的本质要求，是一种最高价值追求。这一价值追求体现了共产主义理想的科学性、合理性和正当性，是马克思主义的基本原则，是共产主义必然实现的重要依据。长期以来，人们认为人的全面发展是共产主义阶段的事情，在社会主义阶段特别是社会主义初级阶段谈不上人的全面发展。2001年江泽民同志在“七一”重要讲话中指出：“社会生产力和经济文化的发展水平是逐步提高、永无止境的历史过程，人的全面发展程度也是逐步提高、永无止境的历史过程。这两个历史过程应相互结合、相互促进地向前发展。”指明了社会主义阶段推进人的全面发展的方向。科学发展观提出“以人为本”的要求，使在中国特色社会主义的历史进程中逐步提高人的全面发展程度、不断推进人的全面发展成为一个指导性的方针原则，这在理论上和实践上都具有重大的意义。

一是“以人为本”在价值追求上体现了党的最高纲领与最低纲领的统一。人的自由而全面的发展是共产主义的最高价值追求，是党的最高纲领要实现的目标，而“以人为本”要求在现阶段把人的发展作为重要目标、逐步提高人的全面发展水平，这就把党的最高纲领的价值追求与现阶段的价值追求结合起来，对于增强人们对共产主义的信念，脚踏实地地做好今天的工作具有重要指导意义。二是“以人为本”深化了对经济社会发展目标价值的认识。社会主义建设追求什么样的目标价值？从社会主义社会的性质来说，要在经济发展的基础上不断满足人民群众日益增长的物质文化需要。这就决定了社会主义经济社会的发展要坚持两个方面的要求。第一，必须坚持以经济建设为中心，大力提高生产力发展水平，不断增强经济实力和综合国力。第二，必须坚持以满足人民群众需要为目的，不断提高人民物质文化生活水平、提高全体人民的素质。这两个方面的要求是辩证统一的。经济发展是改善人民生活的基础，人民生活的改善又进一步促进经济的发展。同时，扩大再生产又在一定程度上制约生活的改善，不切实际的提高生活的水平也会影响经济发展。在经济发展水平比较低的发展阶段，经济增长理所当然地被放在最优先的位置，当经济发展到一定水平，就必须把人和社会的发展放在更重要位置。科学发展观根据我国经济社会发展的新要求，在坚持以经济建设为中心的同时，把促进人和社会的发展作为基本要求，使新世纪新阶段建设中国特色社会主义的任务更加明确。三是“以人为本”赋予社会主义道义基础和价值观念以新的时代内涵。任何社会制度都有自己的道义基础和价值观念，这是一个社会凝聚全民意志、动员社会力量的理想和旗帜。“以人为本”坚持我们党全心全意为人民服务的宗旨和立党为公、执政为民的本质要求，坚持马克思主义关于人民群众是历史的主体的唯物史观，强调要切实保障人民群众经济的、政治的和文化的权益，强调人民群众是国家的主人。同时，又着眼于人的生活本身，把代表人民利益、服务人民群众归结为对人的基本权利的尊重，体现为社会主义的人道主义和人文关怀，尊重和保护人权，满足人们的发展愿望和多样性的需求等。“以人为本”作为重要方针原则写在社会主义的旗帜上，进一步丰富了代表人民群众利益、全心全意为人民服务的内涵，深化了对中国特色社会主义的价值追求的认识。

三、深化了对中国特色社会主义战略布局的认识

社会主义现代化建设战略布局的思想，是在党的十二届六中全会决议中提出的。决议指出：“我国社会主义现代化建设的总体布局是：以经济建设为中心，坚定不移地进行经济体制改革，坚定不移地进行政治体制改革，坚定不移地加强精神文明建设，并且使这几个方面互相配合，互相促进。”党的十三大提出“一个中心、两个基本点”的基本路线，十四大提出建立社会主义市场经济体制的目标，十五大提出社会主义初级阶段的基本纲领，十六大提出不断推进人的全面发展，逐步形成了包括经济、政治、文化建设的完整的社会主义现代化建设战略布局的思想。科学发展观对社会主义现代化建设的战略布局提出了新要求。党的十六届四中全会贯彻科学发展观，把发展社会主义市场经济、社会主义民主政治和社会主义

先进文化的“三位一体”布局，扩展为包括构建社会主义和谐社会的“四位一体”布局，使我们对中国特色社会主义战略布局的认识更加清晰和完整。

“四位一体”战略布局的形成，对于实现全面建设小康社会的宏伟目标具有重大意义。首先，提出这一布局，使社会主义现代化建设的目标、任务更加明确，更加全面。这一布局涵盖了经济、政治、文化、社会以及人和自然发展的各个方面，是更高层次、更高要求的目标和任务。其次，提出这一布局，使完成现代化建设各项任务的联系更加紧密。“民主法治、公平正义、诚信友爱、充满活力、安定有序、人与自然和谐相处的社会”的基本目标，要求经济更加发展、民主更加健全、文化更加繁荣、社会更加和谐、人民生活更加殷实，并且各个方面相互配合，相互促进。第三，提出这一布局，赋予中国特色社会主义发展战略以新的时代内涵。就是要推进生产力和生产关系、经济基础和上层建筑相协调，推进经济、政治、文化和社会建设的各个环节、各个方面相协调，推进经济发展和人口、资源、环境相协调，实现经济社会更快更好、持久永续发展，等等。实现“四位一体”战略布局，必须坚持以科学发展观统领经济社会发展全局，进一步理清发展思路，创新发展模式，根据我国当前发展的实际情况，全面推进现代化建设的历史进程。

四、深化了对中国特色社会主义建设道路的认识

发展道路问题，实际上是怎样又快又好进行国家建设、加快实现现代化的问题。走什么样的发展道路，为世界各国特别是发展中国家普遍关注，许多国家既有成功的经验，也有值得汲取的教训。我们党以实现民族复兴、国家富强和人民幸福为己任，始终把加快实现我国的现代化作为根本任务。早在上世纪40年代，毛泽东同志就指出，中国社会的进步将主要依靠工业的发展。50年代，他总结苏联建设社会主义的经验教训，提出要正确处理经济发展中的重大关系、走“农、轻、重”相结合的发展道路，提出“多、快、好、省”的方针等，目的都是想加快国家的发展，更

快实现现代化。党的十一届三中全会后，邓小平同志总结过去的经验教训，提出了实行改革开放、物质文明和精神文明共同进步、抓住机遇加快发展、既要有一定速度又要讲质量、讲效益、分“三步走”全面实现现代化建设化等许多正确的方针原则和战略思想，实现了对我国发展道路认识的一次飞跃。十三届四中全会以来，江泽民同志提出坚持用发展的办法解决前进中的问题，正确处理改革发展稳定的关系，正确处理经济社会发展中一系列重大关系，促进区域协调、城乡协调、社会各阶层协调发展，发展社会主义市场经济、社会主义民主政治、社会主义先进文化等一系列战略思想，进一步丰富了社会主义现代化建设的理论和实践。

党的十六大以来，以胡锦涛同志为总书记的党中央站在历史和时代的高度，总结国内外在发展问题上的经验教训，提出科学发展观，为我国社会主义现代化建设道路理论增添了新的内容。科学发展观指出，我国的基本国情不允许我们继续走粗放型增长的路子，必须努力避免和克服传统工业化带来的弊端，以技术创新和制度创新为突破口，走出一条科技含量高、经济效益好、资源消耗低、环境污染少、人力资源优势得到充分发挥的发展新路子。这条新路子最根本的就是要坚持以人为本、全面协调可持续的发展。全面发展，就是要以经济建设为中心，全面推进经济、政治、文化和社会建设，实现经济发展和社会全面进步。协调发展，就是要统筹城乡发展、统筹区域发展、统筹经济社会发展、统筹人与自然和谐发展、统筹国内发展和对外开放，推进生产力和生产关系、经济基础和上层建筑相协调，推进经济、政治、文化和社会建设的各个环节、各个方面相协调。可持续发展，就是要促进人与自然的和谐，实现经济发展和人口、资源、环境相协调，坚持走生产发展、生活富裕、生态良好的文明发展道路，保证一代接一代地永续发展。科学发展观把全面协调可持续作为衡量发展的基本尺度，强调发展不仅要重视经济增长指标，而且要重视人文指标、资源指标、环境指标和社会指标，坚持把经济增长指标同人文、资源、环境和社会发展指标有机结合起来，为我们指出了一条又快又好的正确发展道路。

五、深化了对中国特色社会主义执政党建设的认识

科学发展观是关于我国发展的重要战略思想，也是加强党的建设的重要战略思想。胡锦涛同志指出，我们党执政，首要任务就是带领人民群众推动经济社会发展，不断满足人民日益增长的物质文化需要。提高党的执政能力，首先要提高党领导发展的能力。树立和落实科学发展观的过程，就是根据党和人民事业发展的要求、大力提高党领导发展的能力的过程。科学发展观进一步明确了执政条件下加强党的建设的根本要求，深化了对中国特色社会主义执政党建设的认识，是新形势下全面加强党的建设的重要指导思想。

以科学发展观为指导进一步加强党的建设，就是要把党的建设同当代中国经济、政治、文化和社会发展联系起来，同坚持以人为本、实现人民利益、维护人民权益联系起来，同强化执政能力、提高执政水平、改进执政方式、完善执政方略联系起来，不断提高党治国理政的能力。党的十六届四中全会向全党提出了加强党的执政能力建设，提高领导水平和执政水平的要求。在新的历史条件下，加强党的执政能力建设，必须牢固树立和贯彻落实科学发展观。要始终坚持党的基本理论、基本路线、基本纲领和基本经验，牢牢抓住发展这个党执政兴国的第一要务，充分发挥党在经济、政治、文化和社会建设中的坚强领导核心作用；坚持以人民利益为重，正确处理好涉及全局的重大关系，兼顾不同阶层、不同群体的利益，充分发挥各方面的积极性；坚持全面协调可持续发展，推动社会主义市场经济、社会主义民主政治、社会主义先进文化和社会主义和谐社会以及人、自然与环境共同进步；坚持正确的政绩观，进一步加强和改进党的思想、组织、作风和制度建设，以良好的党风政风促进科学发展观更好地落实。只要我们牢固树立和落实科学发展观，贯彻落实中央的一系列战略部署，就一定能够把中国特色社会主义伟大事业和党的建设新的伟大工程不断推向前进。

（载于《马克思主义理论研究和建设工程参考资料》171期）

一次重大的理论创新

湖南省邓小平理论和
“三个代表”重要思想研究中心

我们党提出构建社会主义和谐社会，适应了我国改革开放进入关键时期的客观要求，体现了广大人民群众的根本利益。这一重要思想的提出，是我们党在推进中国特色社会主义伟大事业的进程中又一次重大的理论创新，它为全面建设小康社会，促进我国经济社会协调发展和全面进步，提供了科学的理论武器和行动指南。

人类社会发展规律的新认识

实现社会和谐，建设美好社会，一直是人类的不懈追求。社会主义和谐社会理论的提出，表明我们党对人类社会发展规律的认识进入了一个新境界。

社会文明进步的新提升。人类社会的发展是一个历史的、综合的、动态的过程。在这一过程中，如何处理人与自然、人与人、人与社会的关系，是衡量文明程度高低的重要标志。随着经济、科技和文化的发展，人类社会越来越重视社会文明的协调推进和整体提升。经过新中国成立以来50多年的艰苦奋斗，特别是改革开放以来20多年的快速发展，我国在经济领域和社会事业上取得了举世瞩目的巨大成就。当前我国社会总体上是和谐的，但也存在重物轻人的因素、重经济发展轻社会发展的现象。以胡锦涛同志为总书记的党中央睿智地提出构建社会主义和谐社会的战略目标，符合人类社会发展规律和人类文明进步的趋势，是中华民族对人类文明作出的重大贡献，其历史意义将随着时间的推移而变得越来越清晰。

社会发展战略的新思考。社会发展作为一个有机统一的整体，是一定历史条件下多种人类活动因素综合作用的结果。提出构建社会主义和谐社会，是中国共产党人顺应世界潮流和时代发展趋势的战略选择，是用发展着的马克思主义指导新的社会实践的最新成果，有着鲜明的时代意义。中国共产党始终与时代发展同步伐，与人民群众共命运。进入新世纪，和平与发展仍然是当今时代的主题，实现经济社会全面协调可持续发展是当今世界的根本要求。中国共产党面临着继续推进社会主义现代化建设、实现祖国统一、维护世界和平与促进共同发展三大历史任务。这就要求我们对内坚持和谐发展，用世界眼光审视发展大势，用科学理性把握发展思路。构建社会主义和谐社会，就是在建设中国特色社会主义取得辉煌成就的形势下，在我国全面对外开放、积极参与经济全球化的背景下，在体制机制不断创新、社会主义市场经济不断深入发展的条件下，在人民群众的民主意识日益增长、社会诉求日益增多、各种思想文化观念碰撞日益剧烈的情况下提出来的。在这样一个特定的历史时期，我们既有可能由于政策得当，执政思想明确，从而引导经济社会协调发展，顺利实现工业化和现代化，也有可能由于政策失误，致使经济社会发展脱节、社会利益格局严重失衡、社会分化日益加剧、经济社会发展停滞不前。构建社会主义和谐社会，就是要开拓前一种前途，避免后一种结局。这充分体现了我们党在确立经济社会发展战略中与时俱进的精神状态。

社会价值目标的新发展。社会主义和谐社会，既是一种不断推进的现实的社会历史发展过程，又是一种凝聚社会力量的价值目标，是历史运动与价值目标的统一。马克思、恩格斯曾对未来社会的发展作出过科学设想，他们在《共产党宣言》中明确提出“代替那存在着阶级和阶级对立的资产阶级旧社会的，将是这样一个联合体，在那里，每个人的自由发展是一切人的自由发展的条件。”构建社会主义和谐社会，展示了未来社会的美好蓝图和发展前景，是我们党对马克思主义关于社会主义社会建设理论的继承和发展。作为一种社会发展状态，构建社会主义和谐社会既是全面建设小康社会的重要组成部分，又是比全面建设小康社会的要求更高、任务更艰巨的奋斗目标。现在，我国的改革与发展正处于关键时期，改革在广度上已涉及经济、政治、文化等所有领域，在深度上已越来越多地触及人们具体的经济利益，在发展方面，坚持以经济建设为中心，实现人口、资源、环境统筹协调发展。在这样一个发生深刻变革的历史进程中，要建设全体人民各尽所能、各得其所而又和谐相处的社会，需要全党全社会长期坚持不懈地努力。即使在我们实现全面建设小康社会的宏伟目标以后，仍需为构建社会主义和谐社会继续长期奋斗。因此，构建社会主义和谐社会的理论体现了中国共产党人立足当前与着眼未来的统一。

社会主义建设规律的新把握

我们党提出构建社会主义和谐社会，是对什么是社会主义、怎样建设社会主义的又一次理论升华，是我们党对马克思主义关于社会主义社会建设理论的重大发展。

社会主义建设目标的新境界。社会主义和谐社会的提出，是我们党对社会主义建设目标作出的进一步科学定位。我们党在对社会主义建设目标的艰辛探索中，经历了从建设工业、农业、科技、国防现代化，到建设富强、民主、文明的社会主义现代化国家的过程。和谐社会的战略构想，使社会主义建设目标进入了经济发展与社会发展相协调、物质文明与精神文明相一致、长远目标与阶段性目标相统一的新境界，体现了社会主义价值目标的内在要求。将和谐社会作为社会主义建设目标，是中国共产党人对什么是社会主义的认识进一步深化的结果，是对社会主义的本质进一步把握的结果。在社会主义社会，全体人民群众在根本利益上是一致的，这是我们构建社会主义和谐社会的根本基础。但是，在社会主义初级阶段，社会成员之间也存在利益关系上和思想认识上的各种矛盾。人心思和谐，特别是在深化改革的关键时期，保持社会的和谐稳定更是人民群众的强烈愿望。要建设中国特色社会主义，就必须推动经济社会协调发展，促进不同社会阶层、不同利益群体相互协调、良性互动，形成平等发展、融洽和谐的人际关系，创新和健全社会管理体制，保持稳定有序的社会环境。

社会主义建设布局的新拓展。社会主义建设是一个复杂的系统工程。

中国共产党人在社会主义现代化建设总体布局上，已经实现了三次重大突破：从建设社会主义物质文明，到提出社会主义物质文明和精神文明“两手抓”；从社会主义物质文明和精神文明二位一体，到社会主义物质文明、政治文明、精神文明三位一体；社会主义和谐社会的战略构想，使我国社会主义现代化建设的总体布局，由发展社会主义市场经济、社会主义民主政治和社会主义先进文化这样的三位一体，扩展为包括社会主义和谐社会在内的四位一体，从而实现了我国社会主义现代化建设总体布局的重大突破。为此，中国共产党的历届领导集体都作出了艰辛的探索，从毛泽东的《论十大关系》，到邓小平的“南方谈话”，到江泽民的《正确处理社会主义现代化建设中的若干重大关系》，再到以胡锦涛为总书记的党中央关于科学发展观的重要论述，将和谐社会纳入社会主义现代化建设总体布局之中，中国共产党对社会主义建设内容的认识一次次完善，一次次深化。在建设社会主义物质文明、政治文明、精神文明的同时，提出建设民主法治、公平正义、诚信友爱、充满活力、安定有序、人与自然和谐相处的社会主义和谐社会，是对社会主义建设内容的丰富和发展。

社会主义建设路径的新开拓。通过构建和谐社会来巩固和发展社会主义，建设中国特色社会主义，开拓了社会主义建设的新路径。它表明，中国共产党对社会主义建设规律的运用更加自觉，对“怎样建设社会主义”的认识更加深刻。首先，它为把握工作大局提供了新思路。历史和现实反复证明，社会和谐是我国经济社会发展的坚实基础，只有社会和谐，改革才能顺利，发展才能强劲，稳定才能持续。提出构建社会主义和谐社会，为改革找到了“支撑点”，为发展找到了“动力源”，为稳定找到了“减压阀”。其次，它为全面建设小康社会提供了新途径。全面建设小康社会是21世纪头20年我国推进社会主义现代化的重要战略目标，要实现这一奋斗目标，需要调动全体人民的积极性、创造性，这就要尊重劳动、尊重知识、尊重人才、尊重创造，放手让一切劳动、知识、技术、管理和资本的活力竞相迸发，让一切创造社会财富的源泉充分涌流，使人的价值充分体现，各尽其能，各得其所。所有这些，都只有在和谐的社会环境中才能实现。再次，它为落实科学发展观提供了新视野。科学发展观是以胡锦涛同志为总书记的党中央从新世纪新阶段党和国家事业发展的全局出发，提出的重大战略思想和指导方针。落实科学发展观是全面建设小康社会、推进社会主义现代化建设的必然要求。构建社会主义和谐社会，要求从社会关系、社会状态方面反映和检验贯彻落实科学发展观的成效，从和谐的角度促进经济社会发展。它突出了社会发展的进步性、合理性和和谐有序性。

共产党执政规律的新探索

构建社会主义和谐社会作为一种执政使命，是我们党在新世纪巩固执政地位、实现中华民族伟大复兴中所实施的伟大战略，适应了党在新的历史时期目标、任务和活动方式所发生的新变化，集中体现了我们党对共产党执政规律的新认识。

执政理念的新突破。中国共产党从领导人民为夺取全国政权而奋斗的党，成为领导人民掌握政权并长期执政的党；从受到外部封锁和实行计划经济条件下领导国家建设的党，成为对外开放和发展社会主义市场经济条件下领导国家建设的党，这种历史方位的变化，决定了党的主要任务是推进现代化建设，党的政治功能是领导人民建设中国特色社会主义。作为执政党，必须协调好各方面的社会关系，凝聚起各种社会力量，努力使各个社会阶层各尽所能、各得其所而又和谐相处；必须切实化解各种社会矛盾和冲突，始终保持社会的和谐与稳定，这就要求我们党适应主要任务的变化，实现执政理念的创新。我们党正是在总结了国内外各种经验教训后深刻认识到，执政党必须以构建和谐社会为战略选择。我们党自觉把构建和谐社会提升到关乎社会主义事业兴旺发达、党和国家长治久安、中华民族前途命运的战略高度，作为检验执政能力的重要标准和执政业绩的根本尺度，把改革的力度、发展的速度与社会可承受的程度结合起来，使改革发展稳定相互协调、相互促进，确保人民安居乐业，国家长治久安，社会和谐进步，实现了我们党顺乎时代潮流的历史视野与高度关注民生的价值视野的高度统一。

执政方式的新取向。执政理念决定执政使命和执政内容，执政内容决定执政形式。执政党以治党、治国、治军和治理社会来实现执政使命和价值目标。胡锦涛同志关于构建社会主义和谐社会的精辟论述，深刻揭示了建设社会主义和谐社会与加强党的执政能力的关系，构建社会主义和谐社会与改进党的执政方式的关系。坚持以发展构建和谐、以改革促进和谐、以公正推进和谐、以民主法制保障和谐，是党领导社会主义和谐社会建设的新路径。发展是构建社会主义和谐社会的第一要务，也是党执政兴国的第一要务。改革开放是强国之路，也是社会主义和谐社会建设的必由之路。公平正义和民主法制是社会主义和谐社会的重要特征，也是党执政的基本取向和基本方略。构建社会主义和谐社会的执政理念和历史任务，要求党的执政方式以科学执政为前提，自觉按照科学的思想、理论和科学的制度、方法去领导社会主义和谐社会的建设；以民主执政为关键，坚持为人民执政、靠人民执政，支持和保证人民当家作主，坚持和完善民主集中制，以发展党内民主带动人民民主，巩固和壮大最广泛的统一战线；以依法执政为基本途径，坚持依法治国的基本方略，领导立法，带头守法，保证执法，不断推进国家经济、政治、文化、社会生活的法制化和规范化。上述三者的相互联系，形成了中国共产党执政方式的基本架构。同时，为了确保党的执政方式充分适应社会主义和谐社会建设的需要，胡锦涛同志反复强调要建立健全同构建社会主义和谐社会相适应、相配套的体制和机制。通过体制和机制的建立和完善，体现党的领导、人民当家作主、依法治国的统一，实现党的执政方式的重大创新。

执政能力的新要求。提出建设社会主义和谐社会的战略思想，适应了新形势和新任务对党的执政能力建设的新要求。进入新世纪、新阶段，为了适应时代的要求、人民的要求和党自身建设的要求，我们党在全面总结中外一切政党兴衰成败经验教训的基础上，作出了全面加强党的执政能力建设的重大决定，这是深入贯彻“三个代表”重要思想和党的十六大精神，推进党的建设新的伟大工程的战略部署，是对马克思主义执政党建设理论的创新和发展。构建社会主义和谐社会，对于中国共产党人来说，既是一项重要紧迫的现实任务，又是一项艰巨繁浩的系统工程；既是不懈追求的美好理想，又是前无古人的全新课题。中国共产党只能在前进中探索，在探索中积累经验。以胡锦涛同志为总书记的新一届中央领导集体，顺应时代潮流和人民意愿，把加强党的执政能力建设作为党的建设的重中之重，把构建社会主义和谐社会的能力作为党的执政能力建设的重要内容，并把它集中体现为党领导科学发展的能力和统筹兼顾的能力，具体体现为激发创造活力的本领、管理社会事务的本领、协调社会利益的本领、处理内部矛盾的本领、开展群众工作的本领、维护社会稳定的本领，把扩大社会就业、完善社会保障、理顺分配关系、发展社会事业作为构建社会主义和谐社会的重点和着力点。因此，提出构建社会主义和谐社会，使中国共产党的执政能力建设目标更加远大、更加清晰，内涵更加丰富、更加具体，路径更加明确、更加切实可行。

（载于《马克思主义理论研究和建设工程参考资料》188期）

科学发展观的理论创新价值

中国社会科学院邓小平理论和
“三个代表”重要思想研究中心

伴随着新世纪中国特色社会主义的新进程，一个指导经济社会发展全局的新的战略思想——科学发展观应运而生。科学发展观凝聚了新中国50多年社会主义建设的历史经验，反映了新世纪全面建设小康社会的时代要求，具有十分重大的理论创新价值。

一、科学发展观凝炼了发展的思想

近代中国在帝国主义和封建主义双重枷锁的束缚下，灾难深重，积贫积弱，生产力十分低下。新中国成立后，面对长期战争的创伤和贫穷落后的面貌，发展问题成为我们党亟待解决的中心问题。以毛泽东同志为核心的第一代中央领导集体，以马列主义为指导，顺应历史的潮流，把新中国引入了社会主义的发展方向。在实行社会主义改造和创建社会主义制度的同时，启动了社会主义工业化的进程，并提出独立探索中国社会主义发展道路的历史性课题。在初步实践的基础上，毛泽东同志以一系列独到的见解为中国社会主义的发展理论奠定了根基。以邓小平同志为核心的第二代中央领导集体继续探索这一重大课题，并作出了巨大贡献。邓小平同志作为改革开放的总设计师，为中国特色社会主义设计了一整套发展的纲领。特别是“一个中心、两个基本点”的基本路线和“三步走”发展战略以及“三个有利于”的判断标准，为中国的持续快速发展提供了正确的理论指南。以江泽民同志为核心的第三代中央领导集体率领我们党继续探索中国社会主义的发展道路。江泽民同志提出发展是党执政兴国的第一要务；强调社会主义是全面发展、全面进步的社会；主张创新发展模式，走新型工业化道路。特别是“三个代表”重要思想的形成，把代表先进生产力的发展要求、代表先进文化的前进方向和代表最广大人民的根本利益作为我们党的立党之本、执政之基和力量之源，进一步突出了发展在党所领导的社会主义事业中的决定性意义，表明我们党对发展问题的认识达到了新的高度。

进入新世纪新阶段，以胡锦涛同志为总书记的党中央高举马列主义、毛泽东思想、邓小平理论和“三个代表”重要思想的伟大旗帜，以开拓进取的精神和求真务实的作风，全面总结我国50多年特别是改革开放20多年的发展经验，深入思考未来中国的发展道路和发展目标，在我们党关于发展问题极为丰富的理论成果的基础上，根据我国社会主义现代化建设最新实践的启示，创造性地将我们党的发展思想概括为科学发展观，并提升到指导全局的战略思想的高度，实现了我们党在发展理论上的重大创新。

科学发展观的首要理论价值，在于它以新的视野审视世界各国的发展理论和发展实践，以新的理论概括凝炼我们党半个多世纪对中国发展认识的一切重要成果，把社会主义的发展方向、改革开放的发展道路和新型工业化的发展模式融会贯通，并注入了鲜活的符合时代要求的一系列新思想、新观念，形成了一整套具有中国特色的发展理论，从而为当代中国的发展提供了系统而明晰的坐标。

二、科学发展观更新了发展的观念

在过去很长一段时期，人们往往把发展定位于经济的发展，甚至把经济增长等同于发展。这种发展观念在特定的发展阶段有其必然性和合理性，对当时国民经济的发展也起过积极的推动作用，但这种对发展的简单理解，容易导致高开采、高投入、高消耗、高污染和低效益的结果。社会系统是一个结构复杂的有机体，在经济、政治、科技和文化之间存在着相互支撑、协调发展的内在规律，倘若在发展布局上，畸轻畸重或顾此失彼，必将欲速而不达。同时，在现代社会的生产力构成中，科学技术和文化等非物质因素的价值日益突出，知识经济的崛起已经打破了传统经济的成分结构，使传统的工农业产品和新兴的科技、文化、服务业产品在社会总产值中的比重发生了重大的改变。在生产关系和上层建筑领域，制度创新、体制创新、组织创新、管理创新和理论创新，已经成为引领和推动整个社会飞速发展的强大动力。正是顺应了这一时代的呼唤和实践的要求，科学发展观强调，发展决不是单指经济的增长，也不限于经济的发展，而是要在坚持经济建设中心地位的同时，把发展社会主义市场经济、发展社会主义民主政治、发展社会主义先进文化和构建社会主义和谐社会当作社会主义发展进程的统一整体，加以通盘规划，实行全面推进，以形成社会主义物质文明、政治文明、精神文明建设与和谐社会建设同时并举的发展格局。科学发展观倡导的发展新观念，丰富了发展的内涵，开阔了发展的领域，必将引领我们不断调整发展布局，完善发展规划，开辟发展空间，提高发展质量，使社会主义优越性得到进一步彰显和升华。

三、科学发展观完善了发展的思路

科学发展观以谋求发展为起点，以研究发展为主题，以揭示发展规律为目的。在社会主义现代化建设过程中，科学发展观与各种非科学发展观念的区别，并不在于要不要发展，而是在于怎样发展。围绕这一主题，我们党从毛泽东同志到邓小平同志再到江泽民同志都作过深入的理论思考和总结，在发展道路、发展模式、发展战略、发展动力和发展布局等方面作出过一系列理论贡献。科学发展观在发展思路上的鲜明特点，就是强调立足全局、注重统筹兼顾。一是强调发展布局的“五个统筹”。即统筹城乡发展、统筹区域发展、统筹经济社会发展、统筹人与自然和谐发展、统筹国内发展和对外开放。二是强调发展进程的“三个统一”。即把全面发展、协调发展和持续发展三个方面辩证地统一起来。为此，要正确处理现代化建设各领域、各环节的重大关系。如正确处理改革、发展和稳定的关系，正确处理经济增长同资源支撑、环境保护的关系，正确处理坚持公有制为主体同鼓励、引导其他经济成分共同发展的关系，正确处理运用市场机制同完善宏观调控的关系，正确处理速度、规模与质量、效益的关系，正确处理当代发展和后代发展的关系，等等。三是强调发展模式、发展机制的优化和创新。要调整产业结构，转换增长方式，走科技含量高、经济效益好、资源消耗低、环境污染少、人力资源优势得到充分发挥的新型工业化道路。同时，要抓住发展机遇，强化发展意识，更新发展理念，营造发展环境，创新发展机制，增强发展动力，拓宽发展空间，加快发展速度，提高发展质量，实现又快又好的发展。总之，科学发展观在发展思路上，更加注重宏观布局，更加注重内在协调，更加注重良性互动，更加注重机制创新，更加注重质量效益。因此，也更加有利于实现全面发展和永续发展。

四、科学发展观提升了发展的境界

发展问题虽然是人类社会历史进程中始终面临的一个永恒课题，但每个时代的发展进程特别是发展成果的分配最终都涉及不同阶级和社会阶层的利益关系。因此，不同阶级、不同政党在回答为什么发展这个根本问题上，都会从维护各自的利益出发，作出不同甚至相反的回答。从本质上说，西方社会的发展进程就是资本追逐利润的过程，发展目的从根本上说是为了巩固西方大国主宰世界、控制全球的地位。虽然也有西方学者提出“以人为中心”的概念，强调尊重人的权利和地位，具有一定的进步意义，但在资本主义制度下，不管他们有什么样的发展理念，都不可能改变资本主导的利益格局。其发展的成果不可能造福于全体人民，只能成为资产阶级及其利益集团获取更多剩余价值的资本。

科学发展观坚持以人为本，这里的“人”就是指人民群众，这里的“本”就是指发展的根本宗旨。胡锦涛同志明确指出：“坚持以人为本，就是要以实现人的全面发展为目标，从人民群众的根本利益出发谋发展、促发展，不断满足人民群众日益增长的物质文化需要，切实保障人民群众的经济、政治和文化权益，让发展的成果惠及全体人民。”把发展的目的定位于造福全体人民，这就使我们党的发展观具有了与西方发展理论截然不同的价值取向，使之与社会主义的本质属性相一致，与社会主义的制度要求相统一，从而展示出新的境界和前景。

以人为本作为科学发展观的灵魂，合乎逻辑地承载了为谁发展和靠谁发展的双重意义。在发展的价值取向上，强调为实现人民群众的根本利益谋求发展；在发展的根本动力上，强调依靠人民群众的创造力量促进发展，从而把我们党执政为民的执政观和历史唯物主义的群众观统一起来，使之转化为我们党领导发展和推动发展的理论依据，成为团结人民、鼓舞人民为实现全面建设小康社会的宏伟目标而奋斗的精神动力。这就是科学发展观的科学所在，也是科学发展观的价值所在。

五、科学发展观发展了科学社会主义理论

中国特色社会主义是科学社会主义在中国的实现形态。科学发展观植根于中国特色社会主义的伟大实践，在实践中总结经验，提炼升华。它以系统性的观念更新和思维创新丰富了中国特色社会主义理论，从而推进了科学社会主义的理论发展。

第一，科学发展观丰富了党的建设内涵。发展是党执政兴国的第一要务。贯彻落实科学发展观，提高党的执政能力，首先要提高党领导发展的能力。因此，组织好、领导好经济社会的发展，既是党执政兴国的基本任务，是党实现其历史使命的必然要求，也是检验党的领导水平和执政能力的根本标准。把贯彻落实科学发展观同党的建设紧密结合起来，我们党就能够更加自觉地“围绕发展抓党建、抓好党建促发展”，党的建设就具有了更加明确的目标和方向。

第二，科学发展观提供了社会主义与市场经济有机结合的理论基础。把社会主义制度与市场经济体制相结合是我们党的一大创举。社会主义市场经济体制的建立，为我国的发展注入了巨大的活力和动力。新世纪新阶段，我们要不断完善社会主义市场经济体制，就要继续探索社会主义与市场经济相结合的具体途径，使之更好地优势互补，相得益彰。科学发展观由于其蕴含的人文价值和科学机理，为二者的结合提供了理论的遵循。只要我们以科学发展观为指导，按照科学发展观所确定的目标、思路和要求去深化改革、扩大开放和完善政策，就一定能够走出一条社会主义市场经

济的成功之路，创造一个更加富裕、更加和谐、更加美好的未来。

第三，科学发展观充实了中国特色社会主义的理论体系。科学发展观以什么是发展、为什么发展、靠谁发展、怎样发展和如何科学地评价发展等系统的理论观点，为中国特色社会主义理论补充了极为重要的内容，进一步完善了中国特色社会主义的理论体系，也深化了我们对科学社会主义学说的认识。

（载于《马克思主义理论研究和建设工程参考资料》204期）

科学发展观的哲学基础

冯国瑞

党的十六届三中全会第一次明确地提出了当代中国的科学发展观，其哲学基础是马克思主义哲学，即辩证唯物主义与历史唯物主义。

唯物史观的深刻体现

科学发展观深刻体现了尊重人民群众的历史主体地位、为人民群众谋求根本利益、促进人的全面发展的唯物史观和科学社会主义的本质要求。

1. 人民群众的历史主体地位

人民群众是社会物质财富和精神财富的创造者，是社会历史变革的决定性力量。马克思、恩格斯指出："历史活动是群众的事业，随着历史活动的深入，必将是群众队伍的扩大。"列宁认为："随着人们的历史创造活动的扩大和深入，作为自觉的历史活动家的人民群众在数量上也必定增多起来。""决定历史结局的却是广大群众。"斯大林揭示："历史科学要想成为真正的科学……首先应当研究物质资料生产者的历史，劳动群众的历史，各国人民的历史。"毛泽东断定："人民，只有人民，才是创造世界历史的动力。"科学发展观中的以人为本，正是基于人民群众的历史主体地位之上的，是唯物史观在新的历史条件下的深刻体现和新的展开。

2. 社会主义事业是人民群众的伟大事业

马克思、恩格斯认为："无产阶级能够而且必须自己解放自己。"列宁指出："生气勃勃的创造性的社会主义是由人民群众自己创立的。"在实现社会主义和建设社会主义的伟大事业中，“千百万创造者的智慧却会创造出比最伟大的天才预见还要高明得多的东西。”斯大林指出，“现在民族和国家的命运不仅仅是由领袖决定的，而首先和主要是由千百万劳动群众决定的”。毛泽东认为，社会主义事业是人民群众创造的，人民群众是社会主义事业的历史主体，是实现和建设社会主义的决定性力量。科学发展观中的以人为本，正是社会主义由人民群众创造的这一唯物史观和科学社会主义原理的深刻体现，完全符合社会主义本质的内在要求。

3. 为人民服务是中国共产党的根本宗旨

中国共产党坚持以马克思主义为指导，坚持共产党人的一切言论行动，必须以合乎最广大人民群众的最大利益，为最广大人民群众所拥护为最高标准。邓小平指出，中国共产党要坚持为人民服务，在社会主义事业的伟大进程中，必须实现全体人民的共同富裕。他说：“社会主义最大的优越性就是共同富裕，这是体现社会主义本质的一个东西。”“社会主义的本质，是解放生产力，发展生产力，消灭剥削，消除两极分化，最终达到共同富裕。”江泽民同志指出：“不断发展先进生产力和先进文化，归根到底都是为了满足人民群众日益增长的物质文化生活需要，不断实现最广大人民的根本利益。”科学发展观中的以人为本，正是对上述思想和主张的继承与发展，是唯物史观和科学社会主义相关原理的深刻体现和新的展开。

4. 人的全面发展是社会主义、共产主义的内在要求

唯物史观和科学社会主义理论认为，社会主义为人的全面发展提供了历史前提和必要条件，只有在共产主义社会里，人的全面发展才能在社会历史的充分必要的条件下得到真正的实现。马克思、恩格斯当年在设想未来的共产主义社会时，曾经深刻地预见，在共产主义社会里，由于旧式分工的消灭，由于城乡之间、工农之间、脑力劳动和体力劳动之间本质差别的消灭，由于生产力的高度发展和人的综合素质的全面提高，因而在那种社会里，人将得到自由的、全面的发展，而不再局限于某种固定的社会分工。

在共产主义的低级阶段的社会主义，就要坚持人的全面发展的内在要求，逐步推进人的全面发展，以便为向共产主义社会过渡准备人才的社会条件。就中国来说，我们党和国家历来重视这方面的工作。毛泽东指出：要不断提高整个中华民族的思想道德水平和科学文化水平。邓小平主张："教育要面向现代化，面向世界，面向未来。""最根本的是使广大人民有共产主义的理想，有道德，有文化，守纪律"。江泽民同志强调：要提高全民族的思想道德素质、科学文化素质和健康素质，"形成全民学习、终身学习的学习型社会，促进人的全面发展"。胡锦涛同志系统论述科学发展观时指出："坚持以人为本，就是要以实现人的全面发展为目标。"可见，科学发展观中的以人为本，是以唯物史观为理论基础，以社会主义、共产主义社会为内在蕴涵的。

5. 科学发展观中的以人为本同历史上的民本思想、人本主义存在着根本的区别

首先，目标不同。科学发展观中的以人为本，是以实现社会主义、共产主义为目标的，同时是以实现人的自由的、全面的发展为目标的。而民本思想的目标则是维护封建阶级的统治，让广大人民群众老老实实地当好顺民；其次，主体不同。科学发展观中的以人为本，是以人民群众作为历史主体的。而民本思想、人本主义认为，历史主体分别是封建地主阶级和资产阶级中的杰出人物，广大人民群众只不过是供驱使的附庸和历史的陪衬；最后，基础不同。科学发展观中的以人为本，是以唯物史观为其理论基础的。而民本思想、人本主义则是以唯心史观作其理论基础的。

唯物辩证法的开拓运用

科学发展观强调发展应当坚持以人为本，应当是全面、协调、可持续的发展，这是一种辩证的发展观，是对唯物辩证法的开拓运用。主要表现在：

1. 科学发展观是对立统一规律的新运用

科学发展观面对着复杂的矛盾网络系统。这些矛盾包括人与自然的矛盾，人与人的矛盾，人与社会的矛盾，社会自身的矛盾，等等。为了正确认识和优化处置这种复杂的矛盾网络系统，科学发展观内在地要求运用对立统一规律的基本原理和系统科学、复杂性科学的综合前沿成果，认识和改造这种复杂的矛盾网络系统，使之符合自然发展、社会进步和人的全面发展的综合要求。科学发展观是对立统一规律的新运用，还表现在把矛盾、系统和过程贯通起来加以综合的考察和处置上。

2. 科学发展观是唯物辩证法总体特征的深刻体现

科学发展观主张全面、协调、可持续的发展，正是唯物辩证法总体特征的深刻体现和杰出应用。首先，全面发展就是把握矛盾全局的发展。胡锦涛同志指出："全面发展，就是要以经济建设为中心，全面推进经济、政治、文化建设，实现经济发展和社会全面进步。"这种发展体现了全面性，同时也体现了全面性与重点性的辩证统一。其次，协调发展体现了普遍联系的内在要求。胡锦涛同志指出："协调发展，就是要统筹城乡发展、统筹区域发展、统筹经济社会发展、统筹人与自然和谐发展、统筹国内发展和对外开放，推进生产力和生产关系、经济基础和上层建筑相协调，推进经济、政治、文化建设的各个环节、各个方面相协调。"这体现了普遍联系和协同优化的发展。第三，可持续发展符合矛盾运动前进性、无限性的发展趋势。胡锦涛同志认为："可持续发展，就是要促进人与自然的和谐，实现经济发展和人口、资源、环境相协调，坚持走生产发展、生活富裕、生态良好的文明发展道路，保证一代接一代地永续发展。"这是符合矛盾运动前进性、无限性内在趋势的一种发展。

3. 科学发展观是矛盾不平衡性原理的杰出应用

在辩证法那里，"世界上没有绝对地平衡发展的东西"，矛盾发展的"基本的形态则是不平衡"。矛盾发展的不平衡性，比较集中地体现为主要的矛盾和主要的矛盾方面。要树立科学发展观，应当动态地、实时地把握主要矛盾和主要的矛盾方面的发展变化。首先，我国当今社会的主要矛盾是人民群众日益增长的物质文化生活需要同落后的社会生产之间的矛盾。因此，要牢牢抓住发展这个第一要务。从方法论和社会控制论的角度看，坚持发展就是抓住了主要矛盾。当然，这种发展不是片面的、畸形的、断裂式的发展，而是全面的、协调的、可持续的发展，走经济效益、社会效益和生态效益综合优化的发展道路。其次，科学发展观要求实施全面、协调、可持续的发展，正确处理人与自然的关系，人与人的关系，人与社会的关系，其核心是满足人的需要，目标是实现人的全面发展。因此，满足人的需要、实现人的全面发展是上述主要矛盾的主要方面。

认识论原理的自觉展开

科学发展观对认识论原理的自觉展开，集中地表现在对人类社会发展规律、社会主义建设规律和共产党执政规律的深刻认识和辩证处置方面。

1. 对人类社会发展规律认识的深化

科学发展观的深刻内涵和基本要求是要实现全面、协调、可持续的发展，揭示经济社会发展的客观规律，实现五个方面的统筹，这就对社会存在与社会意识交互作用的规律和生产力与生产关系、经济基础与上层建筑辩证互动的规律在认识上有了新的深化。不仅如此，科学发展观坚持以人为本，是对人民群众在历史上的伟大作用的规律认识的深化。

2. 对社会主义建设规律认识的深化

社会主义现代化建设是一项全面、复杂、动态的社会网络系统和社会系统工程。在这个动态发展过程中，应当根据系统内外情况和种种关系的复杂变化，以及种种随机因素的正负干扰，及时地采取正确的对策和必要的措施，使社会主义现代化建设这个网络系统在动态发展的过程中，能够循着优化的机制运行，并且向着优化的目标逼近，使物质文明建设、政治文明建设和精神文明建设协同优化的发展。

3. 对共产党执政规律认识的深化

主要表现在三个方面：第一，科学发展观要求以马克思列宁主义、毛泽东思想、邓小平理论、"三个代表"重要思想为指导，把马克思主义的普遍原理同当代中国的具体实践相结合，与时俱进，开拓创新，继承、丰富和发展马克思主义；第二，科学发展观坚持以人为本，要求实现全面、协调、可持续的发展，把发展当作党执政兴国的第一要务，这既体现了人民群众的历史主体地位，也是实现人民群众根本利益的战略抉择；第三，科学发展观要求在实现上述伟大任务的历史进程中，不断地加强党的自身建设，包括思想建设、组织建设、作风建设、制度建设以及执政能力的建设等等。因此，贯彻、落实科学发展观的过程，同时也是党的自身建设的发展过程。

辩证思维方法的综合集成

辩证思维既是唯物辩证法的重要内容，也是认识辩证法的深层体现，它广泛地贯穿与渗透在整个辩证唯物主义与历史唯物主义之中。把辩证思维方法的综合集成作为科学发展观的一个哲学基础来考察，并不是因为辩证思维方法是与上述的唯物史观、唯物辩证法等相互平行而独立存在的一种意识形态，而是由于科学发展观对复杂的矛盾网络系统的认识和处置体现了辩证思维方法的综合集成。

为了认识和处置复杂的矛盾网络系统，实现全面、协调、可持续发展的要求，思维主体特别是广大领导干部应当综合集成地应用辩证思维的方法去认识和处置所面对的复杂的矛盾网络系统。他们应当能够把社会主义现代化建设和社会主义改革看作是一项特大的、复杂的、动态的社会系统工程，应当能够分析这种社会系统工程的内外因素，客体—主体交互作用的动态过程和网络规律，从而能够根据矛盾网络系统种种情况的复杂变化和随机因素的正负干扰，及时地采取正确的对策，使这项社会系统工程能够优化地管理、优化地运行，并向优化的目标逼近。同时，思维主体特别是各级领导干部在综合集成地应用辩证的思维方法去分析和处置上述社会系统工程时，应当在思维过程中如实地、本质地考虑到这种社会系统工程是一项由多参数、多变量、多系统、多层次交互作用的特别复杂的系统。因此，在研究和处置这种社会系统工程的过程中，就应当符合客观性、全面性、深刻性、动态性和自觉性的要求，要避免和克服主观性、片面性、表面性、静态化和盲目性的毛病。只有在综合集成地应用辩证的思维方式去认识和处置科学发展观所面对的复杂的矛盾网络系统时，才能科学地认识这种复杂的矛盾网络系统即社会系统工程的情形、特点、关系、本质、规律和功能，从而才能更好地改造世界，实现科学发展观的内在要求。

（载于《马克思主义理论研究和建设工程参考资料》151期）

以科学发展观统领经济社会发展全局

《经济日报》

告别开拓前进的2004年，历史已在我们面前翻开了崭新的一页。迎新之际，回首过去的一年，在邓小平理论和“三个代表”重要思想指引下，我国社会主义物质文明、政治文明、精神文明建设相互促进，取得新的成就，国民经济保持良好发展势头，各行各业捷报频传、收获多多。而其中尤为珍贵、影响也最为深远的，是我们思想认识上的一大收获——我们党进一步树立和落实了以人为本、全面协调可持续的科学发展观，全国人民在实践中深化了对科学发展观是我国经济社会全面发展重要指导思想的认识。

坚持科学发展观的实践虽然是初步的，但从中得到的启示却是清晰的——只有以科学发展观统领经济社会发展全局，我们才能把今年的各项工作做得更好；才能全面推进中国特色社会主义现代化事业，实现党的十六大提出的全面建设小康社会的宏伟目标。

与时俱进的马克思主义发展观

科学发展观是我们党以邓小平理论和“三个代表”重要思想为指导，在全面总结和认真汲取我国社会主义现代化建设历史经验的基础上，从新世纪新阶段党和国家事业发展的全局出发，提出的重大战略思想和指导方针。

发展观是关于发展的本质、目的、内涵和要求的总体看法和基本观念。有什么样的发展观，就会有什么样的发展道路、发展模式和发展战略，就会对经济社会发展的实践产生根本性、全局性的重大影响。我们党领导人民建设新中国的历史进程，就是不断探索和完善科学发展观的理论创新过程。

走什么样的发展道路，是我们党几代中央领导集体始终高度关注的重大问题。早在新中国成立初期，党就提出了要探索社会主义建设规律的现实课题。1956年，毛泽东同志发表著名的《论十大关系》一文，着眼于调动一切积极因素，科学阐述了一系列关于社会主义建设的重要理论观点，初步探索了符合我国实际情况的社会主义发展道路。党的八大在全面分析国内外形势的基础上指出，我国社会的主要矛盾，“已经是人民对于建立先进的工业国的要求同落后的农业国的现实之间的矛盾，已经是人民对于经济文化迅速发展的需要同当前经济文化不能满足人民需要的状况之间的矛盾”，强调要集中力量发展社会生产力，实现国家工业化。这些重要的论述，代表了我国工业化初期党的正确的经济建设指导思想。但是由于种种复杂的原因，这一指导思想没有贯彻始终，我们的发展走了很大的弯路，留下深刻的教训。

党的十一届三中全会深刻总结了以往近30年的经验教训，果断地提出，把党和国家的工作重点由“以阶级斗争为纲”转移到社会主义现代化建设上来，作出了实行改革开放的重大决策。以邓小平同志为核心的党的第二代中央领导集体，领导全党和全国人民实现了工作重点的伟大战略转变，制定了党在社会主义初级阶段“一个中心、两个基本点”的基本路线，明确了“三个有利于”是衡量一切工作最根本的是非标准，指出了“发展才是硬道理”，规划了我国现代化建设“三步走”的宏伟蓝图。这是我们党对社会主义初级阶段发展规律认识的一次历史性飞跃。

以江泽民同志为核心的党的第三代中央领导集体，带领全党和全国人民致力于建立和完善社会主义市场经济体制，强调发展是我们党执政兴国的第一要务，作出了转变经济增长方式，实施科教兴国战略、可持续发展战略、西部大开发战略，走新型工业化道路等一系列重大决策，提出了“三个代表”重要思想，确立了全面建设小康社会的奋斗目标，从而开创了中国特色社会主义事业的新局面。

进入新世纪，以胡锦涛同志为总书记的新一届党中央，在邓小平理论和“三个代表”重要思想指导下，根据新的形势和任务，高瞻远瞩地号召全党坚持科学发展观。从党的十六大到十六届四中全会，党对于新的历史条件下选择什么样的发展道路、发展模式、发展战略的重大课题，思路越来越清晰，理论越来越完善，措施越来越具体。这标志着我们党对社会主义现代化建设的规律有了更加深刻的认识和更为全面的把握。

党的十六大在全面分析国际国内形势的基础上，制定了我国新世纪实施社会主义现代化建设第三步战略部署，特别是头 20 年全面建设小康社会的目标和任务。为完成党在新世纪、新阶段的奋斗目标，进而提出了“发展要有新思路，改革要有新突破，开放要有新局面，各项工作要有新举措”的要求。

党的十六届三中全会进一步强调，要“坚持以人为本，树立全面、协调、可持续的发展观，促进经济社会和人的全面发展”；要“按照统筹城乡发展、统筹区域发展、统筹经济社会发展、统筹人与自然和谐发展、统筹国内发展和对外开放的要求”推进改革与发展。

党的十六届四中全会更要求全党“坚持把发展作为党执政兴国的第一要务，不断提高驾驭社会主义市场经济的能力”，指出“提高党的执政能力，首先要提高党领导发展的能力”，必须“坚持以人为本、全面协调可持续的科学发展观，更好地推动经济社会发展”。

经过过去一年富有成果的实践，人们更加深切地感受到，科学发展观符合我国基本国情和经济发展状况，是指导我们抓住机遇、加快发展的世界观和方法论，是我们应对更加复杂的国际国内环境和各种新挑战的强大思想武器。进一步牢固树立和全面落实科学发展观，对于全面建设小康社会进而实现现代化的宏伟目标，具有重大而深远的意义。

科学发展观是与时俱进的马克思主义发展观。科学发展观不是无源之水、无本之木，它既在理论上同毛泽东、邓小平和江泽民同志关于发展的重要思想一脉相承，又在实践上与新世纪改革和发展的现实进程紧密结合。实践是认识的基础，认识来源于实践又指导实践，同时接受实践的检验。

我国社会主义现代化建设的伟大实践，为马克思主义关于发展的理论在认识论上的不断深化提供了新鲜经验。科学发展观是对我国半个多世纪社会主义现代化建设经验的深刻总结，也是改革开放以来我们在经济社会发展实践中得到的重要启迪。科学发展观的确立，充分体现了新一届中央领导集体实事求是的开拓精神和与时俱进的创新勇气，充分体现了党对社会主义现代化建设规律认识的进一步深化，是我们党执政理念的一个新飞跃。

树立和落实科学发展观是贯彻落实“三个代表”重要思想的具体体现。按照“三个代表”重要思想的要求，发展先进生产力，发展先进文化，就是要抓好发展这个党执政兴国的第一要务，促进社会主义物质文明、政治文明、精神文明协调发展。发展的最终目的是为了实现最广大人民的根本利益。科学发展观强调以人为本，强调实现经济社会全面、协调、可持续发展，既反映了“三个代表”重要思想关于发展的要求，也揭示出我们党立党为公、执政为民的本质。我们树立和落实科学发展观，就是要把“三个代表”重要思想贯彻到社会主义现代化建设的各个领域和各项工作中去。

树立和落实科学发展观，是全面建设小康社会的基本要求。全面建设惠及十几亿人口的更高水平的小康社会，是一个经济、政治、文化、社会、生态和人的全面发展的综合目标体系，体现了科学发展观的丰富内涵。改革开放以来，我国经济社会发展取得了历史性的伟大成就，胜利实现了现代化建设“三步走”战略的第一步和第二步目标，人民生活总体上已达到小康水平。但要看到，我们现在达到的小康还是低水平的、不全面的、发展很不平衡的小康。只有牢固树立和认真落实科学发展观，坚持按照科学发展观的要求想问题、办事情、作决策，才能实现十六大提出的建设全面小康社会的目标，使经济更加发展、民主更加健全、科教更加进步、文化更加繁荣、社会更加和谐、人民生活更加殷实。

树立和落实科学发展观是抓住机遇应对挑战的必然选择。我国的人均国内生产总值现已突破1000美元，到2020年可望达到3000美元。这是整个现代化进程中的一个关键阶段，也是经济社会结构将发生深刻变化的一个重要阶段。许多国家的发展进程表明，这一阶段有可能出现两种发展结果：一是搞得很好，经济发展，社会稳定，顺利实现工业化、现代化；另一种是搞得不好，往往出现贫富悬殊、失业人口增多、城乡和地区差距拉大、社会矛盾加剧、生态环境恶化等严重问题，导致经济社会发展长期徘徊不前，甚至出现社会动荡和倒退。正反两个方面的经验教训告诉我们，在这个重要阶段，一定要处理好经济发展与社会发展的关系，处理好城乡发展、地区发展的关系，处理好不同利益群体的关系，处理好经济增长同资源、环境的关系，处理好改革发展稳定的关系。科学发展观为我们解决前进道路上面临的矛盾和问题，顺利推进全面建设小康社会和现代化事业，提供了正确的指导思想。

树立和落实科学发展观是提高党的执政能力和执政水平的迫切需要。推动经济社会的持续快速发展，需要解决好科学发展问题；解决好科学发展的问题，需要按照客观规律科学地领导中国特色社会主义的各项事业。把树立和落实科学发展观同加强党的执政能力建设紧密结合起来，把提高领导发展的能力作为提高党执政能力的一个重要方面，这样，我们党就能更好地解决提高党的领导水平和执政水平，提高拒腐防变和抵御风险的能力这两大历史性课题。

总之，牢固树立和全面落实科学发展观，关系党和国家的工作大局，关系中国特色社会主义事业的长远发展，对于我们身体力行“三个代表”重要思想，深入贯彻党的十六大和十六届三中全会、四中全会精神，起着十分重要的作用。我们一定要把思想真正统一到科学发展观上来，统一到中央的重大决策和要求上来，以科学发展观统领经济社会发展全局，指导各项任务的圆满完成，推进各项事业的健康发展。

深刻认识和切实把握
科学发展观的精神实质

以科学发展观统领经济社会发展全局，要求我们更加深刻地认识科学发展观的科学内涵，更为切实地把握科学发展观的精神实质。

——科学发展观的本质要求是实现经济社会更快更好的发展。

发展观的首要定义是发展。离开发展，便无所谓发展观。科学发展观的本质要求是实现经济社会更快更好的发展。坚持科学发展观，就是要通过正确的发展思路和增长方式来实现这种更快更好的发展。发展是硬道理，发展是党执政兴国的第一要务，这是我们必须始终坚持的重要战略思想。中国解决一切问题的关键在于发展。坚持以经济建设为中心，用发展的办法解决前进中的矛盾和问题，是我们党领导人民建设中国特色社会主义的一条基本经验。改革开放25年来，我们党的路线方针政策之所以得到广大人民群众的衷心拥护，我们之所以经得起国际国内各种风浪的严峻考验，我国的国际地位和影响力之所以不断提高，归根到底是由于我国经济实现了持续、平稳、较快的发展，各项事业取得了长足的进步，综合国力获得了显著的增强。今后，我们要不断提高广大人民群众的生活水平，解决经济和社会生活中的各种矛盾，维护社会稳定，实现全面建设小康社会和现代化建设第三步战略目标，得靠发展；我们要增强国防实力，维护国家安全，得靠发展；我们要履行维护世界和平与促进共同发展的责任，在风云变幻的国际局势中立于不败之地，也得靠发展。当今世界，各个国家和地区都在千方百计地致力于建设与发展，形势逼人，如果我们不加快发展步伐，势必落于人后，甚至会处于被动挨打的位置。因此，我们必须始终聚精会神搞建设，一心一意谋发展。本世纪头20年，对我国来说，是一个必须紧紧抓住并且可以大有作为的重要战略机遇期。从国际情况来看，和平与发展仍然是时代的主题，争取较长时期的和平国际环境和良好周边环境是可以实现的；世界科技进步日新月异，经济全球化势头不减，国际间生产要素重组和产业转移加快，我们可以充分利用有利时机加快自身发展。从国内情况来看，实现加快发展的有利条件也很多，需要十分珍惜。要抓住这一重要战略机遇期，关键在于更好地把握和运用现代化建设规律。只有以科学发展观为指导，辩证地认识和处理与发展相联系的各个方面的重大关系，发展才能有新思路，改革才能有新突破，开放才能有新局面，我们也才能在这个重要战略机遇期顺利实现既定的发展目标。

——科学发展观的根本原则是统筹兼顾，全面、协调、可持续。

坚持全面发展，就是要以经济建设为中心，全面推进社会主义物质文明、政治文明和精神文明建设，实现经济持续健康发展和社会全面进步。坚持协调发展，就是要统筹城乡发展、统筹区域发展、统筹经济社会发展、统筹人与自然和谐发展、统筹国内发展和对外开放，实现城乡之间、区域之间、经济与社会之间的协调发展，促进生产力和生产关系、经济基础和上层建筑相互适应。坚持可持续发展，就是要实现经济发展和人口、资源、环境相协调，走生产发展、生活富裕、生态良好的文明发展道路，保障一代接一代的永续发展。

总结多年改革开放和现代化建设的经验教训，针对当前存在的突出矛盾和问题，树立和落实科学发展观要特别注重“统筹”二字，尽快形成“五个统筹”的有效体制和机制。随着改革开放的深入和现代化建设的推进，我们面对的社会利益主体更多，领域更广，利益关系也更复杂。目前，经济社会发展还不够全面，城乡二元经济结构局面亟待改变，地区发展很不平衡，经济的快速增长对资源、环境的压力日益加大。这些情况，都要求我们的发展须更加注重统筹兼顾，从基本国情出发，充分调动一切积极因素，妥善处理各种利益关系，注重实现良性互动，加强和改善经济社会发展中的薄弱环节。“五个统筹”既是发展观，也是改革观，对改革和发展的全局有着重要的指导意义，是落实科学发展观的重要切入点和着力点。切实做到“五个统筹”，实现经济社会全面、协调、可持续发展就有了可靠的保障和坚实的基础。

——科学发展观的核心理念是坚持以人为本。

社会是人的社会，社会的发展就是人的发展。马克思主义认为，人民群众是历史的创造者，是社会物质财富和精神财富的创造者，是社会变革和发展的决定力量。人民，只有人民，才是创造世界历史的动力。科学发展观坚持以人为本，强调为最广大人民的利益谋发展、依靠最广大人民的力量谋发展，完全符合和准确诠释了这一历史唯物主义的基本原理。马克思曾经设想，未来的新社会是“以每个人的全面而自由的发展为基本原则的社会形式”。我们从事的是建设中国特色社会主义的伟大事业，理所当然必须坚持以人为本，一切为了人民，一切依靠人民。坚持以人为本的科学发展观，既体现了党全心全意为人民服务的根本宗旨和最高目标，又强调了党在现阶段的工作中心和主要任务；既显示着对社会发展客观规律的充分尊重，又突出了人民群众创造历史的主体作用。这是贯彻“三个代表”重要思想，坚持立党为公、执政为民的本质要求，也是我们进一步发扬党的优良传统和作风的具体行动。

以人为本，就是以实现人的全面发展为目标，从最广大人民群众的根本利益出发谋发展、促发展，不断满足人民群众日益增长的物质文化需要，切实保障人民群众经济的、政治的和文化的权益，让发展的成果惠及全体人民。这里的“人”，是人民群众；这里的“本”，是人民群众的根本利益。以人为本是发展的目的，以经济建设为中心是达到这个目的的手段。坚持以人为本，就要在促进经济发展的基础上，不断提高人民群众物质文化水平和健康水平；就要尊重和保障人民的政治、经济、文化权利，不断提高人们的思想道德素质、科学文化素质和健康素质；就要努力创造人们平等发展、充分发挥聪明才智的社会环境，妥善处理人民群众根本利益和具体利益、长远利益和眼前利益的关系，使广大工人、农民、知识分子和其他群众越来越充分地享受到经济和社会发展的成果。

坚持以人为本，既是当前检验我们各项工作的重要标准，也是经济社会发展的长远指导方针。我国还处于社会主义初级阶段，无论生产力发展和物质财富的增长，还是生产关系和上层建筑的完善，都不可能一蹴而就。从全国范围看，满足人们的多方面需求和实现人的全面发展，无不需要具备相应的物质基础和社会条件，这是一个不断积累的过程，只能循序渐进，不应操之过急。在现阶段，必须妥善处理好人民群众根本利益和具体利益、长远利益和眼前利益的关系。同时也要看到，以人为本是我们党的执政理念和工作要求，应当从眼前的一件件具体事情做起，将之贯彻到经济社会发展的各个方面，贯穿于每一项工作的全过程中。

科学发展观的内涵是十分丰富的，涉及经济、政治、文化、社会发展各个领域，既有生产力和经济基础问题，又有生产关系和上层建筑问题；既管当前，又管长远；既是重大的理论问题，又是重大的实践问题。因此，必须全面理解和正确把握科学发展观的主要内涵和基本要求，认真加以贯彻落实。对科学发展观的精神实质认识得越深刻，把握得越准确，贯彻落实科学发展观的行动才能更加自觉、更加坚定。

用科学发展观统一我们的思想和行动

理论是行动的先导。生机勃勃的社会主义现代化建设实践，不断地丰富着我们对社会主义经济建设规律的认识，由此产生的新的理论成果，又指导我们在改革开放和现代化建设的实践中不断创造新的业绩。

党的十六届四中全会作出了《中共中央关于加强党的执政能力建设的决定》，提高党的执政能力，首先要提高党领导发展的能力。在过去的一年中，以胡锦涛同志为总书记的党中央总揽全局、审时度势、果断决策，采取了进一步加强和改善宏观调控的政策措施，保持了国民经济平稳较快发展，又为我们党提高驾驭社会主义市场经济的能力、提高领导经济工作的水平，积累了新鲜经验。而其中最为重要的一条，就是牢固树立和认真落实科学发展观。

我国经济社会发展进程中出现的种种矛盾和问题，反映出经济工作有不少方面尚不符合科学发展观的要求。无论是消除当前经济运行中的一些不健康、不稳定因素，还是破解经济社会发展中的深层次矛盾，都要求我们全面准确地把握科学发展观的深刻内涵，并切实加以贯彻落实。实践已反复证明，科学发展观符合我国实际，是全面建设小康社会和推进现代化建设始终要坚持的重要指导思想。在深化改革、促进发展和保持稳定的各项工作中，凡是符合科学发展观的事情我们就应该全力以赴地去做，凡是不符合的就应当毫不迟疑地去改。只有自觉坚持以科学发展观为指导，用以统一各方面的思想和行动，才能全面推进经济建设各项事业的发展。

2004年改革与发展的巨大成就，不但使我们深化了对科学发展观的认识，而且为今年经济社会的进一步发展打下了良好的基础。但是，我们也必须清醒地看到，当前加强和改善宏观调控取得的成效还是阶段性的，经济运行中的一些矛盾和问题仍然比较复杂，与此同时，我国正处于经济发展的关键阶段，不少长期积累、制约全局的深层次矛盾还没有从根本上解决。转变经济增长方式尚待破题，粗放式经济增长带来了十分尖锐的资源环境矛盾，并且这种矛盾随着经济规模的扩大还会进一步显现，如果经济增长方式不尽快转变，工业化、现代化的目标将难以如期实现；经济结构调整任重道远，我国农业基础脆弱、产业技术水平不高、服务业发展相对滞后，投资与消费比例失衡，这些结构性的矛盾制约着经济发展进入良性循环轨道的步伐，国民经济的整体素质和竞争力也因而难以明显提高；推进协调发展面临的相关矛盾同样比较突出，城乡差距、地区差距扩大，经济社会发展不协调，已成为当前制约经济发展和社会和谐的主要因素，如不妥善处理和逐步解决，势必影响改革发展稳定的大局；加快完善体制机制的任务相当艰巨，体制机制不完善、改革不到位是经济社会发展中诸多矛盾和问题产生的重要根源，如不加快体制改革和制度创新，国民经济持续快速协调健康发展将缺乏坚实的体制基础和制度保障。所以这些矛盾和问题，都是落实科学发展观、实现经济社会全面协调可持续发展的障碍，破解难题的工作已经刻不容缓，我们切不可等闲视之。2005年是我们贯彻落实科学发展观、巩固宏观调控成果、保持经济社会良好发展态势的关键一年，也是全面实现“十五”计划目标、衔接“十一五”发展前景的重要一年。不久前召开的中央经济工作会议，从当前经济社会发展的实际和全面建设小康社会的要求出发，明确了今年经济工作的总体要求，这就是：以邓小平理论和“三个代表”重要思想为指导，认真贯彻党的十六大和十六届三中全会四中全会精神，全面落实科学发展观，坚持发展这个党执政兴国的第一要务，进一步提高驾驭社会主义市场经济的能力，加强和改善宏观调控，着力推进改革开放，抓住提高自主创新能力这个中心环节加快调整经济结构，努力促进经济增长方式的根本性转变，更好地利用重要战略机遇期，实现经济社会全面协调可持续发展。

贯彻落实今年经济工作的总体要求，全面实现经济社会发展预期目标，最重要的就是牢固树立和认真落实科学发展观，以科学发展观统领经济社会发展全局，并切实贯穿于经济社会发展的各个方面。经济发展要坚持以提高质量效益为中心，继续加强和改善宏观调控，进一步消除经济运行中的不稳定不健康因素，加快推进经济结构调整和增长方式转变，继续防止经济出现大的波动，防止物价过快上涨；要把经济工作的重点转到提高经济增长的质量和效益上来，坚决克服片面追求数量和速度的倾向，保护好、引导好、发挥好各方面的积极性，实现又快又好的发展；要按照“五个统筹”的要求，切实加强薄弱环节，更加注重“三农”问题、社会事业和生态环境建设，支持欠发达地区加快发展，促进经济社会全面协调可持续发展；要加快建设节约型社会，努力缓解资源约束矛盾，既要加强资源开发，更要大力节约资源，发展循环经济，坚持走新兴工业化道路；要抓住有利时机，充分利用当前经济发展的良好态势着力推进改革，坚持以改革为动力推动各项经济工作，把深化改革同贯彻科学发展观、加强和改善宏观调控紧密结合起来，注重用改革的办法解决阻碍经济社会发展的体制性机制性问题，针对经济生活中的突出矛盾和问题加大改革力度，力争在一些重点领域和关键环节实现新的突破；要坚持以人为本，认真解决影响社会稳定、损害群众利益的突出问题，始终把维护好、实现好、发展好人民群众的根本利益作为经济工作的出发点和落脚点；要坚持正确处理改革发展稳定的关系，把改革的力度、发展的速度和社会可承受的程度统一起来，在保持社会稳定中推进改革发展，通过改革发展促进社会稳定；要立足当前、着眼长远，既着力解决当前经济运行中的问题，保持今年经济平稳较快发展，又着眼于全面建设小康社会，为今后长期发展打好基础、创造条件、营造良好环境。

进一步提高认识，统一思想，增强全党贯彻落实科学发展观的自觉性和坚定性，是做好今年经济工作的思想基础和重要保证。各级领导干部要带头树立全局观念和大局意识，立足于紧紧抓住和切实用好重要战略机遇期、实现又快又好的发展，把全面贯彻落实科学发展观作为重要的政治任务抓紧抓好；要组织和引导广大党员干部深入学习、深刻理解、切实把握科学发展观的基本内涵和精神实质，充分认识树立和落实科学发展观的重大意义，并结合本地区本部门的发展实际，按照全面协调可持续发展的要求，认真查找差距，总结经验教训，转变发展观念，调整发展思路，真正把思想和行动统一到科学发展观的要求上来，体现到各项具体工作中去；在做规划、定政策、上项目时，一定要认真考虑是否符合加强和改善宏观调控的要求，是否符合优化结构和转变增长方式的要求，是否符合维护和实现广大人民群众根本利益的要求；要大力宣传贯彻落实科学发展观的好经验、好典型，使科学发展观更加深入人心，成为广大干部群众的自觉行动。

科学发展观是与正确的政绩观相联系的。增强领导干部落实科学发展观的自觉性和坚定性，必须大力弘扬求真务实的精神，倡导和坚持正确的政绩观。求真务实，是中国共产党一贯倡导的马克思主义的科学精神和优良传统，是我们各项事业蓬勃发展的关键所在，也是落实科学发展观的基本要求。大力弘扬求真务实精神，就要努力掌握科学发展观所体现和倡导的关于发展的世界观和方法论，切实转变工作作风，想群众之所想，急群众之所急，谋群众之所求。领导干部应当自觉践行“三个代表”重要思想，把实现广大人民群众的根本利益作为追求政绩的根本目的，把促进经济社会全面协调可持续发展作为创造政绩的基本内容，把重实干、求实效作为实现政绩的根本途径，真正从思想上解决什么是政绩，为什么要创造政绩和怎样创造政绩的问题。树立科学发展观和正确的政绩观，需要相应的制度保障，一要加快建立新型国民经济统计核算体系，综合反映经济社会发展、资源、环境和人文社会指标；二要建立和完善科学的干部政绩考核评价体系，政绩考核中应当注重落实科学发展观的实际成效，把是否造福于人民、服务于人民，是否对子孙后代负责、对长远发展负责，作为考核评价干部的根本尺度；三要建立和完善相关的奖惩制度，形成正确的用人导向，使勤政为民、求真务实的干部得到褒奖，使弄虚作假、好大喜功的干部受到惩戒，激励和督促广大干部按照科学发展观的要求，为人民群众的幸福生活和美好未来创造扎扎实实的政绩。

科学发展观的确立，是我们党解放思想、实事求是，与时俱进、理论创新的重大成果。牢固树立和认真落实科学发展观，必将把中国特色社会主义伟大事业更加卓有成效地推向前进。我们一定要更加紧密地团结在以胡锦涛同志为总书记的党中央周围，高举邓小平理论和“三个代表”重要思想的伟大旗帜，锐意进取，开拓创新，扎实工作，把思想真正统一到科学发展观上来，统一到党的十六大和十六届三中全会、四中全会提出的各项任务上来，统一到中央的重大决策和要求上来，以科学发展观统领经济社会发展全局，在科学发展观的指导下，不断推进各项事业的健康发展，不断开创改革开放和社会主义现代化建设的新局面。

（载于《马克思主义理论研究和建设工程参考资料》120期）

科学发展观的政治意义

冷 溶

发展观是指导发展的科学理论。它明确回答了怎样发展，发展的内涵、要求等问题；特别是明确回答了为什么发展，发展的方向、目的等更为根本的问题，实际上是我们党的执政理念在发展问题上的体现。因此，我们首先应该从政治的高度来认识它的意义，这样才能真正把握这一理论的本质，并正确地贯彻落实。

一、科学发展观体现了我们党执政的政治理念

科学发展观的本质和核心是"以人为本"，体现了我们党的性质、宗旨。以人为本，就是以人民群众的需要为本，它的着眼点和最终目的，不仅是物，更是人。这一要求贯穿于科学发展观的各个方面，是我们党领导发展的根本政治理念。以人为本的要义有两个方面：一是"以人的全面发展为目标"。人的全面发展，是未来共产主义社会的一个本质特征，我们现在处于社会主义初级阶段，距离那样的理想境界还很遥远。党中央从这样的高度上来提出问题，不但表明我们党坚定的政治信念和对远大目标的执着追求；而且表明，从现在起，我们就要朝着这样的方向努力，做到符合现阶段发展水平的那种全面性的要求，实现人与人、人与自然的和谐发展。二是"让发展的成果惠及全体人民"。这句话说明，我们党主张的发展不是为了少数人的利益，而是为了全体人民的利益。坚持公平正义，坚

持效率和公平的统一，是我们党鲜明的政治态度。科学发展观开宗明义提出“坚持以人为本”，揭示了这一发展观的全部出发点和落脚点，充分体现了中国共产党人的价值观和立党为公、执政为民的政治本色。

科学发展观的第一位要求是坚持以经济建设为中心、推进经济社会全面进步，体现了我们党一心一意搞建设的政治路线。社会主义的根本任务是发展生产力，同时，社会主义社会又是全面发展全面进步的社会。要正确认识和处理二者的关系，首先是坚持以经济建设为中心，这一点，任何时候都不能动摇。现在，尽管我们在发展中出现了一些不全面不协调的问题，但是，正如胡锦涛同志所指出的：“只有坚持以经济建设为中心，不断增强综合国力，才能为抓好发展这个党执政兴国的第一要务、为全面协调发展打下坚实的物质基础；只有坚持以经济建设为中心，不断增强综合国力，才能更好地解决前进道路上的矛盾和问题，胜利实现全面建设小康社会和社会主义现代化的宏伟目标。”他还指出：“科学发展观，是用来指导发展的，不能离开发展这个主题，离开了发展这个主题就没有意义了。发展首先要抓好经济发展。”如果在提出科学发展观以后，我们反而模糊了这个认识，偏离了这个方向，那就恰恰违背了科学发展观的第一位要求，也从根本上违背了我们党的政治路线。

科学发展观的根本要求是统筹兼顾，体现了我们党辩证唯物主义的思想方法。落实科学发展观，解决发展中出现的不平衡的问题，关键要做到统筹全局、兼顾各方，正确处理各种复杂的矛盾。这就需要掌握辩证唯物主义的思想方法。科学发展观充分体现了这一思想方法，这是它的突出特点。所谓科学发展观，就是唯物辩证的发展观。它是一种全面地看问题的方法，主张发展的全面性，强调要以经济建设为中心，全面推进经济、政治、文化、社会建设，实现经济发展和社会全面进步。它是一种辩证地看问题的方法，主张发展的协调性，强调要统筹城乡、区域、经济社会、人与自然和谐发展，以及国内发展和对外开放，协调处理好各种矛盾。它是一种历史地看问题的方法，把人类社会的发展看作是一个前后相关的过程，主张发展的可持续性，强调要实现经济发展和人口、资源、环境相协调，保证一代接一代地永续发展。它是全面性和重点性的统一，目标和手段的统一，现实性和长远性的统一，科学性和价值性的统一。科学发展观最根本的，是坚持了实事求是的思想路线。它是马克思主义立场观点方法在发展问题上的运用和反映。学习科学发展观，最重要的是掌握它所体现出来的这种科学的世界观和方法论。

二、科学发展观显示了中国特色社会主义的政治优势

科学发展观是我们党在探索中国特色社会主义道路上取得的最新理论成果，它所蕴含的新思想，更加显示了这条发展道路的特点和优势。在拉美国家出现危机之后，那种认为只有发达资本主义国家发展模式才是最完美的、是发展中国家必须效仿的唯一模式的观点，受到质疑。国际上越来越多的人开始对中国的发展道路给予了更多的关注和肯定。

国外一些研究者认为，中国正在开辟出一条通往发展的新道路，这条道路是建立在创新、积聚非对抗性力量、实现以人为本的发展和注重个人权利和责任平衡基础之上的。它是由取得平等、和平、持续的高质量增长的愿望推动的。它的一些核心概念的基础，是从创新和公正中得到极具影响力的实力。一些外国学者还指出，尽管中国发展道路的成功和优势是有目共睹的，其具体做法和特征也逐渐为人们所了解，越来越多的发展中国家想学习中国的经验，但是后来他们发现，做到这一点是不容易的。

外国学者描述了中国发展模式的一些特征，但是他们并不理解其中的真正意义，也不了解中国能够做到而其他发展中国家不能做到的真正原因。这就是中国社会主义的政治制度，就是在中国共产党领导下，经过改革开放确立起来的中国特色的社会主义。这是中国不同于绝大多数发展中国家的根本所在，也是中国发展道路成功的真正秘诀。

同很多发展中国家一样，中国也是实行市场经济的国家，在发展过程中也遇到了相似的问题。所不同的是，中国的市场经济是社会主义制度保证下的市场经济，它把社会主义制度的优越性与市场经济能够有效配置资源的特点结合了起来。从中国发展的实际效果看，这样的发展道路具有很大的优势。邓小平同志晚年说过一句很深刻、很有分量的话："社会主义市场经济的优越性在哪里？就在四个坚持"。他这里所说的，就是这种中

国特有的政治优势。

从科学发展观的内涵中，我们可以清晰地看到这一优势。

科学发展观是一种重视效率的发展观，而社会主义制度的一个优越性就是效率高，能够做到全国一盘棋，集中力量办大事。现在，中央提出东部发达地区支援西部欠发达地区、振兴东北地区等老工业基地、工业反哺农业等重大举措，一旦决定，就能够马上实行。相比之下，许多发展中国家却很难做到这一点。外国学者对此做了比较，指出："中国的政治制度给了政府足够的控制力，而在巴西，中央政府可能没有这么大的权力来这样做。""在所有对中国模式感兴趣的国家中，只有印度的规模可以与之竞争。但是像巴西一样，政府要想在几十年中坚持一项固定的经济计划，可能很难。"

科学发展观强调公平正义，要求把发展的成果惠及全体人民。做到这一点的关键，是因为作为执政党的中国共产党没有自己的私利，也不允许形成大的利益集团而为其所左右。社会主义的经济制度保证了这·点的实现。外国学者看到，中国强调发展的人民性而不是特权的阶层性，"华盛顿共识"的目的是帮助银行家、金融家，而"北京共识"的目标是帮助普通人们，强调以人为本。

科学发展观致力于建立一种充满活力的、稳定和谐的社会。社会主义民主政治制度，是实现这一目标的保证。它维护了国家的主权安全和国内的稳定，确保了人民当家作主的主人翁地位，充分调动了人民参与发展的积极性。这一切，对中国的发展至关重要。比如，一些外国学者看到，中国能够把丰富的人力资源转化为现实生产力，而在许多拥有同样条件的发展中国家，却做不到这一点。因为只有中国保持了长期的稳定。

科学发展观要求统筹国内发展和对外开放。中国走的是与经济全球化相联系而又独立自主的发展道路，主要依靠国内需求的持久开发，也需要不断开拓国际市场，对外依存度将越来越大。但是，中国始终坚定不移地走和平发展的道路，而决不会走资本主义国家对外侵略扩张的道路。这主要是中国社会主义的国家性质和全面建设小康社会的根本任务所决定的。正像国外一些学者分析的那样，中国成功的一个重要原因，就在于很好地处理了与周边国家和地区、与大国之间的关系。它没有卷入到与其邻国和其他国家的任何特别激烈的冲突中。

科学发展观提出以后，很快在全党和全国人民中达成共识，并在各个系统、各级政府中得到贯彻落实。能够做到这一点的主要原因，是中国有统一的思想基础和共同的价值观。这就是当代中国的马克思主义——邓小平理论和“三个代表”重要思想。科学发展观就是在其指导下提出的。这样的事情，在其他发展中国家是很难办到的。

总之，中国的成功，归根到底是社会主义的成功；科学发展观，归根到底是社会主义性质的发展观。这一发展观的提出和逐步落实，更加显示了中国特色社会主义发展道路的政治优势，必将给中国的发展带来更大的成功。

三、两　点　启　示

第一，要充分认识科学发展观提出的政治意义。通过上面的分析，我们可以看到，在科学发展观的内涵中，蕴含着党中央许多政治考虑。提出科学发展观，不仅仅是为了解决发展中出现的某些突出问题，党中央考虑得更加深远。改革开放以来，全党对发展是硬道理的思想已经牢固树立了起来，但是一些同志对发展的片面性理解也已经形成，出现了一种相当普遍的错误的政绩观。一些人甚至完全忘记了我们党领导发展的根本目的。发展中出现一些矛盾和问题，并不奇怪，甚至是难以完全避免的。但是，如果让这样的错误认识发展下去，将会造成真正严重的后果，会从根本上违背我们党领导发展的目的。这不仅是一个涉及我们的发展还能不能继续下去的问题，更是一个涉及在新世纪里我们党究竟要领导建设一个什么样的中国的问题。因此，必须在全党确立一种符合我们党执政理念的正确的发展观，科学发展观是社会主义现代化建设指导思想的新发展，处于统领经济社会发展全局的地位，我们只有这样去认识它，才能真正理解党中央提出科学发展观的深远考虑和重大战略意义。

第二，落实科学发展观，最根本的是发挥我们的政治优势。落实科学发展观是一项系统工程，需要有一整套的办法，但最根本的是要发挥社会主义制度的优越性。中国发展的成功经验已经充分证明了这一点。现在，我们在发展中出现了一些问题，有些还比较严重。但这恰恰是因为没有把我们的政治优势充分发挥出来。要相信我们的制度是能够解决发展中的问题的，包括能够解决腐败和分配不公等人民群众普遍关注的问题。我们要从各个方面认真研究，如何在落实科学发展观中充分发挥社会主义制度的优越性。同时，还要认真研究如何进一步保持、完善和发展我们的政治优势。这里，关键的是要做到两条：一是要通过加强党的执政能力建设和先进性建设，确保党的性质和宗旨不改变，始终做到立党为公、执政为民，代表中国最广大人民群众的根本利益。二是要通过改革，坚持和完善社会主义制度。特别是要坚持以公有制为主体，多种所有制经济共同发展的基本经济制度，巩固和壮大国有经济。还要加强社会主义民主政治建设，充分调动广大人民群众的积极性。只有这样，才能为贯彻落实科学发展观，提供可靠的政治保证。

中国正在走的发展道路，是中国特色社会主义道路，也就是科学发展观指引的道路。当年邓小平同志曾经说过：中国要在发达资本主义国家垄断的世界上杀出一条血路，将给第三世界发展中国家发展自己，提供可以借鉴的有益经验，也证明社会主义的成功。我们现在所做的，就是这样的一件事情。这也正是科学发展观提出的政治意义。

（载于《马克思主义理论研究和建设工程参考资料》217 期）

科学发展观的人文意蕴

河北省邓小平理论和
“三个代表”重要思想研究中心

以胡锦涛同志为总书记的党中央提出的科学发展观，不仅创造性地回答了什么是发展、怎样才能平稳快速发展的问题，而且进一步回答了发展为了什么、我们究竟需要什么样的发展问题，把发展的合规律性要求与合目的性要求融为一体。科学发展观表征了中国共产党人对人类社会发展规律、社会主义建设规律认识的新升华，蕴涵着崇高的人文精神和深切的人文关怀。认真研究科学发展观的人文意蕴，对于深化对科学发展观的认识，自觉坚持用科学发展观统领经济社会发展全局，具有十分重要的意义。

着眼于人民的美好生活

科学发展观强调发展要以人为本，其第一要义就是把发展的目的归结到人的生活本身，从人们的“美好生活”的高度来审视发展；确认发展从属于、服务于人们的美好生活；确认人是发展的最高目的，发展是为了“创造我们的幸福生活和美好未来”。胡锦涛总书记在阐述科学发展观时，特别强调发展的为民性质。他指出，“坚持以人为本的发展，就是要以实现人的全面发展为目标，从人民群众的根本利益出发谋发展、促发展，不断满足人民群众日益增长的物质文化需要，切实保障人民群众的经济、文化权益，让发展的成果惠及全体人民”。在科学发展观看来，尽管发展要体现为科技进步、经济增长、制度变革等具体目标、具体目的，但所有这些，归根到底是为了让全体人民幸福地生活，实现人的全面发展。

与发展目的紧密相联，科学发展观高度重视个人能力、发展机会和社会条件对实现个人幸福的巨大意义。强调实现以人为本的发展和人们过上幸福生活的关键在于提升人们追求幸福生活的能力，增加人们的发展机会，创造相应的社会条件。温家宝总理在《提高认识，统一思想，牢固树立和认真落实科学发展观》的讲话中深刻地指出，要实现以人为本的发展，“就要尊重和保障人权，包括公民的政治、经济、文化权利”；就要“不断提高人们的思想道德素质、科学文化素质和健康素质”及各方面的能力；就要“创造人们平等发展、充分发挥聪明才智的社会环境”。

从发展是为了人们的美好生活的认识出发，科学发展观还凸显了评价发展的人的尺度。它认为，人类社会发展既是客观历史演进的过程，又是人的价值实现的过程。因此，考察社会发展既要用生产力发展的水平，物质财富的丰裕程度去衡量，也要以人民群众的生活状况、人的价值的实现程度去评价，要把衡量发展的尺度由单纯的物的尺度转向人的尺度。我们党在提出科学发展观的同时，就强调要树立正确的政绩观。而正确政绩观的要旨在于不仅要看“增长”看“项目”，更要看“增长”和“项目”给人民群众带来的实际效果，要把人民群众的需要、利益、幸福和人的全面发展即人的价值实现程度，作为评价、衡量发展和政绩的最高尺度。

以实现人的全面发展为目标

在科学发展观看来，发展并不是一个单纯的经济概念，而是集科技、经济、社会、政治和文化，亦即集社会生活一切层面的要素于一体的完整的社会现象。发展作为客观的历史进程，表现为社会各个方面的全面进步；发展作为一种价值活动，发展的价值体系应该是全面的、综合的。科学发展观扬弃和超越了那种把发展等同于经济发展，又把经济发展等同于经济增长的片面发展观，追求作为全面价值的发展。胡锦涛总书记特别强调发展价值的全面性要求，指出树立和落实科学发展观，“不仅要重视经济增长指标，而且要重视人文指标、资源指标、环境指标和社会发展指标，坚持把经济增长指标同人文、资源、环境和社会发展指标有机地结合起来”。

但需要指出的是，科学发展观在全面性的价值追求中，仍然高度重视物质资料的生产和再生产在社会主义事业发展中的基础意义，高度重视经济增长、经济发展的价值，始终认为经济增长、经济发展既是扩大和满足全国人民各方面需求的物质基础，又是促进社会发展水平不断提高的前提，还是解决各种社会问题、社会矛盾的基本条件；特别是我国社会正处于并将长期处于社会主义初级阶段，经济的发展始终是关乎社会主义命运和前途的至关重要的问题。唯其如此，党中央在阐述科学发展观时反复强调发展首先是经济发展，要始终坚持以经济建设为中心不动摇。

追求作为全面价值的发展，有其深厚的人文根据，即根源于人的需要的多样性、历史性和人们美好生活要素构成的完整性。科学发展观正是对这种根据的自觉的理论表达。首先，它适合于人民群众需要的特点。人有人的需要，马克思讲，“人以其需要的无限性和广泛性区别于其他一切动物”。人作为自然的存在物，有其多种形式的物质需要；人作为社会的存在物，有其多种形式的社会交往的需要或秩序需要；人作为精神的存在物，有其多种形式的精神需要或意义需要；而且随着社会的发展，人的上述需要的具体内容和实现方式也在不断扩展。其次，它适合于人民群众对幸福生活的追求。幸福生活的含义、标准可以有多种多样的解释，但自由自主的生活，富裕而又健康的物质生活，丰富多彩的精神生活，和谐安详的社会生活，在良好的生态环境中生活，及富有创造性的生活，则是其不可或缺的构成要素。人们需要的满足和幸福生活固然包括收入和财富的增长，但还包括其他许多珍贵的东西。科学发展观追求作为全面价值的发展，原本就是依据人类追求美好生活的本质而提出的。

让发展成果惠及全体人民

科学发展观的人文蕴涵还体现在对效率与公平、有效创造价值与公平分享价值相互关系的理解和处理中。效率与公平是人类社会生活不可或缺的两大价值。效率与公平的关系是一种内部结构性矛盾关系，它们总是处于相互拉拽的张力结构之中。效率与公平的关系结构具有明显的社会历史性。不同的关系结构对社会发展的影响是不同的。如何使效率与公平的关系结构成为更能促进社会稳定和发展的优化结构，始终是中国特色社会主义事业发展中需要不断解决的重大课题。科学发展观从今日中国的具体实际出发，在毫不放松效率价值追求的同时，更加关注公平问题，更加强调效率与公平具体的历史的统一，强调使效率与公平的关系结构更加有利于人民群众发展的需要，注重实现既能有效创造价值又能公平分享价值的发展，让发展的成果惠及全体人民。

其一，在具体的社会历史条件下寻求效率与公平的动态平衡，把使贫困地区、贫困人口尽快富裕起来、发展起来的问题突出出来加以解决。科学发展观提出要统筹城乡发展，要求把解决“三农”问题作为“全部工作的重中之重”，要求采取更直接、更有力的政策措施，加强、支持、保护农业发展，努力增加农民收入。科学发展观提出要统筹区域发展，要求大力支持中西部地区加快发展，努力形成东中西互动、优势互补、相互促进、共同发展的新格局。科学发展观还提出统筹经济社会发展，要求在大力推进经济发展的同时，更加注重加快社会发展。社会发展包括科技、教育、文化、卫生、体育等社会事业的发展，也包括社会就业、社会保障、社会秩序、社会管理、社会和谐方面的发展，还包括社会结构、社会领域体制和机制的完善等。社会事业的发展是最宏大的公共事业的发展，必将福泽全国人民特别是占人口最大多数的百姓。

其二，更加着力于强化共同发展、共同分享、共同富裕的实现机制。科学发展观不仅彰显了共同发展、共同分享、共同富裕的基本原则，而且着力强化这一基本原则的实现机制。就其大要而言，一是实施积极的就业政策，千方百计扩大就业。“就业是民生之本，必须把改善创业环境和增加就业岗位放到更加突出的位置，用更大的精力做好就业和再就业工作”。二是加大对教育事业的投入，提高教育资源分配的公平性。教育既是提高一个国家经济、社会效率的有效手段，也是改善和减少经济、社会不平等的有效手段。为此，必须用更大的精力、更多的财力加快教育事业发展。三是调整分配政策。要以共同富裕为目标，扩大中等收入者比重，提高低收入者收入水平，调节过高收入，取缔非法收入。四是加快建设与经济发展水平相适应的社会保障体系。五是切实转变政府职能。各级政府在继续履行好经济调节、市场监管职能的同时，要更加注重履行社会管理和公共服务职能，把更多的力量放在发展社会事业和解决人民生活问题上。

其三，坚持“基本权利优先”和“基本需要优先”。人民的基本权利是指那些与人们的生存与发展需要直接相关的权利，如生命权、劳动权、受教育的权利等。对于每个公民来说，这些基本权利意味着“不管他有什么他都想要的那些东西”，因而在人的所有权利中，必须优先受到保护，优先得到实现。否则社会就没有公平、正义可言。科学发展观主张人民群众的基本权利、基本需要必须优先得到实现。胡锦涛总书记、温家宝总理特别指出，坚持科学发展观的一个重要方面，是要着力解决关系人民群众切身利益的突出问题。为此，要下更大的决心，坚决纠正土地征用中侵害农民利益的问题，坚决纠正城镇拆迁中侵害居民利益的问题，坚决纠正企业重组改制和破产中侵害职工合法权益的问题，坚决纠正拖欠和克扣农民工工资的问题，坚决纠正教育乱收费和药品购销、医疗服务中的不正之风。

在人与自然的和谐发展中实现美好生活

科学发展观把坚持可持续发展作为重要内容，强调要牢固树立生态文明的观念，建立和维护人与自然相对平衡的关系，从人与自然是一个有机整体的视角理解人类生存。胡锦涛总书记深刻指出：“自然界是包括人类在内的一切生物的摇篮，是人类赖以生存和发展的基本条件。”保护自然就是保护人类，建设自然就是造福人类。要倍加爱护和保护自然，尊重自然规律。对自然界不能只讲索取不讲投入，只讲利用不讲建设，要“建立和维护人与自然相对平衡的关系”。胡锦涛同志的精辟论述，深刻阐释了保护自然与保护人类、建设自然与造福人类的一致性，强调了人与自然关系上的双向价值关照，集中表达了科学发展观的生存智慧和伦理意蕴：人类对自然界既要索取、利用，又要补偿、建设，人类只有在对自然的索取、利用和补偿、建设的双重过程中，只有在建立和维护人与自然相对平衡关系的条件下，才能获得自身比较满意的存在和持续发展。

科学发展观进一步指出，建立和维护人与自然相对平衡的关系，推动生态文明发展，关键在于不断完善协调人与自然关系的社会机制，特别是要有科学合理的制度安排。它认为，生态问题在表层上是人与自然的关系问题，但在人与自然的关系中却深藏着人与人的关系，特别是涉及多种利益关系。因此，正确处理人与人的关系，是合理地调节人与自然关系的根本前提。为此，党中央高度重视用科学的制度安排来推进生态文明建设，保障在人与自然的和谐发展中实现美好生活。指出：在人口工作中，要建立有利于计划生育的奖励扶助制度和农村社会保障体系；在资源工作中，要落实最严格的耕地保护制度，要在资源开采、加工、运输、消费等环节建立全过程和全面节约的管理制度；在环境工作中，要建立生态补偿制度，加大对重要的生态功能区、自然保护区的保护力度，着力于通过科学合理的制度安排和经济政策推进生态建设，把责、权、利作为对人们的制约和引导机制，这样就能使生态文明建设获得更加坚实的基础。

科学发展观还把在生产方式上走新型工业化道路、在消费方式上实施绿色消费，视为实现在人与自然的和谐发展中获取美好生活的基本方式。走新型工业化道路，可以从根本上消解传统工业化的那种经济增长是以自然资源的高消耗和生态环境的严重恶化为代价的弊端，既可扬我人口资源丰富的国情之长，又可避我人均自然资源短缺、生态问题严重、就业压力大的国情之短。绿色消费是一种全新的消费理念和消费模式。它要求人们以与自然协调的方式，追求健康文明、富有真实成果的生活，改变对过度的物质消费的盲从；绿色消费所蕴涵的适度、节约、公平、全面等原则有助于消解发展实践中出现的生产与消费、需要与供给、物质与精神、利己与利他的紧张关系，也有助于提高人的品位。

科学发展观的上述人文意蕴，集中体现了它作为一种全新的发展理论的思想特质，从而也是扬弃和超越以往发展观的重要标志。它既适应了全面建设小康社会伟大实践的客观需要，又反映了、代表了广大人民群众的愿望、利益和要求，必将以其巨大的感召力、凝聚力鼓舞和推动中国人民更加有效、更加同心协力地去创造自己的幸福生活和美好未来。

（载于《马克思主义理论研究和建设工程参考资料》133期）

科学与价值:科学发展观的双重维度

田启波

党的十六届三中全会提出了当代中国的科学发展观，进一步深化了我们党对社会主义现代化建设规律的认识，体现了科学维度与价值维度的内在统一。

一

科学发展观的提出绝不是偶然的，它体现了对社会历史发展规律、对社会主义现代化建设规律的深刻揭示，鲜明地展现出科学的维度。

马克思对人类社会发展本质及其规律的科学揭示是建立在对实践及其基本矛盾的正确分析基础之上的。人类的实践活动包括三种基本形式，即物质生产实践、创立和改造社会关系的实践和创造精神生活的实践。这三种基本的实践活动推动着人类社会从低级向高级发展。到了近代，由于科学技术的突飞猛进，社会生产力大幅度提高，人类在运用强大的技术力量不断地向大自然索取财富的同时，却破坏了自然界的生态平衡，使自身的发展陷入困境。人类生存与发展的需要，促使实践的第四个基本形式——生态生产实践即保护和支持生态环境的实践形式应运而生。这四种实践产生了社会的基本领域，即生态系统、经济系统、政治系统和文化系统。人类社会发展乃是社会有机体各要素交互作用的矛盾运动过程与结果。在社会大系统中，诸要素均具有特定的职能作用，并遵循一定的秩序和规则，其中，生态系统是前提，经济系统是基础，政治系统是保障，文化系统是主导。各要素之间的内在的本质的联系，便构成了当代人类社会发展的客观规律，即：摒弃社会的片面发展，坚持社会的全面发展；摒弃社会的失调发展，坚持社会的协调发展；摒弃社会的非持续性发展，坚持社会的可持续发展。科学发展观认为，置身于当代社会，遵循和坚持社会的全面发展规律、协调发展规律和可持续发展规律，是中国社会主义现代化建设的必然选择。

坚持社会的全面发展，就是着眼于经济、政治、文化、生态等各个方面的发展，实现生态文明、物质文明、政治文明和精神文明的有机统一。社会主义社会作为人类历史上崭新的社会形态，是以经济建设为中心的全面发展、全面进步的社会。认识和遵循当代社会的全面发展规律，是中国社会主义现代化建设题中应有之义。这就要求我们必须走出追求单一经济增长的认识误区，注重人与人、人与社会、人与环境的多重关系，确立经济增长、政治民主、社会平等、文化繁荣、生态平衡等多元的、综合的指标系统，确保社会的全面发展。

坚持社会的协调发展，就是要统筹城乡发展、统筹区域发展、统筹经济社会发展、统筹人与自然和谐发展、统筹国内发展和对外开放，推进生产力和生产关系、经济基础和上层建筑相协调，特别要通过统筹、协调，解决地域、城乡、不同社会阶层和社会群体等差距较大的问题，使发展的各个环节、各个方面相互衔接，相互促进，良性互动。在社会系统中，只有其各子系统之间有序联系、协调一致，才能使社会系统在运动中不断保持良性循环的活动和生机。传统发展观片面地追求经济增长，使得人类社会诸构成要素之间、各子系统之间不相适应的情况经常发生，有时甚至会出现严重的失调现象，如贫富两极分化、价值观紊乱、环境恶化等。中国社会主义现代化建设，不仅要坚持社会的全面发展，而且要坚持社会的协调发展。

坚持可持续发展，就是要促进人与自然的和谐，实现经济发展和人口、资源、环境相协调，走生产发展、生活富裕、生态良好的文明发展道路，确保不以牺牲后代人的利益为代价来满足当代人的需要。我国是一个人口大国，又是一个资源小国，人均重要资源占有量大大低于世界平均水平。尤其是20多年来高消耗、高污染、低效益的粗放扩张型经济增长方式，导致部分地区的生态遭到破坏。生态环境的恶化加剧了各种自然灾害的发生，造成巨大的经济损失，严重制约一些地区经济和社会的可持续发展。要彻底改变这种状况，必须走可持续发展道路，坚持经济社会发展与环境保护、生态建设相统一、当代人发展与后代人发展相统一、局部利益与全局利益相统一、近期利益与长远利益相统一，这是基于对可持续发展规律的科学认识而做出的战略选择。

二

科学发展观提出：要“坚持以人为本”，“要把人民的利益作为一切工作的出发点和落脚点，不断满足人们的多方面需求和促进人的全面发展。”这一论断深刻地表明了科学发展观对马克思主义重视价值关怀这一传统的继承和弘扬。

在马克思恩格斯的视域中，“社会”或“历史”就是人的价值选择过程及其结果，“人是全部人类活动和全部人类关系的本质、基础”。所谓社会发展规律，不是什么外在于人的活动的规律，它就是“人们自己的社会行动的规律”。对当代社会的全面发展规律、协调发展规律和可持续发展规律而言，也不能离开人们对公正、平等社会，对美好、幸福生活的价值追求，以及为此所进行的价值选择活动。具体而言，科学发展观从以下方面全面论述了中国社会主义现代化建设的价值内涵。

第一，科学发展观视以人为本为其本质与核心，将以人为本渗透于社会全面、协调、可持续发展之中。一切为了人民、一切依靠人民，成为贯穿中国社会主义现代化建设的主线。以人为本是对传统发展观的“以物为本”的批判与超越。传统发展观的本质与核心是以物为本，将财富视为发展的基本尺度。它意识不到发展的前景和过程与发展主体的价值选择密切相关，意识不到发展的真正的价值基础。这就把人变成了实现经济增长的工具和手段，从而造成了马克思曾经指出过的人的劳动及人自身的异化现象，造成人的畸形的片面的发展。社会主义现代化建设，以为人民谋利益为旨归，必然把以人为本作为社会全面、协调、可持续发展的本质，不断满足人民群众日益增长的物质文化需要，切实保障人民群众的经济、政治和文化权益，让发展的成果惠及全体人民。

第二，系统地界定了发展主体。在科学发展观看来，发展主体是多层次的，包括个体主体、群体主体和社会主体。三者相互依存、互为条件。其中，社会主体的价值选择具有最重要的作用。社会主体的发展、完善，不是损害各个群体主体和个体主体的发展，而是为各个群体和个体主体的自由发展创造条件，是各个群体主体和个体主体发展、完善的根本利益所在；各个群体主体和个体主体的自由发展又是社会主体发展完善的基础。因而，从根本上讲，社会的发展是最广大人民群众的价值追求、价值创造、价值选择过程。只有满足广大人民群众需要与利益的选择才能真正调动人民群众的积极性，推动社会发展；反之，只能挫伤人民群众的积极性，阻碍社会的发展。

第三，明晰当代中国社会发展的价值目标。科学发展观在继承前人思想的基础上提出，要以满足人的全面需求、促进人的全面发展，作为发展的根本目的。人的发展不仅仅指满足人们的物质生活要求，还包括政治、文化和生态环境等方面的需要，让人的才能，人的积极性、创造性得到充分的发挥，使人的体力和智力上的各种潜能得到充分的展现。科学发展观认为，人的全面发展既是一种理想境界，又是一种发展现实，前者就贯穿于后者之中，并通过后者来实现。社会生产力和经济文化的发展水平是逐步提高、永无止境的历史过程，人的全面发展程度也是逐步提高、永无止境的历史过程。历史上每一重大发展、进步，对人来说都具有某种发展、解放的意义，是人走向全面发展和彻底解放的必要的阶梯。

第四，厘清评价社会发展的价值标准。邓小平曾指出，我们要以人民拥护不拥护、赞成不赞成，高兴不高兴、答应不答应作为衡量我们各方面工作的实际成效，制定各项方针政策的根本依据。在继承邓小平社会发展评价标准的基础上，科学发展观提出，最广大人民的根本利益是衡量和评价中国社会发展的最高和最终标准。在社会发展中，评价的标准是多层次多角度的，但归根结底，主体的根本需要和根本利益是评价的最高和最终标准。人民群众既是先进生产力和先进文化的创造者，又是其成果的享有者。发展先进生产力和先进文化是实现最广大人民根本利益的基础和前提，实现最广大人民根本利益则是发展先进生产力和先进文化的目的和归宿。

三

在科学发展观的视域中，科学维度与价值维度，并不是像科学主义和人文主义所主张的彼此孤立、相互割裂，而是有机统一的关系。

第一，科学与价值统一于中国社会主义现代化进程。

科学与价值之所以能够有机统一，根源于实践的内在矛盾运动。唯物史观认为，实践作为主体与客体之间的双向对象化过程，内含着不可分割的两个方面：一是人类按照世界的本来面目去认识和改造世界（包括人自身）的过程，即追求真理的过程。二是人类按照自己的利益、需要、目的去认识和改造世界的过程，即实现价值的过程。以实践活动为基础，社会发展包含两方面的内容：一方面，人不能随心所欲地创造历史，人类社会发展是社会主体认识和遵循客观规律的进程，即合规律的过程；另一方面，社会的发展又是社会主体满足自身的需要、利益，实现其价值选择的过程，即合乎社会主体目的的进程。这两方面即合规律性与合目的性的有机统一，构成社会的发展。

中国社会主义现代化建设要取得长足发展，就必须以科学发展观为指导，将科学与价值统一于一体，成为合规律性与合目的性内在统一的进程。一方面，我们要深刻把握和遵循社会发展的全面、协调和可持续发展规律，按客观规律办事，坚持实事求是的科学精神；另一方面，社会的全面、协调和可持续发展，归根到底是为了人的全面发展。要坚持以人为本，不断提高人民群众物质文化生活水平和健康水平，尊重和保障人权，包括公民的政治、经济、文化权利，不断提高人们的思想道德素质、科学文化素质和健康素质，创造人们平等发展、充分发挥聪明才智的社会环境。相反，割裂科学与价值二者的辩证关系，则陷入认识与实践的误区。片面强调前者而否定后者，就会导致机械决定论和宿命论，使社会主义现代化成为无主体的自组织过程；片面强调后者而否定前者，则导致唯意志论，只能使社会主义现代化变成空想，成为乌托邦。

第二，科学与价值统一于新的发展模式。

正如诺贝尔经济学奖获得者阿马蒂亚·森提出的，发展最终是使人们享受“有理由珍视的那种生活的可行能力”，增进全体人民的福利。新的发展模式，以科学发展观为指针，扬弃追求“增长优先”的传统模式，旨在通过全面、协调、可持续发展，实现最广大人民群众的共同富裕、共同发展。具体表现为：首先，由过去的倾斜式发展模式转变为统筹协调发展。统筹协调发展确立共同发展、平等发展的原则，而不是区别发展、歧视发展的原则。发达地区的发展不能以牺牲欠发达地区的发展为代价，而应当促进和带动欠发达地区共同发展。其次，由注重经济增长转变为经济、社会和人的全面发展。经济增长本身并不是发展的目的，而是发展的手段，增长的目的是提高以人的生活质量为核心的人类发展水平；增长为人服务，而不是人为增长服务。最后，由高投入、高消耗、高污染的粗放型经济发展转变为低能耗、低污染、高效益的集约型经济发展。集约型经济发展依靠科技进步和提高劳动者素质，走科技含量高、经济效益好、资源消耗低、环境污染少、人力资源优势得到充分发挥的新型工业化道路，从而提高经济增长的质量和效益。

第三，科学与价值统一于立党为公、执政为民的实践之中。

立党为公、执政为民是“三个代表”重要思想的本质所在，也是实践科学发展观的必由之路。如何才能做到立党为公、执政为民？将科学与价值统一于党的执政实践是关键因素。一是深入认识和科学地运用党的执政规律。坚持党的先进性和时代性的统一、党的阶级性和群众性的统一、改造客观世界与改造主观世界的统一、党的最低纲领与最高纲领的统一，不断深化对党的执政规律的认识，不断提升党的执政能力和执政水平。二是深刻洞察、正确把握党执政的根本目的。人民群众作为社会物质财富和精神财富的创造者，是社会主义现代化建设的真正主体。中国共产党以“为人民服务”为宗旨，这明确而完整地规定了党的根本立场、导向和价值标准，即自觉地站在历史的主人——最广大人民群众的立场上，一切工作以是否符合人民的利益为最高的衡量标准，全心全意地为人民服务。立党为公、执政为民，是马克思主义政党同其他一切政党的根本区别，只有切实做到权为民所用、情为民所系、利为民所谋，树立正确的政绩观，把以人为本落实到为人民谋利益的实践中，才能实现我们党执政的价值，巩固执政党的地位。

（载于《马克思主义理论研究和建设工程参考资料》142期）

以人为本是科学发展观的核心

袁贵仁

坚持以人为本，树立全面协调可持续的发展观，是以胡锦涛同志为总书记的党中央从新世纪新阶段党和国家事业发展全局出发提出的重大战略思想，是我们党对社会主义现代化建设指导思想的新发展。深刻而全面地理解以人为本是科学发展观的核心，对于我们自觉树立和落实科学发展观、全面建设小康社会和构建社会主义和谐社会具有重要意义。

一、深刻理解以人为本的科学内涵

以人为本的科学内涵需要从两个方面来把握。首先是“人”这个概念。“人”在哲学上，常常和两个东西相对，一个是神，一个是物，人是相对于神和物而言的。因此，提出以人为本，要么是相对于以神为本，要么是相对于以物为本。大致说来，西方早期的人本思想，主要是相对于神本思想，主张用人性反对神性，用人权反对神权，强调把人的价值放到首位。中国历史上的人本思想，主要是强调人贵于物，“天地万物，唯人为贵”。《论语》记载，马棚失火，孔子问伤人了吗？不问马。说明在孔子看来，人比马重要。在现代社会，无论是西方还是中国，作为一种发展观，人本思想都主要是相对于物本思想而提出来的。

其次是“本”这个概念。“本”在哲学上可以有两种理解，一种是世界的“本原”，一种是事物的“根本”。以人为本的本，不是“本原”的本，是“根本”的本，它与“末”相对。以人为本，是哲学价值论概念，不是哲学本体论概念。提出以人为本，不是要回答什么是世界的本原，人、神、物之间，谁产生谁，谁是第一性、谁是第二性的问题，而是要回答在我们生活的这个世界上，什么最重要、什么最根本、什么最值得我们关注。以人为本，就是说，与神、与物相比，人更重要、更根本，不能本末倒置，不能舍本求末。我们大家所熟悉的“百年大计，教育为本；教育大计，教师为本”，以及“学校教育，学生为本”等，都是从“根本”这个意义上理解和使用“本”这个概念的。

以人为本思想是我们党摒弃了旧哲学人本思想中封建地主阶级、资产阶级的阶级局限和历史唯心主义的理论缺陷，借鉴国际经验教训，针对当前我国发展中存在的突出问题和实际工作中存在的一种片面的、不科学的发展观而提出来的。这种片面的、不科学的发展观认为，发展就是经济的快速运行，就是国内生产总值（GDP）的高速增长，它忽视甚至损害人民群众的需要和利益。这种发展观“见物不见人”，其实质是一种“以物为本”的思想，它和以人为本所代表的是两种不同的发展观。

改革开放以来，我们党始终强调把发展生产力作为社会主义社会的根本任务。科学发展观并不否认经济发展、GDP增长，它所强调的是，经济发展、GDP增长，归根到底都是为了满足广大人民群众的物质文化需要，保证人的全面发展。人是发展的根本目的。提出以人为本的科学发展观，目的是以人的发展统领经济、社会发展，使经济、社会发展的结果与我们党的性质和宗旨相一致，使发展的结果与发展的目标相统一。正如胡锦涛同志所说，坚持以人为本，就是要以实现人的全面发展为目标，从人民群众的根本利益出发谋发展、促发展，不断满足人民群众日益增长的物质文化需要，切实保障人民群众的经济、政治和文化权益，让发展的成果惠及全体人民。

以人为本，不仅主张人是发展的根本目的，回答了为什么发展、发展“为了谁”的问题；而且主张人是发展的根本动力，回答了怎样发展、发展“依靠谁”的问题。“为了谁”和“依靠谁”是分不开的。人是发展的根本目的，也是发展的根本动力，一切为了人，一切依靠人，二者的统一构成以人为本的完整内容。只讲根本目的，不讲根本动力，或者只讲根本动力，不讲根本目的，都不符合唯物史观。毛泽东同志指出，人民群众是历史的主人；同时指出，人民，只有人民，才是创造世界历史的动力。胡锦涛同志说，相信谁、依靠谁、为了谁，是否始终站在最广大人民的立场上，是区分唯物史观和唯心史观的分水岭，也是判断马克思主义执政党的试金石。

需要特别强调的是，胡锦涛同志所有关于以人为本的论述，都十分明确地指出，我们所讲的以人为本，是以广大的人民群众为本，这里的人，不是抽象的人，也不是某个人、某些人。一切为了人，一切依靠人，就是一切为了人民群众，一切依靠人民群众。这里讲的人和人民，是同一个意思。

在中国历史上，“人”和“民”有时通用，人本也即民本。但在当代，作为一种哲学价值观，人本和民本又是不同的。前面指出，人是相对于物和神而言的。人本是讲人与物、人与神的关系，而民本则是讲人与人的关系。民是相对于官而言的。“民为贵，社稷次之，君为轻”，就是中国儒家政治哲学的集中表述。

作为执政党，从工作层面，我们也讲民，要坚持权为民所用，情为民所系，利为民所谋，正确处理党同人民群众的关系。但它和历史上的民本思想根本不同。因为从性质上说，中国共产党作为领导我们事业的核心力量，它来自人民群众，植根于人民群众，服务于人民群众，是广大人民群众根本利益的忠实代表。党同人民群众之间领导与被领导的关系，完全不同于旧中国君同民之间统治与被统治的关系。我们讲民，是要求我们的领导干部，自觉地做人民的公仆，坚决克服旧社会遗留下来的“官本位”思想，反对工作中的官僚主义、形式主义、命令主义。对于我们党来说，坚持以人为本，就是坚持立党为公、执政为民，就是坚持全心全意为人民服务，就是坚持在任何时候任何情况下，都要相信人民群众、依靠人民群众、为了人民群众，始终保持党同人民群众的血肉联系。

二、全面把握科学发展观与以人为本的关系

科学发展观作为我们党关于发展的总体看法和根本观点，是一个整

体，主要强调以人为本，强调全面、协调、可持续发展。只有把二者有机统一起来，并把以人为本作为核心，才能全面把握科学发展观。

科学发展观的基本前提是发展。发展是硬道理，是我们党执政兴国的第一要务。离开发展，就无所谓发展观，更谈不上科学发展观。树立和落实科学发展观，其根本着眼点是要用新的发展理念、思路实现更快、更好的发展。科学发展观的基本内容是发展什么、怎样发展、为什么发展。科学发展观和非科学发展观的根本不同，就在于在发展什么、怎样发展和为什么发展中是否坚持以人为本，是否用以人为本的思想来认识发展问题和推动发展工作。

科学发展观认为，发展除了经济发展、社会发展外，还包括人的发展。所谓全面、协调、可持续发展，一个重要的方面，就是强调经济、社会、人的全面发展，以及三者之间的协调和可持续发展。发展观从传统到科学的转变，经历了经济发展观、经济社会发展观，再到以人为中心的发展观这样一个过程，确切地说，就是再到经济、社会和人的全面、协调、可持续发展的过程。经济发展是社会发展的基础；社会发展既是经济发展的保障，又是人的发展的前提。事实证明，经济不发展，社会很难发展；经济、社会不发展，人很难发展。事实也证明，经济发展并不等同于社会发展，经济、社会发展并不等同于人的发展。人的发展，是发展的核心内容。离开人的发展的发展观，仍然属于传统发展观的范畴，而不是我们所要树立和落实的科学发展观。

发展观不仅回答发展的内容、发展什么，而且要回答发展的目的，为什么发展。传统发展观之所以不科学，也在于它片面地把追求经济社会发展乃至把单纯地追求经济增长当作目的，看不到发展不仅包括人的发展，而且是为了人的发展。离开人的全面发展，经济社会发展就失去了方向，也失去了意义。

发展是为了人，发展也依靠人。传统发展观和科学发展观的区别，还表现在如何认识发展的手段及怎样发展等问题上。科学发展观重视发展的物质因素、物质条件，但与传统发展观不同，科学发展观认为决定的因素是人不是物，人力资源是第一资源，也就是邓小平同志讲的“关键在人”。人是发展的根本目的，也是发展的根本手段，是实现人的自身利益的根本力量。人作为发展的主体，是发展目的与发展手段的统一。提高人的素质，促进人的全面发展，是经济社会发展的根本目的，也是推进经济社会全面协调可持续发展的根本途径和手段。

三、自觉地在贯彻科学发展观的实践中坚持以人为本

以人为本，体现了马克思主义的基本观点，是我们党必须长期坚持的指导思想，是我们必须在实际工作中一以贯之的指导方针和重要原则。

要把以人为本作为我们党新时期的执政理念和要求。胡锦涛同志指出，全面建设小康社会、构建社会主义和谐社会，就是要形成一个“全体人民各尽其能、各得其所而又和谐相处的局面”。各尽其能、各得其所，是以人为本思想的具体体现和内在要求。“各尽其能”讲的是发展的动力问题，“各得其所”讲的是发展的目的问题，其主体都是“全体人民”。我们要努力从理论和实践的结合上，紧紧围绕如何使全体人民各尽其能、如何使全体人民各得其所这样两个既相互区别又互为前提和基础的方面，研究新问题、开拓新思路、提出新办法，使我们的思想观念、政策措施、工作部署、工作方式更好地体现以人为本的要求，把科学发展观落到实处。

要始终着力于促进人的全面发展。马克思主义历来把每个人自由而全面的发展当作自己的理想目标。贯彻落实科学发展观，坚持以人为本，就要在经济发展的基础上不断满足人们的多方面需求，提高人的素质，促进人的全面发展，逐步实现全体社会成员的共同富裕，为人的全面发展创造坚实的物质基础。同时，还要加快政治建设，提高人们的思想政治素质，为人的全面发展提供可靠的政治保证；加快文化建设，为人的全面发展提供丰富、有益的精神食粮，使人的精神世界更加充实、文化生活更加丰富多彩；加快社会建设，促进人和人、人和社会、人和自然的协调与和谐，为人的全面发展创造良好的生态生活环境。

要切实维护广大人民群众的各种权益。在想问题、订计划、作决策以及推进各项工作中，要始终坚持把最广大人民的根本利益作为出发点和落脚点，以是否符合最广大人民的根本利益为衡量我们工作成败得失的最高

标准。要抓紧解决人民群众生产生活中的突出问题和困难，多做得人心、暖人心、稳人心的好事实事，想群众之所想，急群众之所急，满腔热情地为群众服务，在生产发展的基础上，不断提高人民群众的生活水平和生活质量。要形成统筹兼顾的利益协调机制，正确反映和处理好城乡之间、不同区域不同阶层不同行业之间群众的利益关系，以及局部利益和整体利益、当前利益和长远利益的关系，保证人民群众共享改革发展的成果，使全体人民朝着共同富裕的方向稳步前进。

要努力提高广大人民群众的积极性创造性。始终坚持尊重人、理解人、关心人，充分尊重群众的主体地位和主动精神。尊重差异、包容多样，平等对话、民主协商，引导群众自我教育、自我提高。通过深化改革、创新体制，大力营造尊重劳动、尊重知识、尊重人才、尊重创造的社会氛围，最广泛、最充分地调动一切积极因素，激发全社会的创造活力。

总之，最大多数人的利益和全社会全民族的积极性创造性，对党和国家事业的发展始终是最具决定性的因素。我们只有在工作实践中切实体现以人为本，把最广大人民群众的切身利益实现好、维护好、发展好，把最广大人民群众的积极性引导好、保护好、发挥好，才能真正贯彻落实科学发展观，全面建设小康社会，构建社会主义和谐社会，开创中国特色社会主义事业的新局面。

（载于《马克思主义理论研究和建设工程参考资料》218 期）

“‘以人为本’与科学发展观”学术研讨会综述

韩冬梅　杨　倩

2004年11月19日，中国历史唯物主义学会、中国人学学会、中国马哲史学会、马克思恩格斯研究会和中国人民大学马克思主义学院联合主办，在中国人民大学召开了“‘以人为本’与科学发展观”学术研讨会。与会学者围绕“以人为本”的科学内涵、“以人为本”在科学发展观中的地位等问题进行了热烈而富有成果的讨论，一致认为党中央提出“以人为本，全面、协调、可持续的发展观”具有很强的理论和现实意义。

北京大学教授黄楠森认为，“以人为本”在一定程度上是对人本主义或人道主义合理因素的肯定，但不能将人本主义视为社会主义。他认为，20世纪80年代初关于人道主义讨论的理论成果之一就是对19世纪的人道主义的内涵作了区分，认为作为历史观它是唯心主义的，是与唯物史观对立的；而作为处理人际关系的伦理原则，则有合理因素，可以改造成为社会主义人道主义。近来有些论者把人本主义伦理原则称为人本主义价值观，黄楠森认为把“伦理原则”改称“价值观”更恰当，更规范，更能体现人本主义的本质。黄楠森认为，历史观比价值观更为根本。一是历史观包含价值观，历史观比价值观的范围大，层次高，历史观对价值观有指导作用。因为历史观是关于人类社会及其历史的一般规律的观点，而价值观是关于人的评价活动的一般观点，其中包括评价标准。两者之间并非简单并列的关系，而是前者包含后者。二是以唯物史观为指导的人本主义价值观同一般人本主义价值观有本质的区别，一般人本主义只讲抽象的人，只讲人的普遍性；马克思主义人本主义肯定人的普遍性，但首先强调人民、社会的利益，把每一个人的发展和全人类的解放作为长远目标来追求。三是从中国共产党的理论和纲领中也可以看出历史观比价值观更为根本的观点。党在每一个时期的纲领、路线都是以唯物史观为理论指导制定的，而不是以人本主义为指导，但其中恰恰包含了对人民群众根本利益特别是经济利益的深切关怀。

中国人学学会会长、北京大学教授陈志尚认为，我们应根据历史唯物主义的基本原理和党中央提出的“以人为本”的精神实质，结合我国革命和建设的实践经验，参照中外思想史的有关资料，准确把握“以人为本”的科学内涵。首先，“以人为本”中的“人”，在社会历史领域，是指现实的人，即在社会中生活和活动着的人。包括两层含义：一是指社会全体成员。二是指人民。人民是一个历史的概念，它通常是指在社会发展的各个阶段上，以占人口大多数的劳动者为主体的、根本利益一致的最大的人群共同体。在当代中国，人民是指所有社会主义劳动者、社会主义建设者、拥护社会主义的爱国者以及维护祖国统一的爱国者所组成的共同体。其次，在社会历史领域，“本”是指社会历史活动的主体、主宰，对社会发展起主导的决定作用的力量，由此可以确立人们思想和行动的根据，即以什么作为出发点、目的和价值尺度。因此，“以人为本”中的“本”在广泛意义上说，是指必须考虑到所有社会成员的需要和利益，必须维护人民在社会生活中当家作主的主人翁地位，必须把占人口绝大多数的人民的需要和利益作为党的思想和行动的主要根据。在人和物的关系上，正确的态度是“既见物又见人”。“见物不见人”、“见人不见物”都是片面的。在思想史上，无论是西方的人本主义还是中国的民本主义，提出“人本”、“民本”当时都是直接针对“神本”、“君本”或“官本”，而不是“物本”。马克思主义对旧哲学的革命变革并不是否定唯物主义的“物”，而是批判机械唯物主义“见物不见人”，忽视了人的主体能动性特别是人的实践对改变世界的伟大作用，不能把唯物主义和辩证法结合起来，并把它贯彻到社会历史领域。现在一些文章脱离现实的人和客观物质世界抽象地谈论“实践”，不作具体的历史的分析，把实践的作用片面夸大到极端，并用它来排斥、否定唯物主义“物质”概念，进而否定辩证唯物主义和历史唯物主义，这是不对的。辩证唯物主义物质观是马克思主义世界观的基石，也可以说是坚持以物为本，即主张世界是永恒运动着的物质，世界的统一性在于物质性，物质是意识的本源，实践是人这个特殊物质形态的特殊属性。如果我们否定了这个“物”，那就把马克思主义世界观的基石挖掉了。根据马克思主义的基本观点，“以物为本”和“以人为本”并不矛盾而是一致的。正确处理物和人的关系应该是：物是基础，人是主导，一切工作都必须做到“既见物又见人”。我们党正是遵循世界观、社会历史观和价值观统一的原则，一方面根据“以物为本”，始终坚持把从客观存在的实际情况出发，从中国国情出发，作为党的思想路线和工作方法的一条基本原则，另一方面根据“以人为本”，始终坚持全心全意为人民服务的宗旨，主张立党为公、执政为民，把巩固和发展人民当家作主的地位，实现和保障广大人民群众的根本利益，作为自己全部工作的出发点和落脚点。“以人为本”和“以人民为本”在本质上是一致的，把“以人为本”同“以人民为本”对立起来也是错误的。

中共中央党校教务部教授贾高建提出，必须将“以人为本”的人文关怀与科学精神结合起来。“以人为本”的原则确认了人在社会发展中的根本地位，将人的发展确定为社会发展的最高目标，体现了一种根本性的人文关怀。但如果因此而贬低社会发展的科学规律，“以人为本”只能是流于华丽空谈。我们今天讲“以人为本”，就是要坚持马克思主义的科学精神，着眼于人的现实存在，遵循社会历史领域的客观规律，探索和解决现阶段各种现实的社会问题，推进整个社会结构体系的发展和进步来促进人自身的发展。目前应注意防止两种倾向：一种是怀疑和反对“以人为本”的原则，否定和贬低人的发展对社会发展的目的意义，把科学社会主义与根本性的人文关怀对立起来；另一种则是离开社会发展的现实进程而抽象地谈论人的发展，将社会发展中的人文关怀与科学精神割裂开来，厚此薄彼，甚至重新退回到旧的人本主义的立场上去。

中国人民大学教授陈先达认为，不能脱离具体的历史环境抽象地谈“以人为本”。目前“以人为本”的概念是针对当代生态环境恶化等一系列实际问题提出来的，指出了为什么要发展和发展的目标，1983年关于人本主义或人道主义的讨论是针对“文革”提出的，一些人用“异化”理论去总结实践中的失误。现在提出“以人为本”是针对单纯的经济发展观，是从现实角度、在特定含义下提出来的，与中国古代的“民本主义”和西方的“人本主义”都不同。“以人为本”反映了事实与价值之间存在的矛盾，人类社会从来也没有一个“以人为本”的社会，“以人为本”不是社会发展的普遍原则，而是发展观的指导原则。从价值观来看，又存在着历史观和价值观的矛盾问题。民本主义提倡“仁爱”，目的在于用它来限制绝对的君权，但它不能以正确的历史观来驾驭“价值观”。辩证唯物主义的历史观和价值观是统一的，不是从人的“本性”出发，而是从人民群众的利益出发。

中国历史唯物主义学会副会长、国防大学研究员林建公提出，应从党的执政治国理念上理解“以人为本”与科学发展观的关系。科学发展观的提出是新的战略抉择，是贯彻“三个代表”重要思想，坚持立党为公、执政为民的必然要求。一是解放和发展生产力，全面建设小康社会的历史需要，客观上要求以人为本。二是加强国家职能，提高执政能力，应民所呼，解民所难，为民服务，离不开以人为本。三是正确评估经济社会发展成果，见物又见人，使人民群众不断得到实惠，必须实行以人为本。四是提升人的主体地位，重视人的全面发展，营造尊重人、理解人、关心人和尊重劳动、尊重知识、尊重人才、尊重创造的社会氛围，需要倡导以人为本。我们党倡导的“以人为本”，从唯物史观出发，强调人民群众是社会的主人和历史的创造者，它以立党为公、代表人民的根本利益为前提；“以人为本”把人民的健康和生命放在第一位，从关注人民群众的现实生活境遇出发，强调促进经济、社会和人的全面发展，防止只顾“政绩”不顾人、只顾 GDP 不顾环境代价的偏颇。

防化指挥工程学院副教授张维祥以不同时期的历史任务决定着不同的指导方针和政策为定位，认为不能提出建设“以人为本的社会主义”的口号。改革开放之初最急迫的任务是解决人民群众的温饱问题，必须以经济建设为中心，大力发展生产力。虽然生产力的发展最终还是为人服务的，但在政策取向上必须强调“以物为本”，即强调“以生产力为本”。可是积累了一定的物质基础之后，我们就应该探讨如何实现共同富裕和均衡发展的问题了。更广义地说，还涉及了“生产发展与环境保护”的关系问题。

"以人为本"的科学发展观就是在这样的背景下提出的。它不是对"经济建设为中心"的修正和补充，而是根据社会发展的不同情况，把其中本来就蕴涵着的不同层次和方面的思想进一步发挥出来，因为经济建设从根本上说还是为人的生存和发展服务的。从社会历史观的高度看，"以人为本"思想也是历史唯物主义的，而不是抽象的人道主义口号。要真正实现"以人为本"的价值目标，不在于人道主义的大声疾呼，而在于具体地落实"全面、均衡、协调、可持续"的科学发展观。科学发展观则正是运用唯物史观的基本观点和方法分析当代中国现状和人民群众具体状况的典范，是"以人为本"的价值目标得以实现的科学基础。

中国人民大学哲学系教授郝立新认为，在科学发展观的框架里，"以人为本"既是价值判断也是科学判断。首先，应从三个维度或视角来理解"以人为本"。一是从价值哲学的理念层面看，以人为本具有与"神为本"、"物为本"相对立的价值取向。二是从一般发展观的角度看，它强调以人的发展为中心而非单纯以经济增长为中心的发展观。现代西方社会发展观已经提出了以人为中心的综合发展观（经济、自然、社会、人四者统一的发展观）。三是从指导中国特色社会主义现代化进程或中国模式的发展过程的思想看，"以人为本"具有特定的时代内涵和社会内涵。其次，"以人为本"的特定内涵有三个层面：一是强调正确处理人与社会和自然的关系，处理人与经济、政治的关系，以人的需要与发展为最高价值目标。二是以人的全面发展为中心或根本。三是以人民群众的根本利益为社会发展的出发点和归宿点。不能离开我们所处的时代和面临的问题来抽象地谈论"以人为本"。最后，应该关注两个重要问题：一是如何做到"以人为本"？二是如何理解"人本大于民本"？回答前者关键是要把"以人为本"的科学尺度和价值尺度统一起来。后者是伴随"后改革时代"浮现出来的社会公正、协调发展等问题产生的疑虑。在新的发展时期，效率与公平的关系和矛盾仍是我们必须认真对待的问题，但是人们的视角有所转移，以前倾向于以能力为评价标准，现在更多地追问合法性的问题。

北京大学邓小平理论和"三个代表"重要思想研究中心教授李士坤认为，应区分"以人为本"的层次性。第一，从生活层面去解读，这就是要不断满足并日益提高人的物质生活和文化生活的需要。因此，发展经济，始终把经济建设放在首位，就是在根本上贯彻和维护了“以人为本”。第二，从工作层面解读，我们的一切工作就是为了人。要防止两种偏颇，一是不应简单地反对或否定为个人，但也不能理解为只为个人。第三，从政治层面解读，无论是革命还是建设都是为了人民。从国家政权层面解读，一是要做到国家政权为人民服务，二是要实现人民对国家的管理。第四，从人权层面解读，就是要保护和尊重人。第五，从哲学层面解读，要以马克思主义为指导，正确理解“人”的含义。

中国人民大学马克思主义学院院长秦宣认为，应从现实的情况去理解和实践党中央提出的“以人为本”的科学发展观。首先，“以人为本”是针对只关注 GDP 增长而不关心人的全面发展和不同地区、不同阶层的人以及未来人的发展的片面发展观而提出的。其次，应将“以人为本”与建立和谐社会联系在一起，不能淡忘“全面、协调、可持续”这几个关键词。最后，我们的视角应该更多地集中到关注如何实现“以人为本”上来。

国防大学马克思主义教研部研究员昝瑞礼从若干方面阐述了“以人为本”的积极意义。他还认为，第一，“以人为本”不能等同于“以民为本”。第二，“以人为本”不应导致“以我为本”。第三，“以人为本”同人本主义有区别。第四，“以人为本”与“以经济建设为中心”是不矛盾的，是相互促进的关系。中国历史唯物主义学会会长、中国社科院马列所所长李崇富作了总结发言，充分肯定了这次研讨会对于完整准确地全面理解和贯彻十六届三中全会提出的科学发展观的意义。他认为，“以人为本”就是以人民为本，以人民的根本利益为本。

（载于《马克思主义理论研究和建设工程参考资料》131 期）

论以人为本

上海市邓小平理论和
“三个代表”重要思想研究中心

以人为本的内涵和实质

以人为本是科学发展观的价值基础。以人为本着眼于新的形势和任务，科学回答了发展的目的问题，即为了实现社会的全面进步和人的全面发展。以人为本是发展的出发点和落脚点，是我们党一切工作的着眼点和立足点。以人为本作为科学发展观的重要内容，反映了当今时代发展的客观要求，为实现社会全面进步和促进人的全面发展奠定了坚实的价值基础。

以人为本的实质是以人民群众为本。以人为本中的“人”，首先指的是广大人民群众，“本”指的是发展之本，即实现最广大人民的根本利益是一切发展之根本。我们党始终强调物质文明、政治文明、精神文明发展的历史首先是人民群众创造的历史，肯定人民群众是历史活动的主体，是历史发展的动力和源泉。我们党取得政权、巩固执政地位都是依靠广大人民群众。建设中国特色社会主义，要靠人民群众生机勃勃的创造性活动。无论发展生产力还是生产关系，无论发展政治文明还是发展精神文明，都离不开广大人民群众的实践活动，离不开实现好、维护好、发展好最广大人民的根本利益。

强调以人为本的实质是以人民群众为本，不是只重整体不重个体，也不是排斥和否定个人利益。唯物史观认为，人的本质在其现实性上是一切社会关系的总和，没有离开社会而存在的人。广大人民群众利益的实现，是每个人利益实现的前提和条件。强调以人民群众为本，目的是要实现广大人民群众的根本利益，引导人们更好地协调个人与社会的关系，促进个人利益与广大人民群众利益的共同发展。

有的人把以人为本理解为“个人利益至上”，这是不正确、不科学的。“个人利益至上”是一种以自我为中心的价值观，它把人的个人价值与社会价值对立起来，只讲人的权利，不讲人的义务；只讲享受，不讲奉献；只讲人是目的，不讲人是手段。这种价值观与我们党提出的以人为本的价值取向是格格不入的。我们党提出的以人为本，强调的是人的社会价值与个人价值的统一，人作为目的与作为手段的统一。“个人利益至上”，实质上是把自己当作目的，把他人和社会变为满足自己欲望的手段，把自我置于社会之上，置于广大人民群众之上。这种价值观违背人类社会的发展趋势。因此，坚持以人为本的价值取向，就要反对“个人利益至上”的价值观，把最广大人民的根本利益与社会成员的个人利益统一起来。只有坚持以人民群众为本，才能最充分地满足个人利益，保证个人利益，实现人的全面发展。

以人为本与西方人本主义和中国传统文化中的民本思想的本质区别

在西方近代和中国古代思想史上产生过人本主义思想和民本思想，这两种思想都对人的价值、地位等作过一定论述。但是，从实质上看，我们党提出的以人为本与人本主义和民本思想有着本质的区别。

以人为本与西方人本主义的区别。首先，二者对人的本质的认识不同。以人为本思想同马克思主义关于人的认识是一脉相承的。马克思主义经典作家批判地继承了文艺复兴以来思想家关于人的学说的积极成果，肯定了它们在摧毁封建主义统治、建立资本主义制度中起过的积极作用，尤其是批判继承了费尔巴哈的人本主义思想，扬弃了他的狭隘的人本主义原则，科学地揭示了人的本质，认为人是在一定社会关系下活动的具体的人、社会的人，而不是抽象的人。西方近代人本主义强调的是脱离具体时代和各种社会关系的抽象的人，西方当代人本主义强调的也是所谓“感性的”、“个别的”主体，虽然也提出了所谓的“主体间性”，却由于缺乏社会实践性而陷入空谈。其次，二者对人的价值实现途径的认识不同。经过20多年的改革开放，我国经济社会的发展上了一个大台阶，同时制约发展的各种矛盾也不断出现。在这种情况下，我们党提出了坚持以人为本、全面协调可持续的科学发展观。按照科学发展观的要求，人的价值的实现途径是大力发展经济、推进民主政治建设和发展先进文化，切实保障人民群众的各项基本权利，满足人民群众日益增长的物质文化需要，促进人的全面发展。人本主义则是针对神学和思辨哲学提出的，认为理性、意志和爱是人的本质，人的价值的实现途径仅仅是意识形态批判或者精神体验式的反叛；对于种种资本主义社会的“文明病”，人本主义只有所谓人道主义的同情，却无法实施对社会的有力改造。

以人为本与中国传统文化中的民本思想的区别。民本思想在历史上有一定的进步意义，对于抑制过度的剥削和压迫、保护生产力的发展起过一定的积极作用，但从本质上看，它与我们党提出的以人为本有根本区别。中国传统民本思想的核心是围绕君主与臣民这一对关系展开的，所谓的“重民”、“亲民”，实质是统治阶级的用民之道、御民之术。民本思想的一个典型特征，是君主把人民看成是国家的“私产”，而不是一个对等的政治主体。民本思想中强调的“民”，只能是臣民和子民，在实践中不可能有人民的影子。我们党所倡导的以人为本，要求党员干部自觉与封建专制主义的“官本位”意识决裂，强调立党为公、执政为民；强调始终坚持人民的利益高于一切，党除了最广大人民的利益，没有自己的特殊利益；强调始终坚持“一切为了群众，一切依靠群众，从群众中来，到群众中去”的群众路线和群众观点，维护广大人民群众的经济、政治和文化权利，始终保持同人民群众的血肉联系。人民不仅是物质和精神财富的创造者，而且是一切发展成果的享有者，人民的地位与民本思想中“民”的地位有着本质区别。

以人为本思想在构建社会主义和谐社会中具有重要地位

以人为本是在总结我国长期发展经验的基础上提出的重要思想，对建设社会主义和谐社会具有重要的指导意义。

以人为本是社会主义和谐社会基本特征的集中体现。胡锦涛同志指出，我们所要建设的社会主义和谐社会，应该是民主法治、公平正义、诚信友爱、充满活力、安定有序、人与自然和谐相处的社会。这六大特征，既涉及社会主义社会生产力的发展，也涉及社会主义社会生产关系的调整；既涉及经济基础，又涉及上层建筑，是人与自然、人与社会、人与国家关系的总概括。正如人的全面发展是一个历史过程一样，社会主义和谐社会的建设同样是一个生产力不断发展、社会不断进步、人民的物质文化生活水平不断提高、人民的各种权利不断得到实现的过程。在这一过程中，最根本的是必须始终把发展作为构建社会主义和谐社会的第一要务，通过发展为构建和谐社会创造条件。但是，这里强调的发展，是全面协调可持续的发展，是从最广大人民的根本利益出发谋发展、促发展，一切以实现人的全面发展为目标，用发展的办法来解决前进中的问题，正确处理眼前利益与长远利益、局部利益与整体利益、具体利益与根本利益的关系，让发展的成果惠及全体人民。

以人为本是对社会主义共同富裕目标的进一步完善。党的十六大以来，以胡锦涛同志为总书记的党中央审时度势，及时提出了科学发展观，强调统筹城乡发展、统筹区域发展、统筹经济社会发展、统筹人与自然和谐发展、统筹国内发展和对外开放，把解决“三农”问题放在十分重要的位置，千方百计增加农民收入；继续支持东部地区加快发展，大力实施西部大开发、振兴东北等老工业基地战略，推进中部地区崛起，促进区域协调发展。所有这些举措，都着眼于以人为本，实现先富带后富，最终达到共同富裕，逐步实现人的全面发展。因此，我们党提出以人为本，既是对现阶段我国国情的深刻把握，也是对社会主义共同富裕目标的进一步完善。

以人为本是构建社会主义和谐社会的重要原则。构建社会主义和谐社会离不开两种力量，一是“活力”，二是“合力”。要使社会充满活力，就必须进一步深化市场取向的改革，通过体制机制创新，制定适合先进生产力、先进文化发展要求的方针政策，让创造社会财富的源泉充分涌流。而要使社会有“合力”，就必须协调不同利益群体之间的矛盾。在社会主义市场经济条件下，我国社会的利益关系出现了多样化的局面。随着改革的不断深入，经济社会发展中一些深层次的矛盾也逐步显现，影响了“合力”的发挥。实践证明，形成“活力”要靠改革，促成“合力”也离不开改革。在过去20多年的改革发展中，我们始终坚持“三个有利于”标准，取得了巨大成就。在构建社会主义和谐社会的历史进程中，“三个有利于”标准仍然是我们推进改革的重要原则。同时，改革还要有利于最大多数人利益的整体实现，有利于经济、政治、文化、社会的协调发展，有利于人与自然的和谐相处。所有这些，都体现了以人为本的内在要求。

（载于《马克思主义理论研究和建设工程参考资料》147期）

以人为本的实质是“以人民群众为本”

上海市邓小平理论和
“三个代表”重要思想研究中心

科学发展观的核心是以人为本。那么，以人为本的实质是什么呢？胡锦涛同志指出，坚持以人为本，就是要以实现人的全面发展为目标，从人民群众的根本利益出发谋发展、促发展，不断满足人民群众日益增长的物质文化需要，切实保障人民群众的经济、政治和文化权益，让发展的成果惠及全体人民。这就说明，我们党提出的以人为本，其实质就是“以人民群众为本”。

坚持人民群众在建设中国特色社会主义事业中的主体地位

历史唯物主义告诉我们，人民群众是生产力中最活跃、最革命的因素，无论生产力的发展还是生产关系的变革，其主体都是人民群众。因此，在建设中国特色社会主义事业的伟大实践中坚持以人为本，首先就是坚持人民群众在历史创造中的主体地位。

坚持人民群众的历史主体地位，是历史唯物主义的根本立场。马克思主义认为，社会发展史首先是生产发展的历史，同时是物质资料生产者本身的历史，即作为生产过程基本力量的劳动群众的历史。这既是历史唯物主义的群众观，也是马克思主义政党对待群众的根本立场。毛泽东同志告诫我们：“必须明白：群众是真正的英雄，而我们自己则往往是幼稚可笑的，不了解这一点，就不能得到起码的知识。”邓小平同志指出：“群众是我们力量的源泉，群众路线和群众观点是我们的传家宝。”江泽民同志强调：“在任何时候任何情况下，与人民群众同呼吸共命运的立场不能变，全心全意为人民服务的宗旨不能忘，坚信群众是真正英雄的历史唯物主义观点不能丢。”胡锦涛同志明确提出：“相信谁、依靠谁、为了谁，是否始终站在最广大人民的立场上，是区分唯物史观和唯心史观的分水岭，也是判断马克思主义政党的试金石。”80多年来，我们党始终自觉地坚持历史唯物主义的群众观，坚持人民群众的历史主体地位。在建设中国特色社会主义的实践中，人民群众不仅是创造社会主义物质文明、政治文明、精神文明的主体，而且是促进社会全面进步、实现人的全面发展的主体。不确立人民群众的历史主体地位，以人为本就是一句空话。

坚持人民群众的历史主体地位，是建设中国特色社会主义伟大事业的关键。党的十一届三中全会以来，在推进改革开放和社会主义现代化建设的过程中，我们党始终尊重人民群众的首创精神和伟大实践，中国特色社会主义事业取得了辉煌成就。这20多年是新中国成立以来我国经济社会发展最为迅速、最为成功的时期，也是人民群众的积极性主动性创造性发挥最为充分的时期。正是在这样的实践基础上，我们党对社会主义建设规律的认识一步步深化，对人民群众历史主体地位的认识有了新的发展。

坚持人民群众的历史主体地位，是推进党的建设新的伟大工程的根本。中国特色社会主义事业与党的建设新的伟大工程是内在统一的整体，因此，坚持以人为本，坚持人民群众的历史主体地位，对于推进党的建设新的伟大工程具有决定性意义。人心向背是决定一个政党、一个政权盛衰的根本因素。对于执政党来说，最重要的是必须首先考虑并满足最大多数人的利益要求，最大多数人的利益是最紧要和最具决定性的因素。政党产生于社会，生长于社会，服务于社会。在当代中国，这个社会就是最广大的中国特色社会主义事业的建设者组成的社会。党只有牢固确立人民群众创造历史的主体地位，顺民意、谋民利、得民心，实现人民的愿望、满足人民的需要、维护人民的利益，才能永远立于不败之地。

把人民群众的根本利益作为建设中国特色社会主义事业的出发点、落脚点

无论在革命时期还是在建设时期，党的各项工作都有一个共同的出发点和落脚点，即最广大人民的根本利益。这是由党的性质和宗旨所决定的。今天，我们党提出以人为本，目的就是要坚持把人民群众的根本利益实现好、维护好、发展好。

把最广大人民的根本利益作为党全部工作的出发点和落脚点，是坚持立党为公、执政为民的根本要求。我们党从成立之日起，就是中国工人阶级的先锋队，同时是中国人民和中华民族的先锋队。我们党 80 多年的历史，就是为最广大人民的根本利益而奋斗的历史。干革命，是以人民群众为本；搞建设，也是以人民群众为本。虽然党在每一个历史阶段的工作任务有所不同，但为最广大人民的根本利益而奋斗这个出发点和落脚点始终没有变。胡锦涛同志指出，实现人民的愿望、满足人民的需要、维护人民的利益，是"三个代表"重要思想的根本出发点和落脚点。"三个代表"重要思想的实质是"立党为公、执政为民"，能否牢牢把握这个实质，是衡量有没有真正学懂、是不是真心实践"三个代表"重要思想最重要的标志。我们党提出以人为本，其实质就是紧紧抓住立党为公、执政为民这个本质，坚持用人民拥护不拥护、赞成不赞成、高兴不高兴、答应不答应来衡量我们的一切决策，努力使我们的方针政策更好地体现人民群众的利益，做到心里装着群众、凡事想着群众、工作依靠群众、一切为了群众，用科学发展观指导新的发展，不断满足人民群众多方面的需求，促进人的全面发展，使党全部工作的出发点和落脚点真正体现"以人民群众为本"。

把最广大人民的根本利益作为党全部工作的出发点和落脚点，是回答为什么发展、为谁发展、靠谁发展、如何发展的关键。发展是我们党执政兴国的第一要务。必须坚持以经济建设为中心，这一点任何时候都不能动摇。但是，发展并不仅仅是经济增长，而应包括不断满足人民群众多方面的需要和促进人的全面发展。单纯追求经济增长，必然导致为生产而生产，忽视甚至损害人民群众的利益。因此，以最广大人民的根本利益为党

全部工作的出发点和落脚点，必然要求树立和落实科学发展观，实现以人为本、全面协调可持续的发展。要在经济发展的基础上，不断提高人民群众的物质文化生活水平和健康水平，不断发展社会主义物质文明、政治文明和精神文明，尊重和保障群众的经济、政治和文化权利，创造人们平等发展、充分发挥聪明才智的社会环境。只有这样，发展才有根本的动力和正确的目标。把最广大人民的根本利益作为党全部工作的出发点和落脚点，要求我们深入体察广大人民群众的意愿，切实把广大人民群众的利益体现在发展的思路、措施和各项部署中，落实到发展的各个方面。

把最广大人民的根本利益作为党全部工作的出发点和落脚点，是处理好物质文明、政治文明、精神文明的关系，构建社会主义和谐社会的重要保障。物质文明、政治文明和精神文明的发展，归根结底是为了实现最广大人民的根本利益。只有做到三个文明建设相互协调、相互促进，才能促进社会全面进步和人的全面发展。因此，以最广大人民的根本利益为党全部工作的出发点和落脚点，必然要求正确把握和处理物质文明建设、政治文明建设和精神文明建设的关系，把推进物质文明建设同推进政治文明建设、精神文明建设统一起来。同时，在我国社会发生深刻变化的新形势下，实现最广大人民的根本利益，既要大力推进三个文明建设，也要努力构建社会主义和谐社会。推进三个文明建设，是构建社会主义和谐社会的坚实基础；构建社会主义和谐社会，是推进三个文明建设的重要前提。推进三个文明建设必须有和谐的政治和社会环境。没有和谐的政治和社会环境，一切发展都无从谈起，无论多么好的规划和方案也都无法实现。只有在和谐的社会环境中推进三个文明建设，在推进三个文明建设中构建社会主义和谐社会，才能从根本上体现我们党以人为本的执政理念和要求，把中国特色社会主义伟大事业不断推向前进。

最广泛最充分地调动人民群众建设中国特色社会主义事业的积极性、创造性

中国特色社会主义事业是亿万人民群众广泛参与的创造性事业。这项伟大事业的根本目的是为最广大人民谋福利，促进社会全面进步和实现人

的全面发展。实现这一目的，必须最大限度地调动一切积极因素，动员和组织最广大人民投身于建设中国特色社会主义的伟大事业。

最大限度地激发人民群众的创造活力，须正确反映和兼顾不同方面群众的利益。坚持以人为本、全面协调可持续的科学发展观，既解决靠谁发展、如何发展的问题，又解决为谁发展的问题，使发展的成果惠及全体人民。经过20多年改革开放的伟大实践，中国特色社会主义事业取得了前所未有的辉煌成就，我国的经济总量已居世界第六位，人均GDP超过1000美元，人民生活总体上实现了由温饱到小康的历史性跨越。但是，随着改革的深化，也出现了城乡差距、地区差距、收入差距、贫富差距拉大的现象。党的十六大抓住理顺分配关系这个重点，提出初次分配注重效率，发挥市场的作用，鼓励一部分人通过诚实劳动、合法经营先富起来；再分配注重公平，调节差距过大的收入，以共同富裕为目标，扩大中等收入者比重，提高低收入者收入水平的改革思路，确立了统筹兼顾不同方面群众利益的战略举措。在社会主义初级阶段，反映和兼顾不同方面群众的利益必须以实现最广大人民的根本利益为前提。坚持改革开放，促进经济社会健康发展，维护政治稳定，构建社会主义和谐社会，建设中国特色社会主义，实现中华民族伟大复兴，这是我们的根本利益。离开实现最广大人民的根本利益来谈满足不同方面群众的具体利益，就会是无源之水；反过来，离开满足群众的具体利益来谈实现最广大人民的根本利益，就会是无本之木。社会生产力和经济文化发展水平是一个逐步提高、永无止境的历史过程，满足人民群众的利益需求、实现人的全面发展也是一个逐步提高、永无止境的历史过程。只有把不同方面群众的利益反映好、协调好、处理好，把个人利益和集体利益、局部利益和整体利益、眼前利益和长远利益兼顾好、处理好，才能使这两个过程相互结合、相互促进。

最大限度地激发人民群众的创造活力，须尊重劳动、尊重知识、尊重人才、尊重创造。在社会主义社会，人民群众既是社会财富的创造者，又是其成果的享有者，创造财富的动力与合法享有其成果的权利是紧密联系、相互促进的整体，任何把二者割裂开来的观念和做法，都将挫伤人民群众的主动性、创造性。在建设中国特色社会主义的伟大实践中，包括知识分子在内的工人阶级、广大农民始终是推动我国先进生产力发展和社会全面进步的根本力量，民营科技企业的创业人员和技术人员、受聘于外资企业的管理技术人员、个体户、私营企业主、中介组织的从业人员、自由职业人员等社会阶层，都是中国特色社会主义事业的建设者。只有尊重他们的劳动、知识和创造，在体制、机制、法制上保障他们想干事业、能干事业、干成事业，真正做到使一切有利于社会进步的创造愿望得到尊重、创造活动得到支持、创造才能得到发挥、创造成果得到肯定，才能真正为实现人的全面发展创造条件。

最大限度地激发人民群众的创造活力，须把群众路线作为根本工作路线。一切相信群众，一切依靠群众，从群众中来，到群众中去的群众路线，是我们党在长期的革命和建设实践中探索出的一条根本工作路线。坚持以人为本，要求我们关心群众疾苦，倾听群众呼声，研究群众利益，体察群众情绪，解决群众困难，始终与群众心连心、同呼吸、共命运。只有这样，才能真正做到以人民群众为本。随着改革开放的深入，中国特色社会主义建设既面对“重要战略机遇期”，又面临“矛盾凸显期”。在机遇和挑战并存的条件下，我们能否在制度创新、体制创新、政策设计、工作进程中真正体现和贯彻以人为本、全面协调可持续的科学发展观，统筹城乡发展、统筹区域发展、统筹经济社会发展、统筹人与自然和谐发展、统筹国内发展和对外开放，保持经济社会协调、健康、可持续发展，关键是能否把群众路线贯彻好、坚持好，制定能够充分反映群众愿望的政策和工作举措。提高妥善处理新形势下人民内部矛盾的本领，综合运用政策、法律、经济、行政、教育、协商、调节等手段处理人民群众反映的问题，也必须坚持群众路线这一根本的工作路线。只有既相信群众、依靠群众、联系群众，又领导群众、宣传群众、动员群众、组织群众、教育群众，才能最大限度地激发人民群众的创造活力，使广大人民群众积极投身于建设中国特色社会主义的伟大事业。

（载于《马克思主义理论研究和建设工程参考资料》123期）

以人为本和科学、民主、依法执政

邢贲思

提出“以人为本”的背景

“以人为本”是作为科学发展观的重要内容在党的十六届三中全会上提出的。为什么要提出科学发展观？它的背景是：在我国经济持续快速发展的同时，存在着某种对发展问题的片面认识，认为发展就等于经济的快速运行，发展就等于国内生产总值（GDP）的高速增长。这种认识上的片面性如不克服，就会造成严重后果，就会导致城乡、区域、经济社会发展的失衡，导致人和环境、国内发展和对外开放的不协调。从实际情况看，某些后果已经出现了。例如，由于一些地区和部门缺乏环保意识，甚至以牺牲环境为代价，片面追求高速发展，其结果生态急剧恶化，环境严重污染，达到令人触目惊心的地步。据有的国际组织统计，我国的环境质量排位靠后，这和我国经济高速发展，GDP、外贸进出口、外币储备等多项指标名列世界前茅的情况形成很大反差。这种现象如再继续，不仅会影响我国经济发展的全局，影响其他事业的进展，甚至会影响人自身的生存。又如，近年来我国安全生产形势严峻，特别是矿难频发，对我国的经济社会发展已造成严重损害。产生矿难的原因很多、很复杂，有的因为根本不具备开采条件而违法开采所致，有的则因设备陈旧、管理不善、开采不当等原因所造成，但也确有一些矿难和片面的发展观有关。有的煤矿，不顾自身的能力和条件，一味追求开采数量和掘进速度，加之安全制度、设备和措施不到位，终于酿成严重矿难，使人民生命和国家财产蒙受重大损失。

所以，科学发展观的提出，有很强的针对性，就是针对那种只顾追求发展速度而不及其余的片面的、不科学的发展观。

科学发展观包括两方面内容：一是以人为本，二是全面、协调、可持续发展。为了使全面、协调、可持续发展具体化，中央又提出了五个统筹的战略，即统筹城乡发展；统筹区域发展；统筹经济社会发展；统筹人与自然和谐发展；统筹国内发展和对外开放。有人说，科学发展观包含全面、协调、可持续发展和五个统筹的内容，这好理解，和那种片面的、不科学的发展观正好形成鲜明对比，但把“以人为本”引入科学发展观则似乎有些多余。其实这恰恰是要害所在。形成片面的、不科学的发展观，表面看来是那种只顾发展速度而不问其他的形而上学思维方式在作怪，但其深层原因则是因为忽视广大人民的需要和利益，不懂得我们的发展，包括经济高速运行和GDP快速增长，归根到底那是为了满足最广大人民的物质和文化需要。全面、协调、可持续发展和五个统筹回答的是怎样发展，以人为本回答的则是为什么发展。无视或者模糊以人为本这个发展目的，恰恰是形成片面的、不科学的发展观的根本原因。因此，把以人为本引入科学发展观是题中应有之义，是十分必要的。以人为本正是科学发展观的核心内容。

“以人为本”和“执政为民”的提法有没有实质性的区别

如果不是从字面上而是从实质上理解，应当讲，“以人为本”和“执政为民”这两个提法没有原则区别，二者都是“立党为公”的宗旨在一定历史条件下的体现。共产党是工人阶级先锋队组织，代表工人阶级和最广大人民的根本利益。我们党的这一性质决定了从它建立的第一天起，就始终为实现中国工人阶级和最广大人民的根本利益而英勇奋斗。“立党为公”是中国共产党的根本宗旨，也是中国共产党先进性的根本标志。无论是革命战争年代、社会主义建设年代，还是改革开放年代，虽在实现这一宗旨的形式和方法方面有所不同，但党的这一根本宗旨始终没有变。新中国成立后，我们党成了执政党，肩负着执政兴国的历史使命。在新的历史条件下，“立党为公”的宗旨就具体体现为“执政为民”，“执政为民”是我们党执政的基本理念。“执政为民”就是指，党在执政条件下，无论是制定路线、方针、政策，还是通过国家机关管理国家社会事务、经济文化事业，制定各项法律和法规等等，一切都以最广大人民的根本利益为出发点和落脚点。衡量我们党执政成败得失的标准，就是看最广大人民的根本利益是否得到实现、维护和发展。

对“以人为本”的理解也应当同党的性质、党的宗旨、党的历史和传统联系起来。“以人为本”和我们党的“立党为公”的宗旨、“执政为民”的理念，和我们党在不同历史时期体现“立党为公”精神的一些提法如“为人民服务”、“代表最广大人民的根本利益”等，是一脉相承的。对“以人为本”的理解，决不能在字面上纠缠不清，决不能望文生义，非要在“人”和“民”两个字上做文章，或者认为“以人为本”的提法没有和西方人本主义划清界限，主张弃之不用，代之以“以民为本”；或者认为既然中央都认同“以人为本”的提法，可见马克思主义和西方人本主义有某些相通之处，有意无意模糊马克思主义和人本主义的界限。这些观点如不纠正，就会造成对“以人为本”、对科学发展观以至对整个马克思主义理解上的偏颇。“以人为本”和“执政为民”没有实质上的不同。温家宝同志在今年春节团拜会上的讲话中指出：“我们提出建设社会主义和谐社会的战略任务，表达了我们党坚持以人为本、执政为民的基本理念，反映了十几亿中国人民创造美好生活的共同愿望。”这段话清楚地表明，“以人为本”和“执政为民”的含义实质上是一样的。

既然二者实质上一样，那么为什么还要在执政为民之外又提出以人为本？对此，前文其实已经有所论及。以人为本是作为科学发展观的重要内容提出的，针对的是忽视人民的需要和利益，一味追求高速增长的片面的、不科学的发展观，这种发展观的实质就是一种见物不见人的“以物为本”的发展观。“以人为本”对应的是“以物为本”，它的含义非常清楚，用词十分确切，不应当引起歧义，也决不能加以混淆。

“以人为本”的理念怎样贯彻

执政理念明确后，有一个怎样贯彻、落实的问题。执政理念是精神的东西，精神只有转化为物质，理念只有转化为实践，才具实效性。因此，我们决不能把“以人为本”仅仅变成一个宣传口号，而是要切切实实地把它付诸实践。缺乏执政理念的执政实践是盲目的；而缺乏执政实践的执政理念则是空洞的。执政理念和执政实践二者相互联系，相互依存，是不可分割的统一体。在实际生活中，有没有把执政理念和执政实践割裂开来的现象呢？有的。比如，有的领导干部，不顾人民群众是否赞成，是否支持，在所领导的地区大搞徒具形式、毫无实际意义的“形象工程”，这种脱离群众、脱离实际的“形象工程”，不但无助于该地区经济社会事业的发展，反而造成了很大的负面效果，严重损害了人民的根本利益。这样的执政实践就完全背离了以人为本、执政为民的执政理念。又如，有的领导干部虽有贯彻党的执政理念的愿望，却没有实现这一愿望的能力，以致在实践中力不从心，碌碌无为，不仅如此，他领导的地区或部门差错不断，事故频出，对工作造成很大损失，对党的形象造成严重伤害。这说明，尽管有良好的愿望，但如果缺乏正确的决策、得力的措施和有效的实践，这种愿望只能化为泡影。

怎样才能贯彻党的执政理念，是一个很复杂、涉及许多方面的问题。党的十六届四中全会为我们提供了解决这个问题的钥匙，这就是：科学执政，民主执政，依法执政。全会不仅提出使我们党始终成为立党为公、执政为民的执政党，而且要求把我们党建设成为科学执政、民主执政、依法执政的执政党，为在新时期把我们党建设成什么样的执政党指明了方向。科学执政，民主执政，依法执政，是使党的执政理念能够贯彻，执政实践不致偏离、背离执政理念的根本保证。

什么是科学执政？党的十六届四中全会指出，科学执政就是，结合中国实际，不断探索和遵循共产党执政规律、社会主义建设规律、人类社会发展规律，以科学的思想、科学的制度、科学的方法领导中国特色社会主义事业。科学执政包括科学决策和对科学决策的实施。从一定意义上可以说，科学决策具有决定性。但光有科学决策而不去组织实施，决策再好也无济于事。科学决策和对它的实施缺少其中一项，都会使我们的事业遭到严重损害。无论是科学决策，还是对科学决策的实施，都必须从实际情况出发，做到实事求是，力戒主观武断。在这方面党中央为我们做出了表率。党中央近来的一系列重大决策，如提出科学发展观，实施马克思主义理论研究和建设工程，推进党的执政能力建设，决定在全党范围内开展保持共产党员先进性教育，倡导构建社会主义和谐社会等等，都是在总结中国特色社会主义建设基本经验的基础上，经过反复研究、反复论证而做出的，是科学决策的典范。这些决策正在实施当中，从目前情况看，已显示出明显成效，随着实践的深入，必将对中国特色社会主义事业产生重大而深远的影响。

如果说科学执政的关键是遵循规律，尊重科学，那么民主执政的关键则是依靠人民，尊重民意。民主执政就是依照人民的意愿，倾听人民的呼声，把来自人民的正确意见集中起来，形成决策，并动员和组织人民加以实施。我们的党植根于人民，我们的政权也植根于人民。必须懂得，离开人民群众的支持和拥护，我们将一事无成。因此，一切为了人民和一切依靠人民都是我们党执政的根本原则和最高准绳。为了人民和依靠人民是一个整体，二者的统一既是历史唯物主义的核心内容，又是马克思主义执政党的本质特征。正如胡锦涛同志所说："相信谁、依靠谁、为了谁，是否始终站在最广大人民的立场上，是区分唯物史观和唯心史观的分水岭，也是判断马克思主义执政党的试金石。"

民主执政的出发点是充分相信人民，坚决依靠人民，这也是社会主义民主最本质的东西，但是民主必须通过制度化、规范化、程序化才能有效实现。因此，要搞好民主执政，就必须健全民主制度，丰富民主形式，扩大公民有序的政治参与，保证人民依法实行民主选举、民主决策、民主管理、民主监督；就必须坚持和完善人民代表大会制度，支持人民通过人民代表大会行使国家权力；就必须坚持和完善中国共产党领导的多党合作和政治协商制度，加强我们党同民主党派和无党派民主人士的合作；就必须扩大基层民主，完善基层政权、基层群众性自治组织、企事业单位的民主管理制度等等。通过民主的制度化、规范化、程序化，党的民主执政才能落到实处，党的执政理念才能得到贯彻。

民主和法治不可分割，在实行民主执政的同时必须实行依法执政。党的十六届四中全会决定指出："依法执政是新的历史条件下党执政的一个基本方式。"依法执政也就是党领导下的依法治国。依法治国是党领导人民治理国家的基本方略，它把党的领导、发扬人民民主和严格依法办事统一起来，从制度和法律上保证党的基本路线和基本方针的贯彻实施，保证党始终发挥总揽全局、协调各方的领导核心作用。依法治国的方略为党的执政提供了强有力的法律保证。在新的历史时期，必须依据新的形势、新的经验和新的需要，坚持和完善依法治国的基本方略。党的十六届四中全会在这方面提出了若干重要原则，包括：加强党对立法工作的领导，使党的主张通过法定程序成为国家意志，从制度上和法律上保证党的路线方针政策的贯彻实施；使全党特别是党的领导干部牢固树立法制观念，坚持在宪法和法律范围内活动，带头维护宪法和法律的权威；督促、支持和保证国家机关依法行使职权，在法治轨道上推动各项工作的开展，保障公民和法人的合法权益；加强和改进党对政法工作的领导，支持审判机关和检察机关依法独立公正地行使审判权和检察权；以司法公正为目标，逐步推进司法体制改革，形成权责明确、相互配合、相互制约、高效运行的司法体制，为在全社会实现公平和正义提供法制保障。只要我们把这些重要原则切实贯彻到实践中去，我们的依法执政就一定能取得日益显著的成效。为了党在新时期能更好地担当起执政兴国的任务，党的十六届四中全会做出了加强党的执政能力建设的重大决策。加强执政能力建设包括许多方面，但加强依法执政能力建设是其中十分重要的组成部分。我们一定要在邓小平理论和"三个代表"重要思想指引下，认真学习，反复实践，不断总结经验，在依法执政的实际过程中提高依法执政的能力，把我们党的执政水平提升到一个新的高度。

科学执政，民主执政，依法执政，是我们党长期执政经验的科学总结，是实现以人为本、执政为民理念的必由之路。党的先进性不仅表现在"立党为公"和"执政为民"的宗旨和理念上，也表现在实现这一宗旨和理念的实践过程中。认真贯彻科学执政、民主执政、依法执政，并不断向前推进，正是实现党的先进性的一个重要方面。

（载于《马克思主义理论研究和建设工程参考资料》153期）

人的全面发展与社会协调发展

郭宇光

人的全面发展与社会协调发展的同一性

马克思主义认为，人是社会的人，社会是人的社会，人的发展离不开社会的发展，而社会的发展最终归结到人的全面发展。人的全面发展与社会协调发展理论拓宽了马克思主义唯物史观的新视野。

第一，人的全面发展与社会协调发展互为前提和基础。一方面，个人的发展要以社会的发展为前提和基础，因为个人的发展总要通过个人的活动得以实现和呈现，而个人的任何活动都是在一定的社会历史条件和社会关系下进行的社会性活动。恩格斯在阐述劳动创造人的过程时说："为了在发展过程中脱离动物状态，实现自然界中的最伟大的进步，还需要一种因素：以群的联合力量和集体行动来弥补个体自卫能力的不足。"这就从类本质上规定了人是社会存在物，其任何方面的发展都具有社会性。另一方面，社会的发展要以个人的发展为前提和基础，因为社会并不是抽象的，而是由无数独特的个人组成的；离开了个人，社会就不复存在，当然也谈不上发展了。马克思说："人们的社会历史始终只是他们的个体发展的历史，而不管他们是否意识到这一点。"个人通过自己的活动获得发展，从而推动社会发展。

第二，人的全面发展与社会协调发展互为目的和手段。第一，个人和社会互为目的。马克思在《资本论》里把社会主义（共产主义）社会称为"自由人联合体"，因而这样的社会当然以"每个人的全面而自由的发展"

为目的；同时，这样的社会由于消灭了异化劳动，因而每个人都以“各尽所能”地服务社会为目的。第二，个人和社会互为手段。一方面，个人的全面发展有赖于社会提供的条件，因而，社会在以个人全面发展为目的的同时，也成了个人全面发展的手段。正如马克思和恩格斯所说：“只有在共同体中，个人才能获得全面发展其才能的手段”。另一方面，只有当每个人对社会的“各尽所能”大于自己的享用时，社会才能在维持存在的基础上有所发展，因而个人在以服务社会为目的的同时，也成了社会的手段。第三，个人和社会在充当手段的同时，也实现了自身的目的。个人在为社会进行生产劳动、充当社会发展的手段时，也在实现着发展自身的目的。恩格斯说，正是“生产劳动给每一个人提供全面发展和表现自己全部的即体力的和脑力的能力的机会。”在马克思和恩格斯看来，社会主义社会里的个人与社会的关系，是互为目的和手段的。

第三，人的全面发展与社会协调发展是不断推进、永无止境的历史过程。与世界上任何事物一样，人的全面发展与社会协调发展是一个由低级到高级，由简单到复杂的永无止境的发展过程。因为社会生产力的发展是逐步提高、永无止境的历史过程。同社会生产力发展相适应，经济文化等各项事业和人的发展也是没有止境的。其次，社会经济文化的发展没有止境。只有当社会经济文化等条件发展到一定水平，才能实现人的全面发展与社会协调发展的统一。根据社会生产力和经济文化发展水平与人的全面发展的内在联系，马克思把社会历史划分为三大阶段。第一个阶段，是“人的依赖关系”占统治地位的阶段，即自然经济状态下的前资本主义阶段；第二个阶段，是“以物的依赖性为基础的人的独立性”阶段，即商品交换普遍发展的资本主义阶段；第三个阶段，是“建立在个人全面发展和他们共同的社会生产能力成为他们的财富这一基础上的自由个性”的阶段，即未来的共产主义阶段。在马克思看来，只有在共产主义社会，才能实现社会协调发展和每个人的全面而自由的发展。然而，即使到了共产主义社会，随着物质文明和精神文明的不断进步，人的全面发展与社会协调发展还会在更高的程度上更加自觉地继续向前推进，是永远不会也不可能终结的。第三，人的需要是不断发展、没有止境的。人的发展需要是人脑对人体内部环境和外部生活条件的要求的反映。作为人的活动的基本动力和内在源泉，需要可分为物质的和精神的两大类。人的需要不仅是一个多层次、多水平的系统，而且是一个由低级到高级的发展过程。特别当社会生产力达到某种水平从而有满足人的某种需要的可能性时，新的需要就会产生。

人的全面发展与社会协调发展是构建社会主义和谐社会的题中应有之义

社会是一个由多种要素构成的统一体，各要素之间形成了相互依赖和相互转化的有机联系。当这些社会要素能够在统一体内相互包容、协调运作，处于良性转化的条件下，该社会则处在健康的、富有生机和活力的状态中。和谐社会的构成，源于各种因素的综合作用。马克思关于人的全面发展与社会协调发展思想与构建社会主义和谐社会的内涵相呼应，集中体现了社会主义和谐社会的价值取向。

第一，构建社会主义和谐社会集中体现了人的全面发展的价值追求。

——构建社会主义和谐社会是人的内在精神和谐发展的需要。人是社会发展的主体，社会的和谐有赖于人的个体发展的和谐。给人以充分自由的发展空间，促进人的个体的和谐发展是和谐社会的重要标志。社会主义和谐社会是以人为本的社会，把促进人的全面发展作为根本目标，把实现最广大人民的根本利益作为出发点和落脚点，尊重劳动、尊重知识、尊重人才、尊重创造，从而最大程度地实现人的内在精神上的和谐发展，进而成为推进社会主义物质文明、政治文明、精神文明协调发展的强大精神力量。

——构建社会主义和谐社会是人与人的关系和谐发展的需要。人与人之间关系的和谐发展主要包括社会分工的和谐和各阶层之间的和谐。由于社会分工的不同，社会阶层各自组成成员的职业、身份、利益、偏好、文化背景、价值取向、行为方式都很不相同，在利益关系上也存在矛盾的一面。这些矛盾如果不能得到及时化解，就有可能演化为阶层利益对抗和阶层冲突。我们所要建设的和谐社会，是民主法治、公平正义、诚信友爱、充满活力、安定有序、人与自然和谐相处的社会。这就为人与人关系的和谐发展奠定了基础。

——构建社会主义和谐社会是人与社会的关系和谐发展的需要。从一般的规定性上来说，和谐社会既是社会各子系统动态平衡、稳定有序的社会，也是社会约束机制比较健全的社会。这就为人与社会关系的和谐发展提供了保障。从人与社会发展相统一的视角来说，推进人的全面发展，同推进经济、文化的发展和改善人民物质文化生活，是互为前提和基础的。人越全面发展，社会的物质文化财富就会创造得越多，人民的生活就越能得到改善，而物质文化条件越充分，又越能推进人的全面发展。人的全面发展程度同社会生产力和经济文化的发展水平一样是逐步提高、永无止境的历史过程。这两个历史过程不是简单的包含关系，而是相对独立、相互促进、和谐发展的关系。

——构建社会主义和谐社会是人与自然的关系和谐发展的需要。人与自然和谐发展，这是基于人类社会可持续发展的永恒追求所内含的一种必然要求，这种和谐体现在人与自然的携手，生物与非生物的共进，过去与现在的统一，现在与未来的对话，时间与空间的并存，强调人与自然和谐相处，要求生产发展，生活富裕，生态良好，在维护人类利益的同时，又维护自然的平衡，确保社会系统和生态系统的协调发展。

第二，构建社会主义和谐社会是社会协调发展的根本要求。

协调发展，就是要在发展中实现速度与结构、质量与效益的有机统一，促进发展的良性循环。由此，社会协调发展，可以理解为动态化的社会秩序，就是指发挥人的主观能动性，按照客观规律的要求对整个社会各方面、各层面之间的矛盾关系进行调整和控制。其核心是指社会的各组成部分在发展过程中根据社会自身的逻辑而有先有后、分清主次，合理、有序、适度的发展，而非各个方面的平行发展以及追求单方面的发展。

唯物史观认为，社会的发展是一个自然的历史过程。但是，社会的发展不同于自然界的演化，它是客观制约和主体选择的统一。社会发展不是社会历史规律脱离人的作用的自然结果，而是人的有目的的动态过程。也就是说，社会发展是人的自觉活动的结果。人是协调社会发展的主体，从根本上说，社会发展是人们的实践活动在时间中的展开，即“整个世界历史不外是人通过人的劳动而诞生的过程。”所以，人对社会的发展可以进行协调，正是人的主体作用的发挥使社会协调发展由可能成为现实。

社会主义社会是全面发展、全面进步的社会。其中，不仅包括人的全面发展，也包括社会有机体的全面协调发展。在我国，改革开放以来国内生产总值以每年平均9.3%的速度增长，这在世界范围内可称得上“经济奇迹”。然而，在经济高速增长的背后，却存在经济增长效益不高的问题，据估算，我国的平均社会成本比世界高25%。随着改革开放和社会主义现代化建设的不断深入，我国社会在总体上比较协调发展的同时，也遇到了一些新情况和新问题。诸如：“三农”问题、城市贫困问题、产业结构问题、收入差距问题、地区发展不平衡问题等。在构建社会主义和谐社会的进程中，解决这些矛盾和问题，迫切要求我们树立全面、协调、可持续的发展观，促进经济社会的协调发展。

依据马克思主义发展理论，社会协调发展是合规律性与合目的性的统一。从合规律性的角度看，社会协调发展既表明了生产关系一定要适应生产力发展状况的规律，又揭示了社会上层建筑要适应经济基础发展状况的规律，遵循了客观尺度，是一个事实判断；从合目的性的角度看，实现社会协调发展，必须通过人来完成，是历史主体在尊重历史规律前提下的一种自觉选择。因此，社会协调发展同时也遵循了价值尺度，是一个价值判断。由此，可以得出，建立在马克思主义唯物史观基础上的社会协调发展观是合规律性与合目的性的统一，因而也是构建社会主义和谐社会的内在要求。

实现人的全面发展与社会协调发展是构建和谐社会的现实行动纲领

人的全面发展与社会协调发展是社会主义和谐社会的本质要求和重要特征。在科学发展观的指导下，构建社会主义和谐社会，不断推进人的全面发展与社会协调发展，主要应把握以下几个方面：

一是物质生活的全面发展。这是人的全面发展与社会协调发展在物质层面上的含义和所要达到的目标与要求。因此，在我国社会发展的现阶段，努力促进人的全面发展与社会协调发展，首先就是要使全国人民都过上更加殷实、更加富足的小康生活，并不断向高水平前进。这就要坚持贯彻党的富民政策，在发展经济的基础上，努力增加城乡居民收入，不断改善人们的吃、喝、住、行、用的条件，完善社会保障体系，提供比较充分的社会就业，并通过先富带动后富的政策，逐步实现全体人民的共同富裕。

二是政治生活的全面发展。这是人的全面发展与社会协调发展在政治层面上的含义和所要达到的目标与要求。其实质是民主的发展问题。如果说，没有民主，就没有社会主义，就没有社会主义现代化，那么同样可以说，没有民主，就没有人的全面发展与社会协调发展。发展社会主义民主，建设社会主义政治文明，既是社会主义现代化建设的重要目标，也是人的全面发展与社会协调发展的重要目标。但民主的发展总是同一定的阶级利益、经济基础和社会历史条件相联系的。它在我国现阶段集中表现为人民群众的主观能动性和伟大创造精神的充分发挥，人民群众依法管理好自己的事情的充分保证。为此，必须继续推行政治体制改革，发展社会主义民主政治，健全社会主义法制，保证人民充分行使民主选举、民主决策、民主管理、民主监督的权利，使人民群众当家作主的权利真正落到实处。同时，人民群众也要不断提高自身的政治素质，积极用好自己的民主权利。

三是文化生活的全面发展。这是指人的全面发展与社会协调发展在文化层面上的含义和所要达到的目标与要求，其内容包括全民族思想道德素质、科学文化素质和健康素质的明显提高，核心是人的思想和精神生活的全面发展。它在现时代的表现，就是要培养和造就一代又一代的适应社会发展需要的新人。因为没有这样的人，建设中国特色社会主义就无从谈起；只有少数这样的人，没有全体人民的参与，全面建设小康社会和基本实现社会主义现代化的目标就不可能实现。必须进一步完善现代国民教育体系、科技和文化创新体系、全民健身和医疗卫生体系，使人人都有接受良好教育的机会和享受文化成果的充分权利。形成全民学习、终身学习的学习型社会，促进人的全面发展与社会协调发展。

四是人和自然的协调与和谐。这是人的全面发展与社会协调发展在人和环境关系层面上的含义和所要达到的目标与要求。就人来自自然，自然是人的无机的身体而言，人无论怎样发展都离不开自然的基础和制约。但自工业文明以来，人类没有认识到保护自然的重要性，对自然的野蛮索取，致使生态平衡遭到破坏，人类生存环境日趋恶化，严重危及着人类的生存发展。从我国的现状看，也存在亟待解决的环境保护问题。必须坚持可持续发展战略，正确处理经济发展同人口、资源、环境的关系，改善生存环境和美化生活环境，改善公共设施和社会福利设施，走一条生产发展、生活富裕和生态良好的文明发展之路。

综上所述，马克思关于人的全面发展与社会协调发展理论，涵盖了人类活动的经济、政治、文化三大领域，把马克思主义关于人与自然相互关系的理论也包含在人与社会发展的统一论中，赋予了社会主义和谐社会新的时代内涵。为我们在科学发展观的指导下，努力实现社会的全面进步，不断促进人的全面发展与社会协调发展，必将产生重要而深远的影响。

（载于《马克思主义理论研究和建设工程参考资料》155期）

用科学发展观统领社会主义和谐社会建设

国防大学邓小平理论和
“三个代表”重要思想研究中心

一、科学发展观是社会主义和谐社会建设的根本指针

科学发展观深刻揭示了社会主义和谐社会建设的本质要求。以人为本是科学发展观的核心和本质。坚持以人为本，就是要以实现人的全面发展为目标，从人民群众的根本利益出发谋发展、促发展，不断满足人民群众日益增长的物质文化需要，切实保障人民群众的经济、政治和文化权益，让发展的成果惠及全体人民。这正是我们建设社会主义和谐社会的本质要求。社会和谐的实现程度，就是人自身发展需求的现实满足程度。建设社会主义和谐社会的根本目的，就是要在解放和发展生产力、消除两极分化、逐步实现共同富裕的基础上，使全体社会成员的尊严都得到维护，权利都得到保障，价值都得到提升，从而促进人和社会的全面发展。人不仅是社会和谐的受益者，更是社会和谐的推动者。社会主义和谐社会建设既是为了最广大人民，同时也要依靠最广大人民。可以说，离开了科学发展观所倡导的以人为本的原则，社会主义和谐社会建设就失去了根本意义和力量源泉，就不可能获得成功。

科学发展观集中反映了社会主义和谐社会建设的基本规律。发展是构建和谐社会的基础。科学发展观突出强调了发展的为民性、全面性、协调

性和可持续性，这实际上就是社会主义和谐社会建设必须始终遵循的基本规律。古往今来，贫困是社会不和谐最主要的根源，而发展是消除贫困的根本途径。富裕不一定和谐，但贫困必然导致不和谐。马克思曾经指出，如果没有生产力的充分发展，就只会有极端贫困的普遍化。而在极端贫困的情况下，必然重新开始争夺必需品的斗争，全部陈腐污浊的东西又要死灰复燃。离开发展这个解决中国一切问题的关键，就不可能有社会主义和谐社会。而和谐社会建设所要求的发展，就是科学发展观所规定的发展。只有坚持发展的为民性，才能使全体人民各尽所能、各得其所而又和睦相处，不断焕发参与和谐社会建设的热情；只有坚持发展的全面性，才能从经济、政治、文化等各个方面为和谐社会建设创造有利条件；只有坚持发展的协调性，才能最大限度地减少社会矛盾，减轻社会振荡，为和谐社会建设提供良好环境；只有坚持发展的可持续性，才能使和谐社会建设利在当代、惠及子孙，始终充满旺盛的生机和活力。

科学发展观确立了社会主义和谐社会建设必须始终坚持的根本原则。科学发展观既把发展作为永无止境的目标追求，同时又把和谐作为发展的应有之义，坚持了社会发展与和谐的有机统一。建设社会主义和谐社会，从一开始就要坚持科学发展观所规定的这一正确原则，努力在发展中促进社会和谐，在和谐中加快经济社会发展。我们必须清醒地看到，我国是在生产力发展水平还不高的情况下着手构建社会主义和谐社会的，如果离开发展去片面追求社会和谐，结果不仅会使和谐本身失去应有的价值，而且还会使整个社会停滞不前；另一方面，我国又是在社会利益格局深刻变动以及由此引发的不和谐因素日趋增多的情况下来建设小康社会的，如果只顾发展而无视人们对社会和谐的迫切要求，不仅难以更快更好地发展，就是发展起来了，也只能是一个广大人民无法接受的畸形社会。我们党提出构建社会主义和谐社会这一战略任务，就是为了把发展与和谐历史地统一起来，实现二者的良性互动。

科学发展观生动展示了社会主义和谐社会建设的科学思想方法。从方法论的角度看，科学发展观本身就是马克思主义科学思想方法集中而生动的展示。比如，它对以人为本原则的倡导，生动展示了一切为了群众、一切依靠群众的马克思主义的群众观点和群众路线；它对全面、协调、可持续发展的倡导，生动展示了运用普遍联系和发展变化的观点认识和处理问题的唯物辩证的思想方法。这些科学思想方法是我们建设社会主义和谐社会所必不可少的。和谐社会建设是广大人民在党的领导下创造自己幸福生活的宏伟事业，它要求各级领导干部自觉运用群众观点和群众路线想问题、作决策、抓工作，以利于把最广大人民的力量和智慧凝聚到这一伟大事业中来；和谐社会建设是一个复杂的社会系统工程，它要求各级领导干部自觉运用联系的观点做好统筹兼顾的工作，使这一工程的各个方面和各个环节协调一致地运转；和谐社会建设是一个动态的历史过程，它要求各级领导干部自觉运用发展的观点搞好前瞻性筹划，坚持用创新的思路和办法去不断开拓和谐社会建设的新格局。

二、贯彻落实科学发展观是推进社会主义和谐社会建设的必由之路

贯彻落实科学发展观，大力促进物质文明、政治文明和精神文明全面发展进步，是推进社会主义和谐社会建设的基本前提。科学发展观体现在社会生活实践中，最根本的就是促进和保证物质文明、政治文明、精神文明的协调发展和全面进步。这对于建设社会主义和谐社会，具有决定性的意义。社会主义和谐社会建设不是独立于现实社会形态的实践活动，它始终是与物质文明、政治文明、精神文明的共同发展进步相伴随的，是以后者为前提条件的。物质文明始终是和谐社会建设必需的物质基础。物质文明不仅影响着人们的政治关系、政治意识、政治行为和整个社会的政治制度等，也制约着社会的教育、科学、文化发展水平以及人们的思想道德水平。政治文明是和谐社会建设必需的政治保障。社会主义政治文明的本质是坚持党的领导、人民当家作主和依法治国的统一，它不仅体现为不断完善的制度规范，也表现为不断提升的政治伦理；不仅体现为井然的政治秩序，也表现为人们普遍享有的民主权利和平等关系；不仅体现为社会管理者政治上的高素质，也表现为社会成员对人类现代文明基本原则的尊重和崇尚。精神文明是实现社会和谐不可缺少的思想基础。精神文明建设搞好了，人们拥有较高的科学文化素养、崇高的理想信念和道德情操，才能为

和谐社会建设所必需的物质文明和政治文明的发展提供思想保证、精神动力和智力支持。社会主义和谐社会建设能否扎实推进，关键取决于我们能否按照科学发展观的要求，把物质文明、政治文明、精神文明建设一起抓好。

贯彻落实科学发展观，让发展的成果惠及全体人民，是推进社会主义和谐社会建设的强大动力。在我国，人民群众是社会主义和谐社会建设的主体力量。人民群众参与和谐社会建设所争取的一切，同他们的现实利益密切相关。在现实条件下，由于利益主体呈多元化趋势，人民群众既有共同利益，又有不同利益。因此我们党提出以人为本的科学发展观，从社会价值取向上讲，就是要协调好全社会各方面、各阶层的利益关系，确保经济社会发展的成果惠及全体人民。近些年来，随着改革的深化和社会主义市场经济的发展，我国原有的利益格局发生了深刻变化，社会上分配不公、收入差距拉大的问题比较突出，经济社会发展成果的分享出现一些失衡现象。如果任其发展下去，占人口绝大多数的普通劳动群众就会日益丧失主动性和创造性，就不可能以主人翁的姿态积极投身到和谐社会建设中去。因此，党和政府必须认真贯彻落实科学发展观，切实从坚持以人为本的高度，进一步调整并不断优化利益分配格局，并采取社会保障、社会福利、社会救济等措施，让不同利益主体按照各得其所的原则分享发展的成果，使全体人民都能越来越多地获取看得见、摸得着的实际利益。只有这样，才能把广大人民群众的积极性创造性凝聚到社会主义和谐社会建设上来，使这一建设的动力源泉充分涌流，真正形成“不尽长江滚滚来”的雄壮气势。

贯彻落实科学发展观，实现人、社会、自然之间的良性互动，是推进社会主义和谐社会建设的根本保障。科学发展观以实现人、社会、自然三者之间的协调发展为基本着眼点。也正是在这个意义上，贯彻落实科学发展观，是我们推进社会主义和谐社会建设最重要的途径。建设和谐社会的过程，是一个有效利用人力资源、社会资源、自然资源造福于民的过程。而要使人力资源、社会资源、自然资源持久满足和谐社会建设的需求，就必须实现人、社会、自然三者的良性互动：通过控制人口数量，提高人口质量，既为社会发展创造更加有利的条件，又减轻对自然和生态环境造成的压力；通过优化社会资源配置，提高经济社会建设整体效益，既为人的全面发展提供越来越好的社会环境和条件，又防止社会因不堪重负而对自然资源进行掠夺性开发；通过合理利用自然资源，既使人们从大自然那里不断获得正面回报，又使社会的繁荣发展获得生态文明支持。在我国现阶段，自然资源严重不足，经济增长在很大程度上又是靠自然资源的高消耗来实现的，生态环境总体恶化的趋势仍未得到有效控制。只有按照科学发展观的要求，正确处理人、社会、自然三者的相互关系，把讲求经济效益、社会效益、生态效益和人文效益有机统一起来，我们的和谐社会建设才能有越来越广阔的发展前景。

三、在科学发展观指导下不断开拓社会主义和谐社会建设的新境界

要把以人为本作为和谐社会建设的核心原则。在构建和谐社会中落实科学发展观，第一位的也是最根本的要求，就是高扬以人为本的旗帜，使之在和谐社会建设中始终处于主导和核心地位。当前和今后一段时期，要把促进人的全面发展作为和谐社会建设的基本出发点和归宿，一切妨碍人的全面发展的思想观念都要逐步更新，一切束缚人的全面发展的做法和陋习都要逐渐改变，一切影响人的全面发展的体制弊端都要逐渐革除。要在生产不断发展的基础上，尽其所能地满足人民群众不断增长的物质文化需求。要切实加强社会主义民主建设，进一步加大民主选举、民主决策、民主管理和民主监督的力度，使人民群众依法充分享有各项民主权利。要切实加强社会主义精神文明建设，深入贯彻理解人、关心人、尊重人的原则，用和而不同的精神来面对个性多样的所有公民。要大力营造尊重劳动、尊重知识、尊重人才、尊重创造的社会氛围，特别是要使人们的创造愿望得到实现，创造活动得到支持，创造才能得到发挥，创造成果得到肯定，从而让每个人的人生价值都能得到充分实现。要结合实施科教兴国战略，努力创建学习型社会，形成人人学习、终身学习的时代风尚，使每个社会成员都能成为受人尊重的有用之才。

要把促进发展作为和谐社会建设的鲜明主题。用科学发展观统领和谐

社会建设，必须毫不动摇地坚持以经济建设为中心，紧紧扭住发展这个党执政兴国的第一要务，进一步营造“聚精会神搞建设，一心一意谋发展”的浓厚氛围。要把发展这个主题贯彻到和谐社会建设的各个方面和各个环节中去，使这一建设的所有举措都能配合国家发展的大局，都能够为促进社会主义物质文明、政治文明、精神文明发展服务。要始终紧贴我们党谋求发展的实践来推进和谐社会建设，既把研究解决发展中的新情况新问题作为和谐社会建设的突出课题，又不断用发展的经验和成果来为和谐社会建设注入新的生机。要注意把广大人民群众的积极性和创造性不断转化为贯彻执行党的路线、方针、政策，从更高起点上推动经济社会发展的自觉行动。要着眼于和谐社会建设对发展提出的客观要求，坚持走新型工业化道路，把经济工作重点转移到调整结构、转变增长方式上来，不断提高经济增长的质量和效益；继续深化经济体制改革，充分发挥市场在配置资源中的基础性作用，从体制机制上解决影响和制约经济又快又好发展的深层次问题；坚持实施可持续发展战略，大力发展循环经济，进一步走生产发展、生活富裕、生态良好的文明发展道路。

要把统筹兼顾作为和谐社会建设的根本方法。统筹兼顾，是科学发展观所倡导的一个基本的方法论原则。在和谐社会建设中，必须把贯彻这一原则摆在更加重要的位置。党和政府组织指导和谐社会建设的过程，就是统筹兼顾各个方面工作任务和各个方面利益关系的过程。在这个过程中，内政、外交、国防需要统筹兼顾，改革、发展、稳定也需要统筹兼顾；经济建设、政治建设、文化建设需要统筹兼顾，政策建设、制度建设、法制建设也需要统筹兼顾；东部、中部、西部发展需要统筹兼顾，城市、农村以及城乡结合部的发展也需要统筹兼顾；国家利益、集体利益、个人利益需要统筹兼顾，先富阶层、后富阶层以及困难群众的不同利益需求也需要统筹兼顾；人口增长、资源开发、环境保护需要统筹兼顾，生产力发展、生产关系变革、上层建筑调整也需要统筹兼顾……可以这么讲，和谐社会建设拓展到哪里，党和政府就要把统筹兼顾原则贯彻到哪里。我们党作为社会主义中国的执政党，其基本功能和领导方略，就是总揽全局、协调各方。在新的形势下，我们要把提高统筹兼顾的能力作为加强执政能力建设的重要内容和任务来抓。要在总结和积累经验的基础上，改进和创新统筹兼顾的领导方法，健全和完善统筹兼顾的工作机制，从而不断提升领导和谐社会建设的水平。

要把维护公正作为和谐社会建设的关键环节。公平和正义是社会文明进步的重要标志，也是科学发展观的一个核心价值取向。按照科学发展观要求推进社会主义和谐社会建设，就要在维护和促进社会公正这个关键环节上求得新突破。要根据社会生活多样化发展的实际，把公民在基本权利上的公平不断向机会公平、规则公平、分配公平、社会保障公平方面延伸和拓展，构建一个完整的社会公平体系。要使社会公正政策化。要依循公正原则制定和调整方针政策，努力使各项方针政策既能保证相关的社会公正要求落到实处，又对促进各个方面的社会公正发挥强有力的导向作用。要使社会公正制度化。切实把公正原则深入贯彻到制度建设中去，把体现和维护社会公正作为完善制度的根本取向，从而用具体制度来保障社会生活各个领域和各个方面的公正。要使社会公正法治化。党和政府要把依法维护社会公正作为依法治国的重要内容，不仅要把公正原则上升到法律层面，而且要把有法必依、执法必严、违法必究的司法公正原则落到实处，以法律的权威性来贯彻和体现社会公正的神圣性。

（载于《马克思主义理论研究和建设工程参考资料》185期）

科学发展观和构建和谐社会对“三大规律”认识的深化

中国社会科学院邓小平理论和
“三个代表”重要思想研究中心

党的十六届五中全会通过的《中共中央关于制定国民经济和社会发展第十一个五年规划的建议》指出：坚持以科学发展观统领经济社会发展全局，要深化对科学发展观基本内涵和精神实质的认识，推进社会主义和谐社会建设。中国共产党总是善于根据时代和实践发展的要求，在开创中国特色社会主义事业新局面的历史进程中，不断推进理论与实践的双重探索和创新。在我国经济社会发展的关键时期，我们党在邓小平理论和“三个代表”重要思想的指导下，根据国内国际新形势，明确提出了坚持科学发展观和构建社会主义和谐社会的重大战略思想，这是建设中国特色社会主义的基本理念和实践目标在新世纪新阶段的进一步升华和具体化。科学发展观和构建社会主义和谐社会相辅相成、不可分割，有机地统一于我们党对共产党执政规律、社会主义建设规律和人类社会发展规律的不懈探索中，是对马克思主义中国化进程的进一步拓展和深化。

对共产党执政规律认识的深化

以胡锦涛同志为总书记的党中央，紧紧围绕全面建设小康社会的宏伟目标，紧紧围绕推进党的建设的新的伟大工程，提出了科学发展观和构建社会主义和谐社会，深化了对共产党执政规律的认识。

一是深化了对共产党执政的历史使命的认识。中国共产党执政以后，始终坚持代表广大人民的当前利益和长远利益，坚持最低纲领和最高纲领的统一，在此基础上制定适合不同历史时期形势和特点的路线、方针和政策。科学发展观和构建社会主义和谐社会的提出，就是以胡锦涛同志为总书记的党中央，从当前我国经济社会发展处于关键时期的具体实际出发而作出的战略决策，既着眼于当前现代化建设面临的紧迫问题和任务，又瞻望中国特色社会主义的未来发展方向和实现共产主义的长远目标。科学发展观和构建社会主义和谐社会，正是我们党最低纲领和最高纲领的联结点和相统一的具体化，是以往经验、现实需要和未来方向的结合。

二是深化了对共产党执政的根本宗旨的认识。全心全意为人民服务，始终是我们党的根本宗旨；代表最广大人民的根本利益，始终是我们党开展各项工作的出发点和落脚点。在革命、建设和改革的每个时期，我们党总是把社会发展实际、人民群众的迫切需要和党面临的中心任务结合起来，提出充分体现党的宗旨和代表最广大人民根本利益的方针政策。胡锦涛同志强调："相信谁、依靠谁、为了谁，是否始终站在最广大人民的立场上，是区分唯物史观和唯心史观的分水岭，也是判断马克思主义政党的试金石。"科学发展观和构建社会主义和谐社会相统一的核心纽结和本质要求，就是以中国最广大人民群众的根本利益为本。从这个意义上说，能否把树立和落实科学发展观与构建社会主义和谐社会统一起来，关系到能否在实际中真正反映和贯彻党的全心全意为人民服务的根本宗旨。

三是深化了对共产党执政的社会基础的认识。随着改革开放的不断深入和经济社会的发展，我国的社会结构和阶级结构发生了很大变化，党的组织建设，党执政的社会基础，都呈现出新特点，面临许多新问题，我们党适时提出了巩固党的阶级基础和扩大党的群众基础的战略任务。而做好这项关系党和国家事业发展全局的工作，一方面要赢得最广大人民群众的支持，另一方面要形成和谐的群众关系和社会关系。科学发展观和构建社会主义和谐社会的提出，有利于广泛地调动人民群众建设中国特色社会主义事业的积极性和创造性，形成党执政的最广泛、最稳定、最有活力的社会基础，从而不断巩固党的执政地位，不断增强党同人民群众的血肉联系。

四是深化了对共产党执政能力建设的认识。党的十六届四中全会《决定》把构建社会主义和谐社会列入党的五种执政能力之中。这反映了我们党对执政规律、执政能力、执政方略、执政方式的新认识。胡锦涛同志对此作了深刻具体的阐发，要求“不断提高激发社会创造活力的本领、管理社会事务的本领、协调利益关系的本领、处理人民内部矛盾的本领、开展群众工作的本领、维护社会稳定的本领”。提高六种“本领”，是在坚持科学发展观和构建社会主义和谐社会相统一的实际过程中加强党的执政能力建设的必然要求，是对共产党执政能力的新认识和具体化。

对社会主义建设规律认识的深化

我们党提出科学发展观和构建社会主义和谐社会，符合科学社会主义基本原理，是对世界社会主义运动经验和教训的深刻总结，是对中国特色社会主义理论的丰富和发展。坚持二者的有机统一，进一步深化了对社会主义建设规律的认识。

第一，丰富了马克思主义关于社会主义发展目标的思想，把科学的理论设想具体体现于当代的生动实践中。对共产主义和社会主义社会的科学设想是科学社会主义理论的重要内容。马克思恩格斯多次强调，科学的设想如果不结合历史过程、时代要求和具体实践来阐明，就没有任何价值。提出科学发展观和构建社会主义和谐社会，就是在科学设想与实际生活、前进方向与具体道路、理论与实践的结合过程中，把马克思主义关于社会主义发展目标的思想具体化为实践，同时也不断把实践的丰富经验提炼升华为理论，从而丰富科学社会主义理论宝库。

第二，深化了对社会主义本质的认识，促进了从抽象到具体、从特征描述到本质揭示的转化。邓小平总结中国社会主义建设和世界社会主义运动的经验教训，精辟揭示了社会主义的本质，是解放生产力，发展生产力，消灭剥削，消除两极分化，最终达到共同富裕。我们党提出科学发展观和构建社会主义和谐社会，是以邓小平理论和“三个代表”重要思想为指导，根据我国改革发展处于关键时期的客观形势，对社会主义本质认识的拓展和深化。通过提出全面、协调和可持续的发展观，进一步指出了解放和发展生产力的正确道路；通过提出构建和谐社会，促进公平正义，诚信友爱，进一步指出了实现共同富裕的具体途径；等等。坚持科学发展观和构建社会主义和谐社会的统一，表明我们党对社会主义本质的认识更加深刻和具体。

第三，完善了对中国特色社会主义建设总体布局的认识，更加重视社会的整体发展和质量统一。改革开放以来，我们党坚持马克思主义基本原理同中国社会主义建设的具体实际相结合，独立自主地探索中国特色社会主义的发展道路。在对中国特色社会主义建设总体布局的认识上，从物质文明和精神文明两手抓，到物质文明、政治文明和精神文明的三位一体建设，再到物质文明、政治文明、精神文明和和谐社会的四位一体建设，表明我们党对中国特色社会主义的社会结构的认识，越来越全面和系统；在对发展问题的认识上，从提出"发展是硬道理"，到提出"发展是党执政兴国的第一要务"，到提出"全面、协调和可持续发展"，表明我们党对中国特色社会主义的发展目标、发展战略和发展途径的认识，越来越自觉和成熟。坚持科学发展观和构建社会主义和谐社会的统一，是我们党在经济社会发展处于关键时期的新形势下，对中国特色社会主义如何发展的科学认识。建设社会主义物质文明、政治文明、精神文明为构建社会主义和谐社会提供物质基础、政治保障和精神支撑，构建社会主义和谐社会又为社会主义物质文明、政治文明、精神文明建设提供充分的社会条件。科学发展观的指导贯穿于四个方面的建设过程中。

对人类社会发展规律认识的深化

我们党提出科学发展观和构建社会主义和谐社会并坚持二者的统一，从更宏观的意义上讲，是以历史唯物主义为指导，根据当今时代人类社会发展的新形势、新特点、新条件、新问题，立足于中国经济社会发展的客观现实和要求，对建立一种更为合理的人与人的关系、人与社会的关系、人与自然的关系的新探索，是对人类社会向何处发展、怎样发展这样一个永恒主题的创造性回答，在对人类社会发展目标、发展道路、社会主体的活动和地位、社会整体的有机联系和内在作用等方面，深化了对人类社会发展规律的认识。

第一，弘扬以人为本的理念，并将它同党的根本宗旨联系起来，更加尊重人民群众的历史创造活动和主体地位。以人为本是科学发展观的核心，也是构建社会主义和谐社会的根本要求。我们党提出的以人为本，是马克思主义深刻揭示的作为"社会关系总和"的人，是在生产和社会实践中能动地创造历史同时也不断创造自身的人，是在客观的历史条件和环境中不断促进自己的全面发展和解放、从必然走向自由的人。在现实的经济政治生活中，我们党倡导的以人为本，就是"全心全意为人民服务"这一党的根本宗旨的具体体现，就是"立党为公，执政为民"，就是"权为民所用，情为民所系，利为民所谋"。从根本上说，就是充分尊重人民群众的历史主体地位，相信和依靠人民群众的历史创造力量，就是在新的历史条件下彻底地贯彻我们党的群众路线，代表和实现中国最广大人民的根本利益。我们党提出的以人为本，是对马克思主义关于人的学说和历史主体思想的丰富和发展。

第二，树立和落实科学发展观，探索一条具有本国特色的现代化道路，为丰富多彩的人类社会发展模式增添了新内容。在当前经济全球化和政治多极化的新的世界形势下，在国内改革发展处于关键时期的新的发展阶段，我们党提出并践行全面、协调和可持续发展这一科学发展观，努力实现"两个根本转变"，具体制定和实施"五个统筹"的发展战略，追求人和社会的全面进步与和谐发展，实质上就是立足本国实际，以具有中国特色的发展理念和实践探索创新着人类发展方式，丰富着人类社会发展模式。我们党坚持科学发展观和构建社会主义和谐社会的统一，不仅是国内改革发展新形势的必然要求，而且也是为人类社会发展道路的不断探索提供新鲜的经验，做出应有的贡献。

第三，致力于和谐社会建设，并将它有机融入经济、政治和文化的实际发展过程中，从而在更加广泛和深刻的意义上证明着社会主义制度的优越性。随着中国特色社会主义实践进程的发展，我们对现实社会主义制度优越性的内涵和外延的认识也不断深化。从根据经典作家论述的抽象理解，到"首先必须摆脱贫穷"、"一定要使生产力发达"的切实体验，从两个文明共同建设，到经济、政治、文化和社会四位一体建设，这不仅是对社会主义建设总体布局认识的发展，而且是对社会主义优越性认识的拓展和深化。这种认识同对当前我国经济社会发展所面临的现实问题的认识和解决结合起来，因而也就更加具体和深刻。胡锦涛同志在构建社会主义和谐社会的讲话中，明确论述了构建和谐社会同建设物质文明、政治文明、精神文明之间不可分割、有机统一的关系，明确提出了我国改革发展处于关键时期所面临的重大问题。我们相信，在科学发展观和构建社会主义和谐社会的战略思想指导下，全党全国人民同心同德，发愤图强，一定能在本世纪中叶把我国建设成为经济更加繁荣、政治更加昌明、文化更加先进、社会更加和谐的社会主义现代化强国，使社会主义制度的优越性得到更为切实的体现。

（载于《马克思主义理论研究和建设工程参考资料》206期）

构建社会主义和谐社会:对中国特色社会主义的新认识

李忠杰

构建社会主义和谐社会，是以胡锦涛同志为总书记的党中央从全面建设小康社会、开创中国特色社会主义事业新局面的全局出发提出的重要战略目标。它的提出以及有关论述，集中体现了我们党对共产党执政规律、社会主义建设规律和人类社会发展规律的新认识，进一步丰富和发展了中国特色社会主义理论，因而也为科学社会主义理论增添了崭新内容。

中国特色社会主义事业总体布局的新发展

1982年9月，邓小平同志在党的十二大开幕词中第一次提出“建设有中国特色的社会主义”的命题。2002年11月，党的十六大正式使用“中国特色社会主义”的提法。改革开放20多年来，我们致力于建设的社会主义，是中国特色社会主义；面向未来，我们所要继续建设的社会主义，仍然是中国特色社会主义。为了稳步有序地推进中国特色社会主义事业，我们党不断思考和研究这一事业所包含的各方面的目标、任务，从整体或全局上确定推进这一事业的总体布局，并且随着时代条件的变化，随着改革开放的深入，先后从不同角度作出了规划和部署。

1986年9月，党的十二届六中全会在《关于社会主义精神文明建设指导方针的决议》中，明确提出：“我国社会主义现代化建设的总体布局是：

以经济建设为中心，坚定不移地进行经济体制改革，坚定不移地进行政治体制改革，坚定不移地加强精神文明建设，并且使这几个方面互相配合，互相促进。”

1987年，党的十三大制定党在社会主义初级阶段的基本路线，明确概括了“一个中心，两个基本点”的主要内容，并号召我们为建设富强、民主、文明的社会主义现代化国家而奋斗。邓小平同志强调：“十三大确定了‘一个中心、两个基本点’的战略布局”，“这个战略布局我们一定要坚持下去，永远不改变。”

1991年，江泽民同志在庆祝建党70周年大会上，系统地论述了中国特色社会主义经济、政治、文化的主要内容和基本特征。1997年，党的十五大提出社会主义初级阶段的基本纲领，围绕富强民主文明的目标，明确规定了中国特色社会主义经济、政治和文化建设的基本政策和基本要求。这实际上是从建设中国特色社会主义的目标出发安排的战略布局。后来，江泽民同志多次强调：建设中国特色社会主义，应是我国经济、政治、文化全面发展的进程，是我国物质文明、政治文明、精神文明全面建设的进程。

党的十六大把“社会更加和谐”纳入全面建设小康社会的战略目标之中。十六届四中全会进一步概括形成“社会主义和谐社会”的概念，提出要适应我国社会的深刻变化，把和谐社会建设摆在重要位置，不断提高构建社会主义和谐社会的能力。2005年2月，胡锦涛总书记在省部级主要领导干部提高构建社会主义和谐社会能力专题研讨班上，全面阐述了社会主义和谐社会的内涵、任务和要求，强调构建社会主义和谐社会，是我们党从全面建设小康社会、开创中国特色社会主义事业新局面的全局出发提出的一项重大任务。

构建社会主义和谐社会目标的提出，深化了我们对人类社会发展内涵及其相互关系的认识。人类社会是由经济、政治、文化等各方面组成的超大系统。作为描述、概括这一超大系统的“社会”范畴，有广义和狭义之分。广义上的“社会”，包含经济、政治、文化等各方面的内容。狭义上的“社会”，与经济、政治、文化并列，特指社会关系、社会环境、社会管理等方面的状况。中国特色社会主义，是一个全面发展和进步的社会。

从广义上来说，它应该是一个物质文明、政治文明和精神文明全面发展的社会；从狭义上来说，它除了发展物质文明、政治文明和精神文明之外，还需要发展和完善文明的社会关系，即社会文明。因此，无论从广义还是从狭义来说，和谐社会建设都是中国特色社会主义事业不可缺少的内容。

提出构建社会主义和谐社会的任务，意味着把社会建设放在了更加突出的地位。三大文明的建设可以为构建社会主义和谐社会提供坚实的物质基础、政治保障和精神支撑，而和谐社会建设又可以为三大文明建设提供有利的社会条件。它们有机统一、互相促进，共同构成中国特色社会主义事业四大方面的内容。明确提出构建社会主义和谐社会的重大任务，目的就是要求我们在建设中国特色社会主义的伟大实践中，更加自觉地加强社会建设，使社会主义物质文明、政治文明、精神文明建设与和谐社会建设更加全面、均衡、协调地发展。这表明，随着我国经济社会的不断发展，中国特色社会主义事业的总体布局，更加明确地由社会主义经济建设、政治建设、文化建设三位一体发展为社会主义经济建设、政治建设、文化建设、社会建设四位一体。这种四位一体的布局，表明我们对社会建设内涵的认识进一步深化，也表明我们对建设中国特色社会主义目标和任务的认识进一步深化，对建设中国特色社会主义战略和总体布局的谋划也更加全面、协调、均衡。

中国特色社会主义价值目标的新概括

中国特色社会主义有着多方面的内容和特征，处于核心地位的，是它的价值内涵和价值目标，尤其是核心价值。坚持中国特色社会主义，说到底，就是坚持中国特色社会主义的核心价值；建设中国特色社会主义，就是要使中国特色社会主义的价值目标，即最广大人民的根本利益得到全面的实现。

邓小平同志对于什么是社会主义、怎样建设社会主义这一基本问题的思考和回答，包含着非常深刻的价值论思想。特别是他提出的社会主义本质论，深刻揭示了中国特色社会主义的价值目标。党的十三届四中全会以后，随着历史条件的变化，以江泽民同志为核心的第三代中央领导集体对于建设中国特色社会主义的价值问题给予了更为深切的关注。“三个代表”重要思想的基本要求，实际上集中概括了中国共产党的价值追求，进一步明确了中国特色社会主义的价值取向和价值目标。

以胡锦涛同志为总书记的党中央，从新世纪新阶段的实际出发，提出以人为本、全面协调可持续的科学发展观，进一步确立全面建设小康社会的战略目标和建设社会主义和谐社会的任务。这些重要执政理念的提出，表明我们党在理论和实践上进一步明确了中国特色社会主义的价值取向。什么是和谐社会？按照十六届四中全会的精神，它应当是全体人民各尽其能、充满创造活力的社会，是全体人民各得其所和利益关系得到有效协调的社会，是社会管理体制和社会服务网络不断健全的社会，是稳定有序、安定团结、各种矛盾得到妥善处理的社会。2月19日，胡锦涛总书记在省部级主要领导干部专题研讨班上的讲话中，更加深刻地指出：我们所要建设的社会主义和谐社会，应该是民主法治、公平正义、诚信友爱、充满活力、安定有序、人与自然和谐相处的社会。所有这些，都是最广大人民群众所需要，而且通过构建社会主义和谐社会能够实现的价值目标，成为中国特色社会主义核心价值观中的重要范畴。

毫无疑问，构建社会主义和谐社会是一个长远的目标。任何社会都是和谐与不和谐的统一，绝对的和谐社会是不可能存在的。我们的任务是不断增加社会的和谐因素，尽力减少不和谐的因素。只有坚定地朝着这样的价值目标前进，社会的活力才能最大限度地激发出来，使一切有利于社会进步的创造愿望得到尊重、创造活力得到支持、创造才能得到发挥、创造成果得到肯定。只有坚定地朝着这样的价值目标前进，才能使社会各方面的利益关系得到妥善的协调，人民内部矛盾和其他社会矛盾得到正确处理，整个社会处于良性运行的状态。

中国特色社会主义执政方略的新要求

中国共产党是中国特色社会主义事业的领导核心。作为一个掌握全国政权并长期执政的党，只有认真研究和掌握执政规律，不断完善执政方略，提高执政能力，才能有效地推进中国特色社会主义事业的发展。以胡锦涛同志为总书记的党中央提出建设社会主义和谐社会的目标，既是巩固党执政的社会基础、完成党执政的历史任务的必然要求，也反映了我们党对执政规律、执政能力、执政方略、执政方式的新认识。

早在新中国成立之初，邓小平同志就指出："我们党成为执政党，这是一件值得高兴的事情。但是，执政党也不是很容易当的。""所以，我们每天每时都要注意执政党的特点。"后来，他又特别提出一个"执政党应该是一个什么样的党，执政党的党员应该怎样才合格，党怎样才叫善于领导"的问题。

十三届四中全会以后，国际国内形势发生很大变化。怎样执政？怎样提高执政能力？怎样巩固执政基础？怎样才能长期执政？这些问题越来越尖锐地提到我们党面前。江泽民同志及时指出："我们党处在执政地位，肩负着重大的领导责任，要把我们这样一个十二亿多人口的发展中大国领导好，必须不断提高自身的领导水平和执政能力。"2002年，党的十六大第一次明确地把"加强党的执政能力建设，提高党的领导水平和执政水平"作为党的建设的重要任务，并提出了各级党委和领导干部必须提高五个方面的执政能力。

党的十六大以来，以胡锦涛同志为总书记的党中央，围绕着如何执政、如何提高执政能力和执政水平、如何巩固党的执政地位等，进一步研究和部署党的建设新的伟大工程，使党始终成为中国特色社会主义事业的领导核心。十六届一中全会上，胡锦涛同志指出，我们党是执政党，党的各方面建设，最终都应该体现到提高党的执政能力上来，体现到巩固党的执政地位上来。十六届四中全会着重研究加强党的执政能力建设问题。全会通过的《决定》，成为我们党第一个全面总结党的执政经验、指导全党加强执政能力建设的纲领性文件。正是在这个文件中，提出了不断提高构建社会主义和谐社会能力的要求。

构建社会主义和谐社会，进一步突出和体现了我们党执政的本质要求。十六届四中全会的《决定》，把"使党始终成为立党为公、执政为民的执政党"作为加强党的执政能力建设的总体目标之一，要求坚持权为民所用、情为民所系、利为民所谋，实现好、维护好、发展好最广大人民的根本利益，保证人民群众共享改革发展的成果。构建社会主义和谐社会，正是立党为公、执政为民这一本质的内在要求。只有通过构建社会主义和谐社会，使社会主义民主得到充分发扬，依法治国方略得到切实落实，各方面积极因素得到广泛调动，各方面的利益关系得到妥善协调，社会公平和正义得到切实维护和实现，全体人民能够平等友爱、融洽相处，人与自然的关系处于和谐状态，我们党执政为民的目的和要求才能够得到更加充分的体现。

构建社会主义和谐社会，有利于巩固我们党执政的社会基础。中国共产党代表人民执政，领导人民建设中国特色社会主义，根本的基础是人民拥护。构建社会主义和谐社会，就是要紧紧依靠人民群众，团结一切可以团结的力量，调动一切可以调动的积极因素，为实现全面建设小康社会的宏伟目标而奋斗；就是要正确认识和妥善处理人民内部矛盾和其他社会矛盾，协调好各方面的利益关系，不断在发展的基础上满足人民群众日益增长的物质文化需要；就是要抓紧解决人民群众生产生活中的突出问题和困难，保持党同人民群众的血肉联系，增强党的阶级基础，扩大党的群众基础；就是要加强社会建设和管理，营造良好的社会环境，保持良好的社会秩序，维护社会稳定，保证广大人民群众安居乐业。只有把这些工作更加自觉、更加主动地做好了，我们党的执政基础才能够得到进一步的巩固。

（载于《马克思主义理论研究和建设工程参考资料》186期）

努力构建社会主义和谐社会

中国社会科学院课题组

科学理解社会主义和谐社会的内涵

构建社会主义和谐社会中所指的“社会”，应是一个具体的发展领域，与经济、政治、文化相并列。“和谐社会”包括社会关系的和谐及人与自然的和谐两个方面，但主要是指社会关系的和谐。构建社会主义和谐社会既包括建设的目标、任务和构想，又包括相应的执政党的执政能力、社会治理方略和社会运行机制。

第一，和谐社会是在社会主义初级阶段为了全面建设小康社会而提出的一个发展战略，是立足于我国国情、以社会主义市场经济为基础、以利益格局多样化为条件的现实调控目标，而不是要否定或削弱市场对资源的基础配置作用，更不是要回到平均主义的老路上去。

第二，和谐社会以一定的经济发展水平和物质财富的积累为基础，正像贫穷不是社会主义一样，贫穷的社会也不可能和谐。但是富裕并不是和谐社会的充分条件，还要看财富怎样分配，利益怎样协调。从这个意义上说，和谐社会要求保证基本的公平和正义，能够使人们普遍分享增长和发展的收益。社会主义制度是共同富裕和社会和谐的根本保证。

第三，和谐的社会必然是稳定的、有秩序的社会，但稳定的、有秩序的社会并不一定就是和谐的社会。和谐的社会不但要稳定、有秩序，而且不能封闭和僵化，要开放并充满活力。要能够吸收人类文明的一切精华，让一切劳动、知识、技术、管理和资本的活力竞相迸发，让一切创造社会财富的源泉充分涌流。

第四，和谐社会不仅包括利益层面的和谐，也包括价值观念层面的和谐。和谐社会不但要使人们安居乐业、事业有成、心情舒畅，还要形成社会主义公民意识和良好的公民道德，形成有利于团结群众、凝聚人心和面向未来的社会主义价值体系。随着经济全球化进程的加快和各种思想文化的相互激荡，价值认同的和谐越来越重要。

第五，构建社会主义和谐社会是一个长期的历史过程，不是一蹴而就的目标，它的基本要求与经济社会发展阶段相适应。在这个历史过程中，不平衡、不协调的现象以及各种社会矛盾会始终存在。从这个意义上说，和谐社会不可能完全消除社会矛盾。旧的矛盾解决了，又会产生新的矛盾。这就要求有一种能够不断解决矛盾和化解冲突的机制，一种在矛盾中仍能保持和谐和快速发展的机制。

构建社会主义和谐社会面临的新形势

改革开放以来，我国社会生活发生了日新月异的变化，社会结构也发生了巨大的变迁。构建社会主义和谐社会就是针对这些情况提出来的。

第一，阶级阶层结构的变化。改革开放以来，我国的阶级阶层结构发生了很大变化，一是工人阶级队伍明显壮大，特别是产业职工的规模快速扩大，通过改变职业成长起来的农民工群体，已成为产业职工的重要组成部分；二是社会成员在职业阶层之间和在地域之间的社会流动明显加快，随着社会身份对社会流动的限制大大减弱，人们的生活地域、工作单位和职业身份的变换频率大大加快；三是产生了一些新的社会阶层，如民营科技企业的创业人员和技术人员、受聘于外资企业的管理技术人员、个体户、私营企业主、中介组织的从业人员、自由职业人员等，他们成为中国特色社会主义建设者的组成部分。随着阶级阶层结构的变化，在不同的阶层和不同的群体之间，也产生了一些社会矛盾，如社会贫富差距扩大、一些企业的劳资矛盾突出和一些地方的干群关系紧张。从总体上看，这些矛盾都还属于人民内部矛盾。

第二，城乡和区域结构的变化。城乡关系的最大变化是城市化水平快速提高，数亿人口由农民转变成市民。城市已成为我国国民经济发展的重要载体，城市经济对我国 GDP 的贡献率大幅提高。但与此同时，城乡和区域之间的发展差距扩大，农民收入增长过缓成为全面建设小康社会的瓶颈。

第三，人口和就业结构的变化。我国实行的低生育政策取得了巨大成就，但由于生育率的降低和人口预期寿命的延长，人口老龄化的问题凸显。人口结构的快速转变，使我国目前正处于劳动年龄人口最为丰富的时期，劳动力供给充足，少儿的抚养比和社会总抚养比下降。但能否把握住这个人口机遇，关键在于能否解决好就业问题。从今后劳动力供求关系看，就业问题依然严峻。

第四，社会组织结构和社会管理方式的变化。社会组织有两个最为显著的变化：一是绝大多数从业人员脱离“单位制组织”的管理，在“非单位制组织”就业；二是各类民间社团组织快速增加。在社会管理方式上发生从“单位”到“社区”的变化，对社区服务的需求大大增加，以居住地管理为主要形式的社区建设快速发展。社会管理方式的变化，使各种连接政府与个人的民间社团组织快速发展。

第五，文化和价值观方面的变化。随着人民物质生活水平的提高，文化生活进入一个空前繁荣和活跃的时期，各类文化产业蓬勃发展，对人们的生活方式和价值观念产生巨大影响。随着对外开放的不断扩大和信息传播速度的加快，人们的发展意识、效率意识、自我权利保护意识和自我价值实现意识显著增强，但在总体上产生积极变化的同时，思想观念和价值取向出现多样化的趋势。

构建社会主义和谐社会面临的新形势，还包括资源、环境状况的变化和世界格局的变化。随着人口总量和消费需求的增加，我国的经济增长越来越受到资源状况、能源供给和环境承受能力的制约，建立节约资源、能源的生产和生活方式，保护好脆弱的生态环境，成为构建和谐社会的重要一环。另外，在经济全球化、世界多极化趋势加速发展和我国国际地位快速提高的情况下，应保持清醒的政治头脑，处理好国际关系，特别是处理好大国之间的关系，为我国的长期稳定发展争取较好的国际环境。

在构建社会主义和谐社会方面，我们已经有了一些比较成功的经验。

但也要注意到，随着改革的深入和经济的发展，我们今天面对的主要问题与过去相比已经发生了很大变化：改革初期，我们主要是要解决社会缺乏活力和效率的问题，因此鼓励一部分人、一部分地区先富起来，加快发展；今天我们所面对的是在城乡、地区和不同社会阶层之间产生的利益差别，强调公平公正、共同富裕，越来越成为社会的共识。改革初期，我们更多地强调经济总量指标的增长；今天，我们愈来愈要追求经济社会的全面协调发展。改革初期，我们是循序渐进地对外开放，而且开放主要是在经济领域；今天，经济全球化影响到我国社会生活领域，尤其值得注意的是，人们的价值观念多样化，社会需要进行新的价值整合。改革初期，比较侧重于处理好政府与市场的关系，注意发挥市场的作用；今天，则愈来愈迫切地需要处理好政府、市场、社会三者之间的关系。这些变化表明，我国已经进入一个改革和发展的新的历史时期。

构建社会主义和谐社会
需要处理好的几个关系

针对我国当前面临的新形势和现阶段面临的现实难题，构建社会主义和谐社会需要着重处理好以下四个关系：

第一，经济与社会的关系。在经济与社会的关系问题上，要重视防止和克服以下倾向：一是“重经济增长，轻社会发展”。二是“经济指标硬，社会指标软”。其实，社会指标并不比经济指标软，诸如城市化水平、社会保障覆盖面、教育卫生科技文化投入占 GDP 的比例，以及更为具体的如人均预期寿命、成人识字率、失业率、贫困发生率、大气污染指数等，都是很实在的，而且都与人的需求和发展密切相关。国际发展经验表明，社会事业的投入，尤其是教育和卫生投入，不仅有利于社会发展，有利于改善收入分配格局，而且也有利于推动经济发展。在改革的过程中，如果经济政策与社会政策能够相互协调，就能够既创造有利的社会环境，又推动经济发展。

第二，政府与社会的关系。计划经济条件下“政府包办一切社会事务”的状况现在已经有了很大的改观。但是又出现了一些新的问题，一是原有的“单位制组织”的管理范围缩小、管理功能弱化，使原本由单位调节的社会矛盾通过上访的形式向政府集中，特别是向上级政府集中；二是一些地方也出现了另一种偏向，即认为一切提供公共产品和公共服务的领域，也都可以完全靠市场化来解决，而把应当承担的责任当作“包袱”甩掉。目前，各种社会管理体制都还处于改革的过程中，如城乡管理制度、劳动就业制度、工资和收入分配制度、社会保障制度、教育制度、医疗卫生制度等等，在新旧体制转换时期，出现了一些缺乏规范的情况。适合社会主义和谐社会要求的政府与社会的关系，表现在责、权、利三个方面。一是合理分担的责任关系。政府在社会发展方面，应当承担主导的责任，把更多的工作着重点转移到不能完全依靠市场来调节的提供公共产品和公共服务的领域。二是相互尊重的权利关系。政府要依法办事，廉洁高效，公正公平公开，取信于民。要完善和加强政府工作的社会监督机制，改变一些干部只向上负责，不向群众负责的状况。三是合理整合的资源配置关系。在市场经济条件下，利益多元化，资源渠道多样化，社区、社团、中介组织、民间机构等社会组织以及私人能够从不同渠道获得资源。政府要用所掌握的部分资源或核心资源，调动、引导社会资源，把各种资源适当整合，办好社会事业，推动社会有序而健康地发展，形成政府与社会良性互动的局面。建立政府与社会的新型关系，是提高构建社会主义和谐社会能力的关键。

第三，社会各群体间的利益关系。改革开放以来，我们党根据社会各阶级阶层关系发生的变化，围绕党的基本路线和党在社会主义初级阶段的任务，不断地、适时地调整相关的社会政策，协调各方面的利益，一种新型的利益格局已经基本形成。首先，工农基本群众焕发出生产劳动的积极性和创造力，绝大多数人的生活水平有了显著提高；其次，随着科教兴国战略的实施，以专业技术人员为主的知识分子的社会地位明显提高，在全社会基本形成了尊重知识、爱护人才的风气；第三，通过廉政建设、提高公务员素质、完善公务员社会保障制度和提高公务员的工资水平，保证了干部队伍的稳定，使公务员成为令人羡慕的职业；第四，私营企业主阶层的政治社会地位得到明确肯定，私营企业主及其组织的代表作为中国特色社会主义事业建设者，也具有了人民代表大会和政协的参政、议政渠道。

但是，在新型利益格局的形成过程中，也产生了一些新的问题：一是农民的收入增长过缓，致使他们与其他社会阶层的利益差距越来越大；二是国有和集体企业的下岗失业职工增多，他们中的一些人由于年龄、知识和技能方面的原因，面临再就业的困难；三是农民工的劳动条件和劳动待遇长期没有明显的改善。这种情况，不仅影响到工农基本群众对当前社会形势的判断，也影响到他们对改革开放事业的信心以及对党和政府的态度。在一部分工农基本群众中，产生了一些不满情绪，一些本来可以妥善解决的具体纠纷，也往往会因此演变成群体性事件。

工农基本群众的利益问题并不是孤立存在的，而是与我国社会各阶级阶层的整体利益关系格局紧密联系在一起的。因而，我们不仅要特别关注工农群众的地位与利益问题，还要把这个问题放到我国社会整体利益格局中来加以思考。如果说，协调好社会各阶级阶层之间的利益关系，涉及的是调整社会结构、进一步扩大党的社会基础的问题，那么解决好工农基本群众的地位和利益问题，则涉及巩固党的阶级基础和群众基础的问题。改革既然是利益的调整过程，对于工农群众来说，部分成员的利益有增有损是难免的。如何让利益受损和得利相对减少者也高兴，或者愿意接受呢？这就要有一个达致和谐的机制，这个机制就是利益平衡和协调机制。

第四，公平与效率的关系。构建社会主义和谐社会，一方面要动员社会各方面的力量和调动各方面的积极性，另一方面也要发挥政府实行社会宏观调控的主导作用。政府的社会宏观调控，可以体现为依靠法律的、行政的和经济的多种办法来进行公共资源的配置。公平和效率的关系，实际上贯穿于社会分配的各个层次。但是，在不同阶段，不同方面，对不同主体来说，侧重点是不同的。针对平均主义“大锅饭”要强调效率，收入差距太大了就要强调公平；为了提高竞争力要注重效率，为了实现社会和谐就要注重公平。在现阶段，就是要下大力气解决社会分配中的公平问题。在初次分配中要坚持以效率为主的分配原则。但初次分配中也有保证社会公平的问题，尤其是要注意通过完善制度来保证机会均等、竞争公平和合法权益保护。在再分配中要坚持以公平为主的分配原则，缩小初次分配造成的过大的收入和财富差距，防止两极分化，保证人们获得均等的发展机会和共享经济增长的成果，保证社会的协调发展，为社会公正的价值体系提供基础的物质支撑。充分发挥第三次分配的作用。要动员社会各方面的力量，调动各方面的积极性，建立社会救助、民间捐赠、慈善事业、志愿行动等各种形式的制度和机制。

（载于《马克思主义理论研究和建设工程参考资料》163 期）

深刻认识新形势下和谐社会建设的特点和规律

北京市邓小平理论和
“三个代表”重要思想研究中心

一

胡锦涛同志指出：“社会主义和谐社会，应该是民主法治、公平正义、诚信友爱、充满活力、安定有序、人与自然和谐相处的社会。”这一精辟论断，阐明了社会主义与和谐社会的内在同一性，是对社会主义的根本目的、鲜明特征作出的科学概括，也是对社会主义的发展趋势、发展要求及所承担的历史任务作出的科学揭示。按照这一目标和要求，构建社会主义和谐社会必然是一项宏大的系统工程，其过程本身会呈现出多层次、多方面的特点。

（1）在和谐社会建设过程中，必须坚持和发展马克思主义，用发展着的马克思主义指导新的实践，始终在意识形态领域达到思想认识的和谐一致，调动全体人民的积极性，整合社会的各种力量。这是建设和谐社会在思想文化方面展示的显著特点。

马克思主义是博大精深、内涵丰富的先进理论，它为人们辩证地观察问题、解决问题，提供了科学的世界观和方法论。马克思主义是中国共产党的指导思想，是指引社会主义走向胜利的根本保证。在我国，马克思主义在意识形态领域的指导地位已经确立，但是必须看到，在新形势下继续巩固和加强马克思主义的指导地位还面临着严峻的挑战。随着我国社会主义市场经济的发展和对外开放的扩大，社会经济成分、组织形式、就业方式、利益关系和分配方式日益多样化，人们的思想观念、价值取向也必然出现多样化。这种变化趋势总体上是积极的，但其中也掺杂了一些噪音、杂音，致使非马克思主义的意识形态有所滋长，甚至出现了一些否定马克思主义的错误观点。在国际上，西方敌对势力对我国实施西化、分化的图谋没有改变。在新形势下，我们必须更加重视加强马克思主义思想教育工作，积极推动马克思主义理论研究和建设，牢牢巩固马克思主义在意识形态领域的指导地位。

马克思主义是创新的理论、与时俱进的理论。坚持以马克思主义为指导，要以科学、严谨的态度对待马克思主义，不断进行理论创新。中国共产党领导新民主主义革命和社会主义建设80多年的历史，就是把马克思主义基本原理与中国具体实际相结合，根据变化的条件不断进行理论创新的历史。当前，我们党提出的构建社会主义和谐社会，就是坚持和发展马克思主义的最新成果。人民群众是历史活动的主体，在构建和谐社会的过程中，要通过深化研究和谐思想、积极宣传和谐思想，使和谐思想深入人心，形成人民群众共同的理想信念，并使之转化为建设和谐社会的积极性和创造力。

（2）在和谐社会建设过程中，必须坚持以经济建设为中心，始终保持国民经济持续快速健康发展；发展是硬道理，只有社会生产力不断发展，国家经济实力不断增强，人民生活水平不断提高，社会才能和谐发展。这是建设和谐社会在经济方面展示的显著特点。

历史唯物主义的观点表明，社会生产力发展不足，人的基本物质利益无法得到满足，生活水平得不到应有的提高，是产生社会不和谐的最终根源。建设社会主义和谐社会，必须以社会生产力的充分发展为物质基础，不断满足人民群众日益增长的物质和文化需要。

当前，我国正处在从计划经济向市场经济转变之中，计划经济的弊端仍然没有完全消除，市场经济还不成熟、不完善，尚未形成有序的运作机制。同时，我国人均GDP已达1000美元，社会经济发展进入一个关键时刻。国际经验表明，人均GDP从1000美元到3000美元的阶段，既是经济高速发展的黄金期，也是各种社会矛盾的凸显期。不可否认，现在许多不和谐的社会现象已经出现：就业问题日益严重，下岗失业人员增多；“三农”问题成为我国进一步发展的瓶颈；贫富差距造成的利益矛盾突出。解决这些矛盾和问题，固然需要通过多种途径，采取多种方法，但归根到底要抓住经济建设这个中心，大力发展社会生产力。

发展经济，经济政策和制度创新至关重要。国家要增加就业岗位，减少失业人员，实行积极的就业政策；同时，我国社会保障制度不普遍、低水平，失业保障、医疗保障、养老保障都很不充分，需要逐步建立完善的社会保障制度。要理顺分配关系，提高低收入者的收入水平，扩大中等收入者的比重，逐步缩小收入和生活差距。各级政府要加大扶贫力度，加大扶贫的财政投入，切实改善贫困家庭的状况，在消除贫困、提高低收入水平的同时，提高中等收入阶层的比重，逐渐使中等收入阶层占人口的大多数。要加快社会事业发展，主要包括教育、科技、文化、医疗卫生和体育事业，以及其他社会公益事业的发展。

(3) 在和谐社会建设过程中，必须发展社会主义民主，实现民主的制度化、规范化和程序化；要加强制度建设，健全民主制度，丰富民主形式，扩大公民有序的政治参与，畅通社情民意表达渠道，营造浓郁的民主氛围。这是建设和谐社会在政治方面展示的显著特点。

我国是人民民主专政的社会主义国家，人民是国家的主人，必须实行社会主义民主，没有民主就没有社会主义。社会主义民主不仅注重民主的真实内容而且注重民主的具体形式，即做到民主的制度化、规范化和程序化。民主需要制度的支持和保障，民主制度化，就是民主的法治化，以完备的法律体系规范政治活动，并形成严格的程序管理。

改革开放以来，我国的民主政治得到了长足的发展，取得了很大成就。人民享有充分的民主权利。但是，我们也要看到，在新的历史时期，民主政治建设与社会主义现代化建设的发展需要还不相称，一些地方民主制度不健全，民主集中制形同虚设，变成了“一把手”说了算。我们要切实按照十六大以来发展社会主义民主、建设社会主义政治文明建设的部署加强党内民主，以党内民主推进人民民主。要扩大基层民主，继续搞好村民自治和村民委员会建设、城市居民自治和社会建设，企事业单位的民主管理和职工代表大会和其他民主制度的建设。要健全基层自治组织和民主管理制度，完善公开办事制度，保证人民群众依法直接行使民主权利，管理基层公共事务和公益事业，对干部实行民主监督。

发展社会主义民主政治，还要致力于建立完善能表达各种合法的政治要求、政治利益，实现政治协调的社会民主机制。要保证公民能够合法、经常地参政议政，达到通过多种渠道和形式广泛集中民智、民力。设立正常、合理的社情民意表达渠道，缓解紧张关系，排除对立情绪，有效化解纠纷和冲突。

(4) 在和谐社会建设过程中，必须正确对待人与人和人与自然两大基本关系。处理人与人的关系，必须坚持公平正义原则，注重社会公平，搞好社会管理，体现社会关爱；处理人与自然的关系，必须善待自然，实施资源和环境的可持续发展，实现生产发展、生活富裕、生态良好的最佳结合。这是建设和谐社会在人文环境与自然环境方面展示的显著特点。

社会是由人组成的，社会和谐取决于人与人之间的和谐。和谐社会不等于人与人之间没矛盾，恰恰是在解决矛盾的过程中实现和谐。我国现阶段人与人之间的矛盾，大量地表现为人民内部矛盾。在新的历史条件下，人们对利益的要求更高，对利益的追求已不满足于基本生存的需要，还会追求政治、文化方面需要的满足，同时追求纵向和横向比较中的公平。现在，人民内部矛盾集中到一点，就是不同阶层社会群体的正当利益没有能够很好地得到满足。对此，胡锦涛同志提出，要把公平正义作为解决人民内部矛盾、实现社会和谐的根本手段和目的。要在人与人之间强调诚信友爱，全体人民平等友爱、融洽相处。要特别提倡“四个尊重”，即尊重劳动、尊重知识、尊重人才、尊重创造，使一切有利于社会进步的创造愿望得到尊重，创造活动得到支持，创造才能得到发挥，创造成果得到肯定，从而使社会活力竞相迸发。

和谐社会不仅是人与人的和谐相处，而且是人与自然的和谐相处。自然包括资源和环境两个方面，和谐社会不可能建立在资源枯竭和环境恶化的基础上。实现人与自然的和谐相处，前提是要保证资源环境的可持续发展。这对我们这样一个人均资源占有量较少和生态环境比较脆弱的国家来说十分重要。实现人与自然的和谐相处，要特别注重发展循环经济，建设节约型社会，并着手建立和完善绿色 GDP 核算体系。

二

建设和谐社会、实现社会和谐，是人类社会发展的必然趋势，是社会主义发展的必然归宿，也是包括中国共产党在内的一切马克思主义政党不懈追求的社会理想。构建和谐社会，是与人类社会的发展进程、社会主义事业的前途命运、共产党崇高的奋斗目标紧密联系在一起的，离不开社会各领域的全面协调发展、社会主义本质的逐步实现、共产党执政方式和领导方式的改革完善。因此，社会建设的全面协调发展、社会主义本质的实现、共产党领导能力和执政能力的发展，是构建和谐社会的基本规律，必然贯穿于和谐社会建设的整个过程。

(1) 社会建设全面协调发展的规律：构建和谐社会必须树立和落实科学发展观，促使社会全面协调发展。建设和谐社会的过程，是以人为本、全面协调可持续的科学发展观在社会建设层面合乎逻辑的展开，它拓展了新的历史阶段我国社会主义现代化建设总体格局的科学内涵，完美地体现了物质文明、政治文明、精神文明与生态文明和谐一致的发展。

社会主义和谐社会不能建立在贫穷落后的基础上，必须建立在高度发达的人类社会文明的基础上，也就是建立在人的全面发展和社会的全面进步的基础上。

以人为本，促进人的全面发展，是科学发展观的本质要求，也是社会主义和谐社会的本质要求。马克思、恩格斯在《共产党宣言》中指出："代替那存在着阶级和阶级对立的资产阶级旧社会的，将是这样一个联合体，在那里，每个人的自由发展是一切人的自由发展的条件。"实现人的全面发展，就要求从广大人民群众的根本利益出发来谋发展，不断满足人民群众日益增长的物质文化需要，切实保障人民群众的经济、政治和文化权益，让发展成果惠及全体人民。

全面、协调、可持续发展是科学发展观的核心内涵，也是构建和谐社会的内在要求。构建社会主义和谐社会就是要坚持以经济建设为中心，全面推进经济、政治、文化、生态建设，促进物质文明、政治文明、精神文明和生态文明的全面进步。体现在现实过程中，就是要统筹城乡发展、区域发展、经济与社会发展、人与自然的和谐发展，统筹国内发展和对外开放，促进生产关系与生产力、上层建筑和经济基础相适应，经济发展与人口、资源、环境相协调，走生产发展、生活富裕、生态良好的文明发展道路。

(2) 社会主义本质逐步实现的规律：构建和谐社会必须坚持社会主义方向和制度，促进社会主义本质的逐步实现。在建设和谐社会过程中，要致力于社会主义初级阶段以公有制为主体的多种经济成分、以按劳分配为主体的多种分配方式的发展，鼓励先富群体和地区帮带后富群体和地区，实现共同富裕的根本目的，完美体现社会主义的本质特征。

现阶段我国构建和谐社会，仍然处在社会主义的初级阶段。社会主义初级阶段的基本特征是不发达，诸如生产力不发达，市场经济不发达，教育科学文化不发达；经济结构亟待调整和优化，地区经济文化发展不平衡；社会主义经济、政治、文化体制不成熟不完善，等等。

在社会主义初级阶段建设和谐社会要求我们，一是要牢牢把握我国社会的社会主义性质，明确认识我国已经建立起社会主义的基本制度，这包括：确立了社会主义基本经济制度，公有制、按劳分配在我国的社会经济中处于主体地位；确立了社会主义基本政治制度，包括人民民主专政的国家制度，人民代表大会制度，共产党领导的多党合作和政治协商制度，民族区域自治制度等等；确立了以马克思主义为指导的社会主义基本思想文化制度。坚持这些社会主义基本制度，是保证和谐社会建设社会主义方向的决定性条件。如果忽视或否认我国社会主义基本制度的存在，就会使和谐社会的建设偏离社会主义轨道。二是要明确认识我国社会主义的成熟程度还很低，还未现代化，与成熟的、发达的社会主义还有很大的差距。邓小平同志指出，社会主义的本质，是解放生产力，发展生产力，消灭剥削，消除两极分化，最终达到共同富裕。显而易见，我国社会主义的本质和特征远没有得到充分的实现。

和谐社会当然要消灭剥削，消除两极分化，最终实现共同富裕。当前，协调各社会阶层、社会群体之间的利益关系，调整收入分配结构，走共同富裕的道路，是构建社会主义和谐社会的内在要求。但实现共同富裕，并不要求同步富裕，它允许和支持一部分人通过诚实劳动和合法经营先富起来，鼓励先富起来的人和地区帮助未富起来的人和地区，以利于全体人民和各个地区逐步实现共同富裕。这是加快和谐社会建设的动力之一。在经济快速发展的阶段，收入差距适当扩大，是激发劳动积极性的客观需要，也是经济发展的不平衡的必然结果。但收入差距必须限定在合理范围内。在目前体现收入差距的基尼系数较高的情况下，正确处理效率与公正的关系，应更多注重社会公正。

(3) 共产党领导能力和执政能力发展的规律：构建和谐社会必须坚持共产党的领导，坚持和巩固共产党的执政地位。在建设和谐社会过程中，要加强执政党建设，不断改革和完善党的领导方式和执政方式，使党成为科学执政、民主执政、依法执政的执政党，勤政高效、清正廉洁，永远保持先进性，实现国家富强、民族振兴、社会和谐、人民幸福。

建设社会主义和谐社会，是对中国共产党提出的一项新要求。中国共产党作为社会主义国家的执政党，居于领导核心地位，必须提高构建社会主义和谐社会的能力。党要胜任建设社会主义和谐社会的历史任务，首先要从党的自身建设抓起。

提高党构建社会主义和谐社会的能力，必须改善党的领导方式和执政方式。按照党总揽全局、协调各方的原则，规范党委与人大、政府等国家政权机关的关系，将执政党与国家政权机关之间的关系制度化、规范化，建立严格的工作程序和稳定的工作机制，消除执政行为中的主观随意性。要克服党委领导权力过分集中甚至包办一切的弊端，要在党的统一领导下，充分发挥立法机关、行政机关、司法机关依法独立行使职权的作用。充分发挥社会团体、行业组织、社会中介组织等各种群众团体的作用。

提高构建社会主义和谐社会的能力，要大兴调查研究之风，深入群众，对社会现实状况进行充分调查研究。加强对社会结构发展变化的调查研究，深刻了解阶层结构、城乡结构、区域结构、人口结构、社会组织结构等方面的发展变化；加强对社会利益关系变化的调查研究，深刻认识我国社会利益结构、利益关系的发展变化；加强对维护社会稳定工作的调查研究，深刻认识公共安全、社会治安等方面的发展变化。使党的方针政策建立在充分调查研究的基础上。

提高构建社会主义和谐社会的能力，要求把我们的党建设成为充满活力的党。党的活力，体现在党的先进性上，体现在党的创造力、凝聚力和战斗力上，体现在广大党员参与党的事务的积极性、主动性和创造性上。增强党的活力，必须发展党内民主，坚持和健全民主集中制，既充分发挥党的政治优势，又充分发挥党的组织优势。要以保障党员民主权利为基础，以完善党的代表大会和党的委员会制度为重点，从改革体制和机制入手，建立健全充分反映党员和党组织意愿的党内民主制度。实行和落实党内民主，不应是少数党员干部的民主，而是全体党员的民主，它集中体现为全体党员享有“四权”，即知情权、参与权、选择权和监督权，使党员及时、完全地了解党内事务，在纪律约束的范围内享有言论自由、参政议政的权利，拥有通过民主选举选择干部的权利，能够对其他党员包括党的干部拥有监督的权利。党内民主发展了，就能有力地推动社会民主的发展，从而推动和谐社会的建设。

（载于《马克思主义理论研究和建设工程参考资料》167 期）

构建社会主义和谐社会需要关注的几个问题

徐贵相

一、摒弃与借鉴的关系

提出这个问题，就是要深刻理解我们今天所讲的和谐社会与以往的和谐思想既有一定的联系，又有着本质的区别，不能混为一谈。

实现社会和谐，建设美好社会，始终是人类孜孜以求的一个社会理想。可以说，一部人类社会历史，就是人们追求美好社会理想的历史。在中国传统文化中，古代贤哲描绘了一幅幅和谐社会蓝图，充满着融合、和谐、和睦、平和的思想和观念。在西方思想史上，从苏格拉底、毕达哥拉斯、柏拉图、康帕内拉、莫尔，再到圣西门、傅立叶、欧文，都论述了和谐的思想，甚至还勾画了“理想国”、“太阳城”、“乌托邦”、“新和谐公社”等理想的社会模式。这些都反映了人们对美好和谐社会的憧憬和向往，具有一定的积极意义。同时我们也要看到，在中国传统文化中，所谓的和谐理想，往往被统治阶级利用甚至曲解，作为维护其统治、愚弄百姓的理论依据，具有一定的历史和阶级局限性。在西方思想史上，所谓的和谐理想，也不过是一种空想，他们没有也不可能找到达到社会和谐的现实条件。因此，这些和谐理想都是难以实现的。

我们所讲的构建和谐社会，辩证地吸收了以往和谐观中的合理成分，但我们所讲的和谐社会是社会主义性质的，与以往奴隶社会、封建社会和资本主义社会的“和谐”有着本质区别。社会主义和谐社会的基本特征就是民主法治、公平正义、诚信友爱、充满活力、安定有序、人与自然和谐相处，体现了民主与法治的统一、公平与效率的统一、活力与秩序的统一、科学与人文的统一、人与自然的统一，实质是要形成全体人民各尽其能、各得其所而又和谐相处的社会。建设这样一个和谐社会，适应了我国改革发展进入关键时期的客观要求，体现了广大人民群众的根本利益和共同愿望。同时也要看到，社会主义制度的优越性为构建和谐社会提供了最根本的保证，社会主义现代化建设的成就为实现和谐提供了基本条件。因此，我们提出的和谐社会理想摒弃了以往和谐思想的局限性和空想性，并且具备了逐步实现社会和谐的物质基础和现实条件。

二、继承与发展的关系

提出这个问题，就是要深刻理解我们所提出的构建和谐社会，与马克思主义有着内在的联系，既不是重起炉灶，也不是简单重复。

社会主义社会建设的理论，是马克思主义理论的重要组成部分。马克思、恩格斯在批判地继承空想社会主义思想成果的时候，就曾明确指出“提倡社会和谐”是“它们关于未来社会的积极的主张”。马克思、恩格斯创立了唯物史观和剩余价值学说，实现了社会主义由空想到科学的历史性飞跃。他们还设想了“自由人联合体”的未来和谐社会模式，在《共产党宣言》中明确指出：“代替那存在着阶级和阶级对立的资产阶级旧社会，将是这样一个联合体，在那里，每个人的自由发展是一切人的自由发展的条件。”马克思、恩格斯关于“自由人联合体”和“人的全面自由发展”的表述，都是指未来高级的和谐社会的目标模式。马克思、恩格斯关于未来社会的设想，是建立在批判资本主义现实运动的基础上的，是在“批判旧世界中发现新世界”，它指明了人类社会未来发展的总趋势，但没有为历史的具体演进提供先验的模式、为未来社会规定具体的细节。

在长期的革命和建设实践中，我们党对社会主义社会建设问题进行了理论和实践的深入探索，为构建社会主义和谐社会奠定了理论和实践基础。党的十六大以来，以胡锦涛同志为总书记的党中央明确提出、系统阐述了构建社会主义和谐社会的战略思想，强调要形成全体人民各尽其能、各得其所而又和谐相处的社会。这是我们党在对历史经验的深刻总结和对新的实践经验精辟概括的基础上，在认真分析研究世情国情党情、把握我国社会出现的新趋势新特点的基础上，根据新世纪新阶段我国经济社会发展的新要求而提出的。它富于时代特征和中国特色，符合马克思主义的基本原理，符合马克思主义关于社会主义社会的科学设想，是对马克思主义关于社会主义社会建设理论的丰富和发展，标志着中国共产党执政理念的升华，反映了我们党对共产党执政规律、社会主义建设规律、人类社会发展规律认识的深化。

三、重点与全面的关系

提出这个问题，就是要深刻理解我们提出的构建和谐社会，仍是以经济建设为中心的和谐社会，决不能忽视或否定经济建设这个中心，而认为是“多个中心”。

社会主义社会作为人类历史上崭新的社会形态是以经济建设为重点的全面发展、全面进步的社会。一方面，社会主义必须协调发展、全面进步，只有经济、政治、文化、社会协调发展，人的全面发展与经济文化的发展相互结合、相互促进，才能建设中国特色社会主义。这是我们总结国内外社会主义建设的经验教训所得出的科学结论。正是从这个意义上讲，提出构建社会主义和谐社会，表明我们党领导的中国特色社会主义事业的总体布局，更加明确地由社会主义经济建设、政治建设、文化建设三位一体，发展为社会主义经济建设、政治建设、文化建设、社会建设四位一体，从而深化我们对社会主义建设规律的认识，体现了我们党执政所具有的宽广视野和崇高境界。另一方面，我们要看到，我国当前处于并将长期处于社会主义初级阶段，构建社会主义和谐社会没有也不可能脱离这个最大的实际。因此，在社会主义建设的总体布局中，仍然要坚定不移地坚持以经济建设为中心，始终保持国民经济持续快速健康发展。正像贫穷不是社会主义一样，贫穷的社会也不可能和谐，和谐社会也要以一定的经济发展水平和物质财富的积累为基础。只有社会生产力不断发展，国家经济实力不断增强，人民生活水平不断提高，社会才能和谐发展。因此，我们必须坚持以经济建设为中心不动摇，在加快经济发展的同时，全面推进政治、文化和社会各个方面的共同发展。

四、目标与过程的关系

提出这个问题，就是要深刻理解我们讲的和谐社会是目标与过程的统一，需要脚踏实地，不能好高骛远，不切实际。构建社会主义和谐社会是一个长期的、具体的历史过程，不是一个短期的任务，更不是一蹴而就的目标。

构建社会主义和谐社会既是一种治国理想，又是一种治国的方略，治国的机制，同时也是一种治国的结果。是目标与过程的统一。我国仍然处于并将长期处于社会主义初级阶段，生产力发展水平、教育科技文化水平还不高，建设社会主义和谐社会任重道远。同建设社会主义现代化国家要经历一个很长的历史时期一样，构建社会主义和谐社会也是一个需要随着经济、政治、文化的发展而不断推进的很长的历史过程。在这个历史过程中，和谐是相对的，不和谐是绝对的，在不同的阶段，不平衡、不协调的现象以及各种社会矛盾会始终存在，和谐社会建设就会有不同的具体目标。现在，我国的改革与发展处于关键时期，改革在广度上已涉及经济、政治、文化等所有领域，在深度上已触及人们具体的经济利益，由此产生的城乡发展不平衡、地区发展不平衡、经济社会发展不平衡等矛盾也日益突出。我们要从这个实际出发，实事求是，既要根据已有的条件，有针对性地提出要求，确定任务，开展工作，主动化解经济社会生活中的各种不和谐因素；又要着眼长远，在全面推进社会主义物质文明、政治文明、精神文明发展的历史进程中，积极主动地推进和谐社会建设。

五、任务与能力的关系

提出这个问题，就是要深刻理解构建和谐社会与提高党的执政能力具有不可分割的内在联系，提出构建和谐社会既反映了我们党对执政规律、执政能力、执政方略、执政方式的新认识，又是对全面提高党的执政水平和领导水平提出的新的更高要求，要防止一般化地对待这个重大战略任务。

中国共产党作为执政党，在中国特色社会主义建设中居于领导核心地位。建设民主法治、公平正义、诚信友爱、充满活力、安定有序、人与自然和谐相处的社会主义和谐社会，既有利于锻炼和提高我们党的执政能力，又将从多方面体现和检验党的执政水平。我们要在总结我们党执政实践的基础上，努力提高构建社会主义和谐社会的能力，着力增强激发社会创造活力、管理社会事务、协调利益关系、处理人民内部矛盾、开展群众工作和维护社会稳定等六个方面的本领。要全面推进党的建设新的伟大工程，坚持以邓小平理论和“三个代表”重要思想为指导，坚持以科学发展观为统领，不断提高理论思维和战略思维的水平，不断改进党的领导方式和执政方式，努力把全体人民和各方面的积极性充分调动起来，实现好、维护好、发展好人民群众的根本利益，带领全体人民为实现和谐社会的共同目标而奋斗。

六、理论与实践的关系

提出这个问题，就是要深刻理解构建和谐社会，既要扎扎实实做好各项工作，同时又要围绕重大理论和现实问题，进行艰苦细致的理论探索，不能把二者孤立起来。

做好任何一项工作都离不开理论指导。构建社会主义和谐社会是一个新的重大课题，与社会主义经济、政治、文化建设一样，我们对社会主义社会建设的理论研究和实践探索还有大量工作要做，因而尤其需要在实践的基础上加强理论研究。要自觉坚持马克思列宁主义、毛泽东思想、邓小平理论和“三个代表”重要思想，树立和落实科学发展观，用以指导我们构建社会主义和谐社会的各项工作。要加强对马克思主义关于社会主义社会建设理论的研究，不断丰富构建和谐社会的理论内涵。要加强对我国历史上关于社会建设理论的研究，按照去伪存真、去粗取精的要求，努力做到古为今用。要注意研究国外社会建设理论，借鉴其积极成果。我们要根据客观形势的发展变化，努力从理论和实践的结合上，深入研究一些具有全局性、前瞻性、战略性的重大课题，努力为构建社会主义和谐社会提供理论支撑。要通过深入系统的理论研究，深化对构建社会主义和谐社会的规律性认识，使我们关于新形势下构建社会主义和谐社会的理论更加完备，使我们推进社会主义和谐社会建设的工作更加富有成效。

（载于《马克思主义理论研究和建设工程参考资料》198 期）

构建社会主义和谐社会需处理好的若干重大关系

虞云耀

构建社会主义和谐社会的提出，表明中国特色社会主义事业的总体布局，已经更加明确地由社会主义经济建设、政治建设、文化建设三位一体，发展为社会主义经济建设、政治建设、文化建设、社会建设四位一体。在实践中构建社会主义和谐社会，要正确认识和处理好几个涉及全局的重大关系。

构建社会主义和谐社会与全面建设小康社会的关系

党的十六大提出了我们党在21世纪头20年全面建设小康社会的指导思想、奋斗目标和战略部署。“全面小康”是实现现代化建设第三步战略目标必须的承上启下的发展阶段。与2000年我国达到的“总体小康”相比，“全面小康”要求经济更加发展、民主更加健全、科教更加进步、文化更加繁荣、社会更加和谐、人民生活更加殷实。“全面小康”包含了“社会更加和谐”的内容。

有的同志提出，有了全面建设小康社会的目标，为什么还要提构建社会主义和谐社会呢？我认为，构建社会主义和谐社会，这是清醒认识和准确把握我国社会发生的深刻变化，针对当前经济和社会生活中出现的突出问题，从全面建设小康社会全局出发而确定的一项重大战略任务。我国经济体制已经基本实现从计划经济体制向社会主义市场经济体制的转型。这种转型不是细枝末节的变动，而是经济体制根本性的变革。这种变革已经并将继续对我国政治、文化和社会生活产生重大影响。适应经济体制的这种深刻变革，社会体制正在发生转型。改革开放20多年来，我国社会出现经济成分、组织形式、就业方式、利益关系和分配形式多样化，推动着我国社会体制的转型。对外全面开放是我国社会发生深刻变化的另一个重要原因。人们思想活动的独立性、多变性、差异性越来越明显。在这样一个经济社会发展的关键阶段，既有巨大发展潜力和动力，又有各种困难和风险，构建社会主义和谐社会的任务显得特别重要而艰巨。

构建社会主义和谐社会与全面建设小康社会是什么关系？一方面，社会主义和谐社会既是一种价值目标，又是一种不断推进的现实的社会历史过程，是价值目标和社会历史过程的统一。从这个角度看，“构建和谐社会”与“实现全面小康”两者的现实起点一致，目标一致，实践过程一致。另一方面，和谐是一种社会状态，我们在实现“全面小康”的过程中，通过解决当前发展阶段存在的突出问题，促使全面小康的目标在和谐的状态中实现。如果说，建设惠及十几亿人口的更高水平的小康社会是我国社会主义初级阶段的一个阶段性目标，那么，逐步消除我国经济社会发展过程中的不和谐因素，构建社会主义和谐社会，就是实现这个目标所要完成的重要战略任务。“和谐社会”是对“全面小康”的坚持和发展，是对“全面小康”中关于社会更加和谐要求的进一步展开和丰富，使得“全面小康”在理论形态上更加完整、系统。当然，社会主义和谐社会是具体的、历史的，需要经过长期奋斗逐步实现的。在不同的发展阶段，和谐社会建设有不同的具体目标。我们完全能做到，通过构建社会主义和谐社会，在经济发展和社会进步的协调方面，在物质文明、政治文明、精神文明的全面发展和社会和谐方面，比现在中等发达的资本主义国家做得更好，从而体现我国社会主义制度的优越性，进一步证明社会主义能够获得成功。

构建社会主义和谐社会与树立和落实科学发展观的关系

科学发展观是我们党在总结国内外关于发展问题的经验教训的基础上，为实现全面建设小康社会的目标而提出的我国现代化建设的重要战略思想和指导方针。坚持科学发展观与构建社会主义和谐社会，统一于建设中国特色社会主义的进程中，统一于中国共产党立党为公、执政为民的执政理念和实践中。

构建社会主义和谐社会的基础是发展，是生产力水平的不断提高和社会物质财富的日益丰富。贫困是产生社会不和谐的重要原因，而发展则是消除贫困的根本途径。当然，富裕不一定和谐，但贫困肯定会导致不和谐。马克思指出："生产力的这种发展之所以是绝对必需的实际前提，还因为如果没有这种发展，那就只会有贫穷、极端贫困的普遍化；而在极端贫困的情况下，必须重新开始争取必需品的斗争，全部陈腐污浊的东西又要死灰复燃。"构建社会主义和谐社会，首先必须抓住发展，做好发展这篇大文章。坚持科学发展观，其根本着眼点在于用新的发展思路实现经济社会又快又好的发展。离开发展这个解决中国一切问题的关键，就没有生机勃勃的中国特色社会主义，就没有社会主义和谐社会。

科学发展观的基本要求是统筹兼顾、协调发展，做到"五个统筹"。统筹就是兼顾，兼顾才能和谐。从我国现实情况看，城乡发展存在的不协调，东西部发展存在的不平衡，不同社会阶层的成员之间存在的事实上的机会不均等，都制约着我国经济实力的增强，影响着人际关系的和谐。建设社会主义和谐社会就是要逐步缩小这些差距，消除这些不协调、不平衡、不均等。

科学发展观的核心是坚持以人为本。人是发展的主体，发展的最终目的是为了人民幸福安康。坚持以人为本，就是坚持党的全心全意为人民服务的宗旨，把人民的利益作为一切工作的出发点和落脚点，充分考虑广大人民的需求，为他们的发展创造良好的环境和条件，保证发展的成果惠及全体人民，促进人的全面发展。构建社会主义和谐社会也要坚持以人为本，实现人与自然、人与人、群体与群体、社会阶层与社会阶层的和谐。

总之，和谐社会在发展中构建。树立和落实科学发展观，才能实现社会和谐；而社会是否和谐，又是检验落实科学发展观的客观标准。

构建社会主义和谐社会与深化改革的关系

社会主义和谐社会的活力、公正、有序、安定，要达到任何一项，都需要深化改革。改革是化解并最终解决社会矛盾、实现社会和谐的根本途径。当前我们遇到的许多矛盾和难题，是前进中的、发展中的，是能够通过改革和发展来解决的。如果不坚持发展，不坚持改革，只能是死路一条。有人认为现在各种社会矛盾是由改革造成的，这种看法无疑是完全错误的。如果在改革上畏首畏尾，甚至走回头路，不仅使我们面临的一些深层次矛盾和问题难以解决，而且会引发新的社会不和谐。完全可以说，构建社会主义和谐社会的过程，也就是不断深化改革的过程。

社会主义和谐社会不仅要求有较为完善的社会主义市场经济体制，而且要求有与之相适应的政治体制、文化体制和社会管理体制。十六届四中全会《决定》对体制改革和制度建设提出了全面要求，大体上可以分为四类：第一类是基本政治制度，包括坚持和完善人民代表大会制度，坚持和完善中国共产党领导的多党合作和政治协商制度，坚持和完善民族区域自治制度；第二类是基本经济制度和党对经济工作实施领导的体制；第三类是作为党的根本组织制度和领导制度的民主集中制；第四类是落实上述制度的更加具体的、着眼于可操作的制度和机制。进行这些体制改革和制度建设，进一步加大改革的力度，并使各方面改革配套推进，必将极大地推进社会主义和谐社会的构建。

我国的社会主义市场经济体制已经初步建立起来，但远没有完善。市场经济与社会主义基本制度的结合，是一项前无古人的伟大创举。现在一些难题正处在攻坚之中，包括深化国有企业改革，进一步理顺分配关系，深化政府行政体制改革，加强和改善宏观调控，妥善处理中央和地方的关系等等。政治体制、文化体制、社会管理体制改革都在积极稳妥地推进，但总的来说，与经济体制改革相比，还不完全适应，尤其是社会管理体制的改革明显滞后。这是目前诸多社会矛盾和社会冲突得不到妥善解决的一个重要原因，也是构建和谐社会的当务之急。加快推进社会管理体制改革，要在完善社会主义市场经济体制的同时建立健全失业、医疗、养老等方面的社会保障制度，充分发挥其减震器、安全阀功能，解决困扰城乡社会经济发展的突出问题。实践经验证明，市场经济体系的建立和社会保障制度的完善，可以相得益彰，这两方面的配合协调，将对经济发展和社会进步产生持久的促进作用。要创新社会管理体制，提高社会管理和社会服务的水平，还要改革各种不利于社会阶层之间相互开放和平等进入的制度和政策。

要把维护社会稳定、实现社会和谐作为深化改革的一项重要原则。社会和谐是判断改革成败得失的一个重要尺度。任何改革方案的设计和出台，都要避免引发剧烈的社会振荡。我们所进行的改革，受惠者应该是绝大多数人民群众。比如，国有企业改革或转制，要充分考虑工人群众的利益，防止出现多数人失去工作的状况。在明晰国有企业产权或出让产权时，要尽量做到规则的公正和透明。对于不得不下岗的职工，必须进行妥善的安排，使他们能有接受培训和再就业的机会。要不断完善社会保障制度，对失业工人给予社会救助和帮助等等。总而言之，代表并维护和落实好最广大人民群众的根本利益，人民群众就会支持和拥护改革，社会就能安定和谐。这是二十多年来改革成功的一条极为重要的经验。

在构建社会主义和谐社会中坚持党的指导思想一元化与社会思想多样化的关系

构建社会主义和谐社会是党完成执政使命的必然要求，是异常艰巨的历史任务。我们党从领导人民为夺取全国政权而奋斗的党，成为领导人民掌握全国政权并长期执政的党；从受到外部封锁和实行计划经济条件下领导国家建设的党，成为对外开放和发展社会主义市场经济条件下领导国家建设的党。这两个根本性转变，要求我们党不断改革和完善执政方式。坚持科学执政、民主执政、依法执政，既要使党的领导贯穿于建设中国特色社会主义伟大事业之中，又不要使自身处于社会矛盾的漩涡中心，而是不断提高驾驭复杂矛盾的本领，提高构建社会主义和谐社会的能力。

意识形态从来都是政党用来凝聚人心、整合社会的重要工具。中国共产党经过80多年的发展，从小到大，由弱变强，领导着一个13亿人口的大国并取得举世瞩目的成就，从根本上讲，是由于坚持马列主义、毛泽东思想、邓小平理论和“三个代表”重要思想指导的结果。我们必须看到，在科技革命和经济全球化浪潮的推动下，随着改革的深化和开放的扩大，我国经济和社会结构发生深刻变革，社会阶层和社会思想出现多样化。这给坚持党的指导思想一元化带来严峻挑战。苏联东欧共产党失败的教训表明，党的指导思想搞多元化，必然造成灾难性的后果。另一方面，无视社会现实的变化尤其是经济基础的深刻变化，对由此而产生的社会思想多样化不能采取正确的方针和政策，也会引起社会的不稳定甚至严重混乱。

党的意识形态应当充分反映社会大多数人的利益、愿望、要求和共识。无疑，我们党的性质决定了党的意识形态具有先进性。这种先进性应当也必须建立在代表社会大多数人根本利益的基础之上。只有反映社会大多数人的利益、愿望、要求，得到社会大多数人的认同，党的先进性才有最广泛的社会基础和群众基础。当然，党的指导思想和意识形态要反映广大群众的利益、愿望和要求，决不意味着要淡化党的阶级性。我们不能把党的阶级性、先进性和群众性对立起来，似乎强调阶级性、先进性，就不能讲群众性。如果执政党的指导思想和意识形态不能被社会大多数人所理解、所接受，甚至与他们的利益、愿望和要求相矛盾、相冲突，那就注定要失去吸引力。失去了对广大群众有吸引力的意识形态，也就谈不上什么先进性。

党的意识形态应当是对中华民族优秀文化的传承。意识形态的吸引力和凝聚力，是建立在广泛的民族认同基础上的。任何一种意识形态，只有深深地扎根于民族文化的土壤中，才会显示出强大的生命力。我国是一个具有五千年文明史的大国，如何在历史文明传承中发展社会主义先进文化，这也是一个历史性课题。冷战结束以后，以美国为首的西方国家实际上开展了一场大规模的“文化战”，他们凭借其经济强势，以文化作为手段，妄图达到控制世界的目的。这使我国发展社会主义先进文化面临着双重任务，对外要防范西化、分化，对内要防止社会思想多样化对主流意识形态和基本价值观的淡化和冲击。中国共产党以马克思主义为指导思想，同时强调马克思主义必须同中国的实际相结合，不断实现马克思主义的中国化。这里所说的中国实际，包括生长在中国民族文化基础上的中国特点、中国风格和中国气派。离开中国优秀民族文化，与民族文化相脱离、甚至相对立的意识形态，只能成为无源之水、无本之木，难以为人们所接受，是不会有什么生命力的。应当指出，社会主义和谐社会所包含的和谐哲学、和谐思想正是中华民族优秀传统文化的有机组成部分。

党的意识形态应当始终坚持与时俱进。我们把马克思主义作为指导思想，不仅是用来解释世界，更要用来改造世界。世界在变化，时代在发展，党的理论应当随着时代的变化和实践的发展而不断丰富、完善和发展。其中也包括对世界优秀文化成果的吸收和融合。我们既不能游离中国特色社会主义的实践去追求什么“新理论”，也不能关起门来、盲目地排斥那些本应属于全人类的精神财富。只有坚持解放思想、实事求是、与时俱进，不断进行理论创新，党的意识形态才具有生机勃勃的活力。苏联和东欧国家的共产党丧失执政地位，首先在于他们失去了民心；而失去民心的一个重要原因，就是党的意识形态变成了群众不再相信的陈腐说教，失去了说服力和战斗力。而僵化的理论是抵挡不住西化和资产阶级自由化冲击的。这方面的教训，我们应当引以为戒。

据说西班牙著名画家毕加索有一幅壁画，标题就叫《和谐》。画中的金鱼在鸟笼里，鸟反而在鱼缸里。有人问毕加索，这幅画怎么叫“和谐”呢？毕加索回答：在和谐中一切都是可能的。在这里，我无意评论毕加索的幽默，只想用他“在和谐中一切都是可能的”这句话，说这么一个意思：在构建社会主义和谐社会中，让一切劳动、知识、技术、管理和资本的活力竞相迸发，让一切创造社会财富的源泉充分涌现，让一切公平、正义、诚信、友爱之花芬芳吐艳，让一切愚昧、丑恶、贪欲、腐败现象远离人间！

（载于《马克思主义理论研究和建设工程参考资料》149期）

构建社会主义和谐社会的价值诉求及其实现途径

汪 信 砚

党的十六届五中全会通过的《中共中央关于制定国民经济和社会发展第十一个五年规划的建议》指出："促进社会和谐是我国发展的重要目标和必要条件。要按照以人为本的要求，从解决关系人民群众切身利益的现实问题入手，更加注重经济社会协调发展，加快发展社会事业，促进人的全面发展；更加注重社会公平，使全体人民共享改革发展成果；更加注重民主法制建设，正确处理改革发展稳定的关系，保持社会安定团结。"构建社会主义和谐社会，实现社会和谐，是我们党不懈追求的一个社会理想。任何社会理想都必然内含着一定的价值诉求，而价值诉求的不同构成了各种社会理想的根本区别。作为马克思主义政党不懈追求的一个社会理想，构建社会主义和谐社会也有着自己特定的价值诉求。明确这种价值诉求及其实现途径，对于在实践中牢牢把握构建社会主义和谐社会的正确方向，提高构建社会主义和谐社会的能力，具有重要的意义。

社会主义和谐社会的本质规定

要明确构建社会主义和谐社会的价值诉求，必须弄清社会主义和谐社会的本质规定。

首先，社会主义和谐社会不是任何其他形态的和谐社会，而是社会主义性质的和谐社会。一方面，它不同于历史上私有制条件下人们所粉饰的各种所谓的和谐社会。在存在私有制和人剥削人、人压迫人的情况下，是不可能有真正的和谐社会的。另一方面，它也不同于未来的共产主义和谐社会，而是迈向未来共产主义和谐社会的一个阶梯。邓小平曾对社会主义的本质作过科学概括："解放生产力，发展生产力，消灭剥削，消除两极分化，最终达到共同富裕。"社会主义和谐社会就应该充分地体现社会主义的这一内在本质。第一，它是一个能够解放和发展生产力，使人民的物质文化生活需要不断得到满足的社会；第二，它是一个消灭了剥削和压迫，人们共同占有生产资料，人民群众当家作主的社会；第三，它是一个消除了两极分化，最终达到共同富裕的社会。

其次，社会主义和谐社会是"全体人民各尽其能、各得其所而又和谐相处的社会"。应该说，社会和谐或和谐社会并不是社会主义社会的天然属性，换言之，并不是只要建立社会主义制度就必然出现一个社会主义和谐社会。事实上，由于人们对社会主义的认识有一个不断深入的过程，社会主义实践也有一个不断完善的过程，所以社会主义社会只能逐步地从不和谐或不太和谐走向和谐。社会主义和谐社会应当具备有六大特征，即民主法治、公平正义、诚信友爱、充满活力、安定有序以及人与自然和谐相处。综合这些特征，我们可以概括地说，社会主义和谐社会就是一个既充满创造生机，又协调有序的社会。

再次，社会主义和谐社会是我们党领导全体人民正在为之奋斗、在不久的将来完全可以实现的社会理想。所谓构建社会主义和谐社会，就是要努力将这种社会理想变成现实。构建社会主义和谐社会，是我们党从全面建设小康社会、开创中国特色社会主义事业新局面的全局出发提出的一项重大任务。一方面，我们要有信心。构建社会主义和谐社会，适应了我国改革发展进入关键时期的客观要求，体现了广大人民群众的根本利益和共同愿望，因而必然能够得到广大人民群众的衷心拥护和积极支持。同时，我国社会主义现代化建设的成就，已为构建社会主义和谐社会提供了重要的物质基础、政治保障和精神支撑。因此，在党的正确领导下，我们一定能够完成构建社会主义和谐社会的任务。另一方面，我们也应有为构建社会主义和谐社会作艰苦努力和长期奋斗的思想准备。正如巩固和发展社会主义需要作长期的奋斗一样，构建社会主义和谐社会也决不是一朝一夕之事，它同样需要我们作长期艰苦的努力。

构建社会主义和谐社会的价值诉求

构建社会主义和谐社会，最关键的是要使社会主义社会人们之间的各种社会关系、特别是人们之间的利益关系得到有效协调，使全体人民“各得其所”。唯有“各得其所”，人们才能“各尽其能”，也才可能和谐相处。我们党之所以提出构建社会主义和谐社会这一重大任务，就是因为当前我国社会生活中出现了各种利益矛盾和利益冲突，人们之间的利益关系亟待协调。而要协调人们之间的利益关系，就必然有一个到底遵循什么样的价值原则、价值标准和价值目标的问题，这也就是构建社会主义和谐社会的价值诉求问题。

首先，构建社会主义和谐社会，必须坚持以人为本的价值原则。社会主义和谐社会应该是一个充满人文关怀的社会，以人为本应该成为构建社会主义和谐社会的根本价值原则。但作为构建社会主义和谐社会价值原则的“以人为本”，既不同于中国古代封建统治阶级的“民本”思想，也不同于近现代西方资产阶级的人本主义。中国古代思想家也极为“重民”，并曾提出了十分丰富的“民本”思想，如“民为邦本，本固邦宁”；“民为贵，社稷次之，君为轻”，等等。但是，这种“民本”思想不过是对专制的一种“训政”，其目的在于帮助君主更好地“役民”、更顺利地实现其统治，因而它实质上是一种不折不扣的“君本”思想。西方近现代资产阶级的人本主义学说反对神本主义，高扬人的主体地位，强调人的自由和权利，把人或者人的某个方面（如非理性方面）抬高到了至高无上的地位。但是，这种人本主义思想是建立在“共同人性”的理论预设基础之上的，其所谓的“人”是一种现实社会中根本就不存在的、无差别的抽象的人，因而它对于资本主义社会中受剥削、受压迫的广大无产阶级群众来说只是一种无关痛痒的议论。而作为构建社会主义和谐社会的价值原则，“以人为本”是要以人民群众为本，它是建立在群众史观基础上的，是以确认人民群众作为历史创造者、作为国家和社会主人翁地位为前提的。在构建社会主义和谐社会过程中，坚持以人为本的价值原则，就是要牢固地确立人民群众在国家和社会事务中的主人翁地位，尊重人民群众的意愿，紧紧依靠人民群众，充分发挥人民群众的首创精神和创造才能，坚决维护人民群众的利益。

其次，构建社会主义和谐社会，必须以人民群众的根本利益为价值标准。始终把最广大人民的根本利益作为党和国家工作的根本出发点和落脚点，就是党和国家各项大政方针的制定和实施及各项具体工作的开展都必须着眼于维护、实现和发展人民群众的根本利益，它意味着必须把能否维护好、实现好和发展好人民群众的根本利益作为衡量党和国家一切工作成败得失的最高价值标准。构建社会主义和谐社会的根本目的，在于维护好、实现好和发展好人民群众的根本利益。人民群众的根本利益并不是一种空洞的抽象，它是由各方面的具体利益构成的。在社会主义市场经济条件下，人民群众的具体利益日趋多元化，不同方面的具体利益之间的关系呈现出错综复杂的局面，对这些具体利益关系的处理都关涉着人民群众的根本利益。在构建社会主义和谐社会的过程中，以人民群众的根本利益为价值标准，就是我们所有的政策、措施和工作，都应该正确反映并有利于处理各种利益关系，都应该认真考虑和兼顾不同阶层、不同方面群众的利益。最大多数人的利益是最紧要的和最具决定性的因素。凡是有利于实现好、维护好和发展好最大多数人的利益的事情，我们就应该千方百计地办好；凡是有损于最大多数人的利益的事情，我们就应该坚决地予以制止。人民群众的根本利益这一价值标准，是以人为本这一价值原则的具体化，它进一步彰显了以人为本就是以人民群众为本。在社会主义和谐社会建设中，也只有始终坚持以人民群众的根本利益为最高价值标准，以人为本这一构建社会主义和谐社会的价值原则才能真正落到实处。

再次，构建社会主义和谐社会，必须以不断满足人民群众日益增长的物质文化需要、促进人的全面发展为价值目标。在经济发展的基础上努力满足人民群众日益增长的物质文化需要、促进人的全面发展，是我们党领导人民进行改革开放和现代化建设的根本目的，也是构建社会主义和谐社会的根本价值目标。社会主义和谐社会，就应该是一个能够为人民群众日益增长的物质文化需要的满足和人的全面发展创造良好条件的社会。因此，为不断满足人民群众日益增长的物质文化需要、促进人的全面发展的价值目标而奋斗，也就是为构建社会主义和谐社会而奋斗。在构建社会主义和谐社会的过程中，以不断满足人民群众日益增长的物质文化需要、促进人的全面发展为价值目标，就是要大力发展生产力和社会主义先进文化，努力建设高度的社会主义物质文明、政治文明和精神文明，为人民群众日益增长的物质文化需要的满足和人的全面发展提供强大的物质基础、政治保障和精神支撑；就是要在改革和发展过程中，既不断提高人民群众现实的物质文化生活水平，又不断提高人民群众的科学文化素质，即努力促进人的全面发展。同时，也要统筹考虑不同阶层、不同方面的群众的需要和要求，尤其要高度重视和满足那些曾为改革作出巨大牺牲的困难群众的发展要求，真正使全体人民共享改革和发展的成果。可以说，在社会主义和谐社会建设中，以不断满足人民群众日益增长的物质文化需要、促进人的全面发展为价值目标，是坚持以人为本的价值原则和以人民群众的根本利益为价值标准的必然结果。

构建社会主义和谐社会
价值诉求的实现途径

实现构建社会主义和谐社会的价值诉求，特别要做好以下几个方面：

第一，坚持以邓小平理论和“三个代表”重要思想为指导。作为当代中国的马克思主义，邓小平理论和“三个代表”重要思想与马克思主义群众史观一脉相承，鲜明地体现了一切为了人民群众的利益这一马克思主义的根本价值取向。中国改革开放和现代化建设的总设计师邓小平始终关注如何通过社会主义现代化建设来实现广大人民群众的根本利益。他所提出的建党思想和社会主义初级阶段理论、他对于社会主义的本质和根本任务的概括、他的“三个有利于”标准，无不体现了对广大人民群众根本利益的深刻关切。在“三个代表”重要思想中，也充分体现了代表广大人民根本利益的价值取向。因此，在构建社会主义和谐社会过程中，必须坚持以邓小平理论和“三个代表”重要思想为指导。

第二，树立和落实科学发展观。以人为本是科学发展观的价值取向，它强调从人民群众的根本利益出发谋发展、促发展，强调让发展的成果惠及全体人民，它既不同于把发展视为单纯经济增长的传统发展观“以物为本”的价值取向，也与在发展问题上置社会公平于不顾而只重视少数人的利益的价值观念不相容。而科学发展观的其他方面的内容，包括以政治、经济、文化诸方面的发展和社会全面进步为特征的“全面发展”、以“五个统筹”为基本内容的协调发展以及以人与自然的和谐为基本要求的“可持续发展”，都是按照“以人为本”这一价值取向谋发展、促发展的科学方略。没有这些方略，科学发展观的价值取向就无法兑现，构建社会主义和谐社会的价值诉求也就无法实现。

第三，维护和实现社会公平。构建社会主义和谐社会，必须以人民群众的根本利益为价值标准，而人民群众的根本利益又是由各方面的具体利益构成的。维护和实现社会公平，说到底就是要妥善处理各方面的利益关系，兼顾不同方面群众的利益。在我国目前的市场经济条件下，我们尤其要重视公平，建立和健全包括社会保障制度在内的社会利益调节机制，缩小社会成员之间的贫富差距，努力防止两极分化。实现社会公平的目的就在于通过兼顾不同方面群众的利益而保障广大人民群众的根本利益。实现构建社会主义和谐社会的价值诉求，必须维护和实现社会公平。

第四，正确处理改革发展稳定的关系。人民群众是改革、发展的主体和动力，也是稳定的力量源泉和深厚基础。只要能够得到广大人民群众真心实意的拥护，我们就一定能够应对各种复杂的情况和矛盾，始终保持社会的稳定。而要赢得群众的拥护，最根本的是要把不断改善人民生活作为处理改革发展稳定关系的重要结合点，努力使广大群众共同享受到改革发展稳定的成果。把实现和维护人民群众的利益作为重要结合点，是我们党正确处理改革发展稳定关系的重要基本原则，也体现了我们党构建社会主义和谐社会的价值原则、价值标准和价值目标。实现构建社会主义和谐社会的价值诉求，也必须始终遵循这一原则来处理改革发展稳定的关系。

（载于《马克思主义理论研究和建设工程参考资料》209期）

努力建设和谐世界

广东省邓小平理论和
“三个代表”重要思想研究中心

胡锦涛主席在联合国成立60周年首脑会议上提出建设和谐世界的构想，体现了我们党和国家把握人类发展未来的自觉主动精神。建设和谐世界，不仅具有重要的理论意义，而且具有重要的实践意义。

和谐世界的基本特征

第一，和谐世界是持久和平、稳定安宁的世界。世界和平是人类社会发展和进步的首要条件，是人类共同追求的目标。人类只有生活在和平环境里，才能实现经济社会的发展，追求幸福生活，创造灿烂文明。没有和平，就没有和谐世界。和谐世界追求的和平是持久和平，是稳定安宁，是一种更高层次更高水平的和平。胡锦涛在联合国成立60周年首脑会议上的讲话中强调：“和平是人类社会实现发展目标的根本前提。没有和平，不仅新的建设无以推进，而且以往的发展成果也会因战乱而毁灭。无论对于小国弱国还是大国强国，战争和冲突都是灾难。因此，各国应该携起手来，共同应对全球安全威胁。”这表明，和谐世界应该是持久和平、稳定安宁的世界。

第二，和谐世界是促进普遍发展、实现共同繁荣的世界。发展是人类文明进步的基础，也是建设和谐世界的基础。只有促进全球协调、平衡、普遍发展，才能实现世界的持久和平与稳定。经济上的落后与贫困，往往是诱发社会动荡、武装冲突的一个重要因素。当前，国际社会中的许多不和谐现象，尽管原因很多，但归根到底，是由于发展不充分、不平衡带来的。可见，没有发展，就不可能建设和谐世界。但和谐世界所追求的发展，是普遍发展、共同繁荣，而不是富者愈富、贫者愈贫。胡锦涛指出："发展事关各国人民的切身利益，也事关消除全球安全威胁的根源。没有普遍发展和共同繁荣，世界难享太平。"他向世界庄严宣布："中国将始终不渝地把自身的发展与人类共同进步联系在一起。"这表明，和谐世界应该是促进普遍发展、实现共同繁荣的世界。

第三，和谐世界是相互合作、求同存异的世界。合作是应对人类共同挑战的有效途径。通过合作促进共同安全、共同发展，通过对话增进相互了解、相互信任，是当今时代发展的要求，也是建设和谐世界的必要条件。国际社会面临着许多跨国或全球性的问题，解决诸如裁军、防扩散、打击恐怖主义、保护环境、缩小南北差距等全球性问题，没有各国，特别是大国之间的合作，是不可能的。只有以合作的精神来处理国家关系，以合作的精神来推动区域的和平、稳定与发展，以合作的精神来积极参与国际事务和多边领域的活动，以合作的精神来实践人类千年发展目标，这个世界才会有和谐。在一定意义上说，和谐世界追求的合作是"对话交流、和睦相处"，是"互相尊重、平等相待"，是"共同发展，互利共赢"。胡锦涛强调："加强国际合作，促进共同发展，实现互利共赢，是联合国的重要宗旨，也越来越成为实现各国共同发展繁荣的重要途径。"他倡导了"和而不同"、"求同存异"的理念，主张"历史文化、社会制度和发展模式的差异不应成为各国交流的障碍，更不应成为相互对抗的理由"。这是各国，尤其是大国应有的包容精神，是国与国之间建立和谐关系的前提和开展国际合作的基础。这表明，和谐世界应该是相互合作、求同存异的世界。

对人类社会发展规律认识的深化

第一，建设和谐世界是对人类社会发展规律的新探索。在一个和平、和谐、和美的世界中生活，是人类普遍的愿望和要求。建设和谐世界的提出，是对人类追求美好社会理想的新贡献，表明我们党对人类社会发展规律的认识进一步深化。其一，坚持国家和谐与世界和谐、国家利益与全人类共同利益相结合。一个国家和地区能否和谐，能否实现长治久安，一定程度上取决于国际社会是否和谐。国家和地区和谐是国际社会和谐的基础；国际社会的和谐反过来又能够促进一个国家和地区实现和谐。如果把一国的和谐建立在国际社会的动荡之上，这样的和谐是不可能持久的。其二，深化了对人类社会发展阶段的认识。马克思恩格斯曾对未来社会的发展作出过科学设想，认为共产主义是每个人得到自由而全面发展的社会，是高度和谐的社会。建设和谐世界是实现共产主义远大目标的一个具体步骤和重要条件，是不可逾越的重要阶段。建设和谐世界，就是在把马克思主义关于未来社会的科学论述逐步变成现实，从长远讲同实现共产主义的奋斗目标是完全一致的。其三，实现经济社会全面协调可持续发展是人类社会发展的必然趋势，是当今世界的根本要求。建设和谐世界，就是要推动世界经济朝着均衡、稳定和可持续方向发展，减少发展中国家在经济全球化过程中的风险，缩小南北差距，共享经济全球化成果，以实现共同繁荣，促进共同发展。建设和谐世界，充分体现了我们党的马克思主义宽广眼界和造福全人类的高远境界。

第二，建设和谐世界是对时代主题的新认识。当今时代主题依然是和平与发展。建设和谐世界，从以下四个方面深化了对时代主题的认识。其一，创造性地阐述了“和平与发展是时代主题”的论断。胡锦涛指出，“要和平、促发展、谋合作是时代的主旋律”。这一科学判断在传统的“和平与发展”主题的基础上，增加了“合作”的主张，使和谐世界的内涵和特征更突出、更鲜明。其二，突出和平与发展是建设和谐世界的两大支柱。虽然和平与发展这两大课题至今一个都没有解决，但建设和谐世界，离不开和平与发展；没有世界的和平与发展，根本谈不上建设和谐世界。建设和谐世界，抓住了当今世界所有问题的根本，指明了世界人民所要解决的最主要问题，为世人提供了观察和解决世界各种问题的基本着眼点和立足点。其三，提出重在消除根源，坚决打击恐怖主义的新思路。恐怖主义对世界的和平与安全构成严重威胁。恐怖主义的根源复杂多样，需要全面治理才能有效遏制。特别是需要创造更好的经济、社会和文化发展条件，以消除滋生恐怖主义的温床。

第三，建设和谐世界是对和谐社会思想的新发展。我们党继承传统文化中“大同世界”、“天下为公”思想，为构建平等和谐的国际关系作出过艰辛的探索，进行过不懈努力。以毛泽东为核心的党的第一代中央领导集体提出“和平共处五项原则”，作为新中国处理对外关系的基本准则，对构建平等和谐的国际关系，推进人类和平与发展事业作出了重要贡献。以邓小平为核心的党的第二代中央领导集体扩大这五项原则的适用范围，将其不仅运用于不同社会制度国家间的相互关系中，也用来处理相同社会制度国家间、一国内政和国际热点冲突，倡导在和平共处五项原则的基础上建立国际政治经济新秩序。以江泽民为核心的党的第三代中央领导集体在继承前人的基础上，提出要树立互信、互利、平等和协作的新安全观，提出了处理国际关系的四项主张：主张顺应历史潮流，维护全人类的共同利益；主张建立公正合理的国际政治经济新秩序；主张维护世界多样性，提倡国际关系民主化和国家发展模式多样化；主张反对一切形式的恐怖主义，强调要“为建设一个持久和平与普遍繁荣的世界而努力”。以胡锦涛为总书记的党中央把构建社会主义和谐社会纳入社会主义现代化建设总体布局之中，继承发展了党的三代中央领导集体关于构建平等和谐的国际关系的思想，提出建设和谐世界的构想，是我们党关于和谐社会思想的新发展、新贡献。

第四，建设和谐世界是对党执政能力的新要求。建设和谐世界是在错综复杂的国际形势下提出来的，既考验我们的执政能力，又锻炼和提升我们的执政能力。建设和谐世界，就要坚持用宽广的眼界观察世界，提高科学判断国际形势、进行战略思维的水平；就要坚定不移地贯彻执行党的对外方针政策，掌握处理国际事务的主动权；就要全面认识和把握国际因素对我国的影响，不断提高同国际社会交往的本领；就要始终把国家主权和安全放在第一位，坚决维护国家安全，争取良好的国际环境和周边环境。建设和谐世界，适应了新形势和新任务对党的执政能力建设的新要求，拓展了党的执政能力建设的领域，使我们党的执政能力建设目标更加宏远，内涵更加丰富，途径更加具体。

建设持久和平、共同繁荣的和谐世界

建设和谐世界是一个长期过程。从当前的条件和紧迫性来看，要从建立国际新秩序、支持和促进广大发展中国家加快发展、建立集体安全机制、推动各种文明和平共处等方面入手。

第一，推动建立和平、稳定、公正、合理的国际政治经济新秩序。当代国际旧秩序具有明显的霸权主义和强权政治色彩，具有极大的不合理性，是形成国际社会矛盾、社会冲突、社会危机的重要原因。建设和谐世界，就必须改革不合理的国际旧秩序，建立公正合理的国际政治经济新秩序。胡锦涛在纪念中国人民抗日战争暨世界反法西斯战争胜利60周年大会上的讲话中指出："各国政府和人民应该共同承担起维护世界和平、促进共同发展的历史使命，积极推动建立公正合理的国际政治经济新秩序。"建立国际政治经济新秩序，就要恪守以主权平等和互不干涉内政为核心的国际关系准则，创造安全稳定的国际和平环境；要遵循平等互利的原则，建立共同发展的新型国际关系，造成自主选择、求同存异、和谐合作、大小国家一律平等的国际局面；要积极推动国际格局走向多极化，推进国际关系民主化。

第二，支持和促进广大发展中国家加快发展，努力减少和消除贫困。国际社会不和谐的最根本原因是发展不平衡、发展不迅速、发展不和谐。大多数发展中国家经济发展困难很多，相当一部分发展中国家面临着被进一步边缘化的危险。胡锦涛指出："落实千年发展目标，特别是要大力推动发展中国家加快发展，使21世纪真正成为'人人享有发展的世纪'"。他强调要进一步改革完善国际金融体制，维护和完善多边贸易体制，为发展中国家营造健康有序的贸易环境和稳定高效的金融环境，使国际经济体制和规则更加公平合理，特别是要充分反映广大发展中国家的关切，促进经济全球化朝着均衡、普惠、共赢的方向发展。要尊重发展模式的多样性，加强发展经验的交流和借鉴，提高各国自我发展的能力。积极推动发达国家为实现全球普遍、协调、均衡发展承担更多责任，在消除贫困、资金援助、减免债务等重点问题上采取切实措施，帮助发展中国家特别是非洲和最不发达国家加快发展。要加强联合国在推动国际发展合作中的作用，为各国特别是发展中国家的发展创造良好的国际环境，提供有力的帮助和支持。

第三，树立新安全观，建立集体安全机制。历史表明，以军事联盟为基础、以加强军备为手段的旧安全观，无助于保障国际安全，更不能营造世界的持久和平。现实也反复证明，武力不能缔造和平，强权不能确保安全。胡锦涛指出："我们要摒弃冷战思维，树立互信、互利、平等、协作的新安全观，建立公平、有效的集体安全机制，共同防止冲突和战争，维护世界和平与安全。"新安全观以互信为本，反对依靠军事同盟和增加军备来保证自己的安全；主张互利原则，要求世界各国的共同安全和普遍安全；以平等求安全，主张各国加强安全问题上的相互协作，保障共同安全和世界和平。联合国作为集体安全机制的核心，在保障全球安全的国际合作中发挥着不可替代的作用。要通过合理、必要的改革，维护联合国权威，提高联合国效率，更好地发挥联合国及其安理会在维护世界和平、促进共同发展中的积极作用，增强联合国应对新威胁新挑战的能力。倡导新安全观，建立集体安全机制，必将愈来愈为国际社会所理解与接受，为建设和谐世界发挥积极作用。

第四，维护文明的多样性，推动各种文明和平共处。文明多样性是人类社会的基本特征，也是人类文明进步的重要动力。各种文明只有在对话和交流当中才能更好地发展、丰富与完善。纵观历史，国际社会的冲突，归根到底是为争夺经济利益引起的，而不是各种文明之间的冲突。胡锦涛指出："我们要维护人类文明多样性，本着平等、民主的精神，推动各种文明和平共处、取长补短、共同发展，让世界更加丰富多彩。"不同文明之间的对话、沟通和理解，对不同文明持包容、尊重态度，不仅代表着人类社会的文明进步，同时也是维护世界的和平与发展所必需的。要尊重各国自主选择社会制度和发展道路的权利，相互借鉴而不是刻意排斥，取长补短而不是定于一尊，推动各国根据本国国情实现振兴和发展；要加强不同文明的对话和交流，在竞争比较中取长补短，在求同存异中共同发展，努力消除相互的疑虑和隔阂，使人类更加和睦，让世界更加丰富多彩；要以平等开放的精神，维护文明的多样性，促进国际关系民主化，协力构建各种文明兼容并蓄的和谐世界。

（载于《马克思主义理论研究和建设工程参考资料》203 期）

不断提高处理人民内部矛盾的本领

教育部邓小平理论和
“三个代表”重要思想研究中心

在我国，人民内部矛盾是现阶段占主导地位的社会矛盾。因此，构建社会主义和谐社会的关键，是正确处理人民内部矛盾。应该看到，当前和今后相当长的一段时间内，我国经济社会发展面临的矛盾和问题可能更复杂、更突出，与之相伴的是人民内部的矛盾和问题也可能更多、更复杂。提高构建社会主义和谐社会能力的一个重要方面，就是提高处理人民内部矛盾的本领。

正确处理人民内部矛盾是构建社会主义和谐社会的关键

建设和谐社会、实现社会和谐，始终是人类孜孜以求的一个社会理想。但是，在对抗性矛盾占主导地位的阶级社会里，这种理想只是一种幻想、一种愿望，根本无法实现。这是因为，在阶级剥削和压迫的制度下，阶级矛盾是社会的主要矛盾，这种矛盾最终只能通过激烈的阶级斗争来解决。马克思、恩格斯是把构建和谐社会同消灭资本主义私有制、建立社会主义制度联系在一起的。他们在《共产党宣言》中指出：“代替那存在着阶级和阶级对立的资产阶级旧社会的，将是这样一个联合体，在那里，每个人的自由发展是一切人的自由发展的条件。”可见，社会主义制度是构建和谐社会的前提条件，不能离开社会主义抽象地谈论和谐社会建设。

目前，我国尚处在社会主义初级阶段，对抗性的阶级矛盾仍在一定范围内存在，但这种矛盾在社会中已退居次要地位，占主导地位的是非对抗性的人民内部矛盾。人民内部矛盾是人民群众在根本利益一致基础上的矛盾，也就是非对抗性的矛盾，它可以在社会主义制度的范围内，通过民主的、讨论的、协商的、说服教育的方式，按照“团结——批评——团结”的公式予以解决。但是，在社会主义条件下，和谐社会并不会自然而然地实现。马克思主义辩证法认为，对立统一的规律是自然界和人类社会发展的根本规律。无论自然界还是人类社会，发展的动力都是矛盾的运动。社会主义社会也不例外。只有承认矛盾，并不断正确处理矛盾，才能保持矛盾双方的统一，实现社会的和谐；反之，否认矛盾、掩盖矛盾，只会使社会矛盾不断积累并趋于尖锐化，从而也就不可能实现社会和谐。

当前，我国社会矛盾出现了许多新的表现形式，例如城乡发展不平衡、地区发展不平衡、经济社会发展不平衡的矛盾日趋突出，缩小发展差距和促进经济社会协调发展的任务十分艰巨；人民群众的物质文化需要不断提高并更趋多样化，社会利益关系更趋复杂，收入差距明显；受经济文化发展水平等因素的限制，各种利益群体的一些利益要求难以得到完全满足，统筹兼顾各方面利益的难度加大；体制创新进入攻坚阶段，深化改革，扩大开放，不可避免地会进一步触及深层次的矛盾和问题；劳动者就业结构和方式不断变化，人员流动性大大增强，越来越多的社会成员由“单位人”变成“社会人”，社会组织和管理面临新问题；人民群众的民主法制意识不断增强，政治参与的积极性不断提高，对发展社会主义民主提出了新的要求；各种思想文化相互激荡，人们受各种思想观念影响的渠道明显增多、程度明显加深；社会上存在的消极腐败现象以及各类严重犯罪活动等也给社会稳定与和谐带来了严重影响，等等。这些矛盾绝大部分属于人民内部矛盾，是非对抗性的，可以通过民主的方式妥善加以解决。但如果我们不正视甚至掩盖这些矛盾和问题，使它们积累起来、激化起来，就有可能转化为对抗性矛盾。所以，我们必须正确认识、应对这些矛盾和问题，花大力气协调各方面的利益关系，妥善处理人民内部的各种矛盾。只有这样，才能形成和巩固社会的和谐关系。

正确认识人民内部矛盾的新形式新特点

目前，我国改革发展正处在一个关键时期。运用马克思主义科学地分析人民内部矛盾出现的一些新形式和新特点，是妥善处理人民内部矛盾，协调各方利益关系，团结一切可以团结的力量，调动一切积极因素，共同构建和谐社会的前提。

经过20多年的改革开放，我们在所有制结构方面，形成了公有制为主体、多种所有制经济共同发展的基本经济制度，这一基本经济制度是符合社会主义初级阶段生产力状况和发展要求的，必须长期坚持。毋庸回避，公有制经济与非公有制经济两者在性质上是不同的，它们之间是存在矛盾的。在目前条件下，这一矛盾必须在既坚持公有制为主体又鼓励和引导非公有制经济发展的框架内妥善处理。我们必须全面贯彻十六大提出的两个毫不动摇的方针。第一，必须毫不动摇地巩固和发展公有制经济。国有经济是国民经济的生命线。发展和壮大国有经济，对于发挥社会主义制度优越性，增强我国的经济实力、国防实力和民族凝聚力，具有关键性作用。集体经济是公有制经济的重要组成部分，对实现共同富裕具有重要作用。毫不动摇地坚持公有制经济的主体地位，是解决社会矛盾、实现社会和谐的最为可靠的经济保证。第二，必须毫不动摇地鼓励、支持和引导非公有制经济发展。非公有制经济是一支重要的活跃的经济力量，对发展生产、增加收入、扩大就业、满足人民多方面的需要等具有重要作用。要把坚持公有制为主体、促进非公有制经济发展统一于社会主义现代化建设的进程中，使它们在市场竞争中发挥各自优势，相互促进，共同发展。两个毫不动摇不可偏废，更不能把两者对立起来。

在社会主义初级阶段，我们实行按劳分配为主体、多种分配方式并存的分配制度。这种分配制度是与社会主义基本经济制度相适应的。改革开放以来，随着经济的发展，我国人民生活水平大大提高。但是，正如邓小平同志在晚年指出的，“中国发展到一定的程度后，一定要考虑分配问题。”“少部分人获得那么多财富，大多数人没有，这样发展下去总有一天会出问题。分配不公，会导致两极分化，到一定时候问题就会出来。这个问题要解决。过去我们讲先发展起来。现在看，发展起来以后的问题不比不发展时少。”解决分配问题“比解决发展起来的问题还困难。分配的问题大得很。我们讲要防止两极分化，实际上两极分化自然出现。要利用各种手段、各种方法、各种方案来解决这些问题。”当前，我国出现了地区差距、城乡差距、居民收入差距日益扩大的趋势，出现了困难群体。不解决分配不公的问题，听任收入差距扩大，不符合逐步实现共同富裕这一社会主义本质的要求，必然激化社会矛盾，影响社会的安定。正确处理分配领域的矛盾，对于构建和谐社会来说，是一件迫在眉睫的事情。

正确处理人民内部矛盾，归根结底是要处理好人民内部的利益关系。每一个社会的经济关系首先作为利益关系表现出来。随着改革开放的深化，经济利益格局发生了很大变化，出现了许多新的矛盾。我国的社会构成日趋多样化，除了工人、农民、知识分子外，出现了民营科技企业的创业人员和技术人员、受聘于外资企业的管理技术人员、个体户、私营企业主、中介组织的从业人员、自由职业者等新的社会阶层，利益主体越来越多元化，利益矛盾越来越复杂多样，这就迫切需要建立新的利益协调机制，以处理这些新的利益矛盾。在改革中，我们党提出让一部分地区、一部分人通过诚实劳动和合法经营先富起来，进而带动全体人民共同富裕的政策。实行这一政策极大地调动了人们的积极性和创造性，有力地推动了经济的发展，但同时出现了先富人群与未富（或少富）人群的矛盾，地区差距、人们收入差距过大的问题。要构建社会主义和谐社会，就必须正视并逐步解决这些问题。如果忘记了共同富裕这一最终奋斗目标，就不可能从根本上建立起社会主义和谐社会。

不断提高处理人民内部矛盾、构建和谐社会的本领

我们党是执政党，正确处理和妥善解决人民内部矛盾是党的责任。面对大量的复杂的人民内部矛盾，能否建设一个全体人民各尽其能、各得其所而又和谐相处的社会，是对我们党的执政能力的重大考验。不断提高正确处理人民内部矛盾的本领，是加强党的执政能力建设、构建社会主义和

谐社会的决定性环节。我们党作为中国工人阶级的先锋队和中国人民、中华民族的先锋队，代表着最广大人民的根本利益，全心全意为人民服务是我们党的根本宗旨。从根本上讲，只要我们的党员干部真正坚持立党为公、执政为民，真正做到权为民所用、情为民所系、利为民所谋，在工作中充分相信人民群众、依靠人民群众，人民内部矛盾一定可以得到妥善解决。但是，处理人民内部矛盾还需要有正确的途径和方法、有效的体制和机制。

第一，在处理人民内部矛盾的过程中，党员干部尤其是领导干部必须坚持以邓小平理论和“三个代表”重要思想为指导，坚持社会主义基本制度，坚持走中国特色社会主义道路；必须树立和落实科学发展观，坚持以经济建设为中心，坚持“五个统筹”；必须坚持以人为本，始终把最广大人民的根本利益作为根本出发点和归宿，在经济发展的基础上不断满足人民群众日益增长的物质文化需要，促进人的全面发展；必须尊重人民群众的创造精神，调动一切积极因素，激发全社会的创造活力；必须注意社会公平，正确反映和兼顾不同方面的利益，妥善协调各方的利益关系；必须正确处理改革、发展和稳定的关系，坚持把改革的力度、发展的速度和社会可以承受的程度统一起来，使改革发展稳定相互协调、相互促进，确保人民群众安居乐业，确保社会政治稳定和国家长治久安。这是处理人民内部矛盾必须坚持的基本原则。

第二，必须树立相信群众、依靠群众的思想，保持同人民群众的密切联系，走群众路线，这是正确处理人民内部矛盾的关键。各级干部要带着深厚的感情做群众工作，千方百计把群众工作做深、做细、做实。要高度重视和维护群众最关心、最现实、最直接的利益，高度重视和解决群众生产生活中面临的困难问题，努力使党的群众工作取得实效。当前，要结合保持共产党员先进性教育活动，进一步加强基层党组织建设，加强对党员的教育和管理。这是提高处理人民内部矛盾的本领、解决干部与群众之间矛盾的根本前提。

第三，在工作方法上，要善于统筹兼顾、统一安排。一般来说，人民内部矛盾集中体现在利益分配方面。在社会主义条件下，人民群众之间的根本利益是一致的。必须重视并保护每个人的正当利益。但除了个人利益外，还存在国家利益、集体利益，在社会主义制度条件下，三者应当而且能够兼顾。当三者利益发生矛盾时，个人利益应该服从国家利益、集体利益。即使是非公有制经济成分，由于它是中国特色社会主义经济的一部分，是在社会主义制度下生存、发展的，因此在一定程度上也要按这一原则来处理利益关系。邓小平同志指出："在社会主义制度之下，个人利益要服从集体利益，局部利益要服从整体利益，暂时利益要服从长远利益"，"我们提倡和实行这些原则，决不是说可以不注意个人利益，不注意局部利益，不注意暂时利益，而是因为在社会主义制度之下，归根结底，个人利益和集体利益是统一的，局部利益和整体利益是统一的，暂时利益和长远利益是统一的。我们必须按照统筹兼顾的原则来调节各种利益的相互关系。"按照这一原则来处理人民内部的利益关系，才能形成社会的和谐关系。如果鼓吹"人为财死、鸟为食亡"，按照"人的本性是自私的"的资产阶级的价值观来处理各方面的利益关系，那么，人与人之间必然形成一种对抗关系，就不可能妥善处理人民内部矛盾，就不可能构建社会主义和谐社会。

第四，在处理矛盾的具体工作环节上，要深刻分析现阶段人民内部矛盾产生的原因特别是深层次原因，注重从源头上减少人民内部矛盾的发生。要认真检查政策措施、工作方法、工作作风是否切合实际，是否符合最广大人民的根本利益，努力避免因决策失误和工作不当引起群众的不满和抱怨。要深入基层、深入实际，加强矛盾纠纷的排查工作，及早发现可能发生的各种矛盾，及时采取有效措施妥善加以解决，依法纠正各种损害群众利益的行为。要完善信访工作责任制，建立健全社会矛盾纠纷调处机制，把人民调解、司法调解、行政调解结合起来，依法及时合理地处理群众反映的问题。要积极预防和妥善处置群体性事件，坚持依法办事、按照政策办事，既依法维护群众的正当权益，又依法维护社会的安定团结。

（载于《马克思主义理论研究和建设工程参考资料》191 期）

构建和谐社会必须着力建设和谐文化

中央党校邓小平理论和
“三个代表”重要思想研究中心

党的十六届五中全会明确指出，深化文化体制改革，积极发展文化事业和文化产业，创造更多更好适应人民群众需求的优秀文化产品。构建社会主义和谐社会，是我们党从中国特色社会主义事业全局出发提出的一项重大战略任务。如何按照十六届五中全会的精神建立适应构建社会主义和谐社会要求的社会主义和谐文化，是我们面临的一个新课题。

建设和谐文化是构建和谐社会的一项基础性工程

一个国家、一个社会，没有文化，就等于没有灵魂，就会失去凝聚力和生命力。在构建社会主义和谐社会过程中，文化因素深深地渗入其间，它为和谐社会的发展提供思想保证、精神支撑。社会主义和谐社会有着丰富的文化内涵。没有和谐的文化，就没有和谐社会的根基，没有和谐社会的发展方向。和谐文化是和谐社会的重要特征。有没有和谐的文化，是衡量一个社会是否和谐的重要尺度。构建社会主义和谐社会，既包含着和谐文化建设的内容，同时更需要和谐文化的引导和支撑。和谐社会越发展，和谐文化的地位和作用就越突出、越明显。

和谐文化是以和谐为思想内涵、以文化为表现方式的一种文化，它融思想观念、理想信仰、社会风尚、行为规范、价值取向为一体，包含着对和谐社会的总体认识和评价，是社会发展和文化建设的有机结合。和谐文化的形成，是一定的社会主体对历史的、现实的和未来的社会生活的自觉认识和向往，代表了一定社会主体的利益，同时也体现了一定社会主体对社会发展的认识水平。从表现形式上看，和谐文化既有思想观念方面的内容，又有制度规范方面的内容。从思想观念上来说，和谐文化体现了人们对和谐社会的认知、感受，对社会和谐目标的追求；从制度规范上来说，和谐文化体现了人们在和谐思想的引导下建立的一系列调整利益关系、化解社会矛盾的制度和机制。和谐文化是人们依附的精神家园，也是和谐社会具有凝聚力、向心力和感召力的源泉之一。一个社会的和谐，在本质上体现为一种和谐的文化精神。因此，和谐文化以教育人、引导人、鼓舞人、塑造人作为始终不渝的追求，以引导、培育人们的和谐的思想观念和价值取向为目标。

构建社会主义和谐社会，必须着力建设和谐文化。我们所要建设的和谐文化，是以社会主义制度为基础，以先进文化为指导，面向时代，立足于现实，与中华民族和谐传统相承接、与和谐社会要求相吻合的思想文化体系。这种和谐文化具有先进性、时代性、现实性、民族性和继承性的特征，反映着中国特色社会主义发展方向，是社会主义先进文化的基本内容，也是社会主义先进文化的重要组成部分。建设和谐文化，实际上就是建设和发展社会主义先进文化。和谐社会的构建与和谐文化的建设应该是同步的，相辅相成的。建设和谐文化，是推进社会和谐发展的必然要求，是构建社会主义和谐社会的重要条件，也是构建社会主义和谐社会的一项基础性工程。建设和谐文化的核心问题，是培育人的和谐文化精神。通过建设和谐文化，营造和谐的社会氛围，为和谐社会培育必需的社会环境，用和谐文化培育人、塑造人，丰富人们的精神内容，提升人们的精神境界，引导人们树立和谐的思想观念和思维方式，使和谐的理念成为全社会的重要价值取向，使和谐文化与和谐社会的构建相互交融、相互促进、共同发展。

建设和谐文化对构建和谐社会具有重要作用

建设和谐文化对于构建和谐社会有着十分重要的意义。

第一，建设和谐文化，有利于巩固全国人民团结奋斗的思想基础。和谐社会是理想的社会。这种理想越能充分代表广大人民群众的利益，越能为绝大多数人所认同和接受，就会越能成为执政党领导和团结人民群众共同奋斗的思想基础。尽管我国幅员辽阔，地区差别大，民族众多，经济形式和分配关系多样，社会各阶级、阶层和群体之间也存在着各种不同的利益和矛盾，但社会主义的本质决定了人们在不同利益的背后有着共同的利益追求，因而能够形成共同的理想。建设中国特色社会主义，把我国建设成为富强、民主、文明、和谐的社会主义现代化国家，是现阶段我国各族人民的共同理想。这一共同理想，既包含着全体人民的根本利益和共同愿望，也体现着团结、合作的精神，是引导全国各族人民团结奋斗的一面旗帜，是实现全体人民在政治上、道义上和精神上团结一致的重要保证。建设和谐文化，坚持用马克思列宁主义、毛泽东思想、邓小平理论和“三个代表”重要思想武装全党、教育人民，坚定建设中国特色社会主义信念，可以为构建社会主义和谐社会打牢思想基础，在全社会形成心齐、气顺、劲足的良好氛围。

第二，建设和谐文化，有利于促进经济社会的协调发展。和谐文化内含着协调发展的理念，它所倡导的发展包括经济、社会、文化、生态等诸多因素，是经济与社会的协调发展、全面进步。社会主义和谐社会的构建，首先要有生产的发展，物质财富的增长，人民生活水平的不断提高。社会主义不能建立在贫困的基础上，在贫困的基础上也无法构建社会主义和谐社会。构建社会主义和谐社会过程中许多矛盾和问题的解决，都要以经济发展为前提，以物质文明的进步为依托。处在社会主义初级阶段的当代中国，经济建设依然是中心，集中力量加快社会生产力的发展的任务尤为繁重。但是，经济发展与社会的进步不是相互独立的，而是紧密相联、相辅相成的。经济发展不能欠社会发展的账，不能以损失社会的进步为代价，否则就会引发各种社会问题。单纯的生产力发展和经济增长不可能自动带来社会的全面进步，不可能解决社会发展过程中的所有问题。建设和谐文化，有助于培育经济社会协调发展的思想意识、思维方式，使人们在关注经济建设的同时，更加重视社会的全面发展，实现社会的全面进步，从而促进社会的和谐发展。

第三，建设和谐文化，有利于化解矛盾、凝聚人心。和谐文化强调的是求同存异、团结友爱、和睦相处，具有弘扬正气、凝聚人心，沟通感情、增进融合等功能，能够起到化解矛盾、整合社会关系的作用。和谐社会不是没有利益冲突的社会，也不是没有矛盾的社会。构建社会主义和谐社会就是通过对各种利益关系、社会矛盾的调整和处理来实现社会的和谐与融洽。社会越是向多样化发展，就越需要发挥文化的调节和整合作用。这种文化调节和整合的过程，本身也是构建和谐社会的过程。随着改革开放深入发展，我国的社会结构和社会生活已经发生了深刻的变化，各种利益关系和社会矛盾出现纷繁复杂的局面，人们的思想观念也发生了深刻的变化，思想活动的独立性、选择性、多变性、差异性明显增强。建设和谐文化，引导人们用正确的立场、观点和方法去观察社会，培养人们用宽容的态度看待和处理各种问题，有助于避免思想认识上的片面性和极端化，形成尊重劳动、关爱他人、维护公平、相互关爱、团结互助的社会风尚。

立足现实，在继承和借鉴中建设和谐文化

建设和谐文化，离不开对中国传统文化精华的继承和发扬，也离不开对世界优秀文明成果的吸收和借鉴，同时也要与社会发展的现实要求相适应。

建设和谐文化，要继承和发扬中国传统文化中的和谐思想观念。重和谐，求同存异，是中国传统文化中的思想精华，长期受到人们的崇尚，深深影响着中华民族的思维方式、心理结构、价值选择、伦理道德和行为方式，在历史上起到了推动社会发展的进步作用。中国传统文化中的和谐思想，内容是十分丰富的。在人际关系方面，强调“和为贵”，提倡宽和处世，协调团结。孔子提出的“以宽厚处世、协和人我”的理想人格，就是为了要创造和谐的人际环境。孟子的“天时不如地利，地利不如人和”，

则集中表达了对人与人和谐关系的追求。在人与自然的关系方面，强调“天人合一”，主张人类应当认识自然，尊重自然，顺应自然，与自然和谐相处。在民族与民族、国家与国家的关系上，强调“协和万邦”，主张不同的民族和国家应和睦共处、亲密友好。中国传统和谐思想在强调“和为贵”的同时，还强调“和而不同”。和谐求以共生共长，不同求以相辅相成。在和谐中实现共同的发展，在不同中相互吸收对方的长处。这种底蕴十分厚重深远的和谐思想，为建设和谐文化提供了可供借鉴的思想资源。承接和弘扬中国传统和谐思想的合理内涵，充分发掘其理念蕴含的当代价值，对于建设和谐文化有着十分重要的作用。

建设和谐文化，还要注意吸收借鉴世界优秀文明成果。在人类社会发展过程中，不同国家和不同民族独特性文化的存在，使世界文化具有了丰富多彩的内容。每一个国家和民族的文化都有其长处，这是其存在和发展的基础。不同国家和民族的文化千姿百态，其合理内核往往是相通的，总能为人类所传承。建设和谐文化，离不开与世界文化的交流与对话。以宽广的眼界和博大的胸怀，积极借鉴世界各国的文明成果，博采众长，使其熔铸于和谐文化建设之中，这是建设和谐文化的一个重要途径。当然，对于西方文化中的极端个人主义、拜金主义、享乐主义、无政府主义思想观念，是要坚决抵制的。面对西方文化，妄自菲薄，唯我独尊的态度都是不足取的。只有在交融中学习借鉴，在碰撞中扬弃升华，才有助于我们和谐文化的丰富发展。

建设和谐文化，要立足社会生活实际。构建和谐社会，是动态而不是静态的，是相对而不是绝对的，体现为目标和过程的统一。作为目标，构建和谐社会同我们的远大理想、同现阶段的共同理想是一致的；作为过程，构建和谐社会是分阶段的、有层次的，不可能一蹴而就。构建和谐社会，是当前的重要任务，也是一个长期的历史过程。建设和谐文化，要着眼于未来的发展，更要着眼于现实的要求。从总体上说，我国的社会发展还处在并将长期处在社会主义初级阶段，社会成员的生活和发展条件有很大差异，思想道德水平不可能整齐划一。和谐文化的基本内容，不能脱离现实，不能超越社会发展阶段和人民群众的思想道德水平，要包容多样，把握好建设的层次性，区分不同对象和层次，鼓励先进，团结多数，从而引导好不同阶层、不同思想觉悟的人。这应是建设和谐文化的一个基本思路。建设和谐文化，既要有先进性要求，又要有广泛性要求，要把先进性要求同广泛性要求结合在一起。没有先进性，就没有感召力、引导力，就不可能带动整个社会和谐思想观念的不断提升；没有广泛性，就难以贴近生活、切合实际，就没有被社会大多数成员所接受的可能。先进性要在广泛性的基础上体现出来，广泛性要以先进性为指导。这样，才能使和谐文化建设符合时代和现实的要求。建设和谐文化，必须坚持以人为本，着眼于实践，着眼于应用，在理论和实践的互动中实现和谐文化的创新与发展，加快和谐文化被广大人民群众所掌握的进程，加快和谐文化的积累过程。建设和谐文化，本身也是移风易俗、改造社会的实践活动，也是广大社会成员进行自我教育、提高全社会文明程度的有效途径。

（载于《马克思主义理论研究和建设工程参考资料》207 期）

诚信:构建和谐社会的道德基础

教育部邓小平理论和
“三个代表”重要思想研究中心

“诚信友爱”是构建和谐社会在思想道德建设方面的基本要求，诚信是构建和谐社会的道德基础，其作用主要体现在以下几个方面：

第一，诚信是建立和谐人际关系的重要道德准则。诚实守信是中华民族的传统美德，在社会主义条件下应当进一步发扬光大。在社会主义条件下，广大人民群众的根本利益是一致的，人与人之间应当是互帮互助、诚实守信、平等友爱、融洽相处的新型关系。这是由社会主义本质所决定的，也是社会主义制度优越性的具体体现。人们之间以诚相待，才能处理好各种人民内部矛盾，使人们各尽其能、各得其所。但在实际生活中，一些人急功近利，弄虚作假，言而无信，尔虞我诈；一些地方存在道德冷漠症，造成人与人之间的隔阂与不信任。因此，以诚信为重点，正确处理义与利的关系、竞争与协作的关系，培育社会主义新型人际关系，是构建和谐社会的一个重要任务。

第二，诚信是维护市场秩序的基本道德规范。用诚信道德引导和规范经济行为，是市场经济条件下构建社会主义和谐社会的一个重要课题。以社会分工为基础的交换关系，要求双方以信用作为守约条件。日益扩展的市场关系逐步构建起彼此相联、互为制约的信用关系链条，维系着市场关系和市场秩序。所以，市场经济也是信用经济、诚信经济，这是市场经济的内在属性。同时，市场经济具有追求利益最大化的属性，如果对经济活动缺乏有效的约束和规范，一些人就可能以失信行为来谋不义之财。目前，社会主义市场经济体制的不完善，失信问题较为严重，加大了企业交易成本，也影响了企业在经贸往来中的信誉。失信行为还从经济生活蔓延到政治、文化及人际关系领域，并滋生了权钱交易等腐败现象。所以，诚信和失信的道德冲突，是发展社会主义市场经济过程中道德建设的一对矛盾，这一矛盾解决得如何，直接关系到市场秩序的状况。加强诚信道德建设，是完善社会主义市场经济的必然要求，我们必须把它作为一项重要工程来抓。

第三，诚信是提升政府公信力的重要因素。政府的诚信，关系民主法治、公平正义，影响着政府的公信力，决定着和谐社会的建设。《中共中央关于完善社会主义市场经济体制若干问题的决定》强调："增强全社会的信用意识，政府、企事业单位和个人都要把诚实守信作为基本行为准则。"温家宝总理在《政府工作报告》中，提出提高政府公信力的任务。政府的诚信建设，一是体现在制度的公正性层面；二是表现在政府行为的诚信层面。制度公正是政府公信度的基础。制度不公就会导致社会权利与义务的不平等，引发社会利益分配失衡或利益冲突，并为各种不法行为、失信行为提供孳生的土壤。因此，坚持科学发展观，处理好"五个统筹"的关系，通过加强制度建设解决分配公正、司法公正、教育公正等群众特别关切的问题，是诚信政府建设的重中之重。但是，符合社会公正的制度，要通过各级政府及其工作人员去维护和实施，其实施的状况以及由此形成的政风，决定着政府的公信度和形象。在现实生活中，有的地方不能做到依法行政、公正执法，缺乏责任意识，致使政策扭曲；有的地方腐败现象损害了党和政府的形象，影响了政府的公信力。温家宝总理在《政府工作报告》中讲到政府工作中存在的问题时尖锐地指出：有些关系群众利益的问题还没有得到根本解决；有些政府工作人员依法行政观念不强；形式主义、官僚主义、弄虚作假和奢侈浪费的问题比较突出；腐败现象在一些地方、部门和单位比较严重。因此，诚信政府建设，关系到社会信用体系的建立，关系到社会诚信道德水平的提升。

第四，诚信道德建设，是保证我国政治、经济、文化和社会建设协调发展的精神支撑。诚信道德建设，不仅是道德建设的重点，而且对构建社会主义和谐社会进程中其他各方面的建设，也是不可或缺的。胡锦涛同志指出，和谐社会几个特征是相互联系、相互作用的，需要在全面建设小康社会的进程中全面把握和体现。这一深刻阐述，是马克思主义世界观和方法论在和谐社会构建方面的具体运用，它揭示了社会主义和谐社会各个要素之间的辩证关系，说明和谐社会建设是一个系统工程。其中，民主法治是政治方面的明确要求，公平正义首先是经济方面的价值目标，安定有序是社会组织和管理方面的任务，充满活力是社会建设多方面努力的综合成果，和谐相处是对处理人与人、人与自然关系的具体要求。这些目标的实现，都离不开诚信道德的规范、支持和维护。如果一个社会不能在公民中普遍地培育起诚信的道德素养，其政治、经济、文化等各方面的关系就不可能协调，人与人之间就不能做到平等友爱、融洽相处，社会生活就不能充满活力、安定有序。从这个意义上说，诚信道德状况直接关系到整个和谐社会的建设。

在构建社会主义和谐社会过程中，应该如何加强诚信道德建设呢？

第一，要以诚信为重点，加强社会公德、职业道德和家庭美德建设，培育公民诚信道德人格。社会公德是全体公民在社会交往和公共生活中应该遵循的行为准则，它涵盖了人与人、人与社会、人与自然之间的关系。在现代社会，公共生活领域不断扩大，人们相互交往日益频繁，诚信道德在维护公众利益、公共秩序方面的作用更加突出。只有人人讲诚信，给他人以信任，公共生活领域中的和谐人际关系才能形成。职业道德涵盖了从业人员与服务对象、职业与职工、职业与职业之间的关系，是所有从业人员在职业活动中应该遵循的行为准则。以诚为本的经营宗旨和爱岗敬业、办事公道、服务群众、奉献社会的职业道德规范，不仅有利于建立企业与消费者的信任关系，政府与公民的信任关系，而且是一个企业发展的无形资本，是提升政府公信力的根本。家庭美德是每个公民在家庭生活中应该遵循的行为准则，以诚信道德为重点，调整夫妻、长幼、邻里之间的关系，有利于形成相互信任、互敬互爱、长幼有序、融洽和谐的关系，从而建立一个稳定社会的微观基础。以诚信为重点的道德建设，最终是要塑造具有诚信道德的公民人格。孔子说："自古皆有死，民无信不立"，"人而无信，不知其可也"。诚信是个人的立身之本，是做人的首要德行。公民有了诚信这种高尚的道德人格，社会也就有了正常的生产生活秩序，有了和谐的人际关系。

第二，要加强诚信道德建设，需要法律、经济、社会等方面的密切配合。首先，要加强法制建设，为诚信道德建设提供强有力的法律保障。诚信社会必须是一个法治社会。加强公民的诚信道德建设，需要法律与道德相互配合，优势互补，使诚信真正成为公民的道德自律。如果缺乏对失信者惩罚的法治体系，或有法不依，违法不究，执法不严，诚实守信者的利益得不到法律的保护，失信违法的行为可以不受法律的惩处，诚实守信的道德风气是不可能真正建立起来的。其次，要尽快建立健全社会信用体系，为诚信道德奠定坚实的经济关系基础。诚信道德通过教化来引导和规范人们的行为，是软约束，它需要市场体系、市场关系的进一步完善。社会信用体系以“制度性”和“规范性”来规范经济活动，从根本上维护市场秩序和社会公平。再次，要把诚信道德建设与社会管理结合起来。建设诚信社会，要加强社会管理薄弱环节的建设，逐步完善诚信教育与社会管理相互补充相互促进的长效运行机制，综合运用教育、法律、行政、舆论等手段，有效地引导人们的价值取向，规范人们的行为。总之，诚信既是道德建设，也是法制建设；既是意识形态领域的工程，也是完善经济制度和社会管理的任务。加强诚信建设，需要在和谐社会的构建中从经济、政治、文化和社会建设各方面综合努力。

（载于《马克思主义理论研究和建设工程参考资料》187期）

马克思主义执政党建设理论的创新与发展

——“毛泽东思想、邓小平理论和‘三个代表’重要思想对党的建设特别是执政党建设的理论贡献”课题组访谈

《人民日报》

记者： 首先请谈一谈课题研究的重点。

课题组： 我们党的三代中央领导集体在把马克思列宁主义建党学说与中国实际相结合、创造性地解决党的建设问题的过程中，不断作出新的理论贡献，产生新的理论成果。对这些理论贡献和理论成果进行研究包括很多内容，但着力点应放在执政党建设问题上。这是因为：

首先，从马克思列宁主义建党学说的发展来看，由于历史原因，马克思、恩格斯在这方面讲的不多。列宁虽然创立了新型无产阶级政党学说，但他对执政党建设的探索还是初步的。我们党执政以来，对此进行了不懈努力和长期探索，其中虽然有过曲折，但总的来说是逐渐形成了加强执政党建设的一系列行之有效的措施和办法，积累了丰富经验，在理论上有重大创新与发展。

其次，从共产党的执政经验和加强执政能力建设的实践来看，执政党的建设和管理比没有执政的政党要艰难得多。我们党成为执政党固然不容易，长期执掌好政权更不容易。上世纪80年代末90年代初以来，世界上一批执政多年的大党、老党特别是原苏联东欧国家的共产党先后丧失执政地位，把这个问题突出地摆在了人们面前，更加促人深思。我们必须增强

忧患意识，深刻汲取世界上一些执政党兴衰成败的经验教训，高度重视和加强对执政党建设理论的研究，不断深化对执政规律的认识。

再次，从新时期党的建设面临的任务来看，随着党的历史方位和执政环境发生深刻变化，特别是在长期执政和发展社会主义市场经济条件下，党的建设遇到了许多新情况新问题，迫切需要进一步回答建设什么样的党、怎样建设党这一重大课题，迫切需要对执政党建设进行探索和创新。基于以上考虑，我们把中国共产党对马克思主义执政党建设理论的创新与发展作为这个课题研究的重点。

记者：围绕这个重点，课题组在研究方面有哪些具体设想？

课题组：我们主要从三方面着手研究：一是马克思列宁主义关于执政党建设的基本思想；二是国外马克思主义执政党建设的经验教训；三是中国共产党对执政党建设的探索历程与理论成果。具体设计了6个子课题，即党的三代中央领导集体论执政党建设；中国共产党的执政经验；国外执政党建设的经验教训；党的执政理论问题；党的先进性与执政党建设；执政党建设基本问题。在此基础上，深入研究我们党对马克思主义执政党建设理论创新与发展的时代背景、实践基础、历史进程以及形成的科学理论体系，力求完整、准确地把握其精神实质和发展规律。

我们党三代中央领导集体关于执政党建设的思想内容丰富、博大精深。要系统、全面地把这些成果反映出来，尤其是按照这些思想的内在逻辑把它们梳理成科学的理论体系，就必须进行深入细致的研究，这样才能恰如其分地作出科学的、合乎逻辑的概括。研究理论本身不是目的，而是为了更好地、更自觉地运用理论指导实践。因此，在研究时我们强调理论与实践、继承与创新、历史与现实的结合，把总结历史经验、解决当前问题与思考未来统一起来。

记者：我们党把马克思列宁主义建党学说与党的建设实践相结合是一个历史过程，在每个阶段都产生了重要的理论成果。请简要介绍一下这些理论成果的表现形式及其相互关系。

课题组：我们党在领导中国革命、建设和改革的过程中，把马克思主义同中国实际相结合，实现了党在指导思想上的与时俱进，先后形成了毛泽东思想、邓小平理论和“三个代表”重要思想。毛泽东建党思想、邓小平党建理论和“三个代表”重要思想党建理论，分别是三者的重要组成部分。它们虽然各有自己的时代特征和理论内涵，但都是中国化的马克思主义党建理论，它们之间是一脉相承而又与时俱进的关系。要正确把握它们的相互关系，关键是抓住贯穿其中的解放思想、实事求是、与时俱进这一主线，这样才能深刻理解三代中央领导集体对党的建设特别是执政党建设作出的理论贡献。

记者：毛泽东建党思想是中国共产党人把马克思列宁主义建党学说与我们党的建设实践相结合而产生的第一个理论成果。它是在什么样的历史条件下形成的？对党的建设的理论贡献和实践意义表现在哪些方面？

课题组：毛泽东建党思想的形成和发展，是与我们党领导的把半殖民地半封建的旧中国改造成为社会主义新中国的伟大革命进程相伴随的。我们党成立之初所处的社会环境，既不同于19世纪马克思主义创始人从事革命活动的西方资本主义社会，也不同于十月革命前后的俄国，而是面临着许多特殊的复杂问题。具体地说，党的建设是在农民和其他小资产阶级成分占大多数的条件下进行的，是在同资产阶级又联合又斗争的复杂情况下开展的，是在长期武装斗争的环境中推进的，是在抵制、反对把共产国际指示教条化和苏联经验神圣化的斗争中前进的。因此，如何建设一个具有广泛群众性的无产阶级政党，领导中国革命取得胜利，是极其艰巨的任务。以毛泽东同志为主要代表的中国共产党人成功地解决了这个问题，在旧中国小生产十分普遍、经济文化非常落后的社会里，在长期被敌人分割的农村革命根据地和白色恐怖的城市中，建设起一支团结统一、纪律严明、英勇善战的工人阶级先锋队。

毛泽东建党思想的理论贡献，概括起来主要是：提出坚持党对中国革命事业的领导权；提出密切联系党的政治路线加强党的建设；提出着重从思想上建设党，党员不仅要在组织上入党，而且要在思想上入党；提出坚持民主集中制；提出实行任人唯贤的干部路线，在实践中锻炼和考验干部；提出坚持“惩前毖后、治病救人”的方针，在党内斗争中要达到既弄清思想又团结同志的目的；提出加强党风建设，发扬理论联系实际、密切联系群众和批评与自我批评的优良作风；提出利用整风的形式，在全党通过批评和自我批评进行马克思列宁主义思想教育；等等。在执政党建设问题上，提出执政条件下全党要继续保持谦虚谨慎、戒骄戒躁和艰苦奋斗的作风，警惕资产阶级思想的侵蚀，反对脱离群众的官僚主义等。这些理论贡献丰富和发展了马克思列宁主义建党学说，至今仍具有很强的指导意义。

记者：邓小平党建理论是中国共产党人把马克思列宁主义建党学说与我们党的建设实践相结合而产生的第二个理论成果，是毛泽东建党思想在新的历史条件下的继承和发展。请问，邓小平党建理论的历史性贡献和主要内容是什么？

课题组：邓小平党建理论的形成和发展，是与我们党领导的改革开放和社会主义现代化建设的伟大进程相伴随的。党的十一届三中全会以后，我们党面临的环境、任务和党的状况都发生了很大变化。从国内情况讲，要适应从“以阶级斗争为纲”到以经济建设为中心、从封闭半封闭到改革开放、从计划经济到社会主义市场经济的深刻转变；从国际环境讲，要面对发生巨大变化的世界，面对发达国家在经济、科技等方面占优势的压力和意识形态的渗透；从党的状况讲，党员队伍和党的干部队伍空前扩大，教育和管理的任务比过去任何时候都更加繁重。以邓小平同志为主要代表的中国共产党人高度重视党的建设，在实践中发展了马克思主义党建理论。邓小平党建理论的历史性贡献在于，把马克思主义同当代中国实践和时代特征相结合，围绕在改革开放和社会主义现代化建设条件下建设什么样的党、怎样建设党的问题，提出了一系列新思想、新观点、新论断，揭示了新时期执政党建设的特点和规律。

邓小平党建理论形成了执政党建设的比较完整的科学理论体系。它在为什么建设党的问题上，从社会主义现代化建设与共产党领导的关系上深刻阐明了新时期党的建设的根本动因；在建设什么样的党的问题上，从党的性质和党的执政使命的统一上深刻阐明了新时期党的建设的根本目标；在怎样建设党的问题上，把马克思列宁主义、毛泽东思想创造性地运用于当代中国，深刻阐明了新时期党的建设的基本思路。其中最具有时代精神和创新性的基本观点有：坚持和改善党的领导，使党成为领导社会主义现代化建设的坚强核心；解放思想、实事求是，坚持正确的思想路线；要警惕右，但主要是防止“左”，提高坚持党的基本路线的坚定性；进行党的领导制度改革，完善党规党法，实现党内生活民主化、制度化；坚持和健全民主集中制，增强党的团结统一；实行干部队伍“四化”方针，造就朝气蓬勃的领导干部队伍；从严治党，反对腐败，加强党的纪律性；等等。可以说，邓小平党建理论是对执政党建设理论的重要发展，为加强执政党建设指明了方向。

记者：“三个代表”重要思想党建理论在毛泽东建党思想和邓小平党建理论的基础上，创造性地回答了建设什么样的党、怎样建设党的问题，是马克思主义党建理论在中国发展的新阶段。

课题组：是的。“三个代表”重要思想党建理论是在科学判断党的历史方位的基础上提出的，反映了当代世界和中国的发展变化对党的建设的新要求。

党的十三届四中全会以来，以江泽民同志为主要代表的中国共产党人在深入探索我国社会主义现代化建设规律的同时，对在改革开放和发展社会主义市场经济条件下党的建设问题进行了长期深入的思考，形成了“三个代表”重要思想党建理论。这一理论的显著特点是，着眼于坚持党的先进性这个核心，把党的建设同当今世界和当代中国的发展趋势、同我国社会主义的自我完善和发展、同建设中国特色社会主义的宏伟目标和各项任务联系起来，赋予党的性质和宗旨、党的指导思想和党的任务以鲜明的时代内容和时代特征，标志着我们党对共产党执政规律的认识达到了新的高度。

“三个代表”重要思想党建理论对执政党建设问题的创造性回答集中表现在：首先，对党的历史方位的判断富有创造性。它根据当今时代世情、国情和党情的变化，提出“两个转变”的思想，使我们对执政党建设的理论和实践打开了新的视野、有了新的认识。其次，对执政党建设根本方向和目标的确定富有创造性。它明确提出，始终做到“三个代表”是我们党的立党之本、执政之基、力量之源，为在新世纪新阶段加强执政党建设规定了前进方向和目标。第三，对执政党建设一系列重大问题的探索和思考富有创造性。比如，在党的性质上，提出“两个先锋队”的思想；在党的依靠力量上，提出不断增强党的阶级基础和扩大党的群众基础的思想；在执政党建设的途径和方法上，提出要全面推进党的建设新的伟大工程，坚持从严治党的方针，把思想建设、组织建设和作风建设有机结合起来，把制度建设贯穿其中，进一步解决好提高党的领导水平和执政水平、提高拒腐防变和抵御风险能力这两大历史性课题；等等。这些内容体现了我们党对执政党建设问题进行探索和创新所取得的丰硕成果。

记者：从以上分析可以看出，在不同时期，毛泽东思想、邓小平理论和“三个代表”重要思想都对党的建设特别是执政党建设作出了理论贡献。那么，综合起来说，它们对马克思主义执政党建设理论的创新与发展主要体现在哪些方面？

课题组：执政以来，我们党对党的建设特别是执政党建设问题进行了艰辛探索，毛泽东建党思想、邓小平党建理论和“三个代表”重要思想党建理论就是这些实践探索的理论结晶。它们对执政党建设理论的创新与发展主要有：在执政党建设的目标和根本任务方面，强调必须紧密联系党的政治路线，把党建设成为始终走在时代前列的马克思主义执政党，成为中国特色社会主义事业的领导核心；在执政党的领导作用方面，强调执政党的领导要通过执政来体现，必须正确处理领导与执政的关系，努力改善党的领导；在执政党的指导思想方面，强调必须坚持用发展着的马克思主义指导新的实践，不断推进理论创新；在党的执政理念方面，强调必须坚持立党为公、执政为民，把发展作为党执政兴国的第一要务，把人民群众的认同作为判断各项工作的根本标准；在党的执政方略方面，强调必须坚持党的最高纲领和最低纲领的统一，坚持党在社会主义初级阶段的基本理论、基本路线、基本纲领、基本经验；在党的执政能力方面，强调必须不断提高党的领导水平和执政水平，不断完善党的领导方式和执政方式；在党的执政基础方面，强调必须根据社会的发展变化，不断增强党的阶级基础和扩大党的群众基础；在党的组织基础方面，强调关键是建设一支高素质的干部队伍，要加强党的基层组织建设，充分发挥共产党员的先锋模范作用；在党内民主方面，强调党内民主是党的生命，要坚持和健全民主集中制，完善党内民主制度；在党风廉政建设方面，强调党风廉政建设关系党的生死存亡，必须坚持党的优良传统、培育新的作风，坚持不懈地开展反腐败斗争；等等。这些重要的理论成果极大地丰富了马克思主义执政党建设的理论宝库，是今后我们加强执政党建设必须遵循的重要指导原则。

记者：加强执政党建设是一项长期任务和永恒课题。在新的历史条件下，我们应如何进一步加强执政党建设？

课题组：实践不断发展，创新永无止境。在新情况新问题层出不穷的今天加强执政党建设，对执政党建设面临的许多问题作出回答固然十分重要，但更重要的是我们以什么样的态度来进行探索和创新。党的三代中央领导集体之所以能够对党的建设特别是执政党建设作出重大理论贡献，归根结底在于他们坚持解放思想、实事求是、与时俱进，勇于和善于根据实践的要求进行创新，以改革的精神推进党的建设。这为我们思考执政党建设问题提供了科学的思维方式，开拓了广阔的理论和实践空间。

党的十六大以来，以胡锦涛同志为总书记的党中央高举邓小平理论和“三个代表”重要思想伟大旗帜，为全面加强执政党建设，提出了一系列重要思想，采取了一系列重大举措。比如，明确提出要牢固树立和全面落实科学发展观，切实抓好发展这个党执政兴国的第一要务；提出执政能力建设是党执政后的一项根本建设，强调必须坚持科学执政、民主执政、依法执政，对加强党的执政能力建设作出了全面部署；提出加强党的先进性建设是关系马克思主义政党生存发展的根本性问题，对在全党开展保持共产党员先进性教育活动作出了具体部署；提出坚持权为民所用、情为民所系、利为民所谋；提出全党要牢记“两个务必”，大兴求真务实之风，深入开展党风廉政建设和反腐败斗争，建立健全教育、制度、监督并重的惩治和预防腐败体系；等等。所有这些，都有力地促进了执政党建设。

（载于《马克思主义理论研究和建设工程参考资料》220期）

积极推进理论创新
加强马克思主义执政理论建设

姜　辉

理论思维的成熟是一个党成熟的重要标志。中国共产党作为目前世界上最大的社会主义国家的执政党，必须具有适应时代和实践发展要求的科学执政理论。把马克思主义执政理论的基本原则同本国具体的执政实践结合起来，把建设中国特色社会主义的伟大事业同推进党的建设的新的伟大工程结合起来，把自己的执政经验同世界上其他政党执政的一般规律结合起来，解放思想，实事求是，与时俱进，大力加强马克思主义执政理论建设，不断推进马克思主义执政理论创新，是当前加强党的执政能力建设的一项极为重要的任务。

一、马克思主义执政理论具有
与时俱进的鲜明特征

马克思主义执政理论是关于工人阶级政党执政规律的科学理论体系，是关于工人阶级政党执政的条件、途径、纲领、目标和过程等的学说。列宁曾这样概括马克思主义执政理论的总体内容："马克思主义教育工人的党，也就是教育无产阶级的先锋队，使它能够夺取政权并引导全体人民走向社会主义，指导并组织新制度"。从马克思、恩格斯到列宁，再到中共三代领导集体，他们对工人阶级政党执政规律的理论与实践探索，既一脉相承又与时俱进，从而形成了丰富和完善的马克思主义执政理论体系。马

克思主义执政理论在回答时代和实践提出的课题中形成和发展。马克思、恩格斯是无产阶级政党建设理论的奠基人，他们处于无产阶级革命的时代，在回答“资本主义向何处去，无产阶级向何处去”的时代课题过程中，论述了建立无产阶级政党的必要性，阐明了无产阶级政党的性质、指导思想和纲领策略、组织原则等。虽然当时无产阶级政党执政还没有提上日程，但他们的党建学说对于后来无产阶级政党的执政实践具有重要的指导意义。列宁根据帝国主义时代出现的新形势新课题，在领导创建布尔什维克党和十月革命的过程中，全面发展了马克思、恩格斯的党建学说。十月革命后，列宁领导俄国布尔什维克党实现从革命党向执政党的转变，对执政党建设进行开创性的探索，提出了许多宝贵思想，如无产阶级执政党的根本任务是管理国家，领导经济建设；要保持无产阶级先锋队的纯洁性；要扩大党内民主，完善民主集中制；要保持同人民群众的密切联系，等等，从而在历史上第一次形成了系统的马克思主义执政理论，成为各国工人阶级政党在夺取政权后开展党的建设的理论基础。

马克思主义执政理论在中国化进程中不断得到丰富和创新。中国共产党人把马列主义党建理论同中国实际结合起来，在革命、建设和改革的不同时期，形成了符合各自时代要求的执政党建设理论。以毛泽东同志为主要代表中国共产党人，领导新民主主义革命和社会主义建设道路初步探索的过程中，形成了关于党的思想建设、组织建设、作风建设和制度建设的系统理论；以邓小平同志为主要代表的中国共产党人在改革开放时期，在回答“什么是社会主义，怎样建设社会主义”的历史课题中，进一步丰富发展了马克思主义执政党建设理论，提出诸如党的领导体制改革、执政党党风问题关系党的生死存亡等许多宝贵思想。以江泽民同志为主要代表的中国共产党人在进一步回答“什么是社会主义，怎样建设社会主义”和创造性回答“建设一个什么样的党，怎样建设党”的历史课题中，形成了“三个代表”重要思想，全面推进党的建设的新的伟大工程，从而把马克思主义执政理论发展到新的阶段。以胡锦涛同志为总书记的中国共产党人，以加强党的执政能力建设为重点，继续推进党的建设的新的伟大过程，围绕“为谁执政，靠谁执政，怎样执政”这一根本问题，紧密联系治国理政的实践，全面加强和改进党的思想、组织、作风和制度建设，从而实现了马克思主义执政理论的新飞跃。

马克思主义执政理论以解决共产党执政中的实际迫切问题为直接增长点。对各个时期存在的客观实际问题解决的程度决定理论发展的广度和深度。列宁曾经这样讲："在每一个时期，我们应当善于根据当时形势的特点提出自己的策略和最近的任务。"马克思主义执政理论只有着眼于对实际中迫切问题的解决，并通过它推动其他问题的解决，才能使理论获得深厚的实践基础和无比丰富的内容。江泽民同志也经常强调，要确立以实际问题为中心研究马克思主义的方法，"解决的问题越多，就运用得越好"。当前中国共产党面临的最为迫切的实际问题，就是提高党的执政能力和领导水平、提高拒腐防变和抵御风险能力这两大历史课题。围绕它们的解决，从思想和作风、体制和机制、方式和方法、素质和本领等方面全面加强执政党建设。这一艰巨的实践探索过程，就是马克思主义执政理论进一步中国化和不断创新的过程。时代和实践的发展无止境，理论的发展也不会止息，共产党从革命到执政再到长期执政的伟大实践，将不断推动马克思主义执政理论的丰富和发展。

二、加强马克思主义执政理论建设是一项系统工程

党的执政能力建设是一项艰巨复杂的系统工程，与之相应，马克思主义执政理论建设也是一项系统工程。胡锦涛同志指出，党的执政理论建设包括执政理念、执政基础、执政方略、执政体制、执政方式、执政资源等主要方面。要坚持马克思主义执政理论与我们党执政的具体实践相结合，在总结历史经验和现实经验的基础上，开展全面、系统、深入的研究，不断完善我们党的执政理论体系。当前大力加强马克思主义执政理论建设，应着眼于以下几个主要方面：

(1) 要以"三个代表"重要思想为指导，深入研究共产党的执政理念。共产党的执政理念，就是执政的指导思想和根本原则，是党的性质和宗旨的集中体现。中国共产党是中国工人阶级的先锋队，同时是中国人民和中华民族的先锋队，是中国特色社会主义事业的领导核心。党的最高理

想和最终目标是实现共产主义。党的宗旨是全心全意为人民服务。“三个代表”重要思想是当代中国的马克思主义，反映了当代世界和中国的发展变化对党和国家工作的新要求，是加强和改进党的建设的强大理论武器。代表中国先进生产力的发展要求，代表中国先进文化的前进方向，代表中国最广大人民的根本利益，是当今中国共产党人最根本的执政理念。在加强党的执政能力建设的实践中，我们党又探索出一系列具体的执政理念，如江泽民同志提出的“立党为公，执政为民”，胡锦涛同志提出的“权为民所用、情为民所系、利为民所谋”，等等。十六届四中全会对加强党的执政能力建设的总体目标的概括，就是对共产党执政理念的最新发展，即，使党始终成为立党为公、执政为民的执政党，成为科学执政、民主执政、依法执政的执政党，成为求真务实、开拓创新、勤政高效、清正廉洁的执政党，归根到底成为始终做到“三个代表”、永远保持先进性、经得住各种风浪考验的马克思主义执政党，带领全国各族人民实现国家富强、民族振兴、社会和谐、人民幸福。

(2) 要根据当代社会结构和阶级结构的深刻变化，深入研究共产党的执政基础。物质生活的生产方式制约着整个社会生活、政治生活和精神生活的过程。随着经济结构的快速变化，社会结构和阶级结构也发生很大的变化，代表不同社会集团和阶级利益的各种政党，都必须适应时代变化，力求巩固和扩大自己的社会基础。在全面建设小康社会、加快推进社会主义现代化建设的新的历史时期，我们党充分认识到，最大多数人的利益和全社会全民族的积极性创造性，对党和国家事业的发展始终是最具有决定性的因素。在我国社会深刻变革、党和国家事业快速发展的过程中，妥善处理各方面的利益关系，把一切积极因素充分调动和凝聚起来，至关重要。我们党在长期执政的过程中，既要不断扩大执政的社会基础，又要始终保持工人阶级先锋队的性质；既要代表最广大人民的根本利益，又不能成为所谓的“全民党”。因而，我们党始终坚持全心全意依靠工人阶级的方针，既要充分发挥包括知识分子在内的工人阶级、广大农民推动经济社会发展根本力量的作用，又要鼓励和支持其他社会阶层人员为经济社会发展积极贡献力量。坚持把最广大人民的根本利益作为制定政策、开展工作的出发点和落脚点，正确反映和兼顾不同方面群众的利益。形成全体人民各尽其能、各得其所而又和谐相处的社会，是巩固执政的社会基础、实现党执政的历史任务的必然要求。根据社会结构和阶级结构的变化，深入研究共产党的执政基础，是马克思主义执政理论建设的重要任务。

(3) 要坚持党自身建设实践与中国特色社会主义建设实践的有机统一，深入研究共产党的执政方略。我们党作为一个长期执政的党，作为中国特色社会主义事业的核心，党的纲领与治国纲领是一致的，共产党执政规律的探索过程与社会主义建设规律的探索过程是一致的，党自身建设的实践与社会主义现代化建设的实践是一致的。深入研究共产党的执政方略，必须坚持它们的有机结合和统一。改革开放以来，我们提出的许多治国方略，如社会主义现代化建设“三步走”战略、科教兴国战略、依法治国方略、西部大开发战略等等，同时就是共产党的具体执政方略。提高党的执政能力，首先要提高党领导发展的能力。加强马克思主义执政理论建设，最重要的就是抓好发展这个党执政兴国的第一要务，按照科学发展观的要求，不断探索建设中国特色社会主义物质文明、政治文明、精神文明和促进人的全面发展的规律，在深刻掌握和创造性地运用这些规律的基础上，制定和不断丰富适合时代要求和我国国情的共产党执政方略。

(4) 要根据共产党历史方位发生转变的新形势，深入研究共产党的执政体制和方式。有了好的制度、基础和方略，并不会自然地达到目的，还必须有好的体制、方式和方法。毛泽东曾经说：“我们不但要提出任务，而且要解决完成任务的方法问题。”健全的执政体制和机制，科学的执政方式和方法，是提高党的执政能力的必然要求，是党的大政方针得以贯彻执行的根本保证。我们党历经革命、建设和改革，在历史方位上发生了根本变化，现在已成为领导人民掌握全国政权并长期执政的党，成为对外开放和发展社会主义市场经济条件下领导国家建设的党。革命时期、封闭时期和计划经济时期的许多领导体制和方法，已经不再适应今天的形势和任务。这就要求全党发扬与时俱进、求真务实的精神，不断实现执政体制和方式的创新，以真正实现科学执政、民主执政和依法执政。因而，根据时代和形势变化发展的要求，根据党的历史方位和执政环境的深刻变化，深入研究共产党的执政体制和方式，是加强马克思主义执政理论建设的一项重要内容。

三、加强马克思主义执政理论建设的基本途径

加强马克思主义执政理论建设的过程，就是以马克思主义党建理论的基本立场、观点和方法为指导，不断把执政实践的经验上升到科学理论、深入把握执政规律的过程，从而不断用发展着的理论指导新的实践。加强马克思主义执政理论建设，必须坚持和运用马克思主义党建理论的基本原理和原则。恩格斯曾经指出："我们党有个很大的优点，就是有一个新的科学的观点作为理论的基础"。我们党的全部执政理论，必须以马克思主义关于无产阶级政党建设的基本原理和原则为基础。加强马克思主义执政理论建设，必须坚持马克思主义的唯物史观，坚持党的工人阶级先锋队性质，坚持实现共产主义的最终目标，坚持全心全意为人民服务的宗旨，坚持民主集中制的组织原则，等等。共产党无论在革命时期还是执政时期，都要始终不渝地坚持这些原则，否则就会蜕化变质。但是这些基本原理和原则不是教条，而是行动的指南。我们要根据时代的发展赋予其以新的时代内容，根据加强党的执政能力建设的实际任务创造性地加以运用和发展。列宁曾经说："假使我们把复杂的、迫切的、迅速发展的实际革命任务放在狭隘理解的'理论'的普罗克卢斯提斯床上，而不把理论看作首先是、主要是行动的指南，那就大错特错了。"在推进党的建设的新的伟大工程的实践中，我们党根据各个阶段的实际任务，坚持和创造性地运用马克思主义党建理论的基本原理，如提出了党要成为"两个先锋队"，坚持最低纲领和最高纲领的统一，坚持立党为公、执政为民，坚持党的集体领导和发扬党内民主的结合，等等，从而大大丰富了马克思主义执政理论宝库。

加强马克思主义执政理论建设，必须坚持和充分运用我们党丰富的执政经验。自己的经验是最宝贵的。我们党在领导人民治国理政的长期实践中，进行了艰辛的探索，取得了举世瞩目的执政成就，积累了丰富的执政经验。这些经验是几代共产党人经过长期探索和实践得来的，要始终不渝地坚持和充分加以运用，并在实践中不断丰富和发展。我们党在80余年

的奋斗历程中，有战争时期根据地的局部执政经验，有取得革命胜利后在世界上人口最多的大国执政的经验，有计划经济和封闭条件下的执政经验，有市场经济和改革开放条件下的执政经验，既有成功的经验，也有失败的教训。党的十六届四中全会《决定》深刻、全面和系统地总结了我们党长期执政的成功经验，高度概括了六个方面。这六条基本经验，是我们党长期执政的法宝，是治国安邦的真谛，是在新世纪推进党的建设的新的伟大工程的根本指导原则。加强马克思主义执政理论建设，就是要把这些宝贵的经验同加强党的执政能力建设的伟大实践有机结合起来，既要不断推动实践的发展，又要在积淀新经验的基础上不断推进理论创新。

加强马克思主义执政理论建设，必须吸取和借鉴世界上其他政党执政的经验和教训。我们党是胸怀博大、善于吸收和借鉴一切积极因素的执政党。加强党的执政能力建设和执政理论建设，就要吸收借鉴世界上其他政党执政的有益经验，以开阔眼界，打开思路，更好地从世界政治经济发展的大格局中把握加强党的执政能力建设的规律。从世界政党政治的实践看，无论阶级性质相同的党还是不同的党，在各自执政实践中都可以相互吸收成功的经验，汲取失败的教训。由于社会制度和国情不同，政党的性质和构成不同，执政的具体模式各有千秋。但是作为执政党，在治国理政上有一些可遵循的共同规律和机制，有在相同时代与环境下共通的执政方略和内容，彼此间通过比较、借鉴以把由一个政党创造推行的、但被实践证明是长期行之有效的制度、政策和措施，变为不同执政党的共同财富。如政府干预和调控经济的手段、社会福利和保障制度、民主政治的发展等，其中许多具体制度和措施，都是当今世界大多数执政党共同推行的。当今世界，各国在经济、政治和文化等各领域中的交流与合作不断拓展，大多数政党都在努力顺应时代潮流进行调整和变革。他山之石，可以攻玉，加强马克思主义执政理论建设，必须放眼世界，博采众长，既借鉴世界上其他政党执政的经验和教训，又要根据自己的国情党情创造性地建立和发展理论，从而更加深刻和自觉地认识、掌握和运用执政规律，更好地服务于加强党的执政能力建设、全面推进党的建设的新的伟大工程的实践。

（载于《马克思主义理论研究和建设工程参考资料》134期）

提高党的执政能力的基础性建设

王　真

党的十六届四中全会《决定》指出，坚持把党的思想理论建设放在首位，大力弘扬理论联系实际的学风，增强把马克思主义基本原理同中国具体实际相结合的能力，提高全党的理论思维和战略思维水平。增强把马克思主义基本原理同中国具体实际相结合的能力，是全面提高党的执政能力的一项基础性建设。

党的领导能力和执政能力的根本

把马克思主义基本原理同中国具体实际相结合，既是我们党长期坚持的一条基本原则，也是党必须具备的一种根本能力。作为一条基本原则，它体现了我们党对待马克思主义的态度，即学习马克思主义是为了运用马克思主义，要运用马克思主义的立场、观点和方法来解决中国革命、建设和改革中的实际问题；作为一种根本能力，它表现为理论与实际相结合的本领，即善于用马克思主义科学理论来解释和解决中国革命、建设和改革中的实际问题。

我们党是马克思主义执政党。要运用马克思主义改造世界，就必须坚持把马克思主义与具体实际相结合。马克思主义作为科学的世界观和方法论，表现为一种理论形态，而理论只有为工人阶级政党所掌握并被实际运用于改造客观世界的实践时，才会产生巨大的现实力量。因此，无论党的领导能力还是执政能力，从根本上说都是发源于马克思主义同具体实际相结合而产生的创造性力量。

党领导革命、建设和改革，需要将马克思主义关于无产阶级革命和社会主义建设的基本原理同中国革命、建设和改革的具体实际相结合，这样才会形成领导革命、建设和改革的能力。党执掌国家政权，需要将马克思主义执政理论与执政的具体实际相结合，这样才能形成执政能力。从这个意义上说，党的领导能力和执政能力是党把马克思主义基本原理同中国具体实际相结合的根本能力在领导和执政问题上的具体体现。在现阶段提高党的执政能力，就是要从马克思主义基本原理同中国具体实际相结合上去加强党的执政能力建设。加强党的执政能力建设既不是一个纯理论问题，也不是一个纯实践问题，而是一个理论与实践相结合的问题。没有执政的理论思维，执政实践就会变成盲目的实践；没有执政的具体实践，执政理论就会变成无对象的理论。只有把马克思主义执政理论与党的执政新的实践紧密结合起来，才能切实加强党的执政能力建设。

着眼于理论与实际相结合

党的十六届四中全会《决定》在分析目前党的执政能力状况时指出，党的执政能力同党肩负的重任和使命总体上是适应的，但也存在某些不适应和不符合新形势新任务要求的问题。这些问题说到底，就是把马克思主义基本原理同中国具体实际相结合的能力问题。具体而言，或者是由于本领不足，不善于用党的执政理论去指导执政实践；或者是由于思想作风的原因，影响了理论与实际相结合能力的提高。因而，要加强党的执政能力建设，就必须着眼于理论与实际相结合。

着眼于理论与实际相结合，应加强执政理论建设。理论与实际相结合，前提是有科学理论的指导，而且理论建设应具有一定的超前性。2004年6月，胡锦涛同志在中央政治局第十四次集体学习时明确提出了加强党的执政理论建设的问题，这是党中央向全党特别是党的思想理论战线提出的一项重大任务。党中央在十六届四中全会《决定》出台之前提出这个问题，一方面说明执政理论建设的重要性，另一方面也表明党中央以超前的思维来强调理论建设。胡锦涛同志提出的执政理论建设六个方面的主要内容，即执政理念、执政基础、执政方略、执政体制、执政方式、执政资源等，都应当进行深入的研究。这六个方面，有些是我们以往有过一些研究但需要结合新形势继续深化认识的，如执政理念、执政方略等；有些是我们做过研究但需要从理论与实际的结合上进一步解决好的，如执政基础、执政体制、执政方式等；有些是第一次在我们党的理论建设中提到的问题，如执政资源等，更需要加强研究。只有把执政理论的基本问题研究透了，才能为执政能力建设提供科学指导，促进执政理论与执政实践的紧密结合。

着眼于理论与实际相结合，应提高用执政理论指导执政实践的能力。理论与实际相结合的能力体现在执政问题上，就是用执政理论指导执政实践的能力。十六届四中全会《决定》提出的五个方面的执政能力，都是需要用执政理论指导执政实践才能形成的能力。比如，要提高驾驭社会主义市场经济的能力，就必须学习和掌握社会主义市场经济理论；要提高发展社会主义民主政治的能力，就必须学习和掌握社会主义民主政治建设理论等。现阶段，特别是要认真学习贯彻“三个代表”重要思想，用以武装头脑、指导实践、推动工作。一些党员领导干部主要从事实际工作，实践经验较为丰富，往往喜欢运用经验思维来分析和解决问题。经验思维是根据实践经验而产生的一种思维，它与否认理论作用的经验主义不同，但经验思维如果不注重向理论思维跃升，总是停留在经验思维的层面上，久而久之就很容易滑向经验主义。因此，正确的态度应当是运用经验思维而不固守经验思维，善于从经验思维向理论思维提升。理论思维的水平提高了，就能够更加自觉地用执政理论指导执政实践，进而提高执政能力。

着眼于理论与实际相结合，应弘扬马克思主义的优良学风。理论联系实际是我们党的优良作风，也是加强党的执政能力建设的思想作风保证。执政理论与执政实践的结合，不仅有一个善不善于理论联系实际的能力问题，更存在一个能否自觉做到理论联系实际的学风问题。如果作风不端正，说归说、做归做，搞形式主义，要花架子，即使有再好的执政理论、再好的执政实践条件，也不可能把二者紧密结合起来，形成执政能力。此外，执政能力建设还表现为执政主体认识论和价值观的科学化，即只有坚持执政为民的价值观，才能自觉地把主观与客观、认识与实践紧密统一起来，不断提高执政能力。

抓住理论与实际相结合的关键环节

理论联系实际的问题，对于我们党来说并不是一个新问题。但在新的历史条件下，需要把这一问题提到执政能力建设的战略高度来认识，抓住思想理论建设、学风建设、总结实践经验等关键环节，切实增强各级党组织和广大党员干部理论联系实际的能力。

坚持把党的思想理论建设放在首位，重点抓好领导干部的理论学习和业务学习。具备理论思维，是做好工作的前提。恩格斯说过："对一切理论思维尽可以表示那么多的轻视，可是没有理论思维，的确无法使自然界中的两件事实联系起来，或者洞察二者之间的既有的联系。"执政能力是以理论思维能力为内核的。理论思维能力上不去，会直接影响工作中的原则性、系统性、预见性和创造性，执政能力也就不可能得到提高。因此，加强理论学习，提高马克思主义理论素质，对于执政能力建设具有根本的、长远的意义。在加强理论学习的同时，也应学习和掌握做好工作所需要的各种业务知识。应当结合具体实际，积极开展创建学习型党组织活动，营造浓厚的学习氛围，建立健全学习制度，提高领导干部学习的质量，并努力将学习的成果转化为实际的执政能力。

持之以恒地抓好学风建设，建立健全保障和促进理论与实际相结合的有效机制。理论联系实际是我们党常抓不懈的问题。在新形势下，需要以党的执政能力建设为契机，继续从学风建设的角度把它抓好，特别是要找准这方面存在的主要问题，有针对性地加强教育和引导，在全党形成理论联系实际的良好风气，更好地发扬党的优良传统。同时，应把学风建设与制度建设紧密结合起来，把制度建设贯穿于学风建设之中，充分发挥制度的保障和促进作用。领导干部的考核机制、评价机制、奖惩机制等，都应体现学风建设的要求，使之有利于提高理论与实际相结合的能力，特别是创造性地开展工作的能力。

注重从实际工作中得到锻炼提高，从总结实践经验中不断提高执政能力。提高执政能力，需要科学理论的指导，更需要在实际工作中得到锻炼。但现实中往往存在这样一种现象，同样是在实际工作中锻炼，主观条件也大体相当，但效果却不尽相同甚至大相径庭。这里就有一个是否善于总结经验的问题。总结经验的实质，就是理论与实践相结合，即在实践的基础上，把感性认识提升到理性认识，再用理性认识的成果去指导实践。我们党之所以能够带领全党全国人民取得革命、建设和改革的一个又一个胜利，一个重要原因就是善于总结经验，并将其升华为科学理论，用以指导新的实践。增强把马克思主义基本原理同中国具体实际相结合的能力，需要提高总结经验的能力。唯有如此，才能遵循从认识到实践、又从实践到认识这一循环往复的辩证唯物主义认识论，把理论与实际紧密结合起来，从而不断提高执政能力。

（载于《马克思主义理论研究和建设工程参考资料》154期）

立党为公　执政为民

——党必须始终坚持的执政理念

广东省邓小平理论和
“三个代表”重要思想研究中心

党的十六届四中全会《决定》在总结我们党55年来执政的主要经验时强调指出：“必须坚持立党为公、执政为民，始终保持党同人民群众的血肉联系。”立党为公、执政为民，是我们党最根本的执政理念，也是与时俱进的执政理念。只有始终坚持这一执政理念，才能从根本上加强党的执政能力建设。

坚持立党为公、执政为民，是55年来我们党执政的主要经验

历史唯物主义认为，人民群众是历史的主体，是社会历史的创造者，是推动社会进步的决定性力量。人民群众的积极性、创造性和最大多数人的利益，始终是最具有决定性的因素。相信谁、依靠谁、为了谁，是否始终站在最广大人民的立场上，是区分唯物史观和唯心史观的分水岭，是判断马克思主义政党的试金石。我们党是以马克思主义为指导的工人阶级政党。人民群众创造历史的主体地位和作用，决定了我们党必须将立党之本、执政之基和力量之源深植于人民群众之中。党的一切奋斗都要致力于实现最广大人民的根本利益；党的领导干部和广大党员都是人民的公仆。全国各族人民是建设中国特色社会主义事业的主体，人民群众的积极性、

创造性的充分发挥是党的事业成功的可靠保证，不断实现最广大人民的根本利益是中国共产党全部奋斗的最高目的。

中国共产党是中国工人阶级的先锋队，同时是中国人民和中华民族的先锋队，是中国特色社会主义事业的领导核心。党的性质决定党的执政理念。立党为公、执政为民是党的性质的根本体现，是我们党同一切剥削阶级执政党在执政理念上的根本区别。马克思、恩格斯指出："过去的一切运动都是少数人的或者为少数人谋利益的运动。无产阶级的运动是绝大多数人的、为绝大多数人谋利益的独立的运动。"共产党人"没有任何同整个无产阶级的利益不同的利益"。马克思主义经典作家的这一科学论断，指出了无产阶级政党的鲜明特征。坚持党的中国工人阶级先锋队、同时是中国人民和中华民族的先锋队的性质，就必须牢记并实践全心全意为人民服务的宗旨。无论在任何时候任何情况下，我们党制定和实施的方针政策都必须充分体现立党为公、执政为民的根本要求，坚持用人民拥护不拥护、赞成不赞成、高兴不高兴、答应不答应作为衡量标准，把体现人民群众的意志，实现好、维护好、发展好最广大人民的根本利益作为一切工作的根本出发点和归宿。要进一步密切党同人民群众的联系，紧紧依靠最广大人民，坚持尊重社会发展规律与尊重人民历史主体地位的一致性，坚持为崇高理想奋斗与为最广大人民谋利益的一致性，坚持完成党的各项工作与实现人民利益的一致性。

在改革开放和发展社会主义市场经济的条件下，我们党根据实践的发展和时代的要求，提出了立党为公、执政为民的执政理念。这一执政理念包含着许多新思想、新观点、新论断。比如，党要始终代表中国最广大人民的根本利益，就是党的理论、路线、纲领、方针、政策和各项工作必须坚持把人民的根本利益作为出发点和归宿的观点；人民群众的整体利益总是由各方面的具体利益构成的，最大多数人的利益是最紧要和最具有决定性因素的观点；时刻把人民群众的安危冷暖放在心上，深怀爱民之心、恪守为民之责、善谋富民之策、多办利民之事的观点；绝不允许党内形成既得利益集团的观点；坚持权为民所用、情为民所系、利为民所谋的观点；坚持以人为本，树立全面、协调、可持续的科学发展观，促进经济社会协调发展和人的全面发展，让发展的成果惠及全体人民的观点；群众利益无小事，要为群众诚心诚意办实事、尽心竭力解难事、坚持不懈做好事的观点；要深入了解民情、充分反映民意、广泛集中民智、切实珍惜民力、不断实现民利的观点；人才资源是第一资源，人才存在于人民群众之中、人人都可以成才的观点；等等。这些新思想、新观点、新论断，是我们党经过艰辛探索和实践得来的，不仅指出了密切党同人民群众联系的极端重要性，而且赋予党的执政理念深刻的时代内涵，为我们党在新世纪新阶段加强党的执政能力建设指明了方向。

坚持立党为公、执政为民，是不断夯实执政基础和巩固执政地位的必然要求

人心向背历来是决定一个政党、一个政权兴衰存亡的根本性因素。水能载舟，亦能覆舟。古今中外，概莫能外。任何一个政党或政权，无论它曾经有过多么辉煌的历史，一旦失去广大人民群众的拥护和支持，就必然垮台。人民群众是我们党最坚实的执政基础。只有树立立党为公、执政为民的执政理念，才能不断夯实这一基础，不断巩固党的执政地位，跳出“其兴也浡、其亡也忽”的历史周期率。在55年执政的光辉历程中，我们党紧紧依靠人民群众，全心全意为人民谋利益，从人民群众中汲取前进的不竭力量，战胜了各种困难和风险，取得了辉煌的成就。正如《决定》所指出的：“人民群众的拥护和支持是我们党的力量源泉和胜利之本。党只有一心为公，立党才能立得牢；只有一心为民，执政才能执得好。”

新世纪新阶段，我们党面临许多新情况和新考验。一是国际局势发生新的深刻变化，世界多极化和经济全球化的趋势继续在曲折中发展，科技进步日新月异，综合国力竞争日趋激烈，各种思想文化相互激荡，各种矛盾错综复杂，敌对势力对我国实施西化、分化的战略图谋没有改变，我们仍面临发达国家在经济、科技等方面占优势的压力。二是我国改革发展处在关键时期，社会利益关系更为复杂，新情况新问题层出不穷。在机遇和挑战并存的国内外条件下，我们党要经受住新考验新挑战，带领全国各族人民全面建设小康社会，实现继续推进现代化建设、完成祖国统一、维护世界和平与促进共同发展这三大历史任务，就必须牢固树立立党为公、执

政为民的理念，大力加强党的执政能力建设，不断增强执政为民的能力与水平。只有这样，我们党才能赢得人民群众的拥护和支持，巩固党的执政基础。

能否赢得人民群众的拥护和支持，巩固党的执政基础，归根结底取决于党同广大人民群众的关系。上个世纪80年代末90年代初，世界社会主义遭受严重挫折，原苏联和东欧国家执政的共产党纷纷丧失政权，其根本原因就是人心向背的变化。历史和现实都说明，马克思主义执政党的最大危险是脱离群众。从根本上说，政治问题主要是对人民群众的态度问题、同人民群众的关系问题。我们党作为执政党，必须高度关注人心向背问题，始终为人民执好政、掌好权，不断提高实现好、维护好、发展好最广大人民根本利益的自觉性和坚定性。只要全党同志始终保持共产党人的蓬勃朝气、昂扬锐气和浩然正气，永远同人民群众心连心，我们党的执政基础就坚如磐石。

坚持立党为公、执政为民，必须始终保持党同人民群众的血肉联系

我们党来自人民、植根于人民、服务于人民，是在与人民群众的密切联系、共同奋斗中发展壮大起来的。始终保持党同人民群众的血肉联系，是我们党始终充满生机与活力的源泉所在。我们党执政以后，一方面取得了更好地为人民服务的条件，另一方面也增加了脱离群众的危险。特别是在改革开放和发展社会主义市场经济条件下，脱离群众的危险进一步加大，在一些地方、一些部门的具体工作中出现了脱离群众的现象，引起人民群众的不满，损害了党同人民群众的关系。因此，加强党的执政能力建设，提高党的领导水平和执政水平，一个根本问题就是坚持立党为公、执政为民的执政理念，不断巩固和加强党同人民群众的血肉联系。

坚持一切从最广大人民的根本利益出发，始终做到“三个代表”。立党为公、执政为民的执政理念和“三个代表”的根本要求有着本质上的一致性。坚持“三个代表”要求，归根到底就是把最广大人民的根本利益作为一切工作的出发点和落脚点，把它贯彻到党和国家制定、实施的方针政

策中，体现在各级领导干部的思想行动中，落实到关心群众生产生活的工作中。能否做到这一点，是衡量是不是真正实践“三个代表”重要思想的根本标志，也是衡量是不是真正实践立党为公、执政为民的根本标志。

树立和落实科学发展观，促进人的全面发展。实现人的全面发展是马克思主义关于建设社会主义新社会的本质要求。要深入体察人民群众的意愿，不断满足人民群众日益增长的物质文化需要，切实保障人民群众的经济、政治和文化权益，让发展的成果惠及全体人民。把推进经济建设同推进政治建设、文化建设统一起来，实现社会主义物质文明、政治文明、精神文明协调发展，促进经济社会全面进步和人的全面发展。

发扬人民民主，切实保证人民当家作主。坚持和发展人民民主，是我们党立党为公、执政为民的本质要求和根本途径。要坚持民主执政，推进社会主义民主的制度化、规范化和程序化。健全民主制度，丰富民主形式，扩大公民有序的政治参与，保证人民依法实行民主选举、民主决策、民主管理、民主监督。坚持和完善人民代表大会制度和共产党领导的多党合作和政治协商制度，使国家的立法、决策、执行、监督等工作更好地体现人民的意志，维护人民的利益。尊重和保障人权，保证人民依法享有广泛的权利和自由。扩大基层民主，保证基层群众依法行使选举权、知情权、参与权、监督权等民主权利。

妥善协调各方面的利益关系，正确处理人民内部矛盾。能否协调各方面的利益关系，正确处理人民内部矛盾，是关系党和国家长治久安的全局性重大问题。要妥善协调各方面的利益关系，正确反映和兼顾不同方面群众的利益；高度重视和维护人民群众最现实、最关心、最直接的利益，坚决纠正各种损害群众利益的行为；建立健全社会利益协调机制，引导群众以理性合法的形式表达利益要求、解决利益矛盾。各级领导干部要深入基层，倾听群众呼声，关心群众疾苦，把群众关心的热点和难点问题作为工作重点，善于运用说服教育、示范引导和提供服务等方法，把群众工作做深、做细、做实，团结和带领群众共同前进。

加强党风廉政建设，深入开展反腐败斗争。党风廉政建设和反腐败斗争关系党的生死存亡。要把党风廉政建设和反腐败斗争作为提高党的执政能力、巩固党的执政地位的一项重大政治任务抓紧抓实。坚持标本兼治、综合治理，惩防并举、注重预防，抓紧建立健全与社会主义市场经济体制相适应的教育、制度、监督并重的惩治和预防腐败体系，并认真落实党风廉政建设责任制。以解决群众反映的突出问题为重点，坚决纠正损害群众利益的不正之风。加强对权力运行的制约和监督，保证把人民赋予的权力用来为人民谋利益。

（载于《马克思主义理论研究和建设工程参考资料》118期）

论科学执政

国防大学邓小平理论和
“三个代表”重要思想研究中心

党的十六届四中全会提出要加强党的执政能力建设。执政能力提高的重要目标之一，就是实现科学执政。科学执政是对党的执政能力的总体性要求。只有在科学理论指引下，不断探索和把握执政的客观规律，以制度创新为重点，提高领导方式和执政方式的科学化程度，才能更好地适应新的历史条件下的执政环境，不断巩固党的执政地位，提高党的执政水平。

党在新的历史条件下完成执政使命的迫切要求

党的执政能力的提高不可能一劳永逸，提高执政能力的内涵和要求不是一成不变的，而是随着时代的发展和环境的变化而不断更新的。今天，我们党所面临新的历史条件、所处的新的执政环境，更加突显出实现科学执政的必要性和紧迫性。

第一，党所处的历史方位要求实现科学执政。当前，党在执政实践中遇到的许多新情况新问题，都与党的历史方位的变化紧密相关。党的历史方位的变化，使党面临着长期执政和改革开放的双重考验。我们党成为执政党后，领导方式、活动方式与执政前相比已经发生了根本性变化。党取得执政地位以后，一方面具备了更好地为人民服务的条件，同时也面临着被权力腐蚀的危险，容易脱离群众，产生贪图享乐的思想，甚至滋生消极腐败现象。党越是长期执政，拒腐防变的任务就越是艰巨。在改革开放和发展社会主义市场经济的条件下，为适应党所处的历史方位的变化，我们必须改变一些过去长期习惯的思维定势和行为方式，必须尽快实现由过去的经验型执政向科学执政的重大转变。从我们党肩负的历史任务看，我们是在一个经济文化比较落后、正在探索现代化道路的国家里执政，不仅担负着建设中国特色社会主义的任务，也担负着实现中华民族伟大复兴的历史使命。所以，我们党要结合我国的实际，适应国家现代化的需要，提高执政的科学化水平。可以说，实现科学执政，已经成为事关完成党的历史使命的带有全局性、战略性、根本性和长期性的重大课题。

第二，党所面临的国际形势要求实现科学执政。当前，社会主义与资本主义在意识形态领域的较量依然存在，当代资本主义利用经济、科技优势对社会主义形成的挑战和压力，是深化对科学执政问题认识的重要时代背景。苏联东欧国家共产党执政地位的丧失，使国际共产主义运动遭受到前所未有的挫折，资本主义对社会主义的挑战和压力更为突出。西方敌对势力仍未放弃对我“西化”、“分化”的政治图谋，它们采用种种手段企图遏制、阻挠、干扰我国的现代化进程。世界局势复杂而深刻的变化，对世界各国政党，特别是社会主义国家执政党的执政能力提出了新的挑战。谁的执政能力强，谁就能够使自己的国家和民族在激烈的国际竞争中处于有利地位。从这个意义上说，当今国际间的竞争，就是各国执政党执政能力的竞争。面对复杂的环境和严峻的挑战，我们党只有不断提高执政的科学化水平，才能洞察当今世界深刻变化的特点，科学把握国际形势的发展规律，在“西强东弱”的总体态势下，既要开放、交往，又能够有效反渗透、防演变，从而在激烈的国际竞争中做到从容应对，趋利避害、争取主动。

第三，我国改革开放和现代化建设的实践进程要求实现科学执政。当前，我国改革发展正处在关键时期，这是现代化建设承上启下、推动社会全面进步的时期，是既有巨大发展潜力和动力又有各种困难和风险的时期，是既有难得机遇又有严峻挑战的时期。世界许多国家的经验显示，在人均GDP从1000美元到3000美元的阶段，经济、社会结构剧烈变动，社会群体间、阶层间摩擦冲突激增，社会进入不稳定期。在这一阶段，有的国家实现了腾飞，而有的国家则自此徘徊不前甚至逆转下滑，我国正处于这一不进则退的关键阶段。随着改革开放的深入和社会主义市场经济的发展，影响经济和社会发展的诸多深层矛盾和问题日益凸现，深化改革、促进发展的成本提高、阻力增大；随着社会经济成分、组织形式、就业方式、利益关系和分配方式的日益多样化，新情况新问题层出不穷；我国改革开放和现代化建设的实践进程，要求我们党必须实现科学执政，使这一关键时期的执政矛盾、执政风险得到科学有效的控制。唯有如此，才能抓住机遇，在迎接挑战中占得先机，促进经济持续发展，推动社会全面进步。

第四，科学技术的迅猛发展要求实现科学执政。当今世界，知识经济方兴未艾，信息化浪潮风起云涌。科学技术突飞猛进，并日益渗透到人类生活的各个领域，任何重大政治、经济、社会问题都涉及许多领域的科学知识，需要发挥多个学科的各类人才的集体智慧，依靠科学方法才能解决。当前，世界范围的数字化、信息化、网络化的发展改变着人类的生活方式，引起了生产方式、思维方式和价值观念的深刻变化，先进的科学技术已经成为人们认识世界、改造世界的有效工具和强大武器。为适应世界科技进步的大趋势，我国已经将科技、教育作为改革和发展的重要战略支撑点，由此，实现科学执政就显得格外迫切和至关紧要。只有科学分析和判断社会经济发展的实际状况，运用最新的科技方法和手段，按照科学规律执政，才能最大限度地提高执政效率，降低执政成本，从而使我们党的执政地位牢固地建立在科学的基础之上。

探索和把握执政的特点和规律

要实现科学执政，认识和把握客观规律是基本前提。一个政党执政的科学化水平，在很大程度上取决于对执政特点和规律的认识水平与把握程度。执政的本领强不强，执政的水平高不高，说到底，就看它是不是对执政规律有科学的认识，能不能按照执政规律的要求来执政。实现科学执政需要从我国实际情况和现实需要出发，要特别注重探索和把握以下方面：

第一，充分认识执政党的特点，不断提高执政意识，是实现科学执政的基本前提。与非执政党相比，执政党的突出特点表现为在国家权力系统中居于主导地位。执政党的社会定位，使其在所担负的任务、基本社会功能、思考和解决问题的出发点、所遵循的行为规则等方面，都体现出具有规律性的特定要求。首先，执政党要科学地处理党的运行体制与政权的关系。与非执政党外在于国家核心权力不同，执政党的主导地位，要求科学界定党在国家政治、经济、文化、社会生活中的职能与权限，以形成党政之间良性互动、有机统一的工作机制。其次，执政党要有效发挥社会整合功能。执政党的首要责任是维护社会稳定，协调整合社会各阶层的利益，将各种社会矛盾尽可能化解在体制内。再次，执政党要充分利用法治优势。与人治相比，法治更有利于现代政党政治的有效运行，更有利于执政党实现科学执政。因此，与非执政党相比，执政党更具有利用法治优势的必要性。再次，执政党既要坚持在意识形态领域的主导地位，又要注重扩大社会包容性。与夺取政权时期不同，一个政党在代表本阶级取得执政地位之后，扩大意识形态领域的社会包容性就成为一项新的任务。特别是在当前社会利益日益多样化，人们思想活动的独立性、选择性、差异性显著增加的情况下，扩大社会包容性更为重要。

第二，党在执政过程中提高决策的科学化水平，减少或杜绝凭经验、"拍脑袋"的决策方式，是实现科学执政的直接体现。决策是党履行执政职能实现预定目标的过程，是实现科学执政的重要环节，也是党执政所要发挥的基本功能。从一定意义上说，执政就是不断作出决策和贯彻执行决策的过程。因此，只有把握决策规律，做到科学决策，才可能实现科学执政。当前，要特别注重在以下几方面把握科学决策的规律。首先，在规范决策程序方面，要注重把握划分决策范围、明确决策权限、制定议事规则；其次，在健全决策组织方面，要注重探索决策组织机构的设置、决策组织机构的职能定位、决策组织机构间协调配合；再次，在完善决策制度方面，要注重把握完善重大事项集体决策制度、社情民意反映制度、专家咨询制度、公示听证制度和决策责任追究制度；最后，在改进决策手段方面，要注重探索运用现代决策理论和科学方法，借助信息技术等高技术手段，建立多种形式的决策信息支持系统。

第三，在社会主义市场经济条件下领导发展的规律。发展是实现社会主义根本任务、体现社会主义优越性的本质要求，是保持党的先进性、巩固党的执政地位的关键所在，是满足人民群众物质文化需求的根本途径，是当前解决一切问题的前提和基础，直接关系到人心向背、事业兴衰。因此，探索和把握领导发展的规律，就成为我们党实现科学执政的关键点。当前，要特别注重在以下几方面把握领导发展的规律。首先，要注重把握社会主义市场经济的规律。既要充分认识市场经济的共同属性和一般规律，又要深入研究社会主义基本制度和我国的特殊国情所决定的市场经济的内在要求和运行特点。其次，要注重贯彻落实科学发展观。科学发展观的提出，既反映了我们党对发展问题认识的深化，也反映出我们党对执政规律的新认识，因此如何在领导发展的过程中体现科学发展观的要求，就成为我国现代化建设实践提出的紧迫任务。最后，要注重把握完善党领导经济工作的体制、机制和方式。经济建设离不开党的领导，党领导经济工作又不能事无巨细一把抓，因此，进一步明确党领导经济工作的主要任务、正确处理各级党委与政府在经济工作中的相互关系、不断完善各级党委和政府领导经济工作的方式，就成为把握党领导经济工作规律的重要内容。

第四，构建社会主义和谐社会的规律。我国目前正处于体制转轨、结构调整和社会变革的过程中，利益多元化格局的逐步形成，使不同社会利益群体之间的摩擦、矛盾呈上升趋势。因此，探索和把握化解社会矛盾、整合各个社会利益群体的规律，对于实现科学执政具有特殊的重要性和紧迫性。当前，要特别注重在以下几方面把握构建和谐社会的规律。首先，要注重探索效率与公平在新形势下的新的契合点，使政策导向既有利于经济运行效率的提高，又要让绝大多数人民群众能够享受到改革与发展的成果；其次，要适应目前大量“单位人”向“社会人”、“社区人”转变的现实，在党委领导、政府负责、社会协同、公众参与的社会管控总体格局下，加速推进制度创新，探索更好地发挥各类社会自治组织作用的途径；再次，要深入把握新形势下人民内部矛盾的特点和规律，对目前人民内部矛盾所呈现出的经济利益性突出、群体性增强等特点，要有清醒、科学的认识；最后，要注重探索处理各类突发事件的规律，建立健全科学高效的社会预警体系和应急处理机制，提高整个社会的稳定度和有序性。

党的执政能力建设要适应科学执政的要求

实现科学执政的目标，对党的执政能力建设提出了更高的要求。从实现科学执政的需要看，当前要着重从以下几方面加强党的执政能力建设。

第一，努力推进学习型政党的建设。为实现科学执政的目标，应当确立“学习”在党的执政能力建设中的战略地位，使勤于学习成为每个党员特别是领导干部的自觉行动，学以增智，学以致用。首先要努力学习马列主义、毛泽东思想，特别是当代中国的马克思主义——邓小平理论和“三个代表”重要思想，将“立党为公，执政为民”这一根本执政理念，建立在对科学理论的全面理解和深刻把握的基础之上。要适应当今科学技术迅猛发展的大趋势，努力学习和掌握科学文化知识，以丰厚的知识积累有效地提高执政的科学化水平。要注重从执政实践中学习，以实践需求牵引、推动学习，用实践过程检验学习成效，通过总结实践经验不断改进和完善学习内容和方法。

第二，认真研究和借鉴国外执政党治国理政的经验。在社会主义条件下实现科学执政的目标，要求共产党人善于总结和汲取人类文明的一切有益成果。在当前经济全球化推动国家间联系日益紧密的情况下，这种研究和借鉴就更为必要和紧迫。当然，借鉴不等于照搬照抄，成功借鉴的关键在于将人类文明的优秀成果与本国的实际科学地、有机地结合在一起。

第三，要以改革创新的精神推进党的执政能力建设。坚持用时代发展的要求衡量和审视党的执政水平，以改革创新的精神加强和提高党的执政能力，是党始终具有蓬勃活力的根本保证，是新的历史条件下推进党的执政能力建设的指导原则。

第四，不断完善执政的法制环境。依法治国是科学执政的基本实现途径和重要内容。依法治国已经成为中国共产党领导人民治理国家的基本方略。党的路线、方针、政策，要通过法制途径、法定程序上升为国家意志，成为整个社会遵循的行为规范和准则，使党的政治领导功能以法制为桥梁，转变为执政行为，法制环境由此成为国家政治运作模式的枢纽性环节。因此，党的执政方式必须适应依法治国的要求，在把握全局性、战略性、关键性的大政方针的同时，当前党的领导工作的重心，要由过去过多地直接参与、干预国家行政部门的具体工作，转向进一步加强对立法、司法工作的领导上来，转向督促、支持和保证国家机关依法行使职权上来，为国家行政部门的运作创造更为完善的法制环境。在党的领导下，实现国家立法权、行政权、司法权更为科学地组合，完善党的路线方针政策上升为国家意志、社会规范的转换机制，使党的领导方式更加科学化，为科学执政奠定更加坚实的法制基础。

（载于《马克思主义理论研究和建设工程参考资料》144 期）

党的建设的重中之重

中央党校邓小平理论和
“三个代表”重要思想研究中心

十六届四中全会通过的《中共中央关于加强党的执政能力建设的决定》，是我们党的历史上第一个全面总结党的执政经验、指导全党担负执政兴国历史使命的纲领性文献，它对我们党和中国特色社会主义事业的发展具有极其重大的现实意义和深远的历史意义。

一

通过长期历史考察，在党和政权的关系上，《决定》中有两个重要论断。这两个重要论断，不仅总结了中国的历史经验，而且总结了世界社会主义的历史经验。对这两个重要论断，人们有一个认识过程。第一个重要论断是：“无产阶级政党夺取政权不容易，执掌好政权尤其是长期执掌好政权更不容易。”过去人们在认识上有个误区，即认为有了政权以后将会一顺百顺，万事大吉。其实，作为一个政权的党，执政的担子很重，上至国计民生、安邦治国，下至百姓的衣食住行，样样都要管，而且管好并不容易。20世纪的社会主义运动表明，共产党执政以后在一段时期掌好权的还有一些，但长期掌好权的并不多。掌好权特别是长期掌好权，比夺取政权更不容易，甚至更加艰难。第二个重要论断是：“党的执政地位不是与生俱来的，也不是一劳永逸的。”对这个论断的后一句话同样有认识误区，即认为社会主义国家与资本主义国家不同，在资本主义国家，资产阶级在夺取政权以后才建立政党，而且实行的是多党制，哪个党执政，法律不能规定，要由大选决定；社会主义国家共产党是执政党，这是天经地义的，也是一劳永逸的。上个世纪80年代末90年代初，世界上一批大党老党相继失去政权，特别是在苏东剧变中，共产党在“一夜之间”丧失执政地位，震动了全世界，说明这种认识是肤浅的错误的。苏联、东欧国家的共产党丧失执政地位，尽管原因复杂而且是多方面的，但是很重要的一条是在长期执政条件下，执政体制僵化，执政能力衰退，最后被人民所抛弃。所以，加强执政能力建设，是关系中国社会主义事业兴衰成败、关系中华民族的前途命运、关系党的生死存亡和国家长治久安的重大战略问题。

二

中国的执政体制，是由中国共产党从中央到地方各级组织对同级国家政权组织领导作用的总和构成的。在这个体制中，要求各级党委都应有一个坚强的领导班子，但最关键的是党中央要有一个坚强的领导核心。我们党通过长期革命斗争，到1935年遵义会议时走向成熟，并在此之后先后确立了以毛泽东、邓小平、江泽民为核心的三代中央领导集体。在党的十六大之后，又确立了以胡锦涛为总书记的党中央。这几任领导核心，有很高的领导水平和很强的执政能力，始终坚持以马克思主义指导中国实践，坚持社会主义方向和道路，以中华民族的伟大复兴和国家的繁荣昌盛为己任，为人民掌好权、用好权，深受广大群众的拥护、信任和爱戴。邓小平指出：“中国问题的关键在于共产党要有一个坚强的政治局，特别是好的政治局常委会。只要这个环节不出问题，中国就稳如泰山。”他又说：“说到底，关键是我们共产党内部要搞好，不出事。”有一个坚强的中央领导核心，这是中国人民的幸运。原苏共恰恰在这个重要环节上出了问题。他们长期实行领导职务终身制，党的最高领导层的新老交替始终未能从制度上解决。80年代中期，继几位年迈的领导人逝世后上任的新班子，打着“更新”、“重建”的旗帜，推行错误的改革路线，使形势急转直下，危机四伏，政局动荡，并在国内外各种势力的压力下，取消共产党的领导地位，最后通过一场和平政变，导致苏共丧失执政地位，随之社会制度从社会主义演变为资本主义，教训是极为深刻的。

三

共产党执政以后，必须以工人阶级的意识形态和科学世界观——马克思主义作为治党治国的根本指导思想。但是，马克思主义不是教条，而是行动的指南。马克思主义创始人曾经说过，马克思主义基本原理的实际运用，“随时随地都要以当时的历史条件为转移”。毛泽东在民主革命中，在反对党内教条主义的斗争中，创造性地提出了把马克思主义普遍真理同中国革命的具体实践相结合的原则。这是他对我们党、中国革命和建设事业，也是对国际共产主义运动的独创性贡献。我们党在80多年的奋斗历程中，坚持把马克思主义的基本原理与中国的具体实践相结合，致力于马克思主义中国化，与时俱进地确立了毛泽东思想、邓小平理论、“三个代表”重要思想的指导地位，用中国化的马克思主义指导实践，使我们党在革命、建设和改革的各个发展阶段取得一个又一个胜利。今天，我们党在总结历史经验（包括借鉴和汲取西方政党的执政功能）的基础上，又提出加强执政能力建设，着眼于科学执政、民主执政、依法执政，目的是使我们党在中国复杂的国内外环境中长期执政。这对于指导我们党掌好权、用好权、长期执政具有不可估量的意义。原苏共没有继承和发扬列宁主义生机勃勃的创造精神，思想僵化，教条主义盛行。第二次世界大战以后，苏联的国内外形势发生很大变化，但是理论跟不上时代的步伐，墨守成规，停滞不前，缺乏创新，长期处于僵化状态，失去了对实践的指导作用；到20世纪八十年代末九十年代初，在国内外各种思潮的影响下，又从一个极端走向另一个极端，抛弃了马克思主义伟大旗帜，推行意识形态多元化，主动放弃马克思主义在意识形态领域的指导地位，从长期僵化转变为自由化，让资产阶级思想理论占领意识形态阵地，最终导致丧失执政地位。

四

我们党经过半个世纪的探索，逐步形成和确立了基本理论、基本路线、基本纲领、基本经验。基本理论，就是马克思主义中国化的三大理论成果。基本路线是在基本理论指导下形成的。基本路线（即总路线）是指党在一个历史阶段全局性的根本指导方针，它是关系全局、指导全局、决定全局的。依据唯物辩证法关于主要矛盾的思想，从分析社会主要矛盾出发，确定一个历史发展阶段的全局性根本指导方针，这是我们党在国际共产主义运动中的一个创造。基本路线对了，我们的事业就会发展和胜利；基本路线错了，我们的事业就将遭致挫折和失败。我们现在讲的基本路线就是我们党通过长期探索在十一届三中全会之后逐步形成的党在社会主义初级阶段的基本路线，也就是我们党在新中国成立后所提出的第四条基本路线。这条基本路线的主要内容是：(1) 坚持以经济建设为中心，促进社会全面进步，有步骤分阶段地实现社会主义现代化；(2) 实行以经济体制改革为重点的全面改革，使社会主义本来具有的生机、活力和优越性能够发挥出来；(3) 实行对外开放，大胆借鉴和吸收人类文明的优秀成果；(4) 坚持四项基本原则，以保证改革开放的社会主义方向；(5) 目标是建设富强、民主、文明三位一体的社会主义强国。实践证明，过去二十多年我国所取得的举世瞩目的历史性成就，靠的是它；今后要想取得更大的成就，还得靠它。因而，邓小平语重心长地说："基本路线要管一百年，动摇不得。"胡锦涛指出："邓小平同志留给我们的最可宝贵的财富，就是他创立的邓小平理论和在这个理论指导下制定的党在社会主义初级阶段的基本路线。"基本纲领是在贯彻基本路线中从纲领目标上对它的进一步展开，是它的具体化。基本经验是在贯彻基本路线、实现基本纲领中所积累的重要经验。这四个"基本"是中国共产党的宝贵精神财富。

五

政治路线确定之后，干部就是决定的因素。我们党一向重视干部队伍的建设。党执政后，加强执政建设，提高执政水平，必然要落实到全面提高各级领导干部的素质和水平上。所谓全面，就是要德才兼备。提高干部素质的途径是在学习和实践中锻炼。首先，是学习马克思主义理论，特别是马克思主义中国化的三大理论成果，用毛泽东思想、邓小平理论、“三个代表”重要思想武装头脑。实践说明，一个干部的马克思主义理论水平越高，工作也就越有成效。我们就是用马克思主义治党治国的。学习中要贯彻理论联系实际的原则，一方面联系本部门、本单位的实际，改造客观世界；另一方面和个人的思想实际相结合，改造主观世界，树立正确的世界观、人生观、价值观。马克思主义不只是知识，更是真理，学了就要信，就要用。除了学习理论以外，还要学习必要的科学知识，使之能够适应所承担的工作。尽管我们党的队伍中出现了一些腐败分子，但是干部的大多数是好的；虽然在前进中还有许多不相适应的方面，但执政能力和所肩负的历史任务总体上是适应的。在新形势和新任务面前，为了提高全党的领导水平和执政能力，党的十六大提出了要不断提高科学判断形势、驾驭市场经济、应对复杂局面、依法执政和总揽全局五种能力。十六届四中全会在这个基础上，进一步提出不断提高驾驭社会主义市场经济、发展社会主义民主政治、建设社会主义先进文化、构建社会主义和谐社会、应对国际局势和处理国际事务五种能力。后五条比前五条的提法更明确，内容更宽泛，要求也更高了。只要我们沿着这个方向努力，把握住上述要点，我们党的执政能力和各级领导干部的执政水平一定会有一个新的提高。

六

我们党在长期革命斗争中，一向重视一切依靠人民群众，一切为了人民群众，同人民群众保持血肉联系。正是在广大群众的支持下，我们党通过革命斗争，夺取了政权。党执政后，面临着严峻考验。列宁指出，执政党最大的危险就在于脱离群众。手里有了权力，过分迷信权力，认为有了权就有了一切，就会高高在上，把群众摆在可有可无的地位，脱离群众。须知，水可载舟，亦可覆舟，人心向背决定执政党的兴衰存亡。党执政以后，要取得群众的支持，除了发展经济和文化，满足人民的物质文化生活需要，很重要的一条就是发展社会主义民主。早在1918年，列宁在同考茨基的论战中，针对考茨基崇拜资产阶级民主、反对无产阶级专政的错误思想，提出了一个很有价值的观点："无产阶级民主比任何资产阶级民主要民主百万倍。"这个观点是就民主的实质讲的。因为从数量上来说，无产阶级民主是多数人的民主，资产阶级民主是少数人的民主；从质量上来说，无产阶级民主是劳动者的民主，资产阶级民主是剥削者的民主。但是，从实质上高出百万倍到形式上也高出百万倍，使人民群众真正当家作主，是个长期过程。我们现在进行的民主政治建设，就是要解决这个问题。实践证明，建设社会主义民主政治比发展社会主义经济、文化更为艰难。新中国成立以后，我们党在民主政治建设上曾经有过不小的失误，如把民主只看成是手段，不作为目的；忽视法制建设，以政策代替法律；甚至发生过"文化大革命"那种破坏民主和法制的严重失误。这个期间，党和群众关系受到了破坏，群众基础削弱了。十一届三中全会以后，我们党通过总结历史经验，切实加强了社会主义民主政治建设，提出了许多新认识，采取了许多新举措，如把民主既看作手段又看作目的，而且首先是目的，把它写在奋斗目标上；完善人民代表大会制度和共产党领导的多党合作和政治协商制度；加强法制建设，使民主制度化、法律化，用社会主义法制保障社会主义民主；坚持不懈地加强廉政建设和反腐败斗争；改革权力过分集中的政治体制，实行党政分开、政企分开，力求做到该抓的要认真抓，不该抓的决不抓；等等。苏东剧变以后，我们认真汲取其教训，又把加强党的执政基础提到重要议事日程，并采取了一系列重大举措，如提出中国共产党是中国工人阶级的先锋队，同时也是中国人民和中华民族的先锋队，其目的就是为了增强党的阶级基础和扩大党的群众基础；提出立党为公、执政为民的执政新理念，坚持以人为本，为人民执政，靠人民执政，逐步实现从代替人民当家作主向领导、支持和保证人民当家作主转变。特别值得提出的是，为了营造长期执政的社会环境，《决定》又提出构建社会主义和谐社会。一个党在长期执政中，最危险最可怕的是主要依靠力量边缘化。通过上述举措，必将开拓加强党和群众血肉关系、增强党的执政基础的新局面。

通过上述对我们党执政历史和世界社会主义运动历史的回顾，可以清晰地认识到，加强执政能力建设是党的建设的一项根本建设，是党的建设的重中之重。这既是对执政历史经验的深刻总结，也是完成新世纪党的三大历史任务的新要求和新举措。如前所述，《决定》中所规定的五条执政能力是全方位的。抓住它，就能牵一发而动全身，带动党的各方面建设，带动国家政权建设，进而带动整个社会主义现代化建设。

（载于《马克思主义理论研究和建设工程参考资料》122期）

坚持党的领导才能发展社会主义民主政治

李 慎 明

党的领导不仅是无产阶级夺取和掌握国家政权,同时也是建设社会主义的首要条件和普遍规律

中国革命、建设和改革的经验，苏东演变的教训，都从正反两个方面充分证明了这一点。新中国成立以来特别是改革开放 20 多年来，中国人民在党的领导下，坚持以公有制为主体、多种所有制经济共同发展的基本经济制度，坚持人民代表大会制度、中国共产党领导的多党合作和政治协商制度，我国的社会主义现代化建设事业取得了举世公认的伟大成就，社会主义民主政治得到了长足的发展。没有党的领导这一切都是不可想象的，党的领导地位是发展社会主义民主政治历史的和现实的选择。

坚持党的领导才能实现保证人民当家作主的执政本质

代表最广大人民的根本利益，实现和保证人民当家作主，是社会主义民主政治的本质要求。但是，人民当家作主的社会主义绝不是什么人恩赐给人类的现成制度，而是共产党领导人民群众在长期的艰苦实践中奋斗摸索完善起来的。资产阶级和资本主义国家都标榜超阶级的“民有、民治、民享”的民主，但其实质只是极少数人的民主。社会主义民主是人类社会

有史以来真正为实现绝大多数人而不是某个小的集团、某一部分人利益的民主。因此，实现人民当家作主只能是人民自己的事业。这一真理只有以马克思主义为指导的共产党才能真正认识和掌握，自始至终地坚持人民群众是推动历史前进的根本动力的唯物史观，并不断推进社会主义政治制度的自我完善和发展。我国社会主义民主政治建设是一项前无古人的全新事业，无论是在理论还是在实践上，都具有极强的探索性，完成这一宏伟事业，必须在最有远大政治眼光和组织性的世界上最先进的无产阶级及其政党即共产党的领导下进行。

巩固和发展民主团结、生动活泼、安定和谐的政治局面积极稳妥地推进政治体制改革

无论是紧紧抓住国内外难得的发展机遇，还是应对所面临的各种挑战，都需要我们坚定不移地发展社会主义民主政治，建设社会主义政治文明，积极推进政治体制改革。政治文明建设涉及党的领导、政治思想、政治制度、行政管理、法制建设等方方面面，是一个内容广泛的系统工程，需要我们进行多方面的长期努力。完善中国特色社会主义政治体制，必须坚持党的领导、人民当家作主和依法治国的有机统一。任何民主政治的发展都受制于一定社会的经济和文化发展水平，我国社会主义初级阶段的长期性决定了中国特色社会主义政治文明建设是一个逐步发展的历史过程。加之政治文明建设和政治体制改革是一个调整社会上各个不同阶级、阶层、集团、群体和个人的政治关系、利益关系的过程，我国又有着地域广阔、人口众多、各民族各地区经济文化发展差异较大等特殊国情，这都需要我们在进行政治文明建设和政治体制改革时，既要有时代的紧迫感，又要有科学的慎重态度和稳妥的求实精神。在推进我国政治文明建设和政治体制改革的过程中，我们应在党的领导下，十分注重把握好既要积极又要稳妥这个度，一切从我国国情出发，根据我们的实际情况，来决定我们改革的目标、内容、方法和步骤。

中国共产党只有保持先进性才能有实质的合法性

党的领导不是与生俱来的，也不是一劳永逸的，它是靠自身的先进性赢得的。而先进性最为根本的体现，就是党必须始终保持工人阶级先锋队，同时是中国人民和中华民族先锋队的性质，始终坚持全心全意为人民服务的宗旨。只有做到这一点，中国共产党的执政才会有最为先进的阶级基础和最为广大的群众基础，才会有实质的合法性。因此，无论是坚持党的领导、人民当家作主和依法治国，还是坚持三者的有机统一、不断推进社会主义政治文明建设，都必须把坚决相信、紧紧依靠和始终为着最广大人民群众贯穿始终。这是马克思主义唯物史观和最广大人民群众根本利益对我们的要求。否则，党的领导、人民当家作主和依法治国也就失去了共通的血脉、根本的基础和力量的源泉。党不断提高发展社会主义民主政治的能力就不仅可能成为一句空话，而且还可能偏离方向。苏联解体、苏共垮台的根本原因也是其逐渐脱离、背离乃至最终背叛人民群众根本利益所致。

广大党员特别是各级党员领导干部正确的理想信念是坚持党的领导最为深厚的思想基础和力量源泉

我们党不仅是执政党，更是一个领导党。党的领导权与党的执政权的区别在于，党的领导权主要不是依靠权力，而是除了依靠党的路线、方针、政策等之外，还要靠广大党员特别是各级党员领导干部发挥先锋模范作用，通过赢得人民的衷心拥护和支持而实现的。在社会主义市场经济条件下，共产党人为了人民利益吃苦在前的献身精神、高贵品格和严格自律，是法律、法规及纪律的他律所决不能代替的。而正确的理想信念则是共产党人献身精神和高贵品质最为深厚的思想基础和力量源泉。实践证明，世界范围内的社会主义思潮、理论、运动和制度处于高潮之时，人们对社会主义革命的长期性、复杂性、曲折性往往估计不足、急于求成；一旦走入低潮有些人又往往容易信心不足、悲观失望、信仰动摇。对各级领导干部来说，失去了正确的理想信念，极有可能害人害己。目前正在全党开展的保持共产党员先进性教育，把坚定共产主义和中国特色社会主义的理想信念作为重要内容之一，既是坚持和完善党的领导的一项根本举措，也将为发展社会主义民主政治提供有力的思想保证。

（载于《马克思主义理论研究和建设工程参考资料》148期）

对媒体的领导能力是党的重要执政能力

毕志伦

党的十六届四中全会《决定》指出：必须坚持党管媒体的原则，增强引导舆论的本领，掌握舆论工作的主动权。提高党对媒体的领导能力，把握正确的舆论导向，是加强党的执政能力建设的重要课题。

内在要求

改革开放和发展社会主义市场经济是一场深刻的社会变革，新闻媒体肩负着传播主流意识形态、弘扬主旋律的重任。我们必须从提高党的领导水平和执政能力、巩固党的执政地位的政治高度来提高对媒体的领导能力，牢牢掌握舆论工作的主动权、主导权。

提高对媒体的领导能力是不断巩固马克思主义指导地位的必然要求。历史经验告诉我们，意识形态领域历来是敌对势力同我们党展开激烈争夺的重要阵地。一个社会的稳定和发展，既靠坚强的政治领导、雄厚的经济基础、完备的制度和体制，又靠社会成员思想上的统一和稳定。通过对媒体的有力领导，引导和规范精神文化产品生产，形成正确的舆论导向，整合社会思想，保持社会稳定，推动社会进步，既是现代社会管理的基本手段，也是我们党巩固执政地位，实现科学执政、民主执政、依法执政的重要途径。

提高对媒体的领导能力是坚持新闻党性原则的必然要求。我们国家的报纸、广播、电视等媒体是党、政府和人民的喉舌。党的新闻事业与党休戚与共，是党的生命的一部分。在任何时候任何情况下，我们的媒体都不是所谓的“第四权力”。要坚持正确的舆论导向不能变、党管媒体的原则不能变、党管干部的原则不能变。

提高对媒体的领导能力是构建社会主义和谐社会的必然要求。我国是一个大国，不仅各个地区的经济发展水平不同，而且人们思想活动的独立性、选择性、多变性、差异性日益增强，这就使得构建社会主义和谐社会既要靠坚持党的群众路线，实现管理体制创新、机制创新，又要靠正确的舆论引导。党通过媒体以正确的思想理论、行动纲领、价值观念影响社会，形成健康向上的主流舆论，就能为亿万人民在建设中国特色社会主义道路上奋勇前进提供坚实的共同思想基础，从而最大限度地在全社会形成共识，最大限度地统一不同行业、不同阶层人们的意志和行动，形成改革开放和社会主义现代化建设的巨大合力。

主　要　内　容

提高党对媒体的领导能力，既要坚持党对媒体的绝对领导，又要适应现代传媒的发展趋势和运行特点，自觉遵循客观规律，不断完善领导方式和工作方式、领导体制和工作机制。当前，主要是加强对媒体的组织管理能力、提高宣传创新能力、增强产业发展能力。

不断增强组织管理能力是提高党对媒体领导能力的基础工程。组织管理能力有两个方面的含义：一是组织质量，即各级各类新闻机构的领导权是否真正掌握在忠于马克思主义、忠于党和人民的人的手里；二是执行绩效，即媒体是否牢固树立马克思主义阵地意识，坚持守土有责，把党的意志变为媒体的自觉行动。前者要求坚持党管媒体的原则，坚持党管干部的原则，挑选政治合格、业务过硬的媒体领导干部；后者要求加强新闻纪律，加强思想政治工作，善于协调各个方面的关系，善于团结人，把新闻从业人员特别是优秀人才凝聚到党组织周围。通过这两个方面的努力，保证新闻媒体在组织上听从党的指挥，在思想上坚持以马克思主义为指导，在政治上坚持新闻事业为人民服务、为社会主义服务，在宣传口径上同党中央保持高度一致。

不断增强新闻宣传能力是提高党对媒体领导能力的重要途径。增强宣传能力就要提高主旋律的领唱能力。改革是一个破旧立新的过程，各种思想和舆论相互交织是正常的，有时出现杂音、噪音也难以避免，但这决不意味着可以对错误的思想舆论听之任之。媒体必须强化政治意识、大局意识和责任意识，坚持唱响主旋律、打好主动仗。增强宣传能力就要提高媒体的宣传创新能力。媒体必须遵循新闻宣传规律，自觉地用“三个代表”重要思想统领新闻宣传工作，用时代的眼光审视新闻宣传工作，用“三贴近”的原则改进新闻宣传工作，用改革发展的办法推进新闻宣传工作，努力探索既坚持正确方向、又适应时代要求的新闻舆论工作的新路子，增强舆论引导的针对性和实效性、吸引力和感染力。增强宣传能力就要提高舆论导向能力。必须在政治上把好关、把好度，坚持政治家办报；必须在政策上把好关、把好度，全面准确地宣传党的路线方针政策；必须在宣传格调上把好关、把好度，做到思想性、艺术性、观赏性统一，雅俗共赏，喜闻乐见。

不断增强文化产业的发展能力是提高党对媒体领导能力的重要保证。发展是硬道理。提高党的执政能力，首先是要提高党领导发展的能力。在“四个不变”的前提下，以体制机制创新为重点，探索建立党委领导与法人治理结构相结合的领导管理体制。应从我国国情和意识形态工作特点出发，借鉴经济领域改革的成功经验，借鉴国外有益做法，更大程度地发挥市场在资源配置中的基础性作用。应着眼于建立现代企业制度，着力培育一批有实力、有活力的传媒集团。

几 个 关 系

提高党对媒体的领导能力是一个系统工程，涉及多方面的关系，主要应处理好以下几个关系：

正面宣传与舆论监督的关系。时代前进需要积极向上的主流思想来引领，社会发展需要强大的进步力量来推动。因此，必须始终坚持团结稳定鼓劲、正面宣传为主的方针。对消极落后的东西必须进行有力的批评和抵制。舆论监督是社会主义民主政治建设的重要组成部分，是新闻宣传工作的重要职责之一。舆论监督搞好了，对解决问题、推动工作、化解矛盾、维护稳定大有益处。问题是，必须着眼大局，把好关、把好度。舆论监督要搞，批评报道要做，但要端正目的，权衡利弊，摆正位置，选择好时机，运用好形式，尤其要注意把内参与公开报道区别开来，坚持内外有别。社会效益与经济效益的关系。在发展社会主义市场经济条件下，新闻单位必须搞好经营，但决不能因此把新闻作为一般商品来对待，绝不可以搞“唯市场论”。要鼓励新闻工作者深入实际、深入生活、深入群众，以高度的社会责任感和精益求精的职业精神采写更多无愧于时代的新闻作品。不论是媒体的整体追求目标还是报道的内容结构，都必须始终把社会效益放在首位，实现社会效益与经济效益的协调统一。

政治素质与业务素质的关系。对我国新闻工作来说，讲政治是总开关，必须把思想政治工作特别是“三项学习教育”活动的成果用制度、纪律巩固和坚持下来，常抓不懈，警钟长鸣。当然，做好新闻业务工作仅有政治热情是不够的，只有把旺盛的工作热情与尊重媒体运作规律、新闻采写规律有机结合起来，新闻作品才能既有深度力度又有艺术性，才能取得很好的宣传效果。不论是强化政治素质还是提高业务素质，落脚点都是培养人才、使用人才、爱惜人才。应通过政治素质和业务素质的提高，培育一批名记者、名编辑、名评论员，造就一批懂传媒、能驾驭市场的经营人才。

对上负责与对下负责的关系。既宣传党的理论路线方针政策，又反映人民群众的利益、愿望和呼声，把宣传党的主张与反映人民心声统一起来，实现新闻事业对上负责和对下负责的一致性，是改进新闻宣传、增强宣传能力的客观要求。主流媒体应该认真研究人民群众的喜怒哀乐，研究人民群众对社会生活的看法和态度，研究人民群众的愿望和要求。经验表明，对人民群众的生活状况和基本情绪了解得越多，主流媒体引导社会舆论的针对性和实效性就越强。媒体必须坚持“三贴近”：贴近实际、贴近生活、贴近群众；做到“三符合”：符合党的总体部署、符合人民群众的意愿、符合客观实际；实现“三满意”：党和政府满意、实际工作者满意、广大人民群众满意。

（载于《马克思主义理论研究和建设工程参考资料》125期）

论保持共产党员先进性与实践“三个代表”重要思想

李君如

党的十六届四中全会根据十六大的决策，在认真试点总结的基础上，对全党开展以实践“三个代表”重要思想为主要内容的保持共产党员先进性教育活动作了部署。这是全面推进新时期党的建设新的伟大工程、提高党的执政能力、巩固党的执政地位的一项基础工程，也是全面推进中国特色社会主义伟大事业、实现全面建设小康社会奋斗目标的根本保证。为了开展好这一关系到党和人民事业兴旺发达的教育活动，必须进一步学习和实践好“三个代表”重要思想。

坚持用“三个代表”重要思想武装全党的集中教育活动

在领导革命、建设和改革的进程中，坚持加强党的建设，开展党员教育，是中国共产党治国理政的一条成功经验，是保证党领导的事业不断取得成功的重要法宝。党的十三届四中全会以来，我们党已经开展过三次成规模的集中教育活动。一次是在改革开放后不久，我们党进行了一次党内整顿，坚持解放思想、实事求是，进一步把全党的思想统一到以经济建设为中心的党的基本路线上来。一次是在党的十五大把邓小平理论同马列主义、毛泽东思想一起确立为党的指导思想以后，为坚定建设中国特色社会主义信念、教育干部始终同党中央在思想上政治上保持一致、增强在复杂形势下承受和抵御各种风险的意识和能力、密切联系群众，从1998年底到2000年底在县级以上领导干部中深入进行以讲学习、讲政治、讲正气为主要内容的党性党风教育。第三次是在全国农村开展的“三个代表”重要思想学习教育活动。这些集中性教育活动都取得了提高认识，统一思想，凝聚力量，推进党的事业的显著成效。

这次由党的十六大作出决定、十六届四中全会进行部署的保持共产党员先进性教育活动，是“三个代表”重要思想提出来并作为党的指导思想写进党章以后，第一次在全党开展的集中性教育活动。同前三次集中教育活动相比，有两个鲜明特点：一是以实践“三个代表”重要思想为主要内容；二是以保持共产党员先进性为基本要求。显而易见，这是进入21世纪的中国共产党人坚持用“三个代表”重要思想武装的马克思主义的自我教育活动。

坚持党的先进性是贯彻“三个代表”重要思想的核心

党的十六大强调指出：“贯彻‘三个代表’重要思想，关键在坚持与时俱进，核心在坚持党的先进性，本质在坚持执政为民。全党同志要牢牢把握这个根本要求，不断增强贯彻‘三个代表’重要思想的自觉性和坚定性。”这个论断明确地告诉我们，贯彻好“三个代表”重要思想，就要围绕立党为公、执政为民这个本质，在坚持解放思想、实事求是、与时俱进的进程中，始终不渝地坚持党的先进性。这是深入贯彻“三个代表”重要思想要解决的核心问题。

为什么要强调坚持党的先进性呢？

首先，党的先进性是党的性质的集中体现。我们党从来就是一个由中国工人阶级的先进分子所组成的先进部队。根据“三个代表”重要思想，十六大党章对党的性质作了进一步表述：“中国共产党是中国工人阶级的先锋队，同时是中国人民和中华民族的先锋队，是中国特色社会主义事业的领导核心，代表中国先进生产力的发展要求，代表中国先进文化的前进方向，代表中国最广大人民的根本利益。党的最高理想和最终目标是实现共产主义。”这个表述，首先重申了中国共产党是中国工人阶级的先锋队。在新世纪，不论形势发生什么变化，包括广大知识分子在内的中国工人阶级，仍然是与中国先进生产力联系在一起的先进的阶级。我们党必须始终坚持工人阶级先锋队的性质，对此不能有丝毫含糊和动摇。同时，我们党又是中国人民和中华民族的先锋队。这是因为，在社会主义初级阶段，发展生产力、增强综合国力、不断提高人民群众的物质文化生活水平，是我们党同全国各族人民的共同任务、共同目标；我们党从来就不仅代表工人阶级的根本利益，而且也代表中国最广大人民和整个中华民族的根本利益。这是我们党的特点和优势。因此，从党的历史发展和现实状况看，把党的先锋队性质由“一个先锋队”表述为“两个先锋队”，符合执政后的党情，符合时代要求，也有利于增强党的阶级基础和扩大党的群众基础。可以说，这是我们党在新的历史条件下对党的先锋队性质认识的进一步深化和新的丰富与发展。

坚持党的先进性，是由党的“先锋队”性质决定的。“先锋队”是列宁建党思想的一个重要观点。列宁强调马克思主义政党不仅仅是工人政党，而且指导思想必须是马克思主义理论，党的干部是一批为共产主义事业奋斗的职业革命家，党员队伍是由工人阶级的先进分子所组成的，其他阶级、阶层的成员要成为党员，首先要用工人阶级世界观即马克思主义武装起来，自觉地为党的纲领和路线而奋斗，成为具有工人阶级觉悟的先进分子。所以，强调“先锋队”也就是强调先进性。先进性和阶级性都是坚持党的先锋队性质的必然要求，也是我们党性质的鲜明体现。更重要的是要认识到党的先进性是具体的历史的。党的先进性从来都是同党在各个时期的具体历史任务相联系的，而不是抽象的；从来都是在不断发展的实践中体现出来的，而不是一成不变的。建党时这个党是先进的，并不是以后就永远是先进的。江泽民同志曾经说过：“看一个政党是否先进，是不是工人阶级先锋队，主要应看它的理论和纲领是不是马克思主义的，是不是代表社会发展的正确方向，是不是代表最广大人民的根本利益。”这个论断，既符合马克思主义建党学说，又是对我们党的历史经验的深刻总结。因此，党只有紧跟时代发展的进步潮流，根据不同时期人民的利益要求，制定正确的理论、纲领和路线、方针、政策，才能始终保持先进性。

这就要求我们做到两点：一是不能空谈党的先进性，而要把党的先进性体现在党的模范行为上。在今天的历史条件下，在全面建设小康社会、实现中华民族伟大复兴的历史任务面前，党的先进性无疑应当包含新的时代要求，要同先进的执政理念、执政能力相联系，同中国先进生产力的发展要求、先进文化的前进方向和最广大人民的根本利益相联系。这也就是十六大报告指出的："党要承担起推动中国社会进步的历史责任，必须始终紧紧抓住发展这个执政兴国的第一要务，把坚持党的先进性和发挥社会主义制度的优越性，落实到发展先进生产力、发展先进文化、实现最广大人民的根本利益上来，推动社会全面进步，促进人的全面发展。"紧紧把握住这一点，就从根本上把握了人民的愿望，把握了党的先进性的要义。否则，党的先进性就无从谈起，党的执政地位也就无从巩固。

二是不能满足于党在历史上取得的辉煌，而要在与时俱进中体现党的先进性。先进生产力的发展要求、先进文化的前进方向、最广大人民的根本利益，在革命、建设和改革的不同历史阶段是不断发展变化的，永远不会停留在一个水平上。因此，党要真正成为名副其实的"三个代表"，始终保持自身的先进性，就必须始终保持与时俱进的精神状态，做到永不自满，永不懈怠。考察政党发展的历史，可以看到，并非任何政党都能做到这一点。在一个时期里也许可以做到，但要始终站在时代前列却不容易。如一些国家的工人阶级政党过去无疑是先进的，但是后来落后了，因循守旧，思想僵化，脱离实际，脱离群众，结果被人民所抛弃。实践证明，任何政党只有不断与时俱进，才能"适者生存"。所以，贯彻"三个代表"重要思想，必须抓住坚持与时俱进这个关键，不断开拓创新，使党的全部理论和工作体现时代性，把握规律性，富于创造性。这样，党才能始终站在时代潮流前列，立于不败之地。

保持共产党员的先进性必须实践"三个代表"重要思想

党保持先进性，至少做到以下三个方面：

一是做到党的理论、路线、方针政策的正确和中央领导集体能够始终坚持与时俱进。二是各级党组织形成朝气蓬勃、奋发有为的领导层和充满活力的制度机制。理论、纲领、路线、方针正确了，干部是一个决定性因素。有没有一个朝气蓬勃、奋发有为的领导层这是一个重要问题。与此相联系的是有没有一个制度保障，有没有一个充满生机和活力的制度机制。三是广大党员能够充分发挥先锋模范作用。不仅党员领导干部要带头发挥先锋模范作用，同时普通党员也要保持和发挥先锋模范作用。这是保持党的先进性的集中体现和重要基础。离开广大党员的先锋模范作用，党的先进性就无从谈起。

在今天的历史条件下，广大党员怎样才能按照“三个代表”重要思想的要求充分发挥先锋模范作用呢？我认为至少要坚持做到：

第一，要树立党员意识、执政为民意识。每一个党员干部，尤其是在中央和国家机关部门工作的干部，一定要树立执政为民意识，即为人民执好政、掌好权的意识。要认识到我们的权利是人民赋予的，应该全心全意为人民服务，而不能把权力变成私人权利，甚至以权谋私。有了执政意识，才能自觉提高执政能力。对于每一个共产党员来讲，都要有党员意识。要深刻理解共产党员是一个崇高的称号。这个称号凝聚了无数革命先烈作出巨大牺牲所赋予的理想，反映了我们对社会发展规律的科学认识，也是对我们每一个党员的思想和行动提出的明确规范。牢记党员要求，履行党员义务，享有党员权利，就是党员意识。必须时刻牢记中国工人阶级的有共产主义觉悟的先锋战士，必须全心全意为人民服务，不惜牺牲个人的一切，为共产主义奋斗终身，共产党员永远是劳动人民的普通一员，除了法律和政策规定范围内的个人利益和工作职权以外，不得谋求任何私利和特权。树立党员意识，在保持共产党员先进性中是个最普遍、最基本的要求，广大党员必须自觉增强党员意识，才能保持共产党员的蓬勃朝气、昂扬锐气和浩然正气。

第二，要保持解放思想、实事求是、与时俱进的精神状态，增强同党中央在思想上政治上保持高度一致的自觉性。共产党员的先锋模范作用，是马克思主义世界观的体现和运用。因此，作为一名合格的共产党人，必须坚持党的思想路线，解放思想、实事求是、与时俱进。特别是我们正处在一个历史大转折的年代，面临着极其复杂的国内外形势和前所未有的新情况新问题。如果我们思想僵化，固步自封，跟不上时代前进的步伐，那就谈不上保持先进性。所以对每一个同志来讲，就是要坚持实践标准，尊重实际，尊重规律，把我们的思想从不合时宜的观念、做法和体制中解放出来，从对马克思主义的错误的和教条式的理解中解放出来，从主观主义和形而上学的桎梏中解放出来。在解放思想中统一思想，真正自觉地同党中央在思想上政治上保持一致。为此，我们只有坚持在实践中学习，在学习中提高，做到解放思想、实事求是、与时俱进，才能全面准确地理解和贯彻党的路线方针，才能在人民群众中发挥好先锋模范作用。

第三，要不断提高为人民服务的觉悟和本领，多为人民群众办实事好事。我们党的根本宗旨是全心全意为人民服务。毛泽东同志、邓小平同志、江泽民同志都特别强调，共产党员必须全心全意为人民服务。胡锦涛同志反复强调，广大党员领导干部必须“权为民所用、情为民所系、利为民所谋”。作为一名党员，要认真贯彻党的宗旨，一要有为人民服务的觉悟和精神，二要有为人民服务的能力和本领。为人民服务要有真本事，要增强党员干部的事业心和责任感，提高驾驭工作和处理问题的能力，提高带领群众全面建设小康社会的能力。

随着我国进入“黄金发展期”和“矛盾凸显期”并存的新阶段，坚持全心全意为人民服务的宗旨，要特别注重帮助困难群众解决生产和生活上的实际问题，以自己的模范行动，想方设法带领困难群众解困致富。同时，生产生活困难的党员也要顾全大局，积极进取，学习新本领，实现再就业，努力在新的岗位上建功立业。

第四，要具备团结一切可以团结的人的宽广胸怀，为构建社会主义和谐社会发挥积极作用。志存高远，心底无私，是共产党员保持先进性应有的精神境界。我们党之所以能够夺取革命、建设和改革的辉煌成就，一条重要的经验，就是十分珍惜党的团结统一，始终坚持调动一切积极因素，团结一切可以团结的人。

面对发展社会主义市场经济过程中，出现了新的社会阶层、形成了新的利益关系、人民内部矛盾呈现复杂多变的状况，共产党员要以宽广的胸怀，正确处理同志间、不同阶层群体之间的利益关系和认识差异。有不同认识、不同做法，只要不涉及原则问题，都应该相互谅解和理解，努力防止和克服各种破坏团结的现象。同时还要在全社会大力提倡勤劳致富、扶贫济困、团结互助的良好风尚，帮助困难群体，最广泛最充分地调动一切积极因素。只有这样，才能形成全体人民各尽其能、各得其所而又和谐相处的局面，构建社会主义和谐社会。

第五，加强道德修养和自律意识，做遵纪守法的模范。在当今多样、多元、多变的社会生活面前，共产党员作为社会的一员，必然面临着各种消极影响和权力、金钱、美色的诱惑。只有加强党性修养，增强慎独意识和自律精神，自重、自醒、自警、自励，模范地遵纪守法，把党纪国法内化为自己的自觉行为，才能抵御各种腐朽思想作风、生活作风的侵蚀，经受住严峻考验，永葆共产党员的先进性。对于党组织来说，要积极探索党员管理工作新机制和新方法，使广大党员得到有效的教育和监督，从而做到忠实地实践“三个代表”重要思想，始终保持先进性。

（载于《马克思主义理论研究和建设工程参考资料》124 期）

充分认识开展保持共产党员先进性教育活动的重大意义

路 建 平

根据党的十六大和十六届四中全会精神，中央决定，从今年1月开始，在全党开展以实践“三个代表”重要思想为主要内容的保持共产党员先进性教育活动。开展这一活动，对于坚持用“三个代表”重要思想武装全党，提高党的执政能力，发挥广大党员的先锋模范作用，实现全面建设小康社会宏伟目标，开创中国特色社会主义事业新局面，有着极为重大的意义。

一、开展保持共产党员先进性教育活动，是坚持用“三个代表”重要思想武装全党的一项重大举措

“三个代表”重要思想是对马克思列宁主义、毛泽东思想、邓小平理论的继承和发展，反映了当代世界和中国的发展变化对党和国家工作的新要求，是加强和改进党的建设、推进我国社会主义自我完善和发展的强大理论武器。党的十六大把“三个代表”重要思想同马克思列宁主义、毛泽东思想、邓小平理论一道确立为我们党必须长期坚持的指导思想，实现了党的指导思想的又一次与时俱进，这是一个历史性的决策和历史性的贡献。

胡锦涛同志明确指出，“在新的历史条件下，认真学习、身体力行

‘三个代表’重要思想，是共产党员站在时代前列、保持先进性的根本要求。所有共产党员都要立足本职、联系实际，坚定自觉地实践‘三个代表’重要思想，在自己的学习、工作和社会实践中全面体现‘三个代表’要求，把共产党人的先进性在社会主义物质文明建设和精神文明建设中充分发挥出来。”当前，在全党开展以实践“三个代表”重要思想为主要内容的保持共产党员先进性教育活动，就是要努力使全党的马克思主义理论水平得到新的提高，更好地用发展着的马克思主义指导新的实践；就是要努力使广大党员成为“三个代表”重要思想的坚定实践者，使党的基层组织成为学习贯彻“三个代表”重要思想的组织者和推动者，使党的各级领导集体成为学习贯彻“三个代表”重要思想的坚强领导集体，使我们党不断增强创造力、凝聚力和战斗力，始终充满生机与活力，永葆党的先进性。

通过理论创新、理论武装保持党的先进性，是我们党的优良传统。在新民主主义革命时期，我们党把马克思主义普遍原理同中国革命实践结合起来，形成并确立了毛泽东思想在全党的指导地位。经过延安整风教育，全党达到了空前的统一和团结，为夺取抗日战争和解放战争的最终胜利提供了牢固的思想基础和政治保证。新中国成立后，坚持用毛泽东思想武装全党、教育群众，推动了社会主义建设的伟大历史进程。十一届三中全会以后，我们党在实践中不断探索，形成并确立了邓小平理论在全党的指导地位，通过广泛深入地开展用邓小平理论武装全党、教育干部和人民的学习教育活动，在什么是社会主义、怎样建设社会主义等重大问题上取得了共识，使全党在新的基础上达到了空前的统一和团结，推进了建设中国特色社会主义的伟大进程。十三届四中全会以来，我们党继续在实践中探索，逐步形成并确立了“三个代表”重要思想在全党的指导地位。通过持久深入地开展贯彻“三个代表”重要思想新高潮等学习教育活动，继续在统一思想中解放思想，使全党进一步在什么是社会主义、怎样建设社会主义和建设什么样的党、怎样建设党等重大问题上取得了共识，大大增强了用发展着的马克思主义指导新的实践的自觉性和坚定性。实践证明，科学理论一旦为广大党员和干部群众所掌握，就会变成推动社会前进的巨大的精神力量和物质力量。

我们党是一个拥有6800多万党员的大党，我们党从事的事业是建设有中国特色社会主义的伟大事业。这样的大党，这样的事业，需要我们结合新的实践发展要求坚持不懈地用科学理论武装全党。在全党范围内开展保持共产党员先进性教育活动，必将推动全党马克思主义理论水平的大提高，推动中国特色社会主义事业的大发展。

二、开展保持共产党员先进性教育活动，是加强党的执政能力建设的一项重要基础性工程

经过八十多年的发展，我们党已经从领导人民为夺取全国政权而奋斗的党，成为领导人民掌握全国政权并长期执政的党；已经从受到外部封锁和实行计划经济条件下领导国家建设的党，成为对外开放和发展社会主义市场经济条件下领导国家建设的党。面对党的执政条件的这种历史性变化，加强和改进党的建设，不断提高党的执政能力，成为我们必须认真研究和努力回答的重大课题。

应当看到，提高党的执政能力，要改革和完善党的领导体制和工作机制，改革和完善党的领导方式和执政方式，做到科学执政、民主执政、依法执政，还必须加强党员队伍建设和基层党组织建设。党的领导水平和执政水平的提高，要靠以提高党员队伍素质和加强基层党组织建设为基础；党要团结带领人民群众实现奋斗目标，要靠党员队伍和基层党组织作骨干；党要密切同人民群众的血肉联系，要靠党员队伍和基层党组织来实现。建设高素质的党员队伍和强有力的基层党组织，保证党的路线方针政策在全社会各条战线的贯彻落实，这是党的执政能力的重要体现，是党的先进性的重要体现。

在改革开放和现代化建设中，基层党组织发挥战斗堡垒作用，广大党员发挥先锋模范作用，从整体上体现了党的先进性。同时也要看到，在新世纪新阶段，国际国内形势继续发生深刻变化，对我们党保持先进性提出了新的更高的要求。当前，和平与发展依然是时代主题，但国际局势错综复杂，综合国力竞争日益激烈，不稳定、不确定、不安全的因素明显增

加，西方敌对势力千方百计对我实施西化、分化的政治图谋。随着改革开放的深入和社会主义市场经济的发展，特别是经济基础、体制环境和社会条件的深刻变化，社会经济成分、组织形式、就业方式、利益关系和分配方式日益多样化，人们思想的独立性、选择性、多变性和差异性明显增强。党员队伍中也存在与形势的发展变化和保持先进性的要求不相适应的问题。有的党员理想信念不坚定，党员意识和执政意识淡薄；有的党员宗旨观念淡薄，考虑个人利益多，履行党员义务少；有的党员纪律观念淡薄，不讲党性讲交情，不讲原则讲关系。有的基层党组织凝聚力、战斗力不强，软弱涣散，不能发挥战斗堡垒作用；一些新的经济社会领域中党的力量和工作薄弱。这些情况和问题虽然是少数，但严重影响党的先进性，影响党同人民群众的血肉联系，损害党的形象和威信，损害党和人民的事业。基础不牢，地动山摇。如果不能结合新的形势变化和发展要求及时应对和解决这些问题，任其发展下去，就会使我们党失去民心，丧失执政资格，甚至会亡党亡国。

在全党开展保持共产党员先进性教育活动，不断提高党的执政能力，就是要切实推动各地各部门努力解决影响本地区本部门本单位改革发展稳定、涉及群众切身利益的实际问题，切实解决党员和党组织在思想、组织、作风以及工作方面存在的突出问题。通过保持共产党员先进性教育活动，使广大党员和基层党组织努力在工作中创新观念、创新手段、创新方法，真正加深对各项工作的规律性认识，真正提出一些符合实际的工作思路，真正拿出一些解决问题的办法。通过保持共产党员先进性教育活动，不断增强党员队伍和党组织的创造力、凝聚力和战斗力，建立和完善保持共产党员先进性常抓不懈的工作机制，打牢新世纪新阶段党的建设的基础工程，不断巩固党的阶级基础和扩大党的群众基础，只有这样，才能确保党始终走在时代前列，更好地肩负起历史使命。

三、开展保持共产党员先进性教育活动，是通过建设学习型政党带动建设学习型社会的一个重要步骤

当今时代是一个新事物、新知识层出不穷的时代，是一个要求人们终身学习的时代。一个不善于学习的政党难以担负起领导民族振兴的历史重任，一个不善于学习的民族难以屹立于世界民族之林。党的十六大报告明确提出，要形成全民学习、终身学习的学习型社会。党的十六届四中全会《决定》进一步提出，要努力建设学习型政党。不努力用科学理论武装全党，就难以代表中国先进生产力的发展要求，难以代表中国先进文化的前进方向，难以代表中国最广大人民的根本利益。

应当看到，近年来党内的学习空气虽然有了明显增强，但仍然有一些党员学习热情不高，自觉性不强；有的党员学习不深入，满足于一知半解；有的党员学习理论不能联系思想和工作实际，自觉改造主观世界不够，切实解决实际问题不够。这些情况说明，加强学习在党员队伍中仍然是迫切需要解决的重要问题。开展保持共产党员先进性教育活动，就是要引导广大党员把学习作为实践“三个代表”重要思想，增强本领，做好工作的重要手段，作为增强党性，加强修养，陶冶情操的重要途径，进而把学习作为一种政治责任，一种精神追求，一种思想境界来认识、来践行。按照建设学习型政党的要求，逐步在全党形成良好的学习风气，提高我们的理论思维和战略思维水平，才能更好地把“三个代表”重要思想转化到各项政策中去，使具体政策更加符合新形势下的客观实际；才能使“三个代表”重要思想为广大党员和干部所掌握，从而成为认识世界、改造世界的强大物质力量。

在全党倡导学习，加强教育，可以带动全社会形成良好的学习氛围。要通过开展保持共产党员先进性教育活动，促进共产党员以身作则，努力把勤奋好学的风气推广到全社会。每个党员都坚持这样做，高级干部带头做，全社会的学习风气就会大大增强，文明程度就会大大提高，就能够逐步形成全民学习、终身学习的学习型社会。

四、开展保持共产党员先进性教育活动，是完成全面建设小康社会奋斗目标的一项重要保证

在新世纪新阶段，全面建设惠及十几亿人口的更高水平的小康社会，既是我们党立足我国国情，根据亿万人民的共同意愿提出的宏伟目标，也是我们党必须勇敢担负起来的艰巨历史任务。这一历史任务，体现了人民的根本利益，反映了时代的发展要求。完成这一历史任务，机遇与挑战并存、希望与困难同在。能否完成这一重大历史任务，是对我们党的凝聚力战斗力的重大考验，是对我们党执政能力的重大考验，是对我们党始终保持先进性的重大考验。

实现这一历史任务要求我们通过开展先进性教育活动，引导广大党员统一思想，凝聚力量，紧密地团结在以胡锦涛同志为总书记的党中央周围，团结和带领全国各族人民群众为实现全面建设小康社会而奋斗。具体说，要做到全面落实科学发展观，用科学发展观统领经济社会发展全局，不断开创社会主义现代化建设的新局面，广大党员就要牢固树立发展是我们党执政兴国第一要务的观念，提高素质、增强本领，始终脚踏实地地为实现党在现阶段的基本纲领而奋斗；要做到发展要有新思路，改革要有新突破，开放要有新局面，各项工作要有新举措，大力弘扬求真务实精神，广大党员就要解放思想，实事求是，始终保持与时俱进的良好精神状态，心系大局，立足岗位，创造性地开展工作；要做到立党为公、执政为民，情为民所系、权为民所用、利为民所谋，广大党员就要把人民群众是否赞成、是否满意作为工作的重要依据，紧紧抓住和努力解决人民群众最关心的问题，使我们的各项工作真正体现人民群众的愿望、符合人民群众的利益；要做到在日趋激烈的国际竞争中掌握主动权，经受住各种严峻挑战，战胜前进道路上的困难和风险，广大党员就要居安思危、政治坚定，始终与党中央保持高度一致，紧紧抓住本世纪头 20 年这一重要战略机遇期，艰苦奋斗、开拓进取。只有开展好保持共产党员先进性教育活动，把广大党员的积极性主动性创造性更加充分地调动起来，把各级党组织的作用更

好地发挥出来，才能为实现全面建设小康社会的宏伟目标提供更加有力的政治保证和组织保证。

总之，充分认识开展这一活动的重大意义，对于我们每一位党员自觉地把思想统一到中央的重大决策上来，自觉地贯彻“三个代表”重要思想的根本要求，自觉地参加先进性教育活动，按照共产党员的先进性要求提高自己，将是十分有益的。

（载于《马克思主义理论研究和建设工程参考资料》126期）

党的先进性与
共产党员先进性的内在关联

上海市邓小平理论和
“三个代表”重要思想研究中心

党的先进性和共产党员先进性是有机联系在一起的。中国共产党是中国工人阶级的先锋队，同时是中国人民和中华民族的先锋队，共产党员是具有共产主义觉悟的先锋战士。党的先进性是共产党员先进性的前提条件，共产党员先进性是党的先进性的坚实基础。党的先进性和共产党员的先进性互为前提和条件。保持共产党员的先进性对于党保持先进性具有极其重要的意义。

正确认识党的先进性与
党员先进性的科学内涵

要弄清党的先进性与共产党员先进性的内在关联，首先要正确认识党的先进性与共产党员先进性的科学内涵。

党的先进性主要体现在党的指导思想、党的纲领、党员标准、党的组织制度、党的纪律等方面，体现在党的各项主张始终代表中国先进生产力的发展要求，始终代表中国先进文化的前进方向，始终代表中国最广大人民的根本利益。实践证明，中国共产党正是把最广大人民的根本利益作为制定路线、纲领和方针政策的出发点与落脚点，始终做到“三个代表”，体现时代发展的要求，才在各个历史时期成为中国工人阶级、中国人民和中华民族的先锋队。而苏联、东欧国家的共产党丧失执政地位，根本原因在于丢掉了马克思主义，其纲领和路线不能反映广大人民的根本利益，丧失民心。这表明，党的先进性，归根结底看它在推动历史前进中的实际作为，看党的纲领和路线代表什么样的方向，反映什么人的利益。党的先进性涉及到党的指导思想及其理论基础、党的组织、党的制度和共产党员。只有这些方面都解决好了，党的先进性才能长期保持。

共产党员的先进性主要体现在每一个党员按照党的先进性要求，发挥先锋模范作用的素质、能力和实际行动上。由于不同历史阶段党的纲领和路线随着时代发展和任务变化而调整，因此，党员的先进性带有鲜明的时代特征。革命时期，共产党员的先进性集中体现在为中华民族的独立和中国人民的解放事业英勇斗争上。改革开放时期，共产党员的先进性集中体现在努力实践中国特色社会主义理论，身体力行党在社会主义初级阶段的路线和纲领，为推进社会主义现代化建设发挥先锋模范作用上。正如江泽民同志指出的："在新的历史条件下，共产党员保持先进性，要体现时代的要求，做到：胸怀共产主义远大理想，带头执行党和国家现阶段的各项政策，勇于开拓，积极进取，不怕困难，不怕挫折；诚心诚意为人民谋利益，吃苦在前，享受在后，克己奉公，多作贡献；刻苦学习马克思主义理论，增强辨别是非的能力，掌握做好本职工作的知识和本领，努力创造一流的成绩；在危急的时刻挺身而出，维护国家和人民的利益，坚决同危害人民、危害社会、危害国家的行为作斗争。"这是从思想和行为两个方面对新时期共产党员先进性内涵作出的科学概括。

通过对共产党先进性和共产党员先进性内涵的分析，可以认为，第一，党的先进性不完全等同于党员的先进性。构成党的先进性的要素要比构成党员先进性的要素复杂。党的理论、路线、纲领，党的组织结构，党的制度和党员都是构成党的先进性的要素。而党员的先进性则主要由党员个人的思想和行为构成。第二，党的先进性必然要求党员具有先进性，从这个意义上说，两者是统一的。但是，两者又不是自然而然地统一。只有当党员的思想和行为符合党的先进性要求，两者才是统一的。第三，党的先进性必须通过党员的先进性才能被广大人民群众所认同。人民群众看一个党是否先进，不只是看理论、纲领和路线，更重要的是看共产党员的行动，看这些行动给他们带来什么结果。从这个意义上讲，党员先进性是党的先进性的重要载体。保持共产党员先进性，是实现党的先进性的必由路径。党员先进性离不开党的先进性，党的先进性也离不开党员先进性。正因为党的先进性不完全等同于党员的先进性，党的先进性与党员的先进性唇齿相依，因此，我们不仅要从党的指导思想及其理论基础、党的组织、党的制度上保证党的先进性，而且要从共产党员先进性上保持党的先进性。

党员先进性对保持党的先进性的作用

十一届三中全会以来，我们党开创了中国特色社会主义道路，在世界社会主义发生严重曲折、国内外风云变幻的局面中，砥柱中流，岿然不动，展现出蓬勃的生机和活力，始终保持自身的先进性。当党有了邓小平理论和“三个代表”重要思想，有了符合社会主义初级阶段国情和时代发展要求的基本路线和基本纲领，当党的正确的思想路线、政治路线、组织路线确立之后，共产党员先进性对于保持党的先进性就是决定的因素。

第一，党的正确的理论、路线、纲领，只有靠广大党员发挥先锋模范作用，团结带领人民群众贯彻落实，才能体现出先进作用。党制定的正确的路线、方针、政策，是为了最广大人民群众的根本利益，是要推动社会历史向前发展。而实现最广大人民群众的根本利益，推动社会历史向前发展，光有正确的路线、方针、政策还不行，还需要广大共产党员通过自己的模范带头作用，把正确的理论、路线、纲领转化为广大人民群众的自觉行动，落实到建设中国特色社会主义的伟大实践中去。离开了广大党员的先锋模范作用，党的理论、路线、纲领无论怎样正确，也不可能转化为人民群众的实践活动，当然，也就不可能体现党的先进性。

第二，党的全心全意为人民服务的宗旨，“立党为公、执政为民”的理念，只有靠广大党员的行动来体现，才能为广大人民群众所认识。人民群众通常是根据他们身边的党组织和党员的言行来了解和评价我们党的。党员和党员领导干部坚持“立党为公、执政为民”，带头执行党的路线、方针和政策，严格遵守党的纪律和国家的法律，吃苦在先，享受在后，做到为民、务实、清廉，群众就会真心实意地拥护我们党。如果党员特别是党员领导干部不能与群众同呼吸、共命运，不能做到权为民所用、情为民所系、利为民所谋，那么，群众怎么会相信我们党是以全心全意为人民服务为宗旨，是“立党为公、执政为民”的呢？只有依靠党员的觉悟，依靠党员对党和人民事业的忠诚和奉献精神，依靠党员在一切工作和社会生活中发挥先锋模范作用，党的全心全意为人民服务的宗旨，“立党为公、执政为民”的理念才能实实在在地为广大人民群众所体会。

第三，党员先进性是巩固党的执政地位的关键和基础。我们党是一个拥有六千八百万党员的长期执政的党。但是，党的执政地位不是与生俱来的，也不是一劳永逸的。要长期执掌好政权，关键在于党员特别是党员领导干部保持先进性。广大党员、特别是党员领导干部真正掌握了“三个代表”重要思想，具有坚定的理想信念，始终保持先进性，那么，广大人民群众就会拥护和信赖我们党，党的执政地位就会不断巩固。反之，如果党员不能起到模范带头作用，党员领导干部不是把人民赋予的权力用来为国家和人民谋利益，而是为个人或小集团谋私利，那么，人民群众就不会拥护我们党，这也就会影响甚至动摇我们党的执政地位。正如江泽民同志所说的：“全党同志始终保持共产党人的蓬勃朝气、昂扬锐气、浩然正气，永远与人民群众心连心，我们党的执政基础就坚如磐石。”

第四，党员先进性关系到党的执政任务和执政使命的完成。党的各项任务只有靠广大党员带领群众去奋斗，才能实现。党领导的事业要取得胜利，不但必须有正确的理论、路线和纲领，还必须有能够坚决贯彻执行党的理论、路线和纲领的党员，特别是高素质的党员干部队伍来领导人民群众奋斗。如果没有广大党员领导干部把“三个代表”重要思想宣传到群众中去，组织、带领群众落实正确的路线和政策，如果党员、党员领导干部不能在群众中发挥先锋模范作用，党就会失去联系群众的桥梁和纽带，党的任务就会落空。因此，党要领导人民群众实现全面建设小康社会的目标，就必须依靠党员先进性作用的发挥。

总之，党的先进性需要共产党员通过自己的先进思想和先进行为来保持。在党的路线、纲领正确的前提下，共产党员先进性对于保持党的先进性具有决定性作用。

保持党员先进性教育是保持党的先进性的重要举措

既然新时期党员的先进性对于保持党的先进性具有特殊重要的意义，所以，党中央决定在全党开展保持共产党员先进性教育活动，是保持我们党的先进性的重要举措。

首先，党员队伍的现状决定了开展保持共产党员先进性教育的必要性。进入新时期，党员队伍不断壮大，广大党员发扬党的优良传统，并在新的实践中形成了新的精神风貌，在改革开放和现代化建设中发挥了先锋模范作用。但也要看到，由于社会环境和条件的变化，党员队伍也出现了一些新情况新问题。开展保持共产党员先进性教育活动正是针对这些问题进行的。

第二，经受执政和发展社会主义市场经济的考验，要求开展保持党员先进性教育活动。党处在执政地位不仅为广大党员干部提供了为人民谋利益的条件，同时也增加了脱离群众的危险。如何趋利避害？根本途径就是真正用“三个代表”重要思想武装全体共产党员的头脑，坚定理想信念，增强党的观念，提高自身素质。只有这样，才能经受住历史性考验，保持先进性。这就必须开展保持党员先进性教育活动。

第三，新形势、新任务要求开展保持共产党员先进性教育活动。形势与任务的变化，环境与条件的转换，要求党根据实践的需要全面提升自己党员的素质。党的十六届四中全会提出，要使党的基层组织真正成为贯彻“三个代表”重要思想的组织者、推动者、实践者，促进广大党员发挥先锋模范作用，这是新时期党员队伍建设的根本要求。新形势、新任务要求广大党员和基层组织与时俱进推进工作方式、工作内容的改革创新，提高工作水平和质量，提高素质和能力；要求党的基层组织、广大党员与群众心连心、同呼吸、共命运，把广大群众团结在党的周围。开展党员先进性教育，就必须用创新精神来探索保持党员先进性的新途径，建立一套适应新形势、新任务的保持共产党员先进性的制度和机制。

总之，开展保持共产党员先进性教育活动是当前党的建设刻不容缓的任务，必须按照党中央的部署，进行深入细致的工作，把党员先进性教育活动的各项要求落到实处，解决好党员在思想、作风以及工作能力方面存在的突出问题，使广大党员保持先进性。

（载于《马克思主义理论研究和建设工程参考资料》130期）

加快建设创新型国家

广东省邓小平理论和
“三个代表”重要思想研究中心

党的十六届五中全会指出：“要深入实施科教兴国战略和人才强国战略，把增强自主创新能力作为科学技术发展的战略基点和调整产业结构、转变增长方式的中心环节，大力提高原始创新能力、集成创新能力和引进消化吸收再创新能力。”贯彻落实十六届五中全会精神，把我国经济社会发展切实转入全面协调可持续发展的轨道，必须把增强自主创新能力作为国家战略，致力于建设创新型国家。

面向世界、把握未来的重大战略

当今世界，科学技术已成为推动经济社会发展的主导力量，国家的竞争力越来越体现在以自主创新能力为核心的科技实力上。一个国家能否在激烈的国际竞争中站稳脚跟，立于不败之地，越来越取决于其科技进步的速度与自主创新的能力。如果自主创新能力不强，缺乏具有自主知识产权的核心技术和关键技术，就会在国际竞争中处于不利境地。我国要参与全球经济的合作与竞争，就必须顺应时代发展潮流，从战略高度推动科技进步与创新，加快建设创新型国家。

本世纪头 20 年是我国经济社会发展的重要战略机遇期。在这一关键时期，要实现党的十六大提出的全面建设小康社会的宏伟目标，就必须保持较快的经济增长速度；而要保持较快的经济增长速度，就必须大幅度提高科技进步对经济增长的贡献率。如果我国科技进步的贡献率不能大幅度提升，经济社会发展就难以实现新的跨越。因此，抓住重要战略机遇期，全面建设小康社会，一个十分重要的方面就是要更加自觉、更加广泛地推动和依靠科技进步与创新，努力实现我国生产力发展质的飞跃，促进我国经济社会又快又好地发展。

当前，我国经济社会发展的形势很好，但也面临一些突出的矛盾和问题，如生产力还不够发达，城乡区域发展不平衡，粗放型经济增长方式没有得到根本转变，经济结构不合理，自主创新能力不强，经济社会发展与资源环境的矛盾日益突出等。解决这些矛盾和问题，必须转变发展观念、创新发展模式、提高发展质量，关键是要依靠科技创新。应通过科技创新，促进产业结构优化升级，提高经济增长的质量和效益，实现经济增长方式由粗放型向集约型转变；提高能源资源利用效率，实现从资源消耗型经济向资源节约型经济转变；保护生态环境，治理环境污染，实现由以生态环境为代价的增长向人与自然和谐相处的增长转变，促进经济社会全面协调可持续发展。

多年来，由于我国自主创新能力不强，许多重要领域的核心技术和关键技术大量依靠进口，在国际竞争中面临日益苛刻的技术壁垒，并带来日益严峻的经济安全、文化安全和军事安全问题。一些西方发达国家从其自身的经济利益和国家战略出发，对转让技术持谨慎态度，尤其对那些关系国家安全或具有巨大市场价值的核心技术，更是实行重重限制乃至封锁。同时，作为一个发展中的社会主义大国，我国的特定国情决定了我们不可能选择资源型和依附型的发展模式，而必须走创新型国家的发展道路。面对错综复杂的国际环境，我们只有努力掌握更多的核心技术和关键技术，具备强大的自主创新能力，才能从根本上保障国家安全。

建设创新型国家提出的新要求

建设创新型国家，对党和国家的工作以及经济社会发展提出了一系列新的要求。

党在思想理论上有新发展。建设创新型国家，必须始终坚持和依靠党的领导，不断加强和改善党的领导。党在思想理论上的发展，是党和国家事业不断发展的思想保证。通过理论创新推动制度创新、科技创新、文化创新以及其他各方面的创新，是我们必须长期坚持的治党治国之道。科学发展观是我们党在深刻总结我国发展实践的经验教训、吸收人类文明进步新成果的基础上提出来的，是对社会主义现代化建设指导思想的重大发展，是指导发展的世界观和方法论的集中体现。建设创新型国家，必须深化对科学发展观的认识，用科学发展观统领经济社会发展全局。自主创新能力有新提高。提高自主创新能力，是保持经济长期平稳较快发展和调整经济结构、转变经济增长方式的重要支撑，是建设资源节约型、环境友好型社会的重要支撑，也是提高我国经济的国际竞争力和抗风险能力的重要支撑。建设创新型国家，必须坚定不移地把科技进步和自主创新作为经济社会发展的首要推动力量，把提高自主创新能力作为调整经济结构、转变增长方式、提高国家竞争力的中心环节。

经济增长方式有新转变。能否转变经济增长方式，提高经济增长质量，直接关系我国经济社会的发展。如果仍按粗放型的增长模式发展，资源、环境将不堪重负，经济增长将难以为继。要从根本上改变这种状况，就必须按照科学发展观的要求，切实转变经济增长方式，提高经济增长的质量和效益，努力实现经济社会又快又好的发展。只有把经济增长建立在提高人口素质、高效利用资源、减少环境污染、注重质量效益的基础上，我国经济实力才能不断壮大，我国经济竞争力才能不断增强。

体制机制创新有新突破。我国社会主义市场经济体制已经初步建立，有力地促进了经济社会的发展。但是，完善这一体制的任务仍相当艰巨。我国正处于改革的攻坚阶段，必须坚持社会主义市场经济的改革方向，不断开拓创新，完善体制机制，努力消除制约生产力发展的体制性障碍，让一切劳动、知识、技术、管理和资本的活力竞相迸发，让一切创造社会财富的源泉充分涌流，为建设创新型国家提供体制保障。

国民素质有新提高。国民素质的普遍提高，是提高自主创新能力、实现科技创新的先决条件，对建设创新型国家具有基础性、长远性意义。建设创新型国家，应不断提高人们的思想道德素质和科学文化素质，尤其应重视培养和树立科学的精神、科学的思想和科学的方法。

积极探索建设创新型国家的途径

建设创新型国家是一个复杂的系统工程。应立足现实、着眼未来，从多方面采取切实有效的措施加以推进。

强化全民族的创新意识。建设创新型国家，必须使创新意识深深植根于全党尤其是各级领导干部的思想中，深深植根于全体人民的内心里。应积极推动实践基础上的理论创新，尊重群众的首创精神，引导人们进一步解放思想，自觉地把思想认识从那些不合时宜的观念、做法和体制的束缚中解放出来，从对马克思主义的错误的和教条式的理解中解放出来，从主观主义和形而上学的桎梏中解放出来，冲破一切妨碍发展的思想观念，改变一切妨碍发展的做法和规定，革除一切妨碍发展的体制弊端；大力弘扬以改革创新为核心的时代精神，激发亿万人民的创新热情和创造智慧，进一步增强中华民族的创造力，真正使创新成为实现中华民族伟大复兴的不竭动力；全面贯彻尊重劳动、尊重知识、尊重人才、尊重创造的方针，坚决破除各种障碍，使一切有利于社会进步的创造愿望得到尊重、创造活动得到支持、创造才能得到发挥、创造成果得到肯定，不断增强全社会的创造活力。

加快建设国家创新体系。国家创新体系对国民经济发展起着重要的支撑作用，能够有效地提升创新能力和创新效率。应充分发挥政府的主导作用，充分发挥市场在科技资源配置中的基础性作用，充分发挥企业在技术创新中的主体作用，充分发挥国家科研机构的骨干和引领作用，充分发挥大学的基础和生力军作用，加强国家科研机构、大学、企业等单位之间的合作，进一步形成科技创新的整体合力，加快建设符合社会主义市场经济发展要求和科技创新规律的中国特色国家创新体系。

大力推动科技自主创新。科技创新能力是一个国家科技事业发展的决定性因素，是国家竞争力的核心。应坚持自主创新、重点跨越、支撑发展、引领未来的方针，把增强自主创新能力作为科学技术发展的战略基点和调整产业结构、转变增长方式的中心环节，大力提高原始创新能力、集成创新能力和引进消化吸收再创新能力；着力解决当前和未来我国经济社会发展的重大科技问题，坚持有所为有所不为，集中力量在一些重点领域、关键环节取得突破；针对经济社会发展中的技术瓶颈，在能源、资源、环境、农业和信息等关键领域取得重要进展；在信息、生命、空间、海洋、纳米及新材料等战略领域超前部署，加强研究，增强科技和经济持续发展的后劲。

加快教育发展和人才培养。人力资源是第一资源。培养造就亿万高素质的劳动者和庞大的人才队伍，是建设创新型国家的根本所在。应大力实施科教兴国战略，坚持教育优先发展，积极发展各级各类教育，提高全民族的科学文化素质，努力造就数以亿计的高素质劳动者，把现代化建设真正转移到依靠科技进步和提高劳动者素质的轨道上来，把人民群众中蕴藏的巨大能量充分释放出来；大力实施人才强国战略，树立和坚持科学的人才观，充分开发国内国际两种人才资源，紧紧抓住培养、吸引、用好人才三个重要环节，大力加强以党政人才、企业经营管理人才和专业技术人才为主体的人才队伍建设，营造人才辈出、人尽其才的社会氛围，使各类优秀人才特别是高层次人才大量涌现、健康成长、合理流动并充分发挥作用，进一步把我们党建设成为优秀人才高度密集的执政党，把我们国家建设成为人才资源强国，为建设创新型国家提供强有力的人才支撑。

（载于《马克思主义理论研究和建设工程参考资料》221期）

用发展着的马克思主义
指导哲学社会科学教材建设

张文显

一

在繁荣和发展哲学社会科学的过程中，必须高度重视教材建设，哲学社会科学教材建设必须坚持用发展着的当代中国的马克思主义即邓小平理论和“三个代表”重要思想为指导。

首先，这是由中国高等教育的性质和任务决定的。培养德、智、体、美等方面全面发展的社会主义事业的建设者和接班人，是高等学校的根本任务。帮助大学生了解社会主义的基本问题，懂得社会主义的基本理论，使他们树立社会主义的远大理想，是高校的重要职责。这就要求哲学社会科学各个学科的基本教材，必须充分反映马克思主义基本原理，充分体现中国特色社会主义理论。

其次，这是由哲学社会科学的性质和任务决定的。我国的哲学社会科学是社会主义意识形态的重要组成部分，承载着为“三个文明”建设提供理论支撑和智力服务的历史任务。高校哲学社会科学教材在培养高素质人才方面起着基础性、主导性作用。有鉴于此，哲学社会科学教材特别是其中的基础课和主干课教材必须以邓小平理论和“三个代表”重要思想为指导，以确保教材和教材体系具有正确的政治方向、理论导向和鲜明的时代精神。

再次，这是由我国哲学社会科学的研究对象和研究重心决定的。我国的哲学社会科学是以中国的经济、政治、法律、文化、社会为研究重心，以回答和解决当代中国“三个文明”建设中的重大现实问题、战略问题为己任的。高校的哲学社会科学课程是以引导学生树立中国特色社会主义共同理想和正确的世界观、人生观和价值观，以培养学生解决当代社会问题的能力为目的的。因此，我国高校哲学社会科学教材必须以中国化的发展着的马克思主义为指导。

二

根据高校哲学社会科学教材的现状分析，我们感到，存在以下一些亟须改进的问题。

（1）教材中的一些内容和观点滞后于时代的发展。我国的哲学社会科学近年来取得了许多研究成果。然而，我国高校教材体现这些成果的机制和水平不尽如人意。一些教材理论与现实结合得不够，落后于时代的发展。教材编写周期长，更新速度慢，而此间社会经济生活、政治生活、党和国家的基本理论和重大决策、国际国内形势发生了很大变化。因此，我们必须高度重视哲学社会科学教材的更新和创新，把知识创新和理论创新的成果用教材作为载体加以整合和凝练，再用教材进一步推进知识创新和理论创新，提高人才培养的质量。

（2）某些教材存在盲目照搬、移植西方概念体系和理论模式、淡化主流意识形态的倾向。由于历史的原因，我国哲学社会科学在学科体系方面与西方发达国家存在一定差距，特别是在新兴学科领域的差距更为明显。因而，为了建设新兴学科、完善学科体系，我们需要借鉴西方的经验，吸收西方哲学社会科学的某些概念和理论框架。然而，在这个过程中，也出现了食洋不化的现象。表现在教材上，就是不加甄别地移植西方的概念体系、理论体系，赶时髦，使马克思主义的话语系统受到削弱。其直接后果，一是理论上的重大是非界限被模糊了，二是社会主义意识形态被淡化。以邓小平理论和“三个代表”重要思想指导哲学社会科学教材建设，要求我们自觉地划清哲学社会科学领域事关政治方向、重大原则等大是大非的界限，在借鉴西方教材的时候要保持清醒的头脑，对于那些涉及基本理论和指导思想的概念和范畴要进行马克思主义的阐释和加工，对容易在青年学生中引起模糊认识和思想混乱的西方理论要用马克思主义加以分析和批判，对那些敌视、歪曲马克思主义和社会主义的论调必须旗帜鲜明地予以批驳和破除。

(3) 忽略或忽视实践中的马克思主义，拘泥于本本。在实践中提出、应用、丰富和发展，是马克思主义的理论品质，更是中国化马克思主义的显著特征。然而，在以往教材编写过程中，很多是直接引用马克思主义的文本，而忽略研究实践中的马克思主义，忽略研究新时期新阶段党的基本理论、基本路线、基本纲领、基本经验，忽略党中央带领人民群众开创中国特色社会主义事业的新实践和新经验，忽略概括和吸纳理论工作者有关党和人民实践经验的研究成果。针对这种情况，要强调把文本与实践结合起来，着眼于在实践中运用和发展的马克思主义，着眼于对党和人民正在做的事情和实际问题的理论思考，这样，我们的教材才能够既有严整的理论体系和凝重的历史感，又有鲜明的时代特色和鲜活的现实感。

三

要做到用发展着的马克思主义指导哲学社会科学教材建设，以下几个方面是极为关键的。

(1) 对于公共理论课教材来说，要全面开发马克思主义的理论资源，充分体现马克思主义各个发展阶段的理论逻辑，并以马克思主义的最新理论形态即邓小平理论和“三个代表”重要思想去包容以前阶段的理论成果，展示马克思主义理论的与时俱进和一脉相承；要用科学的态度对待马克思主义，分清哪些是必须长期坚持的马克思主义基本原理，哪些是需要结合新的实践加以丰富发展的理论判断，哪些是必须破除的对马克思主义的教条式的理解，哪些是必须澄清的附加在马克思主义之上的错误观点，逐步形成能够表达马克思主义本质精神和时代特点的马克思主义基本原理教材。

(2) 对于哲学社会科学各个学科专业的教材来说，首先是用马克思主义认识论和方法论观察、认识本领域的研究对象，为这些领域的知识体系建构提供有力的学理支撑。其次是把邓小平理论和“三个代表”重要思想的理论核心即中国特色社会主义理论作为理论创新的平台，来指导和规范各学科的理论研究和理论创新。再次是将邓小平理论和“三个代表”重要思想中涉及各个学科的基本理论观点作为各门教材的直接理论资源。邓小平理论和“三个代表”重要思想中的经济思想、政治思想、民主和法制理论、社会发展理论、文化与意识形态理论等，极大地丰富和发展了马克思主义，构成了哲学社会科学教材的直接理论资源。当然，用邓小平理论和“三个代表”重要思想作指导，绝不是简单地、机械地套用邓小平理论和“三个代表”重要思想的话语，也不是以之代替各个学科专业领域的知识体系，而是要求作者们遵循教材的规律和规范，科学把握教材与教学的关系，体现先进的教育思想和教学理念，通过严谨的逻辑论证、充分的事实证明以及各种观点的比较和判断，创造性地把邓小平理论和“三个代表”重要思想渗透进教材之中，使指导思想与知识体系融为一体。

（3）编写教材必须坚持以人为本。首先要从学生出发，从学生的根本利益和需要出发。学生是教材这种教育产品的消费者，他们有权利获得包括教材在内的优质教育产品。供学生使用的教材必须是高质量的，即具有鲜明的理论观点、丰富的思想含量、较高的学术品位，贴近学生，贴近时代，贴近社会，贴近生活，贴近教学，对学生具有说服力、吸引力和亲和力，并能够激发他们的学习动力和兴趣。其次，要把政治坚定、有较高学术造诣、丰富教学经验、热心人才培养、代表先进教育思想和教学观念并具有教材编写经验的教师吸引、凝聚到教材编写队伍中，并特别重视吸引和支持优秀学科带头人和中青年学术骨干从事教材编写。要组建哲学社会科学教材建设的“国家队”。实践证明，编写出一本内容先进、技术规范、形式实用的教材不是一件容易的事情，而要编写出一本充分反映当代中国的马克思主义、体现教学内容和课程体系改革成果、适应培养富有创新精神和实践能力的高素质人才需要的教材则更难。目前校校编教材、人人编教材、教材粗制滥造、低水平重复、优秀教材的知识产权频受侵犯、劣质教材和盗版教材充斥高校的局面相当严重，到了必须治理的程度。

（4）以发展着的马克思主义指导哲学社会科学教材编写，要求教材编写人员真正把邓小平理论和“三个代表”重要思想作为丰富的、持续创新的理论资源，要先于其他教师和学生系统、认真、深入地学习和研究邓小平理论和“三个代表”重要思想，要把教材编写的过程作为学习、研究和贯彻邓小平理论和“三个代表”重要思想的过程。我们要以建设中国特色社会主义的政治勇气和破除教条主义、本本主义的理论勇气，研究新情况，解决新问题，总结新经验，形成新观点，发展新理论，并将之充实到教材之中；要精心学习、深刻领会中央关于马克思主义基本理论以及涉及各学科领域的重要论述，并把它们创造性地运用于各学科的教材之中，保持并不断提高教材的先进性，开创哲学社会科学的新局面。

（载于《马克思主义理论研究和建设工程参考资料》117期）

当前我国马克思主义哲学研究的三个误区

汪信砚

误区之一：教科书批判情结

回顾近20多年来我国马克思主义哲学研究的历程，应该说，近年来我国马克思主义哲学研究中的创新意识，最初源于对我国马克思主义哲学教科书体系的反思。正是这种反思，使我们逐渐认识到以往通行的、源自苏联斯大林时代的教科书体系的严重问题，并开始了对马克思主义哲学体系和对马克思主义哲学中各种问题的新探索。然而，20多年后的今天，一些人仍然热衷于教科书批判，似乎以往的和现行的所有马克思主义哲学教科书都一无是处。这一现象，我称之为“教科书批判情结”。我认为这种情结是很成问题的。

首先，教科书批判情结的态度是非历史的。我国以往各个时期编写的马克思主义哲学教科书，代表着不同时期人们对马克思主义哲学的理解水平，并曾培育过一代又一代的中国马克思主义者。即使是那些热衷于批判马克思主义哲学教科书的人，一般也都是通过这些教科书而学习、了解或掌握马克思主义哲学的。今天，我们对马克思主义哲学的理解已达到了更高的水平，因而回过头看，发现以往的教科书存在着这样那样的问题，诸如体系僵化、内容教条化、不注重说理、对马克思主义哲学的理解有诸多不准确乃至不正确之处，等等。这本来是正常现象。然而，一些有教科书批判情结的人不对以往的教科书作具体的、历史的分析，无视它们的历史地位和历史作用，而是由于这些问题而对以往的教科书全盘否定、大加讨伐，这至少是粗暴地割裂了中国马克思主义哲学发展的历史。

其次，教科书批判情结给我国马克思主义哲学教学带来了一些坏的影响。教科书批判中使用了一些概念，如“以教科书为代表的马克思主义哲学”、“教科书式的马克思主义哲学”、“教科书体系的马克思主义哲学”等，产生了一些负面效应，致使我国的马克思主义哲学教学在长达20年的时间里一直处于一种十分尴尬的境地：一方面，一些人在用各种激烈尖刻的言辞否定各种教科书；另一方面，我们又只能用这样的教科书去从事马克思主义哲学教学。在这样一种情况下，我国马克思主义哲学教学的总体效果是可想而知的。

再次，教科书批判情结不利于我国马克思主义哲学的创新。学术界早就有人指出，我国的马克思主义哲学研究早已远远地超越了以教科书为代表的“讲坛哲学”，而我国马克思主义哲学教科书的问题也正在于没有很好地反映“论坛哲学”的成果。然而，直到今天，一些人仍然还在通过奚落教科书来彰显马克思主义哲学研究上的创新，这实际上是自觉不自觉地将是否超越了“教科书体系的马克思主义哲学”作为衡量我国马克思主义哲学研究创新与否的标准。如果满足于这种水准，不仅会使我国马克思主义哲学研究平庸化，而且也谈不上马克思主义哲学的创新。

误区之二：形式主义的“学术性诉求”

有人说：“‘政治淡出，学术凸显’已成为近年来学术界心照不宣的流行话语。”我认为，这尤其是针对马克思主义哲学而言的。一些人认为，马克思主义哲学只具有政治方面的功能，它根本就不是什么学问，因而它不仅不应该在当代中国哲学建设中居于指导地位，甚至也没有资格在当代中国哲学中占据一席之地；但是，马克思主义哲学毕竟还是我国占主导地位的意识形态，因而只好谈论“学术”。近年来我国马克思主义哲学研究中所谓的“学术性诉求”，正是在这一背景下出现的。因此，与一些人的判断相反，它不是什么“学科意识觉醒”的产物，也不是什么“马克思主义哲学自身的批判和自身的解放”，而是一些研究马克思主义哲学的人面对上述所谓的“流行话语”或马克思主义哲学取消论的冲击和挤压而采取的一种消极应对策略。

问题在于，马克思主义哲学研究中所谓的“学术性诉求”所诉求的“学术性”到底是指什么呢?“学术性”是一个充满歧义的概念，它既可相对于“政治性”而言，也可与“现实性”相对待。为了迎合“政治淡出，学术凸显”的流行话语，为了避免与政治有任何勾联，一些研究马克思主义哲学的人干脆对现实生活乃至整个外部现实世界采取一种规避的态度。他们所诉求的“学术性”，说到底就是一种不仅无关乎政治而且也无关乎现实的、空洞无物的学术的自我规定性；他们所谓的“学术性诉求”，似乎要使马克思主义哲学研究成为那种从概念到概念、从范畴到范畴的纯逻辑推演式的学问，成为一种对现实生活世界毫不关心的、走着纯粹思想自我构成道路的智力游戏。这样一种“学术性诉求”，实际上是一种与马克思主义哲学的本性相悖的、纯形式主义的追求。

如果沉迷于上述那种形式主义的“学术性诉求”，我国马克思主义哲学研究是没有前途和希望的。要实现我国马克思主义哲学创新，就必须突破那种对学术的纯形式主义理解，特别是要破除那种对学术与政治、学术与现实关系的狭隘看法，注重从当代世界和当代中国的现实、特别是从全球化和中国现代化建设实践中获取“真正的内容”。其实，哲学研究不仅不能脱离现实，而且也不应回避政治。比如说，对于当代中国社会来说，现代化建设既是最大的政治，也是最大的现实。如果要让这种“政治”也从我国马克思主义哲学研究中“淡出”，那么，我国马克思主义哲学研究的必要性或合法性本身就会受到挑战和质疑。

误区之三:对洋教条的迷信

2004年4月20日，中国社会科学院院长陈奎元同志在《人民日报》理论版发表了《繁荣发展中国特色的哲学社会科学》一文，提出了当前在意识形态领域要反对两种迷信、两种教条主义的问题，尤其强调了反对对洋教条的迷信即把一些西方思想家的理论奉为教条这种形式的教条主义的紧迫性。这种对洋教条的迷信，在我国马克思主义哲学研究中也有多种表现，而最主要的则有以下三种：

一是用西方哲学的概念或理论来解读和阐释马克思主义哲学。在近年来我国的马克思主义研究中，一些重要的西方哲学家的概念和理论都或多或少地被用来解读马克思主义哲学。这种形式的洋教条迷信，也就是穆南珂先生所批评的那种马克思主义哲学研究的“中介式方法”，即通过西方哲学这一中介来理解和发展马克思主义哲学的方法。他指出，如果马克思主义哲学必须经由这种中介才能重新获得新生的话，那么，马克思主义哲学自身作为一种哲学就不是没有疑问的了；这种方法并非新的方法，它不过是柯尔施所揭露的那种“用来自文化哲学的观念或者用康德、狄慈根、马赫的哲学概念或别的什么哲学来‘补充’马克思主义”的方法的故伎重演。

二是依据西方哲学家的观点来评判马克思主义哲学。近些年来，在对马克思主义哲学、特别是马克思哲学思想的评价上，一些研究马克思主义哲学的人常常以某些西方哲学家之是非为是非，而很少对这些西方哲学家们的是非观本身作具体的分析。实际上，近年来我国马克思主义哲学研究中之所以出现了所谓的“马克思热”，其重要原因之一就在于马克思的某些思想较多地受到了一些现代西方思想家的肯定。这种形式的洋教条迷信，至少反映了人们对马克思主义哲学缺乏应有的自信。更为重要的是，有这种形式洋教条迷信的人忘记了这样一个简单道理：如果马克思主义哲学的真理性和价值要靠现代西方哲学家来担保的话，那么马克思主义哲学早就被扼杀于襁褓之中了，因为从其诞生之日起，马克思主义哲学就一直受到现代西方哲学各个流派的诘难和挑战。正是在与现代西方哲学家们的论战中，而不是在他们的赞誉和喝彩声中，马克思主义哲学才逐渐在世界范围内得到了广泛的传播，并显示出了非凡的理论生机与活力。

三是以与现代西方哲学的同质性来论说马克思主义哲学的现代性。在形形色色的马克思主义哲学“过时论”粉墨登场的情况下，马克思主义哲学的现代性问题成为近年来我国马克思主义哲学界关注的一个重要问题。但是，一些人竟以马克思主义哲学与现代西方哲学具有同质性来为马克思主义哲学的现代性辩护，来论说马克思仍然是我们的同时代人。其论证方式大致如下：现代西方哲学理所当然地具有现代性，马克思主义哲学在思维方式上或在别的什么方面与现代西方哲学具有同质性，因而马克思主义哲学也具有现代性。在这些人看来，马克思不仅是现代西方哲学的先驱，甚至还开了后现代主义哲学“现代性批判”的先声。总之，现代西方哲学中什么东西时髦，人们就会把什么东西“追溯”到马克思的哲学革命。这种形式的洋教条迷信，其实是对一种幻影的迷信，因为现代西方哲学只是现时代的哲学，而现时代的哲学并不必然具有现代性；现代性并不是一个只具有时间规定性的概念，一种哲学的现代性只有在其与时代的问题和需要的关系中才能得到确定。

（载于《马克思主义理论研究和建设工程参考资料》194期）

“方法论”的回顾与反思

刘 士 林

在当代文艺学、美学及相关学科的历史发展中，1985年被称为“方法论年”，在这一年中引进的新方法、新观念不胜繁多，以至于多年前就成为人们的笑柄。在当时，对这种“进口”现象担忧的人很少，而多数人都是怀着开放心态为之摇旗呐喊的。考其原因，后者一般都有一个相当朴素的想法，出于迅速走向人文世界前沿的热情与想象，一致地希望把西方已有的学术成果“先拿来再说”。20年过去了，尽管不能说这种想法完全错了，也不应该否认新时期各种新方法在推动当代中国文艺学、美学学科建设上所做出的历史贡献。

但是，如果说它过于单纯、朴素，并留下相当严重的后遗症，我想并不为过。它的主要问题有二，一是天真地以为西方新方法可以“全部”拿来，经过一番学习、模仿、梳理、批判以后就可以超越它。而实际情况是，“拿来复拿来，拿来何其多”，他们不知道西方方法本身是一个“未定型之物”，也是中国学术界永远不可能“全部拿来的”。“拿来的越多，就发现需要去拿的越多”，这是中国文艺学、美学界在晚近20余年里一直沉溺于其中的逻辑怪圈。二是对“拿来主义”的负面影响注意不够。对西方方法在中国的合法性与有效性，很少做先验层面的严密梳理与更加烦琐的经验证明，所导致的直接后果就是盲目地“跟风”与崇拜。而间接后果则是学术主体理性机能的严重萎缩或无法正常发育，久之就不再有独立思考、创造、建构与创新的精神生产能力。这种情况反过来又加剧了对西方的“跟风”与崇拜程度，无法自拔。对此稍加追问就不难发现，如果西方任何方法对中国都是最先进的，都恰好可用来解释中国经验、解决中国问题，那岂不是说西方人的学术研究都是为中国文艺学、美学复兴（或“超越西方”）而做准备吗？这就是“拿来主义”在当代最荒谬、而它自身又毫无觉察的深层问题。

由此可知，对于当代文艺学、美学的可持续发展来说，最重要的问题早已不是五四时期的“拿来不拿来”，而是如何运用清醒的理性意识面对、处理大量积压的西方学术“舶来品”。换言之，西方方法在为当代学术主体提供新工具进行生产的同时，也严重污染、破坏了中国学术自身和谐与健康发展的主体条件。在当下的实际情况却是，人们学习与掌握的新方法越多，就越严重地影响到他们正常的学术创造；人们脑袋里的术语、符号、逻辑模式越丰富，他们就没有办法进行理性的思维与构造。也就是说，理论家们越是从事理论的研究与探索，他们本人就越来越不像是理论家，因为他们不是把对象、经验整理清楚了，相反却是“不说还明白”，乃至于“越说越糊涂”。这就是在当代文艺学美学研究中常见的异化关系。

方法异化在当下具体表现在三个方面。一是“量”与“质”的矛盾。尽管西方方法在数量上已不胜其繁多，但在对每种具体方法的理解与把握上，在很多情况下人们都难免于庄子所说的“固不及质”。举一个例子，比如，后现代思潮的一个基本特征是强调“多元化”，不承认有什么最高的本质与环节。但是在某些中国“后学”的相关论述中，却很少有谁肯承认“后现代在中国也是多种理论中的一种”，它不过是一种与人不同的“说法”，相反，他们基本上都是把后现代理论视为“中心的中心”，以为只有它才能解释中国的文化经验或解决中国的现实问题。而为了达到这个目的，他们一般也不惜以各种“削足适履”、“揠苗助长”、“扩展能指”、“迷糊背景”等技术来“创造条件”。这是什么原因呢？说白了，对于中国的某些后现代主义者来说，尽管他们手中的工具是“后现代的”，但由于主体仍是希望用一个宏大叙事把世界“一网打尽”的“现代主义者”，所以在他们的抽象演绎中所背离的恰恰是后现代学术最基本的精神。

还有就是“博”与“专”的矛盾。方法众多，可以选择的空间很大，如果说它好的一面是为学术主体提供了相当宽广的自由空间，那么其负面影响则正如郑板桥所说的“恰似暴富儿，颇为用钱苦”。没有方法、工具是一种贫乏，这是人人尽知的道理。然而另一方面，如果面对的方法、工具太多，超过了主体可以学习、把握的能力，那么它必然带来另一种由于资源过剩所导致的更苦恼的贫乏。工具这样多，就是什么都干不成，或者做出来的东西什么都不是，不少当代学者的痛苦也就在这里。既没有训练有素或积累深厚的主体理性机能可以迅速掌握令人目不暇接的新工具，也没有足够的时间、耐心去“十年通一艺”，结果就是，尽管对西方方法在知识面上了解甚多，但由于缺乏把不同谱系整合起来的“专家功夫”，由于没有办法梳理清楚自己脑子中乱糟糟的观念与印象，所以，在对每一种西方方法的具体运用中，出现种种“捉襟见肘”、“闪烁其词”、“郢书燕说”、“望文生义”就不足为奇。三是对待不同学术方法的学术态度问题。由于缺乏或没有能力对不同方法之间做理性的比较与考量，人们在对待理论方法的学术态度上最容易采取的是“理性的独断论”。关于独断论，打一个比喻就如同“莫里哀的医生”，他们的特点是宁可把病人治死，也不肯相信医学教科书上会有错误。而至于理性的独断论，由于它建立在片面的学术训练与褊狭的价值观念基础上，所以其问题比一般的教条主义要严重得多。简单说来，就是自以为是地以为自己手中的方法最好，而其他人的方法都是陈旧、落后，一点存在的合理性都没有的。由于“以天下之美尽在己”，独断论者极易表现为“一意孤行”与“看天下没有一个人顺眼”的狷狂气，他们最典型的话语方式就是“说大话”、“说狠话”、“说过头话”，“语不惊人死不休”。这里实际上涉及的是对学术本身的态度问题，即，是把学术当作达到某种实用目的的手段，还是以学术为它自身的目的。在这个意义上讲，独断论者的价值基础可以称之为实用主义，因而“取其一点，不及其余”或“攻其一点，不及其余”，是他们在选择方法工具时最基本的出发点。“利”字当前，就不可能有什么客观公正的学术研究。这一点在当前已经变得越来越严重了，比如推崇某种理论方法或某人的研究方法，就会连“文无第一，武无第二”的常识都弃之不顾。而为了把某种方法拔高到“天下第一”的地步，他们不仅会以最粗暴的态度排斥其他方法，还往往会以“红肿之处，艳若桃花”的“私人逻辑”将它固有的弱点隐藏起来，制造一个又一个学术的骗局。当然，如同泡沫一样，任何骗局都是不能长久的。这很可能就是当代学术中每一种新方法，都是

"来也匆匆，去也匆匆"的根本原因吧。所以，在引进了为数众多的西方方法工具以后，依然没有从根本上解决许多年以前就存在的方法贫困问题。这是一种深刻的悲哀。

也许有人仍会说："这些都是暂时的，以后终究会好起来。"这话如果是在20多年前说——20多年前也确实有人这样为"方法论热"辩护，当时的人们也都觉得它很有道理，但毕竟时光又流逝了20多年了，这个"暂时"还要"暂时"到什么时候呢？应该老老实实地反思一下新时期以来学术方法上的各种问题了，而且对于发现的问题，能够在一代"始作俑者"的手中解决最好。

（载于《马克思主义理论研究和建设工程参考资料》213期）

科学信仰：真理与价值的统一

王　伟

信仰是精神领域的最高主宰，是人们关于生命和宇宙最高价值的信念，是主体对于某种思想的真诚信服。它是一种附着于一定对象的相信心态。马克思主义信仰是科学信仰的代表，更确切地说，科学信仰的理论信仰典型形式是马克思主义，科学信仰的实践信仰典型形式是共产主义，马克思主义信仰与共产主义信仰其实质是一致的。马克思主义科学信仰是真理与价值的统一。

科学与真理在本性上是相通的，为此我们说马克思主义科学信仰的真理性即是马克思主义科学信仰的科学性。

马克思主义科学信仰的科学性，首先在于其汲取了前人创造的一切文明成果，特别是18世纪末到19世纪中叶的自然科学和社会科学成果。马克思主义不仅是伴随着现代科学技术的出现而产生的，而且是伴随着现代科学技术的发展而发展的。其次，在于它揭示了资本主义的发展必然会走向共产主义的历史大趋势，确定了人民群众的历史主体地位，提出了无产阶级解放全人类并解放自己的历史使命。它立足当时的历史现状，对人类社会的未来做出了合理推论；它根植于人类发展与进步的实践，与时俱进，决不使基本结论成为僵化的教条。再次，在于它以经济学为实证支撑，以辩证法为哲学指导和概括的历史观科学地证明了共产主义信仰。马克思用经济学来论证资本主义必然灭亡和社会主义必然胜利。他对共产主义信仰的经济学证明本身也是一种历史观的证明。马克思主义对共产主义的证明首先和主要地是经济学和历史的证明，然后才是哲学对这种证明的概括。

马克思主义科学信仰的科学性还在于“它十分完备而严整”，是主观与客观相一致、认识与实践相一致、经得起实践检验的人生信仰。马克思主义信仰的实践证明主要体现为共产主义运动。共产主义运动一方面是在这种信仰的鼓舞下开创和发展起来的；另一方面，这种运动的每一步发展和成功，都为马克思主义信仰提供了一种新的证明。

正确认识马克思主义信仰的科学性，对于全面、正确地理解整个马克思主义的科学体系和精神实质，对于在新的历史条件下，自觉地坚持和发展马克思主义，进一步坚定社会主义和共产主义的理想信念具有十分重要的理论意义和现实意义。

马克思主义科学信仰的客体——马克思主义科学理论具有深刻的理论和实践价值。在哲学方面，“它把伟大的认识工具给了人类，特别是给了工人阶级”。在政治经济学方面，它揭开了资本家剥削工人的秘密，提出了剩余价值学说。在社会科学方面，提出了阶级斗争学说和无产阶级专政的理论，为无产阶级争取自身解放的斗争指明了道路。

马克思主义科学信仰具有正确的导向价值。150多年的世界历史发展和无数革命先烈、仁人志士，为了实现共产主义理想，抛头颅洒热血在所不辞的行动说明：马克思主义信仰，具有为人生价值取舍定标的作用；具有为个人行为和活动指明道路的作用；具有促进个人形成高尚思想品德的作用。

马克思主义科学信仰具有精神支柱价值。它能把人的活动从现实引向未来，从一个目标引向更高目标的追求；同时也使人的活动成为其精神价值尺度，用以衡量和评价现实。它鼓舞人们为实现共产主义而奋斗。邓小平同志曾指出：“我们多年奋斗就是为了共产主义，我们的信念理想就是要搞共产主义。在我们最困难的时期，共产主义理想是我们的精神支柱，多少人牺牲就是为了实现这个理想。”

马克思主义科学信仰对社会主义精神文明具有根本指导价值。科学信仰是社会主义精神文明的灵魂，通过共同信仰所产生的凝聚力去维系社会心理、社会意识和社会精神，使人们既有自身的自由又不使行为失控，自觉地为共同的社会目标而奋斗。

马克思主义科学信仰包含以下三方面的意义：其一，表现为对共产主义理论体系即马克思主义的坚信；其二，表现为对共产主义社会制度的无限向往和追求；其三，表现为对共产主义实践的坚定执著。科学信仰的建构需要三个条件：一是对真理的坚信；二是对价值的认同；三是感情的融入。由此可见，马克思主义科学信仰是共产主义科学理论的真理性与共产主义科学信仰的内在价值的统一，它们两者内在地统一于对马克思主义信仰之中，内在地统一于对马克思主义的实践之中。

马克思主义科学信仰是真理与价值的统一。作为价值体系中的马克思主义，就其本身来讲，它不仅包含知识性、科学性，尤以革命性和价值性见长。作为科学信仰的真理，其确定和实现既要诉诸人的工具理性，也要诉诸人的价值理性；既是人的认知能力的发挥，也是人的情感和意志的体现。

首先，体现在科学与信仰的统一。马克思主义是客观现实的正确反映，是颠扑不破的科学真理。马克思主义信仰，是对科学真理的尊崇与信服，是对扎根于现实世界、符合客观发展规律的未来理想社会的向往和追求。从思维方式上看，它确定了以实践为核心的统一理性与信仰这对矛盾的思维方式；从方法论上看，它对现实世界的研究成果，通过正确的抽象和科学升华，形成了关于未来社会的根本观点，它从有限看到无限，由暂时把握永恒，通过相对寻求绝对，使信仰不断地在实践中实现从应然到实然、实然到应然的转化与平衡；同时，这一过程又使实践在科学实践的牵引下不断地深入和超越。

其次，体现在信仰活动与现实生活的统一。马克思主义科学信仰，从现实实践中分析和概括出事物发展的客观规律，给人们指出的是一条现实道路。遵循这条道路，人们通过努力和奋斗，就能逐步达到追求的目标——共产主义社会。马克思主义的这一实践理性，鼓舞和激励了100多年来的共产主义运动。在建设中国特色社会主义的历史条件下，我们所能完成的每一项历史任务，都是这一世界性伟大革命运动的组成部分，都内蕴着共产主义的实践内容。

再次，体现在科学信仰的动力效应与人类社会发展方向的统一。马克思主义以现实世界为根基，又是对现实世界的一种科学认识，其对共产主义理想社会的阐述，无疑会把人们对马克思主义科学信仰的认识内化为实践的动力，引导自己的行动和实践。

（载于《马克思主义理论研究和建设工程参考资料》177期）

用与时俱进的马克思主义指导经济学发展

吴 树 青

经济学领域必须坚持以与时俱进的马克思主义为指导，坚持马克思主义政治经济学的主流经济学地位。这是在中国具体国情下繁荣和发展经济科学的内在要求和正确道路。

一个时期以来，随着西方经济学教材的大量引入，出现了从否定马克思主义政治经济学是经济学的理论基础、主张应当有包括西方经济学在内的两个基础，发展到马克思主义政治经济学的主流经济学地位遭到削弱甚至被边缘化、西方经济学逐步成为主流经济学的情况。在一些人的思想中，对于马克思主义政治经济学应不应当作为主流经济学，能不能成为主流经济学，发生了疑问。

出现这种状况，从客观上说，一是由于世界社会主义现在处于低潮，而我国还处于社会主义初级阶段，经济、科技、管理和人民生活等方面明显落后于发达资本主义国家，加上由于缺乏经验和主观上的失误，使我国社会主义建设出现曲折发展，一部分人容易对社会主义丧失信心；二是改革开放以来我国实现了从计划经济向市场经济的转变，而长期以来关于马克思主义政治经济学是否定市场经济的传统观念，使有些人认为现在只有西方经济学才能提供理论指导。再加上西方敌对势力对中国和平发展的敌视，努力通过传播他们的包括经济理论在内的价值观念向我国进行“西化”和“分化”，使得与马克思主义相对立的理论观点、价值观念和它的思维方式严重影响了一些干部和青年的思维方式。

现实情况表明，当前在经济学领域里马克思主义政治经济学面临严重的挑战。怎样在西方经济学大量引进的条件下保持马克思主义的指导和政治经济学的主流经济学地位，是一个需要严肃对待的问题。解决这个问题，从根本上说，必须实现马克思主义政治经济学的与时俱进。

实现马克思主义政治经济学的与时俱进，必须正确认识和处理对马克思主义的坚持和发展、继承和创新的关系。马克思主义必须坚持，但需要坚持或继承的是马克思主义政治经济学的基本原理和基本方法，也就是人们常说的立场、观点和方法，而不是把它当作一成不变的教条顶礼膜拜。马克思主义更需要发展和创新，要根据时代、实践和科学的发展，扬弃某些被实践证明不符合客观实际的观点和论断，提出更加符合时代和实践发展要求的科学理论和观点。坚持和继承是发展和创新的基础，离开坚持和继承，发展和创新就没有正确的方向，就会走上歧路；发展和创新是目的，离开发展和创新，马克思主义政治经济学就会由于僵化而失去生命力。

坚持和发展马克思主义政治经济学，必须贯彻理论联系实际的方针，着眼于马克思主义理论的应用，着眼于对实际问题的理论思考，着眼于新的实践和新的发展。政治经济学的与时俱进，就是要将对马克思主义的坚持和发展统一于建设中国特色社会主义的伟大实践，正确回答时代和实践提出的新情况、新问题，用符合实际的新思想、新观点、新论断来开拓政治经济学的新境界。从实践中提出重大理论课题，对这些问题开展深入的理论研究，形成创新性的理论成果，再回到实践中去检验，这应该成为政治经济学理论创新唯一正确的道路。马克思主义政治经济学能否在同西方经济学的较量中真正发挥指导作用，能否真正成为主流经济学，从根本上说就是看能否与中国实际相结合，用与时俱进的马克思主义观点指导中国的经济沿着社会主义的方向健康发展。

马克思主义政治经济学创立于资本主义时代，它致力于提供摧毁旧制度的科学的思想武器，发展到今天的中国，其主要任务已经变成为建设新社会提供科学的思想武器。在实行社会主义市场经济的条件下，实现政治经济学的理论创新，不仅一般地说需要重视吸收和借鉴各种经济学说中的有益成果，而且特别是需要吸收和借鉴反映社会化大生产和市场经济一般规律的成果和科学的分析方法，结合中国实际拓宽政治经济学的研究内容。在这方面引进西方经济学有其必要性。但是必须看到西方经济学具有二重性。一方面它的理论基础是不科学的，它对社会经济制度本质和发展规律的分析建立在维护资本主义的立场上，否认资本主义是历史过渡的社会经济制度。以一个时期以来在我国经济学教学和研究中影响最大的新自由主义来说，它是以超阶级、超历史的所谓“经济人假设”、“私有制永恒”、“市场原教旨主义”等既缺乏科学根据又违背历史实际的假定为立论根据的，不仅不能成为建设中国特色社会主义的经济学理论基础和主流，而且它的核心理论也不能成为我们吸收和借鉴的内容。另一方面，包括新自由主义在内的西方经济学对经济的现象层次方面的分析，如对市场经济的运行机制和资源的优化配置方面，有着反映社会化大生产和市场经济一般规律的一些认识，这是马克思主义政治经济学可以吸收和借鉴的方面。当然，由于经济制度和经济发展条件方面的不同，也不能原封不动地照抄照搬。那种离开对西方经济学二重性的认识，认为在实行市场经济条件下可以用它来取代政治经济学作为我国经济学的理论基础和主流经济学的观点，不仅不是与时俱进，而且是理论上的一种倒退，因此是完全错误的。

（载于《马克思主义理论研究和建设工程参考资料》208期）

政治经济学学科的现状和发展趋势

逄锦聚

政治经济学是马克思主义的重要组成部分。客观评估政治经济学学科的现状，准确把握其发展趋势，是进一步发展政治经济学的基础。

正视政治经济学遇到的挑战

近些年来，政治经济学学科的发展取得了历史性的突破，主要表现在马克思主义政治经济学的基本原理、基本方法在我国改革开放和现代化建设实践中得到了继承和发展，形成了中国特色社会主义经济理论。但政治经济学也面临着严峻挑战，主要是：(1) 高校中学习政治经济学的学生在减少。许多学校管理类学科已不再把政治经济学作为专业核心课程，有的学校甚至经济学门类的专业也不开设政治经济学。(2) 政治经济学对青年学生的吸引力在减弱，许多大学生对政治经济学的学习兴趣远不如对西方经济学的学习兴趣高。(3) 由于教育背景、知识结构的变化，教师中不少人对西方经济理论和方法比较熟悉，而对政治经济学的理论和方法则不够熟悉，因而对西方经济学的偏好甚于对政治经济学的偏好。面对这样的状况，有人感到忧虑、不安，希望采取措施扭转这种趋势；有人则认为这是正常现象，趋势不可逆转。

实事求是地分析政治经济学面临挑战的原因

政治经济学面临挑战的原因，有国际国内环境的变化，也有政治经济学学科本身的问题。

从国际国内大环境看，20世纪80年代后，世界社会主义出现曲折，有人对马克思主义能不能指导社会主义走向胜利产生疑问，对政治经济学的科学性也产生疑问。这样的社会思潮，对高校大学生不可能不产生影响，这种影响的直接结果就是降低了大学生学习政治经济学的热情。

从政治经济学本身看，尽管经济学界和广大教师付出了巨大的努力，推动了政治经济学理论体系和内容的创新，但这种创新还需要进一步深化和完善。特别是将理论创新转化为教学内容，更需要付出较大的努力。毋庸讳言，在一些高校，由于种种原因，教材的水平、教师的水平与学生的要求有较大的差距，教学效果还需要进一步提高。

在这样的情况下，西方经济理论的大量传入，使年轻的大学生有耳目一新的感觉。特别是我国市场经济的发展和社会主义市场经济体制改革目标的确立，使学生感到西方经济学中关于市场经济运行的知识和对经济现象分析的方法更具有现实性和可操作性。这可能是部分大学生产生对传统政治经济学的腻烦和对西方经济学感到新奇与渴望的直接原因。

坚定对政治经济学的信心

政治经济学遇到的问题具有两面的效应：一方面，它使政治经济学的教学和传播遇到困难，降低了政治经济学的吸引力和对现代化建设的指导作用；另一方面，它也为政治经济学的创新提供了压力、动力和机遇。前者是现象，后者是本质。如果能够这样来认识问题，那么就可以说，政治经济学学科发展的前景是乐观的，要坚定对政治经济学的信心。为了支持这样的判断，可以做进一步的分析。首先，我国改革开放和现代化建设对经济理论的需求从来没有像今天这样强烈，这为政治经济学的发展提供了强大的动力。其次，对马克思主义政治经济学理论的检验和发展从来没有像今天这样坦诚和实事求是，这为政治经济学的创新和发展提供了广阔的前景。再次，对西方经济学的传播从来没有像今天这样充分，这为政治经济学借鉴人类一切文明成果提供了极大的可能。

人类发展史表明，经济社会急剧变革的时代，是最可能通过百家争鸣而产生出伟大理论和思想的时代。当前，我国的改革开放和现代化建设事业日新月异，经济理论探索空前活跃。在这样的伟大时代，政治经济学一定会同其他哲学社会科学学科一起，实现历史性的突破和发展。

把握发展的基本趋势，致力于推进改革创新

要实现政治经济学的发展和创新，关键是把握其发展的基本趋势，致力于推进改革创新。从我国经济社会发展的需求和学科的发展规律看，政治经济学能否繁荣发展取决于三个因素：一是能否继承和发展马克思主义政治经济学的基本原理和方法；二是能否借鉴和汲取人类一切文明成果包括西方经济学中的科学成分；三是能否解释我国生动活泼的经济社会实践，为现代化建设提供理论支持和服务，这是最根本的一点。这三点既体现了政治经济学学科发展的基本趋势，也是政治经济学改革创新的基本方向。

继承和发展马克思主义政治经济学的基本原理和方法。之所以必须如此，首先因为马克思主义政治经济学的基本原理和方法是科学，同时也因为我国是中国共产党领导下的社会主义国家，这是历史的选择，是最基本的国情。坚持共产党的领导，实行社会主义制度，就必须以马克思主义为指导。坚持以马克思主义为指导，当然包括以马克思主义政治经济学基本原理和方法为指导。对于马克思主义政治经济学基本原理和方法的继承与发展是并行不悖的，坚持是基础，创新是根本，确切地说是必须以发展的、创新的马克思主义政治经济学指导我们的实践。这是政治经济学的生命力所在。

借鉴和汲取人类一切文明成果包括西方经济学中的科学成分。西方经

济学以资本主义私有制是美好的永恒为前提，其基本假定是不符合我国国情的，所以不可能成为指导我国经济建设实践的理论。但西方经济学对于市场经济运行的许多分析及其理论，包含有科学的成分；西方经济学对于经济运行的一些分析方法，是自然科学方法在经济学中的应用，便捷可行。所以，借鉴和汲取这些科学的成分和方法，为我所用，对于丰富和发展我国的政治经济学是有益的。目前对西方经济学的学习及引进，既有不够的方面，表现在对多种学派的理论全面介绍分析不够，不少学者对西方经济学知之甚少，由此导致不能有效地批判吸收；也有盲目崇拜、照抄照搬的问题，表现为有些学者并未弄懂西方某种理论的针对性和假定前提而随意应用，有的甚至以玩弄一些词句为时髦，这是害人害己害国的恶劣学风。对这两种倾向，必须客观分析，正确引导，并予以纠正。

坚持从我国实际出发，紧紧围绕改革开放和现代化建设实践，坚持理论为实践服务，创新和发展政治经济学。政治经济学是实用的科学，政治经济学能否保持旺盛的生命力，归根结底在于它能否适应实践发展的需要，指导实践的发展。所以，无论是继承和发展马克思主义政治经济学的基本原理和方法，还是借鉴和汲取人类一切文明成果包括西方经济学中的科学成分，都要从我国实际出发，与我国的实践相结合，为我国现代化建设服务。我国正在进行的中国特色社会主义建设实践是史无前例的实践。伟大的实践会产生伟大的理论。坚持以马克思主义为指导，充分吸收人类一切文明成果，在实践中创新，在服务中创新，政治经济学一定会实现新的突破，成为指导我国现代化建设的实用之学。

（载于《马克思主义理论研究和建设工程参考资料》160期）

政治经济学研究的若干热点

卫兴华 孙咏梅

关于劳动价值理论

尽管有人主张用要素价值论、供求价值论、市场价值论、效用价值论等取代劳动价值论，但主张坚持和发展劳动价值论的仍是主流。

关于精神劳动创造价值问题。不少学者曾认为，创造价值的劳动只是直接生产物质产品的劳动，不生产物质产品的精神劳动是无形的，价值无所依附，因而不创造价值。近年来，有些学者对精神劳动创造价值的作用和特点进行了论述。有学者提出，现代精神劳动是高级或超高级的复杂劳动，在相同时间内能够创造较多的价值。精神劳动所创造的精神产品的价值量，基本上是由精神产品所花费的个人劳动时间决定的。有些精神产品的劳动报酬，不等于其价值。有学者认为，马克思提出的决定价值量的社会必要劳动概念，只适用于物质产品的生产，而不适用于知识产品的生产。知识产品的价值不能由知识产品中所包含的社会必要劳动来决定，而取决于应用该知识产品引起的社会必要劳动时间的节约。

关于价值创造与价值分配问题。关于价值创造的问题有两种相反的观点：一种认为非劳动生产要素仅仅是财富的源泉；另一种认为生产要素既是财富的源泉，又是价值的源泉。由此产生了不同的分配观：一些学者认为按生产要素分配原则是以生产要素价值论为理论依据的；另一些学者则认为，按生产要素分配的依据是要素所有权，因为劳动以外的生产要素不创造价值，价值创造和价值分配是两回事，生产要素是使用价值的创造者，它参与分配是凭借其要素所有权；还有学者认为，按生产要素分配的依据是生产要素在财富生产或价值形成中的实际贡献。

有学者提出，在社会主义市场经济条件下，劳动力商品按其价值分配，物质资本和智力资本均按其形成的利润分配。就劳动力所有者按劳动力价值分配来说，其收入源泉是劳动者的必要劳动创造必要产品价值；就货币资本所有者按其形成的利润分配来说，其收入源泉是劳动者剩余劳动创造的剩余价值；就智力资本所有者来说，他不仅拥有按劳动力价值分配形成的归个人所有的劳动收入，而且拥有按利润分配形成的归个人所有的劳动收入。有学者提出，要正确区分价值创造和财富创造。劳动是价值的源泉，生产要素的共同努力是财富的源泉。因此，各要素的所有者就有权从它们参与创造或生产的财富中分得与自己的贡献相对应的份额，这就是按生产要素贡献分配的实质，是要素所有权和要素贡献的结合。

关于股份制的性质

理论界对股份制是公有制的主要实现形式予以肯定，但对股份制是否都是公有制，则有不同看法：一种观点认为，一切股份制姓“公”；另一种观点认为，股份制既不姓“私”也不姓“公”，它只是一种资本组织形式；还有一种观点认为，股份制既可姓“私”也可姓“公”，其性质取决于它是在什么所有制基础上组建的。

有学者提出，在社会主义制度下，不论有无公有股参加，股份制都应定性为公有制。有学者认为，在如何看待股份制这个问题上，既不能用计划经济条件下的公有制实现形式去套市场经济条件下的公有制实现形式，也不应该用建立在资本主义生产关系基础之上的股份制来看待建立在社会主义生产关系基础之上的股份制。在社会主义条件下，股份制是以社会占有生产资料为基础的联合生产方式的直接实现形式，因而它是公有制。

有学者认为，不能把一切股份制都断定为公有制。公有制属于基本经济制度范畴，股份制则属于具体制度范畴。股份制企业的性质，取决于参股资本的性质。只有产权属于国家和集体，或国家资本和集体资本处于控股地位的股份制企业，才是公有制的实现形式。有学者认为，股份制作为一种具体制度，在性质上是中性的，但它并不是以“中性”的形式独立于社会之外。股份制由于是一定所有制的实现形式，自然就具有该所有制的性质。有人提出，把股份制作为公有制的主要实现形式，因而推论出股份制就是公有制，这混淆了所有制和所有制的实现形式这两个不同的概念。股份制作为一种资本组织和运营方式，可以为公有制经济所用，也可以为非公有制经济所用。实行股份制的企业未必都是公有制企业。

关于收入分配的依据

分配问题讨论的焦点主要是如何看待收入分配的依据问题，即：按劳分配、按要素所有权分配还是按要素贡献分配。有学者认为，生产要素只是指资本和技术等劳动力以外的生产资料，不包括劳动力，所以分配方式应采取按劳分配与按生产要素分配相结合的方式。也有学者认为，生产要素应包括劳动力，所以分配方式应是按生产要素分配。另有学者认为，按劳分配是公有制内部的分配方式，按要素分配是外资私营企业的分配方式。

有学者认为，劳动力只是诸多生产要素中的一种，劳动只创造产品的一部分，其他部分是由资本和土地创造的。从这个意义上讲，按生产要素分配是更高层次的分配原则。现阶段的按劳分配是统一在按生产要素分配规律当中的。有学者认为，按劳分配可能是一种接近按贡献大小进行的功能性收入分配，但按劳分配所需要的条件很苛刻，尤其是不能有效解决“搭便车”问题，容易在实践中演化为平均主义。按要素分配是市场经济条件下可接受的分配方式，但按要素分配是一种事先分配而不是按贡献分配。现代经济理论中还没有令人满意的个人收入分配理论以及联系个人收入分配与生产要素分配之间的桥梁。有学者则认为，按劳分配为主体、多种分配方式并存，是与公有制为主体、多种所有制经济共同发展相对应的，前者决定于后者。按劳分配是社会主义公有制内部的分配方式，按劳分配不等于按劳动要素分配。外资私营企业，实行按要素分配。按生产要素分配，只存在于不同生产要素分别归不同主体所有的经济中。如果生产要素归同一主体所有，无论个体经济、奴隶制经济等私有制经济，还是原始公社、社会主义公有制经济，都不实行按生产要素分配。按要素分配首先是按要素所有权分配，但分配收入的多少要由市场机制决定。

关于居民收入差距问题

有学者认为，适当的收入差距有利于提高人们创造财富的积极性，而过大的收入差距将对经济社会发展和社会稳定造成损害，必须给予高度重视。根据共同富裕的要求和我国的实际，当前合理调节收入差距应把重点放在提高低收入群体的收入水平上；根本途径是通过发展来调节就业结构，有效解决就业问题。有学者认为，市场经济的精髓是机会均等，必须做到起点平等、过程公正、规则公平。它不是人为地拉大分配差距，而是凭个人的能力和勤劳参与公平竞争并自然而然形成分配差距的一种制度安排，应防止和纠正打着改革和市场经济的旗号谋私利而拉大的分配差距。有学者认为，在市场经济条件下，产生贫富差距现象是不可避免的。政府应利用宏观政策进行有效的调控，保护好低收入者的权益，缩小贫富差距。有学者提出，在我国现阶段，既不能以牺牲经济增长为代价片面追求收入分配的均等，也不能以收入分配差距过大为代价换取一时的经济增长，而应在经济增长与收入分配之间找到一个平衡点。

（载于《马克思主义理论研究和建设工程参考资料》146期）

经济学是“一门历史的科学”

赵 磊

构建社会主义市场经济当然需要借鉴发达国家的实践及其理论总结，但盲目照搬则是愚昧的。我之所以对西方主流经济学（圈内的说法是“现代经济学”）的“科学性”一直有所保留，固然与我深受马克思的影响有关。但西方主流经济学的确存在着致命的硬伤。比如，与马克思把人性看作历史范畴不同，西方主流经济学把人看作是非历史的和抽象了具体社会关系的人，眼睛里永远只有孤岛上的鲁滨逊先生，并进而把孤独的鲁滨逊先生压缩成理性的“经济人”先生。在我看来，即便“经济人”可以解释小商小贩的经济行为，但如果以此观察人类社会的整个历史变迁就显得短视了。

一段时期以来，西方主流经济学在教学和研究中成了不容置疑的“圣经”，而冷淡马克思主义经济学则成了很时髦的事情，比如有人不能容忍对西方主流经济学的怀疑，甚至已经发展到不能允许别的流派自称是某某经济学的垄断心态（除了主流经济学有资格称为经济学之外），在他们看来：“不同的经济、政治、社会环境可以发展出不同的经济理论或经济模型，但决不是不同的‘经济学’”。

我曾经纳闷：西方主流经济学为什么对自己的主流地位如此不可一世？读了恩格斯的《反杜林论》后，我才恍然大悟。恩格斯说：“在他们看来，新的科学（指18世纪的古典经济学——引者注）不是他们那个时代的关系和需要的表现，而是永恒的理性的表现，新的科学所发现的生产和交换的规律，不是这些活动的历史地规定的形式的规律，而是永恒的自然规律；它们是从人的本性中引申出来的。但是，仔细观察一下，这个人就是当时正在向资产者转变的中等市民，而他的本性就是在当时的历史地规定的关系中从事工业和贸易。”在批判杜林的政治经济学的观点时，恩格斯说：“在他看来，这里所涉及的不是历史的发展规律，而是自然规律，是永恒真理。”比较一下历史和现实，令我感慨不已的是：当今西方主流经济学的认识水平与100多年以前的杜林先生竟是何其相似！

在西方主流经济学者看来，经济学之“科学性”应当像自然科学一样纯正，如果说在自然科学中不存在什么“不同”的物理学的话（因为我们人类所处的物理环境总是相对稳定的），那么说存在着“不同的经济学”岂不荒唐。

对于历史上产生过的各种经济学来说，把它们定义为各种“经济理论”也并非不可，但说它们就是不同的经济学，我看也并不为过。在我看来，西方主流经济学非要把各种不同的“经济理论”摁在“现代经济学”这口大锅里煮，未免有些霸道。古典经济学与现代和当代经济学当然有不能切断的师承关系，但它们毕竟在范式、框架、方法上有所不同，有些甚至是水火不容——比如马克思主义经济学与西方主流经济学。对于经济学者来说，关注不同比关注相同更为重要，正是为了把握这些不同，或者说正是必须正视这些不同，于是才有了各种不同的经济学的称谓及其存在的理由。

恩格斯说得好：“人们在生产和交换时所处的条件，各个国家各不相同，而在每一个国家里，各个世代又各不相同。因此，政治经济学不可能对一切国家和一切历史时代都是一样的”。“谁要想把火地岛的政治经济学和现代英国的政治经济学置于同一规律之下，那么，除了最陈腐的老生常谈以外，他显然不能揭示出任何东西。因此，政治经济学本质上是一门历史的科学。”

经济学不是自然科学，而是社会科学，极而言之是一门“历史的科学”。期望把经济学“形式化”为自然科学的一切努力，其良苦用心或许值得尊重，但注定是徒劳的。说句让西方主流经济学的教头们不高兴的话：一旦我认同了经济学是“一门历史的科学”之后，从此就再也不会相信西方主流经济学代表着“永恒科学性”之类的神话，当然对于守持马克思主义历史的、辩证的和唯物的方法论，也就有了更为坚定的信心。

（载于《马克思主义理论研究和建设工程参考资料》210期）

全面剖析“经济人”假定的非科学性

杨承训　承　谕

“经济人”假定是西方经济学的逻辑起点和基本范畴。其核心是推崇人的“自利性”，以此为动力追求个体利益（利润）最大化，然后推导出私有制的合理性及其作为市场经济基础的唯一性和市场自由化的理想性，进而说明资本主义制度的生命力和永久性。历史表明，一切理论都要在实践检验面前决定弃取。现在很有必要以事实为依据科学地对“经济人”假定加以全面剖析和讨论。

一、生物属性不能为“自利是人的唯一天性”论提供支持

作为“经济人”自利性的依据之一，就是人的生理需要，天生为己，可谓“人之初，性本私”。近来，国内又有新的诠释，叫做“人为财死，鸟为食亡”。在一些人看来，这是人与生物所共有的，人的生物属性使然。不过，真正懂得生物学原理的人，并不支持这个观点。

诚然，一切生物都有新陈代谢、适应环境、生物竞争、繁衍后代的特性。但他们不但有个体性，还同时具有一定的群体性。广义地讲，生物是一种特殊的、开放有序的耗散结构。生物分动物、植物、微生物（最简单的生物）。不管是多么低级的生物，它们从一产生就是以群体批量出现和生存的，而那些仅靠单体孤立生活者很容易濒于灭绝。在进化为多细胞生物后，各种细胞发生分化，乃至组成器官，细胞个体丧失单细胞的某些结

构或功能。动物体内的细胞虽然也具有“独立个体”的某些基本特性，但主要是为它的“集体”——动植物有机整体服务。这是生物的群体性表现之一（最基础的）。

生物的另一特性是同类生物需要一定的环境条件才能生存，生态学上将此叫做“生境”，包括空间、温度、空气、水分、光照、无机盐、食物。当然生境中也有天敌。不同的生物需要不同的生境，这与高级动植物生境要求大相径庭。很多生物存在着同类群居现象，它们结成彼此依存的关系，例如生存能力较差的大熊猫，也集中于适合生存的地方。这是群体性表现之二。

群体性表现之三，是许多同类动物之间群生性。即它们为了自我保护，需要作为一个大家庭集体活动，像鱼群、野牛群、斑马群、象群、狼群等等。就连南极的企鹅为抵御严寒的需要，也会挤在一起站立保暖，直到过了严冬，孵出后代。候鸟的群体性更强，它们一旦离队，就无法生存。为此，有些动物内部有分工，作为报警者有的自身要为群体做出牺牲，甚至死后还给同类留下信号。

生物群体性表现之四，是有不少动物用社会的形式严密组织起来，像蜜蜂、蚂蚁，内部有精细的分工，群体依存性极强。还有动物群虽然比较松散，但也常常有内部分工，比如野狗为猎取较大的动物，往往形成左呼右应、后追前伏的分工，以至摆出某种迷魂阵。可见，生物并不只具有单体性的欲望，而且自然具有这样那样的群体性。

可见，仅从生理功能、生物本性证明人的自私欲望、单一性，是站不住脚的。当然，经济学应以与经济相关的实际为基础，而不是以生物学、心理学为基础，尽管其间有一定联系。

二、人的社会属性要求个体性与群体性的有机统一

人的生物属性是客观存在。但是，人毕竟不是一般动物，决不可把人降为一般生物的水平。人类的特殊性在于具有社会属性，也可称之为“社会动物”。作为个体，它不能孤单地生存在世界上，只有依靠社会才能生

活。因此，对于人所具有的个体性（自利性）与群体性（利他性）的认识，必须从社会的角度来考察。各类型社会经济有其共同性，至少有以下基本特性：

第一，人类以物质生产为基础。人能够享用和使用的各种物质资料，绝大多数是人们加工的产物，或者说人生产出来的。所谓生产就是人类利用超越其自身器官物理性能的力量和方式对自然加工（包括位移），使之适合于人们享用或使用。这是经济的根基。

第二，经济生活的社会性。人和其他生物根本区别之一是生活在经济"生境"之中。经济则是人类生活的基质。它是仅存于人类社会的一种物质形态和关系，人类创造和维系它，又依存于它。说到底，经济是人以物质为基础的利益体现，包括利益的创造（生产）、交换、分配、享用（消费）等。这种利益包含着个人部分和社会部分。而社会整体的存在是个人存在的前提，因为对每个人来说，在他（她）出生前社会就存在了，而且是社会把他（她）抚养成长的。在高度发展和精细分工的现代社会，人们对社会的依赖性更大。研究经济生活，应对整体、个体、相关因素进行多方面的综合研究，方可揭示人类特有的"群体性"（社会性）及其规律。

第三，人类经济活动的智能性。其核心是社会经济活动都得在不同形式的科技技术（包括学理、经验、技艺等）指导下进行。人们的认识经过纵向（历史的）和横向（社会各方面）的积累和集成，达到一定的水平，才能进行生产和经济活动。

第四，人类经济活动的团体性，即多半依赖于一定的经济实体。最初的由氏族到部落和部落联盟。后来，一般都由两人或更多人组成经营单元，小到家庭，中到庄园、公司，大到国家、地区组织，其内部关系可能紧密，也可能松散。一般经济体的成员常常把个人的利益与该经济体利益一并考虑，代表国家的人首先要考虑整个国家利益（绝不能像西方经济学某派那样把政府也当作"经济人"）。总之，利益"偏好"是多元化的，而不可能是纯粹排他性的。

第五，十分重要的一点是生产社会化趋势日益强劲。如果说在自然经济下自给自足的小经济还可能存在，那么在大工业出现之后人们的生产活动和一切经济活动都变成了一个社会过程，人与人之间、企业与企业之间、地区与地区之间、国家与国家之间已经互相依存、密不可分。与之相适应的是，各类公益事业愈加扩大。在这种大的历史趋势面前，仅仅片面地追求个人利益最大化，而不顾公共利益，就不可能存在下去；如果逆潮流而动，甚至会被历史所抛弃。

当然，对个人利益与社会利益的考虑，因各社会成员的经济地位不同而在角度、方式、程度乃至性质上有着极大的差异（在阶级社会表现为强烈的阶级性）。其中也会有个别成员犹如癌细胞一样恶性扩增、危害社会，如社会恶黑势力、害民资本家、贪污腐败分子、卖国贼等，但他们不能代表人类本性一般。

综观上述特性，可以揭示人类实际活动正是个体与社会整体的有机统一，而不是仅仅表现为个体活动，像“经济人”所要求的那样仅仅考虑自身个体利益最大化。那种所谓只要为实现自利最大化，就会自然实现为社会作出贡献的情形，并不反映社会的一般规律，更多的则是少数人实现私利最大化恰好建立在其他人受损害、受压迫的基础上。正确的结论只能是个体性与群体性的有机统一，既追求个人利益，也追求整体利益，而不能仅仅片面地单纯追求自身利益最大化。

三、不能把“经济人”视为市场经济的科学范畴

按照“经济人”假定的逻辑，从人的自利性推导出私有制和资本主义的合理性，进而得出私有制是市场经济的唯一基础和“看不见的手”是市场经济的最佳机制的结论，这也从根本上否定了社会主义市场经济存在的前提和宏观调控的必要性，认为生产资料私有化和市场自由化就是最合理的。不错，市场经济调动了人们的驱利心，有其积极的一面，但不能片面夸大，以致产生和固化商品拜物教；而且，这也并不是市场经济的全部特性。发达的市场经济还有规导、抑制这种盲目驱利性和减少其负面效应的机制。对此，我们也应当从理论与实际的结合上加以剖析。

第一个应当明确回答的问题：私有制是不是市场经济的唯一基础？

对于市场经济和社会主义的关系，西方很多学者曾经断言：二者好像油和水一样不能融合，市场经济的唯一基础只能是“经济人”的制度化即

私有制。历史和现实并不能证明这一点。大家知道，早在原始社会末期商品产生时就存在两种交换关系，一种是两个氏族或两个部落之间的交换，一种是个人之间的交换。后来，私有制占据了主导地位。即使那样，在各个社会形态中仍然存在着或多或少形式多样的某些“公有”、“共有”、国家所有制之间的交换；在发达市场经济中，股份制企业也不同于一般“私人生产”，而是一种“社会资本”；现代许多国家还有为数可观的国有企业。可见，市场经济下并非纯粹都是私有制形成之间的交换。市场作为交换关系的总体，它选择的是产品（服务）质量及其价格（实质是使用价值和价值），而不问企业的性质，并非只有“经济人”的主要载体私有企业才适合市场经济，而国有企业完全能够以自身优质价廉的产品去适应、开拓、占领市场。可见，公有经济完全可以构成市场经济的基础。换言之，市场交换关系本身与企业所有制性质无关。

第二个应当明确回答的问题：“看不见的手”是不是市场经济配置资源的唯一手段？

“经济人”假设的自然逻辑是市场的自由化，即市场配置资源的最佳状态完全靠追逐个人私利的市场自发调节。政府只做发财者的“守夜人”即可。后来人们进一步发挥，认为在资源稀缺的条件下，只要通过市场交换和竞争就能达到最佳状态。这一逻辑的绝对化，便是取消或大大减弱政府的宏观调控，市场调节天然是合理的，人们可以像动物那样在荒野中自由竞争和繁衍。这正是新自由主义的要点之一。

澄清这一假定最终要靠事实而不是理论演绎和数学模型。可以说，从资本主义市场经济产生那天起，几百年来就没有存在过理想中的完全市场，就没有政府不进行宏观调控的市场，其法律手段、财政手段、金融手段、行政手段（特别是外贸中的保护主义），乃至军事手段，应有尽有。特别是进入20世纪后，这种政府调控越来越强化。正是1929—1933年的世界经济大危机，产生了罗斯福新政和“凯恩斯革命”（宏观经济学）。今天尽管美国的新自由主义学者否定凯恩斯，但是美联储还在不断地调控着美国经济，保护主义的花样又不断翻新，财政政策的变动、汇率政策的调整层出不穷，从来没有完全自由的市场，更不用说欧洲一些国家的社会市场经济宏观手段不断强化的情形了。事实上，他们鼓吹的新自由主义

(“华盛顿共识”)是一个“双重标准”，在其国内并不实行，却坑得拉丁美洲叫苦不迭，俄罗斯(实行“休克疗法”)和东欧更是后悔不及。这在宏观层上证明，以“经济人”假定为基础的市场自由化理论是不成功的，对发展中国家更是一个陷阱。

当然，我们不能否认“看不见的手”具有配置资源的基础性作用，即市场通过价格机制调节利益关系，从而引导资源的重新配置。然而，市场容易造成盲目性、短期行为、过度竞争、市场垄断、重复建设、公共产品不足和资源环境的破坏以及分配不公、两极分化等等。所以，必须有“看得见的手”加以弥补和矫正。这正是社会化的客观要求。

综上所述，“经济人”并不作为市场经济的科学范畴，只能反映资本主义追逐私利的一种特性，尤其是社会主义市场经济决不能以“经济人”假定作为逻辑的起点和基本范畴。

四、摒弃“经济人”假定负效应，确立“社会经济人”新范畴

对于我们今天的社会主义建设来说，一方面要批判吸收“经济人”假定的某些积极成分；另一方面，要摒弃它的非科学成分和负面因素，在贯彻社会主义原则中创造新的范畴。“经济人”的核心是强调人的自利性，把人引导到单纯追求私利而不顾集体和社会利益，甚至政府也以“经济人”的身份出现，扭曲了经济关系，助长“拜金教”思想，弄不好就会导致社会主义市场经济变质和信仰危机，甚至为各类腐败现象提供理论依据。我们决不能奉为“圣经”。

综上所述，我们可以运用马克思主义的经济观建立“社会经济人”的新范畴，体现社会主义经济关系。其核心是公私兼顾、先公后私，在追求社会共同利益的前提下追求个人利益和企业利润最大化，用两个积极性促进人们创造社会财富、创业兴业，而不能因个人利益妨碍、损害共同利益。其目标是以充分发挥社会主义市场经济优越性，充分焕发人们的进取心，实现共同利益与个人利益双赢。在社会主义初级阶段，在制度建设上必须毫不动摇地巩固和发展公有制经济，毫不动摇地鼓励、支持和引导非

公有制经济发展，放手让一切劳动、知识、技术、管理和资本的活力竞相迸发，让一切创造社会财富的源泉充分涌流，以造福于人民。

（载于《马克思主义理论研究和建设工程参考资料》152期）

改革开放以来我国社会主义理论研究的回顾与展望

——"1978年以来社会主义理论研究进展"研讨会综述

牛先锋

社会主义理论研究进展的阶段划分

我国对社会主义理论的研究，可以追溯到"五四"运动时期马克思主义传入中国，但改革开放以来这26年是社会主义理论研究最为繁荣的时期。主要表现为：研究队伍最强、研究对象最广、研究视野最宽、研究成果最多。回顾和整理这一时期的研究进展，在阶段划分上，代表性的认识主要有五种：

第一种观点认为，社会主义理论研究的进展与我国改革开放进程是紧密联系的，可以根据党的理论、路线、方针、政策的形成，把社会主义理论研究的进程划分为五个阶段：从1978年中共十一届三中全会到1982年中共十二大，是拨乱反正阶段；从中共十二大到1987年中共十三大，是对社会主义再认识阶段；从1989年"政治风波"到1992年邓小平南方谈话和中共十四大，是对社会主义历史命运的认识阶段；从邓小平南方谈话到2002年中共十六大，是对社会主义市场经济的认识阶段；从中共十六大到现在，是对执政党自身建设的再认识阶段。

第二种观点认为，这26年社会主义理论的研究主要是围绕中国特色社会主义理论发展展开的，可以划分为三个阶段：中共十二大以前是中国特色社会主义理论酝酿阶段；中共十二大提出中国特色社会主义的命题，从中共十三大到十四大是中国特色社会主义的完善阶段；中共十五大以来是中国特色社会主义的发展阶段。

第三种观点关于阶段划分依据与第二种相同，但有不同看法。该观点认为，对中国特色社会主义理论的探索始于毛泽东，甚至还可以前移，这是探索阶段；从1978年以后开始，以邓小平为代表继续前人的探索，形成了中国特色社会主义理论，这是形成阶段；从邓小平之后，都属于中国特色社会主义的丰富和发展阶段。这种观点实际上把1978年以来的社会主义理论研究进展只划分为邓小平和邓小平之后两个阶段。

第四种观点认为，前三种观点的阶段划分依据有相同之处，都是根据党的有关决议来划分的，不能够反映理论研究的发展轨迹。从社会主义理论研究自身发展来看，可以把这一时期划分为三个阶段：一是拨乱反正中对社会主义的重新认识阶段；二是在改革开放中对社会主义历史方位的探索阶段；三是在社会主义市场经济实践中对社会主义理论认识的深化阶段。

第五种观点认为，在划分阶段以前应当确定“社会主义理论研究”的范围、划分阶段的依据等基本问题。“范围”应当包括科学社会主义理论、世界上其他社会主义思潮、世界社会主义运动和实践（包括中国特色社会主义）。“依据”是理论研究的阶段性特点，可以根据党的重要文献、理论背景的变化、有关书籍和刊物文章、国家社科基金历年立项课题和结项成果等方面来确定。这样，1978以来社会主义理论研究进展可以分为四个阶段：1978—1988年，是思想理论上正本清源的阶段；1989—1991年，是主要研究国内外社会主义实践重大问题的阶段；1992—1997年，是根据建立社会主义市场经济体制的要求研究理论与实践问题的阶段；1997年至今，是理论研究进入更深层次的阶段。

社会主义理论研究的进展状况

26年来社会主义理论研究取得了可喜的成就，主要表现在三个方面：

第一，对经典社会主义理论研究进一步深化。一是深化了对科学社会主义学科本身的研究，对科学社会主义学科的性质、研究对象、研究方法和科学社会主义产生的“两块基石”、科学社会主义学科体系的逻辑起点等，提出了许多新的见解；二是深化了对科学社会主义基本原理的研究，对社会发展的基本矛盾、“两个必然”与“两个决不会”、经济文化落后国家社会主义革命的必然性、工人阶级的新变化、无产阶级政党、无产阶级革命的道路、社会主义发展阶段、物质文明建设、精神文明建设、社会主义民主政治、社会主义国家结构、社会主义国家的民族、宗教、统一战线等基本原理，进行了深入的挖掘和揭示；三是深化了对科学社会主义的个别论断研究，对劳动和劳动价值理论、公有制、计划经济、按劳分配理论、无产阶级政党的阶级基础和群众基础、跨越“卡夫丁峡谷”、暴力革命、阶级分析方法等问题，进行了与时俱进的分析，做了大量正本清源的研究工作。

第二，对传统社会主义进行了再认识。一是在什么是社会主义的问题上，承认我们过去的认识并不是完全清楚的，在这个基础上提出了对社会主义再认识和社会主义在实践中的命题，摆脱了苏联模式的束缚，在把科学社会主义基本原理与本国实践相结合的过程中，认识到社会主义在世界上应该有不同的发展模式和自己的特色。二是在社会发展阶段问题上，认识到社会主义是共产主义的初级阶段，而我们现在还处于特指的社会主义初级阶段，这个初级阶段是建设中国特色社会主义长过程的初始阶段。我们做一切事情都要从这个阶段的实际出发，不能再犯超越社会发展阶段的错误。三是在社会矛盾和发展动力问题上，提出了人民日益增长的物质文化需要同落后的社会生产之间的矛盾是我国社会主义初级阶段的主要矛盾，解决矛盾的主要方式不是阶级斗争，而是以经济建设为中心，通过改革开放推动经济社会全面发展。四是在政治、经济、文化、社会发展和党的建设等方面从不合时宜的旧思想、旧观念的框框中解放出来，提出了政治文明、公有制实现形式多样化、先进文化建设、构建和谐社会、党的执政能力建设等新概念、新命题，并对一系列问题展开了深入的探索。

第三，开拓了社会主义理论研究的新领域，取得了大量新的研究成果。一是根据实践来认识社会主义，确立了中国特色社会主义这个理论研究主题。确立这个主题并不容易，这是中国共产党人长期努力的结果，也是社会主义理论界不断探索的结果。因此，决不能低估这个主题的历史地位，还要进一步深化对这个主题的理论研究。二是提出了有创新意义的理论观点，包括社会主义本质论、社会主义发展阶段论、社会主义市场经济论、改革开放论、时代主题论、执政党建设论、全面建设小康社会，等等。其中每一个理论观点中，还包含有许多新的内容，富有创新性。三是拓宽了研究领域。包括把社会主义与经济全球化、政治多极化、新科技革命联系起来研究，提出了社会主义建设的国际环境问题，分析了经济全球化、政治多极化、文明多样化和知识经济对社会主义带来的发展机遇及其挑战；把苏东剧变及世界上一些长期执政的老党、大党丧失政权的教训总结、原因分析作为一个大课题加以研究，认真探索共产党执政规律、社会主义建设规律和人类社会发展规律，为党和政府的科学决策提供理论依据；把国外共产党的社会主义理论与实践，社会民主党的社会主义理论与实践，当代西方马克思主义流派，其他当代社会思潮等，纳入了理论研究视野，在翻译出版和观点评介方面做了许多工作；对当代资本主义的新变化从生产力、生产关系、意识形态、社会结构等方面进行了比较深入的考察与研究，提出了一些新的观点。

第四，在科学社会主义学科体系建设研究中取得了比较大的进展。一是学科研究重点从重视对经典作家的社会主义思想的阐释与挖掘，转向了对社会主义国家发展的成败与得失特别是对中国改革开放实践的研究，并进行了理论创新，建立了以中国特色社会主义为主题的学科体系。二是编写了面向大学生、函授生、党政领导干部等不同层次的科学社会主义教材50本左右，对宣传和研究社会主义理论起到了重要的作用。三是对科学社会主义学科研究范畴和体系构建进行了一些探索，有的学者提出以社会化大生产作为科学社会主义理论的逻辑起点，通过对社会化大生产的展开，来建构科学社会主义新体系；有的学者认为应当以公平、公正的社会主义基本价值为起点，围绕如何实现社会主义基本价值，来建构科学社会主义新体系。有的学者主张以劳动异化理论为基点来建构科学社会主义新体系。

可以说，这26年是我国社会主义理论研究历史上的最好时期，取得了不少研究成果。但是，存在的问题也是明显的。根据对全国6所高校科学社会主义教学情况调查，我国社会主义理论研究存在的主要问题是：学生对科学社会主义课程普遍不感兴趣；教育部三次从高校招生目录中取消科学社会主义专业，这个导向严重影响专业后备力量的培养；现有科学社会主义教材重理论轻实践，重宏观结论轻理论论证过程；科学社会主义理论与现实生活脱离太远，不能说服实际，理论功能退化；科学社会主义理论体系不稳定，基本原理和观点与党的路线方针政策关系分不清楚。与会专家也指出了一些问题，如一些人不是把社会主义作为理论而是作为指导思想来研究的；社会主义研究的内容被其他学科所瓜分；现在社会主义理论研究出现了5多5少的现象：关注中国的多，关注国外的少；关注当代的多，关注过去的少；文本解释的多，学术研究的少；低水平重复的多，创新性少；党校队伍多，高校、研究机构队伍少；等等。

社会主义理论研究的发展趋势

与会学者认为，这26年来，社会主义理论研究在面上铺得比较开，许多问题都已经提出，并且有了初步的研究，但是，还需要进一步深化。归纳专家学者的意见，需要进一步深化研究的问题有：科学社会主义学科的研究对象、范畴、体系；马克思主义的中国化与现代化；清理附加在社会主义名义下的各种非社会主义观点；科学社会主义与民主社会主义的关系；跨越“卡夫丁峡谷”及落后国家社会主义建设的规律；马克思主义经典作家的社会主义理论、历史上的非马克思主义者的社会主义理论及其当代西方新左派马克思主义思潮；社会主义的本质和核心价值观；社会主义社会的所有制、市场经济；当代资本主义的新变化及发展趋向；苏东剧变的原因及其今天的发展；社会主义改革开放与时代主题、国际环境；中国特色社会主义与封建主义、当代资本主义、世界社会主义的关系；中国的政治体制改革和政治文明建设；社会主义社会的公正、公平问题；社会主义社会的自由、民主、人权；社会主义革命和建设的历史经验总结；执政党的执政能力问题。

与会学者认为，今后社会主义理论研究的思维方式将会、也应该发生一些转变。一是思想解放的程度将会更高一些，逐步走出唯书、唯上的思维方式。社会主义理论研究可以跟着社会热点走，但一定要把热点问题纳入科学社会主义学科的范畴内，用学术的眼光来审视；社会主义理论研究不能远离政治，要研究党的路线方针和政策，但这种研究不是对党的文件的简单重复和无限拔高，而要体现出研究的分量。二是转变非此即彼的思维方式，特别是对当代资本主义的研究、对其他社会主义流派的研究，要实事求是，客观全面，不能先入为主地贴上标签后批判一通就算了事，而要在理论研究的基础上得出结论。三是社会主义理论的研究方法，将会从单一的理论论证走向多样化，调查研究、实证分析、量化研究等社会学研究方法和自然科学研究方法将会在社会主义理论研究中采用。四是社会主义理论研究与其他学科研究之间的交叉交会更多，科学社会主义学科的综合性会更加明显，理论研究的创新性、实用性将更加突出。

社会主义是实践性很强的科学，随着社会主义实践的发展，社会主义理论研究必将进一步拓展和深入。这要求社会主义理论工作者一定要面向实践，根据实践创新理论，用创新的理论去指导新的实践，把社会主义理论研究不断推向前进。

对编写《1978年以来我国社会主义理论研究进展》的建议

对于如何编写《1978年以来社会主义理论研究进展》这本书，与会专家学者提出了许多宝贵的意见。

关于指导原则，基本形成这样几种意见：（1）实事求是，突出学术研究的含量，既要总结取得的成就，也要总结研究中存在的不足；（2）以历史为线索，不能只总结国内的理论研究，应该国内外一同总结；（3）要突出中国特色社会主义理论这条主线；（4）要着眼于时代特征，着眼于实践发展，着眼于社会需求之上的理论创新；（5）既要全面，又要突出重点。

关于基本框架，有这样三种意见：（1）可分为三部分，第一部分主要阐述马克思主义的基本理论，以什么是资本主义，怎样消灭资本主义为线索；第二部分主要阐述社会主义建设理论，以什么是社会主义，怎样建设社会主义为线索；第三部分主要阐述党的建设理论，以建设一个什么样的党，怎样建设这个党为线索。（2）可分为三部分，第一部分是和平与发展时代主题下的世界格局新变化；第二部分是社会主义初级阶段理论的形成及其一系列的理论创新；第三部分是执政党建设理论。（3）不划分部分，以对问题的理论研究进展为依据，理论研究进展到哪里，就客观地反映到哪里。

关于主要内容，最基本的观点是7个方面：（1）科学社会主义的学科性质、研究对象；（2）社会主义的基本原理；（3）社会主义的核心价值观；（4）中国特色社会主义理论；（5）社会主义改革开放；（6）社会主义历史经验；（7）社会主义发展的时代背景和国际环境。

（载于《马克思主义理论研究和建设工程参考资料》145期）

坚定不移地推进国有企业改革

《经济日报》

人们关注国企改革，是因为这样一个不争的事实：雄厚的国有资产及强大的国有经济，是建设中国特色社会主义的重要物质基础，而国有企业则是整个国民经济体系不可或缺的支柱。资料显示，到2003年底，全国15万户国有及国有控股企业的资产总额达19.7万亿元，净资产达8.4万亿元。这一年，国有及国有控股企业实现利润总额近5000亿元，上交税金8000多亿元，均占全国工商企业的“半壁江山”。毫无疑问，在社会主义市场经济条件下进一步搞好国有企业，增强国有企业的活力和竞争力，对于增强我国经济实力、国防实力和民族凝聚力，全面推进建设中国特色社会主义的各项事业，都具有举足轻重的关键作用。

一、科学总结国有企业改革的历史进程

正是由于国有企业对整个国民经济发展的这种决定性作用，中国经济体制改革的核心内容，实质上就是不断深化国有企业改革。国有经济同社会主义市场经济的衔接，无论在中国还是在世界，都是一项前无古人的伟大实践，改革的规模之大、深度之大、难度之大，均可想而知。也正因为如此，国有企业改革只能是一个艰难探索和不断创新的历史过程。

今天，我们回顾20多年来的国企发展之路，可以清楚地看到，改革是一条贯穿始终的主脉。我国国有企业的改革，大体经历了放权让利、利改税、承包经营、探索建立现代企业制度、配套改革、资产管理体制改革

等不同阶段。

“放权让利”阶段：改革开放伊始，邓小平同志在向全党和全国人民发出“解放思想，实事求是，团结一致向前看”的号召之际，便敏锐地就解决国企问题提出，“当前最迫切的任务是扩大厂矿企业的生产自主权，使每个工厂的生产能千方百计地发挥主动创造精神”，国有企业由此开始了以扩权让利为特征的初步改革，企业生产力也因而得到了初步解放。1984年10月召开的党的十二届三中全会，通过了《中共中央关于经济体制改革的决定》，首次明确提出发展“有计划的商品经济”，从此，计划经济条件下产品由国家统购包销的国有企业，开始成为相对独立的商品生产者，国企改革随之在理论上和实践上都向前迈进了一大步。这一期间，党中央、国务院着眼于对企业政策层面的调整，颁行了一系列“放权让利”的改革措施。

“利改税”阶段：党的十二届三中全会还第一次提出了实现政企职责分开的要求，从而把国企改革导入了“利改税”阶段。这一阶段的改革，主要在企业经营层面展开，国有企业的经营收益不再以利润形式全部上交，而实行以税收形式部分上缴国库；与此同时，国家对企业的支持与投入也开始采取“拨改贷”的新办法，不再无偿投资，而是改由企业向银行借贷。实施“利改税”和“拨改贷”的目的，均在于推动国有企业逐步建立自负盈亏的经营机制。上世纪80年代中期的这些改革措施，在取得明显成效之际，实际操作中也出现了一些负面效应和后遗症：由于我们的税收体系当时尚待完整建立，税收界限一时难以准确区分，加上企业经营体制正处于急剧改变的过程之中，特别是地方政府的行政干预还在发生作用，造成一些企业向银行大量借贷却逾期难还，从而埋下了国有企业负债率过高的根子。

“承包经营”阶段：作为前个阶段的延续，这一阶段的国企改革仍然主要在企业经营层面推行，并提出社会主义也要发展商品经济。“利改税”后期，一度出现了企业效益连续数月整体下滑的态势。为改变这种状况，1986年春，全国开始大力推行企业承包经营责任制。实行之初效果明显，企业效益整体下降的局面得以扭转，一批风云人物脱颖而出，成为当时和以后一段时间推进国企改革的中坚力量。但随着时间的推移，承包制的弊端也逐步显露。从微观上看，企业经营者的短期行为未得到有效遏制；从宏观上看，企业负盈不负亏的问题未得到很好解决；从操作上看，一企一议的做法过于复杂而不规范；从体制上看，企业承包经营或租赁经营同市场经济运行存在衔接困难，易导致国家税收杠杆失灵。

"探索建立现代企业制度"阶段：1992年，邓小平同志南方谈话为发展社会主义市场经济确定了基调。1992年10月，党的十四大明确指出，中国经济体制改革的目标是建立和完善社会主义市场经济体制，提出国有企业、集体企业和其他各类企业都要进入市场，在市场上进行优胜劣汰的竞争，国有企业应通过平等的市场竞争来发挥其主导作用。1993年11月，党的十四届三中全会通过《中共中央关于建立社会主义市场经济体制若干问题的决定》，进一步提出"要使市场在国家宏观调控下对资源配置起基础性作用"，"国家要为各种所有制经济平等参与市场竞争创造条件，对各类企业一视同仁"。自此，国有企业的市场主体地位得以正式确认。国企改革由此进入到以产权制度为核心的体制再造层面。

"配套改革"阶段：党的十五大以后，国有企业改革不仅深入到体制创新和制度创新的层面，而且深化到与整个国民经济的发展相衔接、同社会各方面的配套改革相结合的阶段，并且开始在举国范围全面推进。1999年9月，党的十五届四中全会通过《中共中央关于国有企业改革和发展若干重大问题的决定》，明确要求国有企业实现股权多元化，发展多元投资主体的公司，以实现公司制改革的规范化。建立现代企业制度也进而成为这一时期国有企业改革的首要任务。这一阶段改革的战略性目标则是：争取在20世纪最后三年内，基本实现大多数国有大中型企业初步摆脱困境、大多数国有企业建立现代企业制度。

"资产管理体制改革"阶段：党的十六大以后，我们进入了通过改革国有资产管理体制进一步推动国有企业改革的新阶段。2003年3月，国务院成立国有资产监督管理委员会，第一次在政府层面上做到了政府公共管理职能与国有资产出资人职能的分离，基本实现了管资产与管人管事相结合。这是我国经济体制改革的一个重大突破，为落实国有资产保值增值责任、防止国有资产流失提供了可靠的组织保证。目前，国有资产管理体制的改革正在继续向更深层次推进之中。

20多年来，我们的国有企业改革就是这样一步又一步地在艰苦卓绝的摸索中向前迈进的。尽管它比人们在改革开放初期设想的要复杂得多、艰难得多、曲折得多，但确确实实在持续不断地扩展着、深化着。去年，国企改革更在诸多难点问题上取得了新的突破。温家宝总理在党的十六届三中全会《决定》的说明中，对国有企业改革业已取得的成就给予了充分的肯定，他指出："经过多年的努力，我国国有企业管理体制和经营机制发生了深刻变化，市场竞争力明显增强。"那么，我国国有企业20多年的改革与发展究竟取得了哪些成效呢？归纳起来，主要有以下几个方面。

——公司制改革取得显著进展，股份制改革步伐加快。

公司制是现代企业制度的一种有效形式。通过多种形式的改制，截至目前，全国2903家国有及国有控股大型骨干企业中，已有1464家成为了多元股东持股的公司制企业，改制面达50.4%。

股份制是社会化大生产与市场经济有效结合的产物，这种组织形式和运营方式有助于企业在市场竞争中赢得主动、获取优势。通过股份制改革，目前国有控股的境内外上市公司已达1000家，其国有权益和实现利润分别约占全国国有及国有控股企业的17%和46%左右。1998年至2003年底，490家国有企业境内上市公司共筹集资金7850亿元。这项改革还吸引了诸多实力雄厚的战略投资者，不仅有力促进了国有企业生产经营机制的转换，而且大大提高了研发能力和管理水平。

——现代企业制度建设逐步推进，企业经营机制明显转变。

经过多年努力，全国大多数国有企业已建立起现代企业制度的基本框架。据国家统计局对4223家重点企业的调查，截至2003年底，已改制的3430家重点企业中，成立股东会的有2270家企业，占改制企业总数的66.2%；成立董事会的有3272家，占95.4%；成立监事会的有2893家，占84.3%。已改制企业中，还有1261家引入了独立董事制度，占38.5%。目前，53%的中央企业设立了法律事务机构，还有23家大型中央企业建立了总法律顾问制度。

在加快现代企业制度建设和努力完善公司治理结构的同时，国有企业积极推进内部改革，劳动、人事、分配三项制度改革全面展开。

从体制、机制上加强对国有资产的监管，是近些年深化国有企业改革的一项重要任务。1998年，党中央、国务院决定向国有重点企业派出稽察特派员；2000年，稽察特派员制度改为监事会制度。几年来，这项制度发挥出越来越大的作用，通过对企业财务的监督检查，有力促进了经营管理的改善，有效遏制了国有资产的流失，对种种侵害国有资产的不法行为产生了较大的威慑效果。

——国有经济布局和结构得到明显改善，国有企业战略性改组取得积极进展。

党的十五大以来，国有经济布局调整和国有企业重组步伐加快，其成效已经开始显现出来。一是涌现出一批具有国际竞争力的大公司、大企业集团。二是关闭破产了一批扭亏无望的企业和资源枯竭的矿山。三是放开搞活了一批国有中小企业。四是国有企业改制和国有产权转让进一步规范。

——国有企业整体素质明显提高，效益大幅增加，减轻企业负担工作稳步推进。

国有企业技术装备水平和自主创新能力有了显著提高。以冶金行业为例，国有及国有控股企业连铸比超过90%，高于世界85%的平均水平。为我国钢铁工业和工业化发展做出过重大贡献的鞍钢，上世纪90年代中期由于种种原因曾陷入严重亏损状态，生产经营难以为继；近10多年来，鞍钢集团公司坚持改革、改组、改造和加强管理相结合，探索了一条“高起点、少投入、快产出、高效益”的技改路子，与10年前相比，销售收入增长了68.6%，上缴税金增长了83.6%，利润增长了17.3倍，职工平均收入翻了一番。

据统计，1998年到2003年，全国国有及国有控股企业总数从23.8万户减少到15万户，减少了40%；实现利润从213.7亿元提高到4951.2亿元，增长了22.2倍；国有资产总额从14.9万亿元增加到19.7万亿元，净资产从5.21万亿元增加到8.36万亿元。与此同时，企业减负工作进展明显，截至2004年10月底，实施主辅分离的各地国有大中型企业和中央企业818家、改制企业4572家，涉及富余人员100万人。

实践证明，改革开放20多年来，党中央、国务院制定的深化国有企业改革的一系列方针政策是正确的，采取的措施是切合实际的，实施的步骤是循序渐进的，因而是卓有成效的。国有企业的数量虽然减少了，但国有经济的总量增加了、效益提高了、质量改善了、实力增强了，国有经济及国有企业在国民经济中的主导作用和控制能力也得到了更加充分的展现。还要看到，在积极推进国企改革的同时，我国从总体上保持了企业和社会的稳定，这就更加难能可贵了。

尤须强调的是：过去的20多年间，我国国内生产总值年均增长率达到9.3%，这已经是一个了不起的壮举；根据党的十六大提出的全面建设小康社会的宏伟目标，到2020年，经济增长还必须继续保持7%以上的速度，也就是说，中国经济将要连续40多年保持年均8%以上的增长速度！研究表明，20世纪60年代以来，一个国家和地区连续40年经济年均增长5%～6%的，有日本、印度尼西亚和土耳其；年均增长6%～7%的，有香港和马来西亚；年均增长达到7%以上的，只有韩国、新加坡和泰国。像我们这样一个幅员辽阔、人口迄今已达13亿的大国，如果能够实现连续40多年保持年均8%以上的经济增长速度，无疑将是人类发展史上从无先例的伟大奇迹。而国企改革为催生这一伟大奇迹做出的突出贡献，同样是史无前例的。

因此，为实现全面建设小康社会的宏伟目标，我们在毫不动摇地鼓励、支持和引导非公有制经济发展的同时，必须毫不动摇地巩固和发展公有制经济发展，进一步增强国有经济及国有企业的活力和竞争力。加快国有企业的改革步伐，改革国有资产管理体制，不仅有利于进一步搞好国有企业，发展和壮大国有经济，提高国有经济的控制力、影响力和带动力，而且对我国经济继续保持平稳较快的发展势头，圆满完成党的十六大提出的各项战略任务，也具有十分重要的现实意义。

二、正确评价国有企业改革的发展现状

在看到国有企业改革已取得巨大成就的同时，我们也要清醒地看到，国企改革是一个不断探索和完善的长期过程，发展到今天，一些深层次的矛盾和问题，尚未从根本上得到解决，建立完善现代企业制度和资产管理制度及相关配套改革，还有大量工作要做。前一阶段，由于改革不配套，

规则不健全，国有资产出资人没有完全到位，深化国有企业改革的进程中也出现了一些值得注意的问题。

比如，在国有经济布局和结构的战略性调整中，一些地方将其片面地理解为“国退民进”，采用下指标、定时限、赶进度的做法，用搞运动的方式要求国有经济从竞争性领域全部退出，有的甚至把国有经济布局调整简单地理解为“卖”，一卖了之，损害了出资人、债权人和企业职工的合法权益，引起相关职工的不满和社会各方的关注；在企业改制和产权交易中，一些地方也局部存在着暗箱操作、低估贱卖、自卖自买、转移藏匿等不规范的做法，出现了侵占、侵吞国有资产的违纪违法行为，造成国有资产流失。

对于国企改革中出现的种种弊端，需要我们冷静地做出具体的、实事求是的分析。当前国有企业存在的资产质量不够高、运营效率比较低、产权转让不尽规范、资产流失等问题，有的是传统计划经济体制下遗留的老问题，有的是在计划经济向市场经济转轨进程中出现的新问题，其症结恰恰在于国有资产管理改革滞后，一些体制性障碍还没有从根本上消除。所有这些问题，都是必须而且可以随着国有企业改革的不断深化而逐步解决的。实际上，诸如规范企业产权转让、防止国有资产流失等事项，已经引起了决策部门的高度重视，并且出台了一系列相关政策措施，强化监管，堵塞漏洞，工作中的一些偏差正在逐渐得到纠正。

如何评价国企改革的发展现状，去年一度成为社会上的热门话题，至今也未完全止息。国有经济的前途和命运受到全社会的广泛关注，这本是一件好事；发现和指出国企改革中存在的问题和不足，对于进一步完善政策，改进工作也是有益的。但是，评价国企改革的发展现状，应该既肯定成绩、又看到不足，既看到支流、更看到主流；对于国企改革中存在的问题，既不能视而不见、见而不问，也不宜以偏概全，渲染夸大；在有关国企改革的理论探讨中，应该立足于发现问题，解决问题，鼓励开展合乎学术规范、富有建设性的争鸣与交流，尽量避免简单化、情绪化的指责，更要防止打棍子、扣帽子、盲目地贴上“政治标签”。历史是割不断的。研究我国的国有企业改革问题，不能离开中国经济社会发展的大背景，不能离开走中国特色社会主义发展道路的大前提，不能离开我们仍然并将长期处于社会主义初级阶段的基本国情，以及由这一基本国情决定的基本经济制度，不能离开20多年来国企改革乃至整个经济体制改革积累的丰富经验与教训。在推进国有企业改革的问题上，我们必须十分珍惜历史的经验教训，善待人民群众的创造精神，坚持已经过实践反复检验的正确方向，切不可照搬外来的名词概念，更不能搞什么全盘否定，推倒重来。

与此同时，听到这样那样的意见，我们既不可掉以轻心、无动于衷，更不可畏首畏尾、无所适从，正确的态度应该是实事求是，从善如流，认清形势，坚定信心，存在什么问题，就有针对性地采取措施解决什么问题，义无反顾地继续推进国有企业改革。国有企业如何在改革之中求发展，没有现成路可走，唯有充分认识改革的艰巨性、复杂性和长期性，在大胆探索的同时慎重具体操作，在勇于实践的同时善于总结经验，努力把每一阶段、每个环节工作做得更加扎实，更有章法，更见成效。

20多年来国有企业改革的发展历程，是思想不断解放、观念不断更新、理论不断创新的过程。20多年来，我们党不断总结历史的经验教训，吸收理论创新的最新成果，先后就经济体制改革和国有企业改革做出了一系列重大决策，澄清了思想认识上的大是大非问题，为改革规划了正确的思路、方针和目标。当前，需要在一些人民群众关心的热点问题上加强引导，从以下几个方面廓清可能存在的认识误区，推动思想解放和观念更新。

第一，多种所有制共同发展不等于搞资本主义，也不必然导致资本主义。坚持和完善公有制为主体、多种所有制经济共同发展的基本经济制度，是社会主义初级阶段解放和发展生产力的必然要求。党的十六大报告中指出，必须坚持两个“毫不动摇”，一是“毫不动摇地巩固和发展公有制经济”，二是“毫不动摇地鼓励、支持和引导非公有制经济发展”。坚持公有制为主体，促进非公有制经济发展，两者统一于社会主义现代化建设的进程中，不能把它们对立起来。各种所有制经济完全可以在市场竞争中发挥各自优势，相互促进，共生共荣。

第二，探索公有制多种实现形式不等于搞私有化，也不必然导致私有化。党的十六届三中全会通过的《关于完善社会主义市场经济体制若干问题的决定》指出：“积极推行公有制的多种有效实现形式，加快调整国有经济布局和结构。要适应经济市场化不断发展的趋势，进一步增强公有制经济的活力，大力发展国有资本、集体资本和非公有资本等参股的混合所有制经济，实现投资主体多元化，使股份制成为公有制的主要实现形式。”随着实践的发展，公有制的内涵也有一个发展变化的过程。要全面认识公有制的含义，公有制经济不仅包括国有经济和集体经济，还包括混合所有制经济中的国有成分和集体成分。企业资产组织形式的变化，并没有改变其所有制性质。把对公有制实现形式的种种探索归之于“私有化”，是完全错误的。

第三，调整国有经济布局不等于“国退民进”，也不必然导致国有经济萎缩。党的十五大提出了从战略上调整国有经济布局的任务，党的十五届四中全会通过的《关于国有企业改革和发展若干重大问题的决定》就此作出了具体部署。针对国有经济分布过宽、整体素质不高、资源配置不尽合理的问题，本着有进有退、有所为有所不为的方针调整国有经济布局，有利于国有经济控制力和竞争力的提高，体现了对国有经济在国民经济中主导作用的新认识。如果简单地把调整国有经济布局称之为“国退民进”，甚至在调整中对国有企业“一卖了之”，则是对这一重大战略的曲解。我们要全面理解、准确把握中央的方针政策，按照十六届三中全会的要求，进一步完善国有资本有进有退、合理流动的机制，推动国有资本更多地投向关系国家安全和国民经济命脉的重要行业和关键领域，增强国有经济的控制力。其他行业和领域的国有企业，通过资产重组和结构调整，在市场公平竞争中优胜劣汰。

第四，产权制度改革不等于国有资产流失，也不必然导致国有资产流失。现代产权制度是现代企业制度的基础，产权清晰是现代企业制度的首要特征。党的十六届三中全会强调，产权是所有制的核心和主要内容，提出要建立归属清晰、权责明确、保护严格、流转顺畅的现代产权制度。推进产权制度改革，是推进国有企业改革的题中应有之义。近年来，随着国企改制重组和国有经济布局调整步伐的加快，企业国有产权的转让活动明显增多，这对推动国有资产存量调整、实现资源优化配置起到了积极作用。但是，实践中也出现了一些问题，一方面，应当承认国有产权转让中确实存在国有资产流失的现象，对此要予以高度重视并继续采取有效措施加以遏止；另一方面，不能把国有产权转让等同于国有资产流失，对具体情况要作具体分析。目前，国有产权制度改革正处于关键时期。我们要按照十六届三中全会确定的改革方向积极推进现代产权制度建设，不能因为出现一些问题而否定国有产权制度的改革方向和取得的成效，以致放慢改革步伐；也不能对存在的问题视而不见，任其发展，要通过创新体制机制、完善政策法规、加强监督管理，使国有产权制度改革在推进中不断规范，在实施中不断完善。

三、坚定不移把国企改革继续向前推进

当前，我国的国有企业改革正处于攻坚阶段，必须坚定不移地把国有企业改革继续推向深入，绝不能因为出现了一些消极因素，就对国有企业改革的方向产生怀疑，就对国有企业改革与发展的一系列方针政策发生动摇。一定要确立这样一个指导原则——只有进一步深化改革，才是解决国企改革面临的各种深层次矛盾和问题的治本之策。

坚定不移地推进国有企业改革，也是应对国际国内竞争形势的需要。国有企业特别是国有大中型企业，一直是我国工业和国民经济的强大支柱，是国家财政收入的主要来源，也是我国参与国际竞争的主力和实行对外开放的中坚力量。在深化改革和扩大开放中，国有企业面临的竞争越来越激烈。目前，世界500强企业中，已经有400多家进入中国，随着我国加入世贸组织的各项承诺的逐步兑现，跨国公司进入中国的势头不会减弱。这些公司在规模、技术、资金、品牌等方面具有强大的优势，我们必须加快推进国有企业改革，把企业做大做强，培育和发展一批具有自主品牌、核心技术和国际竞争力的大公司、大企业集团，并切实提高他们的自主创新能力，这是一项相当重要而紧迫的任务。

形势逼人，时不我待。搞好国有企业改革，事关改革、发展和稳定的大局。党的十六届三中全会明确指出，完善国有资产管理体制，深化国有企业改革，一是要建立健全国有资产管理和监督体制，二是要完善公司法人治理结构，三是要加快推进和完善垄断行业改革。我们要认真贯彻中央确定的方针政策和今年对这方面工作的总体部署，进一步完善国有资产管

理体制，深化国有企业改革，按照建立现代企业制度的要求，健全公司法人治理结构，促进经营机制的转变，增强国有企业的竞争力，落实防止国有资产流失的各项政策措施。

面对下一步国企改革和国有经济布局及结构调整的艰巨任务，我们必须坚持改革的方向，坚定发展的信心，大胆探索，勇于实践，坚定不移，积极推进。当前，需要着重做好以下几项工作。

——加快建立健全国有资产管理体制和监管方式。

在国有经济布局和结构的调整中以及国有企业的改制过程中出现的一些问题，造成了国有资产的流失，损害了社会公平，也影响了改革的正常推进。当前需要认真总结经验教训，加强监督和管理，使国有企业改制工作在推进中规范，在实施中完善。建立健全权责明确、管理规范、上下协调、精简高效的中央和省、市（地）两级地方政府国有资产监督管理机构，是建立新的国有资产管理体制的一项重要内容，也是实现出资人层层到位、保证国有资产保值增值责任层层得到落实的重要前提。与此相配套，还要抓紧制定和完善国有资产监督管理法律法规体系，规范工作程序，为《国有资产法》的出台积累经验，创造条件。

——加快推进国有经济布局和结构调整，培育一批自主创新并具有国际竞争力的大公司、大企业集团。

加快经济结构的战略性调整，推动经济增长方式的根本性转变，必须大力实施大公司大企业集团战略、必须以提高企业的自主创新能力为中心环节。大公司大企业集团是一个国家经济发展的支柱，是技术进步、产业升级、结构调整的中坚和骨干。加快培育一批具有国际竞争力的大公司大企业集团，应当实施好五大战略。一是加快股份制改革步伐，并按照现代企业制度的要求建立规范的公司治理结构，为企业可持续发展提供体制保障。二是积极推进国有企业的重组调整，进一步优化企业组织结构，实现优势互补和资源的优化配置，从总体上提高国有企业的竞争力。三是突出主营业务，减少管理层次。主营业务太多，相互之间跨度较大，并且产业关联度又比较低，不利于企业集中资源做强做大主业、提升整体盈利能力和可持续发展能力；管理层次太多，也会降低管理效率，甚至造成管理失控。只有不断提高企业主营业务的竞争力，努力减少管理层次，才能在市场竞争中处于有利地位。四是要把完善以企业为主体的技术创新体系作为重中之重，大力推进企业技术进步，进一步提高企业的核心竞争力。五是大力实施“人才强企”战略，把科技人才作为企业的第一资源和第一生产力，完善以业绩考核为重点的人才评价考核体系，建立健全有效的激励约束机制，为做大做强国有企业提供人才保证和智力支撑。

——加快推进和规范国有企业股份制改造。

党的十六届三中全会提出，使股份制成为公有制的主要实现形式。推进股份制改革必然涉及产权转让问题，在我国目前的情况下，国有及国有控股的大企业不宜实施管理层收购并控股，国有中小企业改制可以探索试行管理层收购或控股，但要切实做到规范推进，公开公正，把好离任审计、资产评估、进场交易、公开竞价等几个关键环节，有效维护出资人、债权人和职工群众的合法权益，切实做到国有资产流动而不流失。事实证明，规范国企产权改革的行为，不仅能促进国有资产合理流动和重组，优化国有经济布局和结构，防止国有资产流失，而且能加快国企产权改革、建立现代产权制度的步伐。

——加快建立完善适应现代企业制度要求的公司法人治理结构。

现代公司制度普遍采用所有权与经营权相分离的模式，这就产生了一系列的委托代理关系，必须有一套科学严格的公司治理的制度安排，才能保证经理运营的结果体现所有者意志，保障所有者权益。因此，公司治理结构是现代企业制度的核心，是一个有国家法律保障、公司章程和合同约束，制度严谨的分权、分责的制衡机制。在国有企业中建立完善的公司治理结构，就要按照现代制度的要求，规范公司股东会、董事会、监事会和经营管理者的权责，其中最重要的是要建立健全董事会，这是处理好所有权与经营权的关系、落实好国有资产经营责任的关键。

——加快推进相关配套改革，正确处理改革和保持企业与社会稳定的关系。

深化国有企业改革，需要企业自己的主观努力，同时也需要良好的外部环境和相应的体制保证。为此，财政、税收以及金融体制等，都要做出相应的改革，以建立支持国有企业改革和调整的稳定的资金渠道。特别是要通过社会保障体系的完善，加大社会保障的覆盖面，使养老、医疗、失业等社会保障覆盖城镇所有用人单位及职工，实现各种保险管理和服务社会化。应该更加清楚地看到，改革行为要靠法律法规来规范，改革成果也要靠法律法规来巩固，要抓紧修改和完善《公司法》和《破产法》，并尽快出台《国有资产法》，以保障、规范和促进国有企业的改革和发展。同时强化执法监督，提高执法水平，使包括国有企业在内的各类企业依法经营，平等竞争。要整顿和规范会计、审计、评估、行业协会等各类中介机构，依法监督企业经营活动，依法维护企业合法权益。特别是要把握好改革措施出台的时机、力度和节奏，严格执行有关改革和操作程序，正确处理好改革涉及的各种利益关系和矛盾，妥善解决职工的实际困难，倾力维护构建社会主义和谐社会的大局。

国有企业改革是一场广泛而深刻的经济变革，前进的道路上面临着机遇，也充满了挑战。我们没有理由徘徊，没有理由退缩，必须坚持以邓小平理论和“三个代表”重要思想为指导，坚持科学发展观，坚持解放思想、实事求是、与时俱进，破除一切妨碍发展的观念和体制机制弊端，按照党中央确定的方针政策，把握方向，规范改制，大胆探索，勇于实践，坚定不移地加快推进国有企业改革与发展，保证国有企业改革沿着正确的道路继续前进，让不断发展壮大的国有经济为实现全面建设小康社会的目标做出新的更大的贡献。

（载于《马克思主义理论研究和建设工程参考资料》137期）

论中国化马克思主义宗教观

方 立 天

一、中国化马克思主义宗教观的界说和形成

一般而言，宗教观的内容主要包含三个方面：一是宗教本质观，即关于宗教的内在联系及其性质的观点；二是宗教价值观，即关于宗教的社会功能、作用和意义的观点；三是宗教历史观，即关于宗教的起源、演化及其规律的观点。19世纪中叶，马克思、恩格斯运用历史唯物主义的原理和方法，阐述了宗教的本质、根源、作用和演化规律，形成了马克思主义宗教观。后来列宁又进一步论述了宗教的社会根源和社会作用，以及无产阶级政党对待宗教的态度，普列汉诺夫等人也对宗教有所论述，丰富了马克思主义宗教观。中国共产党的三代领导集体和以胡锦涛同志为总书记的党中央在领导中国革命、建设和改革的实践过程中，对宗教提出了一系列重要观点，代表了马克思主义宗教观发展的最新成果、最新阶段。鉴于这些观点是结合中国国情和宗教教情提出的与时俱进的创新观点，是马克思主义宗教观中国化的产物，我们姑且称之为“中国化马克思主义宗教观”。

中国化马克思主义宗教观的基本内涵约有四个方面：在马克思主义宗教本质观、宗教价值观和宗教历史观三方面都提出了一些新观点、新思想，至于“积极引导宗教与社会主义社会相适应”论断即宗教适应观，更是在当代宗教与社会主义社会关系理论上的崭新创造。以下分别就这四个方面的内容做一简要的论述。

二、中国化马克思主义宗教本质观

马克思主义宗教本质观的典型表述是恩格斯的一段话："一切宗教都不过是支配着人们日常生活的外部力量在人们头脑中的幻想的反映，在这种反映中，人间的力量采取了超人间的力量的形式。"这是说，宗教是人们头脑中对超人间力量（神灵）的幻想的反映，宗教的本质是对神灵的幻想、笃信和崇拜。

毛泽东继承马克思主义宗教本质观，一再强调宗教是属于"人民内部的思想问题"、"精神世界的问题"、"思想性质的问题"。周恩来也说："我们只把宗教信仰肯定为人民的思想信仰问题。"也就是说，宗教就其本质而言，是一种人民群众的思想信仰。更值得我们重视的是，毛泽东关于宗教是文化的观点。毛泽东把道教、佛教都视为文化，甚至是优良文化。毛泽东关于宗教是文化的观点，是中国化马克思主义宗教本质观的集中体现。

中共中央《关于我国社会主义时期宗教问题的基本观点和基本政策》开宗明义指出："宗教是人类社会发展一定阶段的历史现象，有它发生、发展和消亡的过程。宗教信仰，宗教感情，以及同这种信仰和感情相适应的宗教仪式和宗教组织，都是社会的历史的产物。"这一关于宗教的定义式的表述包含了丰富的内容：强调宗教是一种社会历史现象，而不仅仅是意识形态现象；强调宗教有其演化的客观规律，是不以人们的主观意志为转移的；强调宗教现象是由多种要素构成的，而信仰是其中的第一要素，也可说是核心要素。

马克思和列宁都说宗教是人民的精神鸦片，我们认为这里所说的鸦片，是指具有一种镇定、麻醉、止痛作用的药物，而与毒品有别。1950年，当有同志提出列宁在1909年讲过宗教是鸦片时，周恩来解释说，"这是革命时期的口号。现在我们有了政权，可以不必强调宗教就是鸦片了"。事实上，中国共产党关于宗教问题的文件里从来没有提过"鸦片说"，更不是以宗教"鸦片说"作为制定党的宗教方针政策的全部理论根据。

中共中央《关于我国社会主义时期宗教问题的基本观点和基本政策》

还强调，要区分正常的宗教活动与不属于宗教范围的迷信活动，指出迷信活动是危害国家利益和人民生命财产的。强调宗教不同于迷信，这就有利于保障宗教信仰自由政策的实行。

如前所述，宗教五性论是中国共产党宗教观的重要内容，即群众性、长期性、民族性、国际性和复杂性。五性后来又被简约为三性，即群众性、长期性和复杂性。五性或三性，在表述上有的是指宗教，有的是指宗教性质，也有的是指宗教的社会特性，有的则是指宗教工作，还有的是指宗教问题。笔者认为，上述五性或三性，并非指宗教的本性、本质而言，而是从宗教工作出发，对中国宗教社会现象所做的分析，似可以称作中国宗教社会现象的五性论或三性论。我们认为，既把握宗教的普遍本质，又把握中国宗教社会现象的特点，是做好中国宗教工作的前提。五性论或三性论是中国宗教工作的根本指导思想。

毛泽东等中国共产党领导人，都肯定宗教是一种思想信仰，是精神世界的问题，是文化，同时也都鲜明地指出宗教是一种有神论，是唯心主义。由此，似乎可以说，视宗教本质为有神论的信仰文化，是中国化马克思主义宗教本质观的核心观点。

三、中国化马克思主义宗教价值观

这里讲的宗教价值并非指“神圣价值”，而是指宗教的功能、作用意义上的价值。宗教的功能、作用，可以从不同角度考察，如侧重于社会角度，有政治、经济、教育、道德、文化等功能、作用；若侧重于个人角度，则有信仰、认识、调适、慰藉等功能、作用。

马克思主义者对宗教的功能、作用，一般都持两重性的观点，认为宗教既有积极的一面，也有消极的一面。马克思、恩格斯和列宁根据当时的历史背景，认为宗教在历史上主要是发挥了统治阶级的意识形态的作用，强调应当消除基督教与社会压迫剥削制度的联系。

中国马克思主义者同样正视宗教的消极性，并竭力减弱宗教的消极作用，同时也重视联合、团结宗教界，发挥宗教作用的积极一面，以期推进革命、建设和改革事业的不断向前发展。

中国共产党创造性地提出了宗教信仰与政治立场有别的原则。毛泽东、周恩来、邓小平和江泽民都认为，不能简单地把无神论与有神论的差异等同于政治上的对立，强调要把人民群众的思想信仰与政治立场分开；认为人民群众思想信仰的差异，并不影响彼此在经济上根本利益的一致，不影响在爱国、维护祖国统一、拥护社会主义等涉及政治立场和政治方向的原则问题上的一致。毛泽东在1940年初发表的《新民主主义论》中，一方面强调共产党员绝不能赞同唯心论或宗教教义，一方面又主张"共产党员可以和某些唯心论者甚至宗教徒建立在政治行动上的反帝反封建的统一战线。"中国共产党人对宗教信仰与政治立场关系的这种界说，为宗教界在中国革命、建设和改革事业中，充分发挥正面作用提供了理论根据和思想基础，具有重大的理论意义和实践意义。

中国共产党领导人肯定宗教文化的功能，重视发挥宗教文化的积极作用，是中国化马克思主义宗教价值观的重要内涵之一。尤为值得注意的是，中国共产党领导人本着实事求是的科学态度，对宗教教义中某些合理因素给予的积极肯定，为全面、准确评价宗教的功能、作用提供了新的理论视野。毛泽东一生在学术上对佛教颇有兴趣，对佛教教义和一些佛典有他自己的独到见解。由于在社会主义社会，经过宗教制度的民主改革，在中国共产党领导下宗教不再是反动统治阶级用来压迫人民的工具，而且宗教教义的某些方面与中国共产党的思想有一定的共同之处，宗教教规和宗教道德中的去恶从善等内容又有利于社会主义精神文明的建设，因此，发掘宗教中的积极因素为建设社会主义社会服务，顺应时代潮流，适应社会需要，符合人民利益，有利于历史发展。

肯定宗教教义的某些积极因素，并不等于模糊和取消无神论与有神论、唯物主义与唯心主义的差异。但是"在现阶段，信教群众与不信教群众在思想信仰上的这种差异，是比较次要的差异"，历史表明，片面强调这种差异而忽视和抹杀信教群众和不信教群众在政治、经济根本利益上的一致，只能加深信教群众和不信教群众之间的隔阂、对立，甚至刺激和加剧宗教狂热，给社会主义事业带来严重的后果。中共中央对信教群众与不信教群众在思想信仰上的差异的恰当定位，为发挥信教群众的积极作用提供了思想认识的保障。

可以说，尽力挖掘和发扬宗教某些内在的积极因素为中国革命、建设和改革事业服务，进而推进社会主义社会向前发展，是中国马克思主义宗教价值观的精髓。

四、中国化马克思主义宗教历史观

马克思、恩格斯和列宁都高度重视对宗教消极方面的批判，但同时也不主张人为地消灭宗教，认为宗教所赖以存在的物质基础将是长期存在的。中国共产党人依据马克思主义的历史唯物主义原理，结合中国宗教的具体实际，阐发了宗教存在的长期性、宗教产生与存在的根源以及宗教的消亡等问题。

与宗教存在的长期性观点相一致，中国共产党领导人也关注宗教的自然消亡问题，强调不应人为地消灭宗教。毛泽东说："宗教的消灭，只有在人类消灭了阶级并大大发展了控制自然和社会的能力的时候，才有可能。"这里讲的"消灭"，实是自身消灭，逐渐消亡，意思是说宗教消亡是未来的事，是它自身灭亡，并非是什么人把它消灭。毛泽东反对人为地取消或破坏宗教，他说："只要人民还相信宗教，宗教就不应当也不可能人为地去加以取消或破坏。"还说："企图用行政命令的方法，用强制的方法解决思想问题，是非问题，不但没有效力，而且是有害的。我们不能用行政命令去消灭宗教，不能强制人们不信教。"周恩来也明确地说："谁要企图人为地把宗教消灭，那是不可能的。……如果我们不想要的东西就认为它不会存在，那是不符合客观实际的"。"消灭民族，消灭宗教，就是消灭人民了，就成了消灭自己了"。中国共产党反对人为地消灭宗教的立场和观点是何等鲜明、坚定。

既然宗教的消亡是一个漫长的历史过程，那么，解决宗教问题的途径是什么呢？中共中央在《关于我国社会主义时期宗教问题的基本观点和基本政策》中明确指出："解决宗教问题的唯一正确的根本途径，只能是在保障宗教信仰自由的前提下，通过社会主义的经济、文化和科学技术事业的逐步发展，通过社会主义物质文明和精神文明的逐步发展，逐步地消除宗教得以存在的社会根源和认识根源。"无疑这对于避免人为地消灭宗教的做法是有积极指导意义的。

五、中国化马克思主义宗教适应观

“宗教适应观”是“积极引导宗教与社会主义社会相适应”论断的简称，严格来说是“引导宗教适应观”，为行文方便，简称“宗教适应观”。马克思、恩格斯重视考察宗教现象，进而揭示了宗教与私有制的联系。列宁由于过早逝世，无从考察苏俄社会主义社会建设时期的宗教问题。在无产阶级建立政权以后，执政党在社会主义社会历史阶段，如何看待宗教的作用，处理宗教的问题，防止宗教的消极作用，调动宗教界的积极性，就成为中国共产党必须面对、探讨、解决的历史性任务。

毛泽东、周恩来等人善于从革命大局来观察宗教问题，他们把人们的思想信仰与政治立场分开，提出团结宗教信仰者，组成爱国统一战线的主张。统一战线的成功实践，不仅是中国共产党第一代领导集体在宗教问题上的重大创新，而且为逐步形成宗教与社会主义社会相适应理论提供了成功的历史借鉴。1980年8月26日，邓小平在与十世班禅谈话时说：“对于宗教，不能用行政命令的办法；但宗教方面也不能搞狂热，否则同社会主义，同人民的利益相违背。”邓小平的这一论断深刻地揭示出社会主义与宗教两者之间关系的关键问题。这就是，一方面，社会主义国家如果用政治力量压制宗教，不仅对宗教造成危害，而且也必将给社会主义事业带来危害；另一方面，宗教如果超越国家的法律和政策，搞狂热，不仅对社会主义有害，同广大人民的利益相违背，而且对宗教自身的合法生存和良性发展也是极为不利的。为了避免以上情况的发生，最佳的选择，就是从政府和宗教两方面努力保持宗教与社会主义社会相适应。

中国共产党第三代领导集体进一步提出了“积极引导宗教同社会主义社会相适应”的理论。江泽民全面阐明了“积极引导宗教与社会主义社会相适应”的理论。他反复强调了“适应”的含义：“这种适应，并不要求宗教信徒放弃有神论的思想和宗教信仰，而是要求他们在政治上热爱祖国，拥护社会主义制度，拥护共产党的领导；同时，改革不适应社会主义的宗教制度和宗教教条，利用宗教教义、宗教教规和宗教道德中的某些积极因素为社会主义服务。”又说：“我们倡导的我国宗教应与社会主义社会相适应，包括两方面的含义：一是宗教界人士和信教群众要遵守国家的法律、法规和方针政策；二是宗教活动要服从和服务于国家的最高利益和民族的整体利益，宗教界人士要努力挖掘和发扬宗教中的积极因素，为祖国统一、民族团结和社会发展多做贡献。”这两段话的要义有：一是“适应”的定位，是指政治上的适应，非思想信仰上的适应，也就是有差别的适应，不是无差别的适应。这种求政治上之同，存思想信仰上之异的适应，也就是“政治上团结合作，思想信仰上互相尊重”原则的体现。二是“适应”的含义，有两个方面，也是党和政府对宗教界的两个要求。三是“适应”的主动或被动，内在或外在的问题。这里所谓的适应是要求宗教界主动适应，内在地适应，也就是要发扬中国宗教的优良传统，努力挖掘和发扬宗教中的积极因素，为社会主义社会服务。

要做好宗教与社会主义社会相适应的引导工作，从根本上说，是将宗教纳入法制的轨道。这有两个方面的规范，一方面是政府宗教工作部门必须按照宪法、法律做好宗教工作，一方面是宗教界必须在宪法、法律许可范围内活动。江泽民反复强调的全面贯彻执行党的宗教政策、依法管理宗教事务和坚持独立自主自办的原则，就是将宗教纳入法制轨道的基本内容和基本方法，也是依法引导宗教与社会主义社会相适应的基本原则和基本途径，对于宗教与社会主义社会相适应具有决定性的意义。

宗教与社会主义社会相适应的理论，其实质就是，社会主义社会时期党和政府如何规范宗教与法制、宗教与社会的关系问题。中国共产党第三代领导集体正是从社会主义初级阶段这一基本国情出发，总结新中国成立以来宗教工作的成功经验，做出积极引导宗教与社会主义社会相适应的科学论断，为党和政府找到了正确处理宗教问题的最佳途径，为中国宗教指明了正确方向。“积极引导宗教与社会主义社会相适应”的宗教适应观，是中国化马克思主义宗教观的最集中体现，也是中国共产党对马克思主义宗教观的最重大贡献。

中国共产党第十六次代表大会以来，以胡锦涛同志为总书记的党中央也一直高度重视宗教工作。《中共中央关于加强党的执政能力建设的决定》就宗教工作问题提出：“全面做好党的宗教工作，贯彻党的宗教信仰自由政策，依法管理宗教事务，坚持独立自主自办的原则，积极引导宗教与社会主义社会相适应。”重申中国共产党的宗教工作的基本方针。该《决定》还把提高构建社会主义和谐社会的能力作为加强党的执政能力建设的一个重要方面，突出强调要“适应我国社会的深刻变化，把和谐社会建设摆在重要位置”。宗教是重要的社会现象，宗教徒是社会中的特殊群体，如何提升党和政府与宗教界的和谐关系，如何维护宗教徒与非宗教徒的和谐相处，如何保持不同宗教徒之间的和谐共存，是建设和谐社会的极其重要方面。

六、中国化马克思主义宗教观的重大意义

中国化马克思主义宗教观的内涵是深刻而丰富的，就其创新性观点而言，可初步归结为以下十个要点：（1）宗教是一种社会历史现象的观点，改变了那种仅把宗教定位为一种意识形态的观点；中国宗教社会现象具有“五性”或“三性”的观点；（2）宗教是人民内部思想信仰的观点，宗教是文化的观点；（3）宗教产生和存在的最深层根源，在于人们有不能解释和不能解决的思想问题的观点；（4）宗教长期性的观点，宗教消亡在阶级和国家之后的观点；（5）把思想信仰与政治立场分开的观点；（6）信教群众与不信教群众在信仰上的差异是比较次要的差异的观点，思想信仰上互相尊重的观点；（7）在正视宗教中存在消极因素的同时，重视挖掘、运用和发挥宗教中的积极因素的观点；（8）信教与不信教以及信仰不同宗教的群众，在政治、经济根本利益上是一致的观点，信教群众同样是社会主义建设的积极力量的观点；（9）强调执行宗教信仰自由政策，处理宗教问题的根本出发点和落脚点，是使全体信教的和不信教的群众联合起来，集中建设现代化的社会主义强国这个共同目标的观点；（10）积极引导宗教爱国爱教，与社会主义社会相适应的观点。

中国化马克思主义宗教观，突出地体现了中国共产党领导人善于从国际国内的大局出发观察、认识宗教，调动和发挥宗教界的积极性，以推进社会主义建设事业发展的广阔视野，也生动地体现了中国共产党解放思想、实事求是、与时俱进的理论创新精神。这是把马克思主义宗教观的基

本原理与中国宗教问题的具体实际、中国宗教工作的丰富经验以及与中国社会主义社会本质要求三者结合，在革命、建设和改革的长期实践中加以认真总结的理论产物，是宗教学理论的宝贵精神财富。

中国化马克思主义宗教观具有重大的理论意义和实践意义：

第一，中国化马克思主义宗教观极大地丰富和发展了马克思主义宗教本质观、价值观和历史观，从而有助于破除对马克思主义宗教观的教条主义理解，有助于澄清附加在马克思主义宗教观名下的某些模糊观点。诸如片面地把宗教归结为政治性意识形态的观点，把宗教“鸦片论”等同于“毒品论”的观点，认为宗教将在短期内消亡、消灭的观点，等等。中国化马克思主义宗教观在客观上也为宗教学说的理性思考树立了典范，为学术创新和繁荣创造了氛围和条件。

第二，中国化马克思主义宗教观不仅有助于提高宗教人士对中国共产党在宗教问题上的基本观点和基本政策的认识，消除种种疑虑，甚或对立和紧张，也有助于提高他们对自身宗教信仰的认识，使其发扬适应社会需要和进步的积极因素，自觉限制与消除不适应社会需要和进步的消极因素，进而推动宗教自身的良性的、健康的发展。

第三，中国化马克思主义宗教观为制定合乎国情、教情的宗教政策和合乎宗教特性的、规范的宗教行政管理工作法规提供了正确的理论基础和思想指导。新中国成立后的历史表明，凡是执行符合中国化马克思主义宗教观的宗教政策，宗教工作的开展就顺畅、稳健，宗教生活就正常、适度，宗教与社会的关系就协调、适应；反之，如“文化大革命”期间，视宗教为落后、反动的代名词，为异己力量，欲一举消灭之，其结果是，不仅使宗教界遭受劫难，而且也必然遭到反弹，从而破坏社会的和谐融洽与全面发展。

第四，中国化马克思主义宗教观对于建构和谐社会有着特殊的实践意义。中国化马克思主义宗教观，尤其是其中的适应观，涉及了宗教与国家政权的新型政教关系、宗教与社会生产力发展即宗教与社会经济的关系、宗教与社会文化的关系、有神论者与无神论者即宗教信徒与非宗教信徒的关系、不同的有神论者即不同宗教信徒之间的关系等广泛领域。在一个拥有悠久文化传统、崭新社会制度和 13 亿人口的大国，如何使这种种关系协调融洽，实在是一项空前的富有挑战性的伟大实践。我们认为只要遵循积极引导宗教与社会主义社会相适应的方针，社会各界也都做出自觉的努力，就一定会大大增强全社会方方面面的凝聚力，就一定能够推动社会主义和谐社会的建构、发展和进步。

中国化马克思主义宗教观是马克思主义宗教观发展史上的一座丰碑，一座里程碑。可以预期，中国共产党人将继续根据时代的发展、宗教的演化和宗教工作的新鲜经验，不断探索、不断总结宗教理论，进而为马克思主义宗教观的不断丰富、不断发展做出新贡献。

（载于《马克思主义理论研究和建设工程参考资料》214期）

正确认识和把握
当代资本主义研究中的几个界限

徐崇温

第二次世界大战以后的半个多世纪以来，当代资本主义发生了极其广泛而深刻的变化。如何认识这些变化，是涉及当代世界发展大势的重大理论和战略问题，并影响到社会主义国家发展战略的思考。能不能用科学的态度去认识当代资本主义的新变化，直接关系到社会主义的兴衰存亡。因此，在总结这个方面的历史经验的基础上，把握当代资本主义研究中的几个界限，就有十分重要的理论意义和现实意义。

一、不承认、不正视当代资本主义的新变化是不行的

在世界社会主义运动中，不承认、不正视当代资本主义发生了新变化的典型，某种意义上当首推斯大林。他在1952年发表的《苏联社会主义经济问题》一书中说："第二次世界大战及其经济影响在经济方面的最重要的结果，应当认为是统一的无所不包的世界市场的瓦解。这个情况决定了世界资本主义体系总危机的进一步加深"，其表现是"各主要资本主义国家（美、英、法）夺取世界资源的范围，将不会扩大而会缩小；世界销售市场的条件对于这些国家将会恶化，而这些国家的企业开工不足的现象将会增大"。据此，他引出结论说列宁在1916年春提出的"资本主义虽然腐朽，但'整个说来，资本主义比以前发展得更迅速无比'的论点"，斯

大林本人在二战以前提出的“关于资本总危机时期市场相对稳定的论点”都“已经失效”。

斯大林提出的这个观点，在当时就是不符合客观事实的。在二战中饱受战争蹂躏、遭到严重破坏的主要资本主义国家，除德、意之外，在1948年就已恢复乃至超过了1938年的水平，到1950年，整个西欧已完全恢复到战前的水平。

由于斯大林的这个观点，是建立在因为两个阵营的存在而出现、并在此期间始终存在的所谓“统一的无所不在的世界市场的瓦解”基础上的，这就把他的观点，又发展成了一种不顾客观事实发生什么变化都始终僵滞不变的思维定式，使人们看不到在发展进程中资本主义不仅具有其根本性质不变的一面，而且还有其生产力不断发展以及经济基础、上层建筑的某些环节适应形势的变化而改变的一面，从而为生产力的继续发展提供新的空间，使资本主义国家的阶级矛盾和社会矛盾也能得到相当程度的缓和。

斯大林的这种思维定式，同马克思主义经典作家从实际出发、与时俱进的思维方式截然相反，还有碍于世界社会主义运动对当代资本主义的认识和斗争实践。对此，日本共产党在1985年的第17次全国代表大会上就批评斯大林的资本主义总危机理论带有片面性，它片面强调资本主义危机，助长那种认为经济危机会自动转化为革命危机的片面看法；而轻视统治阶级摆脱危机的对策和应变能力，过分依靠形势，忽视主观的努力，因而不能准确地认识形势和进行实践，容易产生“左”倾冒险主义和失败主义等错误。

至于斯大林所谓“统一的无所不在的世界市场的瓦解”和有“两个平行的也是互相对立的世界市场”的观点，在实践中更导致了割断社会主义国家与世界资本主义的联系，使社会主义国家把自己封闭起来，从而使之在世界科技革命的浪潮中，同发达资本主义国家在科技、经济方面的差距越拉越大，它直接招致了原苏联后来在经济上的不断滑坡。

二、把当代资本主义的新变化说成是其本质的根本改变是有害的

然而，在世界社会主义运动中，把当代资本主义的新变化竭力夸大为资本主义本质的根本改变，抹杀社会主义与资本主义的原则界限，最终导致东欧剧变苏联解体的，却是戈尔巴乔夫。

在1989年11月发表的《社会主义思想与革命性变革》一文中，戈尔巴乔夫说，"马克思对资本主义自我发展的可能性估计不足"，"没有推测出两种社会制度在庞大的国家集团中长期共存"，"促进资本主义的自我完善"，现在，"资本主义的性质发生了重大变化"，"生产已经国际化，整个资本主义经营跨国化"，所以"首先必须排除两大社会体系的对抗性，抽象的形而上学的对立"。在1990年4月发表的《未来世界与社会主义》一文中，戈尔巴乔夫又说："资本主义现在远不是从前那种资本主义了"，"社会主义的一些特征诸如公有制、计划、社会保障，在某种程度和范围内已经成了先进的西方社会生活习以为常的部分。现代的民主和法律制度在很大程度上也是社会主义思想和行动的成果"。在苏联解体后出版的《难以决断的岁月（选集1985—1992）》中戈尔巴乔夫说："从19世纪下半叶以来所产生的'社会主义—资本主义'那种二律背反论，我总觉得现在已经过时。"在1995年出版的《戈尔巴乔夫回忆录》中，戈尔巴乔夫针对人们关于东欧剧变损害了社会主义而有利于资本主义的批评，辩驳说：这种批评所采用的是"非黑即白的思维方式"，而"这种'二进制'的思想方法已经绝对过时了"，"资本主义和社会主义的基本概念本身需要重新考虑"。在1998年出版的《对过去和未来的思考》一书中，戈尔巴乔夫还说："'资本主义'和'社会主义'概念本身在它们通常的、惯用的意义上已经难以描绘和说明现实。"

戈尔巴乔夫的这些把当代资本主义新变化说成其本质的根本改变的说法统统是没有根据的无稽之谈。因为在当今世界，资本主义所固有的基本矛盾依然存在，并没有因为发达资本主义国家科技、经济的发展而有本质的改变。发达资本主义国家所采取的种种自我调节、改良和改善措施，并

没有触动资本主义统治的根基，并没有从根本上改变资本主义制度的性质。恰恰相反，由于资本主义在经历这些新变化的过程中，它的不断增加的财富越来越集中在少数人手里，使贫富两极分化继续不断扩大，这就不可避免地会加剧资本主义的各种矛盾，会在新的基础上积累和加深资本主义社会的基本矛盾。

就以戈尔巴乔夫所津津乐道的所谓发达资本主义国家已经具有社会主义的一些特征来说吧，在过去几十年里，发达资本主义国家确实推行了《共产党宣言》所提出或与此相类似的措施，如颁布和实行劳动法、最低工资法、福利救济、公共住房、公共卫生体制、遗产税、累进所得税等等，以致有的西方左翼学者评论说：要是“没有这些改革措施，没有这些改革，很难想象资本主义还会继续存在”。然而，这丝毫也不意味着资本主义就具有了社会主义的一些特征了，意味着区分资本主义与社会主义的概念和思维方法就已经过时了。

第一，发达资本主义国家是为了维护资本主义制度的生存和发展，而不是为了改变资本主义制度的根本性质，而去借鉴和采取这些措施的。恩格斯在《英国工人阶级状况》一书的1892年德文第2版序言中，曾经谈到过“过去带头同工人阶级作斗争的最大的工厂主们”，现在“学会了避免不必要的纠纷，默认工联的存在和力量，最后甚至发现罢工——发生得适时的罢工——是实现他们自己的目的的有效手段”。应当说发达资本主义国家采取《共产党宣言》所提出的工人掌权后所应采取的一些措施和借鉴社会主义国家的一些做法，是出于同样的目的、具有同样的性质，也是把它们当作维护自己的生存和发展、达到自己目的的一种手段。

第二，发达资本主义国家是在资本主义经济、政治、文化的基本框架内采取这些措施、借鉴这些做法的，它可以调节、缓解资本主义私有制对生产力发展的羁绊和束缚，使其阶级矛盾、社会矛盾得到相当程度的缓和，却并没有触动资本主义统治的根基。

第三，即使在和平与发展成为时代主题的条件下，发生和发展着世界从对抗转向对话，由紧张转向缓和的明显趋势，发生了和继续发生着种种的新变化的资本主义，通过强加其价值观，改变社会主义国家的政治经济制度，把社会主义国家纳入国际资本统治轨道的和平演变战略并没有丝毫改变。在这种情况下，戈尔巴乔夫要求排除资本主义和社会主义的对立对抗，废除它们之间区分的那一套思维定式和思想方法，只是在为资本主义的这种和平演变战略效劳而已。

三、当代资本主义的种种社会化举措和借鉴社会主义的一些做法并不意味着在与社会主义“趋同”

随着社会生产力的发展，当代资本主义的生产社会化、管理社会化、资本社会化也相应地迅速发展起来，西方国家有些人把这种现象称作资本主义向社会主义的趋同，并据此而提出了“趋同论”。

趋同论是一种预测人类社会发展变化趋势的社会理论，它认为资本主义和社会主义之间的各种差别，将随着资本主义的种种社会化的发展，以及通过它们的相互借鉴、相互吸收而渐渐消除、趋向同一并最终融成一体，而且认为这种趋同趋势遍及所有制、企业治理、分配制度和经济运行机制等各个方面。

在生产资料所有制领域，趋同论认为，当代资本主义国家搞了国有制、法人财团所有制、股票职工化，这就改变了资本主义私有制的本质，而与社会主义公有制趋同。但实际上，资产阶级个人所有，许多单个资本联合投资的股份资本，私人垄断资本和法人社团资本，国家垄断资本，这些在资本社会化阶梯上的发展和升级，是资本主义私有制随着生产社会化的发展而推出的相应的具体形式的调整，而并不是资本主义私有制性质的根本改变，它为过渡到社会主义公有制作准备，但它本身并不是社会主义公有制的存在形式。在西方国家，股票职工化是资产阶级为进行社会集资，加速资本集中所采取的一种举措，也是资本社会化的一种表现形式。由于持股的个人股东在企业中的地位、发言权都取决于其拥有股份的数量，持有少量股票的职工实际上并没有什么发言权，更不用说决策权。因而，股票职工化远不意味着使广大持股职工和大老板一样成为资本主义企业的主人。趋同论所列举出的上述三种所有制形式就根本谈不上资本主义在和社会主义公有制趋同。

在企业治理制度领域，趋同论者以第二次世界大战以后，西方发达资本主义国家在不同程度上实行了雇员参与企业的管理和决策为借口，认为它在代替对社会的革命改造，使资本主义逐渐发展成为社会主义。在二战以后西方国家出现的这种雇员参与企业的管理和决策制度，既是在特定的历史背景下垄断资本为防止阶级矛盾的激化和出现工人革命而作出的一种妥协和让步，又是为调动工人的生产积极性、提高其劳动生产率而采取的举措。但由于这种制度是在坚持生产资料资产阶级私有制的前提下实行的，它并没有改变工人阶级被剥削和奴役的雇佣地位，因而说到底，它只是在麻痹工人阶级的阶级意识中，更加稳固有效地坚持资产阶级私有制、坚持阶级剥削的一种举措，是资产阶级在资本主义制度的范围内实行的具有鲜明的时代特色的改良，而并不是一种使劳资对立真正变为劳资合作与和谐的社会变革，并不是改变现有资本主义制度和建立新的社会主义制度的开始。

在产品分配的领域，趋同论者认为，西方发达资本主义国家通过累进所得税和社会福利支出，把富人的收入转移给了穷人，就会在社会范围内实现“收入均等化”，使之成为满足人类需要的公平分配，成为消灭剥削和贫困、导致社会普遍福利和阶级同化的“收入革命”，从而与社会主义的理想趋同。发达资本主义国家实行的社会福利制度，确实在一定程度上缩小了居民在收入上的差距，但它并没有触动和改变资本主义的按资分配制度，因而也就不可能从根本上解决分配不公和贫富对立。在西方国家，社会福利基金主要来源于三个方面：一是职工交纳的社会保险税，它从劳动人民的工资中直接扣除，而且其税率是随着社会福利支出的增长而提高的；二是资本家为受雇工人所交纳的社会保险税，表面上看似乎是资本家剩余价值的组成部分，实际上却是作为可变资本的支出而计入商品的成本价格，同样是劳动力价值的组成部分；三是以个人所得税为主的其他财政收入，而个人所得税的主要来源仍然是广大的工资收入者交的税。所以，社会福利基金并不像趋同论者所说似乎是把富人的收入转移给穷人，而主要是把工资收入者的劳动力价值中的一部分集中在国家手中，由国家以福利形式进行再分配，以满足社会劳动力再生产的需要，因而它就始终无法改变资本主义社会在社会财富分配上必然出现不断拉大的两极分化现象，更谈不上与社会主义公平分配的趋同。

在经济运行机制领域，趋同论者认为，在现代科学技术进步和国家干预经济生活的情况下，国家的宏观计划和企业的微观经济计划相结合，使资本主义的经济运行成为自觉的过程，使资本主义成为“有计划的资本主义”，与社会主义趋同。这种趋同论的错误之一，是把经济运行机制与社会基本制度混淆起来，把资本主义搞了计划调节看作是向社会主义趋同的标志，而没有认识到计划经济并不等于社会主义；错误之二则是忽略了社会主义与资本主义在计划调节和市场调节相结合的基础、方向和目的上是有根本区别的，生产资料私有制的限制，使资本主义的计划调节在企业那里只能从资产阶级的狭隘私利着眼，而在国家范围上则不可能从根本上消除资本主义生产的无政府状态、经济危机、失业等痼疾。

所以，无论从哪个领域来看，趋同论是没有根据，站不住脚的。

四、资本主义的自行扬弃，并不意味着当代资本主义会自行长入社会主义

马克思始终密切注视着资本主义的发展变化，他在晚年深入研究随着信用制度的发展而广泛出现的股份公司，分析单个资本变为社会资本所引起的资本主义生产方式的变化时，提出了资本主义自行扬弃的理论。所谓资本主义自行扬弃，是说资本主义在自己的发展过程中，在不断地扬弃着自身，孕育着新社会的因素，为过渡到新的更高级社会形态作准备。这种资本主义自我扬弃的理论，虽是马克思在晚年深入研究了股份公司以后才提出来的，但其基本思想却从他和恩格斯自 1848 年发表《共产党宣言》时起，就一直被不断地宣布和强调着。

在马克思生前没有完稿、后经恩格斯整理和修订补充，在 1894 年出版的《资本论》第 3 卷第 27 章《信用在资本主义生产中的作用》中，马克思指出，“股份制度”“是在资本主义体系本身的基础上对资本主义的私人产业的扬弃”，它和工人自己的合作工厂一起“应当被看作是由资本主义生产方式转化为联合的生产方式的过渡形式，只不过在前者那里，对立是消极地扬弃的，而在后者那里，对立是积极地扬弃的”。

马克思所揭示的资本主义自行扬弃的这个理论，也是为列宁所坚持

的。例如，列宁指出："辩证发展过程在资本主义范围内确实就包含着新社会的因素，包含着它的物质因素和精神因素"。

怎样理解马克思所提出的资本主义自行扬弃、特别是作为其产物的"新社会的因素"、"新的经济制度的要素"？

有一种意见片面地、孤立地理解这些因素和要素，认为既然在它们前面冠有"新社会的"、"新的经济制度"的字样，那就显然说明它们就是社会主义性质的因素和要素了，并由此引申出"美国的社会主义因素要比中国还多"以及资本主义正在经过"这些新的社会因素"、"新的经济制度的要素"的不断产生和积累，经过不断的部分质变而长入社会主义等结论。

这种说法既同客观现实相悖，又是不符合马克思的本意的。这是因为，在马克思那里，既揭示资本主义在其发展过程中自行扬弃、释出新社会的因素和新的经济制度的要素，又准确地指出这些因素、要素的历史方位，强调它们还处在资本主义的界限之内，明确划分社会主义和资本主义的原则界限而不使它们混淆起来，这是他关于资本主义自行扬弃理论的两个不可或缺的组成部分。

马克思在《资本论》第3卷第27章《信用在资本主义生产中的作用》中提到股份公司是资本主义生产方式的扬弃时，曾经一而再、再而三地强调"这是作为私人财产的资本在资本主义生产方式本身范围内的扬弃"，"这是资本主义生产方式在资本主义生产方式本身范围内的扬弃"。马克思在这里反复强调"在资本主义生产方式本身范围内的扬弃"，而不是越出了资本主义生产方式的范围，这就指出了作为资本主义自行扬弃的产物"新社会的因素"、"新的经济制度的要素"的准确的历史方位是在资本主义生产方式本身的范围内，而不是已经越出了资本主义而过渡到社会主义。马克思之所以既把它们称作"新社会的因素"、"新的经济制度的要素"，又说它们仍处在"资本主义生产方式本身范围内"，那是因为虽然"在股份制度内，已经存在着社会生产资料借以表现为个人财产的旧形式的对立面；但是，这种向股份形式的转化本身，还是局限在资本主义界限之内；因此，这种转化并没有克服财富作为社会财富的性质和作为私人财富的性质之间的对立，而只是在新的形态上发展了这种对立"。正因为在资本主义的发展历程中，既扬弃出了新社会的因素、新的经济制度的要素，这些因素、要素又还处在资本主义界限之内，而不是之外，这才构成为资本主义自行扬弃的矛盾。

正因为强调上述“新社会的因素”、“新的经济制度的要素”的准确的历史方位，是马克思主义关于资本主义自行扬弃理论一个不可或缺的组成部分，所以，它在恩格斯、列宁关于资本主义自行扬弃的论述中，也得到了同样的强调。

应当指出，马克思主义关于资本主义自行扬弃理论强调指出资本主义发展过程中产生的“新社会的因素”、“新的经济制度的要素”，仍旧处在资本主义生产方式范围内这个准确的历史方位，丝毫没有否定或者贬低这些“新社会的因素”、“新的经济制度的要素”的意思，而是像列宁所指出的那样，这只是说明“资本主义本身造就了自己的掘墓人，本身创造了新制度的因素，而同时，如果没有飞跃，这些单个因素便丝毫不能改变总的局面，不能触动资本的统治”。如其不然，马克思在《法兰西内战》中，为什么要工人阶级去“解放”那些由旧的正在崩溃的资产阶级社会本身孕育着的“新社会因素”，而不是听凭这些因素经由不断积累的部分质变而使资本主义自行长入社会主义呢？

因此牢牢把握住以上几个界限，有助于我们正确认识资本主义的新变化，沿着正确的道路开展当代资本主义的研究。

（载于《马克思主义理论研究和建设工程参考资料》195 期）

坚定不移地走社会主义民主政治发展道路

——“中国特色社会主义民主政治建设研究”课题组专家访谈

《人民日报》

记者：民主或民主政治，是当今世界的一个热门话题，也是我国社会主义政治文明建设的一个重大课题。请谈谈究竟应怎样理解“民主”和“民主政治”。

课题组：“民主”一词的含义，是“人民统治”、“主权在民”，它是指由人民而不是由个别人或少数人掌握国家权力，管理国家和社会。“民主政治”把“民主”作为“政治”的定语，是指贯彻和体现民主原则、具有民主性质的政治。与民主、民主政治相对立的，是国家权力掌握在个别人或少数人手中，对国家和社会实行独裁或专制统治。

自从人类社会产生阶级和国家以来，要求民主和实行民主政治就成为思想先进的人们所向往和主张的一种社会政治理想。但是，民主是一个历史范畴，在人类社会不同的历史时期和不同国家有不同的含义和内容。从古至今，在世界历史上和现实生活中付诸实施的民主政治，无不具有特定的阶级性质。例如，古希腊雅典的民主政治，是奴隶主阶级的民主政治；近现代西方的民主政治，是资产阶级的民主政治。当代中国的民主政治，是工人阶级领导的、以工农联盟为基础的社会主义民主政治。任何一种民主政治的阶级实质、制度和特点，归根结底，都是由在该国社会经济关系中居统治地位的阶级的根本利益、价值观和意识形态决定的，并受到该国历史、民族特点和经济文化发展水平的影响。承认民主和民主政治具有阶级性，承认不同时代国家和社会的民主有不同的主体和制度，是正确理解和把握民主概念的内涵、正确分析和认识不同类型民主政治的前提与关键。

记者：由于历史和国情不同，各国人民争取和发展民主的道路是不同的，不同类型国家民主政治的内容和性质也是不同的。请扼要介绍一下中国社会主义民主政治的由来。

课题组：中国实行社会主义民主政治，是由近代以来中国的社会历史条件和中国发展进步的客观要求决定的。中国社会主义民主政治制度产生于中国人民为争取民族独立、人民解放、国家富强而进行的伟大斗争和实践探索之中，是中国历史发展的必然结果和中国人民的必然选择。

1840年鸦片战争以后，中国逐渐丧失了国家独立和民族统一，这激起了广大中国人民救亡图存的英勇斗争。但是，近代中国各种政治力量都没能挽救民族危亡，改变国家与人民被侵略、剥削、压迫的悲惨命运。在中国共产党的领导下，中国人民终于推翻了帝国主义、封建主义、官僚资本主义的统治，建立了工人阶级领导的、以工农联盟为基础的人民民主专政的国家政权，确立了人民当家作主的社会主义政治制度。中国的人民代表大会制度、共产党领导的多党合作和政治协商制度、民族区域自治制度等一整套社会主义民主政治制度的建立，不仅标志着中国终于真正实现了从延续两千多年的封建专制政治向民主政治的伟大历史性跨越，而且标志着中国从近代以来照搬西方资本主义民主政治模式的失败尝试转向建设新型的具有中国特色的社会主义民主政治。

新中国成立以来56年不平凡的历程和建设成就证明，中国的社会主义民主政治制度符合中国发展进步的客观要求，能充分调动和发挥全国各族人民当家作主的积极性、主动性和创造性，有利于实现好、维护好和发展好中国人民的根本利益，具有巨大的优越性和强大的生命力。因此，它不仅经受住了半个多世纪国内外风云变幻的考验，而且正在与时俱进，不断完善和发展。

有必要指出，中国并不是没有过建立资产阶级共和国、走西方式民主政治道路的历史尝试。只不过历史事实已经证明，那是一条不可能实现人民当家作主、在中国走不通的道路。所以，中国人民选择跟中国共产党走，进行彻底的反帝、反封建、反官僚资本主义的新民主主义革命，并在革命胜利后走上建设和发展社会主义民主政治的道路，这是必然的而不是偶然的。

记者：中国特色社会主义民主政治的基本特征是什么？

课题组：中国的民主政治是中国共产党把马克思主义基本原理同中国革命和建设具体实践相结合的产物，具有鲜明的中国特色。

中国的民主是中国共产党领导的人民民主。中国近代以来的历史和现实证明，人民当家作主是在中国共产党领导下，经过中国人民艰苦卓绝的新民主主义革命实现的。中国的民主政治制度是中国共产党领导中国人民创建的，中国民主政治制度的完善和发展是在中国共产党领导下进行的。中国共产党的领导，从根本上保证了人民当家作主。

中国的民主是最广大人民当家作主的民主。人民当家作主的真实性和广泛性，是社会主义民主政治的一个根本特点。人民当家作主的经济前提，是以公有制为基础的社会主义经济制度。在社会主义初级阶段，我国实行公有制为主体、多种所有制经济共同发展的基本经济制度，这从根本上决定了中国的民主不受资本的操纵，不是剥削阶级或少数人的民主，而是以工人、农民和其他劳动群众为主体的人民民主。

中国的民主是以人民民主专政为可靠保障的民主。坚持工人阶级领导的、以工农联盟为基础的人民民主专政，一方面要求在人民内部实行最广泛的民主，保证国家权力掌握在人民手中，为人民服务；另一方面要求对破坏社会主义制度、危害国家安全和公共安全的敌对分子和各种犯罪行为，依法使用专政手段予以制裁，以维护国家和人民的根本利益，保障公民和法人的合法权益。

中国的民主是以民主集中制为根本组织原则和活动方式的民主。民主集中制是我国执政党和国家政权的根本组织制度和领导制度。实行民主集中制，就是要求充分发扬民主，集体议事，使人民的意愿和要求得到充分表达和反映，并在此基础上集中正确意见，集体决策，使人民的意愿和要求得以满足和落实。实行民主集中制，还要求尊重多数、保护少数，反对无政府主义的“大民主”，反对个人主义的“民主”，反对任何个人把自己的意志凌驾于集体之上。

中国的民主是与法制相结合的民主。民主是法制的基础，法制是民主的保障。目前，中国的社会主义民主政治进入了加强和健全法制、在宪法和法律的规范保障下有序发展的新阶段。在这个新阶段，中国共产党严格依法执政，国家行政机关严格依法行政，司法机关严格执法、公正司法，实现社会主义民主与法制的有机结合和内在统一，已经成为中国特色社会主义民主政治自我完善和发展的一个根本要求和基本特征。

记者：中国共产党执政，就是领导和支持人民当家作主，最广泛地动员和组织人民依法管理国家和社会事务，维护和实现人民群众的根本利益。这主要是通过哪些制度和途径实现的？

课题组：中国共产党领导和支持人民当家作主，主要通过以下几种形式来实现：

领导人民通过人民代表大会制度掌握国家权力，行使立法权、监督权、人事任免权、重大事项决定权，保证国家法律和方针政策的制定、调整、执行能够体现人民的共同意志，符合人民的根本利益，维护人民的各项权利。

领导人民依照法律规定，通过各种形式管理国家事务，管理经济和文化事业，管理社会事务，保证国家各项事业的发展符合人民的意愿、利益和要求。

领导人民实行基层民主，由群众依法管理自己的事情，通过民主选举、民主决策、民主管理、民主监督，实现自我管理、自我教育、自我服务。

领导各级政府、审判机关和检察机关严格贯彻公民在法律面前一律平等的原则，尊重和保护人权，维护社会公平和正义，保障公民享有法律上、事实上的广泛的自由和权利，使人民能够真正作为国家和社会的主人，运用属于自己的公共权力和各项公民权利维护和实现自己的利益。

记者：坚持党的领导、人民当家作主和依法治国的有机统一，是社会主义政治文明的本质特征，也是发展社会主义民主政治最重要、最根本的原则。这是当代中国共产党人对社会主义民主政治实践经验的科学总结和最新概括，对于发展中国的社会主义民主政治具有极其重要的现实意义和长远的指导意义。

课题组：是的。党的十六大指出，党的领导是人民当家作主和依法治国的根本保证，人民当家作主是社会主义民主政治的本质要求，依法治国是党领导人民治理国家的基本方略。发展社会主义民主政治，最根本的是要把坚持党的领导、人民当家作主和依法治国有机统一起来。

社会主义民主政治的本质要求是人民当家作主，不坚持人民当家作主，就谈不上发展社会主义民主政治。党的领导是坚持人民当家作主的根本保证，不坚持党的领导，就无法保证人民当家作主。党的领导也是坚持依法治国这个党领导人民治理国家的基本方略的根本保证，不坚持党的领导，依法治国就有可能背离人民当家作主这一社会主义民主政治的本质要求。把坚持党的领导、人民当家作主和依法治国的有机统一作为发展社会主义民主政治必须遵循的根本原则，标志着中国共产党和中国人民对社会主义民主政治建设的内在要求和客观规律的认识更加深刻、更加全面。胡锦涛同志在纪念全国人民代表大会成立50周年大会上的讲话指出：依法治国不仅从制度上、法律上保证人民当家作主，而且也从制度上、法律上保证党的执政地位。这就是说，依法治国与坚持党的领导、人民当家作主是有机统一、相辅相成的，而不是彼此矛盾、相互排斥的。坚持党的领导和执政地位，是为了保证人民当家作主的地位不动摇；依法治国，是为了完善党的领导方式和执政方式，更充分、更切实地实现和保证人民当家作主。

坚持党的领导、人民当家作主和依法治国的有机统一，要求党坚持科学执政、民主执政、依法执政。科学执政，要求党结合中国实际，不断探索和遵循共产党执政规律、社会主义建设规律、人类社会发展规律，以科学的思想、科学的制度、科学的方法领导中国特色社会主义事业。民主执政，要求党坚持为人民执政、靠人民执政，支持和保证人民当家作主，坚持和完善人民民主专政，坚持和完善民主集中制，以发展党内民主带动人民民主，壮大最广泛的爱国统一战线。依法执政，要求党坚持依法治国，领导立法，带头守法，保证执法，不断推进国家经济、政治、文化、社会生活的法制化、规范化。保证党坚持科学执政、民主执政、依法执政的决定性因素，是党必须始终坚持立党为公、执政为民，拒腐防变，永远保持工人阶级先锋队性质，成为经得起各种挑战和风浪考验的马克思主义执政党。

记者：发展和完善社会主义民主政治，是全党全国人民在当前和今后很长历史时期推进社会主义政治文明建设的主要任务，是一个涉及内容和领域十分广泛的系统工程。除了必须坚持党的领导、人民当家作主和依法治国有机统一这个根本原则，还必须遵循哪些原则？

课题组：发展和完善社会主义民主政治，还必须遵循以下原则：

坚持从国情出发，总结自己的实践经验，同时借鉴人类政治文明的有益成果，绝不照搬西方政治制度的模式。我国社会主义民主政治的实践只有几十年历史，在人民当家作主的具体实现形式以及制度化、规范化和程序化建设上还不十分健全、成熟，有待于逐步完善和发展。因此，党的十六大强调，要着重加强制度建设，实现社会主义民主政治的制度化、规范化和程序化。在这个进程中，我们有必要认真研究和借鉴人类政治文明的一切有益成果，包括西方资本主义民主政治建设的经验。但前提是必须坚持四项基本原则，坚持民主政治建设的社会主义方向，绝不照搬西方政治制度的模式。

坚持社会主义政治制度的特点和优势。中国社会主义政治制度的最大特点和优势在于，各族人民在中国共产党领导下当家作主，充分发挥积极性、主动性、创造性，为实现社会主义现代化和中华民族的伟大复兴团结一心、共同奋斗。坚持这一特点和优势，是亿万中国人民掌握自己的命运，创造更加美好幸福的生活，建设富强、民主、文明的社会主义现代化国家的根本保证。

有利于社会稳定、经济文化发展和人民生活水平不断提高。社会稳定、经济文化发展和人民生活水平不断提高，是人民当家作主的重要目的，也是人民当家作主的必要条件。一个国家的政治发展与经济、文化发展互为条件，社会不稳定，经济文化就不能顺利发展。发展的目的，是使全体人民共享发展成果。中国共产党将一如既往地依靠人民的团结奋斗，为不断提高社会主义民主政治的实现程度和水平创造更加雄厚的经济文化基础。

有利于维护国家主权、领土完整和尊严。中国人民争取民主的斗争，从一开始就与维护国家主权、领土完整和尊严紧密地联系在一起。如果失去了国家主权，不能维护国家的领土完整和尊严这一全体人民的共同利益和根本利益，中国人民已经取得的民主成果就会丧失。因此，中国人民不能允许任何人假借民主名义，分裂国家，颠覆政府，推翻人民当家作主的社会主义制度。

符合渐进有序发展的客观规律。中国社会主义民主政治建设是人民当家作主的程度和水平不断提高的历史过程。完备的民主形态不可能一蹴而就。中国共产党和中国人民坚定不移地推进社会主义物质文明、政治文明、精神文明与和谐社会建设，不断研究民主政治建设的新情况新问题，探索和创造实现人民当家作主的新机制新方式，按社会主义民主政治发展的客观规律，有领导、有步骤、有秩序地发展社会主义民主。

（载于《马克思主义理论研究和建设工程参考资料》212期）

政治学课题组专家讨论教材编写问题

张永桃　林尚立　朱光磊　周光辉

张永桃：在坚持与创新中建设马克思主义政治学

实施马克思主义理论研究和建设工程，建设当代中国的马克思主义政治学，必须把坚持与创新正确地统一起来。所谓坚持，就是坚持马克思主义的指导地位，坚持马克思主义政治学的基本理论；所谓创新，就是在坚持的前提下，根据当代中国新的政治实践，不断推进政治学理论的创新，为发展社会主义民主政治提供理论指导。

哲学社会科学中的绝大部分学科都属于上层建筑的社会意识形态，有着明确的价值要求和目标指向，都有一个为谁服务的根本问题。作为研究社会政治现象、政治关系的政治学，其意识形态属性更为鲜明。政治学研究的全部问题，都与现实政治生活紧密相连，都与国家政权紧密相连。为居于统治地位的阶级服务，为维系和巩固这个阶级的国家政权服务，是政治学的宗旨和目标。政治学始终是掌握国家权力的那个阶级的政治学，阶级性是政治学的首要属性。

如果从霍布斯、洛克、孟德斯鸠、卢梭等启蒙思想家算起，近代西方政治学理论已有两个多世纪的历史。从提出自然权利、社会契约、天赋人权以及自由、平等、民主等思想，到构建议会制度、三权分立、政党政治的政治体制；从以“国家与法”为研究主题转向主要研究“权力及拥有权力者”，再到注重政策分析、研究“政府制定与执行政策的过程”，资产阶级政治学在资本主义的土壤里已发育得相当成熟，形成了比较完整的价值体系和理论体系。纵观近代西方政治学的发展过程，不难得出这样一个基本认识：这个思想那个理论，这个意见那个主张，其发展变化都是为了适应资产阶级不同时期的利益需要，对资本主义政治制度的发展起到了导向和支持作用。构成一些西方国家现代政治学基础的政治系统理论、结构—功能主义、政治稳定理论等，尽管其中也包含着某些反映现代政治文明建设规律的、可供我们参考借鉴的成果，但从总体上和本质上看，它们都是为资本主义政治统治服务的资产阶级意识形态。我们在建设马克思主义政治学的过程中，这个界限应该是清晰的、不可超越的。

我国是共产党执政、人民当家作主的社会主义国家。马克思主义是繁荣发展我国哲学社会科学的根本指导思想。我们所要建设的政治学，是马克思主义政治学。研究西方政治学或其他什么政治学，是为更好地建设马克思主义政治学服务的。建设马克思主义政治学，首先要坚持马克思主义的立场、观点和方法，正确运用这些立场、观点和方法去观察、分析、解答社会生活中的各种政治现象、政治关系和政治问题，并力求提出解决这些问题的对策和方法。坚持马克思主义立场，就是坚定地站在工人阶级和最广大人民的立场上，站在党和国家利益的立场上，把人民的利益同党和国家的利益正确统一起来。坚持马克思主义观点，就是掌握和运用马克思主义分析政治现象、政治关系的一些基本观点，如关于社会基本矛盾运动的观点，阶级、国家、政党的观点，民主的本质与形式的观点，政治革命与政治改革的观点等。坚持马克思主义方法，就是掌握和运用马克思主义分析政治现象、政治关系的一些基本方法，如唯物辩证法、理论联系实际的方法、阶级分析方法、历史比较方法等。马克思主义的立场、观点和方法，三者是统一的，必须结合起来掌握与运用。在马克思主义政治学建设中，坚持马克思主义的立场、观点和方法不是抽象的、空洞的口号，而有着实实在在的内容，它经常通过对一些重大政治问题的认识鲜明地反映出来。坚持马克思主义的立场、观点和方法，是我国政治学自身发展的要求，是党、国家和人民的要求，也是我国所有政治学工作者应尽的责任和必须掌握的基本功。

建设马克思主义政治学，坚持马克思主义基本原理固然十分必要，但创新同样重要。胡锦涛同志指出："把马克思主义基本原理同中国具体实际结合起来，推进实践基础上的理论创新，是马克思主义具有蓬勃生命力的关键所在，是我们党坚持先进性、增强创造力的决定性因素。"这一论断也完全适用于马克思主义政治学的研究和建设。马克思主义政治学是由马克思、恩格斯创立的。《共产党宣言》及其他一些著作，奠定了马克思主义政治学的理论基础。其后，经过列宁、毛泽东等人的创造性发展，形成了马克思主义政治学的许多重要理论。20世纪七八十年代以来，世界和中国都发生了重大而深刻的变化。在我国改革开放和社会主义现代化建设中，形成了马克思主义中国化的两大新的理论成果——邓小平理论和"三个代表"重要思想。这两大理论成果也丰富和发展了马克思主义政治学基本理论。现在，我国的改革发展正处于关键时期。面对层出不穷的新的政治现象、发展变化着的政治关系以及社会主义政治文明建设实践所提出的许多新问题，马克思主义政治学必须作出科学的回答。比如：如何科学地说明社会主义政治制度的优势和优越性；如何正确认识党的权力、国家权力和人民权力的关系，改革与完善党和国家的领导制度；如何按照权力制约理论进一步完善我国的权力监督制度与机制；如何科学地说明共产党执政的经济基础与政治基础、阶级基础与社会基础，不断加强党的执政能力建设；如何科学地说明社会主义政治文明的深刻内涵及其发展道路，大力推进社会主义政治文明建设；等等。根据新的政治实践作出新的概括和说明，以发展着的马克思主义政治学理论指导正在向前推进的社会主义政治文明建设，在坚持和创新中进一步丰富和发展马克思主义政治学，这是我国马克思主义政治学研究的根本方向和主要任务，也是我国马克思主义政治学获得新的生机和活力的必由之路。

林尚立：马克思主义与中国政治学

研究治国之道，中国古已有之，而且相当发达。但是，将政治作为一门学问来研究，却始于近代。中国最早开设政治学课程的是北京大学的前身——京师大学堂（1903年），第一本政治学教材是一位德国教授讲演录的翻译本（1898年）。辛亥革命后，随着封建专制制度的瓦解和建立现代国家实践的展开，政治学在中国得到了一定程度的发展。

现代民主政治发轫于西方，在其形成和发展的过程中，源于古希腊的政治学起到了直接的推动作用。政治学进入中国，与中国寻求建立现代民主政治密切相关。不论学者还是政治家，都试图通过研究政治学来把握现代政治生活的基本规律和民主政治运行的基本原理。然而，近代中国面临的首要问题是主权问题，即国家独立问题，其次是政权问题，即建立民主制度问题。在挽救国家危亡、实现民族独立和人民解放成为现实政治生活首要问题的前提下，主权与政权、民族与国家、阶级与革命等自然就成为政治学关注的核心问题；自主与解放、自由与平等、民主与科学等就成为政治学关注的主导价值。政治学要适应这样的现实要求，承担起自己的责任，就必须寻求建立科学的理论体系。经过反复的探索比较，人们从马克思主义的科学理论中找到了中国革命的方向和道路。于是，刚从西方传入中国不久的政治学就与马克思主义相结合，开启了马克思主义政治学在中国的发展历程。李大钊发表的《我的马克思主义观》，张太雷在上海大学主讲的《政治学》，恽代英在中央军事政治学校和广州农民运动讲习所主讲的《政治学概论》，以及邓初民先后在1929年和1939年出版的《政治科学大纲》和《新政治学大纲》，都以马克思主义的世界观和方法论为指导，较为全面、系统地阐述了政治学的性质、概念、研究方法，以及阶级、国家、政府、政党、革命等政治范畴的基本原理。马克思主义政治学的形成和发展，为中国共产党构建领导新民主主义革命的理论提供了有效的学术支撑。中国革命的实践表明，毛泽东同志撰写的、闪烁着马克思主义政治学光芒的《中国社会各阶级的分析》、《新民主主义论》以及《论人民民主专政》等论著，为中国新民主主义革命的胜利提供了科学的理论指导。马克思主义政治学的建设和发展，为我们党成功领导中国人民进行新民主主义革命和建立社会主义国家作出了巨大贡献。

新中国成立后，由于学科体系的调整，作为一门独立学科的政治学被其他学科取代，马克思主义政治学的理论体系融合到科学社会主义理论之中。1979年，邓小平同志提出要恢复政治学，并加紧补课。从此，我国政治学得到迅速发展。改革开放以来，坚持以马克思主义为指导的中国政治学，全面关注改革和发展，积极推动社会主义民主与法治建设，努力解答我国政治发展中的一系列问题，为发展社会主义民主政治提供了重要理论支撑。我国20多年来政治发展的巨大成功，再一次显示出马克思主义政治学的科学性和生命力。

进入新世纪新阶段，我们党提出在坚持党的领导、人民当家作主和依法治国有机统一的基础上建设社会主义政治文明，这从根本上提升了我国政治建设和发展的平台。更高目标、更高要求的政治发展，需要更为深刻、全面和科学的政治学理论的指导。这就要求我国政治学必须有更新、更快的发展。特别应当看到，随着经济全球化和世界多极化的不断发展，随着改革开放和社会主义市场经济的不断发展，我国政治生活和政治发展面临着一系列新情况、新问题、新挑战。在新的历史条件下，我国政治学要实现新的发展，必须坚持以发展着的马克思主义为指导。

从根本意义上讲，马克思主义是关于人类社会发展和人的全面发展的理论，是我们认识和改造世界的强大思想武器。然而，在很长的时间里，由于复杂的历史原因，人们更多的是从革命的角度来认识和把握马克思主义理论的，因而对马克思主义理论还存在错误的和教条式的理解。这决定了马克思主义理论本身在客观上具有很大的理论挖掘空间，更何况它还始终处于不断的丰富和发展之中。也就是说，在21世纪的今天，中国政治学的发展依然能够从马克思主义理论中获得丰富的理论和思想资源。坚持用发展着的马克思主义指导我国政治学的建设和发展，仅仅在方法论和价值取向上强调马克思主义是不够的，关键是要深入地学习和研究马克思主义的政治学理论，特别应当从建设社会主义政治文明、推动社会全面进步与人的全面发展的角度，全面、深刻地认识和把握马克思主义的精神实质、理论内涵和现代意义。

朱光磊：着力研究实践提出的新课题

理论在一个国家实现的程度，取决于理论满足这个国家需要的程度。当今世界政治、经济、文化、科技、军事等领域出现了一系列新变化、新矛盾、新问题，我国改革发展也面临着一系列新任务、新情况、新课题。“有为”才能“有位”。在新的历史条件下，我国政治学界应坚持以马克思主义为指导，积极主动、切实有效地回答实践中出现的新问题，进一步加强政治学学科建设。

政治学是研究以国家和政府为主要内容的社会政治现象发展规律的科学。但是，由于缺乏足够的学科积累以及学科界限的相对模糊，我国政治学在基本理论研究和对策研究中，存在着简单套用经典著作中的某些词句或简单移植西方政治学说的倾向；某些对策研究还停留在“提想法”的层面上，缺少系统、深入而又有可操作性的成果。

成功的科学研究工作的重要基础是善于选择关键性的研究课题。一个成熟的、有作为的学科，总是能够发现和驾驭自己所处时代的重大课题。那么，当代中国政治学所面对的最重要的理论课题和实际问题是什么？应当以怎样的成果去面对这个波澜壮阔的伟大时代呢？从新世纪新阶段实现经济社会全面协调可持续发展的现实需要看，我国政治学界应着重做好以下三项工作：

强化对一系列重要结构性问题的研究。在改革开放和发展社会主义市场经济的条件下，我国的社会结构发生了重大变化，这些变化无疑会对上层建筑产生重要影响。对这个问题的科学认识，是正确提炼时代政治生活主题的基础。毛泽东同志对20世纪前期政治生活主题的正确把握，就是以他对“中国社会各阶级的分析”为基础的。在新的历史条件下，我们对各种重要政治问题和意识形态问题的把握和处理，同样需要以深入研究各阶级、阶层的实际状况及其相互关系为基础。在研究这类问题时，应把握两个关键点：一是把阶级分析方法与阶层分析方法有机结合起来，具体问题具体分析。无论忽视阶层分析还是淡化阶级概念、否定阶级分析方法，都会影响研究的科学性和实效性。二是研究工作的出发点和落脚点是调动一切积极因素，尽可能地化解社会矛盾，协调各方面利益关系，引导不同阶层、不同方面的群众和谐相处。

强化对一系列重要体制性问题的研究。我国的政治体制改革绝不是另搞一套，而是要正确调整国家各主要政治要素之间的关系，使制度和体制能够最大限度地满足加快发展和扩大公共服务的需要，最大限度地调动各方面的积极性，从而更好地发挥社会主义政治制度的特点和优势。比如，如何更好地坚持人民代表大会制度，如何根据我国的实际情况和政府组织、管理工作的内在规律，更科学地设计政府机构、编制模式等，都是关键性的课题。在这方面，核心是坚持党的领导。要把坚持党的领导、人民当家作主和依法治国有机统一起来。这是由中国政治发展的内在逻辑所决定的，也是进一步加强党的执政能力建设、加强社会主义民主政治建设的必然要求。

强化对一系列重要的过程性或者说功能性问题的研究。政治发展不仅包括政治体制改革，而且应当包括政治过程的改善。相对于政治体制方面的改革，我们对政治过程问题的关注相对较少。在经济社会发展达到一定水平后，政治与政府管理流程设计安排粗放的问题就会逐步显现出来，从而制约社会管理和社会服务水平的提高。比如，我国人多地广，政府的纵向层次不可能太少，但过去我们对怎么处理它们之间的关系研究得不够，多年困扰我们的许多深层次问题一直没有得到解决，从而造成每一级都管所有的事情，权力的交叉点过多，责任不清。这就需要通过进一步深化研究，为推动这些问题的解决提供理论支持。

面对着 80 多年党领导人民不懈奋斗的光荣而艰辛的历史，面对着 50 多年社会主义建设走过的光辉而曲折的道路，面对着 20 多年改革开放所取得的宝贵经验，我国政治学界应当有所作为。中央决定实施马克思主义理论研究和建设工程，这为包括政治学在内的我国哲学社会科学的进一步繁荣发展提供了前所未有的良好机遇。我国政治学界应以此为契机，坚持以马克思主义为指导，解放思想、实事求是、与时俱进，力争用不太长的时间把政治学的学科建设和教材建设提高到一个新的水平。

周光辉：编写政治学理论教材重在增强说服力

编写高质量的政治学理论教材，是传承人类政治文明成果、传播政治学科知识、培养政治学专业人才的重要环节。检验政治学理论教材质量高低的一个重要标准，是看其有没有说服力，即是否具有征服人心的力量。要达到编写出高水准的政治学理论教材的目的，使学生得到理论的启迪、引导和陶冶，关键是增强教材的说服力。

坚持史论结合。在教学实践中我们发现，有的教材之所以令学生感到兴致索然甚至反感，症结就在于其把具有丰富、深刻学理内涵的政治学知识简单化为枯燥的条文、现成的结论和空洞的说教。政治学理论教材要做到以理服人，就必须以讲理的方式展现政治学知识。讲理的方式表现在政治学理论的内容上，就是要体现史论结合的原则。对政治学的概念、范畴和原理的阐述，不能仅仅停留在定义和现成结论上，而应结合人类政治思想发展史来进行，真正做到论从史出。马克思主义政治学理论是人类政治文明成果积淀和升华的结果。以史论结合的方式展现政治学理论的内容，有助于学生了解政治学知识的形成和演化过程，在掌握政治学知识体系的过程中学会通过政治学去思考问题；有助于学生在政治学知识的历史发展中真正理解与时俱进是马克思主义的理论品格，并启发学生思考教材中各种理论存在的难点问题和理论局限，进而学会如何创造性地提出问题和解决问题。

反映时代特征。政治学理论教材只有准确反映时代特征，才能对学生产生影响力。国家现代化、经济全球化和社会信息化是当今时代的重要特征。国家现代化是包括经济、政治、思想、文化形态诸领域在内的社会整体性变迁；经济全球化是指人力、资本、技术和资源跨越国家和地区的界限在全球范围流动；社会信息化是指信息技术特别是互联网的迅速发展，不仅拓展了人们交往的空间，而且正带来人们思维方式和行为方式的一系列变革。当今世界和中国的巨大变化，已经超出了以往政治学理论教材的视野和范围。因此，编写新的政治学理论教材，一方面要根据时代的发展和进步，对以往关注过的问题重新作出更富有解释力的阐述；另一方面要拓宽研究领域，如政治价值观、国家与社会的关系、阶层分化与政治的关系、宗教与政治的关系、政治与文明的关系、全球化与国家治理的关系及网络政治等，并以创新的成果丰富已有的政治学知识体系。

紧密联系实际。理论的说服力说到底来自其对现实的解释力。政治学是治国安邦、经世致用之学。政治学理论的生命力不仅在于其学术价值，更重要的在于其应用价值。以探索和追求建设优良社会为宗旨的政治学，正是在不断解决人类生活面临的一系列重大问题中体现自身价值的，也是在解决这些重大问题的过程中得到发展的。理论研究的原创性来自其针对问题的特殊性。我国作为有着五千年历史的东方文明古国，作为有着13

亿人口的多民族国家，作为正在进行改革开放和现代化建设的社会主义国家，特殊的国情决定了它的发展和变革在人类文明发展史上必然具有独特性。我国在寻求发展的过程中所面临的许多问题都是史无前例的。问题的特殊性决定了我们不可能从国外的理论中找到现成的答案。这种现实，既是对我国政治学的一种挑战，又为我国政治学的发展带来了难得的机遇。政治学理论教材应关注现实。理论联系实际，不是用一个事实来证明一种结论，而是要回答现实向理论提出的问题。从实际出发，从现实存在的问题出发，选择我国在现代化进程中面临的一些重大政治理论问题进行深入的分析和解答，这是我国政治学工作者必须肩负起的光荣使命。

注重可读性。政治学理论教材要增强说服力，就必须尊重读者的阅读习惯和学习兴趣，注重表达的可读性。这就要求除了用政治学的理论逻辑和范畴体系来展现内容，并在具体的讨论中运用规范的政治学概念来分析说明问题，还要注意政治学知识表达的连贯性、系统性，尽量使用具有时代感的语言，表达方式也应尽可能简练、通俗、生动。

（载于《马克思主义理论研究和建设工程参考资料》121 期）

对中国周边安全环境的几点思考

杨运忠

中国能否顺利实现和平发展，与周边安全环境息息相关。环视亚太，聚焦周边，中国既面临较好的发展机遇，又存在各种现实的和潜在的挑战。如何抓住机遇，实现中华民族的伟大复兴，是中国共产党人肩负的神圣使命；如何因势利导，化解风险，趋利避害，赢得挑战，更考验中国共产党人的政治智慧。睦邻合作，互利共赢，是中国周边外交的宗旨。

一、目前中国周边安全环境是新中国成立以来较好的时期之一

从主流和趋势上看，中国周边安全环境机遇与挑战并存，但机遇大于挑战。目前中国周边安全环境处于新中国成立以来较好的时期之一。

第一，中国没有陷入周边矛盾的漩涡。20世纪90年代后，尤其是21世纪以来，中国在国际形势的深刻变化中，不断调整外交方针，很好地处理了“韬光养晦”与“有所作为”的关系，以亲和、亲善、亲睦的和平形象活跃在国际舞台上，使中国的周边环境大为改善，并在大国关系新一轮调整中处于较为主动的地位。

在中国周边，存在着许许多多复杂的矛盾，影响全局的主要有三大矛盾。一是围绕美国的战略指向产生的矛盾。现今，美国安全战略的矛头指向是国际恐怖势力和所谓的“邪恶轴心”国家，中国直接作为美国头号“战略竞争对手”的可能性不大。二是恐怖与反恐怖的矛盾。在国际恐怖

主义的威胁加剧的今天，中国在国际反恐斗争中的正义、公正立场，赢得了国际社会的普遍认同。三是民族宗教矛盾。周边民族宗教矛盾的高发区是南亚、中亚和北高加索地区。中国虽然也存在着此类矛盾，但处在有效控制的范围内。

第二，中国同周边国家的关系全面改善和发展。党的十一届三中全会以来，中国同周边国家关系进入了一个新的发展时期。中国先后恢复、改善和发展了同所有周边国家的睦邻友好关系，中国与这些国家相互理解，相互尊重，平等相待，互利合作，使许多周边国家成为中国的好邻居、好伙伴、好朋友。

历史遗留的边界划分问题相继得到解决。1994 年 9 月，中俄两国签署了《关于中俄国界西段协定》，使中俄长达 4300 多公里的边界得以明确划定。中国与中亚的哈萨克斯坦、吉尔吉斯斯坦和塔吉克斯坦三国也相继签订了边界协定。1999 年 12 月，《中国和越南陆地边界条约》在河内签署。2000 年 12 月，《中国和越南关于两国在北部湾领海、专属经济区和大陆架的划界协定》在北京签署。即使对于较难解决的中印边界问题，中国也表现出了以和平方式解决的极大诚意，正本着互谅互让、和平相处的原则，解决棘手的边界划分问题。在有争议的领土和领海问题上，中国也采取了积极务实的建设性姿态。在南中国海主权归属问题上，中国政府提出了“搁置争议、共同开发”的新思路。2002 年 11 月，中国与东盟各国签署了《南海各方行为宣言》，强调通过友好协商和谈判，以和平方式解决南中国海有关争议。中国的这一系列举措，为营造睦邻友好的周边环境打下了良好的基础。

中俄友好合作关系得到提升。中俄战略协作伙伴关系进一步深化。2001 年 7 月，《中俄睦邻友好合作条约》正式签署。这个条约集中体现了中俄关系取得的积极成果，确立了中俄世代友好、永不为敌的和平思想，是指导新时期双边关系发展的纲领性文件，为中俄关系长期稳定发展奠定了坚实的法律基础，标志着中俄战略协作伙伴关系进入了一个新的发展阶段。2003 年 5 月 27 日，中国国家主席胡锦涛在对俄罗斯的正式访问中，提出了指导两国关系发展的四项原则，即加强相互支持，深化政治互信；扩大互利合作，实现互惠双赢；拓展友好交往，加深传统友谊；密切沟通协作，促进和平发展。两国元首还共同签署了新的联合声明，标志着中俄关系又上了一个新的台阶。

中国与东盟战略伙伴关系全面发展。2003年，双方决定将“睦邻互信伙伴关系”升格为“面向和平与繁荣的战略伙伴关系”，成为双边关系发展的里程碑。在政治上，中国加入了《东南亚友好合作条约》，是第一个非东南亚的签约国；在领海问题上，双方发表了《南海各方行为宣言》，进一步稳定了南海局势；在安全上，双方发表了《非传统安全领域合作联合宣言》，拓展了合作领域，启动了反恐合作；在经济上，中国—东盟自由贸易区2005年正式启动，计划2010年建成。届时，该贸易区将成为东亚地区最大的自由贸易区。2004年，双边贸易额突破1000亿美元。

中印关系也取得了突破性进展。2003年6月，印度总理瓦杰帕伊的访华具有标志性意义。双方发表了全面合作宣言，将中印关系确定为“长期建设性合作伙伴关系”，印度首次承认中国对西藏拥有主权。中印军事交往逐步展开，经贸合作快速发展，不断为两国关系注入新的活力。

多边外交成效显著。崇尚“远亲不如近邻”的中国，积极开展周边多边外交，努力构建多边安全对话机制。中国东盟“10+1”合作机制和上海合作组织，是中国积极开展多边外交的两大成果。通过“10+1”合作机制，中国同东盟发展了良好的全面战略伙伴关系；通过上海合作组织，中国密切了与中亚国家的友好合作关系，营造了较为有利的中亚环境。

第三，中国通过自身的真诚努力，避免了热点问题的激化。多年来，中国致力于亚太地区的和平与稳定，为解决地区矛盾、缓和热点问题做出了重要贡献。1997年东南亚金融危机期间，中国采取了保持人民币汇率稳定、增加从东南亚进口商品、加大对东南亚国家资金援助等一系列措施，为抑制金融风暴的恶性蔓延，帮助危机国家振兴经济，稳定地区局势发挥了重要作用，展示了一个负责任大国的姿态。1998年，南亚大陆因印度和巴基斯坦两国先后多次进行核试验而被紧张的气氛所笼罩。中国迅速作出反应，在联合国框架内加强与美国、俄罗斯、法国、英国等安理会常任理事国的磋商，成功地举行了关于南亚核危机的国际会议，形成了防止核危机恶化的国际机制，避免了核危机的升级，缓和了南亚局势。近两年，中国更是以满腔热情和极大耐心，积极推动朝鲜核问题的解决。继

2003年4月在北京举行了朝鲜核问题的中、美、朝三方会谈后，2003年8月、2004年2月、2004年6月，先后三次在北京举行了关于朝鲜核问题的中、朝、美、韩、俄、日六方会谈，使朝鲜核问题步入了和平解决的轨道。

第四，中国同周边国家和地区的利益共同点在不断增加。维护地区稳定和促进共同发展的现实需要，把中国同周边国家的利益紧紧地联系在一起。与邻为善，以邻为伴，睦邻、安邻、富邻的周边外交，使周边国家对中国的理解和信任显著增强，发展同中国友好合作关系的愿望不断高涨。目前，中国同众多周边国家双边或多边关系呈现良性互动态势。在政治上，不同国家、不同层次、不同领域的对话机制日益完善，成为推动双边关系良性发展的强大动力。在经济上，中国同周边国家和地区的相互依存度显著加深。在中国对外贸易总额中，同周边贸易占60%以上；在中国吸引的外资总额中，周边外资占70%以上。在安全上，双方互信合作关系加强。无论在国际反恐斗争领域，还是在地区安全事务领域，双方的合作积极务实，富有成效。目前，中国与周边国家合作大于分歧，友善多于矛盾。

二、中国周边安全环境存在的现实挑战和潜在危机

中国周边安全环境在总体稳定的情况下，仍存在着各种现实挑战和潜在危机。甚至可以说，中国是当今世界大国中安全环境最复杂的国家。

一是美国战略重心的东移，使中国面临的战略压力增大。20世纪80年代末90年代初，随着苏联的解体、华约的解散，美国在欧洲失去了对手，亚太地区在美国全球战略中的分量日益加重。亚太地区在冷战后被美国视为对其21世纪国家安全可能产生决定性影响的地区。在欲称霸全球、“领导”世界的美国看来，这一地区是国际恐怖势力的滋生地和国际反恐斗争的主战场，是所谓对美国安全构成重要威胁的“邪恶轴心国”所在地，也是美国拓展海外经济利益和进行“民主改造”的最重要地区。在此背景下，美国战略重心东移的步伐明显加快，由此对中国国家安全产生了愈来愈大的影响。首先，美国加强对亚太地区的力量投入，将改变这一地

区的力量对比关系，在其战略优势得到强化的同时，势必对中国的战略空间形成挤压；其次，美国对亚太地区的全力渗透，将使中美两国发生摩擦的可能性增大；再次，美国加强对亚太地区的力量布防，不乏军事干预台海局势的战略企图，从而对中国国家主权与安全构成挑战。

二是台海局势的复杂化，使周边某些国家“以台制华”企图趋强。陈水扁上台的六年，是“台独”势力日益猖獗的六年，也是其在分裂祖国道路上越走越远的六年。在各种不断升级的“台独”分裂活动中，最具危险性和危害性的是：台湾当局图谋通过所谓“宪政改造”实现“台湾法理独立”，公然提出通过“制宪”走向“台独”的时间表，竭力挑衅大陆和台湾同属一个中国的现状，将两岸关系推到了危险的边缘，岛内发生“台独”事变的可能性严重存在。台湾问题事关整个中华民族利益。也正是因为台湾问题的重要性和敏感性，才成为美日等国制约中国的一张牌。

台湾问题对美日的真正价值就在于“以台制华”。这助长了“台独”势力的嚣张气焰，恶化了台海地区局势，不仅成为我们解决台湾问题、实现祖国统一大业的最大障碍，而且也对中国周边安全环境产生了负面效应，是使中国周边安全环境可能恶化的最大变数。

三是某些国家军事战略的调整、军事实力的扩展和军事同盟的加强，将对中国周边安全产生直接影响。近几年来，某些国家逆时代潮流而动，以扩充军备为核心，不断调整军事战略，使亚太地区军备竞赛的步伐有加快的趋势。

继1996年4月美日两国发表《安全保障联合宣言》和1997年9月制定《防卫合作新指针》后，美日将对军事同盟体制进行第三次“重新定义”，拟将这一体制从区域性的扩展为全球性的，成为“亚洲版的北约”。美日军事同盟的扩展，将更加明确地把台湾海峡和南中国海纳入防卫范围。美日对这一地区力量渗透的加强，加紧应对“紧急事态”的联合作战演练，都会对亚太安全环境和中国国家安全产生深刻影响。

四是地区热点此起彼伏，各种矛盾交错，增加了中国周边局势的动荡因素。在中国周边，存在着复杂多变的矛盾。这里是大国矛盾的聚集区，是国际恐怖威胁的集中地；这里既存在着复杂的民族宗教矛盾，又存在着各种边界领土纷争；这里既面临着传统安全威胁，又面临着非传统安全威胁。

近几年来，在各种复杂因素的作用下，恐怖势力明显抬头，恐怖威胁有增无减。国际恐怖势力在中国周边的频繁滋事，恶化了中国周边环境，直接威胁着中国国家安全。以“东突厥斯坦”为代表的国际反华恐怖势力，在某些西方大国的纵容下，与其他国际恐怖势力相勾结，对中国西部安全构成了直接威胁。

中国周边是民族宗教矛盾的交织并发区。在中国周边这片广袤的土地上，生活着500多个民族，这里是伊斯兰教、基督教、犹太教、印度教、佛教等众多宗教的发源地。这一地区的民族宗教情况极为复杂，各种矛盾突出。南亚印巴矛盾就与印度教与伊斯兰教的冲突不无关系。

中国位于涉核危机的辐射区。朝鲜核问题和伊朗核问题，是当今世界核危机的两个矛盾点。从表层上看，朝鲜核问题仅仅是朝鲜想拥有核武器，但从本质上讲，朝鲜核问题是朝美矛盾的集中表现。朝鲜核问题的政治和安全意义远远大于军事意义。朝鲜核问题经过三次北京六方会谈，已就和平解决达成了许多重要共识。但朝美两国交恶很深，要想在短期内解决矛盾显然是不现实的。目前仍不能排除这一矛盾恶化的可能。朝鲜核问题解决与否和如何解决，事关朝鲜半岛局势的走向，事关世界防核扩散机制的稳定，也事关中国东北亚安全环境。

五是领海主权、海洋权益和战略资源争夺日趋激烈，使我们在捍卫国家主权、领土完整和维护国家战略利益方面的形势趋于复杂。中国大陆海岸线长1.84万公里，领海面积92万平方公里，管辖的专属经济区和大陆架海域300万平方公里。海上邻国多达8个。在绝大部分陆地边界问题已经解决、边界矛盾趋缓的背景下，领海主权和海洋权益矛盾十分突出。

中国和周边国家海域争议面积多达150万平方公里，主要集中在黄海、东海和南中国海海域。近年来，中日两国在东海海域的主权矛盾明显上升，双边摩擦日益增多。

围绕油气资源的争夺十分激烈。争夺油气资源已经成为21世纪世界地缘政治的主题。美国将中国的发展视为其冷战后称霸世界的障碍，企图通过控制世界石油资源达到阻遏中国经济发展的目的。我国作为石油消费大国，2003年石油消费高达2.52亿吨，进口石油达9100万吨，这两项指标均超过日本，位居世界第二。在中国周边，一些国家在四大地带同中国展开油气资源争夺：一是东海油气争夺，二是南中国海油气争夺，三是里海和中亚油气争夺，四是对俄罗斯的油气争夺。某些国家从遏制中国的战略出发，企图扰乱中国的石油发展战略，破坏中国的石油安全。由此，我们特别要认识到，石油安全乃国脉所在、国运所系。

（载于《马克思主义理论研究和建设工程参考资料》181期）

略论教学过程中的政治性与学术性原则

曾 毅 红

一、坚 持 政 治 性 原 则

政治性原则是思想政治理论课教学的首要原则，这是由思想政治理论课在高等教育体系中的特殊性质和地位所决定的，即思想政治理论课教学必须坚持以马克思主义为指导，坚持社会主义方向，突出德育的首要地位。邓小平早在1978年全国教育工作会议上的讲话中就强调指出："毫无疑问，学校应该永远把坚定正确的政治方向放在第一位。"在对1989年政治风波的深刻反思中，他也指出："十年最大的失误是教育，这里我主要是讲思想政治教育"。可见，坚定正确的政治方向是高校思想政治理论课教学必须坚持的根本原则。

实际上，包括美国在内的西方国家对大学生的思想政治教育也一向是导向明确、紧抓不放并且颇有成效的。虽然它们没有一个"思想政治教育"的统称，但在公民教育、道德教育、法制教育、宗教教育、历史教育等名义下进行了大量实质性的思想政治教育工作，其内容主要包括资本主义及其优越性的教育、反共产主义教育、公民权利和义务的教育、国民精神的教育等若干方面，体现了极其鲜明的阶级性和政治性。美国麻省理工学院开设的"政治经济学"是一个包括"全球化问题的政治经济学"、"发达工业社会的问题"、"可持续发展：理论、研究与政策"、"后社会主义国家转型时期的政治经济学"等17门课程的模块，仅从这些课程名称来看，我们就能窥见其教育教学注重思想政治教育的意识形态功效。

应该肯定，我国绝大多数思想政治理论课教师在教学中能够始终坚持马克思主义，注重正确的政治导向。但是，由于诸多原因，一些教师或者缺乏马克思主义的理论素养，或者缺乏抵制错误言论的勇气，不自觉地在教学中淡化政治性、思想性的要求，以致有些学者曾呼吁要“重新找回马克思”。这些问题的提出应当引起我们的高度重视和自省。

在国际上，以美国为首的西方国家没有放弃“西化”、“分化”的政治图谋，加紧对我国进行思想文化渗透。在国内，随着经济形式、社会组织、利益关系和社会生活方式多样化，相应地意识形态领域也出现了多样化的趋势。在这种复杂的背景下，各种非马克思主义、反马克思主义思潮的出现和蔓延难以避免，意识形态领域的斗争是长期的、复杂的。所以，在思想政治理论课教学中，我们必须坚持正确的政治导向，理直气壮地宣讲党的基本理论、基本路线、基本纲领和基本经验，理直气壮地宣讲以爱国主义为核心的民族精神和以改革创新为核心的时代精神，理直气壮地宣讲集体主义、社会主义思想；要结合学生的“思想扣子”讲清楚坚持党的领导的必然性和合理性，讲清楚中国特色社会主义的优越性和光明前景，讲清楚人民民主专政的强大生命力，讲清楚人民代表大会制度是我国的根本政治制度、中国共产党领导的多党合作和政治协商制度是我国的基本政治制度，不断提高大学生的思想政治素质。

二、弘扬学术性原则

在思想政治理论课教学中，积极向学生宣传党的路线、方针、政策，这无疑是正确的，但如果只告诉学生“是什么”，而不讲清或讲不清“为什么”，就必然会陷入空洞的、无的放矢的说教，教学效果无从谈起。事实上，一些学生对思想政治理论课不感兴趣的一个很重要的原因，在于有些老师忽视了马克思主义理论本身的科学性、理论性，把它纯粹讲成了宣传课、口号课，一味地照本宣科“满堂灌”。所以，高校思想政治理论课教学决不能停留在理论的表面，必须在坚持政治性的前提下，更好地弘扬学术性原则，以提高教学效果。理由是：第一，马克思主义是阶级性和科学性的统一。长期的社会实践证明，马克思主义是一门代表无产阶级利益、揭示人类社会发展规律的科学。既然马克思主义是一门科学，我们就要以科学的态度对待它，除了讲清楚基本理论观点外，还要讲清楚理论的发展脉络、精神实质以及在马克思主义指导下学术界的最新理论研究成果。第二，马克思主义的基本理论没有过时，它仍然能够回答当今经济社会问题。马克思主义是一门博大精深的科学理论，只要准确把握了它的基本理论及其精神实质，我们完全可以用它阐释当今的重大理论和现实问题，回答大学生的思想困惑，从而让学生信服马克思主义。第三，适当介绍一些学术最新研究成果，可以拓宽学生的视野，激发学习兴趣，增强教学的吸引力。在教学中，注意掌握当前的理论研究动态非常重要。比如，针对一些学生盲目崇拜西方学术思潮的倾向，我们不要采取回避的态度，而要积极正视这些问题，对这些思潮进行适当的介绍和评价，以使学生的思想在比较、鉴别、碰撞过程中，自觉地接受和信仰马克思主义。如果我们一味地喊口号，没有深入的理论分析，没有鲜活的实例，学生自然对思想政治理论课难以产生兴趣。

总之，在思想政治理论课教学中，政治性原则是方向、是灵魂，学术性原则是基础、是血肉，二者是统一的，不可割裂。政治性原则必须通过学术性原则体现出来，离开了学术性原则，政治性原则就得不到真正落实。同样，学术性原则也必须坚持以正确的政治方向为前提，离开了政治性要求，学术性原则就不能真正符合思想政治理论课的教学宗旨。在实际教学过程中，必须辩证地处理好二者的关系。我们必须在坚持政治性原则的前提下，适当追求学术氛围，既提高教学效果，也使学生在学术的熏陶中自觉地接受和信仰马克思主义。

三、提高教师素质，是坚持政治性与学术性统一的前提

作为教学过程的主导者，教师是在教学中做到政治性和学术性统一的关键，提高教师自身素质则是实现二者统一的前提。

当前复杂的国际国内形势对教师素质提高的要求是全面和整体的，但要在高校思想政治理论课教学中实现政治性和学术性的统一，提高教师的

思想政治素质和专业知识水平尤为重要。一方面，思想政治理论课教师要有高度的政治觉悟和坚定正确的政治立场，坚持以马克思主义为指导，用发展着的马克思主义武装大学生的头脑，引导和帮助他们树立正确的世界观、人生观和价值观。同时，教师必须具备良好的职业道德，要有强烈的岗位意识和职业使命感，用严谨治学、实事求是的态度教书育人。另一方面，教师要有较高的专业知识水平，这主要是指丰厚扎实的马克思主义理论功底、广泛的知识涉猎和联系实际、与时俱进的专业素养。实际上，绝大多数教师在教学中对前一方面有较好的把握和体现，而在后一方面有所欠缺。很多教师都非常勤奋敬业，但由于自身的理论素养和专业知识水平所限，有些教师只能告诉学生“是什么”，而不能讲清楚“为什么”，从而没有解决学生的思想困惑。还有些教师在课前也准备了丰富的教学案例，但由于不能运用马克思主义的基本理论和方法对这些资料进行深入的分析，所以尽管教学内容丰富，学生也感兴趣甚至课堂很活跃，但一堂课下来学生仍然只看到问题的表象却不能抓住问题的本质，甚至会由于对一些“边缘性”的例子缺乏正确深刻的分析而误导了学生。可见，提高教师的马克思主义理论水平是非常必要的。

思想政治理论课的政治性强、责任性大而且课程内容变化较快，加之教师队伍日益年轻化的客观现实，要求我们思想政治理论课教师尤其是青年教师，一定要从自身做起，加强理论学习和学术研究，不断完善自己的知识结构、夯实理论功底、拓宽学术视野、提高科研能力。同时，也要求各级相关的管理部门能为此创造更好的条件，包括建立和完善教师队伍的竞争机制和激励机制；提供更多进修、培训、研讨和实践的机会；完善青年教师导师制和学科带头人制度；打破校际界限，创设优秀教师资源共享的平台等等，真正有力地促进思想政治理论课教师队伍素质的不断提高。

（载于《马克思主义理论研究和建设工程参考资料》180期）

大学生马克思主义信仰状况分析

中国社会科学院青年人文社会科学研究中心

大学生马克思主义信仰的主流是积极的

多数学生的马克思主义和共产主义信仰较为坚定。例如，有78.8%的学生认为马克思主义“有说服力，没有过时”；在谈到对于“当代西方学说和理论能否取代马克思主义成为解决中国实际问题的指导性思想”的看法时，有76.2%的学生作出了否定回答；有84.2%的学生表示愿意加入中国共产党。

多数学生对马克思主义基本理论以及中国化马克思主义理论成果感兴趣。例如，有57.4%的学生认为通过近年来的政治理论学习，对马克思主义、中国特色社会主义道路等重大问题越来越明白了；认为理论学习有一定效果的达到了32%。在对“三个代表”重要思想与马克思主义关系的认识上，有78.3%的学生赞同“三个代表”重要思想就是当代中国的马克思主义的说法。

多数学生积极向上，拥护党在现阶段的路线、方针和政策。例如，在社会多样化发展、各种思想文化相互激荡的社会条件下，有78.4%的学生认为应该继续坚持四项基本原则；有94.3%的学生认为国有企业改革是要“让国有企业增强实力，发展社会主义市场经济”；有61.7%的学生认为社会主义民主政治最根本的是“要把坚持党的领导、人民当家作主和依法治国有机统一起来”。

多数学生对中国特色社会主义事业发展前景充满信心。例如，有

80.2%的学生反对“真正‘西化’了对我们有好处”的说法；有89.7%的学生认为中国特色的社会主义是社会主义的初级阶段，不是所谓的资本主义道路；中国特色社会主义建设大大向前推进了，是国家富强、民族振兴的必由之路。

大学生马克思主义信仰存在问题的原因

课题组在调研中发现一些大学生中存在着共产主义理想淡化、信仰多元化的倾向。例如，在对马克思主义的认识上，有些学生认为马克思主义已经“没有说服力，完全过时了”，还有的学生感到“说不清楚”。在谈到对于“当代西方学说和理论能否取代马克思主义成为解决中国实际问题的指导性思想”的看法时，有个别学生作出了肯定回答，而有些学生表示“说不清楚”。

再如，存在着对中国特色社会主义的性质及基本内容认识不清的倾向。有的学生甚至对中国特色社会主义理论和社会主义的前途持怀疑态度。根据一些教师反映，有相当一些学生，对中国特色社会主义理论，对于一些原则性的大是大非问题，认识模糊。在对中国特色社会主义的社会性质的认识上，有的学生弄不清中国特色与资本主义的本质区别是什么；还有的被访学生认为中国特色社会主义的性质是处于新民主主义阶段。一些学生还提出，我国实行的是社会主义市场经济，市场经济主要以经济杠杆为手段，人与人之间的关系是利益关系、金钱关系。那么，我们现在搞的中国特色社会主义到底是姓“资”，还是姓“社”？尤其是在全球化思潮的冲击下，对社会主义与资本主义是否趋同这一突出问题，就有个别学生认为趋同论正确，也有的学生认为说不清楚。这说明，在一些学生中关于社会主义前途命运的认识还是较为模糊的，甚至可以说是混乱的。

调查中还发现少数学生中存在着政治意识淡漠的倾向。在西方多党制、多元化等资产阶级思潮的冲击和影响下，一些学生的政治立场和政治意识不坚定、不明确。例如，对于在社会多样化发展的条件下，是否还应继续坚持四项基本原则的问题，就有少数学生认为“说不清楚”；而对于“在当今知识经济时代，知识分子、管理阶层才是先进生产力的代表，工人阶级不再是先进的、不再是国家的主人了”的观点，有些学生表示赞同或感到说不清楚。

青年学生马克思主义信仰存在一些问题的原因是多方面的，从主观方面看，一些学生对自己的专业学习抓得较紧，而不注重马克思主义理论和政治理论的学习，以至于在实际生活中丧失了辨别和抵御错误思想的能力。如调研中发现，现在许多学生把就业和考研作为自己学习的主要动力，认为马克思主义理论学习对自己的帮助不大，没有什么用处。诸如此类的认识，极大阻碍了青年学生马克思主义理论素养的提高和理论思维的培养。从客观上看，主要有以下几个方面的原因：

（1）改革开放中出现的一些矛盾和问题对青年学生理想信念的负面影响。如发展市场经济中所遇到的一些新情况、新问题，社会贫富差距问题、腐败现象和党风廉政建设方面存在的问题等，使一些青年学生对共产党的领导和社会主义建设的信念发生动摇，信仰迷失。

（2）在马克思主义理论教学和宣传中，还存在着理论脱离实际的问题，影响了青年学生的学习热情和认同感。一些高校马克思主义理论教学和宣传的形式、方式和方法过于僵化、呆板，落后于当前社会形势的发展对教学、宣传手段的要求。其中，最突出的问题是教学和宣传中“大”和“空”的现象，一味地戴理论高帽。空话、套话多，其结果往往使青年学生产生逆反心理。学风不够端正，形式主义比较严重。结合社会发展的实际提出问题、回答问题、解决问题的针对性、实效性不强。

（3）马克思主义理论教学队伍不适应。一方面，马克思主义理论教学队伍师资力量和理论水平与形势和任务的发展不适应；另一方面，马克思主义理论教学队伍相对来说受到的重视不够。民间舆论往往把从事理论教学的教师看作“万金油”，甚至认为是专业能力不行的才去教马克思主义理论课，给从事理论教学的教师造成巨大的心理压力；马克思主义理论教学工作者在评职称、晋级晋职、对外交流等方面，客观上存在着受“歧视”的现象，机会往往不如其他专业课教师。

（4）相关的教育管理机制不到位。多年来，根据国家的有关规定，各大专院校对马克思主义理论，尤其是对中国特色社会主义理论和“三个代表”重要思想的教学、学习都作了明确规定，建立了一些规章制度。但是除了明确规定的课程考试之外，其他形式的理论学习往往得不到落实。相关的教学和学习工作计划虽有提及，但是具体任务、工作目标、考核标准等都相对模糊。

加强大学生马克思主义理论教育的几点建议

真正解决好各级领导重视的问题。高校应把定期研究马克思主义理论和思想政治教育工作制度化，定期开展调查研究，客观评价工作状况，及时发现突出问题，积极寻求解决办法，制定有效改进措施，主动支持“两课”教学。学校的上级领导机关也应进一步加强对学校马克思主义理论教育工作的检查指导，应制定更加科学、客观和可测量的评价标准。

认真抓好基础理论教材建设工作。现行马克思主义理论教材仍然存在着以下问题。其一，一些教材过于重视自身内容的全面和形式上的完美，难免导致求大、求全的形式主义倾向；其二，有的教材把马克思主义理论和我们党据以制定的种种现行政策混同，而且在内容安排上，政策内容讲得偏多；其三，有的教材中，理论内容本身和编写者对理论内容的理解、阐释的区别不明显。

大力加强马克思主义教学师资队伍建设。一方面，必须采取有效措施，改善“两课”教师的学习和工作条件，帮助教师树立职业自豪感和工作责任心；另一方面，必须进一步优化“两课”教师队伍结构，提高教师的整体素质。一是要严把“入口”关，不能让政治思想和道德素质不合格的人登上“两课”讲台；二是要从多方面加强对青年教师的教育、培养和锻炼，提高他们的综合素质；三是要制定政策，努力吸引那些政治素质好、理论水平高、有教学能力，同时，又有社会实践经验或专业特长的优秀人才，充实“两课”教师队伍；四是要从校内外聘请一些优秀的专家学者、党政干部，组成兼职教师队伍，参与到高校马克思主义理论教育工作中去。

（载于《马克思主义理论研究和建设工程参考资料》183期）

2000 年以来社会发展理论研究综述

隋 秀 英

一、关于社会发展动力研究

社会发展动力问题始终是社会发展理论研究的重要内容之一。这一研究经历了从朴素的自然统一论到单一决定论，再到马克思主义的辩证决定论的过程，并把重点放在工业社会向后工业社会过渡过程中的发展动力问题。尽管目前学术界在构成社会发展动力诸要素的地位、作用及其相互关系方面颇有争议，但终究是把这一问题的研究大大向前推进了。

1. 社会发展是社会有机体诸构成要素合力作用的结果

有论者把社会看作是一个自适应、自协调、自组织的有机系统，主张从内部理解其发展动力，认为社会整体建构的各种因素既是发展的结果，也是发展的动因。它们的相互作用构成社会发展的动力系统，这个系统具体划分为经济力、政治力、文化力三个层面，社会发展是这三个动力子系统矛盾作用的结果，其中经济力是社会发展的根本动力，政治对于经济、社会发展提供权威力、法制力、加速力和道德力，文化力是社会发展的精神动力（杨信礼：《社会发展的动力机制》，《广东社会科学》2002 年第 6 期）。另有论者认为，社会发展动力系统包含三个要素系统：动力因子系统、动力激发系统和动力载体系统。动力因子系统由社会基本矛盾、生产力、改革等动力因子构成。它是社会动力发生的本源。动力激发系统是确保动力因子正常发挥作用的制度机制系统。动力载体系统则指由不同素质的人所构成的群体（宋成一：《社会主义社会发展动力系统》，《学习与探索》2001年第5期)。也有论者从“四个统一”角度理解社会发展的动力，即社会发展过程是根本动力与直接动力的辩证统一、内因与外因的辩证统一、物质动力与精神动力的辩证统一、实体性因素与渗透性因素的辩证统一（田启波:《系统地分析中国社会主义社会发展动力》,《北京大学学报(哲社版)》2001年第3期)。还有论者按照社会发展的全面性观点，主张既要重视社会发展的基本动力（社会基本矛盾)、根本动力（生产力）和直接动力，又要重视社会发展的杠杆——科学技术革命的作用。总之，要重视社会动力系统中所有因素“协同并进的整合作用”(侯衍社:《关于恩格斯社会发展的合力思想及其启示》,《烟台大学学报（哲社版)》2001年第1期)。更有论者在坚持生产力是社会进步的根本动力和标志的前提下，提出社会前进的动力系统由若干动力子系统构成，生产力是社会进步的重要动力，但不是唯一动力。文化的、观念的等非经济因素对社会进步的方向、社会变革的广度和深度、社会进步的过程等，都以其固有的方式起着重大作用（刘长明:《智识是智识社会发展的第一推动力》,《理论探讨》2000年第4期)。以上观点的共同点在于都认为社会发展是诸动力要素合力作用的结果。

2. 社会发展动力诸要素的地位和作用

推动社会发展的动力除了有生产力、生产关系、上层建筑、地理环境、人口以及人的需要等因素外，随着知识、技术和信息在社会发展中的作用的凸显，近年来，一些学者又提出一些对社会发展有重要影响的动力因素，主要有:(1）生态因素。所谓社会发展中的生态因素，一是指人及其社会对自然、生态的依赖性，二是指人及其社会活动的结果出现了生态反馈与制约。有论者认为，生态要素将是21世纪影响人类发展的最重要变量之一。发展使人类开发和利用自然的力度不断加大，有可能超越生态系统的自我调节能力，打破生态系统能量、物质输入与输出的平衡，造成生物种群数量、结构、比例的失调，即导致灾难性的生态后果。这种后果今天已经不同程度地显现出来。这种“生态反馈”表明，生态要素对社会发展的影响日益突出，人的活动和社会发展受制于生态要素（蔡拓:《试论生态要素对社会发展的影响》,《理论与现代化》2001年第2期)。也有论者认为，生态环境系统的承载能力是人口增长与经济社会发展的可能性空间和制约因素。当人口及其需求增长所形成的压力超出了生态系统的承载能力，人类基于生存的压力又不断地向自然界索取，这就会使生态环境变得日益脆弱甚至崩溃，生态系统的平衡被打破，人类的生存和发展就将受到严重的威胁，甚至会直接危及到人类的持续发展（杨信礼：《人天和谐与可持续发展》，《山东科技大学学报（社科版）》2003年第1期）。（2）创新。我们处在一个创新发展的时代，创新能够突破旧的思想的束缚，使社会生活的各方面发生革命性变革和获得充分发展。创新是一个民族进步的灵魂，是国家兴旺发达的不竭动力。有论者特别强调在社会发展中要建立一种创新发展观。因为发展本质上是新事物产生或事物的新质的形成，总之是一种创新。在发展观上确立创新的理念是必要的（丰子义：《发展实践呼唤新的发展理念》，《学术研究》2003年第11期）。也有论者从整个人类社会发展的高度指出，科技创新、制度创新、理论创新是三个相互联系、相互制约的方面，共同构成了社会发展的重要推动力量。科技创新可以解决“生产新知识”、“开发新技术”及“创造新组合”等知识的生产问题；制度创新可以改善知识的流动效率；理论创新则是一切创新活动的观念背景和外在框架。从这一意义上说，没有创新，就没有人类的进步，就没有人类的未来（庞元正：《创新理论与马克思主义哲学的新发展》，《求是》2003年第5期）。还有论者从发展的本质方面指出，发展就是人类能动创造的主体能力不断生成、提高、展现并由片面的人向完整的人跃迁的过程，是人类的实践观念、实践中介、实践方式不断创新的过程。创新的意义在于能加速推进经济社会的不断发展和进步，进而使人民群众能获得切实的经济、政治、文化利益，不断满足其现实的物质文化生活需要，促进人的素质的提高，逐步实现人的自由而全面的发展（杨春贵：《“发展与创新”笔谈》，《文史哲》2001年第6期）。（3）人的素质。人的素质状况体现着并促进着社会的发展与进步。有论者认为，人的素质主要包括健康素质、智力素质、心理素质（人格素质）、道德素质和角色素质五个方面。社会发展及其现代化需要人去实现、去推动。人是社会发展与进步的主体。人的素质的提升，是社会可持续发展的基石，是“校正偏离行为”的主体力量。不论从哪个方面看，人的素质建设都是社会发展的必然要求（沙莲香：《论中国人的素质构成与社会发展》，《教学与研究》2000年第7

期)。还有论者认为，人的素质状况是社会文明发展的重要标尺，是现代化的重要指标，在一定意义上，社会现代化就是人的素质的现代化。只有提高国民素质，才能加快社会现代化的进程（尚九玉:《近10年来人的素质问题研究述评》,《哲学动态》2001年第8期)。(4) 智识。智识是对知识、才智和知识创新能力的总称，是一个基于知识而又高于知识的范畴。与智识相对应的智识分子，是指掌握丰富知识和具备较高才智因而拥有非凡知识创新能力的人才，是一个比传统知识分子更高的阶层。有论者认为，人类已经（或即将）迎来智识价值时代，步入智识社会。所谓智识社会，“就是以不断膨胀的智识为基础、以无限扩张的‘智识力’为主动力的社会。”在智识不断升值的智识价值时代，智识力日益膨胀。智识作为一种特殊的可再生资源已经并继续在更广的范围内和更大程度上取代其他无形资源而成为智识社会发展之源，成为智识社会前行的最强有力的杠杆(刘长明:《智识是智识社会发展的第一推动力》,《理论探讨》2000年第4期)。也有论者认为，在知识经济时代，要求改变人们对知识的既定理解，知识经济更为看重的是“意会的知识”，即难以数据化、语言化和图形化的“知识”，是具有更大的创造性与知识生产力的知识。知识经济时代，对人的知识能力的要求也空前提高，要求人能在前所未有的水平上系统性地收集、综合和传播知识。意会知识的多少和人的知识能力的高低是决定知识经济社会发展的关键性因素（邹诗鹏:《知识经济·后发展·人的创新》,《长春市委党校学报》2000年第5期)。以上四个方面的动力因素在社会发展中的作用越来越突出，其重要地位也日益受到人们的关注。

二、关于社会发展代价研究

社会发展代价是指社会发展中人们在追求、创造价值时产生的与价值取向相悖的负面价值。社会发展代价的实质、代价与发展的关系以及代价极限等问题是近年来社会发展研究的热点问题。

1. 社会发展代价的实质

尽管理论界和学术界对社会发展代价实质的认识有所不同，但其认识的角度则大都选择了社会发展的目标选择、发展进程的复杂性和代价付出的必要性等三个方面。如有论者认为，“代价既是对某种发展目标的否定，又是以否定形式蕴涵的进一步发展的目标”。代价是内在于发展进程的主体为换取某种发展而做出的必要牺牲和应“投入”的必要成本；代价既是人类推动社会发展的活动的结果，又是这一活动的中介，是社会发展的客观规律性、必然性与人作为社会历史活动的主体所作的价值选择的辩证统一（范燕宁：《社会发展代价问题的历史考察与现实分析》，《武汉大学学报（人文科学版）》2001年第6期）。也有论者认为，“代价是对某种发展目标的牺牲和否定”。但是，在代价对发展目标的否定中，也包含着对其他发展目标、发展价值的肯定与追求，并为人们指明进一步发展的方向。扬弃代价、调整目标是发展更为深刻和强烈的内在要求，代价实质上是以折射的形式反映的进一步发展的目标（许先春：《社会发展代价及其调控》，《人文杂志》2000年第2期）。还有论者认为，社会发展代价是人们在面临众多价值目标时，为选择优先发展的主导性价值目标而造成的恰对社会有益价值目标的压抑、损害或牺牲；是人类在改造自然、社会的活动中取得积极成果的同时所产生的副作用；是从各种人为因素所造成的失误中产生的背离自身价值取向的消极后果（贺善侃：《社会发展代价的实质及支付原则》，《学术月刊》2000年第8期）。

2. 代价与发展的关系

代价与发展的关系是社会发展代价问题研究中的核心问题。近年来，与国外学者对该问题的研究相比，我国学者的研究有以下特点：一是研究的视野较为开阔，学者们多方面地和具体地研究了我国社会主义现代化进程中的发展与代价的关系；二是对发展中的代价问题的基础理论进行了较为系统的研究；三是着眼于确立更加辩证、合理的发展观和代价观，强调既要承认社会发展过程中付出某些代价的必然性，又要随时注意付出代价可能诱发的社会问题，自觉把握代价的适度性，缓解代价所造成的社会压力，把代价控制在最小范围和最低程度。发展与代价关系问题的研究，既从理论上深化了关于社会发展问题的研究，也为党和政府制定和调整各项发展政策提供了重要的理论支持和政策参考。代价与发展的关系是辩证统一的，它们既相互矛盾又相互依存。社会要发展就不能没有代价。如有论者认为，承认发展要付出代价，不是为代价尤其是各种负面问题进行辩护，恰恰是为了正确地对待、防范和限制代价，避免其扩大化。如实地看待代价的客观性，既可以使人们正确认识发展的曲折性和复杂性，又可以使人们以冷静、坚毅的态度和百倍的努力解决中国改革开放和现代化建设中各种负面问题。归结起来，代价对社会发展具有正反两方面的作用。社会进程中必然付出的代价能够换取和补偿某种发展，以牺牲较小的价值换取较大的价值，以某种静态的价值换取具有自我创新功能的价值。但是代价毕竟意味着某种价值的丧失，由人的主观原因造成的代价会对社会产生消极影响（韩庆祥:《代价论与当代中国发展》,《中国社会科学》2000年第3期）。也有论者认为，代价与发展的辩证关系从三个方面得以体现：第一，代价产生于发展过程。发展是以主体的自由选择和创造能力为前提的，而人的选择和创造能力又受着各种主客观条件的制约，这种矛盾是发展过程的内在矛盾，它导致发展过程既不断产生代价，又不断扬弃代价。第二，代价是发展的一个内在环节。发展既是以尽量小的代价换取尽可能大的进步的“价值转换过程”，又是以尽可能多的价值补偿那些为发展而付出的代价的“价值补偿过程”。第三，代价是发展结果的一种特殊状态。换句话说，是在代价背后隐含着的历史巨大进步（许先春:《社会发展代价及其调控》,《人文杂志》2000年第2期）。还有论者认为，代价与发展的辩证关系表现在：两者共同存在于实践结果和矛盾结果的统一中。也就是说，实践不仅为人类带来改造世界的利益，而且同时还会产生或大或小的副作用；代价与发展还具有共长性，也就是说，随着发展的提升，代价对人的反馈作用也在不断增大；代价和发展在具体实践结果中具有非均衡性，即在实践的正负效应同时发生作用的整个过程中，尽管在人类历史上的某个时期或某个局部范围内代价可能是主要的方面，但总的说来发展才是真正起着主导作用的方面（邱耕田、张荣洁:《简论社会发展的代价规律》,《社会科学》2000年第7期）。

3. 树立正确的代价观，把社会发展过程中的代价限制到最小程度

研究社会发展代价问题，树立正确的发展代价观的目的，在于以科学的态度认识和处理中国改革开放和现代化建设过程中出现的矛盾和问题，特别是通过积极主动地采取相应的防范措施，而把发展中的代价降低到最小限度。要树立正确的发展代价观，学者们认为必须克服在代价问题上的以下三种倾向：一要克服只看到发展的积极成果，而忽视代价存在的片面性；二要克服以孤立、片面的观点认识代价，把代价的存在和付出视为完全的消极现象的倾向；三要克服把代价合理性绝对化的倾向。这种倾向表现为把代价作为为自己的失误辩护和开脱罪责的理由。对于如何通过代价调控而把代价降低到最小程度的具体方式，可谓是仁者见仁，智者见智。如有论者就提出了作为代价调控准备的“五个环节”的思路：(1) 代价预测。人们在制订方案、采取行动之前，应当对可能付出的代价和必然付出的代价，进行成本和效果预测。这是在实施代价调控之前所作的一种价值判断。(2) 代价反馈。实施于实践过程的代价信息被及时反馈给实践主体，可以使之通过总结经验、教训，及时调整战略，使代价减到最小程度。(3) 代价抑制。一是要科学地选择发展目标、发展方式、发展道路和发展手段，尽可能使代价最小化；二是通过发挥人的能动性，减少人为的失误，防止代价扩大化。(4) 代价转换。就是以最小的代价换取最大的发展。(5) 代价取舍。就是本着立足当前，考虑长远的原则，优先选择主导价值目标实现社会发展（许先春：《社会发展代价及其调控》，《人文杂志》2000年第2期）。也有论者提出，为尽量减少社会发展代价，避免不必要的代价，要做到以下三点：其一，在某些改革、发展方案出台之前，要尽最大努力做到周密论证，对可能出现的问题做详尽的预测与考虑，并注重研究前人的经验教训。其二，在具体实施发展战略时，尽可能采取与发展目标相适应的完善的方法和手段，避免盲目冒进。其三，对发展过程中的问题应当及时加以解决（贺善侃：《社会发展代价的实质及支付原则》，《学术月刊》2000年第8期）。还有一些论者认为，降低和减少代价的关键是代价发生前的防范，既要对可能出现的消极后果进行预测，又要提前采取措施制约和指点人们的选择来规避代价。制约人们的选择就是用代价来限定发展目标和发展方式，指点人们的选择就是通过对代价的分析，发现进一步发展的目标，进而实现社会发展代价的最小化。

三、关于发展道路和模式研究

我国社会发展道路和发展模式历经20多年改革开放的摸索，经历了一个从经济发展观到综合发展观，再到以人为本的科学发展观的过程。目前，我国已经进入全面建设小康社会阶段，对发展提出了更高的标准和要求。同时，由于受国际环境的影响，过去的发展道路和发展模式也面临新的挑战。国内学者认为，一方面，我国目前的发展道路和模式是符合我国实际和社会发展总体目标的，是正确的；另一方面，我们也必须适应经济全球化的形势和国际关系新变化，及时检视和调整我们的发展思路。

1. 关于我国现阶段发展道路和发展模式的认识

经济快速增长是各个国家、地区的普遍追求。但在不同发展阶段人们对经济快速增长的认识是不一样的。总的说，随着实践的发展和人们关于发展理念的更新和进步，社会对经济增长的要求也日渐合理。有论者认为，生产力跨越式发展是人类进入工业社会特别是信息社会以后社会发展的根本模式，是我们党代表中国先进生产力发展要求必须履行的重要职责。但在现实条件下实现生产力跨越式发展是具有新的内涵和要求的。这就是，实现生产力跨越式发展要充分发挥社会主义的制度优势、正确处理政府主导与市场导向的关系，合理利用世界历史条件和科学技术条件，把创新和改革作为实现生产力跨越式发展的灵魂（陈志良：《生产力跨越式发展是现代社会发展的根本模式》，《哲学原理》2002年第9期）。也有论者认为，以人为本的科学发展观是当代新的发展模式和发展道路，它体现了由单纯追求物质财富的增长到以人为本的科学发展观的转变，也体现了社会公正和可持续发展的要求。为此，要把发展看作是历史文化传统、政治经济价值等多种因素共同作用的过程，摒弃传统的单纯以国内生产总值来衡量发展的方法（徐鸿武：《科学发展观与当代社会发展理论》，《光明日报》2004年10月19日）。还有论者明确提出，一定要从只注重经济增长、以物为本的片面发展观转到既注重经济增长又注重社会和人的全面发展的科学发展观上来。发展是在经济发展基础上的人的全面发展，追求物质指标不是最终目的，追求人的全面发展才是目的。发展不仅仅是物的发展，更重要的是人的发展。以经济建设为中心，并不是说经济发展可以代替社会全面发展。保持GDP的适度增长是促进发展的重要内容，但远不是经济社会发展的全部。发展应当是经济增长基础上的社会全面综合指标的增长（王伟光：《用科学发展观统领经济社会和人的全面发展》，《党建研究》2004 年第 3 期)。更有论者概括性地指出，现在我国的发展道路体现了以下四个方面的要求：(1) 全面的要求。发展不仅体现在经济领域，也体现在政治领域和精神文化领域，体现在社会的方方面面，为的是社会的更加和谐。(2) 平衡的要求。发展要使工农间、城乡间、地区间和社会各阶层间的差别不断扩大的趋势得到扭转并逐步缩小，逐渐实现共同富裕，最终推动整个社会走上生产发展、生活富裕、生态良好的文明发展道路。(3) 质量的要求。发展要使人们在解决温饱的基础上，获得充分的发展资料和享受资料，获得优美的生态环境和有利的社会生活条件，使生活质量显著提高。(4) 人的全面发展的要求。发展的最终目的是为了人的发展，促进人的全面发展最主要的是提高人的综合素质，使人的个性和能力得到自由而全面的发展（丰子义：《发展实践呼唤新的发展理念》，《学术研究》2003 年第 11 期)。

2. 关于经济全球化与坚持走社会主义发展道路和发展模式的关系

在这个问题上，国内学者普遍认为，经济全球化一方面为资本主义的全球扩张创造了有利条件，同时也以不可抗拒的力量推动着资本主义在全球范围内的解体，促使社会主义以其不可逆转的历史逻辑在全球更大的范围内孕育和发展，直至实现社会主义在全世界范围内的胜利。如有论者认为，经济全球化在不断扬弃资本主义的同时，也成为发展社会主义的“助产婆”。经济全球化的最终实现就是资本主义发展的极限，全球资本主义的发展尽头是全球社会主义（孔祥富：《经济全球化与当代资本主义矛盾的发展趋势》，《马克思主义研究》2001 年第 4 期)。有论者认为，建设中国特色的社会主义从根本上说，就是要把我国建设成现代化的社会主义国家。这个目标与全球化趋势在本质上是一致的，但在现实实践中我们既要适应全球化的发展趋势，跟上当今时代的发展，又要对以资本主义为主导的全球化可能给我国发展带来的环境恶化、贫富差距加大、文化侵略等消极后果有足够清醒的认识，更重要的是要在全球化大潮中做到趋利避害、更好更快地发展自己并主动投入到全球化的进程中，借鉴别人，发展自己（李士坤：《论世界历史理论与全球化》，《北京大学学报》2001 年第 2 期)。也有论者认为，尽管当代资本主义的发展造成了全球化这一世界性潮流，但资本主义驾驭不了这个潮流；社会主义与全球化是一致的，全球化必将加速社会主义代替资本主义的进程，即全球化源于资本主义而终于社会主义（梁树发：《全球化进程中的社会主义》，《〈共产党宣言〉与全球化论文集》，北京大学出版社2001年版）。还有论者认为，全球化是社会主义最终胜利的“前阶”。作为人类科技进步和世界交往扩大与深化的必然产物，全球化在促进生产力的发展、劳动的社会化以及人类的普遍交往与能力的发展等方面，都有历史的进步意义，为社会主义在全世界的最终胜利准备了必要的前提条件（罗文东：《全球化时代的社会主义观》，《马克思主义研究》2001年第4期）。更有论者认为，全球化是把人类实现现代化的成果全面推广、扩展到全球的各个国家和地区。资本主义现代化和全球化的三次浪潮，固然使世界面貌发生了大变化，但是也造成了大灾难。全球化浪潮是以新科技革命为原动力和以新生产力革命为主动力的不可抗拒的客观历史进程，它对于社会主义者和社会主义国家，既是挑战又是机遇。只要我们能够正确应对，经过长期坚持不懈的努力，必然实现世界社会主义和社会主义全球化（高放：《从全球化浪潮看社会主义前景》，《天津行政学院学报》2001年第2期）。

笔者认为，2000年以来国内关于社会发展理论的研究虽取得一定成绩，但也存在着一些不足和薄弱之处。首先，在基本理论的研究方面，如对社会发展动力机制的运作及其优化、社会发展代价的标准等问题的研究还有待深入，对人的素质、生态环境和创新等动力因素之间的内在关系的研究还重视不够。对社会发展理论有关问题之间的联系还仅停留在一般性探讨的层面，缺乏深入的、严谨的理论论证。其次，在研究方法上比较单一，基本上是纯理论的推演方式，缺少实例的分析和证明。再次，从研究成果看，近几年来突出的特点是有关社会发展理论研究的论文多，专门性的著作较少。但是总的来说，近几年来，理论界、学术界关于社会发展理论研究的热情是高的，势头也是好的。

（载于《马克思主义理论研究和建设工程参考资料》128期）

历史学学科性质问题论略

徐 兆 仁

一、关于历史学学科性质的主要观点

1.“科学”说

断定历史学是科学的根据有二：其一是它的研究对象——世界各民族、国家的历史现象、历史事件和历史人物等，以及由它们所构成的历史运动事实和过程——作为历史存在，是客观实在的东西。其二是它所承担的任务。历史学的任务在于揭示世界各民族、国家的历史发展的特殊规律和特点，历史研究是一种旨在探讨人类社会历史发展特殊规律的认识活动。

“科学”说包括以下几种不同的界定：第一，一般“科学”说。史学是一门反思的科学，是对各种具体历史研究及其内在规律进行探索的科学。第二，特殊“科学”说。史学是一门具有特殊性、综合性、整体性和真实性等显著且重要特征的具体的和实证的科学。第三，“整合学”说。史学是一门以科学性为基础的内在地融合了实证性、抽象性、价值性、艺术性的整合学。

2.“非科学”说

科学研究是通过观察、实验等手段得到基本材料，然后进行归纳、判断、推理得出假设，再重新回到实际中反复检验而得出结论的过程。历史学研究是不具备这些要素的，尤其是不可能检验的。在历史中材料也并不是完全准确的和客观的，实际上均已渗透着人们的意识，而科学所用的材料大都是没有思想的、客观的。虽然现在历史学已经借用科学的方法和手段，但那只是形式上的改进，无法改变它的性质。

3."人文知识"说

历史学是一种人文知识，而不是自然科学意义上的那种科学。对于历史现象的认识、理解和表达，是历史学家心灵劳动（或活动）的结果，主要取决于历史学家的人生体验。这种认识、理解和表达，属于人文世界，是人文的。历史学永远都渗透着、饱含着种种非科学的、非纯理性的格调和色彩，因为历史学家的知识总是有限的，他的理解限于他本人的体验、思想和表现能力的范围之内。所以，历史学既有其科学的一面，又有其非科学的一面。

4."艺术"说

意大利哲学家克罗齐从根本上否认历史学是一门科学，认为，"历史学只有一个责任，即叙述事实"。而对个体的描述恰恰是艺术的天职，历史学甚至连"描述性的科学"也算不上。它是一门艺术，但又不止于艺术。因为，艺术是对可能的事的表述和描绘，而史学则限于对发生过的事加以描述。所以，史学是一门研究过去真实的艺术。英国也有历史学家认为：历史学的不变的性质"就是讲故事，历史学永远是叙事的艺术"。

5."记忆库"说

历史的认识指人类对自己过去的回忆和思考。历史学原本是人类经验的总归纳、总观照，其存在、延续的一个重要理由是保持人类经验的多元歧异性。历史提醒我们，现实正在进行、正在发生的事件，只是人类诸多可能性中非常微渺的一小部分而已。历史学帮我们保留这些好的、坏的可能性，不让我们完全遗忘。当环境有所改变时，我们总是可以到这个庞大的数据库找到一些无论是防弊或兴利的暗示。

6."事件"说

历史就是往事；历史学就是关于往事的追溯。历史的含义指人类所经历、所创造的一切，是人类的全部过去（历史的本体）。历史学是一门研究事件的编年纪录之学科，它奠定于对原始史料的考证基础之上，并对这些事件的缘由做出解释。

7."史料"说

史学就是史料学，史料学就是比较不同的史料。史学的工作是整理史料，不是做艺术的建设，不是做疏通的事业，不是去扶持或推倒这个运动或那个主义。

8．“非独立学科”说

历史学与其他社会科学的一体化趋势是学术史发展的必然。学科界限的模糊使历史学不再像历史学，历史学没有必要作为一门独立的学科而存在。

9．“活动”说

史学是对人类社会历史的认识、记载与撰述的综合活动。史学在古代中国，主要是以附属于政治活动的一种文化积累活动的形式存在的，史官和史馆制度充分证明了这一点。

10．“学问”说

历史学是一门关于人类社会以往运动发展过程的学问。一般地说，它包括对于历史过程的记录、对于历史经验的总结和对于历史规律的探讨。史学是研究人类社会的发展过程及其规律的学问。

11．“一半是科学，一半是艺术”说

英国哲学家罗素在《论历史》一书中就曾说：历史学“既是科学又是艺术”。刘节在《历史论》中也曾说：“历史学是介于科学同艺术之间的一种学问”。有的学者还说：历史学作为一门科学，它有科学研究要求做到但又做不到的很多缺陷。英国历史学家乔治·屈维廉做了一个形象的比喻：“你可能解剖一个人的身体，由此而论证其他人的身体的一般构造。但是你不能解剖一颗心灵；即使你能够的话，你也不能由此而论证其他的心灵。”有的学者认为，就学科个性而言，历史学是一门科学，遵循着从事实中得出结论、引出规律的研究途径；就表现形式而言，艺术对史学有重大影响。

12．“综合”说

历史学包括了任何学术，但不等于任何学术，它不是科学，不是艺术，是属于综合性的学科。

13．“超科学”说

历史学以思想史为其中最本质、最核心的部分，由人们对历史的研究、认识和体验所构成，一门兼具科学、哲学、艺术而又非科学、非哲学、非艺术，不是实证的人文学科。

14.“解释”说

历史学是通过对证据的解释而进行的：证据在这里是那些个别的叫做文献的东西的总称；文献是此时此地存在的东西，它是那样一种东西，历史学家加以思维就能够得到对他有关过去事件所询问的问题的答案。历史学家们一般都同意历史学的程序或方法根本上就在于解释证据。

15.“认识”说

历史学是“为了”人类的自我认识。它告诉我们人已经做过什么，因此就告诉我们人是什么。

16.“解构”说

后现代主义历史哲学取消了对历史真实和历史事实的追求，认为历史知识只是一种解释或解读，没有真实的历史可言，不可能有客观的历史意义，存在的只是历史事件和历史话语。认为没有必要搜求所谓原始档案材料，因为所有史料都只是文本而已；没有必要尊重古人或历史的当事人，因为他们的作品或回忆并不一定与事实更接近。

17.“矛盾”说

史学本身包含着矛盾：史学就其内容而言是客观的，就其表述而言是主观的。史书的首要要求是如实，是符合客观历史，而要达到这个要求的条件却在于史学家的主观，在于史学家的治史能力的性质和限度。在一定的意义上甚至可以说，史学本身就是在这种矛盾不断展开的过程中发展起来的。

18.“信息库”说

人类活动的历史构成了极其庞大的信息库，历史学就是对人类以往活动过程的信息进行全面研究的学科。历史理解，就是对此信息的释读、解密和了解；历史研究，就是对此信息的内涵、面貌、结构、功能等一系列问题的探究；历史考证，就是对此信息真确度的鉴定；历史编纂，就是对此信息的综合排列、系统组合和全面整理。

二、马克思主义唯物史观的创立使历史学成为科学

就本质而言，上述18种看法可以最终划分为两类，即历史学学科属性的科学说与非科学说。

“历史科学”这一概念最早是由马克思主义经典作家提出来的。列宁总结性地评价道，马克思主义产生以前的历史理论，存在着两个严重的缺点。一是它们至多考察了人们历史活动的思想动机，而没有考察产生这些动机的原因，没有摸到社会关系体系发展的客观规律性，没有看出物质生产发展程度是这种关系的根源；二是过去的历史理论没有说明人民群众的活动，只有历史唯物主义才第一次使我们能以自然史的精确性去考察群众生活的社会条件以及这些条件的变更。

马克思主义创始人运用唯物史观，使得人类历史的研究成为科学。他们认为，历史过程中的决定性因素归根到底是现实生活的生产和再生产。一切重要历史事件的终极原因和伟大动力是社会的经济发展、生产方式和交换方式的改变，由此产生大的社会之间分为不同的阶级，以及这些阶级彼此之间的斗争。

马克思主义唯物史观是我们进行研究工作的指南，但不能把马克思的理论看作某种一成不变的和神圣不可侵犯的东西，因为马克思主义的精髓是革命的、批判的、发展的，历史唯物主义是一个辩证的体系。唯物史观强调必须重新研究全部历史，必须详细研究各种社会形态存在的条件，然后设法从这些条件中找出相应的政治、司法、美学、哲学、宗教等等的观点。如果人们误解了这个理论，并且在此基础上认识和指导所在历史阶段的斗争和工作，就会导致错误甚至失败；如果人们在理解的过程中对这一理论加以歪曲，就会玷污和败坏这一理论的精髓，甚至将其变成毫无内容的、抽象的、荒诞无稽的空话，最后葬送马克思主义，同时也取消历史研究的科学原则，历史学将被驱逐出科学的大门。

非科学说对于科学说的质疑，主要集中在两个方面，一是历史学与自然科学的差别，这种差别决定历史学的学科性质不属于科学研究的范围；

二是历史认识中存在着事实认识与价值认识等不同层次的差别，这种差别影响历史学的研究结论经不起像科学那样真正的检验。

第一个方面的质疑是站不住脚的，因为：(1) 历史研究的对象是以往人类社会的活动，而这种活动是完全外在于研究者的，是客观实在的。研究者可以有各种各样对于这些活动的探索和描述，但是丝毫也不能改变这些已经过去的活动。(2) 历史研究必须充分地占有资料，深入历史的实际，要面向历史事实，要从历史的事实出发，把握事实的总和。要避免历史研究的碎化和细化，尽量获得历史的整体和全貌。要从个别的、片面的、杂乱的历史认识上升到一般的、全面的、完整的历史认识。(3) 历史研究要分析历史的各种发展形式，探寻这些形式的内在联系，揭露历史的假象而获得历史的真相，通过历史的现象发现历史的本质，揭示历史发展的趋势和规律。

比较这两类学科的根本特性，历史学显然属于科学的行列。否则，历史学知识所具有的确切性、可靠性和真实性就无法加以解释，历史学得以成立、延续并普遍被重视的现象就无法解释。否认历史学学科的科学属性，历史学就只有回到古老的时代，与神话、传说甚至人为编造的谎言为伍，历史学学科发展的历史道路就会被引向死胡同。

对于第二方面的质疑，我们应当看到，由于创造历史的主体以及研究历史的主体不是根本不能思考、完全没有思想的自然界，因此，历史学科就带有价值判断，这必然会影响历史学的科学性，干扰历史知识的真实性。但是，这并不能和以下认识划等号，即历史学的研究结论经不起像科学那样真正的检验。随着人们认识的发展，随着历史学科的发展，人们会进一步弄清楚，在历史学研究领域中，人文性的因素在什么情况及何种程度上出现？人文性与科学性的矛盾甚至冲突究竟发生在什么环节上？它们是如何发生的？什么是真正的历史证据？什么是附加在历史证据上的解释？

马克思主义所创立的唯物史观是历史学成为科学、走向科学的里程碑。作为历史科学的奠基的唯物史观，经历了一个多世纪历史风云的考验和挑战。西方哲学、历史学研究中出现的符合论、融贯论、怀疑论、配景论、效果历史论等学说，均不同程度地揭示出历史学学科属性的种种问题。但是，所有这些理论并没能真正颠覆历史学科学属性的根基。我们应该加大对唯物史观研究的力度、深度和广度，以科学的态度，对新的问题做出新的回应。

（载于《马克思主义理论研究和建设工程参考资料》172期）

加强马克思主义史学理论研究

于　沛

近几年来，我国哲学社会科学事业发展出现了非常好的形势。江泽民同志连续三次发表关于必须高度重视哲学社会科学的重要讲话，并考察了中国社会科学院；中共中央于2004年初发出了《关于进一步繁荣发展哲学社会科学的意见》，强调必须进一步提高对哲学社会科学重要性的认识，并于当年4月底召开了中央实施马克思主义理论研究和建设工程工作会议，全面启动了包括史学在内的相关课题研究工作。胡锦涛总书记在2004年主持中共中央政治局多次集体学习，学习马克思主义理论、党史、世界史，并反复强调要坚持马克思主义在意识形态领域的指导地位，要在新形势下更加重视学习历史知识，重视对历史经验的借鉴和运用。另外，党报党刊以及一些史学类学术刊物，也加大了对马克思主义唯物史观的宣传力度。所有这一切，为包括史学在内的哲学社会科学事业的进一步繁荣发展提供了难得的机遇，指明了正确的前进方向。

会议指出，当前史学界和意识形态领域也还存在一些不容忽视的错误倾向。例如，有人否定唯物史观，“解构”建国后史学界在马克思主义指导下取得的研究成果；有人不加分析地引进西方资产阶级史学理论著作，不加分析地传播西方史学家、理论家的观点；有人渲染历史虚无主义，“戏说”历代农民战争和近代人民革命的历史，歪曲中国共产党和中华人民共和国的历史；有人以“学术创新”为名，把简单的翻案说成“创新”，甚至把已经被前人运用历史唯物主义观点颠倒过来的剥削阶级历史观又重新颠倒回去。这些问题的产生，有总体上西强我弱和西方敌对势力对我实施西化、分化战略的背景；有我国经济成分、社会组织、就业方式多样化的土壤。对此，我们一方面要保持清醒的头脑，旗帜鲜明地与错误思潮进行针锋相对的斗争；另一方面也要解放思想、实事求是、与时俱进，大力加强马克思主义史学理论建设，不断推进马克思主义史学理论创新，增强马克思主义史学理论的战斗力和吸引力，用实际行动支持党中央实施的马克思主义理论研究和建设工程。

会议形成了以下共识。

一、处理好坚持和发展唯物史观的辩证关系

无论人类过去的历史还是今天的实践都证明，马克思主义唯物史观是人类科学思想中的最大成果，是唯一科学的成体系的历史观。历史学由于有了唯物史观的指导，才使它成为一门科学。我国马克思主义历史学的老前辈们之所以能在史学研究中取得开创性的重大成果，无不与他们学习和掌握唯物史观的理论与方法有着直接的密切的关系。因此，在史学研究中坚持唯物史观的指导，不仅是巩固马克思主义在意识形态领域指导地位的需要，也是史学研究自身不断发展的需要。但是，我们也要看到，唯物史观诞生以来的150余年，人类社会生活各个领域都发生了许多深刻的变化，提出了许多新的重大的理论问题。我们应当面对现实，弘扬与时俱进的精神，切实加强对唯物史观的理论研究，不断推进理论创新，在新的社会实践中丰富和发展唯物史观。在这方面，毛泽东思想、邓小平理论和“三个代表”重要思想开辟马克思主义在中国发展的新境界的事实，为我们树立了光辉榜样。同时，我们又要防止有人借理论创新之名，行否定唯物史观之实。凡是离开唯物史观基本原理指导的所谓“创新”，不仅不会是真正的创新，反而会走到复旧的歧途上去。

二、分清史学研究中的学术问题和政治问题

史学是社会科学的一个重要学科，是一门学问，而不是政治。但它又是意识形态的重要组成部分，与意识形态里的斗争有着千丝万缕的联系，

不可避免地会受政治和经济、文化、社会的影响。一些原来是学术性的问题，在一定条件下也会转化为政治性的问题。清代思想家龚自珍就说过“灭人之国，必先去其史”。当年日本军国主义欲灭亡中国，今天陈水扁等搞“台独”，都在历史问题上大做文章。苏联亡党亡国的重要教训之一，也在于戈尔巴乔夫之流煽动否定苏共和苏联历史的狂潮。因此，历史研究不可能脱离政治而存在，史学工作者也不可能完全超然于政治之外。那种认为治学者不能有政治立场，否则就会“扭曲学术精神”的认识是错误的，不合乎实际。我们应当站在维护中华民族整体利益和中国人民根本利益的立场上研究历史，对史学领域中的政治性问题，要增强政治敏锐性和政治鉴别力，不能容许违反“四项基本原则”的言论在史学界泛滥。同时，一定要记取建国后一度存在的“左”的教训，也不能把学术争鸣、学术批评与政治批判相混淆，把学术上的不同意见当成政治问题。对于学术性质的问题，应坚定不移地实行“百花齐放，百家争鸣”方针，进行平心静气的讨论。历史经验证明，无论把本来属于学术性的问题当成政治问题，还是把本来属于政治性的问题当成学术问题，都不利于史学繁荣和发展。

三、加强对西方史学理论的研究和鉴别工作

改革开放以来，西方重要的史学理论、史学方法、史学流派、史学思潮，以及西方史学理论研究中的一些热点问题、前沿问题，被大量翻译、介绍到国内。其引进规模之大、内容之多、范围之广，是近代中国自接触“西学”以来未曾有过的。这对于中国史学界了解世界，并从中汲取可资借鉴的有益内容，无疑起了积极的作用。但应当看到，有些翻译者、介绍者、出版者在引进这类著作时，不加选择，不加分析，不加批判，甚至宣扬西方资产阶级世界观、价值观和历史观的糟粕。受此影响，一些阅读者，尤其是一些涉世不深的青年学生，把西方史学理论奉为圭臬，盲目接受。对此，我们不能置若罔闻。当前，我们尤其要警惕“后现代主义”和“新自由主义”等西方主流社会思潮、学术思潮在中国史学界中的影响，要通过有针对性的马克思主义史学理论建设，巩固我们史学领域的马克思

主义阵地。

四、高度重视历史研究中的学风问题

目前史学界学风的主流是好的，但也存在着一些不健康的和恶劣的风气，如浮躁、媚俗的风气，急功近利的风气，故弄玄虚的风气，等等。在这些风气的影响下，有的搞低水平重复，甚至侵犯他人知识产权；有的严重地脱离中国社会发展和史学发展的实际，生吞活剥西方的学术理论和方法；有的逆学术研究的简约性原则而动，使研究“成果”烦琐复杂，艰深晦涩，言之无物，空话连篇。学风问题是科研人员世界观价值观的集中体现，反映学者的治学精神、态度和原则，不仅关系学术的发展，而且关系人才的成长。面对这种情况，我们应当提倡和弘扬老一辈马克思主义历史学家的优良作风和传统，坚持理论联系实际的学风，谦虚谨慎，戒骄戒躁，刻苦严谨，甘于寂寞，把做人、做事、做学问统一起来。只有这样，才能培养出史学大师和学科带头人，才能产生出有创造力、说服力、感召力的研究成果。

五、发扬中国史学经世致用的优良传统

历史学和其他任何哲学社会科学学科一样，其生命力在于社会的需要和该学科对社会需要满足的程度。如果史学工作者在火热的生活面前袖手旁观，对中国和世界的命运漠不关心，历史学远离社会的需要，那么，历史学注定要遭到时代与社会的冷遇，以至走向衰落。那种认为历史研究应当是纯而又纯的“象牙塔”，应当远离现实生活，以及当代人不能治当代史等错误认识，对于史学社会功能的实现，以及历史学科的建设和发展都是十分有害的。当前，全国人民正在中国共产党领导下全面建设小康社会，无论在国内还是在国际上，都面临着前所未有的机遇和挑战，特别需要史学界为抓住机遇、迎接挑战而提供历史知识。最近，全党又在贯彻十六届四中全会精神，更加需要史学界为加强党的执政能力建设而提供历史经验。我们应自觉地把历史研究与党和国家的工作大局联系起来，为中华

民族的伟大复兴和加强党的建设服务。历史研究的时代精神和科学性不仅不是对立的，相反，二者是一致的。如果离开了时代精神，离开了社会内容，那么，历史研究的科学性也就无从谈起。

（载于《马克思主义理论研究和建设工程参考资料》132期）

从历史研究现状看加强马克思主义指导的必要性和紧迫性

卢钟锋

20世纪80年代以来，广大历史学工作者在马克思主义的指导下，在打破理论禁区、深化对重大历史理论问题的探讨、拓展研究领域、进行结构性调整和多学科的综合研究等方面，都取得了重大进展，产生了一批重要的研究成果，从而开创了历史研究的新局面。然而，历史研究中原已存在的一些淡化马克思主义、背离马克思主义、乃至否定马克思主义的倾向，近年来有所抬头，危害着史学研究的健康发展。其突出表现有以下几个方面。

以“超越”为借口，否定马克思的唯物史观

唯物史观是马克思的伟大发现。由于唯物史观的发现才使历史学成为科学，才使历史研究成为科学的研究。可是，近年来，有人提出要“超越”唯物史观。“超越”什么呢？第一，“超越”社会存在决定社会意识的基本原理，认为“社会意识决定社会存在是普遍的”，“是可以超越社会存在的”。第二，“超越”“生产力决定生产关系这个规律”，认为这个“规律”“纯粹是一种思辨的思维运动”。第三，“超越”经济基础与上层建筑的“形象说法”，认为这两个概念“不属严格的历史概念”，无助于“严密的科学的历史分析”。可见，所谓“超越”，实则彻底否定。如果唯物史观被否定了，历史研究中坚持马克思主义的指导也就成了一句空话。

必须指出，“超越论”之所以错误，是因为：

其一，它否定社会意识对于社会存在的依赖关系，把社会意识对于社会存在的反作用无限夸大、无限膨胀。它把唯物主义认识论关于“物质变精神”和“精神变物质”的辩证运动过程割裂开来，对立起来，用“精神变物质”来否定“物质变精神”，否认“精神”来源于“物质”、认识来源于社会存在。这样，它就走向了唯心主义认识论。

其二，它不懂得“生产力决定生产关系这一规律”的发现对于正确认识社会发展的科学意义。只有把社会关系归结于生产关系，把生产关系归结于生产力的水平，才能有可靠的根据把社会形态的发展看作自然历史过程。真正把社会的发展看作是“纯粹的思辨的思维运动”的，不是别人，而是不承认这一规律而奢谈所谓“一般社会”的“主观社会学家”、唯心史观论者。

其三，它不懂得“经济基础与上层建筑”的科学涵义。经济基础与上层建筑之间决定与被决定的关系，是“社会存在决定社会意识”这一基本原理在社会历史领域中的具体贯彻和运用。根据这一基本原理，经济基础是指社会的物质生活，上层建筑是指社会的政治生活和精神生活；是先有社会的物质生活而后才有社会的政治生活和精神生活。这是马克思运用唯物史观对纷繁复杂的社会历史现象所做的高度概括。

借“反思”之名，否定马克思的社会形态学说

否定马克思的社会形态学说，有种种表现：

一是把马克思的社会形态学说“肢解”成两个互不相干的部分：认为前期的马克思侧重于研究社会形态变迁的普遍规律，所以提出五种社会形态说；后期的马克思侧重于研究社会形态变迁的特殊规律，所以提出东方社会的发展道路问题，“超越”“卡夫丁峡谷”问题，试图用后期的马克思否定前期的马克思，其目的就是想证明五种社会形态说不是马克思的一贯思想。

二是“肢解”马克思主义，即将马克思与恩格斯、列宁、斯大林在这一问题上的思想观点人为地对立起来。最典型的莫过于将五种社会形态说

成是斯大林“概括”出来的，与马克思无关，不能把它强加在马克思头上。

三是抽象肯定，具体否定，即抽象肯定五种社会形态说是马克思提出来，但它只是一种“逻辑概念”，与历史实际有出入，不符合中国历史实际。因此，应该放弃用五种社会形态“套改”中国历史的做法。

四是借口反对教条主义，把运用马克思主义过程中出现的问题直接混同为马克思主义本身的问题，以致把马克思的社会形态学说当作“教条主义”来反对，当作“僵化的理论误区”来否定。

五是有人还借口反对学术问题政治化，全盘否定我国历史学工作者运用马克思的社会形态学说研究中国历史问题所取得的史学成就。

上述种种表现，归根到底，就是试图通过证伪五种社会形态说达到彻底否定马克思的社会形态学说的目的，从而为他们在历史研究中背离马克思主义的行径寻找借口或托辞。

然而，只要是稍微尊重历史和现实的人都知道，上述对马克思的五种社会形态说的“证伪”是不能成立的，因为五种社会形态是人类历史曾经存在过或正在经历着的客观事实。在这方面，马克思的历史功绩在于：他是人类思想史上第一位用生产方式来说明五种社会形态的构成和发展以及用生产方式理论对五种社会形态进行概括和说明的伟大思想家；马克思对整个社会历史进程所做的这种理论概括和说明是与他创立唯物史观的伟大工程同步进行的，并随着唯物史观的丰富和发展而不断拓展和深化，它成为唯物史观的不可分割的重要组成部分。尽管马克思研究社会历史问题的重点因时而异，但是，他关于社会历史发展进程的统一性与社会历史发展道路的多样性的社会历史发展观则贯穿始终。马克思晚年对东方社会发展道路的研究并非像有人所说的那样，是“历史观的变革”，而是历史观的深化，因为这是马克思在肯定社会历史发展进程的统一性的前提下对东方社会实现这种统一性的具体形式所作的探讨，是对唯物史观的丰富和发展。

必须指出：对马克思的五种社会形态说持何种态度，这绝不是纯学术的问题，而是关系到历史研究的理论方向的根本问题。否定唯物史观的人总是从证伪马克思的五种社会形态说入手，进而否定马克思的社会形态学说，最终达到彻底否定唯物史观的目的。我们务必深察明辨，切不可掉以轻心。

近年来出版的某些历史教材或著作存在严重问题

在这方面，可以举要如下：不以生产方式的变革作为主线展开对历史过程的论述，而是以“中国文明在发生与演变中表现出来的精神特征”为主线展开对历史事实的叙述；反对把“历史看作一种由低向高发展的过程”，更不承认其间有规律可循；否认生产力是历史的“永恒的动力”，反对将“阶级斗争、农民战争”和“历史动力问题”紧密联系起来的传统作法，等等。

众所周知，生产方式理论和历史发展阶段论是马克思的社会形态学说的基本理论。其要点可以归结如下：(1) 社会历史的发展是社会形态变迁的过程，而社会形态的变迁使社会历史过程呈现出阶段性；(2) 各历史阶段之间存在着内在的必然联系，其基本走势是由低级阶段向更高一级阶段演进，是有规律可循的；(3) 促使社会形态变迁的根源在于生产方式内部的矛盾性，即生产力与生产关系之间的矛盾性，而在阶级社会里，这种矛盾性表现为对立阶级之间的阶级斗争，正是这种矛盾性和阶级斗争成为社会历史发展的根本动力。可见，上述历史教材或著作中存在的问题是直接违反马克思的社会形态学说的基本理论的，是同唯物史观的基本原理相背离的。

必须指出，如果我们将这些历史教材或著作存在的问题同西方的新自由主义和后现代主义的历史观与方法论相比较，就可以看到它们之间的某些相似点或共同点。例如，西方的新自由主义在批判唯物史观时宣称：马克思的生产力与生产关系的理论只适用西方资本主义，而不适用西方以外的国家。认为社会形态的变迁，原因是多方面的，不能以生产方式的变化作为唯一的原因。在阶级分化的社会中社会发展主要是政治、军事力量，而不是经济力量，不是生产力。因此，考察国家形态的变迁不能单纯从经济基础着眼。又说：划分历史发展阶段的根据不能单纯以生产方式，而应以所谓“片断化特征”和“时空边缘”为根据。后现代主义则公然声称历史只不过是“那些稍纵即逝”的没有内在必然联系的“历史事件”的堆积，因此，研究历史的方法是将历史过程“碎片化”，历史研究的任务在于再现这些历史事件各自的原状，而不必对历史过程进行宏观的审视，整体的考察，更不必探求历史的发展规律，因为历史发展本来就无规律可言。

总之，上述种种问题表明：在近年的历史研究中，的确存在着一些严重背离唯物史观而与西方的新自由主义和后现代主义思潮趋同或合流的倾向。因此，在历史研究中坚持唯物史观，加强马克思主义的指导就显得尤为必要和紧迫。这是我们应该从历史研究的现状中得出的结论。

（载于《马克思主义理论研究和建设工程参考资料》193期）

关于构建马克思主义史学理论新形态的思考

于　沛

一

构建马克思主义史学理论的新形态，首先应旗帜鲜明地以马克思列宁主义、毛泽东思想、邓小平理论和“三个代表”重要思想为理论指导，在坚持马克思主义史学理论的前提下，在不断通过实践发展马克思主义史学理论的基础上，去构建马克思主义史学理论的新形态。

改革开放以来，西方一些重要的史学理论、史学方法、史学思潮和热点问题、前沿问题以及各史学流派的重要代表人物的思想，被大量介绍到国内来，数量之多和范围之广前所未有。在这股潮流面前，我们要保持清醒的头脑。对于西方史学理论，一方面，应该看到这其中有可借鉴和汲取、学习的积极内容，特别是第二次世界大战后西方马克思主义史学的深刻变化和所产生的影响；另一方面，也不能不加分析地全盘肯定，将西方史学理论奉为经典，盲目崇拜，甚至视为指导思想，以其代替唯物史观的指导地位。构建马克思主义史学理论的新形态，必须自觉地坚持用马克思列宁主义、毛泽东思想、邓小平理论和“三个代表”重要思想统领我国的历史研究，自觉地坚持历史研究的正确方向，决不能搞指导思想多元化，反对以“与国际接轨”和“国际合作”为名，鼓吹“淡化意识形态”、“非意识形态化”等错误思想。在源源不断涌入国门的西方史学理论面前，放弃了批判的武器就是解除了思想上的武装，不仅无助于构建马克思主义史学理论的新形态，甚至还会因思想混乱将自己带入颠倒是非、混淆黑白的地步。

例如，英国哲学家卡尔·波普尔在《历史决定论的贫困》、《开放社会及其敌人》、《二十世纪的教训》等著作中，攻击马克思主义关于历史规律性的论述是"形而上学的教条或宗教式的信念"，是"难以置信的智力狂妄"；攻击历史决定论是一种"古老迷信的残余"，而不是一种新颖、进步、革命和科学的理论；攻击马克思主义是构成"现代极权主义"的思想来源之一。但是，在一些人的心目中，波普尔至今仍被认为是"卓越而独特的思想家"、"卓越的哲学家"。由此不难看到客观存在的思想混乱。事实表明，破除对西方史学理论的迷信，对其进行深入的研究和批判，应是一件长期的工作。

在新的历史条件下，如何坚持唯物史观的理论指导，构建马克思主义史学理论的新形态，是摆在广大史学工作者面前的迫切任务。《中共中央关于进一步繁荣发展哲学社会科学的意见》明确提出了实施马克思主义理论研究和建设工程的任务，这其中也包含了积极开展马克思主义史学理论研究和建设的任务，即构建马克思主义史学理论的新形态的任务。

构建马克思主义史学理论的新形态，绝不是要墨守马克思主义经典作家论述唯物史观的个别字句，也不是要将他们的个别结论当作现成的"公式"，不分时间和地点机械地套用或简单地贴标签，而是自觉坚持马克思主义的立场、观点和方法，努力掌握马克思主义活的灵魂，特别是要分清哪些是必须长期坚持的马克思主义基本原理，哪些是需要结合新的实际加以丰富发展的理论判断，哪些是必须破除的对马克思主义的教条式的理解，哪些是必须澄清的附加在马克思主义名下的错误观点。这在构建马克思主义史学理论的新形态时，尤其具有十分重要的指导意义。

例如，关于历史规律性问题。长期以来，传统的观点片面认识"自然历史过程"，将着眼点落在自然运动过程和社会历史运动过程的共通性上，强调它是不以人们的意志为转移的客观规律，而忽略了人——创造历史的主体——在历史规律中的作用。因看不到人和规律之间的特殊的辩证关系，忽略人的"自我意识过程"和"自主创造过程"，而盲目地认为历史规律可以自发地、自然地实现。这不是马克思主义的观点，而是19世纪机械唯物主义的残余。马克思主义经典作家揭示人类历史规律时，是从研究具体史实入手的。人类历史发展有客观规律，是一个“自然历史过程”，但是，历史规律不是外在力量的赐予，不是先定的，而是产生和实现于人的社会实践之中。正是在这个意义上，恩格斯强调历史规律是“人们自己的社会行动的规律”。因此，这个过程同时也表现为人们自觉能动性和创造性、选择性的不断的实践过程，“全部社会生活在本质上是实践的”。我们不应割裂这种统一性。

二

构建马克思主义史学理论的新形态，要在科学研究的基础上，从中国史学的传统与现实出发，认真汲取中国史学的优秀传统，特别是中国马克思主义史学的优秀传统。

中国传统史学，并不等于封建主义的史学。史学作为民族文化血脉认同的一个载体，对它的理论、内容、原则和功能，要进行具体的分析，取其精华，去其糟粕，切不要将复杂的问题简单化，用某一公式或概念去否定一切。邓小平说过，我们共产党人是彻底的唯物主义者，只能实事求是地肯定应当肯定的东西，否定应当否定的东西。这是坚持和发展唯物史观的重要内容之一，作为一个方法论的原则，它在构建马克思主义史学理论的新形态时具有特别重要的意义。俄国十月革命胜利后不久，列宁在论及如何巩固苏维埃政权的成就和克服面临的困难时，认为重要的条件之一，就是“必须取得资本主义遗留下来的全部文化，并且用它来建设社会主义。必须取得全部科学、技术、知识和艺术。否则，我们就不可能建设共产主义社会的生活”。这同样给我们以深刻的启示。对于中国传统史学秉笔直书、实事求是，关注社会、经世致用等传统，我们要从时代的高度，给予科学的、马克思主义的总结，在新的历史条件下赋予其新的社会内容和时代精神，使其完成现代的转化，焕发出新的生命和活力。

构建马克思主义史学理论的新形态，要发扬中国史学经世致用的优良传统。历史学和其他哲学社会科学学科一样，其生命力在于社会的需要和该学科对社会需要满足的程度。如果史学工作者在火热的生活面前袖手旁观，对中国的命运和世界的发展漠不关心，历史学远离社会的需要，那么，历史学注定要遭到时代与社会的冷遇，以至走向衰落。那种认为历史研究应当是纯而又纯的象牙塔，应当远离现实生活的观点，以及“当代人不能治当代史”等错误认识，对于史学社会功能的实现，以及历史学科的建设和发展都是十分有害的。如果离开了时代精神，离开了社会内容，那么，历史研究的科学性也就无从谈起了。

如我国的世界史研究是从19世纪中期中国先进分子“睁眼看世界”开始的，它始终和中国人民“救亡图存”、民族复兴这一时代的主题联系在一起。近代中国最早的一批世界史学者，首先是热诚的爱国主义者。今天和19世纪中期相比，中国社会已经发生了翻天覆地的变化，但是在构建马克思主义史学理论的新形态时，继承、发扬中国世界历史研究的优秀传统，弘扬和培育中国世界历史研究的民族精神，仍然具有重要的现实意义。

马克思主义史学是风云变幻的中国大革命时代的产物，它自诞生之日起，就同中国革命实践保持着密切的联系。马克思主义史学家积极投身于火热的现实斗争中，结合中国的历史与现实，自觉地回答当时中国社会发展中提出的一系列尖锐的问题，如积极参加上世纪30—40年代中国思想文化界关于中国社会性质、中国社会史问题和中国农村性质的论战，这些论战涉及的问题不仅是重大理论问题，而且是关系到中国的命运和前途的重要现实问题。在中国社会史大论战中，马克思主义史学家坚持以唯物史观为理论指导，明确指出中国和世界各国有共同的发展规律，中国革命是符合历史矛盾运动方向的产物。这不仅为马克思主义史学的发展奠定了坚实的理论基础，同时也为那些因大革命失败而苦闷彷徨、看不清中国革命前途的人指明了前进的方向。

总之，“马克思主义史学理论的新形态”不是从天上掉下来的，也不是冥思苦想，在人的头脑中编造出来的。它不能脱离中国史学的历史与现实，只有坚实地扎根在中国史学的土壤中，才能根深叶茂，茁壮成长。

三

邓小平指出：“社会主义要赢得与资本主义相比较的优势，就必须大胆吸收和借鉴人类社会创造的一切文明成果”。在构建马克思主义史学理论新形态时，还应该研究如何更好地做到“既立足本国又学习外国”的问题。外国的史学理论，包括西方史学理论，并不完全等于资产阶级的学术理论。马克思主义在西方史学中有着广泛的影响。英国史学家G. 巴勒克拉夫认为：“马克思主义的影响之所以日益增长，原因就在于人们认为马克思主义提供了合理地排列人类历史复杂事件的使人满意的唯一基础”。他从五个方面分析了马克思主义作为哲学和总的观念对历史学家的思想所产生的影响，然后说：“到1955年，即使在马克思主义的反对者中，也很少有历史学家会怀疑聪明睿智的马克思主义历史研究方法的积极作用及其挑战”。即使对于资产阶级的史学理论，也要进行系统的研究，并从中国史学理论建设的目的出发，汲取其有益的内容为我所用。

列宁曾指出：“应当明确地认识到，只有确切地了解人类全部发展过程所创造的文化，只有对这种文化加以改造，才能建设无产阶级的文化，没有这样的认识，我们就不能完成这项任务。……无产阶级文化应当是人类在资本主义社会、地主社会和官僚社会压迫下创造出来的全部知识合乎规律的发展”。新中国成立前，毛泽东也曾说：“对于外国文化，排外主义的方针是错误的，应当尽量吸收进步的外国文化，以为发展中国新文化的借鉴”。新中国成立后，他仍持此观点，“我们的方针是，一切民族、一切国家的长处都要学，政治、经济、科学、技术、文学、艺术的一切真正好的东西都要学。”只有这样，我们才能在马克思主义史学理论新形态的构建中，真正体现出深远的历史眼光和宽广的世界眼光。

在经济全球化和我国改革、开放和发展这样的背景下，重视构建马克思主义史学理论新形态时的“开放性”，有更重要的理论意义和现实意义。我国是一个发展中的社会主义国家，同时也是一个开放的国家。这种开放不仅表现在经济上，而且也表现在开放的精神文化上。江泽民同志说：“中国的发展和进步，离不开世界各国的文明成果。我们的社会主义现代化建设，需要继承和发扬中华民族优秀文化传统，也需要学习和吸收世界各国人民包括在资本主义制度下创造的优秀文明成果”。“我们必须树立一个明确认识，不管是哪种社会制度下创造的文明成果，只要是进步的优秀的东西，都应积极学习和运用，对糟粕的东西则应剔除，不能学。我们在学习和借鉴资本主义国家一切好的东西时，当然不能妄自菲薄，不能对社会主义事业缺乏信心。我们并不是一切都落后，如果因为要向外国学习，就以为自己什么也不行了，变成盲目崇外，那同样是一种片面性。”就历史科学来说，在借鉴世界各国史学的有益成果，从中汲取营养时，我们完全能够做到使外国史学的精华同中国史学的优秀传统，特别是中国马克思主义史学的革命精神有机地结合在一起，并在新的研究实践的基础上不断创新，构建起马克思主义史学理论的新形态，以丰富和完善中国马克思主义史学的理论建设。

第二次世界大战后，世界历史进入了一个新的发展阶段，世界政治格局和人类社会生活的深刻变革，不断提出的新问题需要人们从历史与现实的结合上作出回答。在这种情况下，传统史学已经显得无能为力，不得不借助其他相关学科的理论和方法。西方史学和西方国家的社会发展一样，处在深刻、迅速的变化之中。这就决定了战后西方史学发展的重要特征之一，是随着史学家历史视野的开拓，史学研究领域迅速扩大，传统史学同其他哲学社会科学各学科的界限变得愈来愈模糊了。在广泛采用新的史学方法的基础上，出现了一系列历史学新的分支学科，如社会史学、文化史学、人口史学、心理史学、新经济史学、新政治史学、家庭史学、妇女史学、城市史学、口述史学、计量史学、比较史学等。与此同时，西方史学还表现出不断加强的理论化趋势，以至一些历史学家提出了“理论历史学”的概念。所有这些，都值得我们去认真思考，并在唯物史观的指导下加以科学地认识、分析和总结。

在新形势下，我们要更加重视学习历史知识，更加注重用中国历史特别是中国革命史来教育党员干部和人民。不仅要学习中国历史，还要学习世界历史；不仅要有深远的历史眼光，而且要有宽广的世界眼光。要做到这些，仅仅依靠历史文献的整理、历史知识的积累或历史过程的描述显然是不够的，必须大力加强马克思主义史学理论建设，构建马克思主义史学理论新形态，使史学在建设中国特色社会主义的伟大事业中，更充分地实现其学术功能和社会功能。

（载于《马克思主义理论研究和建设工程参考资料》161 期）

历史虚无主义二题

龚书铎

一、有所虚无,有所不虚无

历史虚无主义并不是对历史完全虚无，而是有所虚无，有所不虚无。历史虚无主义虚无的是中国革命的历史，是中国共产党的领导、马克思列宁主义的指导，是社会主义制度和人民民主专政，但对叛徒、汉奸、反动统治者则不虚无，而是加以美化，歌功颂德，把已被颠倒过来的历史再颠倒回去，混淆是非。

历史虚无主义并不是现在才出现的。在20世纪二三十年代就有所谓“全盘西化”论，在80年代末则有以电视政论片《河殇》为代表的鼓吹“全盘西化”、宣扬民族历史文化虚无主义的思想。这种历史虚无主义，在国外也出现过。例如，在苏联解体之前，一些人就是一方面极力否定十月革命，给苏联共产党和社会主义制度抹黑，妖魔化斯大林；一方面则是改写了罗曼诺夫王朝的全部统治史，“罗曼诺夫王朝的统治者们被说成是上帝的羊羔，他们只懂得关心人们、为人们谋幸福”。丑化什么，美化什么，这是一件事情的两面。有所爱就有所憎，有所憎也就有所爱，所谓“爱憎分明”，说到底是立场、观点问题。

丑诋革命、否定革命的思潮在国际上大致起于上世纪80年代，这与以美国为主导的西方国家加紧颠覆社会主义国家的活动紧密关联。随后不久，这种否定革命的思想传到国内，于是有人大肆鼓吹“告别革命”，于是中国近代史的研究就有所谓“范式转换”，即以“现代化范式”代替

"革命范式"。在有的书中明确提出，"一百年来的中国近代史其实是一场现代化史"。有人称颂以现代化代替革命作为中国近代史的主线是适应"时代精神"的"新范式"，"是改革开放20多年来中国史学界解放思想的重要收获"。究其实，以现代化作为中国近代史的主线，并不是什么"新范式"，而是渊源有自。早在1938年蒋廷黻撰写的《中国近代史》中就已经提出："近百年的中华民族根本只有一个问题，那就是：中国人能近代化吗？能赶上西洋化吗？"也就是说，近代中国的根本任务就是实现近代化（现代化），实现"西洋化"。《中国近代史》的出版，正当抗日战争爆发后不久，"中华民族到了最危险的时候"，蒋廷黻却不要中国人民去抵抗日本帝国主义的侵略，挽救中华民族的危亡，而是宣扬搞所谓"近代化"、"西洋化"，这是值得人们深思的。

在半殖民地半封建的近代中国，离开了反帝反封建斗争，离开了民族独立和人民解放，现代化是化不起来的。近代中国虽然产生了资本主义，并有一定程度的发展，但它始终没有得到正常的充分的发展。西方资本帝国主义依仗不平等条约取得的权益，不仅在中国倾销商品，而且经营了许多企业，不断扩大在华的资本势力，控制中国的经济命脉。据统计，外国在华资本的比重，1894年为60.7%，到1936年为78.4%。可以看出，外国在华资本比中国资本占有明显优势。在外国资本的压迫下，中国民族资本无力与之抗衡，许多民族工业逃脱不了破产或被兼并的命运。提倡"实业救国"的状元出身的实业家张謇，创办了著名的大生企业集团，曾经有所发展，但在帝国主义侵略加深的情况下，最终失败了。被认为是中国自己经营得最成功的开平煤矿，也在中外合办的名义下，被英国资本加以吞并。此后，英资又挟其优势，吞并了另一家民族资本的滦州煤矿。轻工业中的棉纺织业是发展较迅速的，但在1918—1927年间，因欠帝国主义债务无力偿还而被拍卖、被吞并的中国纱厂就有7家。20世纪30年代，上海纱厂资本家已提出了问题："究竟中国纱厂的致命伤是什么？"他们自己做了回答："痛痛快快地说，中国纱厂的唯一致命伤，在于帝国主义的压迫。""中国纱厂一业的复兴与繁荣，必然在现状变化以后。"抗日战争、解放战争期间，中国民族资本主义工业在日、美等帝国主义势力和官僚资本的压迫下，命运更为悲惨，处于风雨飘摇之中。据统计，近代工业在工农业总产值中所占的比重，到1949年为17%。这个数字表明，在109年里，中国才积累了17%的近代工业经济，而农业和手工业经济占了83%。毛泽东同志深刻指出："这是帝国主义制度和封建制度压迫中国的结果，这是旧中国半殖民地和半封建社会性质在经济上的表现"。帝国主义还和中国封建主义结合起来，支持反动派作为他们统治中国的支柱。正是由于帝国主义的维护，封建的土地关系、商业高利贷资本和一切前资本主义的剥削制度及上层建筑得以继续存在下来。帝国主义使中国沉沦为半殖民地、殖民地，又使中国停留在半封建状态。帝国主义的入侵既没有使中国进入资本主义社会，也没有使中国实现现代化。不进行反帝反封建斗争，不革命，不改变半殖民地半封建的社会地位，不改变帝国主义和封建主义的压迫和掠夺，要实现现代化是不可能的。

以现代化作为中国近代史的主线，用"现代化范式"代替"革命范式"，不仅是中国近代史的主线是什么的问题，也关乎对事件和人物的认识、评价，主张"现代化范式"者明确地声称："新'范式'对近代史上的一些重大事件、人物、思潮等等，都作了重新审视"。在以现代化为中国近代史的主线来重新认识百年中国之后，洋务运动成为"近代中国的第一次现代化运动"，反帝反封建斗争的事件则被贬抑、否定；戊戌维新运动成了变法派人士政治激进主义的产物；义和团运动"貌似爱国，实属误国、害国"；辛亥革命的前提条件不足以成立，"完全是近代中国特殊历史条件下革命志士鼓吹、争取的结果"。等等。"告别革命"论完全否定革命，认为清政府虽然腐败，但如果通过立宪派的改革，中国就会走上现代化道路，革命反而搞糟了，推翻清政府的结果是军阀混战。对历史人物琦善、慈禧太后、曾国藩、李鸿章、袁世凯拔高、美化，对林则徐、洪秀全、孙中山等贬低、丑化。

虚无主义在虚无客观历史的同时，也虚无以马克思主义唯物史观为指导的史学研究，谩骂之为"伪史学"、"垃圾史学"、"国家主义史学"，等等。这正表明持此种观点者学术品格低下，表明他们对马克思主义的仇视和畏惧。

二、根本问题是中国走什么道路

所谓历史虚无主义，说到底是中国走什么道路的问题。历史虚无主义虚无中国人民选择的共产党的领导、马克思主义的指导、社会主义的制度，美化历史上已被否定、推翻的反动统治者，呼唤历史的亡灵，目的就是要把中国从社会主义道路扭转到资本主义道路上，实际上还是倒退回旧中国的半殖民地半封建社会。例如，在一本中国近代史的作品中，借美化清末“新政”来鼓吹“‘学习西方’的主流文化（按指西方资本主义）成了无法抗拒的历史必由之路，包括清末新政在内的东方各国现代化进程的成就与失误，都来源于对这个历史必然的态度。”显然，这里所说的“历史必由之路”不是别的，就是西方资本主义的道路。作者把改革开放以来为完善社会主义立法、司法而进行的改革与清末新政的法律改革相提并论，把它说成是“回归清末新政开创的新传统”。如此蓄意歪曲历史，混淆其根本区别，无非是想证明他所鼓吹的那条资本主义道路是“历史必由之路”。中国人民既然选择了走社会主义的道路，谁想再让它退回到资本主义道路上去，既不可能也走不通。正如邓小平同志指出的：“中国走资本主义道路不行，中国除了走社会主义道路没有别的道路可走。一旦中国抛弃社会主义，就要回到半殖民地半封建社会，不要说实现‘小康’，就连温饱也没有保证。”

在近代中国历史上，中国走什么路一直是有争论的问题。20世纪二三十年代，有现代新儒家主张中国要走孔家的路；“中国本位文化”论者则鼓吹蒋介石国民党的“三民主义”道路；而“全盘西化”论者认为中国的一切东西都要模仿欧美资本主义国家，好的坏的都要学，用现在的词汇来说，前者称为文化保守主义，后者称为自由主义。二者之间有过争论，有时还很激烈。但是，无论是保守主义者还是自由主义者，他们都反对马克思主义，反对中国走社会主义道路。1940年，毛泽东同志发表了《新民主主义论》，开宗明义就提出“中国向何处去”的问题。紧接着，他明确指出，中国共产党人多年以来为中国的政治、经济、文化革命而奋斗，其目的“在于建设一个中华民族的新社会和新国家”。实践证明，这个新国家就是中国共产党的领导、马克思主义的指导、走社会主义的道路。在文章中，毛泽东同志还批评所谓“全盘西化”的主张“乃是一种错误的观点”；同时指出，对于中国古代文化，要“剔除其封建性的糟粕，吸收其民主性的精华”，“决不能无批判地兼收并蓄”。

但是，值得注意的是，无论自由主义还是文化保守主义，在今天仍然不乏其人在鼓噪。一方面是鼓吹自由主义的“新启蒙”，以“西化”中国，另一方面是宣扬以儒学代替马克思主义，“儒化”中国。二者的共同目标，都是企图改变中国社会主义的道路。

（载于《马克思主义理论研究和建设工程参考资料》168期）

中国近代历史的几个根本问题

金冲及

从1840年鸦片战争到1949年中华人民共和国成立的100多年，是决定我们民族生死存亡的100多年，是中国从极度衰败、备受各种屈辱以至于濒临灭亡的边缘，到能够重新站立起来并开始大踏步走向现代化的一个重大的转折时期。这段百余年的历史在中国历史上处于承上启下的地位。在此以前是古代的中国，而在此以后是开始实现社会主义现代化的中国。下面阐述的三个问题，是中国近代历史上三个根本性的问题。

一、为了中华民族的伟大复兴

“实现中华民族的伟大复兴”，这是贯穿整个中国近代历史中的一个非常突出、响亮的口号。这里说的复兴跟一般的讲发展不同。复兴是指它曾经有过光辉灿烂的过去，要重新振兴。如果过去一直处在非常落后的状态下，今天只能叫发展，不能称复兴。众所周知，中国是一个有着五千年历史的国家，曾经创造过灿烂的古代文明。汉唐盛世曾在世界上处于领先地位。18世纪以来康熙至乾隆时代，中国在很多方面仍处在世界的前列。尽管如此，也要看到那时候我们已经暴露出一个很重要的弱点，就是中国社会缺少一种能够使社会迅速发展的内在机制。所以到19世纪，中国就落后了，而到1840年，英国发动鸦片战争，强迫中国签订《南京条约》，中国开始逐渐变成一个半殖民地半封建社会。中国社会面对的主要问题逐渐成为反对外国侵略者和本国的封建势力。

尽管中国社会已发生那样一个变化，但是当时的中国人并不是立刻就能够清醒地看到这一点。甚至在经历了鸦片战争、第二次鸦片战争之后，中国人还是没有充分认识到自己已经处于那么一个灾难深重的危险的局面。甲午战争就不一样了。甲午战后签订的《马关条约》是空前未有的亡国条约，全中国都为之震动。以前我们只是败给西方的大国，而现在是败给一个东方的小国，而且败得那么惨，签订的条约那么苛。甲午战争把中国人从睡梦中惊醒了。而后发生的八国联军的侵华战争，又给中国人以极深的刺激。

中国曾经有过那样灿烂的过去，到这个时候，却沦落到将被瓜分的悲惨境地。两者之间形成极为强烈的反差，所以孙中山提出“振兴中华”，严复喊出“救亡”的口号以后，会产生那么大的影响，就是因为他们喊出了所有中国人的共同心声。

进入20世纪特别是在第一次世界大战以后，日本越来越成为中国的最大威胁。从强迫中国接受“二十一条”到发动九一八事变占领中国东北，再到制造华北五省自治运动，一直到卢沟桥事变，不断加紧侵略中国。历经八年的抗日战争，中华民族第一次战胜了外国侵略者。战后，国民党要打内战，美国又要来控制中国。又经过三年的解放战争，才终于成立了新中国。这个胜利得来确实不容易。中国人受了100多年的屈辱欺压，甚至几乎要灭亡，现在终于站起来，这确实是一个历史性的大变动。

“实现中华民族伟大复兴”这个目标，并不是说到新中国成立就完成了。党的十六大报告里有一个贯穿始终的突出主题，就是“实现中华民族的伟大复兴”。报告从导言“中国共产党的庄严使命”到结语“展望我们的未来”始终贯穿着这么一个重要主题。展望未来的目标是：我们在20年内全面建设小康社会，50年内基本实现社会主义现代化，达到世界中等发达国家的水平，再往后，就是要在建设中国特色社会主义道路上实现中华民族的伟大复兴。这个主题，正是我们中国100多年来以及今后为之奋斗的目标。

二、中国近代的革命和改革

怎样能够把祖国从危难之中拯救出来？怎么才能实现中华民族的伟大

复兴？怎么能够使得经济文化落后的中国变成一个现代化的国家？

这就涉及到一个革命和改革的问题。这两种方式中哪一种方式好，应该着重采用哪一种方式，不是简单地搬用某一个原理就可以解决的。一切都要根据当时当地的具体历史条件来决定。一般地说，渐进的改革是人类社会前进的经常方式，而革命是它的补充方式。如果客观条件不成熟，是不会立刻发生从根本上改变原有社会秩序的革命的。只有随着社会经济的矛盾积累到一定程度时，当原有的社会秩序已经不能适应新的情况、甚至成为社会生产力发展的严重障碍时，革命才会发生。而当革命成功地建立起新的社会秩序以后，又会开始比较温和的渐进式的改革。

在近代中国，当国家的命运还没有掌握在人民手里的时候，当在国难极端深重而统治者拒绝一切根本的社会变革的情况下，进行大规模现代化建设只能是一句空话。如果事情真能用和平的办法解决，如果这条路还有一点希望能够走得通，那怎么会有那么多人不惜抛头颅、洒热血，做出巨大的自我牺牲，来奋起革命？中国人只是在国家民族的生死存亡悬于一发的不得已的情况下，才会万众一心地起来拼命。千百万人奋不顾身地投身革命，绝不是任何人想这样做就能这样做的，而是由深刻的社会原因造成的。中国近代的革命就是中华民族到了最危险的时候，已经处于被灭亡的边缘的情况下，大家要求政府能够领导人民抵抗外来侵略、在内部进行根本改革，并为之付出一次又一次的努力，但这些最后都落空了。只有在这种情况下，人们才下定决心，拿起武器进行革命。革命是在一种不得已的情况下采取的手段，必然要付出巨大的代价。但是我们也要看到，革命在短时间内对阻碍社会前进的旧事物所起的扫荡作用是平时多少年也无法比拟的，而且要彻底得多，从而为以后社会经济的迅速发展开辟了广阔的道路。

考察世界历史，如美国独立战争、法国大革命，也可以看到这一点。在德国、意大利、日本，也经过了一些战争，但整体来说，它在历史转折关头没有对旧的社会秩序进行一场比较彻底的扫荡，旧事物残留得多，对以后产生的负面影响就大。德国、日本、意大利后来会发展成为军国主义国家和法西斯，都与这有关。所以革命在一个短时间内会造成损失，甚至要付出不小的代价，但从长远的历史进程来看，在历史的转折关头，通常只有革命才能扫荡旧的秩序，建立起一个新的秩序。

当然，当革命取得胜利、对旧的社会秩序进行毁灭性的扫荡、把新的社会制度建立起来以后，情况就不同了。在新中国已经成立并且展开大规模建设以后，再搬用以往革命时期的那些想法和做法，是完全错误的。这种错误的出现也是可以理解的，因为革命的时候，人们总是非常强烈地追求一种完美的理想社会的实现。这种情绪，有时会达到一种狂热的程度。而当革命胜利以后，人们往往容易在思想上形成一种惯性。因为前面的胜利就是那么大刀阔斧干出来的，所以以为我们用同样的方法，也能够很快地在建设中取得同样的成果，而忽略了或者根本没有认识到这样的想法并不符合已经改变了的客观实际。这是一个很重要的教训。我们不能把过去的办法用到今天。但是也不能把今天的想法和做法搬到过去，认为过去的革命是不需要的，甚至还认为它对建设主要起了破坏作用，好像不发生革命，中国的现代化建设倒还会更早地到来，这同样也不是实事求是的，也是不符合当时的客观实际的。

正如党的十六大报告所指出，中华民族在近代面临着两大历史任务，一个是求得民族独立和人民解放，一个是实现国家繁荣富强和人民共同富裕，前者是为后者扫清障碍，创造必要的前提。路要一步一步走，每个阶段有不同的历史任务，不能把过去的事情拿到今天来做，同样也不能把今天的事情、今天的做法套到过去，认为过去也能够那样来做。

三、中国共产党的历史责任

在中国共产党成立前，为了替国家寻找出路，中国人进行过多种多样的尝试，都失败了。实践证明，要想在中国摧毁旧势力，建立新社会，实现国家的独立、富强和现代化，需要具备这样几个条件。

第一个条件，要有一个能够正确把握航向的革命政党作为引路人。这就需要正确理论的指导，要能够正确地分析国情，要能提出正确的路线和政策。中国是一个统一的多民族的国家。这样一个多民族国家的形成不是靠短期的武力征服达到的，它是在几千年长时期的经济、文化交流中间互相融合，才逐渐成为一个整体。在当时的中国，要抵抗外来侵略也好，要实现国内的根本社会改革也好，首先必须推翻当时统治中国的清朝专制政府。辛亥革命提出“反满”的口号，抓住了当时中国社会的中心环节，但这一口号并不很科学。因为它没有提出反对帝国主义的口号，没有提出反对封建势力的口号，没有把革命的矛头对准这两个主要的敌人。反帝反封建的革命口号是到共产党成立后才提出来的。

第二个条件，要团结一切可以团结的力量，特别是要发动并且依靠占人口绝大多数的工人和农民。这也是辛亥革命所缺少的。从全国范围来说，帝国主义和封建势力盘根错节，力量强大，要是没有把占人口最大多数的工人农民发动起来，很快就会觉得自己的力量非常单薄，甚至孤立无援，这就容易走向妥协。

第三个条件，要有一个由一大批有共同理想和严格纪律的先进分子所组成的政党。辛亥革命中领导革命的是中国同盟会，它虽然制定了纲领，即孙中山的三民主义，但三民主义中被多数人接受的只有民族主义，其次才是民权主义，至于民生主义接受的就更少了。这个党在组织上十分松弛，没有严格的纪律。所以辛亥革命一开始，章太炎就讲了一句话：“革命军兴，革命党消”。这样的党很难起到号召与核心作用。

这三点归结起来，可以得出这样一个结论：要解决中国的问题，需要有一个能够指出正确方向的党，这个党能够发动和依靠最广大的人民，首先是工人农民，形成一个坚不可摧的力量，而且又有一批有共同理想和严格纪律的先进分子成为它的核心。而中国共产党就是这样的一个党。中国共产党从成立伊始就有两个特点：一个是它有正确的理论即马克思主义作为指导；另一个是它集结起一批有献身精神的先进分子，深入到工人农民之间去做群众工作。这样的党是中国历史上从来不曾有过的。

当然，在中国这样一个人口众多、经济文化落后的东方农业大国，如何把马克思主义的普遍原理同中国的具体实际结合起来，怎么进行革命，怎么进行建设，都没有现成的答案。西方的办法、苏联的办法都不能照搬来用，完全要靠我们自己去闯，在实践中摸索前进。中国的民族危机极端深重，中华民族正处在生死存亡的关头，周围的变化非常快，许多问题都要立刻做出决定，不允许人们都从从容容慢慢地调查清楚以后再来解决。无论在革命时期也好，建设时期也好，在这过程中间的很多挫折，恐怕都需要跟整个探索的过程联系起来才能理解。

在土地革命时期，党曾经犯过三次“左”倾错误。第一次“左”倾是中国共产党在大革命遭受惨重失败后发生的。当时国民党在全国进行了大屠杀。在那种情况下，党内出现了“左”倾盲动主义。第二次“左”倾错误与第一次“左”倾错误有一个很明显的不同。第一次是在革命失败的情况下，带有拼命性质的蛮干，第二次“左”倾则是在革命逐步走向复兴，国民党统治集团内部又出现新的危机的情况下，对形势做出过分乐观的估计而采取的冒险主义行动。第三次“左”倾错误是紧跟着第二次“左”倾来的。这一次与第二次“左”倾又有不同，王明“左”倾中央打着国际路线的旗号，制定贯彻一套更“左”的政策，在党内统治了四年之久，使整个根据地几乎全盘失败，逼着红军走上长征路。

中国共产党内的三次“左”倾错误一次一次地发展下来，也有内在的规律可以寻找。归结起来是这样三点：一是主观主义；二是群众路线问题；三是这三次错误都跟共产国际有关，共产国际要负很大责任。中国革命要由远在万里之外的莫斯科指挥，怎么能不脱离实际？共产国际派来中国的代表也并不都是什么一流人才，更不了解中国情况。所以毛泽东在《反对本本主义》里说，中国革命的胜利要靠中国同志了解中国情况。这句话就是在这种情况下说的。由此可见，后来毛泽东找到“农村包围城市、武装夺取政权”这么一条独特的中国革命胜利的道路，得来多么不易！

以上阐述的三个问题，第一个是主观主义，就是不实事求是。第二个是没有党内民主，不走群众路线。第三个是共产国际瞎指挥，中国党不能独立自主地处理自己的问题。所以《关于建国以来党的若干历史问题的决议》指出，毛泽东思想的灵魂有三条，一个是实事求是，一个是群众路线，一个是独立自主。这几点确实是中国人付出了惨重的代价，在实践中间最后总结得出的最基本的经验教训。有了这些，中国革命才能取得胜利。

（载于《马克思主义理论研究和建设工程参考资料》178期）

中共党史研究课题组关于近年来党的先进性问题研究综述

汤 涛

一、党的先进性的实质和科学内涵

关于党的先进性的实质，有学者提出，党的先进性的实质就是，党能够始终站在时代发展的潮头，引领社会发展的方向，其所作所为符合时代进步的总趋势。原因在于：党是适应时代的需要而生存的，党的任务是由时代赋予的，党的作用从根本上来讲是由时代决定的，党的群众基础是随着时代的变化而不断发展的。

关于党的先进性的内涵，比较一致的意见是，一个政党要实现自身的先进性，把握并代表时代发展的要求，推进社会发展和全面进步，必须始终代表先进生产力的发展要求，代表先进文化的前进方向，代表最广大人民的根本利益。

也有学者认为，党的先进性的内涵有两层含义：一是指一个政党在思想、理论、纲领等方面所具有的优于其他政党的特质；二是指一个政党在人类社会历史发展中所起作用的性质。一个政党是否具有先进性，关键是看这个党举什么旗、走什么路、为什么人，看其是否代表社会发展的正确方向。

二、党的先进性的基本构成要素

有学者认为，党的先进性由四个方面的要素构成，即党的意识形态、党组织、党的制度和共产党员。党的意识形态需要党的制度来明确和固定，党的制度需要党组织来贯彻落实，党员的思想和行为需要党组织用包括党的纪律在内的制度来教育、引导、规范和约束。共产党员是体现共产党先进性最重要的载体，共产党的先进性最终需要落脚到党员的思想和行动中并体现出来。

也有学者认为，党的先进性是一个复杂的，由不同层次内容构成的统一体。这个系统由基本内核和基本构成要素两个层面构成。所谓基本内核，指的是先进性的本质层面，即代表先进生产力的发展要求，代表先进文化的前进方向，代表中国最广大人民的根本利益。所谓基本构成要素，则大致由四部分所构成，即阶级基础的先进性、理论指南的科学性、群众基础的广泛性，以及正确纲领、路线、方针、政策的制定和它们的贯彻执行。

三、保持党的先进性所具有的时代和历史价值

一些学者重点研究了党保持先进性的必要性，认为中国共产党必须始终保持自身的先进性。首先，先进性是马克思主义执政党赖以生存的内在基础，是政党存在和发展必须具备的内在根基。其次，先进性是马克思主义执政党实施领导的根本前提，先进性问题解决的好坏，直接关系到能否巩固党的执政地位。再次，先进性是马克思主义执政党自身建设的逻辑归宿，只有以先进性建设为目标，党的自身建设才会有正确的方向、持久的动力、应有的成效。

还有一些学者认为，保持党的先进性，关系到能否真正实现最广大人民的根本利益，关系到中国特色社会主义事业能否兴旺发达和中华民族能否实现伟大复兴。对中国共产党而言，党、社会主义、中华民族这三者的前途和命运融为一体，不可分割。办好中国的事情，关键在党。中国特色社会主义事业兴旺发达，中华民族实现伟大复兴，全系于党一身。

四、当前坚持党的先进性的途径

理论界普遍认为，当前党要实现并保持先进性，必须从以下几个方面入手：第一，使全党始终保持与时俱进的精神状态；第二，把发展作为党执政兴国的第一要务；第三，必须巩固党的阶级基础，扩大党的群众基础，最广泛最充分地调动一切积极因素；第四，坚持党的先进性与党的纲领现实性的统一；第五，以改革的精神推进党的建设。

有的学者专门从党的建设机制方面，论述了保持党的先进性的途径。提出，随着改革开放的深化，党与法、党与国家权力、党与社会关系中的深层次矛盾和问题凸现出来，建立以党内生活民主化、制度化为基本特征的制度治党的党建机制已成为我国经济、政治和其他方面的建设能否顺利进行的关键。为此，至少要思考以下几点：第一，进一步健全体现党内民主政治原则的权力体制；第二，党的制度建设要朝着形成健全的体制方向发展；第三，树立制度的至上权威，明确制度制约、监督的重点。

也有学者重点就党员先进性的保障机制展开了研究。认为，要以提高素质为重点，建立科学合理的党员教育机制；针对党员分布状况的不同，建立有分别、有特色的党员管理机制；推进优进劣出的动态管理，健全和完善党员队伍纳新吐故和新陈代谢的联动机制；建立和健全激励鞭策机制；不断加强考评制度改革，建立较为完善的党员先进性的评估机制。

五、党的三代领导集体对党的先进性问题的理论和实践探索

普遍认为，自党诞生以来，党的三代领导集体对党的先进性问题进行了艰辛探索，并成功解决了如何实现和保持先进性的问题。

有学者认为，以毛泽东为代表的中国共产党人在民主革命时期尤其是在全国抗日战争时期对党的先进性问题进行了卓有成效的探索，科学论述了党的先进性的基本内核、基本构成要素和确保党的先进性的基本思路，成功解决了无产阶级政党在夺取政权过程中如何确保先进性的历史课题。

一些学者认为，以邓小平为核心的党的第二代中央领导集体在此问题上的贡献主要包括：(1) 保持党的先进性必须首先坚持党的“解放思想，实事求是”的思想路线；(2) 必须把党的制度建设作为党的建设的重要内容；(3) 必须把保持党的先进性的思考与揭示社会主义的本质和社会主义发展动力统一起来；(4) 必须高度重视党的作风建设，从严治党，反对腐败。

一些学者认为，以江泽民同志为核心的党的第三代领导集体进行了卓有成效的理论和实践探索，这表现在：(1) 把当代中国的马克思主义——邓小平理论确立为我们党的行动指南，提出用邓小平理论武装全党的根本任务，从而使我们党的路线、方针、政策和党的建设与发展，建立在科学理论指导的基础上，保证了党的工人阶级先锋队的性质。(2) 共产党员讲学习、讲政治、讲正气，是新的历史时期保持我们党先进性的具体表现和有效形式。(3)“三个代表”的要求，是新的历史时期保持我们党先进性的根本体现和根本要求。

六、党的先进性与吸收新的社会阶层先进分子入党问题

理论界对这一问题相当关注。有学者认为，正确地看待这一问题，首先必须正确地认识党的阶级基础和群众基础。我们党不但是工人阶级的先锋队，也是中国人民和中华民族的先锋队，工人阶级和最广大人民根本利益的一致性，以及我们党的性质、宗旨、纲领、目标和党员成分等诸多因素，决定了我们党既有阶级性又有群众性。党的阶级基础与群众基础是相互依存，相互促进的辩证关系。

针对吸收新的社会阶层的先进分子入党会改变党的性质的疑虑，一些学者指出，这种担心是不必要的。原因在于：第一，党员成分不是影响党的性质的决定因素，决定党的性质的重要问题是党的理论、纲领以及在实践中表现出来的建党原则。第二，吸收其他阶层的优秀分子到党内来，是有严格的标准和程序的。第三，我们党的队伍的最基本的组成部分和骨干力量是来自工人、农民、知识分子和干部。第四，党是“大熔炉”，可以

通过大熔炉的锻造，使他们变成中国的“脊梁”。第五，我们党历史上的成功经验证明，可以在吸收各方面优秀分子入党的条件下，保持党的先进性。

也有学者提出，不能把工人阶级仅仅理解为传统意义上的产业工人阶级，工人阶级概念的内涵是动态的、发展的，工人阶级在不断调整自己的阶级构成和阶级素质中发展壮大。党的先进性不是有了阶级基础便可以自然而然实现的，而是需要一个不断地进行主观努力的过程。

（载于《马克思主义理论研究和建设工程参考资料》162 期）

从纪实影片的摄制看执政党的文化策略

林 尚 雄

一、通过纪实影片宣传政党纲领是执政党重要的文化策略

包括纪实影片在内的媒体一开始就与政党政治有着割不断的情结，受到政治的左右，同时也不同程度地影响着执政党的政治决策。二者之间相互影响，相互需要，相互利用而又相互左右。如《科拜恩保龄》、《战争迷雾》、《华氏9·11》等影片的制作、发行以及社会反响，都反映了纪实影片批判执政党及其政治的强烈现实需求。其实在西方社会中，包括纪实影片在内的媒体常常被称作行政、立法、司法之外的“第四权力”或“无冕之王”。执政党控制它，是因为它宣传及展现什么，公众就接受什么，公众的政治判断受它的左右。反对党也在努力左右它，因为它具有政治监督的功能。它时而为执政党摇旗呐喊，让执政党“感激不尽”；时而又完全站在反对党一面，成为执政党的对立面，执政党因此而陷于尴尬境地。这种看似矛盾的事实背后，却透射出了包括纪实影片在内的媒体和政党之间的微妙关系。在所有的大众传媒中，摄制纪实影片之所以会成为宣传政党纲领的重要文化策略，首先是由电影、电视这一视像艺术直观形象的特点所决定的，这一特点早有学者曾经认识到：“电影对观众的识字要求甚低，电影不像报纸，后者在世界多数地区，都只能引起一小部分精英阶层的兴趣。电影刚一起步，便几乎以国际性的大众媒体姿态出现。”

电影、电视欣赏过低的门槛（相对于其他传媒而言），跨文化的艺术

符号，国际性的形象语言，通感化的视听触角，所有这一切，都为其普及与传播提供了先天便利的条件。也正因为如此，电影一经产生，很快便被运用于意识形态的宣传，并逐渐成为传播广泛、通俗易懂（形式）、柔性十足、隐晦含蓄地传达执政党政策、策略与方针的最有力工具。这一点既是各国执政党对纪实影片的作用与用途的普遍共识，也是纪实影片自身所特有的最重要性质之一。

二、执政党对纪实影片的操控

包括纪实影片在内的媒体从来不自由，这是因为国家从来是一定利益集团、一定政治党派（即一定阶级）的国家。执政党（即统治阶级）为了维护自身的利益，必须要将自己的意志以规章制度和法律等形式确定下来，再通过各种意识形态工具宣传其政治信念，引导公民的政治认同；同时在政府中设立专门机构，控制大众媒体；此外，通过发布信息，以信息源身份来控制大众媒体。使用甚至操纵大众传媒以促进政治目标的实现，已经成为执政党生存的需要。

执政党对包括纪实影片在内的传媒的操控由来已久，在时间上，可以说在电影诞生之前就已形成；在实践上，早在两次世界大战中间就已驾轻就熟。在“二战”中，初次被使用的宣传武器——电影，在20世纪20年代和30年代被苏联和纳粹德国当成了巩固革命和发动战争的工具。到1939年，看电影在工业化的欧洲和美国成为了一种普遍的社会活动。于是，第二次世界大战使得新闻纪录片和短纪录片等“活动影像”在战时的作用就如同报纸一样。执政党对纪实影片的操控主要有如下几点：

1. 执政党以法律法规为手段控制包括纪实影片在内的媒体。执政党（除新闻媒体垂直化管理的国家）通过法律和政策来约束纪实影片，以法律手段规范包括纪实影片在内的大众媒体的权力、义务及其行为，使之遵循执政党的意愿，为维护执政党的统治秩序服务。现代政治是政党政治，而“政治是法律的基础，法律是统治阶级政策的具体化、条文化、定型化，是以统治阶级的政治要求和政治意向为内容的，是实现统治阶级政治的主要工具。”由此可见，对包括纪实影片在内的媒体的法律约束实际上反映了执政党的统治要求。然而，法律的本质告诉我们，它一方面保护自由，一方面又限制自由。同样，法律对纪实影片既有保护功能，又有规限作用。西方国家的法律，给予了包括纪实影片在内的新闻纪实媒体充分的自由，使其表面上具有了“第四权力”的职能，如美国宪法第一修正案主要条款就是“国会不得立法限制言论、新闻自由”。可是，法律同样规限着新闻媒体，如国家安全法、保密法、诽谤法、保护隐私法等等，这些种种的法律、法规限制了包括纪实影片在内的媒体，在避免其被滥用的同时，也程度不同地限制了其自由度。执政党常常以国家安全的名义使包括纪实影片在内的媒体保持缄默。同时也可利用新闻价值和信息来源的可信度、对机密情报的掌握和与新闻媒体的社会关系等来操纵纪实报道。事实上，当新闻、纪实等因为某种“更伟大的需要”而被牺牲时，政治自由和人权通常也将随之消失。由此而论，包括纪实影片在内的大众媒体就没有完全意义上的独立于政党及其政治。

2. 执政党在政府中设立专门机构，控制包括纪实影片在内的媒体。各国执政党都通过政府部门中的专门机构实施对包括纪实影片在内的大众媒体的控制，尤其在特别时期，这些机构的权力和作用就显得更强。比如英国在两次世界大战期间，其帝国商品行销局（Empire Marketing Board）和后来的大英邮政总局（General Post Office）所辖电影组，专门负责对英国电影，特别是纪实影片的制作和监控。美国许多战事影片是在华盛顿的监督之下制作的。好莱坞与美国政府及军界密切合作，建立电影工作战时行动委员会（War Activities Committee of the Motion Picture Industry），分 7 个部门：剧院、发行、好莱坞的制作、新闻片、专业报道、国外市场与公共关系，涉及许多重要的政府部门，如国务院、财务部、国防部、司法部、内政部、农业部、交通部、民防部、泛美事务部、国防新闻局及国防制造局等。战时纪实影片更加反映执政党的意愿，因为执政党通过这些专门机构，直接参与纪实影片的选材、资金投入、人员配备、制作和发行。执政党对包括纪实影片在内的媒体实施如此的影响力，是因为“政府部门是代表统治阶级行使对国家的管理权和统治权的重要机构，是政治活动的重要主体，政府对大众传媒的影响是政治影响和制约的重要体现。”

如果包括纪实影片在内的媒体所报道的内容与执政党的意愿相左，执政党会采取以下措施控制媒体：

其一，执政党会通过政府部门对其惩罚，故意把消息透露给它的竞争对手。这时，受到惩罚的媒体则会通过各种方式讨好政府，寻求与政府新闻主管机构的合作。

其二，执政党往往会通过政府中的专门机构，指责媒体没有进行如实报道，要么要求媒体“公正报道”，要么撤换记者，要么就实行严格的新闻检查，乃至动用行政力量进行干涉。

其三，执政党通过政府部门对那些不顺从的媒体或记者实施制裁。

其四，执政党通过政府，并以国家利益为名，对新闻报道特别是纪实影片实行严格的资格审查。如在上个世纪50—60年代，美国政府就封杀了多部“宣扬共产主义”的影片，今年又封杀了《华氏9·11》。一句话，凡是涉及政治题材的影片，都要经过严格审查。而各国封杀掉的纪实影片不胜枚举，这充分表现了执政党通过政府控制着包括纪实影片在内的媒体。

3. 执政党通过所掌握的大量公共信息控制包括纪实影片在内的媒体。政府掌握着大量的公共信息，而媒体又特别需要政府这个巨大的新闻源。政府所提供的信息往往都是重要的新闻线索。从某种程度上说，媒体的生存离不开政府，如果媒体失去了政府这个新闻源，很难在受众心目中产生巨大影响力。1939年，德国潜水艇击沉英国“雅典娜号”大型邮船，造成1400名乘客遇难，当时德国宣传部长戈培尔指令《人民观察家报》发表新闻，称英国海军大臣安放定时炸弹炸沉了该邮船。纳粹宣传的核心就是将每一条新闻和每一个事件的报道置于预先设想好的历史发展格局中的恰当位置，只要有可能的话，对大后方的报道必须是表现德国力量和英雄主义的象征的新闻；而对敌方的任何报道都必须表现敌人的腐败和本质的虚弱。在美国，《纽约时报》、《华尔街日报》等处于主流地位的报纸，政府的新闻始终都占据着重要的地位。1990年进行的一次对2850篇刊登于《纽约时报》和《华盛顿邮报》的文章调查发现，78%的被调查文章主要是基于一些公共官员的谈话。由于媒体对政府这个信息源的依赖，对于执政党来说，很容易通过政府部门来控制包括纪实影片在内的媒体，使纪实报道和宣传沿着执政党自己所规划的方向发展。

三、执政党通过纪实影片强化执政策略的宣传

(1) 充分利用纪实影片的直接形象，使其起到粉饰太平、煽动情感、麻醉大众甚至试图从根本上改变现实的作用。“在可视媒体时代，图像也能起到蒙蔽作用。他们或者是一遍又一遍地重复战争的惨状而使观众变得麻木，或者是避免充分地披露。在20世纪70年代诊断出的‘综合征’的症状发展到90年代已经成为了一种‘同情心疲劳症’：人们对那些被压迫、剥削、屠杀的人们的照片所做出的反应，这一些引起的感觉的性质和义愤程度在很大意义上依赖于对这些景象的熟悉程度。只有展示具有煽情因素的图片才能达到震撼人心的效果。”

(2) 任用富有宏观把握能力的主管领导，并说服著名的艺术家积极加盟。如第二次世界大战期间英国的纪录片导演及纪录片运动的领导人格里尔逊，美国的好莱坞著名导演卡普拉，德国的政治鼓动家戈培尔等。尽管历史不可假设，但我们还是不禁要设想，如果没有卡普拉，“二战”时期同盟国的电影宣传如何与纳粹德国的里芬斯塔尔这样一个女导演相抗衡？如果没有戈培尔，“第三帝国”何以能鼓动起那么多单纯善良的德国人进行惨绝人寰的种族灭绝？正是有如此特异的艺术家与政治家的共同导演，包括纪实影片在内的新闻传媒才在战争中发挥了重要而又超常的功能，起到了士兵与武器在战场上起不到的作用。

(3) 以艺术的“柔性”软化意识形态的“刚性”。作为“对现实的创造性处理”的纪实影片，既有其具象写实的特点，又有其超越现实的灵气；既要表现执政党意识形态的刚性原则，又要体现视像艺术的“柔性”规律，因此如何处理好两者的关系，就成为了中外艺术家所思考的重要问题，而作为优秀的艺术家，总会将现实世界的事实真相加上一层“柔光镜”，使其意识形态的刚性原则隐藏在艺术作品的柔性外表下，从而使观点“从场面和情节中自然流露出来”。正如在《意志的胜利》中，导演里芬斯塔尔虽然没有一句关于纳粹或希特勒的赞美之词，然而她以其统观全局的宏阔视野、细腻入微的细节表现、充满个性的形象展示、写意抒情的

高超手法，将纳粹与希特勒不断神化与圣化，因而在宣传执政党的意识形态方面，以艺术的柔性模糊与美化了政治的刚性，从而起到了士兵与武器所起不到的作用。

纪实影片不同于情节性的虚构影片，因为是对现实生活的再现，因此就具有了真实性的亲和力及其显著效果。尽管人类的物质世界十分充实，然而人类却从来没有停止过憧憬与幻想；尽管银幕世界是一个充满光与影的二维虚幻景象，然而我们的生活却从来没有如此深刻地被其所影响。人们在现实中寻求超越，却在虚幻中渴望真实，人类的这种矛盾心理，恰恰在纪实影片中能够得到一定程度的满足。纪实影片既是现实生活的。客观再现，因此其现实的亲和力在不断增加；又是二维银幕上的光影变化，因此其现实的疏离性又在不断强化。如果说这种特性为受众提供了一个在理想与现实之间自由“出”“入”的可能途径，那么其生活化的诉求及其“柔性”作用，便会不断弱化意识形态的刚性形态，从而使其更具亲和力。历来的政治家都深谙其中奥妙，而执政党则以四两拨千斤的智慧，充分运用纪实影片的这种特性与功能，为其执政理念与政党纲领服务，从而起到意想不到的效果与作用，其中之微妙，颇值得深究。

（载于《马克思主义理论研究和建设工程参考资料》156期）

论文艺的意识形态性

王元骧

文艺的意识形态性是马克思主义文艺理论的核心命题，也是马克思主义文艺理论的一个理论支点。意识形态作为社会意识中反映人们所处的社会关系（生产关系和交往关系）和思想要求、利益愿望的那一部分思想观念的总和，对于每一个社会成员都有着巨大的影响。可以说，人们的思想和行动无不受到一定意识形态的支配和规范。出于对意识形态以及它与人的思想、行为之间关系的自觉认识，马克思主义把文艺界定为一定的社会意识形态，要求无产阶级文艺自觉地担当起以无产阶级的世界观来认识和改造世界，以社会主义的精神来教育和鼓舞人民大众的历史使命，因而意识形态性也就成了无产阶级文艺的灵魂。

文艺的意识形态性这个命题自从提出之后，就遭到“纯艺术论”者的反对。新时期以来，在我国文艺理论界也引起了不少人的质疑和否定，以致某些文艺部门的领导也回避这个问题，不敢理直气壮地坚持文艺的意识形态性，这实际上是在思想上放弃了党对文艺的领导。这些年来，我们的文艺事业在走向繁荣的过程中，也出现了不少与社会主义文艺方向背道而驰的创作倾向，起到了腐蚀人们的意志、毒害青少年的灵魂、败坏社会风气的不良作用，这显然与淡化和消解文艺意识形态性的思潮是分不开的。

这股思潮在我国出现自然不是没有原因的，分析起来大概有两个方面：一方面是受了西方“意识形态终结论”思想的影响。自上世纪中叶特别是90年代以来，西方一些思想家竭力否定意识形态的现实基础，否定意识形态与现实社会中个人活动之间的内在联系，把意识形态看作一个纯粹的政治性的概念，并认为马克思主义不是科学，而纯粹是一种意识形态，断言随着苏东剧变、冷战结束，意识形态也宣告终结。而“四人帮”对社会主义文艺的破坏和极左文艺思潮的流行，则为这种思潮的涌入打开了缺口。于是，从上世纪80年代以来，否定文艺意识形态性的倾向在我国开始滋长蔓延开来。这股思潮试图用“美”或“文化现象”之类的抽象概念来取代文艺的意识形态性。很明显，这些观点在理论上是经不起分析的，因为“美”不可能完全脱离“真”和“善”而独立存在，所以审美评价和审美选择从根本意义上来说，无疑是一种价值选择和价值评价。审美观的差异说到底是一种价值观的差异，它不可能与意识形态完全没有联系。

另一方面，以往我们对意识形态理解上的片面性和不确切性，也为这种思潮的侵入和蔓延提供了契机。这种片面性和不确切性具体表现为：一是纯科学的倾向，只是从意识论、认识论的观点，从社会意识与社会存在的关系、反映与被反映关系的角度来说明意识形态的性质，对于意识形态的价值属性和价值内涵没有予以足够的重视和阐明。这就把意识形态实证化、认识论化、纯科学化了。意识形态不同于一般的社会意识，它作为反映处在一定社会关系中的人们的思想要求、利益愿望的那一部分思想观念，是属于一定社会、一定阶级和社会集团的价值观念和行为规范的范畴的。它的任务就是统一人们的意志，把人们的行为引导到同一方向，共同进行改造社会的实践。所以，它不仅有认识的属性，同时还有价值的属性，不仅有理论的功能，同时还有实践的功能。二是纯理论化的倾向，单纯强调意识形态是自觉反映一定社会存在的思想（理论）体系而无视它与社会心理、个人心理和日常意识之间的紧密联系，回避或不承认意识形态作为一种自觉的思想观念，不仅是从社会心理加工、提升而来，还必然要经由社会心理反作用于社会存在。这样就把意识形态看成了远离生活、高高在上，只是少数意识形态专家研究的纯思辨的、理论形态的东西，从而使得我们对意识形态的反作用的理解只停留在抽象的理论说明上，而忽视对这种反作用的内在机制和内在环节的研究和说明，从而在解决实际问题方面几乎显得无所作为。意识形态是以活生生的人为载体的，要在现实中发挥作用，首先必须融入大众、融入日常生活、融入社会心理之中。只有这样，它才有可能转化为一种实践的精神动力。

对文艺的性质作纯认识论和纯科学理解的观点由来已久。早在“五四”时期，有些文艺家和理论家在介绍西方现实主义（当时叫“写实主义”）的时候，就没有分清现实主义与在实证论哲学和实验医学基础上产生并发展起来的自然主义之间的差别，把现实主义混同于自然主义。到了上世纪30年代，随着苏联文艺理论的引入，当时苏联广为流传的“文学和科学、哲学一样，都是对客观现实的反映和认识，所不同的只是文学通过具体形象达到客观真实”的文艺观，更是被当作文艺的经典定义被我国文艺理论界所接受。直到上世纪50年代末与60年代初，我们在试图以马克思主义文艺思想为指导编写我国的“文学概论”教科书，把文艺的性质界定为意识形态时，还根据当时哲学界对意识形态的流行观点，将文艺的意识形态性质作了纯认识论和唯科学主义的理解，致使这种文艺观长期以来成为我国文艺理论界的一种主导观念，至今影响犹存。

其实，这种解释不仅不足以说明意识形态的丰富内容，而且与文艺的特性相悖。文艺不同于其他意识形态的特殊性是什么呢？就是文艺家赋予文艺的审美特性。审美不同于一般的认识，它是以主体的审美情感为心理中介来与客体建立联系的。这就决定了审美与一般认识的不同：就反映的对象来看，认识的对象是事物的实体属性，而审美作为人们面对客观事物所引起的态度和体验，总是以事物能否满足人的某种需要为转移的；就反映的目的来看，认识所要判明的是“是什么”，目的是给人以知识，审美所要解决的主要是喜好什么，目的是给人以情感、情绪的影响；就反映的方式来看，认识一般通过概念、抽象、判断、推理等逻辑思维的方式加以表述，审美则是通过形象思维来表达。正是由于情感反映不同于一般认识反映的这些特点，使得文艺作品无不蕴含着文艺家对现实人生的态度、评价、理想和期盼，必然在不同程度上流露出文艺家的思想倾向和情感态度。历史上，尽管有些文艺家标榜他是纯客观的，但只要他被自己笔下的人物和事件感动了，他就不仅必然会把自己的思想倾向和情感态度融入作品，而且由于情感的激发，还会使长期潜伏在心灵深处，支配、驱使着自己行动的那种潜意识的追求、企盼和梦想都浮现出来，并在作品中得到集中的流露，从而使得作品中的思想情感内容往往比文艺家所意识到的要深广得多。这样一来，文艺家笔下的艺术形象往往也就成了其审美观念和审美理想的载体，构成了一种“应如何”的人生图景。

正是由于文艺作品以文艺家个人理想、愿望、梦想等各种形式反映着一定社会、时代、阶级、集团的思想观念和价值取向，因而它也像其他意识形态一样，在社会生活中起着影响人们思想的作用。文艺不只是对现实的反映，同时也是对社会的介入。作品在文艺家手中完成，它的价值还只是潜在的，只有通过读者阅读和欣赏，才能把作品中的思想情感转化为读者的思想情感，作品潜在的价值才转化为实在的价值。因此，考察读者的阅读和欣赏及其功效也成为全面理解文艺意识形态性的一个重要方面。

意识形态就其性质来说不仅是理论的，而且是实践的；而实践只能是人的实践。在对人的理解方面，马克思、恩格斯反对黑格尔等德国思辨哲学家把人看作是一种“无人身的理性”，认为人首先是有生命的个体存在。这样一来，实践也就不像黑格尔所理解的只是一种抽象的理念运动，而是一种感性的物质活动，同时也决定了实践不仅仅是由理性所支配的，同时还必须由一些感性，如人的需要、动机、情感、意志等因素所驱动。因此，意识形态与社会心理以及它的具体表现领域——日常意识、个人意识和人格无意识有着先天的不可分割的内在联系。

社会心理与社会意识形态虽然同属于社会意识，却分别属于两个不同的层面。一般来说，社会意识形态是一种自觉的、理性的意识，通常以一定的思想体系的形式表现出来；而社会心理却是一种自发的，感性的，亦即融化在日常生活之中的未经分化、加工、定性的经验水平上的意识，通常以一定社会群体的感觉、情绪、意志、愿望以及一定社会的风尚、习俗等形式表现出来。它们的关系是：一方面，意识形态是从对社会心理的加工、改造提升而来，以社会心理为“共同的根源”；另一方面，由于社会心理与社会存在的关系最为直接、紧密，是一种日常的实践意识，它作为人们“行为的调节器”，直接支配着一定社会成员的生活方式、思维方式和行为方式。所以，意识形态要反作用于社会存在，也必须经由社会心理这一环节。若是只停留在理论宣传层面而不能转化为社会心理，意识形态也就很难成为激发和推动人们行为的精神力量，对社会存在的反作用也就无从谈起。

社会意识与社会心理之间的这种内在联系首先被第二国际马克思主义

哲学家拉布里奥拉和普列汉诺夫所发现。拉布里奥拉在谈到经济基础与上层建筑的关系时，就极力反对庸俗经济唯物主义那种“非常粗糙和直线式的表达和说法”，强调“在力图从社会条件中引出作为它们思想表现的第二性成果（如艺术和宗教）之前，必须在研究某种为了一定变化的社会心理学方向具有丰富的经验和某种本领”，并反对把意识形态仅仅理解为某种“教义和体系”。如在谈到道德时，他强调的就是“那种平常在一般人的爱好、风俗、忠告、判断和评价中以经验的和日常的形式存在着的那种道德”。普列汉诺夫对拉布里奥拉关于“社会心理”是经济基础与上层建筑的中介这一学说给予很高的评价，并断言：“要了解某一国家的科学思想史或艺术史，只知道它的经济基础是不够的，必须知道如何从经济进而研究社会心理，对于社会心理若是没有精细的了解，思想体系的历史唯物主义解释根本就不可能……因此社会心理异常重要，甚至在法律和政治制度的历史中都必须估计到它，而在文学、艺术、哲学等科学的历史中，如果没有它，就一步也动不得。”之所以这样说，是因为文艺是以文艺家的审美情感为心理中介来反映生活的。在现实生活中，引发文艺家创作冲动的，首先不是他理性上认识到的，而是他心灵所直接感受到、体验到的东西。这就决定了文艺在作品中所表达的并非某种抽象的思想观念，而是现实世界中人的意志、愿望、企盼、梦想等活生生的心理事实，所以列宁在把列夫·托尔斯泰喻为“俄国革命的镜子”时，特别强调他是“俄国千百万农民在俄国资产阶级革命快到来的时候的思想和情绪的表现者”，通过他的嘴说话的，是整个俄罗斯千百万人民群众。文艺作品与社会心理这种紧密的内在联系，使得它虽然不像其他意识形态那样致力于对社会心理做理论上的概括和提炼，但它对社会生活的反映却是最直接、敏锐，也是最丰富生动，因而也最有利于我们认识它所反映时代的社会现实。孔子很早就提出了“诗可以观”，所谓“观”就是“观风俗之盛衰”。《乐记》也以“治世之音安以乐，其政和；乱世之音怨以怒，其政乖；亡国之音哀以思，其民困”来说明文艺是“生人心者”，即一定社会心理的反映。这在现在看来还是正确的。

但更重要的是，意识形态不仅仅以社会心理为中介来反映社会存在，而且也通过社会心理反作用于社会存在。这是由于实践是人的活动，人的活动源于一定需要，而需要总是要在一定的对象中获得满足的。这样就产生了人的活动的动机和目的，并推动着人去探寻一定的手段来实现自己的目的、满足自己的需要。实践作为一种感性的物质活动，总是离不开意志的激发和情感的驱动的。意识形态不仅是理论的，同时还是实践的。然而，社会意识形态在反作用于社会存在过程中，必须经过社会心理。意识形态是与社会心理、日常意识融为一体的，而且只有当它融入到人的心理结构，成为人的一种社会无意识、人格无意识的时候，才能真正发挥它的社会作用。这正是文艺这种特殊的意识形态，亦即审美意识形态的优势之所在。“情感只能向情感说话”，“情感只能为情感所了解”，这就决定了文艺不像其他意识形态那样以理论说明的方式让人接受，而是把理性的东西化为感性的东西，在阅读的过程中让作者的感受和体验直接进入读者心理。这种心理层面上的潜移默化的接受不仅比之于理论教化更能深入人心，而且它的影响也更为持久，并对他们的思想行为产生终身的影响。

从这个意义上说，纯粹休闲、消遣、娱乐的文艺是没有的。由于我们受过去把意识形态纯理论化的思想的影响，往往把当今社会流行的那种所谓“满足私人生活空间需要”，“以一种轻松的方式为大众提供文化娱乐”的所谓“大众文化”，当作完全是一种疏离意识形态的娱乐文化。但是西方有些学者似乎不这样看，如霍克海默、阿道尔诺、马尔库塞等都认为这些所谓“大众文化”貌似轻松娱乐，实际上都是在用资本主义的“虚假意识”欺骗人和操纵人，从而瓦解大众的反抗意志，达到思想控制的目的。在我国，则有人从相反的意义上提出发展“大众文化”可以起到消解主流意识形态的作用。不论他们论述的角度怎样，但有一点是一致的，都说明了“大众文化”与意识形态之间的千丝万缕的联系，纯粹的“娱乐文化”是没有的。正是由于这些文化是如此全面、深入地融化在大众的心理空间，对大众的思想和行为起着强大而深刻的影响，所以葛兰西把“市民社会”整个地归入到上层建筑的范畴，并提出无产阶级争夺文化领导权的重要性。这对我们认识在发展文化产业的过程中必须坚持社会主义的文艺方向具有深刻的启示意义。

（载于《马克思主义理论研究和建设工程参考资料》192 期）

文艺创作中的历史观

陆贵山

超前和滞后

当代中国的历史状态和已经跨向后工业社会的发达国家的历史状态存在着明显的时代反差和历史错位。从总体上说，超前的后现代主义和滞后的前现代主义并不适合于发展过程中的当代中国的现实。后现代主义作为极度发展的后工业社会的文化思潮，多半关注物质力量、权利关系、科技理性，甚至启蒙理性对人的压抑和束缚，从而对历史往往采取一种非历史主义的态度，或诅咒历史，或消解历史，或肆意把历史碎片化、无序化、边缘化，再按照自由主义和怀疑主义原则，通过语言手段重塑历史。而超前的后现代主义无视资本主义历史发展的两面性，只盯着其压抑人和异化人的负面现象，一味地对现代性和现代化的历史进程加以反思、消解和批判，使凭借审美现代性抨击社会现代性几乎成为一种公理和时尚。这种社会文化思潮对尚处于从前现代社会向现代社会过渡和生成的发展中国家的当代中国来说，只具有前期的镜鉴作用，而缺乏整体的合理性。

中华民族具有悠久辉煌的历史。中国人民所创造的物质文明和精神文明为推动世界进步和造福人类做出了伟大贡献。古老的中国近百年却落后了。自然文化主义强调人与自然的和谐。中国古人发现和恪守的“天人合一”的智慧源远流长。“天人合一”与“天人对立”被视为中西文化的重要差异。实际上天与人的关系既对立又统一。脱离“合一”片面地强调“对立”，不适度地追求人对自然的征服和索取，虽然会取得迅猛的发展，但往往以破坏自然生态为代价。相反，不强调改造自然，一味地维系人与自然的静态的亲合关系，也会延缓乃至阻滞历史的发展。

一些学者和作家倾心于前工业社会的宁静与和谐，把自然经济时代的生态加以美化，冲淡和遮蔽了封建宗法制社会的封闭、贫困、落后、愚昧和专制的痼疾。有的作品往往通过歌颂大自然的美妙和田园牧歌式的生存状态和生活方式的清纯、宁静和安适，来抨击现代化历史进程中所产生的负面因素，诅咒、抵制和反对现代化的历史进程，自觉不自觉地宣扬原始自然主义和封建宗法主义。这种带有历史保守主义和历史复古主义特性的社会文化思潮，一定程度上影响着当代中国的学术界和文艺界，对实现全面建设小康社会的宏伟目标是不相协调的。被长期封建宗法制社会的历史文化积淀所强化、深化和泛化的“官本位”的政治思想体制，有碍于现代化社会的法制建设和精神文明建设。不论是现实题材，还是历史题材的作品，都一定程度地表现出对正统的或被经过当代包装的皇权主义的痴迷和崇拜，实际上创造着和宣扬着被神化了的个别人物主宰历史发展的神话，特别是一些“戏说”的古装的历史剧中所塑造的圣君、贤相、清官大老爷，唯我独尊，视平民百姓为草芥，他们决定历史和人民的命运，而老百姓奴性十足、卑躬屈膝、唯命是听，只能三呼万岁，作揖磕头，以保身家性命，以求人身依附。这种艺术描写烙有明显的“英雄史观”的印记。这是对人民群众的历史主人公的身份的消解和亵渎，不利于调动和激发人民群众的历史的主动性和创造精神，无助于推动和促进当代中国现代化历史过程中的民主进程。

虚假和虚构

历史作为一种本真存在不可能是虚假的，也是不可以随意虚构的。诚然，文艺创作是具有假定性的，通过想象和虚构，营造艺术真实，尽可能地反映历史真实。解放思想和实事求是的精神同样适用于文艺创作。完全拘泥于历史真实，或用随意编造的艺术真实取代历史真实，均不可取。历史题材的文艺创作理应尽可能地忠于历史事件和历史人物的总体面貌，不要随意把事物的基本性质搞颠倒了。新时期以来，受思想解放运动的激发，当代中国文坛劲吹“翻案风”。有些作品改写了应当重塑的历史人物，如肯定和发掘了秦始皇、曹操、曾国藩、陈独秀、胡适等人被遮蔽的正面性质和积极意义，取得了可喜的实绩，但也有的历史剧制造了一些新的奇案，如把唐代的诡谲变幻的历史风云演绎成女皇武则天的性爱纠葛；把具有卖国行为的李鸿章描绘成心怀爱国情结的忠臣贤相；把行刺“暴君”的勇士荆轲写成畏缩不堪的懦夫。由于受到“祛魅化”运动的影响，有的作者随意颠覆“红色经典”，让共产党的地下工作者阿庆嫂同时扮演既表现战场上的智慧又施展情场上的性欲的双重角色；把侦察英雄杨子荣涂抹成为营救恋人之子而赴死的情种；把鲁迅的名著《阿Q正传》改编成阿Q狂热追求吴妈的“三级片”，如此等等。

消费主义的历史观念和虚假的历史观念是紧密相关的。正是消费主义的历史观念诱发和刺激了文艺领域中的造假运动。大众文化的兴起，是历史进步使然。大众文化真正使大众享有文化权利，满足了多方面、多层次、多向度的审美文化需求。同时，大众的影视文化、图像文化加速了文学商品化的过程。一些以“戏说”为旨趣的历史影视作品，崇奉“快乐原则”和“利益原则”，调动大众受体的消费欲望，游戏化地对待历史，制造出种种历史的幻影和假相，把历史精神、民族精神、崇高精神、悲剧精神和最为宝贵的艰苦奋斗和奋发有为的创业精神都“玩”掉了！游戏化和消费主义的历史观念，促使市场运作、快乐原则和利益驱动同谋，随意篡改和重塑历史事件和历史人物的性质。诸如：有的小品脱离时代环境和历史视野，亵渎打虎英雄武松，把他为民除害的打虎行为，冠以杀戮濒临灭绝的国家珍贵动物的罪名，把他的醉打蒋门神的义举，贬斥为破坏商业竞争、合理兼并和资源整合的愚蠢行为；把潘金莲打扮成反叛夫权的女权主义的典型；把贪图富贵，攀龙附凤，抛弃糟糠之妻，割舍骨肉亲情的负心汉陈世美，改写成一个为了忠于爱情，为秦香莲报仇雪恨、伸张正义的好男人。此类确乎离谱的艺术描写多半都是通过猎奇和以搅拌“性调料”为手段，争夺市场份额，攫取文化资本，不仅亵渎了人们的正常的道德情感，而且颠覆了世间的正义和尊严。

人性化和道德化

应当完整地理解和表现历史观点和道德观点的辩证关系。用道德观点取代历史观点，完全从人性和道德观点看待历史过程、历史事件和历史人物是不可取的；相反，忽视历史过程、历史事件和历史人物的人性和道德因素也是不妥当的。评价一个历史人物的是非功过主要看他的历史行为对历史发展和社会进步所起的作用。对大清王朝的雍正皇帝同样给予客观公正的评价。既要看到他的道德缺欠，又要肯定他的历史功绩。不应当完全撇开他的历史作为，只限于从道德观点认定和谴责他是一个为了夺取政权，不惜弑兄屠弟，凶险狠毒，诡谲狡诈的阴谋家，也不能像有的电视剧所描写的那样，逆转他的人格品质和伦理本性，把他打扮成励精图治，奋发进取，锐意革新的改革家。而对阻碍历史发展和社会进步的历史人物不宜进行人性和道德上的美化。

作为发展中国家的当代中国的历史状态、历史结构和作为发达国家的，已经跨入后工业社会的西方国家的历史状态、历史结构存在着明显的差异，因此，必然产生很不相同的历史观念，同时制约着不同历史语境下面的人们对历史的不同的思维方式、情感态度和价值取向。从总体倾向上说，由于一些西方学者与他们所处的后工业时代的历史状态不相协调，诱发出相应的带有否定、消解和重塑历史意向的历史观念，展示出把历史人性化和道德化的倾向。由于战争、资本、物质、科技、权力的强大力量对人的压抑，使极端主体化、个体化、内向化、软弱化和幻想化的人面对历史时，表现出敬畏历史、躲避历史，或诅咒历史、厌恶历史，或消解历史、颠覆历史的意图，或表现出对历史前途感到迷茫和恐惧，表现出怀疑主义、悲观主义、虚无主义的思想倾向。还有的学者宣扬“历史终结论”和“历史贫困论”，反对“历史决定论”。从根本上来说，这些历史理论都是站不住脚的。历史是不会终结的，永远不会停下自己行走的脚步。历史不是贫困的，而是丰富多彩的。只有伤害人的历史才是冷酷的，而有益于人的历史却是温暖的。

事实证明，马克思主义的历史唯物主义仍然是解读历史的最具有思想的先进性和蓬勃的生命力的历史理论。为了加速现代化的历史进程，逐步构建“以人为本”和“科学发展”的和谐社会，实现中华民族的伟大复兴，一切富有社会责任感的当代的中国人文知识分子，应当自觉地从历史过程、历史事件和历史人物中吸取宝贵的经验和教训，从中发现人民创造历史的智慧和力量源泉，承接先进的文化思想资源，弘扬伟大的民族精神。

（载于《马克思主义理论研究和建设工程参考资料》159期）

唯物史观与先进文化

湖北省委宣传部课题组

恩格斯一再指出，在马克思永垂科学史册的许多重要发现中，最重要的就是创立了唯物史观和剩余价值理论。唯物史观是马克思和恩格斯批判地继承了人类文化发展的一切优秀成果，尤其是扬弃了黑格尔的唯心主义和费尔巴哈的形而上学唯物主义而形成的科学历史观。它把唯心主义从最后一个避难所即社会历史领域中驱逐了出来，为人类考察社会历史现象提供了唯一科学的理论和方法，使笼罩在社会历史领域的千年迷雾为之一扫。我们党提出的“三个代表”重要思想是马克思列宁主义、毛泽东思想、邓小平理论的继承和发展，是我们党在新的历史条件下创造性地运用唯物史观的典范。在“三个代表”重要思想中，代表中国先进文化的前进方向是一个极其重要的方面，也是“三个代表”重要思想不可分割的有机成分。对这一问题的正确理解，也必须运用唯物史观的理论和方法。

一、唯物史观:先进文化的标识仪

文化现象是人类特有的现象，而且是人类社会中最复杂的现象。在唯物史观诞生之前，历代的思想家对社会历史提出过无数的学说和理论体系，做出过各式各样的解释；尽管其中不乏对局部问题的深刻见解，但从总体上说来始终跳不出唯心主义的泥沼，处于“迷离混沌”的状态，不能发现社会历史的客观规律。对文化现象的认识尤其如此。只有在马克思和恩格斯发现了唯物史观以后，人类社会和文化发展的本质与规律才真实地展现在世人面前；从而使我们对历史和文化的认识有了“一条指导性的线索，使我们能在这种看来迷离混沌的状态中发现规律性。”这就是：现实的人是一定社会关系的总和；人类社会的发展是由生产方式决定的一个自然历史的过程；一切社会关系的基础是由生产力的发展状况决定的生产关系即经济关系；在阶级社会中，阶级矛盾和阶级斗争是推动社会发展的直接动力；作为人类社会实践产物的文化，具有鲜明的民族性、时代性和阶级性。

由于民族性、时代性、阶级性总是处在不断的矛盾运动中，因此文化是非常复杂、丰富多彩的。在人类社会的发展过程中，有的文化对人类和社会的发展起着促进作用，有的起着阻碍作用，有的则处在两者的作用之间。于是人们自然会得出功能性的价值判断，把起促进作用的称之为先进的，把起了阻碍作用的称之为落后的，其余的称之为中间的。那么，其衡量的标准是什么呢？唯物史观认为，文化归根到底是由物质生产及其所造成的经济状况所决定的。诚如马克思在《政治经济学批判序言》中所说：“物质生活的生产方式制约着整个生活方式、政治生活和精神生活的过程”。用现代的语言表述，就是社会的发展是生产力与生产关系，经济基础与上层建筑这两对社会基本矛盾相互作用的结果，而生产力是最基本的决定力量。因此，凡是与社会基本矛盾的运动趋势相适应、有利于促进生产力发展的文化，就是先进文化；反之则是落后文化；处在两者之间的还有中间文化。

当代中国，我们正处在一个经济全球化、政治多极化、文化多元化的国际环境中，处在社会主义初级阶段和向全面建设小康社会迈进的历史性转折的过程中。由于改革开放和社会主义市场经济的实施，经济关系以及由此决定的人们的利益关系、就业方式、生活方式、价值观念等等都发生了极其深刻的变化，并且不断地继续变化。因此，在这一过程中，文化多样化是必然的。各种类型的文化互相碰撞、互相影响、互相交融，是不可避免的现象。这一现象从总体和主流说来对社会主义事业是积极的，没有多样化就不可能有社会主义文化的繁荣和人民精神生活的丰富多彩，也不利于充分调动各种社会力量在社会主义建设中的积极性和创造性。但是，我们必须清醒地看到，现实存在的各种不同质的文化对社会主义事业的作用并不是同等的。区分什么是先进的、落后的、中间的文化，并在此基础上不断发展和繁荣先进的文化，抵制落后的、腐朽的文化，对于国家和各个地区的发展，对于各行各业的兴旺发达、对于人民的安康幸福、甚至对于整个国际社会和人类的进步，都具有重要的现实意义和深远的历史意义。

邓小平同志在讲到改革开放时提出："判断的标准，应该主要看是否有利于发展社会主义社会的生产力，是否有利于增强社会主义国家的综合国力，是否有利于提高人民的生活水平。"这"三个有利于"是判断社会主义建设时期的一切措施、行为合理与否的标准，当然也适用于对文化问题的判断和鉴别。江泽民同志更直接地提出中国特色社会主义文化必须坚持的"三个必须"，即"必须以马克思列宁主义、毛泽东思想为指导，不能搞指导思想的多元化；必须坚持为人民服务、为社会主义服务的方向和'百花齐放、百家争鸣'的方针，繁荣和发展社会主义文化，不允许毒害人民、污染社会和反社会主义的东西泛滥；必须继承发扬民族优秀传统文化而又充分体现社会主义的时代精神，立足本国而又充分吸收世界文化优秀成果，不允许搞民族虚无主义和全盘西化。"以胡锦涛同志为总书记的党中央进一步发展了这一思想，在党的十六届三中全会提出了"坚持以人为本，树立全面、协调、可持续的发展观，促进经济社会和人的全面发展"的要求，这是马克思主义中国化进程中的新成果，是唯物史观指导中国特色社会主义事业的新胜利，是中国先进文化繁荣与发展的新标志，同时也是我们识别什么是先进文化的科学的标识仪。我们完全可以得出结论，在当前，凡是有利于经济社会和人的全面发展的文化就是先进文化，否则是落后的或中间的文化。以这个科学发展观来认识文化，能够使我们从新的角度更好地理解"面向现代化、面向世界、面向未来的，民族的科学的大众的社会主义先进文化。"

二、唯物史观:先进文化的动力源

中国特色的社会主义先进文化，当前面临着新形势、新考验。在经济全球化、社会信息化这样一个"世界历史"时代，中国已处于全球化的大环境中。这对于我们繁荣与发展社会主义先进文化，既是机遇，又是挑战。在此情况下，怎样才能推动社会主义先进文化的繁荣与发展呢？我们认为：只有坚定地确立马克思主义的唯物史观，按照科学发展观的需求，才能实现我们的目标。

唯物史观认为：经济基础决定上层建筑。所以，我国的新型工业化实践是繁荣和发展先进文化的基本推动力。当前，党中央又提出了具有重大意义的科学发展观。这种统筹城乡发展、统筹区域发展、统筹经济与社会发展、统筹人与自然和谐发展、统筹国内发展与对外开放的新的发展模式，在以信息科技作支撑的新型工业化的过程中，必然会在一种新的层级上平衡人与自然界的物质和能量交换，改变人与人之间的关系，从而对物质文化、制度文化和精神文化提出新的需求，并在推动经济社会发展的同时，推动文化的发展。这是因为精神生产的发展，一刻也离不开的新需求。只有不断实现新型工业化的过程中经济社会全面协调和可持续发展，人与自然、人与人之间才会产生和谐的新交往，产生新经验、新信息，从而带来先进文化的新繁荣和新发展。

唯物史观还认为：世上万物都充满矛盾，而事物的发展是矛盾对立统一运动的结果。文化的民族性与世界性就是一对矛盾，矛盾运动的过程便是促进其融合的过程，能激发出繁荣与发展先进文化的巨大能量。马克思曾经指出，由于资本主义生产方式向全球扩张，使一切国家的物质生产和精神生产都成为世界性的了。我们中华文化是一个由多民族文化共同组成的具有深厚底蕴和强大生命力的系统，特别是我们中国特色的社会主义文化，是传统文化与时代精神相结合的产物，是中华民族赖以自强自立的根基。我们必须以开放的姿态去面向现代化、面向世界、面向未来。要吸收全人类创造的知识来丰富自己。真正优秀的民族文化是不惧怕与外来文化交往的。尽管交往过程中会有冲击和碰撞，然而其结果必定是互相影响、互相渗透，并共同成为世界文化的一个有机组成部分。所以，我们要以开阔的胸怀去吸纳外来文化的精华，使我们原有的文化更加充满活力。中国特色的社会主义文化必须是内部加强各民族文化之间的协调交流与融合，外部加强开放与吸收。既保持中华民族文化的独立性，同时又自觉地使民族文化走向世界，融入全球化大潮之中。只有这样，我们的先进文化才会与时俱进，源源不断地得到创新动力。

唯物史观又认为：“执政的阶级是社会上占统治地位的物质力量……同时也支配着精神生产资料”。所以，我们必须理直气壮地在文化领域弘扬主旋律，发挥其强大的动力作用。当代中国是一个多样复合的生态文化系统，其中工人阶级先锋队——中国共产党是执政党。它代表着中国先进生产力的发展要求，代表着最广大人民的根本利益，也代表着先进文化的前进方向。所以中国共产党所主张、所倡导的文化，是我国这个文化生态中的主流文化，是文化大合唱中的主旋律。它为建设全面小康社会提供着精神动力和智力支持。主流文化或主旋律文化有理由也有义务去抵制那些对社会主义事业起破坏作用、对人民群众的心灵起毒害作用的腐朽落后的文化，引导和影响其他类型的文化。我们应该深信，在马克思主义的指导下，其他文化可以跟主旋律一起构成和谐大合唱，可以成为中国特色社会主义文化中的一个有机的组成部分、并在为经济社会和人的全面发展服务中起积极促进作用。唯物史观进一步认为：历史是人民创造的。所以，先进文化必须充分重视“三贴近”，因为在基层生活的人民大众中具有繁荣与发展先进文化的无穷潜力。人民大众永远是先进文化的服务对象，也是催生先进文化的母体。一部中国的近现代史，从某种意义上说是一部新文化运动史。因为有了新文化运动才有马克思主义在中国的广泛传播，才有中国共产党的成立，才有马克思主义与中国实际相结合的原则，才有中国革命建设的胜利。现在我们的政治、经济、社会和文化都得到了的发展，都取得了举世瞩目的成就，但是我们却存在着发展不平衡的问题。我们必须高度重视和努力改变这种状况。应该把先进文化送到人民群众最需要的地方去。有文化的军队才会有战斗力，有文化的民族才会有创造力。这是一个永恒的真理。

三、唯物史观:先进文化的导向器

繁荣和发展先进文化，最基本的出发点和最根本的归宿是什么？唯物史观认为：归根到底是为了人的全面而自由的发展，我们一定要坚定不移地朝着这个方向前进。马克思和恩格斯在《共产党宣言》中曾指出，共产主义社会是一个以每个人的自由发展为一切人的自由发展的条件的联合体。正是根据马克思主义的这些基本原理，在我们党提出的科学发展观中，开宗明义就凸显出“以人为本”这个唯物史观的命题。“以人为本”是先进文化繁荣与发展的导向器。

人是万物之灵，是世界上唯一具有创造力的生命实体。一切为了人，是衡量一切社会行为的尺度，也是先进历史文化的根本所在。任何文化，只有在有利于人的生存和发展的前提下才有存在的价值和理由。先进文化的产生和存在，归根到底是为了人的更好的生存和发展。我们社会主义先进文化的一个重要任务，是必须为提高我国最广大人民群众的综合素质服务。这就是：

让全社会都充分地尊重人的价值。这是衡量一个社会文化先进程度的最明确的指示器。我们中国特色社会主义的优越性，中国特色社会主义文化的先进性，也最本质地表现在这里。邓小平同志说：“社会主义的本质，是解放生产力，发展生产力，消灭剥削，消除两极分化，最终达到共同富裕。”共同富裕，包括物质的富裕和精神的富裕。这是对中国特色社会主义价值观的最好阐释。

给人以科学的思想和崇高的精神。在现阶段，愚昧落后的现象还在相当一部分群众中存在，只有坚持不懈地以科学思想（包括自然科学和社会科学）武装群众，才能使整个中华民族自立于世界民族之林。有了崇高的精神，人们就会有为中国特色社会主义事业奋斗的积极价值取向。这些都是作为社会主义建设目标之一的“四有”新人应有的风貌，是当代中国人在追求自我完善、全面发展时必须努力争取的。

要给人以健康的心理和发挥才能的环境。每个人对世界上的一切事物都有自己的价值判断和审美取向。这种价值判断和审美取向，不仅反映在人的精神层面，而且也反映在人的心理层面。健康的心理和愉悦的心情是实践崇高精神必不可少的条件，而决定健康心理和愉悦心情的因素很多，但最基本的是人的才能能够得到充分的展示和发挥。要激发我们每个中国人和整个中华民族的竞争力，要鼓励人们敢闯、敢试、敢创新的精神风貌，让大家在所从事的事业中发挥自己的聪明才智。党和国家作出的人才立国战略和一系列具体的政策，在鼓励人才参与竞争，激发人的创造潜能等方面正在发挥很大的促进作用。今后的关键是要在创造有利于人才成长的自然、政治、经济和文化环境等方面加强立法，加大对各阶层、各地区、各民族的人文关怀。要鼓励人才流动，要建立激励机制，要把“以人为本”的先进文化思想更好地落实到各个方面。这是中国先进文化的内涵所在、任务所在、作用所在。只要我们用先进文化思想，把全中国最广大人民群众的积极性调动起来了，“振兴中华”的宏伟理想就必定可以实现，中国特色社会主义的事业就必定从胜利走向胜利。

（载于《马克思主义理论研究和建设工程参考资料》127 期）

树立与科学发展观相适应的文化观

张昌尔

以人为本、全面协调可持续的科学发展观，是我们党对社会主义现代化建设规律认识的进一步深化，是统领我国经济社会发展全局的重要指导思想。落实科学发展观，推进文化建设，首要的也是最紧迫的课题，是如何认识新形势下的文化，如何用新视野看待文化的地位、职能、作用和发展途径，也就是树立怎样的文化观。我们应以科学发展观为指导，认真分析和把握世界范围内经济文化融合的新趋势、西方文化渗透的新变化、群众文化消费的新要求，树立与科学发展观相适应的文化观。应从中华民族生存与发展的要求出发，抵御西方文化渗透，维护国家文化安全；从提高党的执政能力、推进中国特色社会主义事业的要求出发，巩固马克思主义的指导地位，巩固全国人民团结奋斗的共同思想基础；从不断提高人民群众精神文化生活消费水平的要求出发，维护人民群众的文化利益，满足人民群众的文化需求。

适应开放不断扩大、思想更加激荡的新变化，树立全新的文化安全观

树立和落实科学发展观，要求统筹思考国内发展与对外开放，国家文化安全成为摆在我们面前的更加紧迫课题。文化是民族得以传承、国家得以维系的精神支柱，是国家政权、社会制度得以建立和维护的重要基础。文化安全是深层次的国家安全。

在世界多极化和经济全球化条件下，各种思潮层出不穷，不同文化相互激荡。在“发展机遇期”与“矛盾凸显期”并存的现阶段，思想文化渗透与反渗透的斗争尤为复杂，文化安全的重要性更加凸显。高度重视国家文化安全，切实维护国家文化安全，既有文化产业发展的要求，也有对外文化交流的意义，但从根本上讲，是要在开放的环境中发展先进文化，巩固和发展社会主义主流意识形态。在当代中国，维护国家文化安全与巩固马克思主义在意识形态领域的指导地位是一致的。只有巩固和发展马克思主义在意识形态领域的指导地位，才能真正形成全国人民共同的思想基础，真正维护国家的文化安全。

主流意识形态是国家稳定的保证，是文化安全的根本。在开放的条件下，各种思想观念是在相互激荡、相互碰撞和相互竞争中为人们所认识、所选择的。我们应善于在思想观念多样化的形势下，坚持马克思主义的指导地位。任何国家、任何社会，不管其经济和社会结构多么复杂多样，占统治地位的主流意识形态必然都是一元的。如果只有多样并存而没有一元指导，主流意识形态得不到坚持，就必然导致整个社会的思想混乱和政局动荡。苏东剧变就充分说明了这一点。

经过20多年的改革开放，我国社会经济成分、组织形式、就业方式、利益关系和分配方式等日益多样化，人们的价值取向、道德观念、文化生活也日趋多样化。这种多样化是社会进步的体现。然而，在承认和发展这种多样化的同时，必须坚持指导思想与主导价值的一元化，重视确立和巩固社会的共同理想信念，确立和巩固国家的主导价值，确立和巩固民族的精神支柱。

适应文化发展手段与目的相统一的新实践，树立全面的文化价值观

如何认识当代文化的功能价值，关乎科学发展观的贯彻落实，关乎社会主义和谐社会的构建。我们党对文化的特殊地位和作用的认识是不断升华的。从“三个代表”重要思想关于代表中国先进文化前进方向的深刻论述，到党的十六大关于文化与经济和政治相互交融、越来越成为综合国力

和国际竞争力重要组成部分的科学论断，再到十六届四中全会关于提高建设社会主义先进文化能力的明确要求，我们党从指导思想、法律、执政能力三个方面确立了文化的地位，全党对文化的地位和作用的认识不断提升。

科学发展观从理论上、从文化工作的指导思想层面上提升和拓展了文化的地位、功能、作用，但人们在实践中还缺乏与之相适应的文化自觉，文化观念的问题并没有完全解决。在实际工作中，一些人对文化的功能价值认识存在偏差，往往只重视其作为推进社会发展的手段的一面，忽视其作为社会发展目标的一面，在片面追求GDP的发展思路下，对于文化的作用只谈服务、不谈建设；对于文化建设只重应急、轻视长远。在一些地方，文化“说起来重要，干起来次要”，文化发展与经济发展相比较投入明显不足，基层文化建设仍然薄弱。这些问题的产生，归根到底是对文化的社会功能定位缺乏足够认识，对文化的价值缺乏足够认识。

文化是综合国力的重要体现。一个国家、一种文明在文化上的成就，较之于经济和政治，往往具有更持久的竞争力和生命力。当今世界，文化与经济、政治相互交融，日益成为影响经济发展质量和发展后劲的重要因素。在综合国力竞争中，文化的力量渗透其间，地位和作用越来越突出。文化建设应着眼于人的全面发展，着力于文化自身的事业发展与产业壮大，通过发展自身来更好地服务发展，为改革开放和现代化建设提供强有力的思想保证、舆论支持、精神动力和文化条件。

适应依靠解放和发展文化生产力
增强主流意识形态影响力的新要求，
树立科学的文化发展观

长期以来，文化建设始终把意识形态工作摆在突出位置，为中国特色社会主义事业提供了有力的思想保证，作出了积极贡献。历史的经验告诉我们，先进的意识形态如果没有强大的优势文化产业作支撑，就难以巩固已经确立的主导地位。任何观念形态的东西，都有赖于一定的物质载体体现出来、传播开去。

当前，伴随着经济全球化进程加快、以信息技术为代表的高科技飞速发展、文化领域开放度逐步提高，不同意识形态间的相互渗透、影响，越来越以非意识形态的面目出现，越来越依赖于科技和市场的力量。以文化产品、文化服务形式出现的意识形态，对经济社会发展的影响越来越广泛和直接。忽视意识形态借以发挥作用的载体——文化生产力的发展，意识形态的影响和作用就会减弱。应切实按照科学发展观的要求，既充分发展物质生产力，又充分发展文化生产力，这是经济全球化和社会主义市场经济条件下巩固和发展社会主义意识形态的重要途径。要增强党对意识形态的控制力和文化事业的竞争力，统筹城乡、区域文化发展，统筹文化建设与文化体制改革，统筹文化产品与文化服务的意识形态属性与商品属性，统筹社会效益与经济效益，促进精神文明和物质文明、政治文明发展相协调，促进人的全面发展和社会全面进步相协调，促进文化事业与文化产业发展相协调。必须坚持以改革促发展，以体制机制创新作为文化生产力持续发展的根本动力，坚持一手抓文化事业，一手抓文化产业，通过文化事业和文化产业的全面协调可持续发展，不断解放和发展文化生产力。在实际工作中，应统筹增强主流意识形态的控制力、精神产品的竞争力、文化体制改革的推动力三者的关系，以强大的文化生产力为载体，通过提供更多更好的文化服务、文化产品，努力实现好、发展好社会主义意识形态。

适应以人为本、全面协调可持续发展的新形势，树立正确的文化服务观

文化是推动社会发展的重要精神力量。为社会发展服务，为党的中心工作服务，是社会主义文化保持强大生命力的根本所在。现在，有的人对协调发展条件下的文化宣传思路不宽、兴趣不大、办法不多，有的把协调发展宣传简单理解为经济、政治、文化宣传在数量上的增减。实际工作中的这些不适应新形势的现象，追根溯源，主要是由于对文化工作如何在指导思想上适应科学发展观的要求认识不够，服务中心工作的新观念落实不够。

科学发展观强调以人为本、全面协调可持续发展，体现了我们党在发

展战略、发展方向、发展模式上的与时俱进。文化工作的思路必须与时俱进，树立新观念、开创新思路，增强全局意识，牢固树立服务中心、服务群众的指导思想。服务中心、服务群众，是树立和落实科学发展观的内在要求。服务中心，就是要始终坚持服从服务于经济建设这个中心，服从服务于党和政府的中心工作。落实科学发展观，最终要落实到发展上来，实现经济社会全面协调可持续发展。服务群众，就是要在文化工作中体现执政为民的思想，始终牢记最广大人民的根本利益是我们一切工作的出发点和落脚点，始终以实现好、维护好、发展好最广大人民的根本利益为本，以提高人民群众的思想道德素质和科学文化素质、促进人的全面发展为本。如果偏离了这个根本方向，不能从人民群众的根本利益出发去谋发展、促发展，保障不了人民群众的物质利益、政治和文化权益，那就谈不上以人为本，谈不上科学发展，谈不上构建社会主义和谐社会。

（载于《马克思主义理论研究和建设工程参考资料》202期）

反"文化全球化"

——经济全球化背景下对文化多样性的思考

于沛

经济全球化作为一种事实和趋势，正在向我们走来；同时它又是一种价值判断，人们从不同的视角和立场关注着全球化这股巨大的历史浪潮，如何渗透到人类生活的各个领域，如何改变着或将要改变着人们的价值观念、生产方式和生活方式。不难看出，全球化的影响是多方面的，不仅仅限于经济生活领域，也涉及文化生活领域，但是，文化领域与经济领域不同，并不形成文化上的全球化或趋同化。相反，文化作为人类社会生存的方式，是一种创造性的活动，是组织和发展人类生命活动的一种特殊方法，却因各民族相异这一特征所决定，在全球化的背景下将进一步形成各民族文化的多样性。

一

文化是人类特有的现象，是人类文明进步的结晶，渗透于社会生活的各领域，它对于人们树立正确的世界观、人生观、历史观、价值观，追求真善美，抵制假恶丑，具有不可替代的作用。民族文化是一个民族的灵魂和精神象征，是文化的核心。任何一个民族的文化，包括生产方式、社会结构、思想意识、宗教信仰、伦理观念和风俗习惯等，都是这个民族存在的标志和继续发展的前提。

然而，20世纪末以来，随着国际垄断资本主义在全球扩张加剧，西方一些学者鼓吹在经济全球化的背景下，“文化的全球化”也必将随之而来，预言未来将实现“全球文化的同质化”，以美国文化为代表的单一的西方文化将取代世界多样性的文化。在经济全球化的背景下，单一的西方主流文化——“文化全球化”的形成，必将以牺牲多元的民族文化为代价。

马克思主义经典作家曾指出：“资产阶级，由于开拓了世界市场，使一切国家的生产和消费都成为世界性的了……物质的生产是如此，精神的生产也是如此。各个民族的精神产品成了公共的财产。民族的片面性和局限性日益成为不可能，于是由许多种民族的和地方的文学形成了一种世界的文学。”马克思恩格斯在这里所说的“世界文学”是指“世界文化”。但能否就此就可以理解为这是马克思恩格斯对“文化全球化”将成为可能的“预见”，以及“文化全球化是各民族文化交融的一种必然结果，是人类共同体验、创造的结晶，是人类生存和发展的需要”，这还是一个有待于进一步商榷的问题。

正确理解马克思、恩格斯所说的“世界文学——世界文化”的含义，首先应该将其放在广阔的世界历史背景中去理解。随着近代资本主义世界市场的形成，被隔绝的世界开始连成一体，使所有国家的生产和消费，不同程度地愈来愈具有世界性的意义。“世界文化”是相对于封闭的、孤立的“民族”或“地域”的文化而言，首先是相对于那个封闭的、孤立的历史时代而言。正是由于近代世界和中古世界相比发生了剧变，所以各个民族的文化开始有了“世界”的内容，而这种“世界性”的内容，并不是一开始就有的，而是世界历史发展的结果。此外，马克思主义经典作家并不是用“世界文化”来否定或代替“民族文化”。世界文化的形成只是在新的历史条件下，赋予了民族文化新的内容，主要表现为民族文化在保持民族性的同时，而更加突出民族文化的时代感和时代精神，传统文化适应时代发展的客观要求，不断发生新的转换。在这里，并不存在着与民族文化相悖的单一的“世界文化”。

因此，我们可以有理由说所谓“文化全球化”，是一个美丽的谎言，或者说是一个陷阱。对“文化全球化”，一些西方学者也持异议。全球化对民族文化发展提出了挑战，但是，挑战的结果绝不是要建立起“一大盆共同的‘汤’”的伪文化，也不是、也不可能实现归于一统的“文化全球化”，而是使各民族文化在特定的历史环境中通过交流和交融，而变得更加灿烂辉煌，这是世界各民族人民的共同愿望。

在全球化的背景下，依然能够保持文化的多样性，因为这是和保持民族的独立性紧紧联系在一起的。文化的基本特征之一是民族性，这是这一个民族立足于世界民族之林的基石。如果一个民族全盘否定自己的文化传统，失去了民族的自信心，心甘情愿地接受异族来“同化”，那就是这个民族走向衰亡的开始。民族文化是民族存在的标志，当任何一种文化失去其“民族性”时，它作为一个独立的文化也就不存在了。建立以美国文化为主导的所谓文化的“全球化”，其实质是推行文化霸权，是典型的“文化帝国主义”。

“冷战”结束后，各国文化的外部环境都发生了深刻的变化，提出了不少值得人们深思的新问题。在当前“经济全球化”的背景下，文化帝国主义严重地威胁着他国的文化安全。美国国家政策的一个明显特点是将“文化”和“新经济”、“高科技”并列，极力使以美国文化为中心的“西方文化”，成为当今世界的“主流文化”，用西方的价值观支配世界。托夫勒教授等认为，军事力量和经济力量不再作为衡量国家实力的主要目标，知识的控制是明日世界争夺的焦点。谁的文化成为主流文化，谁将成为国际权力斗争的赢家，谁将掌握未来。从这一基本战略目标出发，一些美国学者在全球化的背景下极力鼓吹“文化全球化”。

西方的理论家从他们的世界观、价值观出发，同样也不否认文化发展和社会发展之间的内在联系，不否认文化所蕴涵的现实的价值观。亨廷顿为了维护美国国家的基本利益，强调必须战胜“美国存在的崇尚多样性及多文化主义的思想”，并毫不掩饰地指出：“如果多文化盛行，如果对开明的民主制度的共识发生分歧，那么，美国就可能同苏联一道落进历史的垃圾堆！”为了维系这种“共识”，“增强人民之间的凝聚力”，就必须制造一个“假想敌”，并可随心所欲地通过“假想敌”突出体现美国国家利益的文化“中心论”的必要性，以此否定任何形式的多元文化——多元的文化价值观的发展。

任何一个有独立文化传统的国家，在经济全球化的背景下，都要为维护本国的文化传统、文化利益和文化安全采取积极的措施。如许多国家以“多极文化论”与美国的“单边文化战略”相抗衡，甚至包括一些西方发达国家。1989年，欧洲议会通过“无国界电视”指令，确保播放欧洲影视作品的时间额度。1992年，欧盟认同法国的“文化例外”概念，并确定了界定“文化例外”的六条标准。1993年，法国和加拿大等国在乌拉圭回合谈判中，提出“文化例外”主张，认为文化产品有特殊性，不能与其他商品一样流通。

二

漫长的世界历史告诉人们，人类文化的起源是多元的，在世界历史上，从来不存在单一的“全球”文化模式，人类文化的多元文化源头，至今仍可以看得清清楚楚。一部人类文明的历史，从某种意义可以说，就是各个民族多元文化发展的历史。正是各个民族文化的存在和发展，以及不同文化之间的交流和交融，才使文化在各个历史时期呈现出色彩缤纷的多样性，这是整个人类文明存在和发展的基础。

20世纪初，德国历史哲学家斯宾格勒在他所创立的文化形态史观中，为人们描绘了一幅多元的世界文化图景。他认为人类世界有八种独立的高级的文化系统，这就是埃及文化、巴比伦文化、印度文化、中国文化、古典文化（古代希腊罗马文化）、阿拉伯文化、墨西哥文化和西方文化。他否定了“欧洲文化中心”的理论，明确地提出除了西方文化之外，还有其他各种独立的文化。继斯宾格勒之后，英国历史学家汤因比继承并发展了斯宾格勒的多元文化理论，在1934—1961年撰有12卷巨著《历史研究》，他认为六千年来的人类历史发展中，曾有26种文明形态，其中21种得到了发展。虽然他研究世界历史的单位不是“文化”，而是“文明”，但同样对西欧文化中心的偏见持否定态度。

中国文化是多元一体的文化，它的起源也是多元的。犹如在世界的历史上不存在“西方中心论”一样，在中国的历史上也不存在所谓的“华夏中心论”。中国是一个统一的、多民族的大家庭，它的每一个成员都为中国文化的形成和发展做出了贡献。如果仅仅认为黄河流域或黄河、长江流域是中国文化的发源地显然欠妥，因为这只是描述了“农耕文化”的萌生和发展，而忽略了与其并存的“游牧文化”。

中国文化的发展要借鉴外邦文化、吸收外邦文化，但同时要保持民族的主体性、独立性。必须借外以宏内，不能徇外而蔑内。如果失去了民族文化的独立性，那就沦为外邦文化的附庸！如果丧失了民族的自尊心和自信心，文化的正常发展也将是不可能的。例如两汉时，佛教——当时和中国人的信仰完全不同的宗教，从印度传入中国，并逐渐产生了重要的影响，“独尊儒术”的情况开始发生了变化。但历经两汉、魏晋、隋唐，以至宋元明清，可以清楚地看到印度佛教有一个明显的“中国化”的过程，其结果是印度佛教成了中国化的佛教。明清之际，西学东渐给中国带来了内容广泛的西方文化，特别是科学技术文化，中国以鲜明的文化自信心和宽广的胸怀吸纳着域外文化，以丰富和充实自己。中国文化发展的历史和现实表明，无论是过去、现在还是未来，中国文化与外来文化各种形式的交流和交融，永远都不会停止。

中国文化与外来文化交流和交融的过程，也是中国文化在继承、弘扬自己优秀文化传统的同时，不断进行文化创新的过程。中国文化和世界上各个民族优秀的文化一样，是发展的文化。文化不仅有民族性，而且也有时代性。而时代性的获得，离不开与时俱进、推陈出新。只有自觉地将文化中的继承与创新、民族性与时代性结合起来，才能适应时代的需要，并在面向时代的创新中不断获得新的生命力。

经济全球化是全球范围内交流与互动的一个自然历史进程。由于人类社会的空间障碍正在消失，不仅使世界经济的发展，而且人类文化的发展也不可避免地会受到深刻影响，但这种影响并不是产生“单一文化模式”的所谓的“文化的全球化”，也不是建立以美国文化为中心的“世界文化的标准化”；恰恰相反，经济全球化使世界不同国家和民族的文化联系空前增强，各文化之间相互交流与融合的机会不断加大，各民族在继承、发扬自己优秀文化传统的同时，以更广阔的胸怀和更开放的心态汲取其他民族的优秀文化成果，从而使全球化时代世界文化的发展，进一步表现出相互融合和多元发展同时并存的明显特征。

不同民族之间的文化、各异质文化所以能够交流、交融，表明文化具有同质性，而且文化的同质性又是和文化的多样性联系在一起的。所谓“文化的同质性”，是强调将人类文化发展作为一个有机的整体进行研究，或者说，人类文化发展有一个共同的层面。任何一种文化，都是世界性和民族性的辩证统一。文化的世界性不是一个抽象的概念，这种世界性存在于民族性之中，并通过文化的民族性体现出来。如果文化的民族性失去了，世界性也就不复存在。世界文化由具有各自鲜明特点的民族文化组成，世界上不存在超然于民族文化之上的所谓独立的“世界文化”，伴随着经济全球化已经或正在形成金融的全球化、传媒的全球化等，并没有出现什么体现出单一价值体系的“文化的全球化”。

三

世界各民族和国家在各自历史发展进程中所形成的文化，均具有自己的特色。文化作为一种价值体系，它的核心内容是道德风范和社会理想，包括世界观、人生观和价值观等，它渗透在人们的精神生活和物质生活之中，集中反映了各个民族的民族精神。在漫长的人类历史发展过程中形成的文化多样性，本来是一个不争的事实，经济全球化并没有使这一事实有丝毫改变，那为什么一些西方的理论家却视而不见，极力宣扬以单一的西方文化为目标的“文化的全球化”呢？因为文化的多样性，以及不断增强的文化多样性的趋势，使各民族的文化不断彰显的同时，“西方文化中心”的理论日趋走向衰落。美国等西方国家为了用自己的“强势文化”反对所谓“多元文化的盛行”，极力推行文化霸权主义，建立自己意识形态的一统天下。他们通过各种形式的文化渗透宣扬其政治理念、价值观念和生活方式，使发展中国家的某些人，特别是年轻人的价值观念、生活方式、思维方式、行为方式受到侵蚀，极大地削弱了人们对民族文化的认同。因此，对西方文化的渗透以及单一文化的威胁，我们应有清醒的认识。

目前国内学术界有一种观点认为，文化霸权中的“霸权”，在英语中的对应词汇是“hegemony”，而“hegemony”的希腊文和拉丁文分别是“egemon”和“egemonia”，它们的本义是指一个国家的领导人或统治者。因此，“文化霸权或文化领导权作为概念是同义的，即都是指以同意或服从为基础的文化形态的控制或影响。这对于受过儒家传统文化濡染，知道‘王’与‘霸’区别的国人，似乎有点难于接受。然而仔细想想，西方的理解自有其道理，它所关注的重点在于各种文化相互作用中的主导者或主导权”。19世纪末20世纪初以来的世界史表明，任何一种文化霸权下的“同意或服从”，都是被迫的文化接受，而不是主动的文化选择；同样，任何一种文化霸权下的“文化形态的控制或影响”，都是和帝国主义政策联系在一起的文化侵略或文化扩张。这种文化霸权往往以文化的形态表现出来，而其背后所蕴涵的是在政治上、经济上获取更多、更大的利益。文化霸权和文化帝国主义的存在，是现存国际政治、国际经济秩序不平等的客观反映。

“文化帝国主义”这一术语，产生在20世纪60年代。但一般认为，美国加州大学圣地亚哥分校传播学教授赫伯特·许勒1976年在《传播与文化支配》一书中，首先对该概念进行了较详尽的阐释，以后他又在《大众传播与美国帝国》中，继续探讨了这个问题。然而，无论是“文化帝国主义”还是“文化全球化”，都不仅仅是一个抽象的理论问题，同时也是一个现实的问题。英国学者弗里德曼明确指出，文化帝国主义是“帝国主义本质内容的一部分，使特定的以美国文化为中心的西方文化，不断通过文化霸权增加其影响力，使美国的价值观、消费产品，及其生活方式广为流传到世界其他地方”。

文化渗透和文化扩张，是美国称霸全球战略的重要组成部分。“世界霸权”，既包括政治、经济、军事、外交上的霸权，也包括文化方面的霸权。在西方的一些理论家看来，通过“暴力”建立起来的霸权，是对权力的一种简单的体现，“是低质量的权力形式”，而通过“知识”或“文化”建立起来的权力——一种“有目的的支配他人的力量”，则是“高质量的权力”，具有高度的“灵活性”和“权威性”。以美国为代表的西方文化和价值观念，极力要渗透到世界其他国家和民族之中，建立起以美国文化为主导的文化，把自己的意识形态强加给其他国家和人民，甚至以此来干涉别国内政，其实质是典型的“文化帝国主义”。

全球化加快了不同国家和民族之间文化的交流和交融，但并没有改变多元文化并存这一世界文化发展的客观趋势。不平等的文化交流，实际上是弱势文化对强势文化的一种被迫接受，只能进一步加强文化帝国主义和文化霸权主义在政治文化、消费文化和大众传播文化等方面的扩张和渗透。美国等西方国家以“文化全球化”为名推行文化帝国主义，宣扬未来世界各个国家、各个民族的文化都将消失在单一的“全球化”的文化中，比直接鼓吹“全盘西化”具有更大的欺骗性。在西方大国的文化扩张面前，广大发展中国家并非如西方大国一相情愿那样，只是被动地接受，而是在西方文化的剧烈冲击下，选择保护本民族文化健康发展的现实道路，通过积极地进行自身文化的反思，以及传统文化的现代的转化和重构，不断创造着本民族的新文化，以增强本民族赖以生存的民族文化的力量。

四

在经济全球化的背景下，中国文化正在以综合和创新的时代精神走向世界。中国传统文化曾经创造出无比灿烂的辉煌成果，但是近代以来，随着资本主义世界体系的建立和扩张，中国却落后了，甚至在19世纪末面临着亡国灭种的危险。显然，历史悠久的中国传统文化在新时代的剧烈冲击下，也表现出明显的缺失。为了加深我国各族人民对中国文化的血脉认同，我们必须对包括中国传统文化的中国文化从整体上有一正确的认识。

对整体上的中国文化，或每一历史时代的中国文化，都不应采取虚无主义的态度，即承认中国文化是充满生机的独立的文化，要看到复杂多变历史条件下的中国文化的“根”和“魂”。在经济全球化的背景下，怎样才能维护民族文化的独立性呢？首先要自觉汲取世界优秀文化成果，使本民族文化发展通过不断汲取异质文化的有益营养，焕发出新的青春活力。积极主动地汲取外来文化的有益内容与积极抵御、防范外来文化霸权的侵蚀应有机地统一在一起。在当代，中华民族传统文化需要在与外来文化的不断撞击中得到锤炼和发展。保护传统文化，并不是把它与周围世界隔绝开来，相反，一种文化只有与时代相适应，跟上时代前进的步伐，既不断地更新和发展，又不失却自身传统的特色，才是一种有生命力的文化。总之，既不是把自己与世界隔绝开来，实行文化孤立主义或文化封闭主义，盲目地把其他民族文化的优秀成果排斥在外；也不是故步自封，妄自尊大，将自己的文化凌驾于其他文化之上；更不能鼓吹文化的极端民族主义，狂热地宣扬某一种文化，而把其他文化视做异端。反对文化帝国主义，维护民族文化的独立性，同积极汲取异质文化的优秀成果，承认文化的多元性是一致的，或者说接受文化的多元性，是维护民族文化独立性的前提。因为这种“承认”和“接受”，是对各民族文化多样性、差异性的承认和接受，是对各民族文化特征的充分尊重和理解。

现代中国文化是世界文化的重要组成部分。在经济全球化的今天，在广泛的中外文化交流、交融的背景下，保持和发扬中华民族优秀的传统文化，进一步培育中国文化的特色，是摆在我们面前的一项重要的任务。中国古代思想家孔子说：“君子和而不同，小人同而不和”。这就是说，在承认“不同”，即承认文化多样性的前提下，努力寻求中外文化之间的“交汇点”，并使之和谐发展。这里所说的“和”，既表达了中华民族崇尚“和谐”，一种“和”的民族思维方式，一种“和”的民族心态。同时也表明，中国文化是不同文化融合而成的“和”的文化。过去是这样，现在和未来也是如此。

（载于《马克思主义理论研究和建设工程参考资料》140期）

中国现代军事思想与马克思主义军事理论中国化

国防大学课题组

记者：请谈一谈对这一课题的总体设计和构想。

张伊宁（课题组首席专家，国防大学战略教研部副主任、教授）：这个课题研究主要有两点要求：一是准确，二是创新。课题组经过反复研究并报上级批准，将课题定位为从历史和现实的结合上，深入考察中国共产党领导的中国现代军事实践与马克思主义军事理论的内在联系和理论启示，深入研究马克思主义军事理论中国化的历史进程、基本规律以及一脉相承又与时俱进的科学理论体系。据此，我们将“中国现代军事思想研究”作为课题的预研项目，并把课题具体细化为5个研究项目，即：马克思主义军事理论中国化的历史进程和基本规律；变化中的当代军事与发展着的中国军事理论；马克思主义军事理论中国化的第一次历史性飞跃——毛泽东军事思想；马克思主义军事理论中国化的第二次历史性飞跃——邓小平军事思想；马克思主义军事理论中国化的第三次历史性飞跃——江泽民军事思想。

记者：为什么要把“中国现代军事思想研究”作为“毛泽东思想、邓小平理论和‘三个代表’重要思想对国防和军队建设的理论贡献”课题的预研项目？

徐焰（课题组成员，国防大学战略教研部教授）：我们曾考虑过直接从毛泽东、邓小平、江泽民军事思想的基本原理切入，但这样做有一个问题，就是不容易从发展的角度反映出这些理论成果之间一脉相承而又与时俱进的关系，静态有余，动态不足。我们研究这一课题的根本目的，是要揭示马克思主义军事理论中国化的基本规律，为今后的军事理论发展，建设打得赢、不变质的现代化军队提供理论指导。正是这一目的，决定了我们必须把这一课题放在中国现代军事思想发展史的大背景下进行研究。这是因为，只有从中国现代军事思想的历史进程中来考察，才能更好地把握马克思主义军事理论中国化的进程和脉络，进而在摸清历史线索的基础上，从历史过程的角度分别为毛泽东、邓小平、江泽民军事思想作历史定位分析、实践课题分析、思想进程分析和历史成果研究。

记者：中国现代军事思想研究的主要内容和根本问题是什么？

蔡仁照（课题组成员，国防大学出版社社长、研究员）：中国现代历史从一开始就与中国现代军事，与马克思主义军事理论在中国的传播、运用和发展有着不解之缘，它们不仅同步共生，而且休戚与共。马克思主义军事理论首创了历史唯物主义的战争观，奠定了无产阶级军事科学的理论基石，也培育和主导了中国现代军事思想的形成和发展，是中国现代军事思想的理论源泉。

20世纪20年代以来，随着时代的发展，在中国现代军事实践中先后形成了以毛泽东军事思想、邓小平新时期军队建设思想、江泽民国防和军队建设思想为代表的中国共产党人的军事指导理论。这三大理论成果，也是马克思主义军事理论中国化的三次历史性飞跃。虽然三者各有自己的时代特征和理论内涵，但马克思主义军事理论的中国化却是它们共同贯穿的深刻主题。

中国现代军事思想虽然不是只有中国共产党人的军事思想，但真正的代表和占主导地位的是中国共产党人的军事思想；中国现代军事思想虽然不是只有毛泽东军事思想、邓小平新时期军队建设思想、江泽民国防和军队建设思想，但作为中国军事指导理论的是这三大理论成果。研究中国现代军事思想，不排斥对战略对手军事思想的研究，但主要是反映我们党领导的中国人民现代军事的思想和实践，主要是研究党在不同历史时期的军事指导理论，根本的问题是研究马克思主义军事理论中国化的历史进程和基本规律。

记者：马克思主义军事理论中国化的三大理论成果是一脉相承而又与

时俱进的。请具体介绍一下它们之间继承与创新的关系。

张伊宁：在中国现代军事思想的发展历程中，毛泽东军事思想是中国革命战争和社会主义革命与建设时期最杰出、最有代表性的军事思想。毛泽东军事思想是毛泽东思想的重要组成部分。它的意义在于，建立和缔造了党在战争与革命时代实现民族解放和国家富强的军事指导理论及优良军事传统。它的诞生表明，中国共产党的军事指导理论走出了一条具有独创性的、将马克思列宁主义基本原理同中国具体实际相结合的道路，标志着党在军事领域实现了马克思主义中国化的第一次历史性飞跃。这一飞跃，面对的是帝国主义战争和无产阶级革命的时代主题，主要回答了在中国处于半殖民地半封建社会的历史条件下，如何建设一支无产阶级新型人民军队和夺取武装斗争胜利，以及在取得全国政权后如何建立现代国防等一系列重大问题。

邓小平新时期军队建设思想作为邓小平理论的重要组成部分，是毛泽东军事思想在新的历史条件下的继承和发展，是新时期中国军队和国防建设的根本依据和指导方针。邓小平新时期军队建设思想是和平与发展时代初期、中国开启社会主义改革开放和现代化建设时期最杰出、最有代表性的军事思想。它主要回答了在和平与发展成为时代主题、国家实行改革开放和以经济建设为中心的历史条件下，如何解放思想、实事求是地开创中国特色的精兵之路，建设一支强大的现代化、正规化革命军队的问题，从而在新的历史条件下实现了马克思主义军事理论同中国具体实际的正确结合，使党的军事指导理论实现了第二次历史性飞跃。

江泽民国防和军队建设思想作为“三个代表”重要思想的重要组成部分，是当代中国国防和军队建设的强大思想武器和科学指南。江泽民国防和军队建设思想，是以江泽民同志为主要代表的中国共产党人适应和平与发展时代出现的新的历史转型，在全面推进中国特色社会主义时期最杰出、最有代表性的军事思想。它的意义在于，创立了在重大历史转型时期，按照“三个代表”重要思想的要求建设国防和军队的基本理论与指导思想，从而把党的军事指导理论发展到一个新阶段，实现了党的军事指导理论新的历史性飞跃。

记者：具体来讲，毛泽东军事思想在其形成和发展过程中面对的是什么实践课题，取得了哪些重要理论成果？

徐焰：毛泽东军事思想在其形成和发展的过程中面对的实践课题，在战争年代，主要是在半殖民地半封建的中国如何进行革命战争，如何把以农民为主要成分的革命武装建设成为无产阶级性质的人民军队，弱小的革命武装如何战胜强大的敌人等问题；在和平时期，则主要是适应社会主义革命和建设的需要，建设现代化国防的问题。毛泽东军事思想的科学理论体系所包含的无产阶级的战争观和方法论、人民军队、人民战争、人民战争的战略战术、现代化国防建设等内容，系统地揭示了中国现代军事特别是中国革命战争和社会主义革命与建设时期中国军事的基本规律。比如，关于中国革命和武装斗争道路的规律，把以农民为主要成分的军队建设成为无产阶级性质的新型人民军队的规律，以人民军队为骨干、动员和依靠广大人民群众进行人民战争的规律，在敌强我弱的条件下采用灵活的战略战术战胜强大敌人的规律，根据中国的国情与军情进行国防现代化建设和开展军事斗争的规律等，都是中国革命战争和新中国成立后巩固和建设国防实践的理论结晶，是被长期实践所反复证明了的科学理论。

记者：邓小平新时期军队建设思想作为对毛泽东军事思想的继承和发展，面对的实践课题是什么，具体有哪些理论贡献？

张文杰（课题组成员，国防大学战略教研部副教授）：邓小平新时期军队建设思想，是从新时期面临的国际国内形势出发，为适应军队和国防建设实践的需要逐步形成和发展起来的。在其形成和发展的过程中，遇到的实践课题主要是如何适应和平与发展的时代主题，适应党和国家工作重心的转移，将军队和国防建设的指导思想从准备“早打、大打、打核战争”转到和平时期以现代化为中心的建设轨道上来。邓小平新时期军队建设思想揭示了新时期军队和国防建设及军事斗争准备的特点和规律，形成了具有时代内容和中国特色的科学理论体系。其理论贡献主要包括当代战争与和平思想、新时期军事战略思想、新时期军队建设思想、新时期国防建设思想等。其中的基本观点是：军队和国防建设指导思想实行战略性转变；军队要服从整个国家建设大局；军队要担当起维护国家主权和安全的历史责任；实行积极防御的军事战略方针；建设一支强大的现代化、正规化的革命军队；始终不渝地坚持人民军队的性质；中心是解决现代化的问题；提高军队建设的正规化水平；要把教育训练提高到战略地位；坚定不移地走有中国特色的精兵之路；军队和国防建设是全党和全国人民的事业；等等。

记者：江泽民国防和军队建设思想作为对邓小平新时期军队建设思想的继承和发展，是在世纪之交中国国防和军队建设所处的历史条件发生深刻变化的背景下逐渐形成和发展起来的，它的突出特点和主要内容是什么？

孙科佳（课题组成员，国防大学战略教研部副教授）：江泽民国防和军队建设思想的突出特点，就是坚持用马克思主义的宽广眼界观察世界，时刻关注国际形势和我国安全环境的变化，关注世界军事发展的新趋势，把国防和军队建设放在国际战略全局和国家发展大局中去运筹。在江泽民同志主持中央军委工作的15年间，国际国内局势发生了深刻变化。在曲折中发展的世界多极化趋势使我国安全形势出现了新情况，发展进程不断加快的经济全球化趋势给我国国防带来了新内涵，日新月异的军事信息化对我军建设提出了新挑战，不断深化的改革开放和蓬勃发展的社会主义市场经济给国防和军队建设提出了新课题。针对这些情况，江泽民国防和军队建设思想在新的起点上，正确回答了国防和军队建设的目标任务、指导方针、总体思路、根本途径、战略步骤、发展动力和政治保证等问题，形成了一个完整的军事理论体系。

贯穿江泽民国防和军队建设思想的根本性指针是坚定不移地走中国特色的精兵之路；历史性课题是确保打得赢、不变质；主导性思想是积极推进中国特色军事变革。其主要内容是：从国际战略全局和国家发展大局的高度谋划国防和军队建设；解决好打得赢、不变质两个历史性课题；党对军队的绝对领导是我军永远不变的军魂；积极推进中国特色的军事变革；用新时期军事战略方针统揽军队建设全局；按照政治合格、军事过硬、作风优良、纪律严明、保障有力的“五句话”总要求全面加强军队建设；始终把思想政治建设摆在军队各项建设的首位；实施科技强军战略，加强军队质量建设；培养和造就大批高素质的新型军事人才；加快我军武器装备现代化建设的步伐；走出一条投入较少、效益较高的军队现代化建设路子；坚持依法治军、从严治军；军队现代化建设的动力在改革；依靠人民建设军队、建设国防；等等。

记者：请问课题组下一步将重点研究哪些问题？

张伊宁：近年来，以胡锦涛同志为总书记和主席的党中央、中央军委高举毛泽东思想、邓小平理论和“三个代表”重要思想伟大旗帜，坚持用马克思主义理论武装全军，用马克思主义军事理论中国化的理论成果指导中国特色军事变革，正在不断取得新的成效。在中国现代军事思想研究的基础上，深入研究马克思主义军事理论中国化的历史进程和基本规律；从解决当前军队建设的现实问题入手，研究变化中的当代军事与发展着的中国军事理论，将是课题组下一阶段的主要任务。

（载于《马克思主义理论研究和建设工程参考资料》174 期）

第四届国际马克思主义大会综述

李 菱

2004年9月29日至10月2日第四届国际马克思主义大会在法国巴黎索邦大学和第十大学举行。来自世界各地的100多家马克思主义理论研究刊物和研究机构的近千名学者参加了11个学科（政治、经济、文化、社会、法律、哲学、伦理、历史、生态、马克思主义、科学社会主义）100多场理论研讨会。会议从全球视角研究了人类的前途和命运问题，起点很高，非常有气势。会议认为，当下资本主义已经发展到了一个新阶段——新帝国主义即金融资本主义。金融资本的全球化，为当代资本主义的扩张拓展了新的发展空间，同时也在全球范围内加剧了南北矛盾，导致了发达国家和第三世界发展中国家及发达国家内部的进一步两极分化。如何正确理解和看待当代资本主义的发展，正是发达国家左翼学者和发展中国家社会主义学者普遍关心的焦点。会议高度关注金融资本全球化对第三世界发展中国家带来的影响及灾难性后果，认为研究社会主义必须要有全球视角，不仅要研究发达的资本主义国家，而且还要看到新帝国主义正在通过全球化的资本输出加剧对第三世界发展中国家的剥削，从而造成了世界范围内很多地区和国家的贫困绝对化难以逆转，以及全球的环境污染、艾滋病和地区战争。

“帝国主义战争和社会战争”

苏东剧变之后的国际马克思主义研究、世界社会主义运动正处于低潮，1995年借恩格斯逝世100周年之际，由法国《当代马克思主义》杂志发起，联合世界各地上百家国际马克思主义理论研究刊物和研究机构，在巴黎召开了由带有左翼倾向学者参加的，主题为“马克思主义100年回顾与前瞻”的第一届国际马克思主义大会。大会从成立之日起就以现实性、探索性、国际性、多元性和多学科性为宗旨，特别强调要打破党派和学科的界限，从学术上探究、反思马克思主义，以纠正对马克思的歪曲和误解。大会规定，每三年召开一次国际马克思主义大会，每一届大会的主题都要紧跟世界现实的发展，并根据各杂志关心的热点问题来确定。1998年召开的第二届国际马克思主义大会把关注的焦点集中在了拉丁美洲国家的新自由主义经济的发展、危机及影响上，会议的主题确定为“反对新自由主义”。2001年新世纪召开的第三届国际马克思主义大会对人类的命运，资本主义的新变化和社会主义的前途进行了深入的研究和探讨，并把“资本与人类”确定为大会的主题。

这次国际马克思主义大会的主要话题是新帝国主义战争，这一主题是在伊拉克战争爆发后确定的。大会海报的口号是“帝国主义战争和社会战争”，即采用了列宁关于把帝国主义战争变为国内战争的思想，比如认为这次伊拉克战争的受害者不只是被侵略的国家，还有发动战争的国家本身。在伊拉克战争中死掉的人，表面上是为爱国主义而战，实质上是充当了少数人的炮灰。

对资本主义采取批判的态度是国际马克思主义大会的鲜明特点，这次大会还对资本主义的政治制度、单边主义、霸权主义进行了批判。大会从多个学科的角度探讨了资本主义发展的新特点即金融资本主义给人类社会带来的全面影响及危机。大会赞同列宁关于资本主义发展到帝国主义阶段是国际垄断资本主义的论断，认为资本主义进入金融资本主义新阶段以后，通过资本的世界化和全球流动，全球每天的交易量达到2万亿美元，其中95%以上是买空卖空，不仅剥削了本国人民，而且也残酷剥削了资本引进国的人民，这为克服资本主义危机，拓展资本发展的空间又创造了新的条件。

与会的一批严肃的马克思主义者认为，在马克思主义诞生150年后，虽然当代资本主义通过高福利、高工资、高税收、民主参与等一系列改良措施，使现代资本主义比马克思时代的资本主义已经有了很大的发展，缓和了阶级矛盾，但是并没有从根本上解决资本主义的基本矛盾，当代资本主义的前景还应该是社会主义。法国学者让·得勒内认为，帝国主义战争的根源还是源于经济，本质上是资本主义国家的扩张。20世纪末，以纽约为中心、以美国帝国主义的国家机器为其政治外壳的全球金融秩序逐步形成，金融和帝国主义机器相互支持，从而使双方都得到了强化。美国在国家资本主义经济转化的每一个关键时刻都在国内和国际层面体现了金融资本的力量，并进一步推进了金融资本的发展。

会议认为，资本的全球化导致了两个两极分化：一个是全球的两极分化，南北矛盾，即发达国家和第三世界发展中国家的矛盾；一个是发达国家内部的两极分化，尽管在发达国家里工人的工资有了很大的提高，不是绝对的贫困化，但是资本主义的发展却造成了更大的阶级分化，使穷的更穷，富的更富。以美国为例，跨国公司的CEO工资要比工人高出400倍。美国学者杰拉德·爱泼斯坦在《美国的工人阶级从美国当前的帝国主义行径中获益了吗?》一文中认为，1985年以来，美国的工人阶级从整体上来说并没有从美国当前的帝国主义的行为中获益。一方面，美国的帝国主义所带来的更为稳定而低廉的油价确实使美国工人们获益良多，就像美国的全球霸权所带来的低廉消费品使工人们获益一样；但另一方面，美国的税收制度把帝国主义的负担转嫁到了工人头上。此外，美国的帝国主义倾向于形成一种大量进口海外廉价商品的体系，这降低了美国国内工人的工资，削减了就业。用经济学的术语来说，美国工人的利益从整体上来说从美国的帝国主义行为中受到了很大的损害，当然最重要的还有一点，那就是帝国主义让工人付出了生命的代价，因为美国军队的主要组成部分是美国工人。这表明，资本主义国家的国内生活还是不公正的。因此，一些学者对大银行家、垄断资本家深恶痛绝，主张实行托宾税，即资本在交易时就要征税，以限制资本投机。但这仍是对资本主义社会的部分修正，并不能说是马克思主义方案。

不仅如此，国际马克思主义大会还站在第三世界国家一边，认为不光要关注发达国家的工人生活状况，而且还要关注第三世界贫困国家的人民生活，特别是拉丁美洲和非洲绝大部分人目前还生活在绝对的贫困之中。

必须看到，金融资本主义正在加剧对第三世界国家的剥削，因为现在的资本主义国家不需要占领殖民地，只要通过金融交易就可以达到其控制、扩张的目的，东南亚、俄罗斯、拉丁美洲等国家或地区的金融危机就是明证。20世纪80、90年代在民众中普遍流行对新自由主义全球化、和平红利、财政保守主义和对良好的金融的信仰一下子崩溃了。由于新自由主义霸权集团中的失调和无序，经济危机在那些和新自由主义霸权集团相联系的全球化国家中演变为政治上的合法性危机。所以，一些学者甚至反对资本向第三世界发展中国家输出，认为这会进一步加剧南北矛盾，并导致资本输入国的经济危机。为此，西方的马克思主义学者提出，要深入研究资本全球化的运动，并要对其进行量化的分析。不仅要看到引进资本的国家能够加快发展经济的积极一面，还要看到金融资本的全球化对第三世界发展中国家带来的灾难性影响的一面。有的学者甚至提出要反对第三世界发展中国家引进资本，以限制金融投机，认为全球化实质上就是新帝国主义的扩张，就是金融资本主义的扩张。大会的组织者认为，应该继承工人运动和反殖民主义运动中所体现出来的伟大精神，动员一切知识力量，抵制当前的帝国主义战争，共同创造一个美好的未来。

从全球视角探究社会主义运动

虽然国际马克思主义的研究在西方十分强调其学理性，但对现实问题的关照却是国际马克思主义大会的一大特色，特别是在研究当代国际社会主义运动中所体现出来的全球化视角，更是值得我们借鉴。

总体上讲，这次大会还是十分关注第三世界发展中国家，特别是关注中国、古巴等社会主义国家的改革和发展，并从全球视角来看待社会主义的发展问题，强烈地伸张社会主义原则、价值观，人类公正、正义、平等，反对金融全球化给第三世界发展中国家带来的不平等、剥削和压迫，并对第三世界国家的人民充满了同情。这种社会主义的观点已经不光是从传统意义上把社会主义作为一种社会运动，而是从广义上从全球范围来看待社会主义运动的合理性和合法性。这可以从大会入选的论文和研究成果中看出来。如现任国际马克思主义大会主席、巴黎第十大学教授雅克·比岱多年来就领导了一个“当代资本主义研究小组”，他们不仅以马克思的方法对当代资本主义进行研究，而且还对社会主义应该建立的模式提出建议。再如，美国的几位学者建立的社会主义模型也很有意义，他们把社会主义的价值观都体现在模型里面，但由于脱离社会主义国家的现实，实践起来也很困难。比如，他们认为，应该通过把银行搞好，把集体经济搞好来限制资本投机，以改变资本社会的世风日下、人心不古的现象，他们甚至公开表态不赞成社会主义国家搞资本市场。这一观点在理论上很好，但在实践中却很难解决社会主义国家如何加快发展生产、发展经济的问题，对此他们也认为这是一个难以解决的矛盾。法国巴黎第八大学政治学教授托尼·安德列安尼也提出了自己的社会主义模式。他在《为什么重谈社会主义?》一文中提出了研究社会主义模式的方法和三大类社会主义模式。他认为，目前的社会主义国家在政治民主、生产效率等方面都面临着挑战。他赞成多党制，认为一党执政不能有效地防止腐败问题。但他提出必须坚持社会主义的基本原则和价值观，因为资本主义虽然能够高效率地生产财富，但在财富分配上却是不公正的，而这却是社会主义所反对的，搞社会主义就要反对阶级分化，反对贫富差距。

会议认为，当前南北矛盾激烈，一旦资本不能向全球输出，资本主义社会就会发生危机。虽然很多哲学家反对在社会改革中采用暴力革命的方式，但却认为考虑未来社会主义的发展一定要考虑到金融资本主义发展的这些新特点，注意研究资本输入国的情况及所发生的变化，特别是经济全球化给第三世界发展中国家带来的负面影响。因为在很多作者的研究著作中，阐述全球化积极效应较多，但研究其负面效应的则比较少。这次大会中《全球化：看不到的一面》、《全球化与帝国主义》、《世界资本主义扩张的新阶段》、《全球金融与美利坚帝国》、《新自由主义十年危机》、《新资本主义危机》、《战争与中东经济》等论文都对经济全球化的负面影响有所阐述。

国际马克思主义大会与中国论坛

1995年，国际马克思主义大会的主席雅克·比岱应邀到北京作了两场报告，分别在中央编译局和中国人民大学介绍了国际马克思主义大会，而后又到武汉讲学，引起了国内学者的关注。1998 年第二届国际马克思主义大会邀请中央编译局副局长李其庆参加，当时科学社会主义负责人托尼·安德列安尼有一句很精彩的话："不能设想没有中国人参加的马克思主义大会。"这次会议将中国与俄罗斯归在一起，算作现实社会主义。李其庆在会上简要介绍了中国改革开放的情况，部分伊朗、意大利学者有异议。2001 年第三届会议参加的中国学者较多，中央编译局、中央党校等单位的 9 名学者到会。

参加本次第四届国际马克思主义大会的中国学者来自全国各地，包括中央编译局、《求是》杂志、中宣部、中央党校、中国社会科学院、复旦大学、武汉大学、中山大学、北京大学、上海社科院《社会科学报》等单位的学者 22 人。共提交论文 18 篇，入选论文 6 篇，一篇将在法共机关刊物《思想》杂志上发表，其余 5 篇将在法国重要学术刊物《乌托邦批判》上发表。

本次大会首次设立了中国论坛，受到了西方学者的关注。西方左翼学者对中国问题的反应积极，大会从开幕会、分学科讨论会到闭幕会都大量地谈到了中国。中国改革开放取得了很大的成就，令世界瞩目。尽管有些人对中国不了解或有不同看法，但他们躲不开中国话题。大会科学社会主义学科组在马克思主义园地和巴黎第十大学分别组织了三次中国论坛，邀请中外学者就大家关心的中国问题进行了交流。中央编译局副局长李其庆和大会社会主义学科主席托尼·安德列安尼主持了会议。在中国改革、中国社会、中国政治三个专题的论坛交流中，西方学者参加人数众多，中国学者提交的论文受到重视，中国学者参加发言人数达到 16 人次。在经济方面有李其庆《为什么中国鼓励发展私营经济?》，在政治方面有胡振良的《中国政治体制产生、演变的历史》以及关于"三农"问题、青年问题、反腐败问题、妇女问题的论文，使这次会议听到了中国的声音。参加中国论坛的国外学者，对中国的现实问题表现出了极大的兴趣。他们对中国的农民工流动的情况及社会保障，西方意识形态对中国青年的影响，中国知识女性在国家中的比重和作用，中国工会的作用，中国反腐败的措施和办法等问题都表现出了极大的关注并发表了自己观点。中国学者对这些问题和观点都坦诚地发表了自己的看法。虽然通过几次交流不可能一下对所有问题都达到共识，但是在中国论坛的这一交流平台上，西方学者通过中国学者的论文和发言更加深入地了解了中国目前的改革开放政策和改革开放形势。中外学者既交流了信息，也加强了沟通和了解。

（载于《马克思主义理论研究和建设工程参考资料》136期）

哈贝马斯怎样看待资本主义？

陈 学 明

1. 如何看苏东剧变

哈贝马斯没有把苏东剧变看成社会主义的失败和资本主义的胜利。在他看来，资本主义相对于苏东的国家社会主义所取得的成功，恰恰是由于前苏联和东欧国家违背了社会主义原则，而资本主义国家则由于工人政党，主要是社会党的推动，把社会主义的某些原则包容在自身之内。然而，这并不意味着社会主义原则在资本主义国家已经取得完全的胜利。应当针对资本主义社会出现的新问题，继续批判资本主义，直到彻底实现社会主义的原则。哈贝马斯身体力行，继续发挥马克思主义作为批判的一面，对资本主义展开批判。这主要反映在他在苏东剧变过程中和剧变后所出版的一些著作中和对世界舞台上所发生的一系列大事件所发表的看法上。

1990年，哈贝马斯出版了他的论文集《追补的革命》。这部论文集，特别是其中的《民族觉醒时刻》和《追补的革命与左派需要修正》这两篇论文，不但对苏东社会主义失败的原因作出了分析，而且在新的历史背景下对当代资本主义展开了批判。他认为，当代资本主义在法治和福利国家的大众民主的形式中展现自己的长处的同时，其短处亦暴露无遗。哈贝马斯反对对苏东剧变原因的种种反社会主义的解释。他强调，市场经济、民主政治和多元文化固然是资本主义优越于国家社会主义的东西，但它们自身也存在其限度。尤其在当代，经济力量和政治权力已经侵蚀了生活世界，工具理性的片面发展把人变成了从属于市场和权力的怪物。西方社会特有的各种难题，并没有随着柏林墙的倒塌而得到完全解决。面对21世纪的挑战，西方社会的发展需要社会主义。

1992年，哈贝马斯出版了他在苏东剧变后最有影响的著作《在事实与规范之间——关于法律和民主法治国的商谈伦理》，这是一部论述法哲学的学术专著，但在其中也涉及了哈贝马斯对当代资本主义的基本态度。他指出，当代资本主义社会的统治者并没有因为在与社会主义的争斗中取得了巨大的胜利而感到欢欣鼓舞。他主要从三个方面批判地分析了当代资本主义的无能与窝囊：其一，尽管它独占了对现代性遗产的解释权和实践权，但正当需要它推行福利国家、生态主义路线来应对全球性社会危机之时，它却气馁退缩了；其二，它在市场经济的逻辑面前太毕恭毕敬，在国家科层之权力媒介的过分负担面前太小心翼翼；其三，而在其赖以生存的资源遭到威胁时，它竟然置若罔闻，甚至缺少起码的敏感性。他还一口气罗列了当代资本主义面临的四个方面的“可怕的局面”：经济增长的生态极限、南北半球生活条件之间的差别日益增长提出了明显挑战；将国家社会主义改造为一种分化开来的经济系统机制提出了独一无二的历史任务；来自南部和东部贫困地区的移民潮形成严重压力；重新抬头的种族战争、民族战争和宗教战争、核讹诈和国际性资源分配之争危机重重。他断言：面临这种可怕的局面，西方民主法治社会的政治却失去了方向感和自信心。他进一步指出，在西方资本主义国家的华丽的陈词滥调背后，占上风的却是胆怯懦弱，即使在那些成熟的民主国家，现行的自由建制也并非太平无事。作为一个生活在现代资本主义社会之中，并在相当一段时期内被人视为具有强烈的改良主义倾向的思想大师，能如此尖锐地指出当代资本主义的窘境，实属不易。

2. 如何看全球化

1996年，哈贝马斯出版了他的政治哲学著作《包容他者》。该书是哈贝马斯自苏东剧变发生围绕着“话语政治”所展开的思考的主要理论成果，其中自然也包含着他对当代资本主义的一系列批判性的评论。在哈贝马斯看来，全球化浪潮正把世界联结成一个整体，世界上所有的民族正不知不觉地被统一为一个世界大家庭的成员。在全球化过程中各个国家的情况是很不一样的。发达的资本主义国家实际上在这场全球化浪潮中处于主导地位，发展中国家则处于不利地位。许多发展中国家并不是自愿加入全球化浪潮，而是被卷入的。全球利益的这种不均衡，加上本来就存在的文化和文明冲突，使得全球化过程充满各种不确定的风险，其中最为严重的是战争的风险。他认为，全球化所带来的最严重的后果就是削弱了民族国家。他具体揭示说，非政府的行为者，如跨国公司和具有全球影响的私人银行，削弱了在形式上得到承认的民族国家的主权。今天，30个全球最大跨国公司中的任何一个，年收入都比联合国中的90个成员任何一个的年生产总值都要高出许多。他指出，即使经济实力最为雄厚的政府，今天也感到了，民族国家的有限活动空间与全球范围内密切相连的生产关系的要求之间形成了很大的反差。随着经济的非民族化，特别是随着金融市场和工业生产在世界范围内联系的日益紧密，国家政策失去了对一般生产条件的控制——因此就不再是维护已取得的社会发展水平的杠杆。哈贝马斯在这里明确指出了在全球化浪潮中国家已不再是维护已取得的社会发展水平的杠杆，这一点是非常深刻的，在当今西方国家对全球化持批评态度的不乏其人，但像哈贝马斯这样一语中的则寥若晨星。

比起《包容他者》来，哈贝马斯于1998年出版的另一部政治哲学专著《后民族结构》对当代资本主义的批判更为直接和尖锐。他在该书的前言中明确指出，他写作此书就是为了探讨这么一个问题：社会福利国家的民主制度在跨越民族界限的情况下能否得到坚持和发展？他所说的社会福利国家的民主制度，就是指当代资本主义制度；他所说的跨越民族界限的情况下，就是指在全球化的态势下。非常明显，他在这部著作中要探讨的是现代资本主义制度在全球化的态势下能否得到坚持和发展。他的整部著作从各个角度作出了否定性的回答。他指出，最晚从1989年开始，人们意识到一个时代的终结，但与此同时人们并没有感受到世界已经太平，前途无比光明，人们还是感觉到自己生活在惊恐与不安之中，还是被一种失望和受挫的情感所笼罩。值得注意的是，哈贝马斯把没有任何社会关怀的新自由主义重新开始抬头与资本主义出现了结构性的危机联系在一起。不仅仅要看到原有的一些老问题在当今世界都依然存在，如世界和平和国际安全、世界经济的南北不平衡以及生态平衡的破坏等，而且更应看到，一方面，这些老问题在当今都具有全球性；另一方面，由于出现了新问题，而且超出了过去的挑战的范围，从而使这些老问题变得更加尖锐。他所说的新问题就是资本主义世界的活力的锐减。他特别指出：具有反讽意味的是，到了20世纪末，西方发达社会中一个老问题重新抬头了，他所说的重新抬头的老问题就是：自我调节的市场怎样才能有效地发挥其配置功能和发现功能，而又肯定不会导致分配不公和社会成本上升？他强调，这一老问题在当今资本主义社会只能愈演愈烈。他要人们清醒地认识到，各种指标已经表明，随着两极分化，贫困面在不断扩大，社会也越来越不稳定。经济上的不稳定必然与政治上的不稳定联系在一起，他提醒人们注意在当今资本主义社会中的下等阶层的境况，这一下等阶层日益恶化的社会处境乃是当今资本主义社会中“不团结趋势”根源之所在。在他看来，目前西方资本主义社会所实施的这种多数决定的民主制度，只具有一种形式上的正确性，它实际上正对这一制度的合法性构成侵蚀。他认为，多数决定有的只是一种形式正确性，它如果只反映地位下降威胁的阶层对其地位的担忧和捍卫，也就是说，如果只反映右翼民粹主义的观念，就会对程序和制度本身的合法性构成侵蚀。

3. 如何看海湾战争

他区分了海湾战争的四个维度，即权力政治的维度、殖民主义的维度、现代战争的维度和战争的道德维度。他认为，从战争的道德维度来看，尽管有联合国的授权，但绝不是一种警察的行动，因为它并没有站在联合国的立场上，而是变成了美国和西方实现自己利益的工具。这场战争不是在联合国的命令下完成的，主导战争的国家甚至不向联合国报告它们的行动。这些难以阻止它们为所欲为的行为，更谈不到防止它们趁机实现自己的私心。从现代战争的维度看，为了避免重蹈越战的覆辙，海湾战争经过了精心的组织和策划。高技术手段的运用保证了计划的精确实现，新闻媒介也处于严密控制之下。人们从电视台、广播和报纸上只能看到军方希望他们看到的东西。所有非人性方面都被筛选掉了。他一方面提出，尽管与联合国直接采取军事行动相比，这场由美国及其盟国进行的战争显得有些可疑，但毕竟有合法性，另一方面则又强调，这种合法性只是名义上的。在他看来，国际法的贯彻有赖于国际社会的有组织的合作，而不是依赖一个“乌托邦”式的世界政府。

4. 如何看北约空袭南斯拉夫

曾有中国学者拜访哈贝马斯，就北约空袭南斯拉夫事件征询哈贝马斯的看法，哈贝马斯这样说道：用杀人去制止杀人，用暴力去反对暴力显然是应该受到批判的，也是行不通的。北约以更加猛烈的军事手段去打击米洛舍维奇政权，造成更大的灾难，同样应当受到谴责。现在看来，在北约空袭中死伤的人数比科索沃冲突中死亡的人数更多。假如北约把米洛舍维奇当作战犯控告到国际法庭，那么，北约领导人更有理由作为战犯而受到审判。哈贝马斯强调，北约的自我授权不应成为惯例。在他看来，美国是打着人权的旗号对南斯拉夫实施空袭的，但实际上美国是别有用心的。哈贝马斯认为，以美国为首的北约不顾其他国家和地区人们的反对，以自己的意愿解释国际法和联合国宪章；假如有一天，别的地区的军事同盟也不顾我们的反对，按照他们与我们不同的对国际法和联合国宪章的解释，在我们这里强行推广他们所理解的人权政治，我们又有什么话说呢？

5. 如何看“9·11 事件”

他把“9·11 事件”定性为自杀的凶手把作为文明标志的运输工具当作杀生的武器，以反对西方文明的资本主义堡垒。他认为，“9·11 事件”中的自杀的凶手和策划者是冲着西方现代文明，即当代资本主义而来的。这可以从自杀的凶手穆罕默德·阿塔的遗嘱中得知，是宗教信念促使他们这样去做的。对他们而言，全球化是最大的撒旦。而电视屏幕中的画面也使目睹了这场世界末日般灾难的人们不由自主地联想起《圣经》中的画面。美国总统在最初的反应中所使用的复仇语言，也带有《旧约》的色彩。哈贝马斯认为，关键在于，他们为什么要反对现代资本主义文明？他认为这些伊斯兰凶手之所以要敌视西方资本主义，根本原因在于西方资本主义的现代文明给他们带来了灾难。在他看来，连生活在资本主义社会中的人们都已意识到资本主义的现代性本来就具有两面性，当这种现代性推及到非西方国家时，解体了那里原有的生活方式，其负面效应给那里的人们带来了莫大的痛楚，而仅仅依靠改善物质生活是无法补偿这种痛苦的。哈贝马斯认为，恐怖主义是应当反对的，但不能用战争的方式反对，在一定意义上说，反恐怖主义战争不是战争。哈贝马斯既不认同由于脱缰的市场而蔓延的全球化，也不认同与之相适应的全球化安全国家。

6. 如何看“历史的终结”

哈贝马斯与德里达一样，也对福山关于“历史终结”的说法很不以为然。当有人问到他如何看待苏东剧变而来的东西方对抗的结束的时候，他借机表示，福山关于“历史终结”的说法曾经风靡一时，但我得声明我对历史终结这种论断不以为然，并不是历史到了终结点，而是被操纵的世界已经到达了崩溃点。哈贝马斯指出，近代思想家认为民主、自由、平等、博爱的国家的建立就是历史的终点，马克思却发现这不过是政治解放，还不是人类解放，因为法律上的平等并不意味着事实上的平等。马克思的这一断言，即使对于现代资本主义社会仍然是适用的。

（载于《马克思主义理论研究和建设工程参考资料》157期）

国际秩序与中国的和平发展

刘 振 民

高举和平、发展、合作的旗帜，坚持独立自主的和平外交政策，走和平发展的道路，永远不称霸，这是我们党在科学分析和正确判断当今国际国内形势的基础上做出的战略选择。从国际秩序的角度考察中国始终坚持维护世界和平、促进共同发展的外交宗旨，将有助于我们更深刻地理解走和平发展道路的重大现实意义。

一

近代以来的世界历史表明，一个国家的发展道路离不开其所处的国际环境。17世纪中叶至第二次世界大战的300年间，随着资本主义的出现和发展，西方列强在崛起的过程中，都走过一条向外殖民扩张、掠夺别国资源、占领世界市场的发展道路。无论是19世纪以前对亚非拉各国的侵略战争，还是20世纪前半叶发生的两次世界大战，西方列强的目的都是为了争夺海外殖民地、掠夺海外资源、占领海外市场。从鸦片战争到新中国成立的100多年间，中国也成为西方列强殖民扩张和掠夺资源的对象，沦为一个半殖民地半封建的国家。

从这一时期的国际秩序看，尽管国际风云变幻，但国际秩序基本上是当时欧洲秩序的延伸，其大体表现为四个特征。

一是国际关系的主体是西方殖民地宗主国，而亚非拉三大洲的大部分国家沦为西方列强的殖民地或半殖民地。1945年联合国成立时有资格成为创始会员国的国家只有51个。

二是随着近代国际关系的开始，以1648年《威斯特伐利亚和约》为标志的国际法体系逐渐形成，国家主权、和平解决国际争端等国际法原则相继出现；但使用武力在法律上尚未得到禁止，发动战争仍是一些国家推行外交政策的工具。

三是国际格局由西方列强主导，一战前200多年的国际秩序基本上由英国等欧洲国家把持；一战后，法西斯势力在全球扩张，出现了德意日三个轴心国，与英美等西方国家以及新生的苏联形成“三足鼎立”的世界格局。

四是国际机制不完备，一战前没有任何国际机制，国际关系主要靠“实力均衡”来维持；一战后创立了“国际联盟”这一人类历史上第一个全球性国际组织，但由于美国没有参加、苏联被拒之门外，国际联盟软弱无能，未能发挥应有的作用，尤其是未能阻止轴心国发动第二次世界大战。

这种国际秩序决定了当时的西方列强和其他法西斯国家不可能走和平的发展道路。

二

二战的结束摧毁了原有的国际秩序，以《联合国宪章》为基础、以联合国为中心的当代国际秩序得以建立，人类由此进入一个新时代。战后国际秩序与以往相比有了历史性进步。

首先，《联合国宪章》确立了各国主权平等、不干涉内政、不使用武力以及和平解决国际争端等国际法原则，在人类历史上第一次禁止各国在国际关系中进行武力威胁或使用武力，从法律上确定了发动战争的非法性。第二，确立了殖民地人民的自决权。这为日后新独立国家的兴起和国际关系主体的扩大奠定了法律基础。第三，建立了以联合国为中心的国际机制，确立了以安理会为核心的联合国集体安全体制，设立了国际货币基金组织、世界银行、关税和贸易总协定等协调国际经济事务的机制。这为近60年来国际关系的日益组织化创造了条件。第四，《联合国宪章》规定了美、苏、英、中、法等联合国安理会五个常任理事国“一致决策”的原则，事实上确立了一种大国之间的制约平衡机制，对日后的国际格局产生了重要影响。

20世纪90年代初，冷战的结束对国际关系产生了深刻影响；而世纪之交的科索沃战争、阿富汗战争和伊拉克战争也对国际关系和国际法带来一定的冲击，但都未能动摇国际秩序的基础。当代国际秩序的基本框架没有变化，当然，随着人类的进步和时代的发展，其内涵已经发生很大变化。当代国际秩序具有以下四个特征：

其一，国际关系的主体是民族主权国家。随着战后民族国家的独立，以及冷战结束后苏联和南斯拉夫的解体，联合国会员国由成立时的51个增加到今天的191个，几乎包括了世界上所有国家。作为国际关系主体的国家进入了一个相对稳定期。近60年来，国际社会出现的几百个政府间国际组织成为新的国际关系主体，也是对国际关系起着协调作用的重要因素；但国际组织是由国家组成的，起主导作用的仍然是国家。虽然非政府组织、跨国公司和民间社会在国际事务中的作用近20多年来也在增长，但只能通过影响国家的决策而对国际事务产生影响。近年来欧盟一体化取得了较大进展，但欧盟仍是一个区域性组织，其成员作为主权国家将与欧盟并存。从总体上看，在国际关系中起主要作用的主体仍将是国家。

其二，国际法对维系国际关系具有重要意义。以《威斯特伐利亚和约》为基础建立近代国际关系体制以来，每个历史时期都有其特定的国际法和国际关系准则。二战结束后，当代社会的国际关系准则是《联合国宪章》确立的各项原则。尽管近60年来国际关系主体发生了很大变化，但这些原则作为国际关系准则的地位没有变。它们对规范和调整纷繁复杂的国际关系、避免发生新的世界大战起到了重要作用。

主权是近代国际关系中的一个重要概念，主权是民族独立国家的基本属性。《联合国宪章》确立主权平等原则的最重要价值是为建立大小国家一律平等的国际关系奠定法律基础；联合国安理会常任理事国的“否决权”，其本意是建立大国关系中的一种制约平衡机制，更多的是赋予五大国以特殊责任，而不是权利。从法律意义上看，联合国为建立有史以来比较平等的国家间关系提供了可能。《联合国宪章》确立的不使用武力原则，也是人类历史上第一次禁止各国在国际关系中进行武力威胁或使用武力的原则。它同时规定了两种例外情况：一是如果联合国安理会认定国际上出现了对和平的威胁、破坏以及侵略行为，安理会可以授权使用武力以恢复和平；二是当一国遭受武力攻击，该国可行使单独或集体自卫权，从而对利用战争推行国家政策和对外扩张的非法行为起到一定的制约作用。事实上，战后几十年间国际关系的发展相对比较平稳，其中国际法的作用是不言而喻的。近60年来，国际法得到长足发展。在联合国及其他国际机构主持下，已经制定了几百个国际条约，以规范国家行为和人类生活各个领域的活动。从我们生活的地球到外层空间、从安全到军备控制、从经济发展到环境保护、从人权到司法合作等各个领域，国际法无处不在。任何国家决定每一个对外行为都不可能完全无视国际法的存在。

冷战结束以来，《联合国宪章》的原则和国际法受到了挑战。西方国家提出了“人道主义干预”、“人权高于主权”等“理论”并不断付诸实施。1999年，以美国为首的北约以“人道主义干预”为由发动科索沃战争，招致多数国家的反对；2003年，美国违背《联合国宪章》、绕开安理会，以“消除大规模杀伤性武器”为由发动伊拉克战争，引发了人类有史以来全球最大规模的反战活动。从形式上看，上述战争对国际法造成严重冲击，国际法似乎已不起作用；但从实质上看，这些战争只不过是违反国际法的行为，并没有改变国际关系准则的内涵，也没有动摇国际法的基础。尽管各国的主权行为越来越受到国际社会法制化、经济全球化及区域一体化的影响，但主权平等、不干涉内政、不使用武力及和平解决争端等原则仍然是不可替代的指导当代国际关系的准则。

其三，国际格局的基本框架没有发生本质变化。《联合国宪章》认可的五大国仍然是主导当代国际关系的重要成员。二战改变了以往的国际格局，五个主要战胜国通过设立联合国安理会“常任理事国”和“一致决策”的表决程序确立了其大国地位，在人类历史上第一次创立了大国间相互制约的机制，形成了战后初期的国际格局。此后，尽管美、苏两国分道扬镳，国际社会进入北约和华约两大集团相对抗的冷战时代，但主导东西方冷战的仍然是这几个大国。冷战的结束导致两极格局的终结，虽然作为一极的苏联消失了，但作为大国的俄罗斯依然存在。美国成为世界上唯一的超级大国，世界上出现了“一超多强”的局面。随着欧盟一体化的深化、俄罗斯的复兴、日本的重振、中国的快速发展及其他发展中国家的崛起，世界多极化趋势在曲折中得到加强。但是，构成国际格局的主要成员没有发生根本变化。在可预见的将来，没有任何力量能够从根本上改变二战结束以来形成的国际格局的基本框架。

其四，联合国的权威性仍然不可替代。国际机制是维系国际秩序的支柱，也是协调和制约国际格局的一个重要因素。战后建立以联合国为中心的集体安全体制，并先后创立世界银行、国际货币基金组织、关税及贸易总协定等国际金融和贸易机构，为当代国际秩序提供了机制上的保障。随着国际合作的深化，联合国之外已成立多个专门性国际机构。目前，几乎每个领域都有专门机构参与活动和管理。冷战的结束，对话取代对抗成为国际社会共识，为各国在联合国及其他国际机构的合作创造了条件。人类已进入了一个不可能避开现行国际机制而进行国际合作的时代，联合国及其他国际机构已成为国际社会不可或缺的活动中心，也是维系当代国际秩序的重要因素。当然，随着时代的发展，联合国也需要进行改革，需要在安理会中增加发展中国家的席位和发言权，以更有效地促进国际关系民主化。但是，联合国作为维系当代国际秩序的主要机制，其核心地位及重要作用是不可或缺和不可替代的。

战后近60年来，尽管世界上局部战争不断，但从总体上看，人类享受了相对较长的一段和平时期，也经历了有史以来最快、最好的发展阶段。和平与发展已成为当今时代的主题。

三

新中国的诞生对于当代国际秩序具有极其重要的意义。以1971年10月25日第26届联合国大会决定恢复中华人民共和国在联合国及其一切机构的合法权利为标志，50多年来中国在当代国际秩序中的地位经历了两个阶段。

1971年联合国大会以前，由于美国等西方国家的阻挠，新中国被剥夺了在联合国及其有关国际机构的合法权利，同时遭受了政治上的孤立、经济上的制裁和军事上的封锁。尽管如此，新中国自成立之日起，就表明了拥护《联合国宪章》的宗旨和原则并要求恢复在联合国的合法席位的愿望，中国政府始终坚持维护世界和平、促进共同发展的外交宗旨。早在建国初期，毛泽东主席就多次指出："我们现在需要几十年的和平，至少几十年的和平，以便开发国内的生产，改善人民的生活。我们不愿打仗。假如能创造这样一个环境，那就很好。凡是赞成这个目标的，我们都能同它合作。""我们应该共同努力来防止战争，争取持久的和平。"1954年，中国与印度、缅甸共同倡导相互尊重主权和领土完整、互不侵犯、互不干涉内政、平等互利、和平共处五项原则，由此确立了指导中国与世界各国发展友好关系的行为准则，并且向国际社会展示了中国政府走和平发展道路的决心和选择。和平共处五项原则对于中国突破西方的孤立、赢得各国的信任和支持、发展与各国的关系起到了历史性的作用，今天仍然是中国与各国发展友好关系的指导原则，并成为国际社会公认的准则。

联合国大会恢复中国在联合国及其一切机构的合法权利，意味着中国开始逐步、全面地融入当代国际秩序。时至今日，中国作为世界上一个负责任的大国，已成为国际社会的重要成员。

第一，中国是联合国及各国际组织的重要成员。我国恢复在联合国的席位后，联合国的专门机构也纷纷通过决议，恢复中国的合法权利。中国先后参加了联合国粮农组织、联合国教科文组织、世界卫生组织、国际货币基金组织、世界银行等专门机构，并于2001年12月11日成为世界贸易组织正式成员。中国作为联合国安理会常任理事国和一个经济快速发展的大国，在维护亚洲地区及世界和平、促进人类共同发展方面，肩负着越来越重要的责任。

第二，随着国际社会法制化的发展，中国政府始终坚持维护国际法的严肃性。中国已参加300个国际条约，其中290多个是我国恢复在联合国的席位以来、特别是改革开放以来参加的。中国依据这些条约享有广泛的权利，同时也承担了广泛的义务。比如，我国参加世贸组织有关条约后，就表明有义务确保中国的各项经济政策和行为不违反世贸组织的规则；中国参加有关环境保护条约后，就要确保中国的行为符合全球环境保护的规则。

第三，随着经济全球化的深入和中国经济的快速发展，中国在对世界经济发展的贡献越来越大的同时，对世界经济的依存度也越来越高。目前，中国的进出口贸易总额居世界第四位，已成为世界第三大进口市场和亚洲第一大进口市场，并具有巨大的潜力。1978 年中国的贸易依存度仅为 10%，2003 年则达到 60%。贸易依存度的大幅度上升意味着中国对国际市场上资源和能源的依赖加大。中国经济已成为世界经济不可分割的一部分。

改革开放 20 多年来，中国政府成功把握和应对了当代国际秩序带来的机遇和挑战，带领中国人民迈入和平发展的快车道。中国的和平发展必将为维护国际秩序的稳定、推动国际社会的进步做出积极的贡献。

（载于《马克思主义理论研究和建设工程参考资料》164 期）

“新 帝 国 论”

——后冷战时代的美国迷梦

师　念

一、“新帝国论”溯源

英国的外交政策顾问罗伯特·库珀于2002年4月7日发表在《观察家报》上的“我们为什么仍然需要帝国主义”一文，是较早明确提出“新帝国主义”的代表文章。库珀将世界分成三类国家：一类是极度贫穷、处于农耕时代的前工业国家或叫做前现代化国家；一类是类似于中国和印度的处于现代化进程中的工业国家或叫做现代国家；第三类是发达的后工业国家或叫做后帝国、后现代国家。其中，“前现代化国家”是当今世界动乱和威胁的主要来源。由西方发达国家组成的后现代国家应该采用双重标准，在后工业国家内部通过合作来保证安全，而对于第一类国家，则应采取类似19世纪帝国主义的政策，通过使用新殖民化的手段，向其输出稳定和自由。

继库珀的理论之后在美国盛行的“新帝国论”，与前者相对全球化的视角相比，更多的是美利坚人从自身的角度对世界所作的观照，洋溢着对美国实力的高度自信和对美国利益的诉求。

首先，美国式“新帝国论”者具有“当今的美国是自罗马帝国消亡以来最为强盛的国家，是当今世界足以担当‘新帝国’角色的唯一超级大国”的普遍共识。目前，这个帝国已经在四个方面达到了别国无可撼动的超强阶段：唯一的超级大国或顶级大国；唯一的高科技军事力量和军事革命的领导者；全球经济中最大和最先进的经济体和全球化的动机；全球"软力量"的典范和流行文化的传播者。

其次，认为国际安全局势发生了重大变化，美国面临着全新的威胁。"9·11"事件后，美国人认为至少在近期，其主要的安全威胁已经不是来自于其他大国的挑战，而是那些人口急剧增长，艾滋病迅速传播和国家在经济、政治和社会诸领域全面崩溃和失控的"失败国家"。这些失败国家成为贩毒、走私、非法移民的滋生地以及恐怖主义和其他极端分子的庇护所，从而形成了对世界安全的巨大威胁。由此，"美国的外交政策必须再次作出反应，应对日益增长的'失败国家'的威胁"。同时，在所谓"失败国家"，由于腐败的普遍存在和国家职能的弱化，以及恐怖分子往往藏匿于"失败国家"，没有自己的领土和人民，传统的手段，譬如外交努力、经济援助乃至武力威慑都已经不再有效。美国必须采取新的手段来保护美国的安全，实现美国霸权下的世界稳定，因此，"美国将不得不成为帝国主义者"。

美国教授约翰·伊肯伯里对"9·11"事件之后兴起的"新帝国论"进行了总结。他认为，所谓"新帝国论"是继现实主义和自由主义之后，正在形成的一种新的理论和大战略。这一新战略是对恐怖主义的直接反应。在这一新的范式下，在打击恐怖威胁和寻求大规模杀伤性武器的无赖国家的过程中，美国将更少地被其伙伴和全球规制所束缚，而更倾向于扮演一个单边和预防性的角色。美国将运用其无敌的军事力量来维护全球秩序。

二、"新帝国论"在美国崛起的背景

首先，冷战后美国所拥有的综合国力优势是"新帝国论"的基本物质基础。历史上，各霸权国家大都是在某一领域内享有优势。二战后以美国为主导建立的国际经济和政治秩序以及它与世界数十个国家通过一系列多边和双边同盟形成的一整套对其有利的国际机制，使得美国的"制度霸权"得以形成。再辅以美国大众文化（影视作品、流行音乐、纸质媒介）的全球性输出，大大加强了美国政治模式、经济体制和意识形态在世界上的影响。这种"软国力"的全球性影响是以往任何霸权国家都不具备的。

其次，美国历史进程中潜存的“天赋使命”观是“新帝国论”的重要思想来源。美国人骨子里的“上帝选民”意识使他们一直认为自己肩负着把民主、自由推广到全世界的重任，这是“新帝国论”形成的思想来源。

再次，“新帝国论”的兴起与美国立国后的发展轨迹及现实密切相关。美国从立国之日起就四处开疆拓土，在短短的200多年后，从13个殖民地发展成为今天唯一的超级大国，其过程无不与“战争”有关。可以说，美国的建国历程就是征战的历程，美国的成长始终与战争相伴，“战争情结”挥之不去。除20世纪六七十年代的越南战争外，战争对于美国的“好处”是显而易见的。每次战争之后，美国都更繁荣、强大，民主也更加巩固。因此，美国人已经形成了一种战争能带来好处的心理预期和思维惯性。

第四，冷战后国际局势发生重大变化这一“大气候”是“新帝国论”产生的国际背景。在冷战时期，虽然两大集团在经济、文化等领域激烈竞争，但在战略和军事领域却有一种默契，即除了在边缘地区进行一些代理人战争以外，任何一方在自己的势力范围以外采取先发制人的军事行动都是难以想像的。然而，冷战结束以后，这种平衡被全然打破，美国享有了力量天平上的绝对优势。美国全方位实力这一特性使得出现任何重大抗衡行动的可能性微乎其微，更不用说进行成功的抗衡了。这种状况使得“新帝国论”者认为，美国在采取对其自身利益有利的单边军事行动时，根本没有必要顾忌他国的反对。

第五，从美国国内看，新保守主义得势成为影响美国内外政策的一个重要因素，并为“新帝国论”的萌芽提供了合适的温度和土壤。共和党历来有崇尚实力的现实主义外交传统，相信国际关系是“无秩序的”，格外强调实力在对外关系中的作用。在“9·11”事件后一片爱国主义情绪和传媒的渲染之下，美国国内舆论出现“一边倒”局面，民意急剧向强硬方向转变，不仅不反对采取军事行动，而且对于美国士兵伤亡的容忍度也大大增加，这使美国国内的右翼势力有了较高的“民意基础”，“推动了美国的保守主义运动”。

第六，威胁的变化也使美国在追求安全时采取更为激进的手段。由于国际形势的深刻变化，传统威胁与非传统威胁交织，美国感到自己正日益受到一个强大的"武士阶层"的包围，不安全感上升。这种观点认为，由于对与全球化相伴的贫富悬殊的极度不满，加上技术的进步，导致极端宗教势力的复兴，结果是出现一种好战的"武士阶层"，他们以美国和西方为敌，通过"突然袭击"向美国发动进攻。对待这种攻击，必须以其人之道还治其人之身。

三、"新帝国论"的理论支点和基石

按有关学者的观点，美国的"新帝国论"有着广博的理论渊源，具体而言，它有四大理论支点："单极稳定论"、"先发制人论"、"主权有限论"和"民主和平论"。

"单极稳定论"：由美国著名的政论家威廉·沃尔弗斯于1999年在《国际安全》杂志第5期上发表的《稳定的单极世界》一文中首先提出，后被美国政府正式接受。这一理论认为，随着苏联的解体，世界政治关系和权力结构发生了根本性变化，美国成为仅存的超级大国，形成了一超独强、没有对手的世界权力结构和力量对比关系，导致了现代国际关系史上未曾有过的"单极时代"。由于美国绝对优势地位的确立，争夺国际体系中领导地位这一过去长期导致世界冲突的根源将不复存在，使世界出现一种"单极力量主导下的稳定与和平"，美国的实力越强大，在美国主导下的国际秩序就越稳定、越和平。按照这一理论，如果单极是稳定的，那么维护单极所采取的一些手段（包括战争）也是"有利于稳定的"，因而也是"合法"的。

"先发制人论"：美国总统布什于2002年6月1日在西点军校演讲中首次正式提出。在随后出台的《国家安全战略报告》中，布什政府正式将"先发制人"确定为美国的安全战略。这一新战略概念包括三个基本内容：(1)"先发制人"战略实施的主要目标是恐怖主义活动的地区和拥有大规模杀伤性武器的国家。有时为了捍卫"自由"，也需要对某些特定对象实施"先发制人"打击。(2)"先发制人"战略主要以战争手段来实施，这种战争从本质上讲不是一种消极的自卫和被动的反应，而是一种"预防性干预"和主动出击，在威胁完全形成之前就采取行动。(3)"先发制人"

战略的实施表现为典型的单边主义，无论国际社会是否接受，联合国是否授权，其行为是否符合《联合国宪章》和国际关系基本准则，美国政府一旦锁定目标，就将果断出手。

“主权有限论”：美国政府认为，凡是拥有大规模杀伤性武器的国家、准许恐怖分子在自己领土上开展恐怖活动的国家以及专制政权践踏本国公民最起码权力的国家，都不可能指望得到国际法所赋予的主权的完全保护，这些国家的主权是有限的；为了消除危害世界的隐患，美国就应采取一切手段进行干预；美国采取一切手段进行干预的权力是无限的。

“民主和平论”：这一理论认为“民主国家是不会发生战争的”，这主要是由“民主”政治制度的约束机制决定的；转型中的“民主国家”发生战争的可能性较大，“非民主国家”则频繁地发生战争；“民主国家”不能回避与“非民主国家”的战争，“民主国家”在继续维护世界民主和平的同时，要以战争的方式帮助那些“非民主国家”重建民主，通过民主的建立，在“非民主国家”实现和平。

四、“新帝国论”对美国大战略的影响

“9·11”事件之后，在反恐战争和新帝国主义意识形态的双重推动下，布什政府推出美国新安全战略，这个新战略反映了美国新帝国主义意识形态的本质。约翰·伊肯伯里较全面地分析了美国新战略，认为它包括七个要素：第一，维持一个美国主导的单极世界，不允许任何不包括美国在内的联盟取得霸权。第二，重新分析全球威慑及研究怎样彻底消灭它们。第三，冷战时代的威慑战略已经过时了，现在的威胁来自没有明确地域的跨国恐怖主义网络。对付恐怖分子的唯一选择就是动用武力，即在恐怖分子滋事之前发动先发制人的或预防性的军事打击，彻底消灭他们。第四，国家主权需要重新诠释，换言之，主权是有条件的。“由于恐怖主义不受威慑，美国必须准备在任何时候对任何地方进行干预，以便对恐怖主义威胁发动先发制人的打击。恐怖分子不尊重边界，美国亦如此。”第五，新战略表明国际规则、条约和安全伙伴在美国外交政策中已经贬值了。在美国最有影响力的观点不是美国应从全球收缩力量，而是美国要按照它自己的

条件在全球展开行动。第六，在应对威胁时，美国注定要扮演主导性的、不受约束的角色。第七，新战略对国际稳定毫无价值。

布什政府的美国新战略同干涉主义是一脉相承的。冷战结束以后，以美国为首的西方国家先后在海地、索马里、卢旺达、波黑和科索沃等地区以武力实行干预主义。由于西方国家向来在人权、民主和人道上推行双重标准，在干预理论动听的口号下掩盖着的是肮脏的政治交易和经济利益，从而不可避免地造成了"人道主义灾难"。随着"人道主义干预"名誉扫地，干涉主义也备受质疑和批判。而"9·11"事件恰好为美国霸权主义进行全球军事干预提供了新借口。与"人权高于主权"、"有限政府"和"民主和平论"等相同，"失败国家论"实际上仍是为美国在全球推行军事干预政策服务的。不过，在后"9·11"时代，美国已不满足于"仁慈的霸权"，而是要推行赤裸裸的新帝国主义。美国的政策逻辑已经很清晰：新帝国主义是布什政府的现行政策，安全新战略是新帝国主义的军事纲领，"失败国家论"则是新帝国主义的辩护之辞。

伊拉克战争是对"新帝国"战略的一次检验和实践。"新帝国论"的支持者对伊战及中东秩序重建充满信心。尽管他们也认识到伊战潜存的危险，但他们更坚信无所作为的危险比行动的危险更大。他们认为，从某种程度上说，美国的安全不仅建立在强大的国防上，也建立在其他国家的自由上。美国击退德国"纳粹主义"、日本"军国主义"、苏联"共产主义"，成功改造德日为民主国家，使俄罗斯走上民主化道路的成功历史经验，使"新帝国论"者认为未来之路已有指航灯。

事实证明，美国尽管在伊战中取得了胜利，但随后在伊拉克形成的巨大黑洞不但吞噬着美国士兵和外国人质的生命，也在吞噬着美国人战前的自信。士兵遇袭事件和人质危机的频频发生，伊拉克重建的诸多变数和不确定性，和平"路线图"的脆弱，使得"新帝国论"能否成为美国21世纪的大战略与阿拉伯世界的政治变化及中东秩序的未来密切关联。

五、"新帝国论"的苍白

第一，"新帝国论"并非完整的理论，迄今也没有成为美国学术界和外交政策的主流。“新帝国论”至今还只是一些学者、媒体人员的观点汇集，主要是对美国在当今世界中占据绝对优势地位的描述乃至陶醉，以及对美国如何应付目前国际局势和新威胁的政策和策略建议。

第二，“9·11”后，在当时美国民族主义极度高昂的情况下，“新帝国论”迎合了相当部分人的情绪，其不惜一切手段来获得美国的绝对安全的主张也对美国外交政策产生了一定的影响。但是随着时间的推移和形势的演变，美国学术界和理论界开始越来越多地对“9·11”以来的国际形势进行深刻反思，对“新帝国论”的不同观点乃至批判开始不断见诸各大报端。

第三，理论和实践都证实，“新帝国主义”政策受到诸多因素制约，难以顺利实施。在实力霸权中能够实现“新帝国论”政策的主要工具是美国的军事力量。然而美国的军事力量固然举世无双，但美国使用这种军事力量也不是毫无制约的。首先是国内政治因素的限制。美国总统虽然拥有最强大的军权，但他却经常缺乏来自公众和国会对他的合力支持；其次是复杂的国际政治因素的限制。美军在世界各地的行动需要各地区盟国的支持，而一些地理位置重要的国家可能向美国开出高价；再次，即使美国能够采取单边行动，它也会陷入“霸权的自相矛盾”。

（载于《马克思主义理论研究和建设工程参考资料》158期）

美国在独联体国家煽动“颜色革命”的主要策略和做法

孙壮志

从格鲁吉亚到乌克兰，再到吉尔吉斯斯坦，在独联体国家已经出现的政治危机中，美国都扮演了重要角色。可以说，美国长期以来的政治经济影响和文化渗透，起到了潜移默化的作用。来自美国的直接支持，是这些国家反对派有恃无恐的主要原因。具体来说，美国的策略和方法主要包括：

（1）通过大规模经济援助，造成依附关系，同时争取民心。乌克兰、格鲁吉亚、吉尔吉斯斯坦等国是美国在独联体地区的重点援助对象。1992—1999 财政年度，美国承诺向乌克兰提供的援助总额达 23.2 亿美元。从克林顿时期开始，美国在减少对俄罗斯援助的同时，逐渐增加了对乌克兰的援助，使乌克兰成为美国对外援助中仅次于以色列和埃及的第三大受援国，远远超过了俄罗斯。1992—2002 年，美国累计向吉尔吉斯斯坦提供了 5 亿美元的财政援助；向格鲁吉亚提供的援助总额达 10 亿美元。乌兹别克斯坦 2001 年得到了美国 6400 万美元的援助。2002 年又获 1.73 亿美元的援助。2002 年，美国向哈萨克斯坦提供 5200 万美元的援助，向塔吉克斯坦提供 5000 万美元贷款和食品援助等。

（2）重视意识形态领域的渗透。通过文化手段扩大对政治进程的影响力。美国通过建立大学、设立奖学金等途径，扩大与独联体国家的人文交流，在青年人中培养西方的“价值观”；在独联体国家积极活动的国家民主研究所（美民主党资助）、国际共和研究所（美共和党资助）、自由之家、索罗斯基金会、欧亚基金会、国际新闻网密切合作，美大使馆也积极协调，帮助独联体国家成立形形色色的政治组织（美国人称其为选民政治积极分子小组），从事各种反政府、反总统、反对亲总统政治派别的活动。美国甚至出资帮助建立独立的新闻媒体和出版印刷机构，传播领导人及其家族腐败的各种丑闻，制造、传播各种反俄消息。自1993年以来，吉尔吉斯斯坦参加赴美国交流计划的人数有2700人。此外，在吉还有110个和平志愿者团体，从事英语教育和帮助民间组织等活动。

（3）推动独联体国家的“民主建设”。敦促这些国家接受西方的政治改革方案。美国向独联体国家提供的援助中规定相当一部分用于所谓的“民主改革”，同时还要附加其他一系列条件，促使独联体国家扩大对西方的政治开放程度。如1999财政年度，美国由于对乌克兰的改革进程不满，对乌克兰的援助有所减少。在2004财政年度中，来自美国所有政府机构对吉尔吉斯斯坦援助的款项约有5080万美元，其中用于“民主计划”的1220万美元，经济与社会改革的2180万美元。2002年，乌兹别克斯坦、哈萨克斯坦、吉尔吉斯斯坦和塔吉克斯坦总统都对美国进行了访问，美国大幅度增加了给中亚国家的各种援助；中亚国家则承诺进行深层次的改革，保障公民的自由和人权，在军事和军事技术领域接受美国的帮助。吉总统选举前，美国媒体公开称，阿卡耶夫的政权存在严重问题，阿卡耶夫想要维护旧有的秩序，与俄罗斯靠近，拒绝西方的援助，表明“吉在不久将陷入政治动荡之中”。

（4）在安全领域建立合作机制，在各国的强力部门和军队中培养亲美人员。美国向独联体国家提供安全方面的各种帮助，资助军官和警官到美国学习，建立国际军事教育和培训基金。在北约框架内参与独联体国家军队改造的工作。如美国一直鼓励乌克兰同北约发展一种更为密切的关系。在1997年的北约首脑会议上，乌克兰同北约签署了《特殊伙伴关系宪章》。2002年，美国向哈提供800万美元用于购买军事技术，向哈提供180万美元资助200名哈军人到美国学习，2003年增加到300万美元。2002年，美国把给乌兹别克斯坦的军事援助在2520万美元基础上再增加1100万美元；给吉尔吉斯斯坦的军事援助在原来200万美元的基础上再增加900万美元。美国还向塔吉克斯坦边防军和海关无偿提供了34辆汽车、60

架军用望远镜和300部移动电话，帮助塔培训边防军人，其条件是，塔自己守卫边境，撤走俄罗斯的边防人员。

（5）公开支持独联体国家的反对派，为反对派的活动提供帮助。乌克兰、格鲁吉亚和吉尔吉斯斯坦都是政党和非政府组织很多的独联体国家，许多反政府的党派和著名反对派人物都得到了美国的帮助。一些反对派领导人和美国还有一定的渊源关系。哈萨克斯坦的前总理卡热格尔金、俄罗斯的前总理卡西亚诺夫都是在访美后，宣布自己成为反对派，要参加总统选举。美国官员和其驻吉大使不但公开与吉各反对派领导人接触，还去监狱看望在押的反对派领导人库洛夫，以示支持。在吉尔吉斯斯坦的反对派筹备2004年与2005年的地方、议会和总统选举的过程中，美国政府提供了培训和援助。美国驻吉大使在2004年12月30日给美国国会的报告中谈到，在吉议会和总统大选的初期阶段需将对吉反对派的资金支持增加到3000万美元。在吉反对派出现分裂时，美国甚至做工作，促使这些组织实现联合。

（6）利用选举大做文章，鼓动街头斗争，扶亲美势力上台。美国毫不隐讳要尽可能地影响乌克兰的选举，以便选举“在公开公正的气氛下进行”。美国著名的政治外交家基辛格博士专程赴基辅访问，考察乌克兰总统选举局势。美国国会甚至在2004年10月4日通过了一项声明，呼吁美国行政当局利用所有的影响力和渠道向乌施加压力。布什在获得连任后，通过参议院国际关系委员会主席理查德·卢卡尔在11月20日拜会库奇马总统时转交了其信件，信中布什称希望乌克兰的总统选举没有被操纵和被欺骗。布什意味深长地强调，和平地转移总统职权有利于乌克兰、欧洲和世界，将为建立两国之间的新型关系打开大门。并且威胁如果出现相反的情况，美国将不得不重新考虑与乌克兰以及与涉嫌舞弊者的关系。在吉选举前，美国曾多次表示，阿卡耶夫放弃总统连任就是对“民主”作出的重大贡献。甚至在美国政府部门的财政预算中，有用于“支持”独联体国家选举的专门资金，而且要考虑到“是否有紧急需要”。美国不仅参与选举前的“指导”，而且直接派人监督投票。支持反对派采取与政府对抗的行动，为走上街头的反对派提供各种支持，限制政府采取措施控制局势。乌克兰总统选举时，美国总统特使卢格推波助澜，赞扬上街示威的反对派

“为公正和自由而战”，相信他们可以取得胜利。

(7) 在反对派失败的情况下，用制裁等手段向执政当局施压。2004年10月，白俄罗斯举行了全民公决，从而使总统卢卡申科有机会第三次当选。美国对此横加干涉，布什很快签署了一项法案，称美国政府决定对白俄罗斯实施全面制裁，以“帮助和挽救白俄罗斯的民主事业”。更有甚者，美国驻世贸组织、国际货币基金组织、世界银行等国际组织的代表也获令不得支持各组织对白俄罗斯的所有援助计划。同时，美国总统和国会甚至要拉欧洲国家一道，对白俄罗斯实施制裁措施。

(8) 与欧盟、欧安组织加强合作，增强对独联体国家的影响力。为保证行动能够成功，美还需向俄罗斯施加更大的压力。美国和欧盟、欧安组织一道在独联体地区推进“民主、自由媒体、尊重人权”的计划，包括：共同支持亚美尼亚、阿塞拜疆和格鲁吉亚进一步融入欧洲—大西洋的大家庭；在乌克兰联合推进“自由”和“公平”的地方与总统选举；在白俄罗斯，美国和欧盟表现出了前所未有的协调一致；在摩尔多瓦，促成了“自由和公正”的竞选运动和议会选举；在中亚地区，美国和欧盟共同致力于支持民主和经济转轨、保护人权等。美国和欧盟、欧安组织还共同资助格鲁吉亚反对派上台后的首次总统选举，300万美元的费用都由它们支付。

美国在独联体国家的渗透，有其明确的地缘政治目标，即通过支持“革命”，造成这些国家在经济上和政治上对美国的双重依赖，彻底瓦解独联体，削弱俄罗斯，同时牵制中国和伊朗，为控制里海能源创造条件。布什的第二任期内将利用独联体多数国家进入政权交接的敏感期，加大施加影响的力度。与上个世纪90年代相比，美国已经由含蓄批评转为公开干涉，反映出准备阶段结束，开始了推动该地区政治变革的“行动”阶段。

（载于《马克思主义理论研究和建设工程参考资料》165期）

街头政治：国际政治斗争面临的新课题

张中云 南 菁

最近几年，“街头政治”在独联体国家地区愈演愈烈，并不断蔓延扩散，成为美国更迭一个主权国家政权的利器，并且屡屡得手，引起人们的注意。

“街头政治”是介入一国内政的通道

所谓“街头政治”，是指一种有组织的群众性街头抗争的政治活动，是政治斗争的一种重要形式。搞“街头政治”由来已久。但自冷战结束后，“街头政治”越来越成为美国和欧洲一些国家用以干涉别国内政，改变国际政治格局和进行国际政治斗争的重要手段。

“街头政治”斗争一般是和平地进行，但当上街的群众情绪激奋并使用暴力，便可能会演化为暴力冲突。一般地说，诉诸于暴力的政治斗争，既难于吸引广泛的群众参加，也容易被当局找到借口进行镇压。一旦出现这种局面，不是群众运动很快被平息，就是演变为旷日持久的内战，而发起者要达到的政治目标一时也难于实现。而且，暴力抗争要获取的外来援助比较复杂，介入的国家顾忌较多，因为这种形式比较露骨，易被当事国指责为非法。而当今利用和平形式搞“街头政治”，则可以举起所谓“人权”、“民主”、“自由”的旗帜，举行罢工、罢市、罢课、游行、集会，甚至可以选择在国家的中心广场安营扎寨，长期坚持下去。对于这种“和平”行动，当局往往难于对付，一般不敢贸然使用暴力，只能以和平方式处置。如果采取暴力镇压，会引来国际的舆论压力和各种制裁，还会背上“专制”、“暴政”的骂名，在国际上陷于孤立。在这种情况下，“街头政治”获得了有利的发展时间和空间。

对于“街头政治”的发起者来说，作为反对派，一开始与当局的力量对比是不对称的，必然需要外界的援助和支持来改变自己的不利地位，因而往往就顺势成为西方势力介入的内应。西方国家对他们想要的“街头政治”也绝不只是被动等待“邀请”，而往往是有计划地主动进行“制造”。

“街头政治”是选举干预的重要手段

“街头政治”要达到的目的可以分为高位的和低位的两个层面。高位目的，就是促使国家剧变，更迭国家政权和改变国家现行的基本国策；低位要求，就是国家高层领导人的局部变更和政策的某种改良。实现高位目的的较佳时机，往往是实行总统制的国家进行议会和总统改选。实行多党政治的民主选举常被誉为是所谓世界最民主的政治制度，但是实行这种民主选举制，利益集团的利益分配是由选票决定的，因而选举中的舞弊现象比比皆是，这往往被作为发动选民走上街头抗争和外国进行选举干预的最通常的、最有效的借口。

自上世纪90年代以来，以美国为首的一些西方国家，曾对他们认为所谓的违反国际民主原则的国家通过“人道主义干预”，改变一个国家的政权，现在，又用所谓“选举干预”，即通过干预一个国家的大选，更换领导人，使其走上“民主化”，实际是亲西方化的道路。

美国与欧盟国家尽管有奉行单边主义与多边主义的矛盾，但在输出西方“民主价值”，遏制俄罗斯在欧洲的影响力和核盾牌威慑力方面却是共同的。他们共同推出的欧盟与北约东扩计划，第一步是吸收前苏联阵营的东欧国家加入，进展比较顺利；第二步是瞄准独联体即原属苏联的各加盟共和国，首先是通过选举干预更迭政权，使亲俄政府变成亲西方的政府，然后再分别吸收他们成为欧盟和北约的成员，使之完全亲西方。独联体是一个非常松散的联合体，缺乏凝聚力，但仍是俄罗斯抵御西方遏制的一道屏障。独联体一些国家定期举行的总统换届选举，为美国等西方国家提供了进行“选举干预”的契机。

此次乌克兰总统选举，对美国来说是一次不可多得的机会。两位总统候选人在竞选中亮出了自己的国际政策纲领：亚努科维奇表示亲俄罗斯，尤先科表示亲西方。尤先科当选就意味着西方能够影响和控制乌克兰，而亚努科维奇当选则意味着俄罗斯对乌克兰影响的加强。为了与俄罗斯争夺乌克兰，在乌克兰总统的第一轮和第二轮选举的每一关键环节，美国等西方国家都联手进行了有计划的干预，从策划对刚投完票的选民进行“出口民调”，抢先宣布尤先科获胜，到组织群众上街反对中央选举委员会宣布亚努科维奇当选，最终影响乌克兰最高法院接受尤先科提出的第一轮选举无效，进行第二轮重选的要求，直到迅速表示支持尤先科在第二轮重选中当选总统为止，展示了完整的“选举干预”的路径。这套路径之所以能够如此通顺，正如美国智库、专门从事所谓“支持自由世界”活动的美国民主基金会负责人格尔什曼总结的，是由于他们抓住了实现格鲁吉亚“玫瑰革命”的几个基本因素：反对派应具有一位著名的领袖人物；国际社会参与这一事件的程度；外国观察员在何种程度上实施对选举的监督。这三个基本因素可以说是美国进行“选举干预”获得成功的模板，或者说是获得成功的经验。

“街头政治”是廉价更迭政权的利器

美国等西方国家打着“民主”旗号更迭一个国家的政权，不外是两种手段，一种是武力手段，另一种是“民主和平”手段。前者有科索沃战争、阿富汗战争、伊拉克战争等；后者有前东欧社会主义国家剧变，南斯拉夫米洛舍维奇下台，以及最近发生的所谓“颜色革命”，即格鲁吉亚的“玫瑰色革命”、乌克兰的“橙色革命”、吉尔吉斯斯坦的“黄色革命”。两种手段相比较，战争花费大、人员伤亡和财物损失大、生态破坏严重。有时即使是速战速决，如科索沃战争、阿富汗战争、伊拉克战争，但留下的后遗症和善后要处理的问题成堆，处理起来既费钱、费力，又十分棘手，甚至变成一个难于卸去的包袱。

相比较而言，用“民主”、“和平”的手段，即通过选举干预，搞“街头政治”，由本国民众自己“选出”一个使美国等西方国家放心满意的政府，代价低、收获高、见效快，更主动，而且已经在俄罗斯势力范围的独联体国家取得了明显效果。

美国推行“街头政治”的具体做法

利用非政府组织打先锋，为“街头政治”营造氛围。上世纪80年代以来，非政府组织（NGO）异军突起，对各国内外政策和整个国际关系发挥着令人瞩目的影响。目前，全球NGO多达数百万个，活动范围涵盖文化教育、卫生保健、生态保护、宗教慈善等社会生活的方方面面。美国NGO就有150万个之多。这些组织政治主张和社会要求千差万别，有反全球化的，有反霸的，也有特别热衷于“民主”、“自由”宣传的。美国就利用这一类NGO打进需要“二次革命”的国家，让它们在那里各显其能，为反政府游行做好心理上和舆论上的准备。

开办讲习班，培养“街头政治”的骨干力量。美国十分重视“街头政治”骨干分子的培养问题。2000年3月，美国在匈牙利首都布达佩斯的希尔顿饭店举办“非暴力抵抗讲习班”。24名南斯拉夫反对派领导人秘密前往受训。这些人在“专家”指导下学会了如何组织罢工、罢课，如何通过手势进行交谈，如何克服恐惧心理，如何动摇一个“独裁政府”的统治等。这些人学成回国后很快就投入反对米洛舍维奇的“街头政治”中。2003年夏天，美国在贝尔格莱德又办了一个讲习班。格鲁吉亚反对派领导人萨卡什维利应邀前往，接受有关进行塞尔维亚式“温和革命”的培训。几个月后，萨氏便在格鲁吉亚成功发动“玫瑰革命”，随之登上了总统宝座。2004年秋，美派遣1000余人分赴乌克兰14个州，为“橙色革命”及时培养、输送了大批骨干。

精心挑选代理人。对美国来说，要确保“街头政治”成功，选准代理人是最关键的一着。美国选代理人的标准是：年富力强，有个人魅力，没有劣迹，但最重要的是亲美。如波兰的瓦文萨、捷克斯洛伐克的哈韦尔、格鲁吉亚的萨卡什维利、乌克兰的尤先科等。

设立指挥部。2000年初，美国在匈牙利成立了“促进南斯拉夫民主办公室”，派高官坐镇指挥。2002年4月，美国在其驻格鲁吉亚使馆内设立了“促进格鲁吉亚民主办公室”。其驻格大使迈尔斯毫不隐讳地表示，他出使格鲁吉亚的主要任务就是促进该国“以民主方式实现政权更迭”。在2004年秋，美国在乌克兰邻国也成立了一个“办公室”，尤先科曾奉召过境接受指导。

选好突破口。美国知道，欲使“街头政治”成功，必须选准突破口。1999年，美国对南联盟连续狂轰滥炸了78天，可没有将米氏炸趴下。科索沃战争结束后，美支持南反对派大搞“街头政治”，隔三差五上街游行，要求米氏下台，但米氏不予理睬，照样闲庭信步。反对派的活动以失败告终。因为米氏不好色，不贪财，不讲排场，不图享受，反对派几乎找不到任何把柄可置他于死地。最后，美国人决定通过选举把他搞掉。实践证明，这是他们可以大展拳脚的高招。从此，选举就成了美国搞垮一国政权的“法宝”。

慷慨解囊，为反对派搞“街头政治”埋单。搞“街头政治”，尤其是选举是很花钱的。“街头政治”的一切开销，包括向反对派的电台、报刊、电视台提供资助，为反对派候选人做广告宣传，南斯拉夫、格鲁吉亚、乌克兰反对派的支持者从各地赶往首都声援的旅费、住宿费和“劳务费”等等，少不了要由美国人掏腰包。美国在这方面也不吝啬，每年为“促进民主”的拨款就高达10亿美元，各种民间基金会掏的钱也不在小数。有评论认为，没有美国人在财政上的大力支持，反对派要获得成功几乎是不可能的。

利用媒体“妖魔化”当权派，为反对派夺权制造“法理”依据。美国利用其在新闻传播领域的强势地位，对当事国实施媒介“轰炸”，一面不厌其烦地播放反对派的声明、讲话，最大限度地影响受众和选民；另一面则集中力量“妖魔化”当权派，给他们贴上“独裁”、“反民主”、“反人道”、“违反人权”的标签，然后大张挞伐，为反对派夺权制造所谓的“法理依据”。

大打“经济牌”，对当事国选民诱压兼施。在南斯拉夫、格鲁吉亚、乌克兰等国，经济状况普遍不好，美国在这里玩“经济牌”很容易奏效。美在大选中对南选民露骨地表示：反对派上台，经济制裁立即取消，大量经济援助随后就到；反之一切照旧！在乌克兰，美国告诫选民："选择尤先科便能告别贫困!"这些说法事后证明对处在困境中的南、乌等国选民产生了相当大的作用。

施高压不准当局动武，为反对派放开手脚夺权保驾护航。美国总是以"国际舆论"甚至军事手段施压，以"经济制裁"相威胁，一面捆住当事国当局的手脚，一面让反对派有恃无恐地放开手脚，以至不达目的绝不罢休。人们在南斯拉夫、格鲁吉亚、乌克兰3国选战中均看到了这种情形。

带头宣布不承认不利于反对派的选举结果，为反对派翻盘力挽狂澜。如果上述各种办法还不能确保反对派在选举中获胜，那么美国就使出最后一招——以"选举中存在舞弊"为由，带头宣布不承认不利于反对派的选举结果。比如在乌克兰选举中，反对派起初没捞到便宜，美国马上指责选举"不公"、"存在舞弊"，率先宣布不承认这样的结果，致使当事国局势大乱，反对派成功翻盘。

（载于《马克思主义理论研究和建设工程参考资料》169期）

台当局资助“民运”分子

谢　湘

台湾民主基金会与海外“民运”刊物《北京之春》杂志社签订的一份契约书近日被知情人士透露出来。在这份名为《财团法人台湾民主基金会补助出版事业契约书》的文件中，甲方是台湾民主基金会，乙方为《北京之春》杂志社，甲方在审核同意乙方的出版计划基础上，为其提供一年的出版经费共计5万美元。

海外“民运”组织接受台湾当局资助已不是新闻，就连《北京之春》杂志社本身，也是由台湾“国安局”出资设立的。但是，在中国发展取得举世瞩目成就的今天，仍然有人打着“民主”旗号与分裂祖国的势力相互勾结，企图为祖国发展设置障碍，这种逆历史潮流而动的做法非常令人气愤。

“民运”分子向陈水扁求救，不惜以纵容“台独”为代价

随着中国和平发展的大国形象在国际上赢得越来越多的肯定，所谓“民运”已是气息奄奄。上世纪90年代末，台湾当局取消对“民运”分子的计划性资金支持，使“民运”失去了可靠的财源，如涸辙之鲋。为维持生计，“民运”分子不择手段，想方设法与民进党靠近，向台湾当局伸手要钱。

2004年11月，“民运”团体头目秦晋，以筹办所谓“中国民主运动

2005年澳洲大会”为由，写信给台湾当局领导人陈水扁寻求资金支持。为了与台湾当局“套近乎”，秦晋开篇就把自己的组织与民进党说成是“完全应该同病相怜，同命相惜”，还盛赞民进党由反对派成为“执政党”，“业绩辉煌”；号称“民运”组织“亟需在新形势下调整策略，重新集结”，“渴望中华民国政府能为中国的民主化进程伸以援手”，帮助“民运”“在困厄中重新崛起，巧借历史的机遇挺进中原……”

作为交换，他对台湾当局一向关切的“台独”立场也有所表态。在信中，秦晋暗示，只有当“民进党的政治理念可以得到合情合理的商定”，“两岸的战时状态才会真正结束，中华民国的归宿才有最终完满的结果”。

吃人嘴软，拿人手短。这就是为什么“民运”分子自甘沦为台湾一些反华、分裂势力的工具。据了解，《北京之春》的“编辑委员会”成员都由台湾“国安局”定案，社长王丹在人事调动方面的安排也得经过“国安局”。

台当局要求“民运”分子
从空谈民主转向实际行动

利用“民运”组织的资金要求，台湾当局企图达到不可告人的目的。正如一位定居美国的台湾政治人物所说，台湾之所以应该支持“民运”，就是要“让大陆忙不过来”，大陆一乱，台湾就有机会实现“独立”了。

“颜色革命”相继发生以后，为了“把钱花在刀刃上”，台湾当局表示要对“民运”的支持更加务实，不论钱多钱少都要注重实际效果。他们对“民运”分子提出，要借鉴美国非政府组织的运作经验，从空谈民主、单纯制造舆论变成实实在在的行动，把战场从国外移到国内。

具体来说，现阶段台湾当局针对“民运”的做法有四个方面：一是支持“民运”成立海外“反对党”，通过政治运作团结一批有影响、对中共不满的人；二是想办法把“民运”活动延伸到中国大陆，并制造中共打压民主和人权的国际形象，形成对中共的国际压力，不断给中共制造麻烦；三是利用“民运”分子进行情报搜集，主要是在留美学生中发展情报组织；四是培养“民运”分子的“台独”意识。

按照这些要求，王丹已经于2005年1月到美国国家民主研究所了解有关在中国开展项目的问题。“民运”分子还提出把工作重点放在炒作中国国内弱势族群问题上，具体计划是通过国内调查机构进行调查，同时资助部分社科界学者，撰写报告，制造舆论，以制造民众对政府的反感。这些建议得到了台湾当局的认同，“国安局”表示会全力支持。

台当局对“民运”分子“用、防”结合

台湾当局与大陆海外“民运”的相互勾结开始于上世纪80年代初。据估计，到民进党上台前，台湾“军情局”在“民运”身上的花销共计500万美元。2000年民进党当权后，放弃了国民党“反攻大陆”的幻想，曾一度对海外“民运”分子失去兴趣。但经过一番评估，他们认为这些“民运”分子还有可利用之处，于是把“定额补助”的方式改为“逐案审查”，并开始积极拉拢王丹、王军涛等人，还专门设立了“二王专案”。

除了为台湾搜集情报外，台湾当局利用“民运”做的事主要是在舆论方面抨击大陆，为其助阵。他们企图通过“民运”之口，假批判“民族主义”，淡化大陆民众的“国家意识”、“民族情结”，在“人权高于主权”的理论基础上，否定大陆对台湾拥有主权。

利用归利用，台湾当局并没有真正把“民运”分子当成自家人。在提供资助的同时，也增加了苛刻的条件。以前面提到的台湾民主基金会对《北京之春》的资助为例，这个资助协议的前提条件是：“甲方就乙方所提之出版计划书（包括目标、方法、内容、进度、经费等项目）进行审核后，认为该项出版计划符合本会补助宗旨，并同意予以补助”。协议有效期仅一年，而且对乙方（《北京之春》杂志社）要求非常具体，如乙方必须按计划执行进度检送出版刊物……每逾期一日，扣除总经费千分之一违约金；在双方发生争议时，“调解或仲裁之地点为台湾台北市，第一诉讼管辖法院为台湾台北地方法院”；等等。

台湾当局虽然口口声声要跟“民运”分享所谓“民主经验”，但实际上采取的策略是“用、防”结合。在他们眼中，“民运”分子也是异类和祸水，要坚决防止其入岛，以免引火烧身。“民运”分子曾提出在台湾建

立联络据点，结果被台湾当局拒绝。

（载于《马克思主义理论研究和建设工程参考资料》166期）

苏联解体前夕的历史虚无主义

陈之骅

苏共垮台和苏联解体的原因是多方面的，有历史的、现实的，有内部的、外部的，有政治的、意识形态的，等等。但最为直接、最为关键的原因是戈尔巴乔夫推行了一条背离社会主义的错误路线。这条路线最终瓦解了党，同时毁灭了苏联。戈尔巴乔夫推行这条错误路线的表现也是多方面的。从意识形态领域来看，很重要的一点是大搞历史虚无主义，以“重新评价”历史为名，歪曲、否定苏共领导下的社会主义革命与建设的历史，进而否定苏联的社会主义制度，从而造成了党内外的思想混乱，同时为国外敌对势力西化、分化苏联提供了可乘之机。这股历史虚无主义的逆流，在苏共垮台和苏联解体中起到了其他因素不可替代的催化剂的作用。

一

最初遭到否定的是勃列日涅夫时期的历史。历史虚无主义者把勃列日涅夫时期简单地说成是一个“停滞时期”，毫无成就可言。当然，在勃列日涅夫时期，主要是在他执政的后期，苏联党和国家确实出现了很多问题，最突出的是体制改革半途而废，政治、经济体制和思想意识日益僵化，领导干部腐败和严重脱离群众，以及对外扩张和大国沙文主义。这些问题都是应当认真总结的。但是，这一时期苏联历史的进程并非一团漆黑。勃列日涅夫执政期前期的业绩应该说是很不错的。他上台以后，很快对赫鲁晓夫时期的草率改革进行了一系列调整，包括取消“工业党”、“农业党"，恢复统一的党的组织，同时推行"新经济体制改革"。这是被公认为苏联历史上最成功的一次改革，其结果使得1966—1970年生产总值年均增加达7.4%，5年中工业生产增长了50%，而且消费资料生产增长的速度终于赶上了生产资料增长的速度。总的来说，在勃列日涅夫执政的18年中，经济发展的速度虽然连年滑坡，但始终保持着增长，1971—1975年年均增长率为6.4%，1976—1980年为4.2%，直到80年代初，这一数字还有3.6%。因此，勃列日涅夫时期成为苏联综合国力最强时期，正是在这个时期，苏联成为世界两个超级大国之一。另外，这个时期社会比较稳定，人民的文化和物质生活水平是苏联历史上最高的。应该说，勃列日涅夫时期是在发展中孕育着危机的时期，而并不是一个简单的"停滞时期"。

当然，历史虚无主义者主要还不是针对勃列日涅夫时期，而是针对斯大林时期。正是在这个时期，苏联建成了社会主义基本制度，实现了国家工业化和农业集体化，取得了卫国战争的伟大胜利，战后国民经济也迅速恢复。所以，要否定苏联社会主义建设的伟大成就，特别是要否定苏联的社会主义制度，就必然要否定斯大林和斯大林时期的历史进程。

对于斯大林的批判和全盘否定，是从赫鲁晓夫时期的苏共20大开始的。到了戈尔巴乔夫时期，无论在规模上或是在涉及问题的广度上，都大大超过了赫鲁晓夫时期。在赫鲁晓夫时期批判的主要是斯大林个人，以及他在领导工作中的各种错误，到戈尔巴乔夫时期已经由此发展到批判和否定斯大林时期形成的苏联社会主义制度。

自从戈尔巴乔夫提出"民主化"和"公开性"的方针以后，批判和否定斯大林，否定国家工业化、农业集体化，恣意扩大"大清洗"运动的错误，乃至否定卫国战争中党的领导作用的文章大批出笼。这些文章在批判斯大林的同时，突出攻击苏联的社会主义制度。他们把斯大林时期建立的制度说成是沙皇制度的变种，是"兵营式的社会主义"，或是"封建式的专制独裁制度"，没有民主、自由。有些人认为社会主义制度在苏联根本就没有存在过，甚至连"扭曲"的和"变形"的社会主义也够不上。在历史虚无主义者看来，斯大林之所以犯了种种错误和"罪行"，主要根源在于制度；而要防止这些现象，必须彻底抛弃这个制度。

上述观点是完全没有根据的。斯大林执政时期在社会主义建设的理论与实践方面确实有过不少重大的失误和错误。但这不是当时历史进程的主流。斯大林时期形成的苏联政治、经济制度是社会主义性质的。斯大林是伟大的马克思列宁主义者。他在苏联历史上的杰出贡献是不容抹杀的。即使是社会主义的敌人也不否认这一点。丘吉尔在一次讲话中曾经这样评价斯大林："他接过俄国时，俄国只有木犁，他撒手人寰时，俄国已经拥有核武器"。

随着戈尔巴乔夫背离马克思主义的错误路线的发展，历史虚无主义者已经不以否定斯大林为满足，还进一步直接诋毁列宁和十月革命，否定十月革命所开辟的社会主义道路。有人认为，十月革命"是布尔什维克党利用了第一次世界大战的特殊国际环境和临时政府的无能而发动的一个阴谋"；由十月革命引起的国内战争是一场"骨肉同胞之间的自相残杀"，布尔什维克党是这场战争的"造因者"，应对人民群众为此而付出的代价负责。

在历史虚无主义者看来，十月革命给俄国带来的不是进步，而是倒退。因为"革命前的俄国已经在朝着西方式的资本主义民主发展，之后人为地被布尔什维克掌权所阻止，随后的社会主义实验更是把它导向了错误的路径"。因此，十月革命不如二月革命，二月革命不如斯托雷平改革。如果革命在二月革命推翻沙皇以后就中止，那么俄国就可以建立资产阶级制度，发展资本主义，因而可能早已实现现代化并与西方先进国家并驾齐驱了。而如果不搞二月革命，俄国也可以在沙皇统治下进一步发展资本主义，斯托雷平的改革就是要在农村形成一个富农阶级，在农村建立资本主义的生产关系。至此，历史虚无主义者的真实面目便完全暴露无遗。

二

在解体前夕的苏联出现的这股历史虚无主义逆流有以下几个特点：

第一，这是以戈尔巴乔夫为首的苏共领导人自上而下掀起的一场否定苏共和苏联的革命历史的运动。其目的是通过批判和诋毁以前苏联的最高领导人，首先是伟大的马克思主义者斯大林，否定苏联的社会主义制度，否定十月革命和十月革命道路，从而为他们推行背离马克思主义的“改革”路线制造舆论，为“根本改造整个社会大厦，从经济基础到上层建筑”找到根据。

自从戈尔巴乔夫在1986年2月召开的苏共27大上提出“民主化”、“公开性”的方针，特别是在1987年苏共中央一月全会上号召实行“最大限度的公开性”和“苏联社会不应有不受批评的禁区”之后，社会上的自由化思潮很快泛起，否定党和苏联历史的现象也随之迅速发展起来。1987年2月，在一次全国宣传工作领导人会议上的讲话中，戈尔巴乔夫更具体地指出，在苏联的“历史和文学中都不应有被忘却的名字和空白点”。这个讲话，成了以戈尔巴乔夫为代表的苏共领导，对苏共和苏联历史重新审视的公开号召。据布热津斯基在《大失败》一书中透露，1987年5月，戈尔巴乔夫在与匈牙利社会主义工人党领导人卡达尔的一次谈话中说，苏联自1929年以来的经验全部是错误的：实际上苏联的经验有四分之三是令人怀疑的，应该予以否定或纠正。

戈尔巴乔夫等苏共领导人否定党和国家历史的虚无主义行径在党内外引起了很大的分歧。苏共党内以政治局委员叶·利加乔夫为代表的一些领导人反对这样做，认为应当肯定历史上光辉的一面，实事求是地分析和总结曾经有过的错误。他们警告说，帝国主义的代理人“正在赞助一些作家去丑化苏联的历史”。1988年3月13日，《苏维埃俄罗斯报》发表了列宁格勒工学院女教师尼娜·安德列耶娃的《我们不能放弃原则》的来信，信中对当时报刊上发表的一些文章提出了不同的看法，认为对斯大林的批判太过分了，是给社会主义的苏联抹黑。信中还明确反对“利用公开性散布非社会主义的多元论”。但是，戈尔巴乔夫仍然一意孤行。《真理报》于4月5日发表了由雅科夫列夫执笔并经戈尔巴乔夫修改的题为《改革的原则：思维和行动的革命性》的编辑部文章，诬蔑安德列耶娃的信是“反改革分子的宣言”。雅科夫列夫把自己的这篇文章称之为“我们政治局的纲领”。此后，批判斯大林，诋毁和否定苏共和苏联历史的恶浪便进一步高涨。

第二，这场历史虚无主义运动是由一部分文学家、政论家打头阵，而一些历史学家只是在后来才逐步跟上的。从1986年起，在戈尔巴乔夫

“民主化”、“公开性”和“舆论多元化”方针的推动下，苏联一大批过去被禁的和在西方国家出版的作品先后公开发表。这些作品大部分描写了斯大林时期苏联社会的各种阴暗面，包括大清洗和农业集体化运动中遭受迫害者的悲惨命运。其中影响比较大的有作家阿·雷巴科夫的长篇小说《阿尔巴特街的儿女们》和田·阿布拉泽导演的电影《忏悔》。一些作家、文艺评论家和政论家利用这类作品的问世，连篇累牍地发表文章，大肆攻击斯大林的“集权统治”，诬蔑苏联的社会主义制度是“军事封建式的独裁制度”。他们是这场历史虚无主义运动的先锋队。

但是，苏共领导人心里明白，文艺作品只能给人以感性的印象，要使群众的认识上升到理性的高度，必须依靠史学著作，也就是说必须“重新审视”乃至改写全部历史。

历史学家是在经过了一段时间的沉默之后才行动起来的。但是直到最后似乎也没有完全符合戈尔巴乔夫的要求。他们沉默的原因是多种多样的。但这至少说明在一部分历史学家的思想上，马克思主义和实事求是的历史主义观点尚未全部泯灭。这也就是为什么今天有相当多的历史学家对当时出现的历史虚无主义逆流，特别是对斯大林评价问题上的片面性正在进行反思的原因所在。

第三，新闻媒体和出版界在这场历史虚无主义运动中起了十分恶劣的作用。戈尔巴乔夫的得力干将雅科夫列夫担任苏共中央意识形态工作的领导人以后，所做的第一件事情是更换各大媒体的负责人。他撤去了一批坚持马克思主义、坚持社会主义的负责人的职务，同时把一批信得过的自由派分子安排到领导岗位上。从此，这些报刊电台和电视台便成为积极批判苏共历史和苏联社会主义制度的吹鼓手，为了配合戈尔巴乔夫推行的历史虚无主义运动，它们使出了浑身解数。它们有时是无中生有，有时则利用历史上出现的各种缺点和问题，加以歪曲、夸大，在读者、观众中散布对革命历史和对社会主义的怀疑情绪，使他们失去对党和国家的信任和对社会主义、共产主义的信仰。这些内容由于涉及了过去被认为是“禁区”的敏感问题，而且体裁多样和有较强的可读性，因而引起了人们极大的关注。

一些媒体除刊载大量批判斯大林和否定苏共和苏联历史的文章外，还开展各种实际活动，为历史虚无主义逆流推波助澜。例如，被誉为“公开性的喉舌”的《星火》周刊曾在莫斯科搞所谓的“良心周”活动，内容有举办各类讲座、放映歪曲历史的被禁影片、集资建造大清洗运动受害者纪念碑等。一些编辑部还通过与读者的联系，将收集到的大量有关大清洗运动受害者的资料公开发表。很多杂志由于发表了各类解禁作品而发行量大增。关于报刊和新闻媒体在历史虚无主义运动中所起的重要作用，俄罗斯著名作家邦达列夫在苏联解体之后不久所作的一次讲话中有十分生动而又深刻的描述。他说：“在（戈尔巴乔夫执政的）六年当中，报刊实现了欧洲装备最精良的军队在40年代入侵我国时用火和剑未能实现的目标。那支军队虽然有第一流的技术装备，但是缺少一样东西，这就是数千万份带菌的出版物。”

第四，在历史虚无主义运动中既有所“虚无”，又有所“不虚无”，并以此来填补所谓的“历史空白点”。为此，一些人开始更多地追忆罗曼诺夫王朝的末代皇帝尼古拉二世，并要求公开这位沙皇被害的真相。他们出版了一批以前被禁的有关著述，公布了一批关于尼古拉二世和二月革命的回忆录。1989年4月，莫斯科一位名叫格·利亚波夫的作家在第4期《祖国》杂志上公布了尼古拉二世一家被革命战士处决的事实，同时说早在10年前他就发现了沙皇一家人的遗骸。这一消息引发了一场对这些遗骸的真伪问题的讨论。显然，这并非一般的考古活动，而是为了证明十月革命的残酷无情和违反人道。

由此可见，历史虚无主义者“虚无”的是苏共领导下的社会主义革命和建设的历史，是苏联的社会主义制度，“不虚无”的则是已被推翻了的阶级的代表人物和革命运动的反对派。他们的目的是要重新审视十月革命开辟的社会主义道路，去寻找一种另类的历史规律。

历史虚无主义造成了党内外严重的思想混乱。很多人动摇了对社会主义的信仰和信心，特别是一些知识分子和党政干部因而开始向往资本主义。例如著名社会学家塔·扎斯拉夫斯卡娅一开始还是主张在社会主义范围内进行改革的，但到了1990年，当她看到过去的社会主义社会原来是如此的“腐朽”时，就改变了看法。她站到了拥护资本主义的立场。认为资本主义与社会主义两种制度的根本区别是不存在的，成熟的资本主义具有“社会主义的特征”。

以上是苏联解体前夕的历史虚无主义的主要表现和几个特点及其造成的严重后果。需要指出的是：长期以来，在苏联史学界的确存在比较严重的教条主义倾向，存在一些不应该有的“禁区”，或者说“空白点”。这些都是值得研究并加以解决的。关键的问题是站在什么立场、用什么观点、方法去“填补历史空白点”和“打破禁区”。如果是以马克思主义基本原理和历史唯物主义观点为指导，把有关历史现象放到当时特定的时空条件下去进行实事求是的考察，分清主流和支流，那么就必然会得出正确的、与历史虚无主义者完全不同的结论。

（载于《马克思主义理论研究和建设工程参考资料》200期）

西欧社会民主党与保守党区别之辨析

张 文 成

20世纪末期，欧洲政坛发生重要变化：一些共产党纷纷改名为社会民主党，而以英国工党和德国社会民主党为代表的社会民主主义政党纷纷打出“第三条道路”、“新中间”的旗号，调整理论政策。于是出现了这样一种说法，即“共产党社会民主党化、社会民主党保守党化”，似乎社会民主主义政党与保守主义政党之间没有什么区别了。

那么，社民党与保守党究竟还有没有区别？有什么区别？对于这个问题，国内外都有不同看法。下面，我借用德国北威州基督教民主联盟议员H·J. 阿伦茨所说的“放大镜的办法”，根据英国、德国和瑞典社会民主党的有关文献、领导人和理论家的阐述，以及他们近年来的实践，求异存同，对它们的区别作一梳理。总的来讲，这种区别集中表现在四个方面。

一、在理念上的区别

（1）思想来源和思想基础的区别。保守党在思想来源上承认自己与宗教的渊源关系。尽管德国和瑞典的保守党的宗教色彩早已经淡化，一些党员现在甚至根本不信奉基督教，但是它们都强调自己与基督教的历史关系，把基督教教义作为自己的基本价值观和实践的基础。例如，德国基民盟领导人称，它根据基督教对人的理解进行自己的政治架构和实践，它的三个基本观念是：上帝创造了人，所有的人的认识都是不足的，人是拥有个体性和群体性的生命。由此产生了三个基本原则：人人享有人权和人的尊严，反对国家干预，每个人作为个体是自由的，要自负其责，作为群体的一员，人们应当团结。由此引出基民盟的基本价值是：个人自由、互助和公正。社民党虽然承认基督教思想对社会民主主义的影响，社会民主党理论家甚至说，“民主社会主义 = 社会主义 - 无产阶级专政 + 基督教”，但是它们更强调自己与工人运动的关系。瑞典社民党和德国社民党还承认马克思主义是社会民主主义的思想来源之一。英国工党虽然既不承认马克思主义的地位也不承认与马克思主义的关系，但它也没有用宗教思想来证明自己的观念和实践的合理性。

（2）社会政治理念的区别。从对人的理解来讲，社民党和保守党都承认人的个体性和社会性，但是在人与社会的关系上，保守党更强调个体性，认为个体性优先于社会性。撒切尔夫人的名言是：“根本就不存在社会这种东西。”而社会民主党更强调社会性，认为人有个体性，但是社会性是人生存和发展的前提。瑞典社会民主工党在 2002 年党纲中指出：“人是一种在与他人合作中发展和成长的社会动物。对个人福利至关重要的许多东西只能与他人共同创造。”英国工党在修改后的党章第四条中也宣示，它主张通过共同努力，为所有的人创造一个使大家的潜能得以发挥的条件。

从人的权利来讲，新自由主义继承了自然权利理论，重视经济自由和政治民主，在公民权利、政治权利、社会权利和经济权利中，强调公民人权和政治人权。而社会民主主义继承了社会主义思想中的劳动权利思想，不仅强调公民人权和政治权利，而且强调社会权利和经济权利；认为在市场资本主义经济秩序中，没有社会权利和经济权利，公民权利和政治权利会遭到破坏，民主也会遭到破坏。因此，德国社民党理论家托马斯·迈尔指出，保证社会权利和经济权利的实现既是公民的权利，也是国家的义务。施罗德指出，强者必须比弱者承担更多的责任，而履行社会行为的国家必须成为保护者的力量，不仅保护贫穷者，而且保护儿童或下一代。从社会分析的基础来看，保守党重视市场经济尤其是自由市场，以资本为主要分析基础，以利润为行为目的和主要指标。而社民党更强调劳动的基础作用。瑞典社民党的纲领把经济和劳动市场作为社会分析的起点和基础，并因此谴责资本主义把金钱和经济成功当作人们的喜好与追求标准，把团结和友情等人类价值转换成为利润来估算，把劳动力看作多种消费品中的一种。如果说20世纪80年代前社会民主党还认为市场经济是资本主义的，因此希望通过国家干预来限制市场的作用范围，那么此后社会民主党的转变并没有使他们认为市场经济优于政治民主。法国社会党前任领导人若斯潘甚至提出，要市场，不要市场社会。

二、在基本价值观上的区别

强调价值观是西欧政党的重要特点之一。在放弃通过革命实现社会制度替代的目标之后，价值观成为指导社民党进行社会改良的基本准则。表面上看，西欧国家的社民党与保守党的基本价值观是一样的。例如，德国基民盟与社民党的基本价值观都讲团结、自由、公正，两党的区别似乎只是顺序不同：基民盟讲团结、自由、公正，社民党讲自由、公正、团结。但是实际上，它们之间还存在着很多区别。

（1）基本价值观的来源和基础不一样。如前所说，基民盟讲宗教来源，社民党不讲宗教来源。

（2）对基本价值观的解释不完全一样。目前，社民党对其价值观正在进行新的解释，有的解释甚至与保守党有一样或接近之处。例如，社会民主党现在非常强调机会平等而不是结果平等，德国社民党甚至认为可以容忍一定程度的不公正，但对同样的价值观，社民党与保守党的解释还是有所区别的。以瑞典社会民主工党对自由、平等和民主的解释为例。瑞典社民党党纲指出：自由既包括不受外界强制和压迫、饥饿、愚昧和对未来的恐惧的侵扰的自由，也包括参与并与他人共同决定作为生活在一个安全社会中的个人的发展问题的自由，以及过自己的生活并选择自己未来的自由。自由以平等为前提。平等意味着尽管人们的前提不同，但要给予组织自己的生活和影响所在的社会的同样机会。平等要求人们有作出选择和实现不同发展的权利，在日常生活和社会的权利和影响方面不存在导致社会等级和社会分裂的区别。经济利益集团绝对没有权利限制民主；民主却永远有权利对经济限定条件并为市场划定界限。可见，社民党对价值观的解释明显地针对资本主义社会的不合理现象。德国社民党在解释公正时拓宽了它的内涵，把社会公正扩大到了代际公正。

（3）基本价值观的权衡取舍不一样，从而造成在党纲的具体反映上，在政治框架和政策的塑造中的实际作用不同。如前所述，基督教民主党和社民党都认为“团结”（solidarity）是自己的基本价值观。但社会民主党更强调团结的价值观，它实际上构成了社会民主主义价值观的核心。社民党认为，团结的价值观来自共同的利益观。瑞典社会民主工党党纲指出：“我们大家是互相依赖的，只有在合作、互相关心、互相尊重的基础上才能创造最好的社会。每个人都有同样的权利和机会影响解决问题的方法。每个人都有对这些方法负责的同等义务。团结并不排斥追求个人发展和成功；但它排斥使人们为了自己的好处而剥削他人的利己主义。”换句话说，社会民主党反对极端个体主义（individualism）。

保守党人也讲团结是他们的基本价值，但是在涉及价值观延伸的问题上，例如在个体与社会、竞争与互助、自负其责与公正、私有制与个人社会义务、企业自主权（自由）与工人共决权等方面，它们更强调自由。例如，德国基民盟认为，个人追求个人利益可以同时促进公益，因为每个人可以自负其责，满足了社会对最低道德的需要。所以基民盟把自己的1994年纲领称为“负责任的自由”。在社会福利问题上，基民盟认为，只能实行最低限度的社会福利。这种福利的目的是为了个人维系基本生存，而不是发展。这显然与社民党是不同的。

（4）教育正在成为社会民主主义的一个新的价值观。过去，社民党希望通过消除经济不平等来实现社会公正。现在，社民党主张通过机会平等来实现社会公正。所以它们现在非常强调教育的作用，希望把教育培训作为福利制度改革、劳动市场改革的突破口和连接不同改革的桥梁。施罗德指出，教育和培训已经成为21世纪最重要的社会问题之一。没有教育和研究方面的目标明确的、全面的投资，任何保健制度、老年照顾或劳动市场的改革都是不完备的。如果不能使所有的人都能自由地接受教育、培训和获得目标明确的提高，我们的社会就不能成为公正的社会、一个富裕和福利、自由和责任在其中处于恰如其分的比例关系的社会。

三、在社会理想制度和体制上的区别

(1) 在理想制度上的区别。保守党认为，资本主义是一种合理的制度，生产资料只有掌握在私人手里，才能最大程度地提高效率和社会公正；经济竞争所造成的区别也是天然合理的。社会民主党虽然已经放弃了通过革命实现制度替代的目标，也不再强调所有制变革的意义，但是它们仍然主张建立一个与资本主义社会不同的社会。例如1995年修改后的工党党章宣示，工党是一个民主的社会主义的政党，其目的是创造一个"权力、财富和机会是掌握在多数人而不是少数人手中"的、为公众利益服务的共同体，这一共同体内，市场的进取精神和竞争的严酷与伙伴关系和合作的力量融为一体，为一切人提供工作和致富的机会，私营部门繁荣，公共服务质优，那些对于公共利益至关重要的事业或为公众所有或向公众负责。2002年瑞典社会民主党党纲声称：市场是一种通过货币改变物的所有权的分配体制，以私有制为基础的资本主义则是一种将资本收益率作为最重要的衡量标准的社会制度。资本主义把利润置于其他所有利益之上，而不管利润获得的方法及社会、人民和环境所付出的代价。"党的目标是建立一个以民主理想和人人平等为基础的社会。""一个没有上下层划分，没有阶级区别、性别隔离或种族划分的社会，一个没有偏见和歧视，一个人人都被需要，人人都有位置的社会。"在它所致力于建立的社会秩序中，"每个人作为公民和个人既可以影响整个社会的发展，也可以影响日常生活中的社区工作"。在它所追求的经济秩序中，"每个人作为公民、工薪者和消费者可以影响生产的方向和分配以及劳动生活的组织和条件"。德国社民党领导人施罗德指出，我们的最高理想是人们的自由以及他们能在一个团结互助的共同体中过一种符合尊严、实行自决并且发展自己能力的生活的权利。

(2) 在市场经济与国家干预的基本制度问题上的区别。保守党认为，国家调控不能改变经济处境，应当给个人更大的自由活动空间，尽量减少国家和国际社会对资本运作的干预，因此，最好是回到自由资本主义时代。而社民党在调整过去的观点，从理论上把市场和资本主义区别开来的同时，不仅进一步谴责资本主义的不合理性，而且强调对市场经济风险保持警惕，坚决主张保持一定程度的国家干预。布莱尔指出，市场经济是一个好仆人而不是一个好主人。施罗德指出，过多的国家干预是错误的，社会能干得更好的，国家一定不要而且不能去做。但是作为一个强大的公民社会的伙伴、一个有运作能力的、强大的国家是绝对必要的。对新的挑战的回答不是简单的“取消管制”。托马斯·迈尔指出，市场资本主义经济秩序对它所涉及的大多数来说是一种风险结构。

(3) 在福利国家的问题上的区别。西欧各国保守党虽然对福利国家问题态度有一定区别，但是基本立场是一致的，即要把社会福利保持在维持居民生存的最低限度之内。在这一点上，自称“保守党中的社会民主党”的基民盟最有代表性，它认为，每个人能够也应该对个人遇到的风险承担个人责任，因此个人应当对生活中的风险尤其是较小的风险承担更多的责任。而社民党认为，福利国家需要改革，甚至需要削减福利支出，但是它关心的不是削弱和裁减社会福利国家，而是通过面向未来的改造来加强它。

四、在政策目标及侧重点上的区别

欧洲各国社会党和保守党的趋同更多地体现在政策目标和具体政策方面。例如，降低税率，改革福利制度，实行积极的劳动政策，放松管制，以提高国家竞争力等。但是透过表面现象，我们可以看到各党的政策实际上依然存在着区别甚至对立。这主要表现在：

(1) 在增长问题上。保守党强调增长，提高利润率。社民党虽然在努力改变其不关心经济增长、只关心收税花钱的形象，开始把增长放在重要位置，但是他们坚决反对单纯的经济增长，更多地强调社会进步。施罗德指出，那种认为没有经济进步也能保证幸福生活的想法，是脱离现实的。但是没有社会进步和较大的未来机会的经济增长也不可能是我们的目的。经济政策与社会政策不能分开。我们的社会政策的手段必须促进大多数人的经济富裕。

(2) 在税收政策上。社民党保守党都在降低收入税和公司税，但是基民盟一味反对提高税率，主张实行人头税，反对增加社会保障费，认为这样可以使百姓有更多的余钱自主选择补充保险。而社民党反对片面地减少税收，反对人头税，认为单纯减少税收不能增加经济竞争力。德国社民党认为，有责任感的社民党人既不会在景气不佳的形势下削减公共投资，也不会提高税赋。

(3) 在劳动市场问题上。社民党（除英国工党继承了保守党的工会法外）继续强调法团主义的作用，并希望通过教育培训而不是简单地剥夺福利权利的办法来刺激失业者回到劳动市场。而保守党希望实行灵活的劳动市场政策，减少甚至消除工会的影响。例如，基民盟主张建立劳动联盟，用单个企业与雇员签订劳资协议的体制取代行业工会与雇主签订劳资协议的体制。理由是：行业劳资协议是一个最低水平的框架合同，同行企业状况好的，工资超过协议水平；企业状况不好的，达不到协议水平，反而阻碍企业的发展；而单个企业劳资协议可以使企业有更多的自主权，在困难时，可以在雇员同意的情况下，降低工资和福利待遇，这既可以避免要么雇员决定要么雇主决定，又可以降低企业负担，使企业不致破产。但是这种建议明显会限制工会的权限，削弱其地位，因此遭到社民党的反对。社民党强调采用灵活的社会保护手段，特别是加强教育、培训投资。目前，德国和瑞典工会仍然是社民党的主要支持力量。

(4) 在全球化和资本国际流动问题上。保守党强调全球化的正面作用，主张对资本的国际流动放松管制，认为通过国家限制资本流动是没有意义的。而社民党认为，全球化也有负面影响，负面的全球化摧垮了各种边界，但没有建立起相应的新的责任结构。2002 年社会党国际关于全球可持续发展峰会的宣言不仅要求全球化必须有利于可持续发展，而且主张富国要对世界发展承担更多的环境和社会责任，要以所有人的福利、充分而公正的就业、国际团结和良好的生活环境等目标为基础，在国家、区域和全球层次上建立一种多层次社会民主主义模式，实现全球民主治理。

上述事实说明，从“放大”的角度看，在经济社会政策趋同的情况下，西欧社民党与保守党不仅存在区别，还存在着根本的区别。那种认为社会民主党新自由主义化的观点，实际上只看到了社会民主党政策主张的变化，而没有看到它们与保守党在理念方面存在的区别。

近些年来，社会民主党与保守党的政策区别在缩小，有趋同性或近似性。这些趋同有的是作为执政党的身份造成的，更多的是经济全球化的客观环境造成的，而不是社会民主党的社会理念造成的。社民党的理论和政策调整与其说是在新自由主义化，不如说是为了应对新自由主义的进攻。在全球化的背景下，在国家宏观管理能力受到侵蚀而新的全球治理尚在形成之中的情况下，社会民主党在国内倡导“第三条道路”和在国际上倡导进步治理，这与保守党倡导的新自由主义是根本不同的。社民党对资本主义的态度仍然具有进步性。但是由于现在不太讲理念和理想的价值的作用，而更多地关注政策层面的变化，所以对他们之间的区别几乎看不到了。应当说，这是不妥当的。

在理念和理想日益淡化的今天，英国工党“第三条道路”的倡导者吉登斯却一反潮流提出了理念问题。他在 2003 年 7 月发表的“超越左翼主义”一文中指出，政党要取得政治胜利，首先要赢得三个战斗的胜利，即理念、战略和策略。他说，现在，选民在决定投票时变得更务实了，但是他们不会支持对未来缺乏理想或看法的党。而左翼政党由于对于自己希望建立的社会有清晰的认识而在理念上具有优势。相反，新自由主义是一种不稳定且矛盾的“混合物”：它想促进市场，又要保护家庭；它想稳定国际经济，又要抛开国家。吉登斯断言，左翼政党的清晰的理念对它们取得政治胜利将起到重要作用。这一观点值得注意。

现在全球化已经成为一股不可抗拒的力量，它不仅对各种思潮和政党提出了挑战，它也为这些理论政策调整提供了新的平台。在竞争被提升到前所未有的高度的情况下，无论哪个党，也无论什么模式，都面临着向下竞争的冲击。因此，政策调整趋同是不可避免的，正像民族矛盾上升，国内阶级矛盾要服从民族矛盾一样。但是不同政党对这一矛盾的解决由于侧重点不一样，主张是不一样的。我们不仅应当看到它们的变化，还应当看到变化的原因，更应当看到哪些变化具有相对的进步性。这也许正是我们今天谈论保守党和社民党的区别的意义。

（载于《马克思主义理论研究和建设工程参考资料》211 期）

社会民主主义与民主社会主义的区别

殷叙彝

一、社会民主主义概念的起源和演变

社会民主主义一词最早出现在1848年欧洲革命时期。当时马克思、恩格斯和共产主义同盟成员曾经作为激进的一翼参加这次民主革命，设想要把资产阶级民主革命进行到底并且为向社会主义革命过渡创造条件，因此曾自称为社会民主主义者或社会民主党人。在这一时期，德、法等国也有一些激进民主主义者和小资产阶级社会主义者提出社会民主共和国的口号或自称社会民主主义者，但是他们至多只是对工人阶级怀有模糊的同情，甚至是用社会民主主义的空话来掩盖自己的特殊利益，欺骗工人，因此马克思和恩格斯在1848年革命失败后有一段时期不愿用社会民主主义这一名称来表示自己的观点，而是宁可自称为共产主义者。

19世纪60年代以后，欧洲各国独立的工人运动和工人政党陆续发展起来，但仍旧袭用了社会民主主义一词。在这一时期，社会民主主义的概念起初仍比较模糊，但后来随着马克思主义的传播而逐渐具有科学社会主义的内容，并被当作社会主义的同义词使用。它同时也表明，争取民主也是工人政党的一项重要任务和实现社会主义的前提。

当时的社会民主主义概念主要包含两点内容：工人阶级组成政党，取得政权；实行生产资料公有制，消灭剥削。这是参加第二国际的所有社会主义党派共同接受的。关于用什么手段取得政权却存在很大的分歧。因为第一，马克思和恩格斯奠定的社会主义革命理论并没有从原则上排除工人阶级和平取得政权的可能性，但这种可能性实际上是很小的，因此当时的社会主义者所说的社会主义革命实际上仍旧包含暴力革命的意思。第二，自从巴黎公社失败以后，各国社会主义运动的领导人认识到由少数人带领群众发动突然袭击以夺取政权的策略已经过时，社会主义政党必须通过长期的合法斗争积蓄力量，等待合适的时机才能成功地发动革命。与此同时，由于绝大多数欧洲国家已不同程度地实现普选权，工人阶级及其政党的代表人物开始进入议会，获得了通过议会斗争和其他合法途径逐步改善工人阶级的经济和政治地位的可能。因此，第二国际各党的日常工作主要是议会和地方议会的选举、议会内斗争以及工会斗争。各党的领导人物尽管没有放弃社会主义革命思想，而且还不时提到工人阶级必须掌握政权这一目的，但是关于如何把日常斗争和最终目的结合起来亦即如何从资本主义制度内部的合法斗争转向推翻这一制度，多半要依靠暴力手段的革命，他们并没有提出自己的策略观点。在这种情况下，各党内部对社会主义革命策略的理解和解释出现分歧是十分自然的。

到19世纪末欧洲各国社会党内部的派别分歧已很明显。右派热衷于资本主义范围内的改良主义，实际上已放弃了社会主义最终目的。左派坚持通过革命推翻资本主义并且竭力探索新形势下的革命策略。中派口头上坚持马克思主义，实际上动摇不定。尽管如此，社会党内的各派一直仍旧笼统地使用社会民主主义这一概念来表述党的思想和理论，但各自对于这一概念的理解已大相径庭了。第一次世界大战期间，列宁在批判德、法等国支持战争的社会党领袖时还是指责他们“背叛了社会民主主义”。直到1917年4月，列宁才第一次提出马克思主义政党应当抛弃社会民主主义，改称共产党。1920年共产国际第二次世界代表大会通过的加入共产国际的条件规定，凡是愿意加入共产国际的党不仅要改称共产党，而且要修改“旧的社会民主主义纲领”，还必须使每一个劳动者都清楚地了解共产党和社会民主党的区别。从此以后，在共产国际及其各党的文献中，社会民主主义成为一个贬称，成为右倾主义和修正主义的同义语。另一方面，各社会党内的中派和右派仍旧维持原来党的组织和名称，仍旧把自己的主张概括称为社会民主主义来同共产党所主张的布尔什维主义对立。但这一时期的社会民主主义概念的内涵与第二国际时期相比已有变化，它的基本内容是：主张用和平的、渐进的方式由资本主义过渡到社会主义，反对暴力革命；提倡一般民主，反对无产阶级专政。

在两次世界大战之间时期，社会党方面开始把民主社会主义当作社会民主主义的同义词使用，这也是为了突出它们主张的民主主义性质，突出它们与布尔什维主义的对立。第二次世界大战以后，各国社会党的国际组织“社会党国际”在1951年法兰克福成立代表大会上通过的《原则声明》正式宣布以实现民主社会主义为目的。从此以后，在当代工人运动和社会主义运动的文献里，社会民主主义一词逐渐被民主社会主义一词取代。

二、民主社会主义

从社会民主主义到民主社会主义当然不仅是一个更换名称的问题，而是也意味着社会党的理论和政策的变化和发展。社会党是作为马克思主义的党创立的，是承认科学社会主义的。两次世界大战之间时期的社会党也没有否认这一传统，甚至可以说许多党仍旧自认为是马克思主义的党。到第二次世界大战以后，民主社会主义却主张世界观的多元性，认为社会主义的思想根源和理论基础是多元的，包括欧洲古典哲学、人道主义和宗教（主要是基督教）思想等等，不承认马克思主义是唯一科学的社会主义理论，坚决反对列宁主义。但是各党在不同程度上肯定马克思主义对工人运动的历史作用，并且认为马克思主义也是民主社会主义的思想渊源之一。实际上，从一些社会党的纲领和一些社会党理论家的著作对资本和劳动的关系、经济权力和政治权力的关系、生产资料占有者对无财产者的剥削乃至南北关系的分析中，仍旧可以不同程度地看到马克思主义的影响。

民主社会主义既然拒绝了科学社会主义，也就不再根据资本主义社会本身矛盾的发展来论证社会主义胜利的必然性，而是认为社会主义是一些基本价值（自由、平等、公正、团结、互助等等）的实现，并且以这些价值为尺度来批评资本主义社会的弊病。但这种观点是与以经济为基础对资本主义制度的分析并存的。就这一点来说，民主社会主义带有二元论性质。民主社会主义一方面提倡抽象民主，主张在资产阶级议会制民主的框架内通过合法的渐进的改良来实现社会主义，另一方面坚决反对社会主义国家的无产阶级专政。但是在第二次世界大战以后，欧洲各国社会党对待本国的资产阶级国家的态度有了重要的发展。大多数西欧国家的社会党获得长期或阶段性的单独执政或联合执政机会，在野时也是重要的反对党，因此已成为这些国家的“当权派”或“现存权力机构”的一个重要组成部分，同时也完全承认了这一制度的政治游戏规则。至此社会党与资产阶级民主共和国的认同过程已经完成。

总之，根据以上概述的民主社会主义在第二次世界大战以后50年来的发展，我们已经可以明确判定，民主社会主义是企求在资产阶级民主共和国的框架内，通过利用和改善议会制民主和政党政治，对资本主义制度实行逐步改良或“纠正”的改良主义政治思想体系。

三、从民主社会主义回到社会民主主义

1992年9月，社会党国际在柏林举行第十九次代表大会。这次大会以“变化中的世界上的社会民主主义”为主要论题并就此发表了声明。这一主要文件和大会上的一些重要讲话中都不同程度地交替使用“社会民主主义”和“民主社会主义”二词，这一情况不是偶然的，它表明，苏东剧变后一些社会党内对于是否应当继续使用“民主社会主义”一词来表述社会党的理论和政策已经产生疑问。

苏东剧变以后，欧美各国右翼政治家、理论家和传媒竭力宣扬资本主义已取得最后胜利、社会主义已彻底失败的谬论。他们不仅攻击共产党，而且也攻击社会党。社会党方面尽管过去和现在都强调民主社会主义和苏联东欧国家的“现实社会主义”有根本区别，但在这样强大的攻势下也感到很被动。近几年来社会党的文件和涉及社会党的论文和著作中，社会民主主义一词又逐渐取代了民主社会主义一词。

（载于《马克思主义理论研究和建设工程参考资料》189期）

社会民主党执政的基本特征

杨 双

一、以 执 政 为 目 的

强调以和平的、普选的方式而不是通过暴力革命取得政权，以执政为目的，这是社会民主党立党为政的根本之点，也是其最基本的执政规律。一切思想、言论、行动都为竞选获胜服务，上台执政是唯一目标，工人阶级解放，共产主义理想等等，都被束之高阁了。

欧洲各国的社会民主党早在成立之初，就基本上没有把马克思主义当作唯一指导思想。19世纪末以来，由于工人阶级斗争的胜利以及资本主义的和平发展，社会民主党利用资产阶级议会斗争争取工人阶级权利的斗争出现了新形势。一些社会民主党的代表已通过普选权进入议会，甚至进入资产阶级内阁，实现了参政权。这使社会民主党面临新的历史选择：还要不要推翻资本主义？还要不要建立无产阶级专政的社会主义？1896年，在最早通过选举进入资产阶级议会的德国社会民主党内，就开始了围绕“社会主义运动的最终目的”的大争论，伯恩施坦修正主义正是从此大行其道的。第一次世界大战爆发以后，参加第二国际的27个社会民主党除少数外，都背弃了马克思主义的国际无产阶级革命原则，纷纷站到了本国资产阶级政府一边。这标志着西欧社会民主党已彻底走上改良主义道路，它们今后的基本目的就是在资本主义议会民主制框架内，通过赢得自由选举上台执政。第二次世界大战以后，社会民主党迎来了政治上的“黄金时代”，列宁当初关于改良主义道路走不通的警告已不再为社会民主党人提及。20世纪末以来，伴随着布莱尔“第三条道路”的兴起，一度沉寂彷徨的社会民主党再度活跃起来。

社会民主党把社会主义的目标和本质解释为一种思想价值，认为自由、民主、公正、平等、互助等理念才是社会主义最重要的东西，强调“自由与民主是社会主义理想的实质”。2003年，社会党国际第二十二次代表大会又提出社会民主主义的新三原则，“即可持续发展、人权和民主”。社会民主党把他们的既不是经典资本主义又不是科学社会主义的理论和实践，称为“第三条道路”。

二、以选民为中心

以选民为中心，视选民为根本，工人阶级政党变成了选举机器。这是社会民主党的最基本的执政特征之一。这样，工人阶级政党必然会变为资产阶级政党或“超阶级政党”。在国际共产主义运动史上，伯恩施坦、考茨基修正主义的核心内容，就是改变社会民主党的工人阶级性质，使党由“阶级党”变为“民族党”，由革命党变为改良党。第二次世界大战以后，西欧各国社会民主党都不再是真正的工人阶级政党，而是成了所谓的“民族党”、“人民党”、“全民党”、“同胞党”等等。

为得到更多选民的支持、社会民主党不断改变自身，更新思想，调整政策。它们已不再忌讳人们指责自己是“修正主义”，而是乐意承认自己是“永恒的修正主义”。这种状况造成了若干令人关注的后果：首先是导致社会民主党的身份特征飘忽不定，形成身份危机。人们无法从阶级性质上准确判定社会民主党的真实属性。其次是造成社会民主党思想多元化，没有一以贯之的指导原则。再次是社会民主党政治经济政策不断右转，向新自由主义让步，向资本主义妥协。其最典型、最完整的理论形态就是英国首相布莱尔等人提出的所谓“第三条道路”。最后是社会民主党已没有明确而统一的奋斗方向，机会主义、民族主义等倾向十分明显。事实上，社会民主党人一直是把改良资本主义作为自己最现实和最基本的奋斗方向的。这也是社会民主党以选民为中心的政治理念实践的必然后果。

三、以票箱为战场

首先是以选票取代斗争，以改良取代革命。伯恩施坦宣称，资本主义的民主、自由可以削弱资产阶级的政治力量，扩大和巩固工人阶级的政治实力。民主在原则上是阶级统治的消灭。因此，无产阶级只要争取并拥有普选权，就可以夺取政权，消灭资产阶级的政治统治。社会制度就可以在不发生剧烈震动的情况下实现实质性进步。社会民主党人至今依然没有改变自己的观点，他们认为伯恩施坦、考茨基、希法亭当初对马克思主义的修正和对布尔什维克的批评并没有错，20世纪末苏联社会主义失败证明伯恩施坦等人的观点是“给人深刻印象的远见”。认为苏联东欧社会主义的失败的原因并不是西方资本主义势力的“和平演变”，而是苏联社会主义模式“本身的一系列原则性结构缺陷，它们使这些国家在经过一个较长时期的停止和衰退阶段之后终于垮台。”这种状况反过来又促使社会民主党坚定地把票箱作为自己政治斗争的主战场。今天，争选民，拉选票，募捐款，搞竞选，以合法的、和平的、自由的普选方式取得政权，已是社会党政治活动的不二法门。“革命”与“暴力”在其文献中基本上已成为贬义词。

其次是以多党竞争制取代无产阶级政党的领导权。社会民主党反对任何政党用国家暴力维护自己的政权，巩固执政党的合法地位。认为任何政党其中包括工人阶级政党取得国家政权必须经过全民投票选举认可，只有这样的政权才具有合法性，只有这样才算得上“民主”。社会主义国家实行的“一党专政”并不是真正的民主，而是“毁灭民主”。他们宣称马克思主义的无产阶级专政理论已经“过时”，甚至认为无产阶级专政对今天的社会民主党来说是“天然灾难”。实行多党竞争制的一个不可避免的结局是，社会民主党经常被其他政党赶下执政舞台。社会民主党认为这很正常。它们的解释是，一个政党至少会有一个时期失去政权，处于在野党地位并且在政治上、人事上和纲领上获得再生，从社会获得新的推动力。

再次是以全民党取代无产阶级政党的“先锋队”和“战斗司令部”性质。社会民主党坚决反对列宁的建党思想，认为“先锋队”思想是一种

"精英"观念，不符合"平等"理念，它有碍于工人阶级和社会成员的团结与合作，必然造成政治、经济、社会权力分配的不平等，造成精英政治和精英特权，造成部分社会成员基本权利和尊严的丧失，导致民主与法制的破坏。伴随着票箱政治的需要，社会民主党更乐意称自己是"人民的党"、"扎根于劳动阶层的党"，同时竭力强调自己同社会主义国家执政的共产主义政党的差别，竭力称自己"不是精英党，而且也从未试过。我们是而且仍将是全民运动"。

社会民主党认为，国家属于包括各个阶级在内的全民族，国家政权也应当属于全体国民，而不应当只属于某一个阶级、某一个政党甚或某一个团体。由于现实社会还存在着不同的阶层以及各种各样的利益集团，社会上自然应有不同的政党存在。不同政党平等竞争，选民通过选票表达自己的政治意愿，选择执政党，赢得多数选票的政党上台执政，这是天经地义的事。

四、以媒体为导向

社会民主党不是把媒体当作宣传工具，为无产阶级革命斗争服务，而是屈从于传媒专政，推行传媒政治，热衷领袖传媒秀。这是社会民主党执政日益突出的表现形式。社会民主党的传媒政治的基本点，就是将其政治行动纳入传媒规律加以运作，以传媒效果的最大化实现政治目标的现实化，而不再顾及传媒政治的种种不利后果。

社会民主党政治生活中形成的传媒专政，主要地并不在于社会民主党上台执政离不开传媒，而在于西方发达资本主义国家一直实行的所谓"言论自由"、"新闻独立"。西方国家的传媒被认为是"社会公器"，社会民主党不能控制它，左右它，而只能顺从它，适应它。社会民主党实行票箱主义政治，把获得更多选票作为最高政治追求，这就需要花费巨大的人力、物力和时间进行宣传，就需要和传媒密切合作，最大限度地满足传媒的要求，除此之外，别无他途。社会民主党需要的是选票，传媒需要的是银子。经过长期的斗争、磨合，双方终于找到了利益结合点，找到了相互合作的基本形式，这就是目前许多社会民主党推行的"传媒政治"。

社会民主党将政治行动传媒化，很大程度地改变了政治行为的某些条件和因素，使政治行为服从传媒规律，从而也使社会民主党陷入了传媒专政的泥潭中无法自拔。为了适应媒体规律，社会党正在越来越多地失去其基本价值中的重要内容和改良主义的政治特征，越来越多地同一些民众主义政党相混同；社会党正在逐渐失去越来越多的党员的信赖和支持，党的向心力、凝聚力严重下降；党正在变为被领袖支配而不是支配领袖的党，领袖们正在借助传媒虚传民意，将自己的而不是党的意志强加给社会。这种现象如果任其继续，必将使社会民主党失去更多党员，从而失去更多群众的信任。

五、以经济发展为基础

在经济发展中打造执政平台，以发展求生存，以钞票换选票，以福利换权力，是社会党政治攻略的根本之道。

在19世纪末20世纪初的较长历史时期里，西方资本主义国家的许多社会民主党大都有过为意识形态而战的经历。一些执政的社会民主党因经济发展得分不高而下台的教训和另一些社会民主党因经济纲领得不到社会大多数人认可而长期在野的状况，最终使社会民主党明白，保证经济快速、健康、环保而可持续地发展，有效而实在地提高大多数社会成员的生活水平，才是通向政坛的凯旋门。在这方面，瑞典社会民主党创造的所谓“瑞典模式”最为世界各国社会民主党人所称道。丹麦、挪威等社会民主党执政时间较长的国家，经济发展也都令人瞩目。自20世纪末以来，英国、法国、德国等国的社会民主党也都全力以赴地塑造快速促进经济发展，全力推进人民富康的政党新形象，并有不俗表现。

首先是社会民主党放弃了建立生产资料公有制的马克思主义原则，以经济发展为目标确立社会民主主义新的经济纲领。这是各国社会民主党在所有权问题上的一次根本性变革。社会民主党强调，对于社会主义来说，公有制并不是目的，而是手段。不同的经济社会条件需要不同的所有制。凡能带来经济发展的所有制，都有其存在的必要性。

其次是社会民主党主张保留私有制，并在以私有制为主的基础上建立包括公有制在内的多种所有制形式共存的混合所有制。社会民主党认为，现代资本主义已经使资本所有权和使用权相分离，只要通过立法等手段加强对资本所有权的监督管理，使之民主化，就可在保留私有制的条件下，消除资本对劳动的剥削和对社会的破坏。这样既可以发挥资本主义私有制有效发展经济的活力，又可以维护工人的利益不受侵害。在这种混合经济中，公有制成了私有制的“补充”，它在国民经济中所占分量较小，主要集中在一些投资大、周期长、效益低甚至经常亏损的基础产业部门。它弥补了私人投资的空白并吸纳大批失业工人就业。在劳资关系上，社会民主党认为，资本家和工人劳动者有矛盾的一面，也有一致的一面，过分限制资本家的权利并不符合工人的利益。关键在于找到一个可以双赢的办法，促进劳资合作，推动经济健康发展。社会民主党目前已经找到和普遍使用的办法就是经济民主，既不允许权力集中在资本家手中，也不允许集中在政府手中。经济民主的重要方式是工人参与企业管理和监督。这在一定程度上维护了劳动者的利益，促进了社会公正，资本家的权利较之以往受到限制。

再次是社会民主党一直坚持市场经济，充分发挥市场这只“看不见的手”的魔力，促使经济快速发展，同时又注意限制市场的破坏性作用。加强国家调控，反对垄断，保护竞争，禁止资源过度开发，保证经济可持续发展。禁止并治理环境污染，为人类生存创造良好空间。增加科技投入，不断加大科技在经济发展和社会进步中所占的比重。创造更多的劳动岗位，实行充分就业的劳动政策，强调分配公正，反对过分扩大两极分化。通过健全和完善社会福利制度，保障劳动群众的生活水准维持在一个相对稳定的基础上，避免少数低收入群体的社会成员陷入贫困绝境。社会民主党的这些理念和举措无疑都发挥了积极作用，不仅维护了社会民主党在选民中的正面形象，同时也使社会民主党继续执政成为可能。

（载于《马克思主义理论研究和建设工程参考资料》176期）

如何看待西方的民主制度

李振通

西方发达资本主义的国家制度是以西方资产阶级的自由、民主、人权、法治思想为理论指导，以资本主义政府制度、议会制度、司法制度、政党制度、选举制度、文官制度等一整套宪政制度为基石构筑起来的大厦，这一制度有利于资产阶级的长治久安，是在资产阶级集团长期统治经验基础上发展起来的一整套统治方式、方法，是西方资产阶级的精巧设计。

一、西方民主制度形态各异，没有统一的模式

提到西方民主制度，许多人容易想到“三权分立”、“议会制”、“多党制”等，并且误以为西方政治制度只有一种模式，其实这是一种误解。应该说，“三权分立”、“代议制”、“多党制”是西方民主制度的主要特色，但在各个国家的具体表现形式都不一样。事实上，西方政治制度纷繁复杂，形态各异，没有任何两个国家的制度是完全一样的。

民主首先是一种国家形态。从国体上看，西方民主制度实质上是资产阶级专政。从政体——即政权组织形式来看，西方民主制度可以根据不同的标准划分为很多不同的类型。在发达资本主义国家，主要存在以下几种类型：立宪君主制，如英国、荷兰、瑞典等；总统制，如美国；半总统制，如法国；德国、意大利属于议会共和制，虽然也有总统，但是虚位总统，其职权既不能和美国总统比，也不能和法国总统比。瑞士是委员会

制，联邦设七人委员会，共同行使中央权力。

政体主要是指中央政权的组织形式，一般是从国家元首的产生方式或立法权和行政权的关系来区分。政体是一个国家政权的主要部分，但绝不是全部。一个国家的政治制度还包括丰富的具体内容。西方各国都号称实行“三权分立”，但英国是议行调和。美国是三权并列，法国是行政主导。西方国家都号称实行“多党制”，但有的是一党独大，有的是多党倾轧，英美虽然都是两党制，但情形很不一样。英国被称为“强党体制”，英国内阁是由议会的多数党组成，国家政策由多数党决定。美国政党纪律涣散，组织松散，被称为“弱党体制”。西方各国虽然都有议会，但各国议员的产生办法、议会的职权、议会的议事程序、议会内部的组织都各有特点，而且差异很大。其他如选举制度、司法制度、文官制度、军事制度、中央与地方的关系及地方自治制度等，各国也不一样。

柏拉图有句名言：灵魂有多少形状，国家就有多少形状。在世界上不可能找到两个完全相同的国家制度，因为每个国家的政治制度都是适应本国特定的社会、经济、政治和文化的发展而生长和发育起来的，西方制度也一样，每个国家都是根据自己特殊的历史文化和社会经济政治特点建立自己的政治制度，没有哪个国家是照搬照抄别国制度的。

二、西方国家民主制度的实质是“资本精英”的“金钱民主”

在西方国家，名义上人民享有广泛的平等的民主权利，但实际上由于生产资料的私人占有，这种表面的平等往往为实质上的不平等所替代，法律上的平等往往为事实上的不平等所取代。在资本主义社会，只有资本所有者才享有民主，穷人是站在民主之外的。资本主义民主实际上是富人的天堂、穷人的地狱。

选举被西方政客标榜为公民最基本的权利，但常常被金钱、媒体、黑势力、财团等所影响和操纵，从而成了“富人的游戏”、“钱袋的民主”和资本玩弄民意的过程。据美联社 2000 年 11 月 9 日对美国金钱与选举胜负的关系进行的数据分析表明，1999 年竞选获胜的 81% 的参议员和 96% 的众议员，他们所花的钱均超过了竞争对手。美国总统选举更是金钱的游戏，没有财阀的金钱实力做后盾，想登上美国总统宝座比登天还难。金钱可以操纵美国的民主选举，所以有专家指出："只要在联邦大选委员会那里查一下筹集资金的账户，就可以在大选之前知道大选的最终结果。"美国政治学教授托马斯·戴伊和哈蒙·齐格勒在《民主的嘲讽》一书中，把美国富人民主的状况描述为"精英民主"，即"治理美国的是精英，不是民众"。资产阶级精英统治下的西方民主，根本背离了民主是多数人的统治的基本原则，是对民主的绝妙嘲讽。

三、西方民主制度的理论基础是人本主义和唯心史观

现代西方民主制度是在资产阶级革命胜利后建立和发展起来的，它一方面是古希腊古罗马民主原则和民主传统的继承和发展，另一方面也是在资产阶级启蒙思想的指导下建立起来的。西方民主制度建立的理论基础主要是"天赋人权"思想和"三权分立"原则。

"天赋人权"学说，是由英国启蒙思想家霍布斯和法国启蒙思想家卢梭最先提出的。该学说以"自然法"理论为基础，反对封建主义的"君权神授"说。他们认为，在自然状态下，人人都受自然法的统治，人人都享有生命权、自由权、财产权和追求幸福的权利。为了保护个人权利，人们通过订立社会契约建立国家。后来"主权在民"、"法律面前人人平等"等原则都是由"天赋人权"演化而来的。"天赋人权"最为集中地体现了资产阶级的民主思想，资产阶级也就把它作为立法原则和制定各种国家制度的理论基础。

近代意义上的"三权分立"首先是由英国的洛克提出来的，但在洛克那里只有两权分立，而且主要是阶级分权。完整的"三权分立"是由法国的孟德斯鸠提出的。孟德斯鸠明确地提出了立法权、行政权和司法权三权分立的思想。美国建国初期，联邦党人又进一步提出"制衡"原理。启蒙思想者提出"三权分立"原则主要是基于人性恶和权力恶的假设，他们认为只有实行权力分立、以权制权才能防止权力滥用。资产阶级学者也常常

把是否实行“三权分立”作为一个制度是否民主、一种权力运行是否有效的标志之一。但事实上，有些国家如英国并不是严格的“三权分立”。而是议行调和，就连标榜实行严格意义上的“三权分立”的国家美国也发生了嬗变，出现了行政权扩张、立法权式微和司法权的政治化，英国被认为是“首相民主”，美国总统被称为“皇帝般的总统”。

不可否认，“天赋人权”和“三权分立”在反对封建统治、调和阶级矛盾、维护资产阶级利益方面发挥了积极的作用，但它终究是以人本主义为基础，是建立在历史唯心主义基础之上的，因而也是不科学的。

四、西方民主制度经历了一个长期的发展过程

现在，西方国家的民主制度在法制化、程序化、规范化方面有了很大的进步，一些西方国家相继取消选举权的财产、教育程度、居住期限、性别和种族等的限制，选举制度和人权保障有所改进，权力监督和制衡机制有所加强，公民参与政治的范围有所扩大等等。资本主义国家的统治制度日益完善，统治技术日益精巧，统治手段日益丰富。这一方面是统治阶级为了调和社会矛盾、巩固自己的统治的需要，另一方面也是广大无产阶级和劳动人民不断斗争的结果。

西方国家制度是经过了几百年的发展和完善才达到今天这样的水平。许多国家的制度在建立之初存在很多问题，甚至是严重的问题，到了今天它也并非尽善尽美。美国是资本主义世界中民主制度比较完备而又颇具特色的国家，常常为资产阶级学者所津津乐道，但在保护人权上的严重缺陷至今仍是美国的一个社会问题。联邦宪法并没有写入保护公民权利的条文，直到1791年才通过保护民权的10条宪法修正案。美国的种族歧视和性别歧视更是根深蒂固。建国后很长的一段时间内，美国还存在着奴隶制度。内战期间，林肯颁布了《解放宣言》，虽然从法律上废除了奴隶制，但黑人还是享受不到平等对待。1870年第15条宪法修正案颁布后，黑人的选举权仍然被剥夺或被限制，种族隔离越来越严重。联邦国会在1875年通过法案，禁止在铁路和航运等公共交通部门和其他公共场合实行种族

隔离，但很快又被最高法院判为违宪而失去效力。20世纪50年代美国终于迎来了波澜壮阔的席卷全国的民权运动，直至发生了严重的流血冲突。现在虽然没有法律或制度方面的歧视有色人种的明确规定，但黑人等有色人种在美国社会还是常常得不到应有的尊重和权利。

再拿选举制度来说，作为代议制基础的普选制是英国最先提出的。英国大宪章运动就提出实现选举区平等，废除财产的资格限制，男子应有选举权。但是即使这些并不彻底的规定在英国也是经过很长时间才逐步实现的。1832年关于改善英格兰和威尔士代表制的法令通过后，当时20岁以上的居民中只有7%的男子享有选举权。1867年选举改革降低了财产资格的限制，享有选举资格的男子的比例提高到16%，1884年再次降低财产资格，具有选举权的人提高到28%。1918年规定30岁以上的妇女享有选举权，这一比例提高到78%，直到1970年才实行18岁以上的男女公民平等地享有选举权。仅普及选举权英国就经历了一个半世纪之久。法国是资产阶级革命最彻底的国家，但直到1974年才通过宪法修正案，规定18岁以上男女平等享有选举权，美国达到这一标准是在1971年。

五、战后西方民主的新发展和内在矛盾

二战以后特别是20世纪70年代以来。西方民主制度呈现民主的完善和民主的“赤字”、民主的危机和民主的“迷信”同时出现的特点。西方民主被某些人推崇为一种“普世价值”，而其他所有不同形式的政治体制或西方民主的反对者都被视为非民主甚至是独裁。广大发展中国家和社会主义国家中也有一些人对西方民主制度抱有幻想。应该如何看待这种现象呢？

首先，上述现象的出现是资本主义国家主动调整的结果。20世纪西方国家先后受到法西斯主义和左翼运动的强烈冲击，加剧了资本主义世界的危机。一些国家的革命和社会主义国家的建立更是让资本主义国家感到如末日来临。因此，缓和社会矛盾，调整资本主义社会各个阶级、阶层、利益集团之间的关系，在资本主义框架内改良民主政治制度成为战后西方发达国家的必然之举。

其次，资本主义国家的自我调整是建立在生产资料私有制基础上的，没有从根本上克服资本主义的基本矛盾和阶级对立，也不可能改变资本主义民主的阶级实质。

再次，要认清西方“新干涉主义”的实质。为了维护资本主义世界体系和西方发达国家的主导地位维护国际旧秩序，西方国家不仅对外输出资本和产品，而且向广大发展中国家输出西方民主观念和所谓的民主制度，实质是“新干涉主义”的一种手段。

六、批判地借鉴西方民主的有益成分

不能否认，经过几百年时间，西方国家在民主参与、民主监督、权力制衡、政党与政权的分开等方面已经形成了一套比较完备的制度和比较完善的运行机制，实现了资产阶级民主的法制化。如果剔除其为资本主义服务的本质，那么这种民主的一些具体形式还是可以作为人类共同的文化成果并且根据我国的具体国情加以改造和吸收的。

要特别强调指出，建设中国特色社会主义民主政治，必须从我国的国情出发，在中国共产党的领导下，坚持把党的领导、人民当家作主和依法治国有机统一起来，坚持和完善人民代表大会制度，决不搞西方的“议会制”；坚持和完善中国共产党领导的多党合作和政治协商制度，决不搞西方的“多党制”；坚持民主集中制，决不搞西方的“三权分立”制度。西方民主制度的发展历程说明，任何国家的政治制度，只有适合本国国情，不断完善和发展，才是最合适的和最有效的。任何一个国家的政治制度，在该国是有效有用的好的政治制度，到另一个国家未必有效有用，有时可能还会适得其反。西方发达国家，没有一个国家是照抄照搬别国政治制度的，独立前的美国是英国的殖民地，美国建国的时候，世界上只有英国一个现代意义上的民主国家，但美国没有照搬英国的制度；日本是在美国的主导下进行民主化改革的，但日本也没有照搬美国的制度。发展中国家的经验也同样说明了这个道理。20世纪是战争和革命风起云涌的世纪，也是政治制度变革剧烈的世纪。每一个革命后的国家，每个民族独立国家，都选择和建立自己的政治制度，其中有成功的也有失败的。但是有一条共同的经验，即没有一个国家是靠照搬别国政治制度而成功的。一些别有用心的西方大国到处输出“民主”，也没有一个是成功的。

（载于《马克思主义理论研究和建设工程参考资料》199期）

西方新闻自由的本质与我国新闻事业的使命

凌 言

长期以来，一些同志由于没有理解新闻自由的真正含义，或者由于对当今世界及新闻事业的现实不够了解，以至思想上存在某些误区。这种误区主要表现在两个方面。一是盲目崇拜西方的新闻自由，总以为西方是新闻自由的乐园；二是认为新闻自由就是想报道什么就报道什么，想怎么报道就怎么报道，是完全不受限制的自由。为了厘清新闻自由的真正含义，发挥新闻自由的理性引导作用，有必要对这个问题进行再次探讨。

西方新闻自由的本质

西方的新闻自由主要以美国为代表。美国向来标榜自己的民主和自由，尤其是新闻自由，并宣称其新闻自由是彻底的、绝对的，是超阶级的新闻自由。但真实的情况又是怎样的呢？让我们透过历史的硝烟去认清其“新闻自由”的真实面目。

1999年，以美国为首的北约对南联盟进行了狂轰滥炸，贝尔格莱德时间5月7日晚11点50分，北约导弹袭击了中国驻南联盟大使馆，造成我3名工作人员当场死亡，20多人受伤，馆舍严重毁坏。这是以美国为首的北约自3月24日空袭南联盟以来又一起骇人听闻的暴行，在外交史上也极为罕见。然而，在这种血与泪构筑成的事实面前，美国的新闻媒体却表现出惊人的一致性，都宣称此次轰炸纯属意外。

2001年4月1日，美国一架海军EP－3侦察机侵入我国南海上空，撞毁我军机，并导致我空军飞行员王伟牺牲。然而，美国媒体却对此事件进行了完全相反的报道，他们尽量利用一切可以利用的机会来宣扬美国的爱国精神，同时妖魔化中国，把中国报道成一个血淋淋的恶魔。

这就是美国所谓的“新闻自由”，一个歪曲事实、置生命和人权于不顾的自由。

如果说轰炸使馆事件、中美撞机事件离我们较远，很多人已经淡忘，那美国媒体关于2003年伊拉克战争的报道足以说明其新闻自由的本质。伊拉克战争一开始，美国主流媒体就透露，“斩首行动”已经把萨达姆炸死，随后，美国媒体又报道说伊拉克51师师长及其8000名官兵已向美军投降；美军机械化部队进军巴格达没有遭到抵抗等等。然而，萨达姆到现在还活着，美国的许多新闻报道最后被证明全是假的。

可以说，在伊拉克战争中，美国新闻报道的目的只有一个，那就是为战争进行辩护，为当权者的政策进行辩护。媒体的报道从一开始就受到了美国政府和军方的严格管制。为了影响国际社会大众心理，美国专门设立了“战略影响办公室”，其目的就在于左右国际舆论。美国国防部在伊拉克战争中为了宣传军威，则破天荒地安排了五百多个记者随军采访，但前提是必须“听话”，所以给每个记者发了长达15页的“战地采访须知”。各国记者都必须遵守“三不准”的报道规定，否则就会被“清理出局”。NBC资深记者、普利策新闻奖得主彼得·阿内特（Peter Arnett）因为讲真话被美国全国广播公司（NBC）和微软全国广播网（MSNBC）解雇；布什老家得州的一位记者，也因为写了一篇反战文章，其专栏被报社禁止。种种事实告诉我们，美国政府基于国家利益而对媒体实施严格的制约、束缚，新闻自由被施以了双重标准：不符合他们的政治观点、价值观念的，便以种种理由大加讨伐；但到了要维护他们自己的利益时，则不惜歪曲事实，混淆是非。可见，美国并不是像有些人想像的那样充满“新闻自由”。

西方社会控制新闻自由的两种力量

世界上不存在绝对的新闻自由，各国的新闻媒体都会受到政府、资本基于国家利益、集团利益的影响和制约，从而使本国的新闻媒体和新闻报道呈现出其“不自由”的一面。

西方社会的新闻自由主要被两种力量所控制。一种力量是大财团。西方媒体大都属于私有，被财团、企业所操纵，如果看看 NBC、ABC、CNN、CBS 背后的大老板，就会发现控制整个美国媒介体制的是极少数的大公司和一小撮媒体寡头。这些巨头办媒体企业的终极目标就是实现利润的最大化，资本的趋利性注定了其新闻媒体无论如何无法摆脱资本和集团利益的束缚与制约。这种制约也必然会埋葬他们所宣称的“绝对的新闻自由”。默多克收购欧洲影响最大的《泰晤士报》之后，要求社论必须听老板的话，总编辑罗伯特（Robert Evans）意见不同，即被解雇。可见，谁拥有媒体，谁就拥有新闻自由；谁拥有资本，谁就拥有新闻自由。

西方社会控制新闻自由的另一种力量是政府。以美国为例，从第一任总统华盛顿起，就十分重视对新闻舆论的控制，在随后的 200 余年中，这个控制舆论的政策从未改变过，只是随着白宫主人的变迁因人而异罢了。尼克松总统就曾经坦言，现代总统必须学好驾驭舆论的艺术。由于新闻体制的原因，在多数情况下，美国政府并不直接控制新闻媒体和新闻报道，而是通过政策倾斜、利益交换、政治压力等影响媒体及其幕后老板，通过媒体老板左右新闻记者和新闻报道。当然，政府也会通过新闻发言、信源封锁等做法来影响和左右媒体。这些做法有时是公开的，有时则非常隐蔽。

至于媒体老板与政府的关系，则可以套用丘吉尔阐述国家外交关系的那句经典名言：“没有永远的朋友，也没有永远的敌人，有的只是永远的利益。”CNN 对 1991 年海湾战争的报道很客观，连古巴的卡斯特罗也称赞它是最值得信赖的媒体。那时候 CNN 的老板还没有发家，政府官员也瞧不起他，白宫的媒体席没有 CNN 的位子，所以他憋着气要跟政府较劲。海湾战争使 CNN 一举成名，在既得利益之后，他就很快以另外一种面目出现。关于这一点，我们从美国政府对 CNN 的待遇以及伊拉克战争中 CNN 的表现很容易就可以看出。当权者需要舆论给予支持和配合，媒介老板需要当权者给予政策和实惠。

新闻自由的相对性

就新闻自由的本质含义而言，并不是想报道什么就报道什么，想怎么报道就怎么报道，世界上不存在绝对的不受任何限制的新闻自由。与其他自由一样，新闻自由是具体的而非抽象的，是相对的而非绝对的，是有条件的而非无条件的。西方所谓的不受限制的、绝对的、全民“普遍权利”的新闻自由观，既违背了新闻自由的本质，也不符合新闻传播的历史事实。新闻自由的相对性主要基于以下几个方面：

首先，任何新闻自由都具有一定的阶级性。新闻自由是人们通过新闻媒体实现的言论出版自由，而思想、言论、出版等表达自由，历来是资产阶级革命和近现代西方各国争取人权斗争的核心问题。显然，新闻自由作为一种社会现象，一开始便具有阶级性的特征，它必然受到阶级关系的制约，而且这种阶级关系是由一定社会的经济基础所决定的。就拿美国来说，美国虽然标榜自己的新闻自由是至高无上的，是超阶级的，但“美国之音”在“9·11”事件之后因为播出了对阿富汗塔利班政权领袖奥马尔的专访，其电台台长及国际广播局局长就被撤销了职务，“美国之音”在欧洲一个发射台约二百多万美元的经费预算也被撤销。可见，世界上不存在超阶级的新闻自由，任何新闻自由都代表了一定的阶级立场和阶级利益。在我国，我们鲜明地提出了新闻自由的阶级性，毛泽东同志就曾指出：“我们的制度就是不允许一切反革命分子有言论自由”，我们“只许人民内部有这种自由”，“我们在人民内部，是允许舆论不一律的，这就是批评的自由，发表各种不同意见的自由”。我们的党和政府是最注重批评与自我批评的。在党和政府的支持下，诞生了一系列具有舆论监督性质的节目或栏目，比如“焦点访谈”、“人民论坛”、“共同关注”、“新闻调查”、“时空连线”等。1998年10月，朱镕基同志视察《焦点访谈》节目组时曾题词：“舆论监督、群众喉舌、政府镜鉴、改革尖兵”，这四句话精辟地总结了当前中国的新闻舆论所担负的职责和使命，也说明了国家对新闻自由和社会责任的重视。

其次，新闻自由不是绝对的任意的自由，还表现在新闻自由必须受到宪法和法律的制约。在一个法制社会里，法律的权威是至高无上的，尊重法律是一切行为的底线。而宪法和法律在赋予人们新闻自由权利的同时，也对新闻自由进行了不同程度的规范和限制。比如，英国法律就规定，新闻“不得藐视法庭”；法国《人权宣言》在强调言论自由的同时也规定：“在法律限制内，须担负起滥用此项自由的责任。”而我国宪法在规定公民享有言论出版自由的同时，第51条也规定：“中华人民共和国公民在行使自由和权利的时候，不得损害国家的、社会的、集体的利益和其他公民的合法的自由和权利。”

再次，新闻自由必须遵循新闻报道的基本规律，其中最重要的就是新闻的真实性。真实是新闻的生命，是新闻媒介的立身之本。新闻报道必须真实、准确，必须把事情的真相原原本本地报道出来，使人们对客观世界产生理性的认识，作出正确的判断，从而指导人类的各种活动。马克思指出：“人民的信任是报刊赖以生存的条件，没有这种条件，报刊就会完全萎靡不振。”新闻要产生影响力，就必须真实，必须取得受众的完全信任。否则，新闻就失去了其应有的意义，就不能称其为新闻了。因此，新闻自由权利的行使也必须以其真实性为原则和界限，不能想报道什么就报道什么，想怎么报道就怎么报道。

另外，新闻自由还必须受到社会伦理和道德等方面的制约，必须考虑社会的承受能力和承受限度。

社会主义新闻事业的神圣使命

每一个国家的新闻都应为本国的稳定发展、为了本国的团结富强服务，我们国家也是一样。而新闻自由也必须基于这样的前提下来实现。社会主义新闻事业从它诞生的那一刻起就决定了必然要承担起这种厚重的社会责任和神圣的历史使命。因此，在认清新闻自由相对性的同时，我们的新闻工作者必须认识到，我们的新闻自由是与社会主义新闻事业所承载的神圣使命密切联系在一起的，我们必须严以律己，承担起这种使命。

就我国现阶段而言，发展经济是第一大任务，而发展经济所必需的首要条件无疑是政局的稳定。这就要求我们在行使新闻自由的过程中，胸怀社会使命感，把握好新闻报道的方向和“度”。如果记者只把制造社会惊诧作为自己的奋斗目标，陷入狭隘的牢笼不能自拔，必将损害社会主义新闻事业的发展，久而久之，也必然被广大人民群众所鄙弃。记者的天职应该是利用新闻自由这种宪法赋予的武器去促进社会公平、伸张社会正义，促进社会发展和人类进步，而不是去制造社会混乱。我国的新闻自由必须有利于经济的发展、社会的稳定、人民生活水平的提高，新闻工作者必须坚持正确的舆论导向，弘扬社会主旋律，使新闻媒体在建设有中国特色社会主义的伟大事业中发挥有力的思想保证和舆论支持作用。这也是新闻自由的本质所在。

值得注意的是，当前，在我国的新闻事业逐步走向法制化的同时，新闻工作中也出现了“权力异化”和社会责任缺失等问题。特别是在新闻传播引入市场因素之后，不规范的市场秩序和社会上的不正之风对新闻传播产生了较大的影响和冲击，部分新闻工作者在市场经济的大潮中站不稳脚跟，拜倒在金钱和权力之下。其主要表现有：刊播虚假新闻欺骗受众（其中也包括刊播虚假广告），片面追求轰动效应；新闻格调不高，低俗新闻泛滥；新闻报道存在偏见和歧视，严重误导受众；“有偿新闻”时有发生，等等。其中最典型的例子就是山西繁峙矿难事件，包括4名新华社记者在内的11名记者收受贿赂，造成恶劣影响。这些现象的出现严重损害了人民群众的利益，影响了新闻机构和新闻工作者的社会形象，使社会主义新闻事业蒙受了耻辱。这些现象应该引起我们新闻工作者的高度警惕。

总之，社会主义新闻事业肩负着引导社会舆论，维护社会安定，促进社会协调发展的神圣使命。为了完成这个使命，我们的新闻工作者必须具备应有的政治意识、大局意识和责任意识，并时刻保持清醒。

（载于《马克思主义理论研究和建设工程参考资料》138期）

西方新闻自由悖论

李希光

西方社会历来将新闻界人物称之为“无冕之王”，并将他们视为与政府、国会、最高法院配合行动的“第四集团”。这些说法由来已久，它从某种意义上代表了新闻界的能量和地位，作为简单意义上的“新闻自由”的象征一直为西方社会津津乐道。建筑在理性主义和天赋人权基础上的西方新闻自由主义理论认为，任何人都有权发表言论，而无需政府的同意；媒体的存在目的是知情、娱乐和销售商品；媒体的主要责任是帮助发掘真相，做一个监督社会和政府的“看家狗”。然而，在现实生活中，这种“自由”一方面被冠以“普遍的”、“全民的”口号，甚至是作为一种至高无上的“天赋人权”而自吹自擂；另一方面却由于缺少有效的约束和保障，客观存在着不可避免的令人尴尬的悖论。

新闻自由与保护少数人的权利

西方新闻自由理论认为，新闻与言论的自由体现在多数人的权利、少数人的权利和个人的权利都能获得保障；在一个民主法制社会里，个人发表意见的权利无需获得多数人的批准。西方思想家约翰·密尔曾说过，任何企图压制他人言论的做法都是对他人重要权利的剥夺。但是，在现实生活中，人们看到这些理论和观念却十分虚弱，不堪一击。1999年，英国广播公司驻贝尔格莱德记者约翰·辛普森以“在报道中未能与政府的口径保持一致”遭到了英国政府的严厉批评，被斥为“没有达到一个老记者‘应有的标准’”。2003年6月5日，《纽约时报》两名高级主编因报道欺诈丑闻而辞职。非常时期更是采取非常干涉。“无国界记者组织”指责伊拉克战争期间驻伊美军频频干涉记者的新闻自由，称干涉次数之多令人震惊。美国全国广播公司资深记者彼得·阿内特“只是说了一些自己的感想”就被公司解雇。2004年1月，美国任命的伊临管会对卡塔尔“半岛”电视台发布禁令，禁止该台在1月28日至2月27日期间报道伊拉克临时管理委员的活动。由15名美国新闻记者合写的《黑名单》一书中称，美国新闻自由面临危险。该书作者之一，前哥伦比亚广播公司和有线新闻电视公司记者克里斯蒂娜·伯耶松在接受《费加罗报》采访时说，当局控制着媒体传播的信息，而记者则变成了当局的“速记员”。更令人吃惊的是，2003年4月8日，竟然发生美军轰炸阿拉伯电视台驻巴格达办事处、造成一名摄影记者当场死亡的严重事件。

新闻自由与客观公正

西方新闻界认定，为了保障新闻自由，新闻媒体必须是一个专业化企业，政治上保持中立，并独立于商业价值。但是，在媒体新闻编辑的实际操作中，任何一家媒体都难以确保其提供的新闻是中立的。比如，一家报纸决定什么新闻上头版、什么新闻不报道，其本身就体现了主编的价值观，表明他反对什么、提倡什么。新闻报道“中立”的理论事实上很难在实践中推行。原因有二。一是任何有争议或冲突的新闻报道，总是寻找官员或公众人物的认证，这些人物的声明构成新闻的合法基础。此举的结果是给予这些官员和公众人物（包括商业巨头）极大的议程设置权力，客观上导致他们引导公众关注什么、不关注什么；新闻的这种议程设置功能，使新闻媒体给人一种体制内或主流的感觉。二是在新闻报道中，一条新闻必须挂在一个“新闻钩”（如突发事件、政府的新闻发布或示威抗议等）上才有报道价值，而这种新闻钩的选择往往体现了编辑或记者的立场和价值观。比如，2001年7月意大利热那亚西方8国首脑会议会场外发生10万知识分子、学生、新闻记者和手无寸铁的市民和平抗议全球化的示威游行。军警开枪镇压，一名意大利青年学生被打死。对这场轰轰烈烈的示威，西方媒体的报道却十分吝啬。报道焦点不是放在抗议群众提出的要求和呼声上，而是放在少数抗议者焚烧汽车，并引用警方的话强调被打死的是个吸毒者，以此暗示参加示威人群的不合法性和不值得同情。与此同时，西方媒体却用整版篇幅报道西方首脑们在会上为全球化大唱赞歌的声音。又如，西方主流媒体每天都有关于美军士兵在伊拉克战争中丧身的报道，但我们却很少看到关于战争是如何令伊拉克妇女儿童陷入凄惨境地以及伊拉克人的艰难生活和悲愤情绪的报道。

新闻自由与媒体的经济利益

新闻职业化的发展和强大刺激了新闻公共关系产业的兴起。通过向媒体提供自己需要的新闻稿、安排专家学者接受媒体访谈（公关公司背后已付了钱）、提供一群貌似中立的观众参与谈话节目以及通过制造和包装新闻事件等，老练的公关机构娴熟地按照它们所代表的商业和政治集团的利益塑造着舆论。尽管如此，媒体欢迎这种公关公司的存在，因为它们常常低成本地给媒体带来填补报纸版面或电视栏目的新闻。美国一项调查显示，公共关系公司组织安排的活动和发布的新闻占美国媒体“新闻”内容的40%—70%。这类公关公司不仅给记者带来“新闻”，更会给媒体带来潜在的广告客源。公共关系和广告产业刺激了一个特殊行业即“新闻策划”业的诞生。新闻策划出于两方面需求：一是报纸版面和电视栏目的广告商，二是这些广告客户需要有一批不仅对其产品感兴趣，同时又有购买力的广告读者。因为光靠广告不仅办不成报纸，而且也无法吸引读者，因此，报纸每期需要围绕这些专版策划一些新闻故事。这些新闻故事所依赖的是商业公司，特别是一些大公司。为了拉住和吸引更多的大广告客户，报纸一般是不太愿意开罪这些大公司的。比如，一家每期刊登大量电脑广告的报纸，一般是不会发表不利于微软、英特尔、IBM、SONY等大公司的新闻的，因为那样势必会影响它们的广告收入。

新闻自由与媒体的非政治化

今天，美国的媒体，包括广播、电视、报刊等，基本上被七八家媒体集团所统治。媒体集团的老板们希望新闻媒体也能像电影、音乐、迪斯尼乐园那样给他们带来巨大的商业利润。为获得更多的利润，新闻媒体不惜采取裁减记者和编辑人数、关闭海外记者站和大量使用免费公关公司的新闻发布等手段。许多重大的社会问题，如生态环境恶化、人民健康、大学教育质量等由于采访报道成本高，或会引起利益集团的不满而被忽视。美国一位电视主持人指出，“事实上，先不提技术带来的变化，我主持电视节目30年来看到的最大的变化是新闻内容的变化：政治新闻的锐减、消费品新闻和名人新闻的剧增”。美国《优秀新闻研究报告》调查统计1977—1997年20年间《纽约时报》、《洛杉矶时报》的头版，ABC、CBS和NBC的晚间黄金新闻节目以及《时代》等刊物后发现，政治新闻从过去每5条中的3条，下降到每5条中的1条；而有关名人的新闻则从过去媒体每50条中的1条，上升到每14条中的1条。尽管新闻媒体的首要任务是激发公众对国计民生、社区和国家安全等政治问题的关心，但媒体越来越多地报道无关痛痒的小新闻，热衷于揭秘和小道消息，热衷于煽情性新闻，热衷于报道刺激消费者和投资者的财经新闻。20世纪40年代，报纸的财经栏目更多报道的是劳资纠纷和劳工运动，当时，几乎所有报纸都设专职的“劳工记者”。而今天，全美报道劳工的记者不到10人，而且有关工人贫困问题的经济报道几乎销声匿迹；相反，以报道工商企业和它们老板成功故事的“财经新闻”成了主流媒体的主要内容。

由于受媒体背后的这些利益集团的操控，人们要想获得完整真实的信息、完整地表达自己的观点，都受到了限制——或者是被埋葬，或者是被忽视，或者是被曲解。有学者曾乐观地预言，互联网会带来一个真正的言论自由和新闻自由，网络会打破媒体集团和全球性媒体对新闻流通和信息自由流通的垄断与控制。但是，西方学者最新的研究表明，这样一个网络民主的传播社会远远没有到来。随着网络泡沫的破灭，剩下来的是那些背后拥有强大的商业媒体支撑的网络媒体和网站。网络媒体最终生存下来的力量不仅仅是靠技术，更需要的是经济资本和政治资本。

（载于《马克思主义理论研究和建设工程参考资料》139期）

西方国家学校思想政治教育的几个特点

李　义　军

一、思想政治教育的重要性得到广泛的认同

当前，思想政治教育的重要性在西方各国得到广泛的认同。这一共识是这些国家在总结吸收自身发展的经验教训基础上形成的。以美国为例，20世纪20年代，美国科学技术的迅猛发展及其在物质领域的巨大成就，对社会产生了深刻的影响，加之随后出现的杜威实用主义教育观的影响，科学技术教育在学校教育中逐步居于核心地位，思想政治教育受到削弱。尤其是20世纪50年代，苏联人造卫星的上天震动了美国朝野，并由此触发了一场大规模的教育改革运动。美国政府制定了《国防教育法》，把数学、外语、科学放在学校教育首位；把教育改革的重点放在“教育内容的现代化”上，甚至把掌握现代化知识作为教育的核心，大大压缩了传播政治观、价值观和道德观的公民教育、历史、地理等课程，使伦理道德、情操教养等内容从教育领域淡出，技术至上主义、学历主义等在教育中居于支配地位。这种潮流和倾向，掩盖了教育理应对全面提高人的素质予以关注的问题，扭曲了教育的本质，留下了后患。60年代后期，美国经济迅速发展的同时，道德堕落现象却日益严重。从1930年至1980年的50年间，18—24岁的青年人犯罪率增长79倍，18岁以下青少年犯罪率增长100倍。美国一份关于学校思想品质状况的调查表明，80年代美国研究生入学的主要动机是：赚钱发财、扬名天下、统治他人，而以献身社会、治

理环境污染、改善种族关系为目的的学生寥寥无几。

在这种背景下，美国公众和政府开始重新认识思想政治教育的重要性。原联邦教育部部长贝内特1988年4月在向美国总统里根递交的5年来教育改革的总结报告中强调，为了使学生“增强成功的民族精神”、“富有爱国精神”，必须在“道德课”、“纪律秩序”和“勤奋学习”等三方面“取得显著改进”。乔治·布什担任总统时，就曾经制定过《2000年：教育战略》的文件。他还在《重视优等教育》一文中指出，学校不能仅仅发展学生智力，智力加品德才是教育的目的。他强调，“必须把道德价值观的培养和家庭参与重新纳入教育计划”，美国近十年来相继成立了“品德教育联合会”、“重视品德同盟会”，把品德教育看作是解决国民品性危机的最重要的方法之一，要求在每一所学校都实行品德教育。“9·11”事件后，美国更为重视思想政治教育，纽约市教育局获得了联邦政府400万美元的紧急拨款，用于学生的心理辅导，并把思想政治教育融入其中。2002年3月美国发布的“美国联邦教育部2002—2007年工作要点”重申，要加强学生的思想政治教育，培养新时期负责任的具有爱国主义精神的高素质公民。

其他西方发达国家对学生思想政治教育重要性的认识同样经历了一个曲折的过程。在战后新技术革命的推动下，西方国家的经济获得了长足发展，国民教育也是以现代科学技术教育为重点。然而，从20世纪60年代起，不少西方发达国家普遍发生了激烈的社会动荡与社会变化，出现了许多新情况和新问题，如民权运动、女权运动、环境问题、恐怖活动、堕胎、吸毒、同性恋等。正是这种情况的出现使公众、教育界和政府机构开始认识到，科技和经济高度发达并不能解决所有的问题，特别是面对社会发展变化带来的大量道德问题，迫切需要通过加强思想政治教育来加以解决，因此西方发达国家普遍呼吁要加强学校思想政治教育。

法国在统一的教育计划中规定公民思想品德教育始终是学校一项“不能回避”和“义不容辞”的任务，法国在学校开设了“共和国公民的伦理与道德课程”。其目标“在于使每个人获得自由和负有责任，在于培养集体观念，使每个公民成为有教养的人”。

英国1988年颁布的《国家课程》把培养“有德行、智慧、礼仪和学问”的绅士作为教育的出发点，在政府规定普通学校的8条基本目标中，有4条是规定思想政治教育目标的。一些大学相继成立了专门性的道德教育研究机构，如牛津大学的“道德发展课题组”，莱斯特大学的“社会道德教育中心”等，这些机构大多得到官方资助，不仅研究有关道德和道德教育的重大理论问题，还为学校和社区编写道德教育计划教材以及进行师资培训。不少学校开设了“个性与社会教育”等思想道德课程。

德国的思想政治教育主要通过政治养成教育和宗教教育开展，政治养成教育工作受到德国社会的大力支持并以法律的方式明确规定。在《联邦德国教育总法》中规定：“培养学生在一个自由、民主和福利的法律社会中……对自己的行为有责任感。”联邦政府以及各州政府均设有政治养成教育中心机构，此外还有大量从事此类工作的社会团体和公共机构。

日本早在明治维新时期在学校就设立了“修身科”对学生进行思想政治教育。战后特别是近些年来，鉴于本国青少年思想道德水平下降、犯罪率日益增多等事实，日本各界纷纷呼吁加强思想政治教育。1984年，中曾根康弘在临时教育审议会审议报告中指出：“教育荒废”的现象实际上是青少年“心灵荒废”的表现，呼吁全社会动员起来关心青少年思想道德教育。该审议会在1988年发布的教改报告中指出：“能否培养出道德情操和创造力都足以承担起21世纪的日本的年轻一代，决定未来的命运，当务之急是要加强学校的德育”。日本在其规划的《21世纪教育目标》中认为：“只有重视思想素质的培养，才能保证人才的健康成长”，同时将二战后教育实现目标的“智、德、体”顺序改为“德、智、体”以实现培养目标,并呼吁学校思想品德教育应与其他学科有相同的地位，设置为必修课。

二、思想政治教育的方式由灌输转变为灌输与渗透相结合

在教育方式上，由灌输向灌输与渗透并重转变，是西方国家学校思想政治教育的又一个重要特点。在美国，学校从没有放松对学生进行资本主义及其优越性、反共产主义、公民的权利与义务、国民精神等方面内容的

灌输。美国政治学家梅里亚姆曾指出："罗斯福的最大影响莫过于宣传公民对国家应负的责任，在千万人心里灌输责任感，唤起威尔斯认为美国人所缺少的'国家感'。"美国康涅狄格大学罗珀舆论中心主任埃弗雷特·莱德曾在1995年1月号的《读者文摘》杂志上撰文，分析1993年对美国四代人的主要信念和价值观所作的一次民意测验，认为美国人的基本信仰、见解和主导价值方面在各代人之间是惊人的相同。的确，美国虽然有共和党和民主党，但资产阶级的意识形态从未因两党轮流执政而发生改变，这说明美国政治灌输的效果是十分明显的。20世纪七八十年代以来，随着学校教育人本化趋势的发展，以美国为代表的西方国家，在重视灌输的同时，开始重视渗透的教育方式，注意发挥教育主体的主观能动性。美国把意识形态教育渗透到历史学、政治学、经济学、心理学以及"现代社会"和"社会问题"等学科中，并把现场教学作为学校德育的补充形式，如组织学生参加社会活动，旁听审判大会、政论咨询会，模拟总统选举等。同时注重加强物质环境和精神环境的建设。许多学校都有自己的校旗、校训、校徽。美国国会大厦专门为中学生免费开放参观学习。正是通过这些方式，美国将其文化、精神和价值观自然而然地渗透到了每个学生的思想和行为中。

西方国家似乎没有类似我国这样完整的思想政治教育的概念和独立学科，但其思想政治教育的内容和理念切切实实地渗透在有关学科的教学中，很有实效性。各国对思想政治教育课程的称谓不一，美国、法国称之为"公民教育"，英国、加拿大称之为"政治教育"，西班牙称之为"共处之道教育"，日本称之为"社会科"和"道德时间"，等等。通过这些"公民教育"、"人格教育"、"价值观教育"等无时无刻不在对学生进行着资产阶级的政治观、价值观、道德观的教育，以为维护和巩固资本主义制度服务。

三、重视思想政治教育的政治功能

西方国家学校思想政治教育的主要任务是以不同的方式向学生传播灌输资产阶级的意识形态，肃清敌对意识形态的影响，并对社会主义国家实施"和平演变"。当前，西方国家更加重视学校思想政治教育的政治功能，并将其作为确保资产阶级统治地位、巩固和发展资本主义制度的重要工具。强化爱国主义教育，是其重视政治功能的集中体现。美国在中小学利用一切形式来强化“美国的意识”，国旗、国歌、国徽、总统画像等美国国家的象征物在其中小学几乎随处可见、可闻；每逢节日、庆典，家家户户、大街小巷甚至汽车上都要悬挂美国国旗。历任总统的就职演说中都有唤起美国民众爱国主义精神的警句。美国还不惜巨资修建国会大厦、白宫、华盛顿纪念堂、航天博物馆等，作为对学生进行思想政治教育的阵地。俄罗斯在放弃共产主义、社会主义价值观以后，高举爱国主义旗帜，填补人们的信仰“真空”。学校通过“二战博物馆”里的英雄雕像以及从卫国战争的战场上发掘回来的战争遗物等，来对学生进行爱国主义教育。

（载于《马克思主义理论研究和建设工程参考资料》196 期）

图书在版编目（CIP）数据

2005年马克思主义理论研究和建设工程参考资料选编/中共中央宣传部理论局编 .
－北京：学习出版社，2006.3
ISBN 7－80116－546－2
Ⅰ. 2… Ⅱ. 中… Ⅲ. 马克思主义－理论研究－学习参考资料 Ⅳ. A81
中国版本图书馆CIP数据核字（2006）第013854号

2005年马克思主义理论研究和建设工程参考资料选编
2005NIAN MAKESIZHUYI LILUN YANJIU HE JIANSHE GONGCHENG CANKAO ZILIAO XUANBIAN

中共中央宣传部理论局 编

责任编辑：边　极
技术编辑：周媛卿

出版发行：学习出版社
北京市西长安街5号（100806）
010－66063020　010－66061634
经　　销：新华书店
印　　刷：北京新丰印刷厂

开　　本：710毫米×1000毫米 1/16
印　　张：42
字　　数：640千字
版次印次：2006年3月第1版　2006年3月第1次印刷
印　　数：1－6000册

书　　号：ISBN 7－80116－546－2
定　　价：70.00元